Statistical Quality Control

제4판

통계적 품질관리

박성현 · 박영현 공저

머리말

21세기는 경쟁의 시대라고 말한다. 기업 간에도 경쟁이고 국가 간에도 경쟁이 심화되고 있다. 기업 간의 경쟁에서 가장 중요한 경쟁은 품질경쟁이다. 지금은 품질로 승부하는 시대이며, 품질경쟁에서 뒤지면 기업은 살아남을 수 없다. 품질경쟁에서 사용되는 중요한 무기 중의 하나는 통계적 품질관리이다. 최근 우리나라의 기업들에서도 통계적 품질관리에 대한 인식이 높아지면서, 이에 관한 상세한 안내서적의 필요성이 높아져 왔다.

저자들이 94년에 쓴 통계적 품질관리 책은 그 동안 독자들의 사랑을 받으면서 널리 사용되어왔다. 그리고 2005년도 개정판에서는 우리나라의 산업규격(KS: Korean Industrial Standards)이 대폭 수정된 품질관리와 관련된 내용이 상당히 수정되거나 보완되었다. 특히 통계적 품질관리와 관련된 내용 중에서는 확률분포에서 사용되는 각종의 통계기호(예로, 통계적 검정과 추정에서 사용되는 각종의 기각치 표현 방법)가 ISO 9000 시리즈에서 사용되는 방법으로 바뀌었고, 또한 샘플링 검사에서도 상당 부분 수정이 이루어졌다. 그러나 2011년도에 계수형 샘플링검사와 계량형 샘프링검사의 규격번호가 다시 변경되었고, 일부 내용도 변경되었다. 이와 같은 변화를 반영하기 위하여 2005년도에 만들어진 저자들의 책을 개정할 필요성이 대두되어 이번에 4번째 개정판을 내게 되었다.

이 책의 내용은 품질관리사가 되고자 하는 사람들과 6 시그마를 수행하는 블랙벨트(BB)들이 반드시 알아야 할 통계적 품질관리 기법들을 모두 포함하도록 하였고, 또한 품질경영의 기본적인 상식(TQM, ISO 9000 등)을 추가시켜 품질경영에서의 통계적 품질관리의 위치를 부각시키도록 하였다. 이 책은 공장이나 연구실에서 근무하는 기술자(engineer)와 연구자(researcher)들을 염두에 두고 이들을 돕기 위하여 만들어진 책이지만, 대학에서의 통계적 품질관리 교재로서 손색이 없는 책이라고 생각한다. 이 책은 이론보다는 응용을 염두에 둔 책이므로 예제를 많이 싣도록 하였고, 통계학과 학생들은 물론 산업공학과, 경영학과의 학생들, 또는 상대나 공대의 기타 학과 학생들도 큰 부담 없이 공부할 수 있는 책이라고 믿는다.

끝으로 강의 및 자문의 기회를 필자들에게 수시로 제공하여 이 책을 쓰는데 크게 도움을 준 한국표준협회, 삼성전자(주), LG전자(주), 삼성전기(주) 등의 품질관리 담당직원들께 고마움을 전하고 싶다. 또한 민영사의 김정식 사장과 직원 여러분께 감사의 뜻을 전하고 싶다. 그들의 부단한 노력과 인내가 없었다면 이 개정판이 출판되기 어려웠을 것이다. 마지막으로 저자들에게 건강주시고 학문추구에 관한 열정을 주신 우리 주 하나님께 진심으로 감사한 마음과 영광을 올리고 싶다.

2013년 7월

저자 씀

차례

제1장

품질관리의 기본개념

1.1 품질

1.2 관리

1.3 품질관리와 통계적 품질관리

1.4 품질관리의 역사

1.5 통계적 품질관리의 범위

1.6 품질관리활동의 체계와 통계적 수법의 활용

과거 어느 때보다도 오늘날처럼 품질관리의 중요성이 절실히 요구되는 시기도 없었던 것 같다. 그 이유를 생각해 보자면, 첫째로, 수출 주도형 경제성장정책을 추구하여 온 우리나라는 21세기에 들어서면서 국제적인 수출경쟁의 심화로 인하여 수출이 어려워짐에 따라, 이를 극복하기 위해서는 수출상품의 품질향상과 원가절감을 통하여 수출상품의 해외 경쟁력을 증가시키는 것이 중요한 당면과제가 되었기 때문이다. 둘째로, 우리나라의 생활수준이 향상됨에 따라 국민의 품질의식이 높아지고, 소비자가 요구하는 품질수준이 날로 까다로워지고 있으며, 또한 남보다 우수한 품질의 제품을 생산하는 자만이 살아남을 수 있는 풍토가 차츰 조성됨에 따라서, 기업의 품질관리 인식이 어느 때보다 높아지고 있기 때문이다.

본 장에서는 먼저 품질, 관리 그리고 품질관리에 대하여 차례로 논하고, 다음으로 품질관리의 핵심이 되는 통계적 품질관리의 의의, 그의 발달과정과 활동체계 등을 차례로 설명하고자 한다.

1.1 품질

품질(quality)이란 말은 일반적으로 제품의 유용성을 정해주는 특성이라고 정의할 수 있으나, 그 구체적인 의미는 시대와 더불어 변해가고 있고, 또한 사용하는 상황에 따라서 서로 다른 의미로 해석되는 경우가 많다. 과거에는 품질의 의미는 제품을 만드는 사람의 입장에서 보는 제품의 유용성이 강조되었으나, 최근에는 그 제품을 사용하는 사람의 입장에서 생각하는 제품의 유용성이 강조되고 있다. 따라서 품질이라는 의미는 제품 자체의 물리 · 화학적인 제품 품질(product quality)의 의미를 벗어나, 그 제품에 대한 서비스(service)의 질, 사용 적합성(fitness for use), 신뢰성(reliability) 등도 포함시키는 넓은 의미의 품질 개념이 사용되게 되었다.

대표적인 품질에 관한 정의를 살펴보면 다음과 같다.

* A.V. Feigenbaum(1·7) : 사용되는 제품이 고객의 기대를 어느 정도 충족시켜 주는가를 나타내는 생산된 제품의 복합적인 특성
* J.M. Juran(1·8) : 사용상의 적합성
* P. Crosby(1·1) : 요구한 조건과의 일치성
* E. Deming(1·2) : 현재와 미래의 고객 요구조건의 충족도
* G. Taguchi(1·14) : 제품이 출하된 시점으로부터 성능특성치의 변동과 부작용 등으로 인하여 사회에 끼친 총손실
* KS A 9000:2001 : 고유 특성의 집합이 요구사항을 충족시키는 정도

위에서 KS는 한국산업규격을 뜻하고, 2001은 2001년도에 개정된 것을 말하며, 9000은 ISO 9000 시리즈에 있는 개념을 우리 것으로 도입한 것을 의미한다.

위에서 여러 가지 품질의 정의를 보았는데, 오늘날은 고객이 주인인 시대이므로 품질을 다음과 같이 정의하면 좋을 것이다.

품질은 고객만족(customer satisfaction)의 정도를 나타내는 제품이나 서비스의 총체적 특성이다.

또한 제품/서비스가 만들어지는 단계에 따라 품질을 다음과 같이 네 가지로 구분하여 생각할 수도 있다.

(1) 요구품질(quality of requirement)

요구품질이란 고객들이 자기회사 제품에 대하여 원하는 바를 얼마나 정확하게 파악하는가의 정도를 나타내는 것이다. 즉 요구품질은 고객만족을 취한 출발점이라 할 수 있다. 이 품질을 파악하는데 문제가 있을 경우 아무리 완벽하게 설계하고 제품이나 서비스를 제공한다고 하여도 소비자로부터 외면당할 수 밖에 없을 것이다. 조직은 요구품질을 파악하기 위하여 시장조사, 경쟁사분석, 기술변화인식, 판매원 의견수렴, 서비스 제공자 등 다양한 정보원천을 활용할 수 있다.

(2) 설계품질(quality of design)

설계품질이란 제품을 생산하기 위한 제품의 示方(specification), 성능, 외관 등을 규정지어 주는 품질규격(quality standard)을 표시한 것을 말한다. 설계품질을 결정할 때에는 소비자가 요구하는 품질(이것을 시장품질이라고도 한다), 자사의 공정능력, 기술수준, 제품의 경제성 등을 고려하여 품질을 기획 · 설계하여야 한다. 생산자의 입장에서 볼 때, "이 정도면 고객이 만족할 것이다."라고 생각하는 품질목표이므로 목표품질이라고도 말한다.

(3) 제조품질(quality of conformance)

제조품질을 적합품질이라고도 말하며, 이것은 생산과정에서 제조된 제품이 설계품질에 어느 정도 적합한가를 나타내는 품질이다. 똑같이 만들고 싶은 제품이라도 제조단계에서 품질이 균일하지 않은 제품이 생산되게 되며 품질의 산포가 발생하게 된다. 공장에서 말하는 품질향상이란 이 품질을 말하는 것으로 기술적 · 경제적으로 가능한 범위 내에서 설계품질에 일치하도록 노력하는 것이 제조분야에서의 품질관리 활동이라고 하겠다.

(4) 서비스의 품질(quality of service)

제품 자체가 아무리 바람직한 품질을 구비하고 있다고 해도, 소비자가 이것을 올바르게 사용할 수 있도록 하여 주고, 또한 제품이 고장 나거나 사용상 애로사항이 발생하였을 때 적절한 애프터서비스(after-service)를 받을 수 있도록 하여야만 소비자가 그 제품에 대해서 만족을 느낄 수 있을 것이다. 서비스의 품질이란 소비자가 제품을 올바르게 사용할 수 있도록 사용방법을 전달하여 주는 질, 그리고 제품 사용상 문제가 생겼을 때 애프터서비스의 질 등을 의미한다. 최근에는 품질의 의미를 소비자 위주로 생각하는 경향이 짙어짐에 따라 이 서비스의 품질이 더욱 중요한 의미를 갖게 되었다.

위에서 분류한 바와 같이 품질의 의미를 세 가지로 나누어 생각해 볼 수 있으나, 품질이란 용어를 사용할 때에 위의 세 가지 중에 반드시 하나만을 의미하는 것은 아니다. 일반적으로 위의 세 가지 중 두 개 이상을 혼합시켜 복합적인 의미로 사용되는 경우가 많다. 품질관리 분야의 세계적인 석학인 Juran(1·8)은 품질이란 "사용 적합성(fitness for use)"을 의미한다고 말한다. 즉, 소비자가 제품을 사용할 때에 그 제품에서 원하는 바가 얼마나 만족되느냐를 말하는 것이다. 소비자의 만족을 얻으려면 설계도 잘 되어야 하지만 제조도 잘 되어야 하고, 또한 그 제품의 서비스도 훌륭해야 하므로 사용 적합성이란 위에서 정의한 세 가지 품질의 내용을 모두 포함하는 것이 된다.

제품의 성질을 규정하는 요소 또는 그 품질을 평가할 때 지표가 되는 요소를 품질특성(quality characteristics)이라고 한다. 즉, 품질특성은 제품의 유용성의 측정기준으로, 화학약품의 순도, 금속재료의 강도, 부품의 치수, 조립품의 성능, 수명 등이다. 품질특성을 측정한 값을 품질특성치라 하여 간단히 특성치라고 부르기도 한다. 품질관리에서 사용되는 데이터(또는 자료)란 용어는 일반적으로 이 품질특성치를 의미하는 말이다.

1.2 관리

품질관리의 관리(control)라는 말은 영어의 매니지먼트(management)와 컨트롤(control)의 뜻을 같이 포함하고 있다. 매니지먼트는 경영이나 품질의 어떤 정해진 목표를 달성하기 위하여 조직을 만들어 그 활동을 계획하고, 지시하고 통제하는 것을 말하고, 컨트롤은 어떤 표준을 설정한 후 그것에 대비시키면서 어떤 행동을 제어하여 나가는 것을 의미한다. 매니지먼트는 컨트롤보다 넓은 의미로 해석되는 관리로서 기업에서는 상부 관리층으로 올라갈수록 매니지먼트의 업무가 많아지고 하부 관리층으로 내려갈수록 컨트롤의 업무가 많아진다.

품질관리의 관리의 의미는 시대의 변천과 더불어 강조하는 내용이 달라져 가고 있다. 과거에는 품질의 통제라고 하는 컨트롤의 의미가 강하였으나, 근래에는 품질의 계획, 조직활동의 통제 면에 중점을 두는 매니지먼트의 의미가 강조되고 있다. Juran은 그의 저서(1·9)에서 "관리란 표준을 설정하고 이것을 달성하기 위한 온갖

활동을 말한다(The process through which we establish and meet standards is called control)."라고 정의하고 있다. 이것은 매니지먼트와 컨트롤을 모두 포함시키는 의미로 해석된다고 하겠다.

Deming(1·3)은 관리의 기능을 **[그림 1.1]**과 같은 도표를 써서 설명하고 있으며, 이를 데밍 사이클(Deming cycle)이라고 부른다. 데밍 사이클에서는 품질을 중요시하는 관념과 품질에 대한 책임감을 바탕으로 하여, 설계라는 계획단계를 시작으로, 설계내용의 제조라는 실시단계를 거쳐, 제품의 검사·판매라는 검토단계를 거친 후, 최종적으로 소비자에 대한 서비스와 그들의 의견을 알아보는 조사단계로 가게 된다. 조사·서비스의 결과로 재설계가 행해지고 제조방법이 변경되고 검사·판매의 방법이 개선되게 되는데 이와 같은 개선활동을 조치라고 볼 수 있다. 이 사이클이 계속 돌아가면서 끊임없는 관리 활동이 이루어지게 된다.

그림 1.1 데밍 사이클

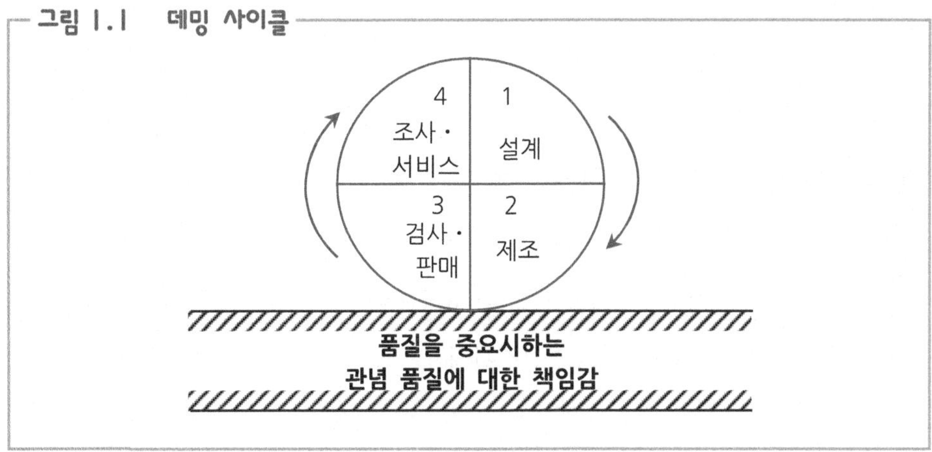

그림 1.2 데밍의 관리 사이클

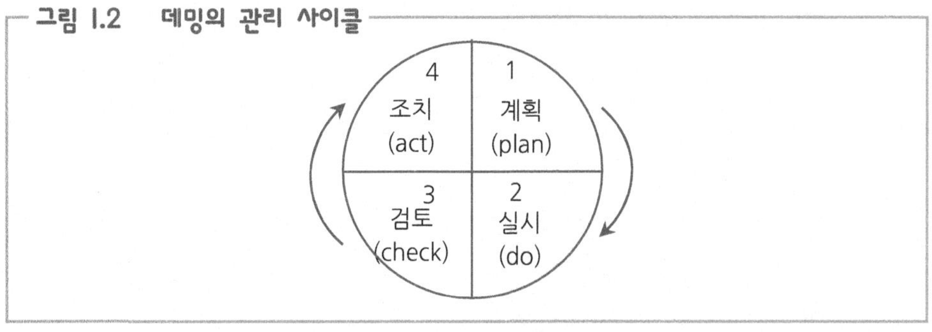

데밍 사이클의 개념을 간략히 줄여서 계획(plan)→실시(do)→검토(check)→조치(act)를 반복하는 것이 관리라는 관점에서, **[그림 1.2]**와 같이 그려서 이것을 데밍의 관리 사이클(control cycle)이라고 부르고 있다. 영문의 첫 글자를 따서 PDCA 사이클이라고 부르기도 한다.

관리의 사이클의 구성요소는

(1) 목표달성에 필요한 계획(혹은 표준)을 설정(plan)한다.
(2) 계획대로 실시한다(do).
(3) 실시한 결과를 측정하고 해석한다. 즉, 평가한다(check).
(4) 평가한 결과가 계획에 비해 차가 있으면 필요한 수정조치를 취한다(act).

의 네 가지로 되어 있고, 이 중에서 특히 검토단계에서는 품질특성치에 대한 분석·평가가 행해지는 통계적 품질관리활동이 중요한 몫을 차지하게 된다.

1.3 품질관리와 통계적 품질관리

앞에서 품질과 관리에 대하여 상세히 설명하였으므로 품질관리에 대한 정의를 내리는 것은 어렵지 않을 것이다. 품질관리(quality control ; QC)란 간단히 얘기하면 품질에 대한 관리를 말하는 것으로 다음과 같이 정의할 수 있다.

> 품질관리란 수요자가 요구하는 모든 품질을 확보·유지하기 위하여 기업이 품질목표를 세우고, 이것을 합리적이고도 경제적으로 달성할 수 있도록 수행하는 모든 활동의 체계를 말한다.

통계적 품질관리(statistical quality contro ; SQC)는 품질관리의 일부분으로 통계학의 모든 통계적 수법을 사용하여 실시하는 품질관리를 말하며, 품질관리의 핵심적인 부분이라고 하겠다. 따라서 다음과 같은 정의를 내릴 수 있다.

통계적 품질관리는 수요자가 요구하는 모든 품질을 확보 · 유지하기 위하여 기업이 품질목표를 세우고, 이것을 합리적이고도 경제적으로 달성할 수 있도록 수행하는 모든 통계적 수법을 응용하는 활동체계를 말한다.

다음은 품질관리 분야 권위자들의 정의와 한국산업규격의 정의를 살펴보자.

* J.M. Juran (1·9)

  품질관리란 품질특성을 측정하여 표준과 비교하여 그 차이에 대한 조치를 취하는 통계적인 체계를 말한다.

  (Quality control is the regulatory process through which we measure actual quality performance, compare it with standards, and act on the difference.)

* W.E. Deming (1·3)

  통계적 품질관리란 최대한으로 유용하며 시장성 있는 제품을 가장 경제적으로 생산하기 위하여 생산의 모든 단계에서 통계적 수법을 응용하는 것을 말한다.

  (Statistical quality control is the application of statistical techniques in all stages of manufacture toward the most economic manufacture of a product that is maximally useful and has a market.)

위에 소개된 QC와 SQC의 정의는 다분히 제조중심의 품질관리와 깊이 연관지어 내려진 정의라고 생각할 수 있다. Feigenbaum은 참으로 효과적인 품질관리는 설계에서 시작하여 제품이 수요자의 손에 들어가 수요자의 만족을 얻었을 때 끝나야 한다는 넓은 의미의 품질관리를 강조하고, 총합적 품질관리(Total Quality Contro ; TQC)란 용어를 제안하였다. 그의 TQC의 정의는 다음과 같다.

* A.V. Feigenbaum(1·7)

  총합적 품질관리란 수요자에게 충분히 만족되는 제품을 가장 경제적인 수준으로 생산할 수 있도록 사내(社內)의 각 부문이 품질개발, 품질유지 및 품질향상의 노력을 조정 통합하는 효과적인 체계이다.

(Total quality control is the effective system for integrating the quality-development, quality-maintenance, and quality-improvement efforts of the various groups in organization so as to enable production and service at the most economic levels which allow for full customer satisfaction.)

* **한국산업규격** A 9000:2001
품질관리란 품질 요구사항을 충족하는 데 중점을 둔 품질경영의 일부이다. 품질경영이란 품질에 관하여 조직을 지휘하고 관리하기 위해 조정되는 모든 활동이다.

위의 여러 가지 정의를 살펴보면 이들 내용 가운데는 다소의 뉘앙스의 차이가 있음을 발견할 수 있다. Deming의 SQC가 가장 좁은 의미의 품질관리활동으로 통계적 수법의 적용을 통해서 본 생산과정의 품질관리이며, Juran의 QC는 좀 더 넓은 의미에서 품질표준을 설정하고 여기에 맞추어 나가려는 모든 통제활동을 품질관리라고 보았고, 마지막으로 Feignbaum의 TQC는 가장 넓은 의미에서 경영 전반에 걸친 조직의 체계를 통해서 본 품질관리라고 할 수 있다. 그러나 최근에는 전 세계가 ISO 9000 시리즈에 기준하여 품질이나 품질관리의 정의를 하고 있으며, 차츰 한국산업규격처럼 통일되어 가고 있는 과정에 있다.

품질관리의 정의에는 이와 같이 상이한 점이 있으나, 최근의 품질관리의 개념은 TQM(Total Quality Management : 전사적 품질경영)적인 이념에 바탕을 두어 경영의 수단으로 전사적으로 수행하되, 구체적인 실행 방안에서는 SQC적인 사고와 방법을 활용하여 나가는 활동으로 이해되어 가고 있다.

1.4 품질관리의 역사

품질관리의 기초를 형성하는 것은 통계학이라고 말할 수 있다. 초기에 영국의 통계학자 K. Pearson 학파는 모집단의 전량 관찰에 의하지 않고, 다량의 표본(이를 시료라 부르기도 한다)에서 그 모집단의 분포상태를 파악하는 통계적 방법을 제시하였고, 1920년대에 영국의 통계학자 R.A. Fisher 학파는 소량의 표본에서 모집단에 관한 추정과 검정방법을 제시하여 추측통계학의 기초를 확립하였다. 이 추측통계학의 이론은 SQC의 바탕이 되고 있다.

SQC의 시작은 1924년에 벨연구소(Bell Telephone Laboratory)에 근무하던 W.A. Shewhart가 똑같은 조건에서 제조된 제품이라도 품질특성치에는 산포가 존재하며, 이것을 관리하여야 한다고 주장한데서 시작되었다고 볼 수 있다. 그는 품질특성치의 산포관리를 위하여 관리도법(control chart method)을 창안하여 생산 공정에서 일어나는 문제해결에 통계적 방법의 적용을 시도하였다. 그의 이론은 1931년에 발행된 그의 저서(1·11)에서 상세히 설명되어 있다. Quality Control이란 용어는 최초로 이 저서에서 사용되었다고 한다.

1928년에는 같은 Bell 연구소의 H.F. Dodge(1·4)와 1929년의 H.F. Dodge와 H.G. Romig(1·5)이 샘플링 검사(sampling inspection)의 이론을 발표하여 SQC에 또 하나의 획기적인 공헌을 하였다. 1941년에 출판된 Dodge-Romig의 샘플링 검사표(1·6)는 오늘날에도 샘플링 검사에 많이 인용되는 검사표가 되었다. 오늘날에 와서 Shewhart, Dodge와 Romig 세 사람의 업적은 통계적 품질관리의 기초가 된 것으로 평가되고 있다. 그러나 통계적 방법을 사용한 품질관리 활동이 본 궤도에 오른 것은 1939년 제2차 세계대전이 일어나 막대한 군수물자가 필요하게 되고, 이에 수반하여 발생되는 품질상의 문제를 관리하고자 하는 미국정부의 노력이 직접적인 계기가 되었다. 1941년 미육군성은 ASA(American Standards Association)에 의뢰하여 Shewhart의 관리도법을 공포하게 한 후 이를 군수산업에 적용토록 하였고, 또한 미국전시규격(1·12, 1·13)을 작성하여 사용토록 하였다.

미국에서는 1946년에 미국품질관리학회(American Society for Quality Control)가

발족되어 기업의 품질관리 활동에 많은 기여를 하고 있다. 1950년에 미국방성은 샘플링 검사법의 하나인 MIL-STD-105A를 제정, 현재의 MIL-STD-105D로 발전시켰고, 1957년에는 MIL-STD-414를 제정하여 현재 세계적으로 널리 사용되고 있다.

영국에서는 독자적으로 1930년대부터 통계적 품질관리에 대한 연구가 추진되었다. 1933년에 발표된 E.S. Pearson(1·10)의 "품질관리 및 표준화에 있어서 통계적 수법의 사용"에 관한 논문을 시작으로 영국통계학회(Royal Statistical Association)를 중심으로 SQC에 관한 많은 논문이 발표되었고, 제2차 세계대전 중에는 미국과 마찬가지로 품질관리의 규격이 만들어져 군수산업에 대한 시도가 행해졌다.

품질관리기법은 미국과 영국으로부터 유럽의 여러 나라, 캐나다, 호주 등지로 전파되었고, 특히 유럽에서는 유럽품질관리기구(European Organization for Quality Control)를 창립시켜 이 지역의 QC 보급에 선도적 역할을 하였다.

일본의 품질관리의 발전은 Deming과 Juran과 같은 미국학자들의 도움이 컸다고 한다. 1950년 Deming의 동경 강의를 시작으로 하여 1950~53년 사이에 이 두 학자는 수차례 일본을 방문하여 SQC의 강습회를 통해 일본 산업계의 QC를 보급시켰다. 일본에서는 1951년부터 Deming의 업적을 기념하기 위하여 "Deming상"을 설정하고 QC의 보급과 실시에 뛰어난 개인과 회사에 시상을 하여 왔다. 일본에서는 1950년대에 통계적 방법에 역점을 둔 SQC를 주로 하였으며, 1960년에 들어서면서 QC는 기업의 전 종업원이 참여하여야 소기의 목적을 달성할 수 있다는 사고에 근거를 두고 전사적 품질관리(TQC)를 발전시켜왔다. 일본규격 협회와 일본과학기술연맹 등이 품질관리의 보급 · 확산에 주된 역할을 담당하고 있다.

우리나라의 품질관리는 6 · 25 동란 등으로 인하여 그 출발이 매우 늦다. 한국에서 QC의 보급활동이 시작된 것은 1959년에 한국산업표준규격협회(현재의 한국표준협회)가 창립된 후부터이고, 1961년에 공업표준화법(Industrial Standardization Law)이 공포되면서 활발한 보급이 전개되었다. 1966년에는 주한미국경제협조처(USOM)의 후원 하에 한국품질관리학회(현재의 한국품질경영학회)가 창립되어 QC의 연구발표회, 강습회 등으로 품질관리의 보급에 기여하였다.

우리나라에서 QC의 보급이 본 궤도에 오른 것은 1970년대 초반에 수출실적이 크게 신장되기 시작하고, 1973년에 공업진흥청이 발족되면서부터이다. 공업진흥청은 1960년대부터 정부에서 꾸준히 추진해 온 KS 표시제도를 정착시키고, 수출상품의 품질보증제도를 적극화하고, 표준화와 품질관리운동을 범산업적으로 전개시키는 데 주도적 역할을 하였다. 그러나 무엇보다도 기업인들이 자기들의 상품을 해외시장에 수출하면서 경쟁력을 확보하기 위하여 품질관리의 중요성을 인식하게 된 것이 QC보급의 계기가 되었다고 생각된다.

지금까지 품질관리의 역사를 간단히 살펴보았다. 품질관리의 개념은 역사와 더불어 변천하는 과정에서 그때의 시대적인 요청에 의해 새로운 품질관리 운동이 전개되어 제품의 품질향상에 큰 공헌을 하였다. 그 중에서 대표적인 운동 몇 가지를 소개하면 다음과 같다.

* **통계적 품질관리**(Statistical Quality Control) : 미국의 Bell 전화연구소의 W.A. Shewhart가 1924년에 제출한 관리도법에 관한 보고서와 Dodge와 Romig(1·5)의 샘플링 검사로부터 시작된 통계적 방법을 매개체로 한 품질관리 운동

* **전사적 품질관리**(Total Quality Control) : 1950년대부터 기업의 품질관리는 전부문의 참여 없이는 이루어질 수 없음을 간파한 Feigenbaum(1·7)에 의하여 이 운동이 시작되었다. 이 운동에서는 제품의 품질은 기업 전반에 걸쳐서 일어나는 모든 활동의 영향을 받으므로, 품질관리에는 설계의 관리(design control), 수입자재의 관리(incoming materials control), 애프터서비스의 관리(after-service control) 등이 포함되어야 한다고 강조하였다.

* **신뢰성**(Reliability) : 신뢰성 운동은 제2차 세계대전 중 미국이 군사적인 목적으로 사용하던 전자장비의 수명을 길게 하고자 하는 노력에서 시작되었다고 한다. 이 운동의 특징은 복잡한 전자제품의 설계단계에서 일어나는 품질문제의 해결을 가장 중요시 하는 데 있다. 1950년 미국 국방성에서는 전자장비신뢰성자문위원회(Advisory on the Reliability of Electronic Equipment ; AGREE)를 설립 · 운영하였고, 1957년에 발간된 AGREE 보고서는 신뢰성 운동에 획기적인 공헌을 하였다.

* **제품보증**(Product Assurance) : 이 운동은 1960년대 초반부터 소비자 제일주의 의식이 싹트면서, 제품의 결점으로 인하여 소비자가 피해를 입었을 때에 생산자에게 책임을 추궁하는 제품책임(Product Liability ; PL)의 개념과 더불어 발생된 운동이다. 여기에서는 제품의 보수 용이성(maintainability), 신뢰성(reliability), 각종의 품질보증활동 등이 강조된다.

* **무결점**(Zero Defect) : 이 운동은 제품을 만들 때 결점을 전혀 없게 하자는 정신적 동기부여 운동으로 1962년 미국의 Martin-Marietta사에서 시작되었다 한다. 이 운동은 생산단계에서 종업원 한 사람 한 사람이 주의를 기울여 작업하면서 무결점에 도달할 수 있고, 무결점에 도달하기 위하여 부단히 노력하여야 한다는 정신적 자세를 강조한 운동이었다.

* **사회적 품질관리**(Social Quality Control) : 1970년대에 제품의 대량 사용으로 지금까지 거론되지 않았던 공해문제나 사회 안전성의 문제가 야기되었다. 이 무렵부터 제품이 사회에 미치는 영향을 중요시하고 회사자체의 사회적 책임이 다루어지게 되었다. 이 운동은 제품의 사회적 영향을 충분히 고려하고 제품책임(PL)의 대책을 세운 품질관리의 추진 방법을 강구하는 운동이라고 하겠다.

* **전사적 품질경영**(Total Quality Management) : 1987년에 세계표준화기구(ISO)에서 공표한 ISO 9000 시리즈에서 품질보증을 위하여 기업에서 전사적으로 실시하는 품질경영을 강조하면서 대두되었다. 오늘날에는 TQM이 앞의 TQC를 대신하여 널리 사용되고 있다.

* **6 시그마**(Six Sigma) : 1987년에 미국의 Motorola에서 시작한 과학적 품질경영의 전략으로 오늘날 가장 인기가 있는 경영전략으로 대두되고 있다. 6 시그마에서는 통계적 수단을 광범위하게 활용하고 있으며, 프로젝트 활동, 프로세스의 평가, 벨트제도에 의한 교육 등을 강조하고 있다.

1.5 통계적 품질관리의 범위

통계적 품질관리(SQC)란 앞에서 정의된 바와 같이 품질관리의 목적을 달성하기 위하여 사용되는 모든 통계적 방법의 활용체계를 말한다. 품질관리의 개념이 시대적 변화와 더불어 더욱 광범위해짐에 따라서 SQC에서 사용되는 통계적 수법도 매우 다양해졌다.

SQC의 발달 초기 단계에는 제조 단계에서 많이 사용되는 관리도법과 샘플링 검사법이 품질관리에서만 전용되는 통계적 기법으로 SQC의 골격을 이루었으나, 품질관리의 영역이 확대됨에 따라서 실험실이나 연구부서에서 활용되는 통계적 방법으로 검정과 추정, 상관 · 회귀분석, 분산분석과 실험계획법 등이 추가되었고, 또한 제품의 설계, 품질보증 등이 품질관리에서 강조됨에 따라 신뢰성 등도 넓은 의미에서 SQC에 포함시킬 수 있게 되었다.

이 책에서는 품질관리와 관련된 모든 통계적 방법을 SQC의 범위에 속한다고 간주하고, 이들을 간략하게 모두 소개하고자 한다. 그러나 단행본으로 만들기 위한 지면관계상 SQC라고 생각할 수 있는 반응표면분석, EVOP법 (Evolutionary Operation), 혼합물 실험데이터 분석 등을 다루지 못하니 관심 있는 독자는 참고문헌(1·15)을 통하여 공부하기 바란다.

1.6 품질관리활동의 체계와 통계적 수법의 활용

품질관리는 전술한 바와 같이 수요자가 요구하는 상품을 경제적으로 생산 · 공급하기 위한 모든 활동의 체계라고 말할 수 있으며, **[그림 1.3]**과 같이 품질관리 활동의 체계를 도시할 수 있다. **[그림 1.3]**에서 보는 바와 같이 품질관리활동은 기업 안의 모든 조직과 연관되어 있음이 명백하다. 이들의 활동에서 어떤 통계적 수법이 쓰이며 그 필요성이 무엇인가를 밝혀 보자.

그림 1.3 품질관리 활동의 체계

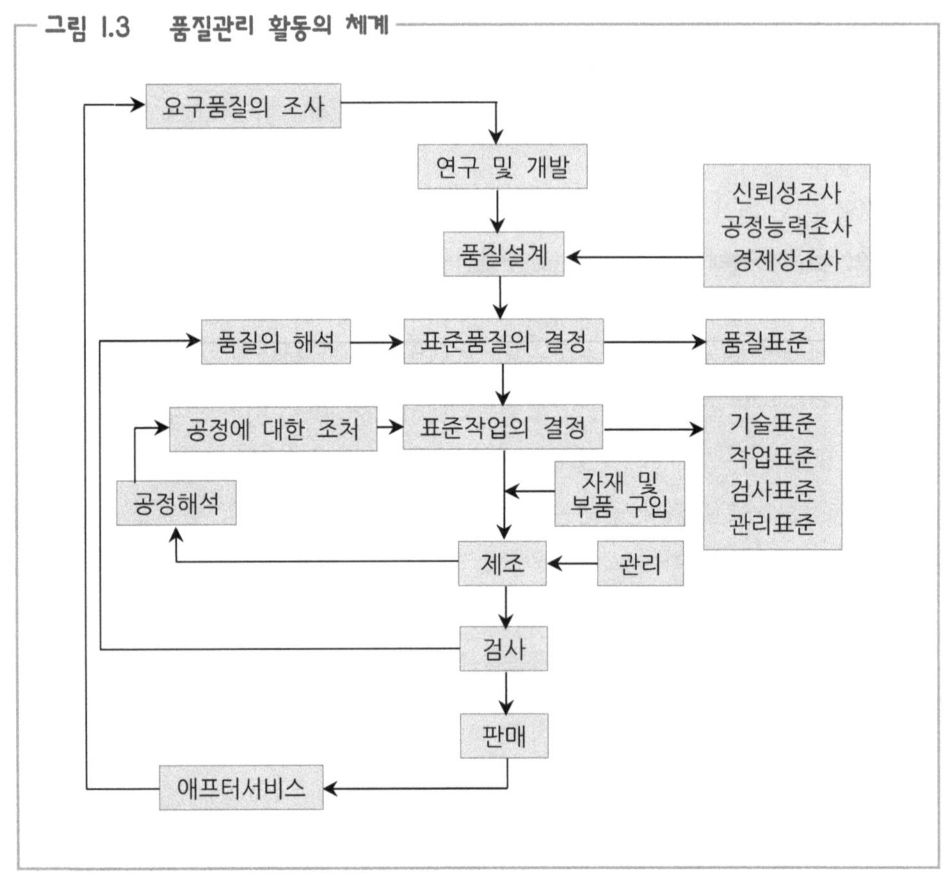

요구품질의 조사에서는 올바른 표본추출법(sampling method)과 거기서 얻어지는 데이터의 적절한 해석방법(검정과 추정 또는 적절한 분석법)을 활용하지 않으면 소기의 목적을 이룰 수 없다. 표본추출법과 데이터 해석법은 SQC의 중요한 영역이다.

연구 및 개발에서는 실험실 연구, 신제품 개발연구 등을 수행할 때에 실험계획법(experimental design), 분산분석(analysis of variance), 회귀분석(regression analysis)

등이 많이 사용된다. 특히 실험계획법은 품질특성치에 영향을 미치고 있다고 여겨지는 수많은 요인 중에서 영향이 큰 것을 골라내고, 또한 이들의 최적조건을 찾아낼 수 있는 방법으로, 연구 · 개발 부문에서 긴요하게 사용되는 방법이다.

품질설계에서 자주 사용되는 통계적 방법은 신뢰도(reliability), 공정능력지수(Cp), 공차(tolerance) 등으로 이들의 계량적인 계획없이 품질설계가 이루어진다는 것은 구체적인 품질설계가 이루어지지 않았음을 의미하는 것이다.

표준품질이란 상품의 품질목표를 구체적으로 나타낸 것으로 이것을 기록한 것이 품질표준이다. 표준품질이 정해지면 어떻게 해야 그것이 만들어질 수 있는가가 결정된다. 이것이 표준작업의 결정인데, 이것을 구체적으로 기록하게 되며 분야에 따라서 기술표준, 작업표준, 검사표준, 관리표준 등이 정해진다.

표준에 의한 제조에서는 각종의 관리활동에 의하여 표준이 지켜지고 있는가를 부단히 검토하여야 하며, 관리도법 및 각종의 통계적 수법(QC의 7가지 도구 등)을 활용하여 공정해석을 하고, 그 결과로부터 각종 표준의 개정 등이 이루어진다.

검사의 단계에서는 샘플링 검사를 통하여 품질의 평가가 이루어지고 필요에 따라 표준품질의 개정이 이루어지기도 한다. 샘플링 검사는 시료(표본)로부터 모집단인 공정의 정보를 얻으려는 활동이므로 통계적 검정과 추정법이 자주 사용된다.

이상에서 기술한 바와 같이 거의 모든 품질관리활동에서 통계적 수법이 사용되며, 이들의 적절한 사용 없이는 성과를 거둘 수 없다. 또한 품질관리활동에서는 사실에 근거를 두는 것이 바람직하다. 사실에 근거를 둔다는 것은 데이터(data)에 의한다는 뜻이며, 데이터의 취득, 분석, 해석은 통계적 활동이므로 SQC 수법은 품질관리활동에 가장 핵심적인 요소라고 하겠다.

참고문헌

1·1 Crosby, P.B. : Quality Is Free, New York, McGraw-Hill, 1979.

1·2 Deming, W.E. : Out of the Crisis, MIT, Cambridge, MA, 1986.

1·3 Deming, W.E. : Elementary Principles of Statistical Control of Quality, Union of Japanese Scientists and Engineers, Tokyo, 1950.

1·4 Dodge, H.F. : "Using inspection data to control quality," Manufacturing Industries, 1928.

1·5 Dodge, H.F. and Romig, H.G. : "A method of sampling inspection," Bell System Technical Journal, October Issue,1929.

1·6 Dodge, H.F. and Romig, H.G. : Sampling Inspection Tables : Single and Double Sampling, 1st ed., John Wiley, New York, 1941.

1·7 Feigenbaum, A.V. : Total Quality Control, 3rd edition, McGraw-Hill, New York, 1983.

1.8 Juran, J.M. : Managerial Breakthrough, New York, McGraw-Hill, 1964.

1·9 Juran, J.M. : Quality Control Handbook, 3rd ed., McGraw-Hill, New York, 1974.

1·10 Pearson, E.S. : "A survey of the uses of statistical method in the control and standardization of the quality of manufactured product," Journal of the Royal Statistical Society, Series A, Vol. XCVI, pp.21~60, 1933.

1·11 Shewhart, W.A. : The Economic Control of Quality of Manufactured Product, D. Van Nostrand Co., New York, 1931.

1·12 Z1·1 and Z1·2 : Guide for Quality Control, Control Charts Methods of Analyzing Data, 1941.

1·13 Z1·3 : Control Charts Methods of Controlling Quality During Production, 1942.

1·14 Taguch, G. : Introduction to Quality Engineering, Asian Productivity Organization, Tokyo, 1986.

1·15 박성현 : 현대실험계획법, 개정판, 민영사, 2003.

1·16 박성현, 박영현, 이명주 : 통계적 공정관리, 민영사, 1997.

제2장

품질경영과 국제규격

2.1 품질경영

2.2 품질경영의 기본원리와 요소

2.3 품질경영상

2.4 ISO 9000과 ISO 14000

2.5 품질경영과 ISO 9000의 관계

2.6 QS 9000과 TL 9000

2.1 품질경영

2.1.1 품질경영의 개념

우리나라는 70년대에 품질관리를 도입한 이후 제조분야에서 국제적 경쟁력을 확보하여 왔다. 특히 제조분야에서의 품질경쟁력은 어느 정도 국제적 경쟁력을 확보하였다. 그러나 대내외적인 글로벌 환경변화가 발생함에 따라 기존의 현장 중심의 품질관리 활동은 여러 가지 취약점을 드러내게 되었다. 특히 고객만족의 중요성이 강조되면서 공급자 중심의 품질관리 활동에서 탈피하여 소비자 중심의 적극적인 품질경영 체계로 보완이 절실히 필요하게 되었다. 이에 따라 제조부문 뿐만 아니라 고객요구조사, 설계, 검사, 판매 등 모든 부문을 체계적으로 관리하면서 품질의 제고를 추구하는 품질경영(quality management)이 필요하게 되었다.

품질경영은 1980년대 초반 미국을 중심으로 기업의 경쟁 우위를 확보하고 품질위주의 기업문화를 창출함으로써 조직 구성원의 의식을 개혁하고, 궁극적으로 기업의 경쟁력을 키우고자 최고 경영자를 중심으로 기업의 경영을 고객 위주의 관리 시스템으로 하는 경영운동이다. 초기에는 주로 제조업체에서 적용하기 시작하였으나, 최근에는 전 세계에 걸쳐 건설회사, 유통업체, 은행, 병원, 보험회사 등 영리단체 뿐만 아니라, 교육기관, 공공기업 등 비영리조직에서도 깊은 관심을 갖고 추진하고 있다.

이처럼 많은 분야에서 관심을 갖고 품질경영을 기업의 경영 방침으로 적용하고자 하는 이유는 무엇일까? 기존의 전통적인 기업 활동의 한계점이 대표적인 이유이다. 그 한계점을 예를 들어보면 다음과 같다.

1. 기업이 단기적인 이윤추구에 몰두하고 장기적 안목에서 경쟁력 우위를 추구하지 못하였다.
2. 품질개선이 최고 경영층의 가장 중요한 관심사가 되지 못하였다.
3. 고객이 원하는 제품이나 서비스의 특성이 충분히 제품이나 서비스의 개발단계에 반영되지 못하였다.

4. 전사적인 품질활동의 추진이 없이 현장 중심의 품질관리 활동에만 역점을 두었다.
5. 품질부서나 생산부서가 품질관리 활동을 주도해 왔다.
6. 기업의 전 조직 간에 의사전달(communications)이 원활치 못해서 부서 간 협조를 필요로 하는 품질문제를 해결하기가 힘들었다.
7. 교육과 훈련의 미비로 인적자원의 능력 개발이 부족하였다.
8. 각 부서에 발생하는 측정자료, 정보 등이 서로 공유되지 못하였다.

최근 여러 문헌에서 제시되고 있는 품질경영의 정의를 종합해 보자. Schonberger (2·8)는 "품질경영이란 처음 공정에서 마지막 단계까지 소비자가 만족하는 품질의 제품을 만들기 위한 기법이자 수단이다. 이것을 추진하기 위하여 정보를 수집하고, 다기능 팀(multi-functional teams)을 운영하며, 통계적 방법을 사용하고, 성과에 따라 포상을 수여하는 것이다."라고 정의하였다. Oakland(2·6)는 "경영의 효율성과 탄력성을 전반적으로 향상시키기 위한 접근방법이며 모든 부서, 모든 활동, 모든 레벨의 구성원들을 조직화하고 참여시키는 방법이다."라고 정의하였다. 그리고 Banks(2·1)는 "고객의 요구조건에 맞는 산출물을 창출하는 사람과 그 과정을 중시하는 접근방법"이라고 그의 책에서 품질경영을 정의하였다.

이를 종합하면 품질경영이란 "최고 경영자의 열의와 리더십 하에 비전과 전략 개발단계부터 고객이 만족하는 품질의 제품이나 서비스를 공급하기 위해 합리적인 관리방식과 품질관리 기법을 활용하여 모든 분야에 걸쳐 전 사원이 참여하여 지속적인 품질 향상을 도모하여 기업의 번영을 추구하는 경영관리 활동이다."라고 정의할 수 있다.

따라서 품질경영은 최고경영자의 주도 하에 품질방침과 목표를 결정하고, 품질계획을 수립하며, 품질관리, 품질보증 및 품질개선 등과 같은 수단에 의해 품질시스템 내에서 실행하는 전반적 관리 기능에 관한 활동으로서 QP, QC, QA, QI를 포함하는 보다 넓은 의미를 가진다.

$$QM = QP + QC + QA + QI$$

QM = 품질경영 (QM : quality management)

QP = 품질계획 (QP : quality policy and planning)

QC = 품질관리 (QC : quality control)

QA = 품질보증 (QA : quality assurance)

QI = 품질개선 (QI : quality improvement)

<표 2.1>은 전통적인 품질에 대한 관점과 오늘날의 현대적 품질에 대한 관점을 비교한 것이다.

표 2.1 품질관점의 비교

전통적 관점	현대적 관점
대응형(Reactive)	선행적(Proactive)
검사중심	예방중심
AQL(Acceptable Quality Level)	ZD(Zero Defect)
제품중심(Product-oriented)	과정중심(Process-oriented)
생산 일정 최우선	품질 최우선
품질과 비용의 양자택일	품질과 비용의 동시 추구
현장 중심의 품질관리	고객조사부터 서비스까지
품질비용에 대한 대략적 추정	품질비용의 공식적 산출
품질은 품질부서의 문제	품질은 조직 전부문의 문제
규격에 적합하면 합격	변동은 품질의 적
품질은 기술적 문제	품질은 경영의 문제

2.1.2 품질관점의 차이

최근 세계는 국제화되고 정보화됨에 따라 소비자는 제품이나 서비스에 대하여 보다 많은 정보를 보다 쉽게 구할 수 있게 되었다. 특히 인터넷의 발전에 따라 소비자는 더 많은 정보를 빠르게 받을 수 있다. 이처럼 기업의 환경이 공급자 중심에서 소비자 중심으로 변화됨에 따라 품질관리에 대한 접근 방법도 변화하였다. 다음은 공급자 관점에서의 품질과 소비자 관점에서의 품질을 비교한 것이다.

(1) 공급자 관점의 품질

공급자 중심의 시대에 기업은 내부 효율성(internal efficiency) 측면에서 품질을 관리하였다. 이로 인하여 기업은 어떻게 하면 불량률을 줄여서 생산성을 높이고 생산원가를 줄일 수 있을 것인가에 많은 노력을 기울였다. 그리고 불량품이 발생하여 고객에게 전달되는 것을 방지하기 위하여 검사를 강화하였다. 제조공정에서 생산된 제품의 특성이 설계단계에서 정한 제품의 품질규격에 어느 정도 적합하게 생산되었는지를 나타내는 설계규격에 대한 적합성(conformance with specification)이 곧 공급자 관점의 품질이다.

(2) 소비자 관점의 품질

오늘날 소비자 중심 시대로 변화됨에 따라 비록 설계규격에 맞게 제품을 생산하더라도 고객이 원하는 품질이 아닐 수 있다. 즉, 얼마나 소비자의 요구를 제대로 충족시키고 있느냐 하는 것이 더 큰 문제로 제기되고 있다. 공급자 중심에서 소비자 중심으로 품질의 관점이 변화됨에 따라 "이 제품이나 서비스가 소비자가 사용하기에 얼마나 적합한 제품인가?", "소비자를 얼마나 만족시키는 제품인가?" 하는 것이 품질평가의 기본 잣대가 되고 있다. 즉, 고객만족(customer satisfaction)과 사용상의 적합성(fitness for use) 측면의 품질노력이 요구된다는 의미이다.

2.1.3 제품품질과 서비스품질

생산을 담당하는 부서나 혹은 서비스를 담당하는 부서의 관리자는 상이한 형태의 품질문제를 다루게 된다. 그러나 생산부문과 서비스부문은 품질경영에 대하여 접근 방법이 다소 차이가 있을 수 있으나 그 근본적인 원칙과 개념은 유사하다. 다음은 제품품질과 서비스품질의 유사성과 차이를 다루어 보자.

(1) 제품품질의 특성

제품품질의 특성은 **<표 2.2>**와 같이 8가지 특성으로 표현할 수 있다. 예를 들면 자동차의 가속능력, 소음, 안정성 등과 같이 제품의 주요 특성을 나타내는 성능(performance), 항공사의 무료음료제공 등과 같이 기본기능을 보완하는 제품의 부가적인 특성(features), 제품이 사용 환경에서 일정기간 동안 고장 나지 않을 확률을 나타내는 신뢰성(reliability), 제품이 원래의 설계 특성에 일치하는 적합성(conformance), 제품이 물리적으로 파손되거나 교체될 때까지의 사용기간을 나타내는 내구성(durability), 제품에 어떤 문제가 발생하였을 경우 소비자의 요구에 따라 신속하고 용이하게 제품을 수리할 수 있는 능력을 나타내는 서비스능력(serviceability), 제품의 시각, 감각 등 제품의 외관과 관련된 특성을 나타내는 미적특성(aesthetics), 회사나 제품에 관한 고객의 인지도에 관련된 특성을 의미하는 소비자의 인지품질(perceived quality) 등과 같은 8가지 차원으로 표현할 수 있다. 이러한 품질차원의 특성은 품질경쟁력을 평가하는 척도로 사용할 수 있다.

표 2.2 제품품질과 서비스품질

	제품 품질	서비스 품질
1	성능(performance)	완전성(completeness)
2	부가적 특성(features)	편의성(convenience)
3	신뢰성(reliability)	일관성(consistency)
4	적합성(conformance)	정확성(accuracy)
5	내구성(durability)	적시성(timeliness)
6	서비스능력(serviceability)	대응성(responsiveness)
7	미적 특성(aesthetics)	예절(courtesy)
8	인지 특성(perceived quality)	시간(time)

(2) 서비스품질의 특성

서비스품질의 8가지 특성은 다음과 같다. 고객이 요구한 모든 항목을 얼마나 충족시켰는가를 나타내는 완전성(completeness), 서비스를 받기가 얼마나 용이한가를 나타내는 편의성(convenience), 모든 고객에게 같은 수준의 서비스를 일관되게 제공되는가를 나타내는 일관성(consistency), 서비스가 처음부터 바르게 수행되는가를 나타내는 정확성(accuracy), 서비스가 약속시간에 정확하게 제공되었는가를 나타내는 적시성(timeliness), 서비스 인력이 신속하게 반응할 수 있는가 또는 예상치 못한 문제에 대하여 해결능력이 있는가를 나타내는 대응성(responsiveness), 고객과 접하는 종업원이 고객에게 상냥하게 인사하거나 대하는 것을 나타내는 예절(courtesy), 그리고 서비스를 받기 위해 고객이 얼마나 오랫동안 기다려야 하는가를 나타내는 시간(time)으로 나타낼 수 있다.

2.2 품질경영의 기본원리와 요소

회사의 경영 합리화에 의한 중·장기적인 경쟁력을 확보하기 위하여 품질경영을 도입하여 추진하고자 할 때, 가장 중요한 원리와 기본요소에 대하여 알아보자. 품질경영의 중요 요소에 대해서는 문헌에 따라 약간의 차이가 있으나 회사의 전반적인 경영 합리화라는 관리체계라는 점에서는 같다. 따라서 Tenner와 DeToro (2·9), 박성현(2·12), 데밍상(The Deming Prize) 및 말콤볼드리지상(Malcolm Baldrige Quality Award)의 기준을 비교하여 추출한 것을 소개하고자 한다.

[그림 2.1]에서 설명된 것처럼 품질경영의 목적은 품질의 지속적인 개선(continuous improvement)으로 고객에게 최고의 품질과 서비스를 제공함으로써 고객을 만족시키고 나아가 기업의 경쟁력을 확보하는 것이다. 이 목적을 달성하기 위하여 기업의 특성에 따라 다소 차이가 있지만 근본적으로 4가지의 기본 원리와 5가지의 요소가 효율적으로 구축되어야 한다. 4가지의 원리로는 고객중시(customer focus), 공정개선(process improvement), 품질문화(quality culture)형성과 총체적 참여(total involvement)이다. 5가지 기본요소로는 최고 경영자의 리더십, 교육과 훈련, 조직원의 참여, 의사소통(communications), 그리고 인정과 보상이다.

그림 2.1 품질경영 원리와 요소

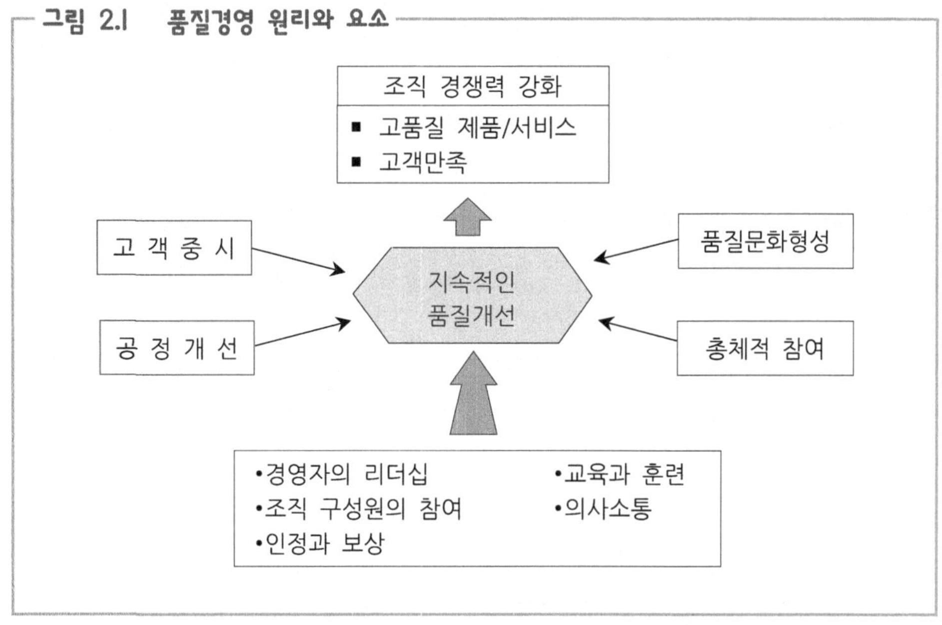

2.2.1 품질경영 기본 원리

(1) 고객중시

고객(내부와 외부 포함)이 원하는 것이 무엇인가를 조사 분석하고 그것을 추진하는 것이다. 단기적인 경쟁력뿐만 아니라 장기적인 회사의 경쟁력을 갖기 위해서는 소비자가 원하는 것을 계속적으로 충족시켜주어야 한다. 이러한 경쟁력을 갖기 위하여 누가 고객이며, 무엇을 그들이 원하며, 어떻게 우리 회사가 그리고 우리의 경쟁회사가 고객의 요구를 만족시키고 있는가를 알아야 한다. 한 예로서 품질을 회사의 최고 방침으로 정한 미국 포드사의 전직 회장인 Peterson(2·7)은 말하기를 "우리 회사 방침은 고객이 원하는 것에 의해 결정되며 고객이 만족하는 제품을 만드는 것이다. 이를 추진하기 위하여 고객이 무엇을 원하는가에 귀를 기울이고 제품과 서비스의 품질을 계속해서 향상시키는 것이다." 라고 하였다.

기존의 제품관리(product management)에 의한 품질관리 방법과 고객을 중시한 품질경영의 공정관리(process management)에 의한 품질관리를 비교하여 보자.

[그림 2.2]에서 알 수 있듯이 기존의 관리 방법은 제품 자체의 품질에 역점을 두었다. 품질을 향상시키기 위하여 원재료나 완성품에 대한 검사를 더욱 철저히 하였으며, 품질은 단순히 품질보증부서와 생산부서의 책임이었다. 이런 상황 하에서는 검사 비용이 증가하고 실패 비용이 상승하여 결국은 품질 비용의 전반적인 상승을 초래한다.

그림 2.2 **품질관리의 차이**

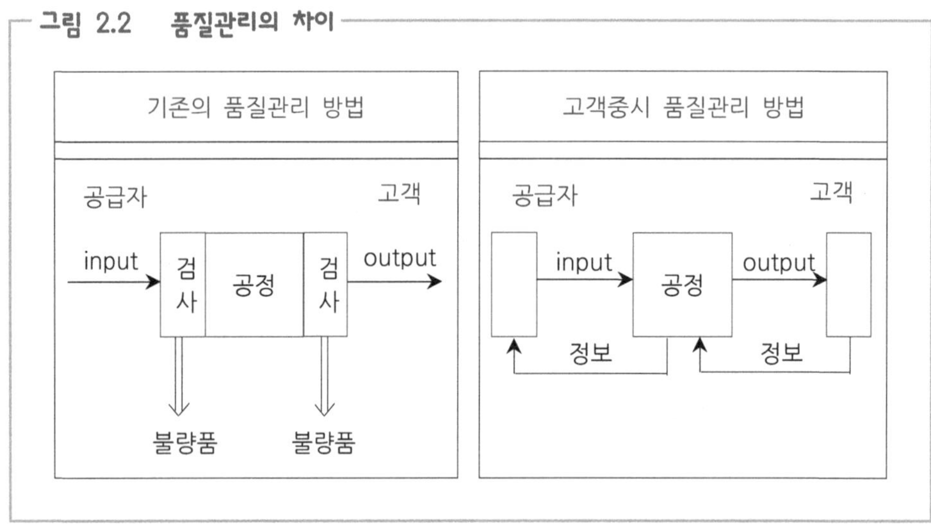

그러나 고객중시에 의한 품질관리는 품질 비용의 상승 없이도 가능하다. 공정관리를 통한 품질의 개선은 고객으로부터 공급자에 이르기까지 하나의 통합적인 체인에 의해 이루어진다. 공정개선은 기존의 품질보증이나 품질검사보다는 더 넓은 범위에 의해 접근된다. **[그림 2.2]**에서 알 수 있듯이 조직은 고객이 원하는 제품이나 서비스가 무엇인가를 먼저 인식한 후, 자재(material), 기계(machine), 방법(method), 그리고 인력(manpower)을 통합 관리하여 원하는 제품이나 서비스를 생산한다. 이때 고객에게 제공된 제품이나 서비스에 대한 의견을 수렴하여 미비한 것은 수정하여 품질이나 공정을 개선한다. 같은 방법이 공급업체와도 이루어진다. 그리고 품질은 기존의 관리 방법과는 달리 전 직원의 책임이다. 이런 과정은 한번으로 끝나는 것이 아니라 지속적으로 이루어진다.

(2) 공정 개선

계속적인 향상이라는 것은 좋은 결과를 연속적으로 생산할 수 있도록 작업과정을 개선하는 것이다. 즉, 전 작업과정에 걸쳐 생산품의 변동을 줄여 균일한 제품을 생산하며, 공정의 신뢰성을 높이는 것이다. 만일 제품의 산포는 적으나 원하는 수준에 미달할 경우에는 다시 디자인하여 소비자가 원하는 제품을 생산할 수 있어야 한다. 공정 개선을 위한 7단계는 **[그림 2.3]**과 같다.

그림 2.3 공정 개선 모델

1	2	3	4	5	6	7
공정개선 공약과 소집단 구성	공정의 정의	공정의 문서화	공정 성취도 측정	공정분석과 문제점 파악	공정개선 방안 연구	공정개선 관리와 평가

① **공정개선 공약과 소집단 구성**

공정개선에 대한 최고 경영자의 의지를 표명하고, 이를 구체적으로 연구·실천할 분임조나 6시그마팀 등의 소집단을 구성한다.

② **공정의 정의**

공정개선은 시스템 자체를 분류하고 인식하는 것으로부터 시작한다. 즉, 회사의 제품이 무엇이고, 고객이 누구이며, 고객이 원하는 것이 무엇이고, 제품을 생산하는 공정과 공정 담당자는 누구인가를 파악하는 것이다.

③ **공정의 문서화**

공정개선은 과거보다 현재, 그리고 더 나아가 앞으로 더 좋은 제품을 만들기 위한 것이다. 그러기 위해서는 모든 공정의 문서화가 필수적인데, 가능하면 서술형으로 쓰인 것보다는 그림이나 모델 등 가시적으로 나타내는 것이 바람직하다. 예로써는 공정도, 시스템 차트 등이 있다.

④ **공정 성취도 측정**

공정의 성취도를 측정함으로써 시스템의 성능이 회사에서 정한 목표에 어느 정도 부합하는가를 파악하는 것이다. 이때 비교 척도는 고객이 원하는 것에 의하여 정해지며 평가되어야 한다. 즉, 고객의 만족도, 고객의 요구품질, 제품 납품기간, 품질비용 및 생산성 등을 경쟁업체와 비교 분석하여야 한다.

⑤ **공정분석과 문제점 파악**

문제를 정의하고 공정을 파악한 다음, 고객의 요구에 만족하는 제품을 생산하는가를 측정하여 문서화한 후에 그 원인을 파악하는 것이다. 이 과정에서는 통계적 기법이나 품질 분석기법이 주로 사용되며 성취도가 왜 미흡한가에 대한 근본적인 원인을 찾아낸다. 가장 보편적으로 쓰이는 네 가지 방법으로는 파레토그림, 특성요인도, 히스토그램, 관리도 등이 이용된다.

Deming(2·2)이 설명한 것처럼 단순히 과거의 경험만으로는 어떤 것도 찾아낼 수 없고, 또한 문제점을 개선해 나아가기 위해서는 근본적인 원리를 이해하여야 한다. 따라서 문제점을 파악하고 그 원인을 찾아냄으로써 개선을 이룰 수 있다. 대부분의 기업에서 공정을 개선하는 데 발생되는 문제점은 무엇이며 그 해결책은 무엇인지 알아보자.

첫째로는 Juran(2·4)이 논한 것처럼 80%의 문제점은 20%의 중요 문제점에 의해 파생된다는 것이다. 즉, 공정을 개선하기 위해서는 중요한 20%의 문제점을 파악하여 그것을 해결하도록 해야 한다. 20%의 중요 문제점을 파악하기 위해서 체크시트로 자료를 측정하고, 파레토 그림을 사용한다.

둘째로는 근본적인 원인을 진단하는 것이다. Ishikawa(2·3)는 그의 저서에서 문제점이 발생하는 것에는 근본적인 원인이 있으며 먼저 징후가 나타난다고 주장한다. 근본적인 원인을 이해하고 대책을 마련하면 어려운 문제를 피해나갈 수 있고, 또 쉽게 그 문제를 해결할 수 있다. 그 방법으로는 특성요인도가 주로 사용된다.

셋째로는 변동의 원인을 규명하는 것이다. 품질의 변동원인은 크게 두 가지로 생각할 수 있다. 하나는 우연원인(chance cause)이고 다른 하나는 이상원인(assignable cause)이다. 우연원인은 생산조건이 관리된 상태 하에서도 발생되는 어느 정도의 불가피한 변동을 주는 원인이고, 이상원인은 작업자의 부주의나 생산 설비의 이상 등으로 발생되는 산발적인 품질 변동을 말한다. 관리도를 사용하여 우연원인과 이상원인을 찾아내서 이상원인은 제거하고, 우연원인은 그 이유를 파악하여 가능한 변동을 줄여가야 한다. 특히 변동 범위와 규격을 비교하여 공정능력지수를 산출한 후 공정능력을 평가한다.

⑥ **공정개선 방안 연구**

지금까지 설명한 5단계는 문제점을 인식하기 위한 것이다. 즉, 공정을 이해하고, 그 공정이 어느 정도 잘 진행되는가를 판단하고 문제점의 근본적인 원인을 규명하였다. 다음 단계는 공정을 개선하기 위한 아이디어를 개발하는 것이다. 실험계획법이나 다구찌 방법 등이 그 예이다. 실험을 설계하고 행한 후 분석하면서 품질에 영향을 미치는 요인들을 찾아내고 그 영향의 정도를 알아내서 품질특성치를 목표값에 근접시키고 품질 특성치의 산포를 줄임으로써 품질향상을 이루도록 한다.

⑦ **공정개선 관리와 평가**

7번째 단계는 마지막 단계이자 공정개선을 위한 첫 단계라고 할 수 있다. 위 6단계가 끝난 후 개선을 위하여 계획을 짜고 새로운 방법으로 공정개선을 실행하고 관리하며 상태를 평가한다. 만일 문제점이 개선되지 않으면 위 단계(5, 6번째 단계)로 다시 돌아가서 새로운 방법들을 모색하고, 문제점이 개선되었으면 문서화하여 계속 추진한다. 그런 다음 첫 번째 단계로 다시 가서 계속적인 개선을 성취하기 위하여 개선 분야를 모색한다. 그리고 개선자에게는 적절한 포상을 한다.

(3) 품질문화 형성

품질문화(quality culture)는 기업의 품질경영(quality management)에 관한 운영철학이라고 말할 수 있고, 이것은 기업문화의 일부분으로 이해할 수 있다. 품질문화는 기업의 품질혁신활동을 위한 중요한 구성요소이다. 구성원들이 품질이 얼마나 중요한가를 인식하고 있는지, 품질혁신활동을 추진할 의지가 있는지에 중요한 영향을 미친다. 품질문화는 사장이 일방적으로 만들어서 되는 것은 아니며, 그 기업의 환경, 종류, 특징, 종업원의 특성, 품질관리 조직 등과 밀접한 관계를 가지고 장시간에 걸쳐 형성되는 것이다. 즉, 그 기업의 갖가지 특성 위에 경영주의 품질경영 철학, 중간관리자들의 행동철학, 현장 종업원들의 사고방식이 가미되어 형성되는 것이라고 말할 수 있다. 품질문화를 형성하는 인과관계를 특성요인도로 그려보면 **[그림 2.4]**와 같다.

그림 2.4 품질문화형성의 특성요인도

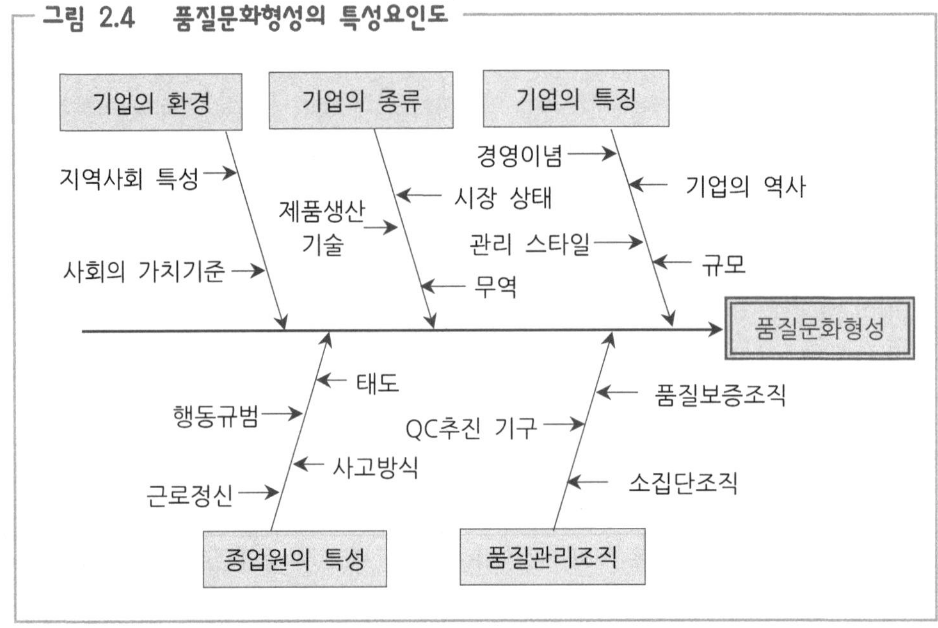

품질문화형성에 영향을 주는 요인들을 **[그림 2.4]**에서 살펴보았는데, 이를 간단히 정리하여 보면 다음과 같다.

① **기업의 환경** : 기업이 위치한 그 사회의 전반적인 가치기준이나, 기업이 있는 그 지역사회의 특성이 영향을 미친다.

② **기업의 종류** : 기업이 생산하는 제품의 생산기술, 시장의 여건, 무역 의존도 등이 품질문화 형성에 영향을 준다.

③ **기업의 특징** : 기업의 역사, 기업의 경영이념(또는 기업이 속한 그룹의 경영이념), 기업의 크기, 경영자들의 관리스타일 등이 품질문화 형성에 크게 영향을 준다.

④ **종업원의 특성** : 전체 종업원(노조 등을 포함)들의 기업에 관한 태도, 근로정신, 사고방식, 행동규범, 애사심 등이 품질문화에 영향을 주는 큰 요인이 된다.

⑤ **품질관리 조직** : QC추진조직, 품질보증조직, 또는 소집단 활동조직(품질관리 분임조, 중간관리자들의 품질개선팀 조직 등) 등의 여부와 운영방식이 품질문화 형성에 영향을 준다.

위와 같은 수많은 요인 중에서 주요 요인은 기업에 따라 큰 차이가 있을 수 있다. 어떤 것이 중요 요인이든 간에 우수한 품질문화를 창조하기 위하여 가장 중요한 성공의 기본요소는 개개 종업원의 철저한 품질의식(quality consciousness)과 품질개선 노력에 적극적으로 참여하는 것이다. 철저한 품질의식과 적극적인 품질개선 활동은 하루아침에 쉽게 오는 것이 아니라 모든 종업원들의 각고의 노력 끝에 얻을 수 있는 것이다.

(4) 총체적 참여

최고 경영자의 주도하에 전 분야에 걸쳐 있는 모든 사원의 참여가 필요하다. 이때 경영자는 종업원들이 두려움 없이 최선의 노력을 기울이고, 자기의 의사를 전달할 수 있으며, 팀워크를 통한 협력이 원활히 될 수 있도록 하여 타 회사에 비해 더 좋은 경쟁력을 갖추는 환경을 조성하여야 한다. 그리고 각 조직원은 소비자의 요구에 맞는 제품이나 서비스를 제공하기 위하여 공정을 개선하고, 문제점을 해결할 수 있도록 새로운 아이디어와 유연성을 갖고 개선해 나가야 한다. 또한 원재료나 물품을 납품하는 회사도 제조 회사와 같은 목적을 갖고 있어야 한다.

2.2.2 품질경영 기본 요소

품질경영을 추진하기 위한 다섯 가지 요소는 다음과 같다.

(1) 경영자의 리더십

최근 세계 여러 국가에서는 품질경영의 중요성을 인식하고 이를 전 사업에 확대·보급하기 위하여 여러 종류의 국가품질수상제도를 시행하고 있다. 일본의 데밍상(The Deming Awards)과 미국의 말콤볼드리지상(Malcolm Baldrige Awards) 등이 그 대표적인 예이다. 이들 두 국가의 수상제도에서 공통된 평가 기준이 있는데 그것이 바로 품질에 대한 최고 경영자의 리더십이다.

Juran(2·5)은 품질에 대한 최고경영자의 관심이 얼마나 중요한가를 1993년 Harvard Business Review에서 강조하였다. 그는 이 글에서 미국기업이 1970년대와 1980년대에 품질향상에 노력했으나 대부분 실패하였으며 그 주된 이유는 최고경영자를 비롯한 고위 관리직의 품질에 대한 무관심과 무지 때문이라고 지적하였다.

경영자는 품질경영을 추진하여 나가는 데 합리적이고 지속적이어야 한다. 품질경영을 회사에 정착시키는 데에는 짧게는 1년, 더 나아가서 5년 정도까지 걸릴 수 있으므로 만일 최고 경영자가 품질경영을 강력히 추진할 의지를 보이지 않는다면 실패할 것이며, 결코 지속적인 품질의 향상을 달성하기는 매우 힘들 것이다. 품질경영을 추진하는 데 있어서 최고 경영자나 고위 관리층이 주지하여야 할 활동은 **[그림 2.5]**와 같다.

그림 2.5 리더십 활동

비전 (Vision)	미래의 우리 기업의 모습
공약 (Commitment)	자원과 재원의 계속적인 조달
목표 (Objective)	계획된 기간 안에 달성할 수 있는 목표 제시
목적 (Goal)	장기간에 걸쳐 달성할 수 있는 목적 제시
임무 (Mission)	기업의 설립 목적과 이유

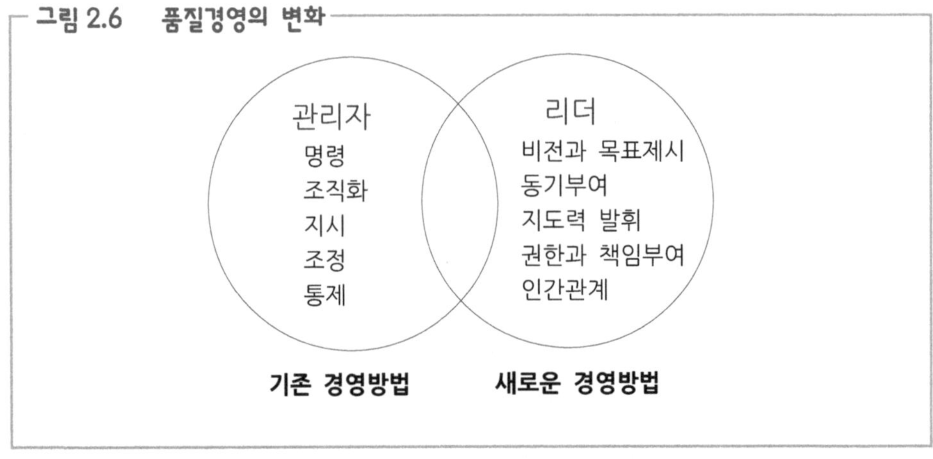

그림 2.6 품질경영의 변화

현대 산업사회와 같은 역동적인 사회에서 기업이 경쟁력을 강화시키기 위해서는 경영자에게 관리자이기 보다는 리더가 되기를 바란다. 조직이 어떤 상황에 변화를 줄 때 리드한다는 것과 관리한다는 것은 같은 의미가 아니다. 일반적으로 관리란 이성적이며, 조직적이고, 분석적이고 또 체계적으로 일을 수행하는 일련의 조직적인 과정이다. 반면에 리더는 관리자에 비해 분석적이기 보다는 비분석적이고, 이성적이기 보다는 비이성적이라고 할 수 있다.

[그림 2.6]에서 보는 봐와 같이 조직원들로 하여금 그들이 그들의 능력 이상으로 목표를 초과 달성하도록 동기부여를 불어넣어 주는 역할을 한다. 관리자는 그의 지위를 이용하여 조직원들에게 힘을 발휘한다. 그러나 리더는 지위에 의하기 보다는 업무와 행동 및 인간관계에 의해 영향을 미친다. 리더는 비전으로, 그리고 관리자는 명령으로 조직을 다스린다. 조직을 이끌기 위해서는 리더도 필요하고 관리자도 필요하다. 그러나 경영자는 단순히 어떤 원리 원칙에 의거하여 조직원들이 그 원리 원칙을 따르게 하기보다는, 그들로 하여금 그들 자신의 능력을 최대한 발휘할 수 있도록 조직의 분위기를 만들어 주는 것이 필요하다.

이상의 내용과 같이 제품이나 서비스 등 모든 분야에 걸쳐 계속적인 품질 향상을 달성하기 위해서는 경영자가 열의와 지도력으로 현 상태에 만족하지 않으면서 비전을 갖고 추진해 나가야 한다. 특히 중요한 것은 경영자는 개개 종업원이 철저한 품질의식을 가지고 품질개선 노력에 적극적으로 참여할 수 있도록 분위기를 조성하고, 근로자들이 장인정신의 자부심을 가지고 일할 수 있는 분위기를 조성해야 한다.

(2) 교육과 훈련

품질이라는 것은 모든 조직원이 지니고 있는 기술에 의해 좌우된다고 말할 수 있다. 전 조직원을 대상으로 하는 교육과 훈련을 통해 그들이 추구해야 할 목적과 방향, 그리고 비전이 무엇인지 알 수 있으며, 품질의 향상과 문제점을 해결할 수 있는 능력을 지니게 된다.

일본 기업의 경우, 다른 국가의 기업보다 품질경영에 관한 철저한 교육과 훈련을 실시해 온 것으로 잘 알려져 있다. 미국 기업의 경우 종업원에 대한 품질 훈련은 연간 40~80시간 정도 이며, 임금의 3~5%가 훈련비로 사용된다고 한다. 구체적인 예로 코닝(Corning)사는 종업원의 근로시간의 5%를 교육과 훈련시간으로 할당하고 있으며, 6 시그마 전략을 세운 모토로라(Motorola)는 품질 관련 교육에 총 임금의 최소한 2.5%를 투자하고 있다.

1990년 제조업 부문에서 말콤볼드리지상을 수상한 아이비엠(IBM Rochester, U.S.A.)도 품질경영의 개념과 방법론에 대한 교육프로그램을 8,000여 명의 종업원에게 실시하였다. 이 회사는 먼저 최고 경영자 계층부터 교육과 훈련을 수강하였다. 데밍상과 말콤볼드리지상에서도 종업원 교육과 훈련을 포함한 인적자원 중시에 대한 평가에 큰 비중을 두고 있다. 이러한 관점에서 교육과 훈련에 의한 인적자원의 능력개발이 품질개선을 위한 필수 조건으로 간주된다.

(3) 조직구성원의 참여

품질경영은 품질개선 활동에 대한 조직구성원의 참여를 전제로 하고 있다. 이러한 조직적 구조로는 일본의 경우 기능별 조직과 QC분임조가 대표적인 예이며, 미국기업의 경우에는 품질개선팀(quality improvement team), 프로젝트팀(project team), 6시그마팀, 그리고 QC분임조 등이 있다.

일본기업의 기능별 조직은 기능별 관리(CFM : cross-functional management)를 위한 조직이다. 기능별 관리는 품질, 비용, 생산성 그리고 납기와 같은 기본적인 관리요소에 대한 기업의 목표를 세우고 이를 효율적으로 달성하기 위하여 기능별로 이루어지는 활동을 말한다. 이미 한국에도 잘 알려지고 활용 중인 QC분임조는 일본에서 1962년에 시작되어 많은 기업에서 활발히 운영되어 왔다. 최근에는 종업원의 참여도가 줄어들고 창조성이 부족하여 주로 생산부문에만 국한되어 있어 QC분임조의 문제점이 지적되고 있다. 그러나 여전히 많은 기업에서 QC분임조의 미비점을 개선하여 성공적으로 운영하고 있다.

미국기업의 경우 1970년대 중반에 QC분임조를 도입하였으며 1980년대 후반에는 종업원이 500명 이상인 미국기업의 약 75%가 QC분임조 활동을 추진하게 되었다. 그러나 일본기업에 비해 큰 성과는 얻지 못하였다. 최근에는 QC분임조를 변형하여 품질개선팀, 자발적 문제해결팀(voluntary problem solving team), 프로젝트팀 등으로 전사적인 품질활동을 추진하고 있다. TQM을 전사적으로 추진하기 위하여 상위급 매니저로 구성된 위원회를 운영하고 있다. 그 예로는 품질경영위원회(TQM boards), 운영위원회(steering committees) 그리고 품질심의회(quality councils) 등이 있다. 이런 위원회는 일반적으로 회사 내의 작은 집단들과 모임을 갖고 회사 방침을 협의하고 추진한다.

(4) 의사소통(Communications)

품질경영을 전사적으로 추진하기 위해서는 기업에 속한 모든 구성원이 기업이 어떻게 나아가는가를 알아야 한다. 즉, 품질경영이 실질적으로 의미하는 것이 무엇이며, 기업이 나에게 원하는 것이 무엇이며, 내가 기업을 위해 할 수 있는 것이 무엇이며, 기업은 어떤 방향으로 나아가고 있는가 등이다.

이러한 것을 달성하여 품질경영을 성공적으로 추진해 나가기 위해서는 전구성원에게 충분한 의사소통이 이루어져야만 한다. **[그림 2.7]**에서 보는 바와 같이 현장종업원은 품질관리 분임조 활동이나 제안제도 등을 통하여 품질개선에 참여하고 개인의 능력을 발휘할 수 있으며, 경영층은 중장기 품질경영방침을 천명, 실천의지를 꾸준히 보임으로써 선도적인 역할을 한다. 이 계층간 의사소통에서 가장 중요한 역할을 담당하는 계층이 중간관리자로서, 이들은 경영층과 현장종업원을 연결시켜주는 허리역할을 성실히 수행함은 물론, 스스로 중요 품질문제를 해결하기 위한 팀 활동을 하여야 한다.

의사소통의 방법으로는 사보(newsletters), 전직원회의, 부서회의, 분임조회의, 그리고 품질대회 등을 들 수 있다. 한 예로써, 복사기 제조업체로 유명한 미국의 제록스(Xerox)사는 매년 품질 축제인 “팀 활동의 날”을 제정하여 전 회사에 걸쳐 품질을 성공적으로 개선하였거나 공정을 향상시킨 팀들에게 발표의 기회를 주고 있다. 이 날은 원래 품질경영을 추진함으로써 품질을 개선하여 이윤을 높일 수 있고 결국은 직원, 회사, 나아가 소비자에게도 이익을 줄 수 있다는 것에 회의적이고 방관자적인 기업 내의 직원들에게 품질경영을 알리기 위하여 정해졌다. 최근에는 팀 활동의 날에 성공적으로 개선한 팀에게 인정과 부상을 하여 팀 간에 경쟁을 야기하기도 한다.

그림 2.7 기업의 3계층간에 품질에 관한 의사소통관계

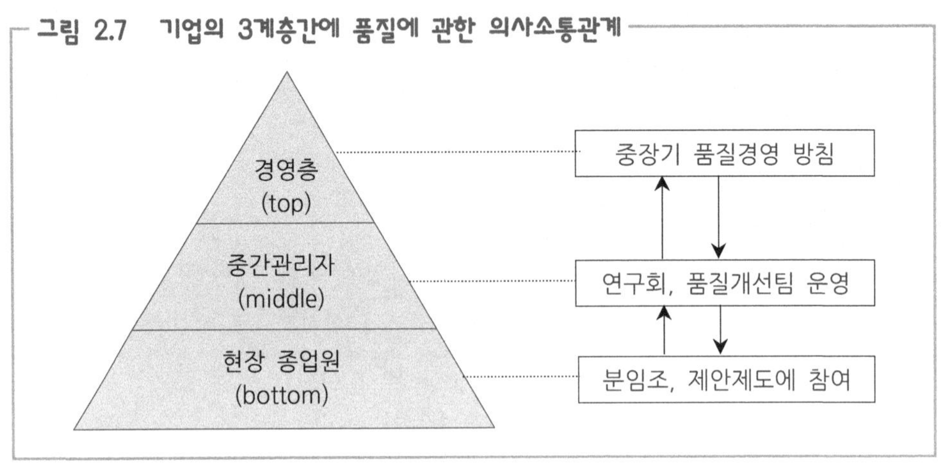

(5) 인정과 보상

품질경영을 성공적으로 수행한 개인이나 팀은 기업 내에서 인정되어야 한다. 품질경영을 추진하는 초기 단계에는 직원들은 품질경영 추진의 장점을 실감하지 못할 것이며, 어떻게 실행하여 나갈 것인가가 불확실하다. 그러나 품질과 공정을 성공적으로 개선한 개인이나 팀에 대하여 인정하고 보상하는 것은 점진적으로 전 기업에 의사소통(communications)이 되어, 직원들이 회사의 방침을 인식하고 자기 분야에서 개선할 것을 찾게 되는 동기부여가 된다. 그리하여 어느 정도 시일이 지나면 직원들은 소극적으로 품질경영을 추진하는 것과 적극적으로 추진하는 것과의 차이점을 인식하게 될 것이다. 이때 경영자로서 주의할 사항은 이러한 포상이 단순히 잘하고 못하는 것과의 비교에만 있는 것이 아니라, 성공적인 팀에게는 더욱 활력을 주고 소극적인 팀에게는 적극적으로 품질을 향상시키고 개선하도록 유도해야 한다는 데 있다.

2.3 품질경영상

품질경영이란 최고경영자의 리더십 하에 조직의 비전, 전략 및 방침을 세우고, 전 조직구성원이 합리적인 관리방법과 축적된 지식과 정보를 활용하여 지속적으로 품질과 공정을 개선함으로써 고객 요구를 충족시키며, 궁극적으로는 조직의 장기적인 성장을 추구하는 경영시스템이라고 할 수 있다. 최근에는 고객요구의 충족에서 사업탁월성(business excellence)으로까지 발전하고 있다. 또한 품질에 대한 적용범위도 유형의 제품에 국한되지 않고 서비스 및 공공부문으로 넓게 확대되고 있다.

조직이 품질경영을 효율적으로 추진하고 있는가에 대한 성과 측정은 객관적으로 하는 것이 필요하다. 경영자 진단이나 품질감사 등이 품질경영의 성과를 측정하는 일종의 내부적 평가방법이라면, 외부적으로 이루어지는 평가 방법으로는 미국의 말콤볼드리지상, 일본의 데밍상, 한국의 품질경영상과 한국품질대상, 유럽의 유럽품질대상, 그리고 ISO 9000 등이 있다. 본 절에서는 말콤볼드리지상, 데밍상, 한국의 품질경영상과 한국품질대상 그리고 유럽의 유럽품질상에 대하여 간략하게 특징을 설명하고, 2.4절에서 ISO 9000, ISO 14000, QS 9000 그리고 TL 9000에 대하여 알아보자. 이들 수상제도와 인증제도를 이해함으로써 품질경영을 어떻게 추진해야 할 것인가를 구체적으로 알 수 있을 것이다.

2.3.1 말콤볼드리지 국가품질상

1987년 레이건 미국 대통령이 말콤볼드리지 국가 품질증진법(Malcolm Baldrige National Quality Improvement) 법안에 서명을 함으로써 만들어진 국가품질경영상이다. 이 상의 명칭은 불의의 사고로 고인이 된 당시 미국 상무장관이었던 말콤볼드리지의 이름을 따서 명명되었다. 그 제정 목적은 미국 기업의 국제경쟁력을 갖추는 데 있어서 가장 중요한 것이 품질이라는 것을 전 산업에 인식시키고, 최선의 품질경영 시스템을 구축하기 위한 지침을 제공하여 모든 조직이 각각의 품질경영시스템을 스스로 평가하여 개선할 수 있도록 하는 것이다. 1988년 최초로 모토로라사가 수상한 이후, 말콤볼드리지상은 미국뿐만 아니라 전세계적으로 품질분야에서 가장 권위있는 상으로 인식되고 있으며, 많은 조직에서 벤치마킹의 대상이 되고 있다.

표 2.3 말콤볼드리지상 심사항목(일반 : 2012년)

범주(Categories)	항목(Items)	점수	
1. 리더십			**120**
	1.1 경영진 리더십	70	
	1.2 통치와 사회적 책임	50	
2. 전략 기획			**85**
	2.1 전략 개발	40	
	2.2 전략 전개	45	
3. 고객 중시			**85**
	3.1 고객 의견 경청	40	
	3.2 고객과의 약속 이행	45	
4. 측정, 분석 및 지식경영			**90**
	4.1 조직성과의 측정과 분석 및 개선	45	
	4.2 정보, 지식경영 및 정보기술 경영	45	
5. 인적자원 중시			**85**
	5.1 인적자원의 근무환경	45	
	5.2 인적자원과의 약속 이행	40	
6. 운영 중시			**85**
	6.1 작업(일) 시스템	45	
	6.2 작업(일) 프로세스	40	
7. 성과			**450**
	7.1 제품과 프로세스 성과	120	
	7.2 고객중시 성과	90	
	7.3 인적자원 중시 성과	80	
	7.4 리더십과 통치 성과	80	
	7.5 재무와 시장 성과	80	
합 계	제 17 항목		**1,000**

말콤볼드리지(MB)상의 포상부문은 최초에 크게 제조업, 서비스 그리고 소기업 부문으로 구분되었다. 소기업 부문이란 종업원이 500명 이하인 제조업종과 서비스업종을 대상으로 하고 있다. 1999년도부터는 교육기관과 의료분야도 추가되었으며, 2001년에 최초로 교육기관이 수상업체에 포함되었다. 그리고 미국 정부는 2004년에 말콤볼드리지상의 포상부문으로 비영리 및 정부조직을 포함시키기로 하였으며, 2006년에는 최초로 비영리조직에서 수상될 것으로 예상된다. 매년 각 부문별로 최대 두 개 업체까지만 수상업체로 선정한다.

심사절차는 다음의 세 단계로 이루어진다. 첫째는 보고서 심사이다. 지원하는 모든 업체는 자사의 품질관리 시스템의 개요를 기술한 보고서를 제출해야 한다. 이 보고서는 일곱 가지 범주별 심사 기준에 의거하여 서술되어야 한다. 제출된 보고서는 심사원에 의하여 평가점수가 주어지며, 이 점수에 의해 현장심사를 받을 지원업체가 선정된다. 둘째는 현장심사이다. 현장심사의 목적은 각 지원 업체의 보고서의 내용을 확인하는 것으로 여러 계층의 조직 구성원들과의 면담도 이루어진다. 셋째는 수상업체의 선정이다. 현장심사의 결과와 최초의 보고서 심사를 토대로 종합적으로 평가하여 선정된다.

2012년도 MB상의 평가기준은 모구 일곱 가지 범주와 17가지 항목으로 구성되어 있다(**<표 2.3>**). 총 1,000점 만점으로 대략 600점 이상이면 현장심사 업체로 지정되고, 약 700점 이상이면 수상업체로 선정될 수 있다. MB상 기준이 기업의 업종과 규모에 관계없이 적용되는 심사기준이므로 기준의 보편성을 높이고 심사원이 심사과정에서 심사대상 업체의 특성을 고려할 수 있도록 유연성을 부여하였다. 심사기준은 **[그림 2.8]**과 같이 크게 세 가지로 구분될 수 있다. 제조분야를 예로 들면, 첫째는 리더십 3요소로 리더십, 전략기획 그리고 고객중시로 이루어진 것으로 품질 경영을 추진하는 운전자와도 같다. 둘째는 지식정보시스템으로 측정, 분석과 지식경영이다. 셋째는 운영과 성과 요소로 인적자원중시, 운영중시 그리고 품질경영을 추진하는 목표인 성과로 구성되어 있다. 교육 분야와 의료분야도 제조분야와 매우 유사하다. 단지 차이는 교육 분야 성과에서 "제품과 프로세스 성과" 대신에 "학생학습과 프로세스 성과"이고, 의료분야에서도 매우 유사하게 "제품과 프로세스 성과" 대신에 "헬스케어와 프로세스 성과"를 사용하였다. 점수는 동일하다.

그림 2.8 MB상 평가 구조(제조)

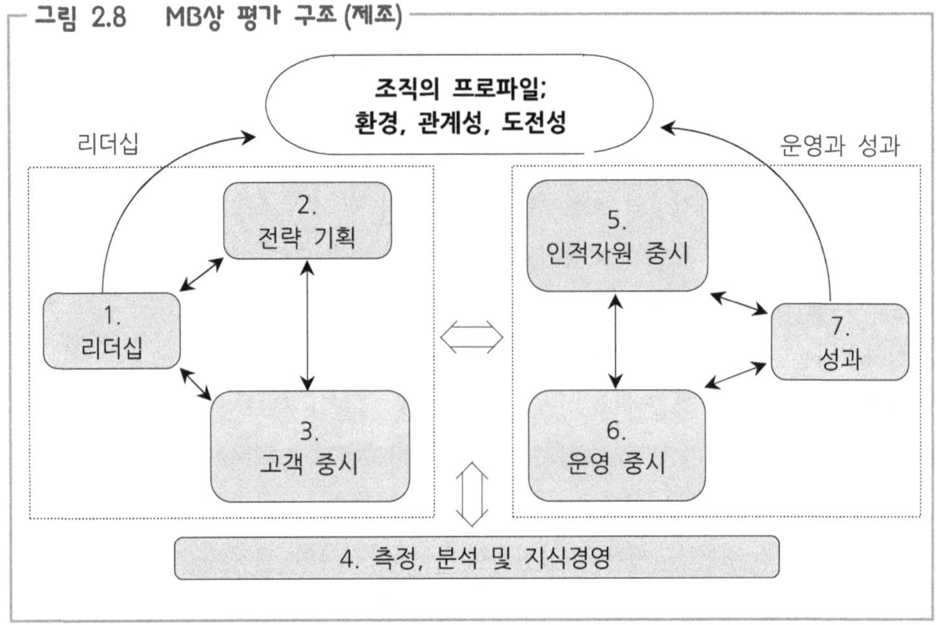

2.3.2 한국의 품질경영상

정부는 산업의 국제경쟁력을 갖추는 데 있어서 필수적인 산업의 전사적 품질관리를 체계화시키기 위해 1975년에 품질관리상 제도를 마련하여 매년 우수업체에 포상하고 있다. 1992년에는 그동안의 전사적 품질관리 추진에 있어서의 문제점을 보완하고 품질관리 체제를 국제품질보증 인증제도 체제로 전환하여 최고경영자의 고객 지향적 품질관리에 따라 종합적으로 활동하는 품질경영 체제로 전환하였으며, 상의 이름을 품질관리상에서 품질경영상으로 바꾸고 동시에 심사기준을 품질경영체제로 수정 보완하여 1993년부터 시행하고 있다.

국가품질상의 기업체 부문은 종합상과 전문상으로 구분되어 있다. 종합상은 최우수기업에게 수여하는 '국가품질대상'과 우수기업에게 수여하는 '품질경영상'이 있다. 그리고 부문상은 생산혁신상, 설비관리상, 녹색경영상, 6시그마혁신상, 고객만족상, 서비스혁신상 그리고 인재개발상으로 구성되어 있다.

국가품질대상은 1993년에 제정되어 1994년부터 시행되는 상으로 품질경영활동을 지속적으로 추진하여 최상의 품질과 완벽한 품질경영체제를 확립하여 기업의 체질 강화와 고객만족 및 사회적 책임수행에 앞장선 우수기업을 선정 포상함으로써 품질 한국의 이미지를 높이는 동시에, 한국형 품질경영 모델을 개발 보급하는데 있다. 포상대상은 제조업과 공공가관 및 서비스업분야로 대기업과 중소기업으로 구분하여 포상한다. 단 신청자격은 품질경영상 수상 후 3년 이상 품질경영 활동을 지속적으로 추진하여 최상의 품질과 완벽한 품질경영 체제를 갖춘 우수업체로 한정하고 있다.

품질경영상은 품질경영활동을 효율적으로 추진하여 기업의 체질개선은 물론 품질향상 및 생산성 제고에 현저한 성과를 올린 우수한 기업을 발굴 포상함으로써, 품질경영확신에 기여하기 위해서이며, 포상부문은 제조업과 공공/서비스/의료/교육이고 대기업과 중소기업을 구분하여 포상하고 있다.

심사기준은 7가지 범주에 18개 항목이 있으며 2012년도 심사 주요 사항은 **<표 2.4>**와 같으며, 상당부문이 미국의 말콤볼드리지 국가상의 심사규정과 유사하다.

표 2.4 국가품질대상과 품질경영상 심사기준 (2012년도)

범주(Categories)	항목(Items)	점수	
1. 리더십			**120**
	1. 경영진의 리더십	70	
	2. 지배구조와 사회적 책임	50	
2. 전략 기획			**85**
	1. 전략의 개발	40	
	2. 전략의 전개	45	
3. 고객과 시장 중시			**85**
	1. 고객과 시장지식	40	
	2. 고객관계와 고객만족	45	
4. 측정, 분석 및 지식경영			**90**
	1. 측정, 분석 및 조직성과의 개선	45	
	2. 정보, 정보기술 및 지식의 관리	45	
5. 인적자원 중시			**85**
	1. 인적자원관리 체계	45	
	2. 인적자원 복지와 근무환경	40	

6. 프로세스 관리			**85**
	1. 업무시스템 설계	40	
	2. 업무프로세스 관리와 개선	45	
7. 경영 성과			**450**
	1. 제품과 서비스 성과	100	
	2. 고객중시 성과	70	
	3. 재무와 마케팅 성과	70	
	4. 인적자원 중시 성과	70	
	5. 프로세스 성과	70	
	6. 리더십 성과	70	
7개 분야	계 18개 항목		**1,000**

2.3.3 일본의 품질상

일본의 품질관련 상은 대표적으로 데밍상과 일본경영품질상이 있다. 데밍상은 1951년에 데밍의 통계적 품질관리분야에 대한 공헌을 기념하기 위하여 일본과학기술자연맹(Japanese Union of Scientists and Engineers)의 승인을 얻어 제정되었다. 말콤볼드리지상과의 가장 근본적인 차이는 데밍상이 민간 차원의 수상제도인데 비하여 말콤볼드리지상은 정부 차원에서 추진되는 국가 품질상이라는 점이다. 데밍상은 다음과 같이 세 종류로 구분된다.

(1) **데밍상 (본상)** : 통계적 품질관리의 이론이나 적용 면에서 혹은 품질관리의 발전과 보급에서 탁월한 기여를 한 개인이나 그룹에게 주어지는 상이다.
(2) **데밍상 (실시상)** : 품질관리를 성공적으로 추진하여 괄목할만한 성과를 거둔 기업이나 혹은 기관에게 수여하는 상이다.
(3) **데밍상 (해외)** : 2009년에 데밍상 위원회에서 신설한 상으로, 해외에 품질경영을 잘 보급한 개인이나 그룹에게 수여하는 상이다.

데밍상은 주로 현장의 품질관리에 토대를 둔 상으로 일본을 세계적인 품질대국으로 발전시키는 데 결정적 공로를 세웠으나, 시대 흐름에 따라 조직의 전반적인 경영시스템을 평가하는 것이 필요하다는 인식이 확산되었다. 이에 1995년 일본은 기존의 데밍상과는 별도로 미국의 MB상을 벤치마케팅하여 고객중심의 품질경영상인 '일본경영품질상(Japan Quality Award : JQA)'을 제정하였다. 일본경영품질상은 경영비전과 리더십, 고객 및 시장의 이해와 대응 등 여덟 개 범주로 평가한다**<표 2.5>**. 심사기준의 구조는 사실상 MB상과 상당히 유사하다는 것을 알 수 있다. 심사항목 중 리더십과 고객중심 등 여러 항목의 배점은 일본 경영품질상이 더 높이 두고 있으나, 기업 활동의 결과는 MB상이 매우 높다는 것을 알 수 있다. 이 점은 미국은 결과를 중시하고 과정은 조직에게 창의적이고 독자적인 유연성을 둔 미국 특성에 의한 것이라 할 수 있다.

표 2.5 일본경영품질상 심사기준

항 목	
1. 리더십	150점
2. 정보의 공유와 활용	80점
3. 전략 수립과 전개	80점
4. 인재개발과 학습 환경	120점
5. 프로세스관리	120점
6. 고객과 시장의 이해와 대응	150점
7. 경영 성과	200점
8. 고객만족	100점
	총 1,000점

2.3.4 유럽품질상

미국에서 말콤볼드리지 국가품질상이 커다란 성공을 거두면서 국제적인 관심을 모으자 유럽의 대표적 기업가들도 유럽경영재단(EFQM : The European Foundation for Quality Management)을 설립하고, 유럽품질기구(EOQ : European Organization for Quality)와 EC(European Commission)의 후원을 받아 1992년부터 유럽품질상(EQA : European Quality Award)을 제정 및 운영하고 있다. 유럽품질상에 대한 신청은 대기업, 사업부, 공공기관 및 중소기업의 네 부문으로 나누어 신청할 수 있다. 이들 중에 최고의 성과를 얻은 1개 조직은 European Quality Award를 수여하고, 심사기준을 최종 통과한 일정 기업에 대해서는 European Quality Prize를 수여한다.

유럽품질상의 기본구조는 MB상과 매우 유사하다. 유럽품질상의 기본 평가모형은 **[그림 2.9]**와 같이 모두 9개로 이루어져 있으며, 크게 과정지표(50%)와 결과지표(50%)로 나누어진다. 과정지표로는 리더십, 정책과 전략, 인적자원관리, 파트너십과 자원관리 그리고 프로세스관리이다. 그리고 결과지표로는 고객성과, 인적자원성과, 사회적 공헌 그리고 경영성과로 구성되어 있다. 유럽품질상의 심사기준은 **<표 2.6>**와 같으며, 총 1,000점으로 9개의 범주로 이루어져 있다.

그림 2.9 유럽품질상 평가모형

표 2.6 유럽품질상 심사기준

범 주	배 점
1. 리더십	100
2. 전략	80
3. 인적자원관리	90
4. 파트너십과 자원관리	90
5. 프로세스, 제품 및 서비스	140
6. 고객성과	200
7. 인적자원 성과	90
8. 사회적 공헌	60
9. 경영 성과	150
총 합 계	1,000

2.3.5 품질경영상의 비교와 시사점

전 세계적으로 국가적 규모의 대표적인 품질상은 1951년에 제정된 일본의 데밍상과 1987년에 제정된 미국의 MB상이라고 할 수 있다. 두 상을 비교하여 보면 상당 부분이 유사하다는 것을 알 수 있다. 두 상이 모두 경영자로부터 하부조직까지 더 나아가 고객과 공급자에 이르기까지 전 조직이 함께 품질 향상을 추구한다는 것이다. 그러나 MB상은 품질경영의 개선에 중점을 두지만 데밍상은 통계적 품질관리에 중점을 두고 있다. MB상은 데밍상에 비해 고객지향과 고객의 만족도에 큰 비중을 두고 있는 반면에 데밍상은 통계적 품질관리에 의한 공정개선, 품질개선 그리고 표준화에 역점을 두고 있다. 근본적인 큰 차이점은 MB상은 정부 차원에서 추진되는 국가 품질상인데 비하여 데밍상은 민간 차원의 수상제도이다. 그리고 MB상의 경우에는 제조 부문, 서비스 부문, 소기업 부문 그리고 1999부터 추가된 교육기관과 의료기관에 각각 두 개 업체까지만 수상될 수 있으나, 데밍상의 경우에는 전혀 제한이 없다. 일반적으로 데밍상의 경우에는 정해진 심사기준을 통과하면 어떤 업체이든 수상이 가능하므로 MB상에 비해 업체간의 경쟁이 심하지 않다.

실질적으로 MB상에 도전하여 뜻을 이룬 업체는 신청업체의 약 5%정도이고 2차 심사인 현장심사를 받은 업체도 불과 25% 내외라고 한다. 한 예로 세계적인 기업인 코닝사는 1989년에 도전하였다가 실패한 후 6년간의 개선 노력 끝에 1995년에야 수상하였다. 여기서 중요한 것은 미국 사회는 상에 도전하였다가 실패하는 것을 당연히 있을 수 있는 일로 받아들이고, 자사의 경쟁력에 관한 진단과 개선해야 될 점을 지적한 피드백 리포트를 유용한 정보로 활용한다는 것이다. 세계적인 복사기 회사인 제록스사의 CEO인 데이비드 컨즈는 MB상을 도전하기로 결정한 후 종업원들 앞에서 다음과 같은 말을 하였다고 한다.

> "우리가 이 상에 응모하는 이유 중 10%는 상을 타려고 시도하는 것이고, 나머지 90%는 회사의 품질개선 노력에 대한 객관적 평가를 받기 위한 것이다. 수상을 목적으로 일하지 말고 회사의 발전을 위해 시작하자."

그러나 한국의 현실은 이와 차이가 매우 크다. 기업은 일단 도전을 하면 반드시 수상해야 하고 실패는 용납되지 않는다는 의식 때문에 품질을 높이고 기업의 경쟁력을 높일 수 있는 기회를 스스로 외면하는 경우가 적지 않았다. 국가품질상의 위상을 더 높이고, 실질적으로 우리 기업이 경쟁력을 강화시키는 데에 기여하기 위해서는 기업이나 국가 및 개개인이 국가 품질상의 근본적 취지를 이해하고 변화되어야 한다.

2.4 ISO 9001과 ISO 14001

2.4.1 ISO 9000 시리즈 탄생과 국내 현황

국제표준화를 조직적으로 추진하려는 시도가 처음으로 나타난 것은 1870년에 프랑스 정부의 제안으로 계량표준에 관한 미터계를 국제단위계로 채용하기 위해 국제회의가 파리에서 개최된 후이다. 1875년 '미터조약' 이 발효되었으나 미국, 영국 등 공업국이 이 조약을 채용하지 않아 국제적으로 계량기준이 통일되지 않고 제품에 대해 호환성을 잃었다. 그 뒤, 국제표준화는 전기기술 분야에서 급속히 발전되면서 그 필요성과 함께 국제전기표준회의(International Electrotechnical Commission : IEC)가 1908년에 창설되었으며, 전기 이외의 분야에서 표준화의 선구적인 업무는 1926년에 창설된 ISA(만국규격통일협회)에 의해서 실시되었으며, 기계분야에 중점을 두었다.

ISA는 1930년대 말기에 전쟁 위협의 증대와 더불어 수개국의 회원이 탈퇴하고, 1942년에 이르러서는 공식 활동이 정지되고 말았으며 1944년에는 연합국의 19개국 국가표준화 단체로 구성된 국제연합규격조정위원회(UNSCC)가 ISA의 업무를 인계 받아 전시기관으로서 활동하였다. UNSCC위원회는 1946년 10월 14일 런던에서 회의를 개최하고 '공업규격의 국제적 통일과 조정의 촉진을 목적' 으로 하는 새로운 국제기관 설립을 토의하였다. 그 결과로서 ISO (International Organization for Standardization)가 설치되고, 제1회 임시총회가 그 해 런던에서 개최되었으며, 1947년 2월 23일 정식기구로 발족하였다.

1970년대에 이르러 품질이 기업의 국제 경쟁력에 주요 요소로 인식됨에 따라 품질시스템에 대한 인증제도의 보급이 확산되었다. 그러나 각 국이 실시하는 품질 시스템 인증제도는 동일한 목표를 가지고 있음에도 불구하고 인증절차, 용어 및 평가 방법 등이 달랐다. 이러한 문제를 해소하기 위하여 국제 표준화 기구인 ISO는 1979년에 TC(Technical Committee)176이라는 품질보증시스템의 표준화를 범위로 하는 기술 위원회를 구성하였다. 이것이 ISO 9000 시리즈 탄생의 시발점이다. 이러한 것을 달성하기 위하여 ISO는 다음과 같은 목적을 정하고 추진하였다.

(1) 각 국 규격의 조정과 통일을 촉진하고
(2) 국제규격을 작성 · 발행하고 국제적 규모에서의 실시를 촉진하며,
(3) 각 회원단체가 실행하는 표준화 활동 및 ISO의 각 기술위원회가 실시하는 업무에 관한 정보의 상호교환을 촉진하고,
(4) 표준화와 관련되는 활동을 하고 있는 다른 국제기관의 요청을 받아 표준화에 관한 조사, 연구를 실시하고, 또 이들 기관과의 협력활동을 전개한다.

그 후 ISO는 품질보증에 관한 각 국의 규격을 통합 조정하여 1987년에 ISO 9000 시리즈라는 품질경영과 품질보증에 관한 국제규격 시리즈를 제정하였다. 1994년에 ISO 9000 개정판을 처음으로 채택하였고, 2000년에 2차로 ISO 9001 : 2000을 개정하였다.

한국은 한국인정원(KAB)이 유일한 인정기관이며 2006년도 말 현재 3,776명이 국내외 인증기관에서 인증심사원으로 일하고 있다. 국내에서 1992년도 말까지 ISO 9000 시리즈를 획득한 조직이 24곳에 불과하였으나, 1996년도 말에는 1,406개 조직이 ISO 9000 시리즈 인증을 획득 및 유지했고, 2005년도 말에는 14,209개 조직이, 2011년 12월 31일 현재 16,210개의 조직이 국내외 인증기관으로부터 ISO 9000 인증을 유지하고 있다. 인증획득업체도 컴퓨터 · 전자 · 반도체업종에서 건설 · 정유 · 선박 · 엔지니어링 · 철강 · 석재가공 등으로 다양화되는 추세이다. 특히 국내에서 가장 많은 인증을 획득한 분야는 전기 및 공학기기 업체가 약 24%, 다음으로 기계 및 장비 분야로 약 14%의 업체가 인증을 획득 혹은 유지하고 있다.

2.4.2 ISO 9001:2000 개정

2000년에 개정된 ISO 9001:2000은 기존의 제조업 중심의 규격 모델을 제3차 산업인 서비스분야, 유통업체, 호텔, 병원, 학교 등에까지 폭넓게 도입되도록 개정함으로써 전 조직에 품질관리, 품질보증, 품질시스템 등의 개념 및 인식 확산에 큰 역할을 하고자 하였다. 또한, 본래 규격이 제조업 중심의 시스템이나 용어를 사용하였기 때문에, 비제조업 조직이나 소기업 등에는 시스템 구축에 많은 어려움이 있다는 것도 인식하였다. 이러한 문제점을 포괄적으로 해결하기 위해, ISO 9001:2000은 각 조직의 특성에 맞도록 적용범위를 가감 및 수정할 수 있도록 유연성을 부여하였다. ISO 9001:2000의 주요 개정 내용은 다음과 같다.

(1) 종전의 ISO 9000's 25개 규격을 기본규격 네 개와 기술보고서(TR : Technical Report)로 상당부분이 통합 및 단일화로 개편되었다.
   기본 규격은 다음과 같다.
   * ISO 9000 : 품질경영시스템 : 기본사항 및 용어 설명
   * ISO 9001 : 품질경영시스템 : 요건
   * ISO 9004 : 품질경영시스템 : 개선 실행의 지침 설명
   * ISO 10011 : 품질시스템 : 심사지침 설명

(2) 종전의 고객이 선택하는 품질보증모델이 하나로 통합되었다. 즉, ISO 9001/9002/9003의 모델 세 가지가 ISO 9001로 단일화되었다.

(3) ISO 14001 환경경영시스템의 구조와 유사한 형태를 갖추었다.

ISO 9001:2000에서는 종전(ISO 9001/2/3, 1994년)과 비교하여 보면, 지속적인 개선 및 부적합 사항의 예방을 통해 고객 만족의 달성을 강조하고 있다. 즉, 고객의 요구사항을 받아들여 경영자 중심의 책임경영 하에 효율적으로 자원을 관리하고, 제품을 실현하며, 나아가 측정 · 분석 및 개선활동을 통해 고객을 만족시키기 위하여 지속적으로 개선을 추구하는 품질경영시스템 활동이다. ISO 9001:2000의 품질경영시스템 모델은 **[그림 2.10]**과 같고, 그 주요 내용은 **<표 2.7>**과 같으며, 인증 대상 업종과 규모에 따라 적용범위를 가감 및 수정할 수 있다. 품질경영 시

스템의 개선 실행 지침서인 ISO 9004(2000년) 규격은 품질경영, 고객만족을 위한 지속적인 개선을 위한 지침을 제공하고 있다.

그림 2.10 프로세스를 기반으로 한 품질경영시스템 모델

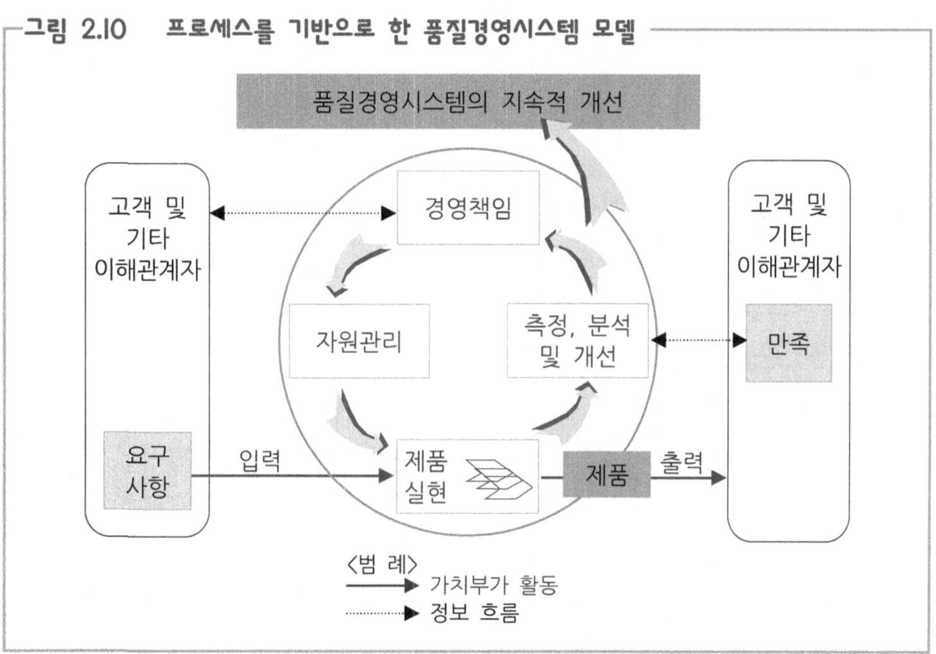

표 2.7 ISO 9001 : 2000 요건

개정 규격 (ISO 9001:2000)		
품질경영시스템		
1. 일반 요구사항	2. 문서화 요구사항	
경영 책임		
1. 경영의지	2. 고객중심	3. 품질방침
4. 기획	5. 책임·권한 및 의사소통	6. 경영검토
자원관리		
1. 자원확보	2. 인적자원	3. 기반구조
4. 업무환경		
제품실현		
1. 제품실현의 기획	2. 고객관련 프로세스	3. 설계 및 개발
4. 구매	5. 생산 및 서비스 제공	6. 모니터링장치 및 측정 장치의 관리
측정, 분석 및 개선		
1. 일반사항	2. 모니터링 및 측정	3. 부적합품제품의 관리
4. 데이터의 분석	5. 개선	

ISO 9001:2000에서 품질경영시스템의 기본 요구사항으로는 "조직은 규격의 요구사항에 따라서 품질경영시스템을 수립, 문서화, 실행 및 유지하고 품질경영시스템의 효과성을 지속적으로 개선해야 한다." 이를 실현하기 위해 다음과 같은 사항을 요구하고 있다.

(1) 제품 또는 서비스의 품질을 확보하기 위해 다음과 같은 필요한 모든 품질활동을 명확히 할 것
  : 품질정책, 설계관리, 공정관리, 계측기기 관리, 교육, 훈련, 내부감사 등을 철저히 해야 한다.
(2) 품질을 확보하기 위한 모든 활동의 담당조직을 명확히 할 것
(3) 모든 품질활동을 표준화하고 문서화 할 것
  : 품질활동의 내용 및 담당에 대한 조직도, 신제품개발 절차, 작업지지서, 계측기기 교정 절차, 교육 또는 훈련 계획, 내부감사 실시 방법서 등을 사용하여 보편화하고 담당자 이외의 사람이 볼 수 있도록 준비해야 한다.
(4) 중간결과 및 프로세스의 최종결과를 문서화할 것
  : 요구사양서, 도면, 제조조건, 검사기록, 검사결과에 의한 결과들을 명확히 문서화해야 한다.
(5) 작업이 정해진 절차에 의해 실시되었음을 보여주는 증거를 제시할 것
  : 작업이 정해진 절차대로 실시되었다는 것을 확인할 수 있는 기록(책임자의 도장 또는 서명)을 보존해야 한다.

2.4.3 ISO 9001 인증 획득 필요성

앞에서 ISO 9000이란 무엇이며 기본 내용과 그 특성을 설명하였고 ISO 9000에 필요한 사항 등에 대하여 논하였다. 다음은 왜 ISO 9001을 획득해야 하는지에 대하여 살펴보자.

(1) 수출조건

EC(유럽 공동체)의 12개 국가와 EFTA(유럽자유무역연합) 7개국은 ISO 9000에 의거한 인증제도를 실시하도록 인증 받지 않은 기업의 제품이나 서비스가 유통되는 것을 제한시키고 있으며, 미국, 캐나다, 호주 등 EC지역 외 국가들도 구매의 전제 조건으로 생산자가 ISO 9000 품질 시스템을 갖출 것을 요구하고 있다. 그러므로 수출을 하기 위하여 ISO 9000 품질 시스템을 갖추어야 한다.

(2) 품질을 신뢰할 수 있다는 객관적인 입증 수단

기업은 상품의 품질을 높이는 것 못지않게 품질이 체계적이고 조직적으로 관리되고 있다는 것을 객관적으로 입증해야 구매자의 요구사항을 완전히 충족시킬 수 있으며 상품의 대외 이미지도 높일 수 있다. 특히 이러한 체계와 조직을 갖추는데 유용한 수단은 국제적으로 인정받고 있는 ISO 9000 품질 시스템에 대한 인증을 받는 것이다.

(3) 업무 관리의 기초

기업이 전략적으로 채택하는 품질 향상, 비용 절감, 생산성 향상 등의 기업 방침은 모든 업무가 관리 상태에 있을 경우에만 효과적으로 달성 가능하며, ISO 9000의 요건 충족은 기업이 관리 상태 하에 있도록 유도하여 결과적으로 기업이 모든 일을 효율적으로 할 수 있도록 함으로써 기업 방침이 달성되도록 하여 준다.

(4) 효율적인 생산관리의 척도

상품이나 서비스의 품질이 보증되기 위해서는 그 상품이나 서비스에 관련되어 투입된 사람, 설비, 업무 처리 방법, 자재 등 생산 자원이 적절하게 관리된다는 것을 확신시켜 주어야 한다.

(5) 실질적인 관리

ISO 9000은 제품이나 서비스의 품질 보증에 관한 가장 기본적인 소비자의 요구 사항을 규정하고 있고, 또 인증 심사의 사후 관리의 엄격성 등으로 기업 활동을 형식적인 것에서 실질적인 것으로 변화시켜 준다.

2.4.4 ISO 9001 인증 절차

ISO 9001 인증은 크게 신청서, 품질 매뉴얼 등의 서류 심사, 예비 진단을 위한 예비 심사, 본 심사 등으로 구성되며, 인증신청 후 심사까지는 시설의 크기, 제품과 서비스 범위 그리고 자동화 수준 등 기업의 환경에 따라 다르나 통상 2~4개월이 소요된다. 인증 절차는 **[그림 2.11]**과 같다.

그림 2.11 ISO 9001 인증절차

기 업

인 증 기 관

인 증 준 비

신청서 송부의뢰

신청서 및 경비요율 송부

신 청

신청서, 품질매뉴얼 등 제출

접 수

서류심사(품질매뉴얼 등)

NO

서류보완, 신청기각 통보

수정, 추가

YES

예 비 심 사

NO

시 정 조 치

YES

본심사 일정 결정

본 심 사

NO

보 완 조 치

YES

인증심의 위원회

인 증 서 발 급

사 후 검 사

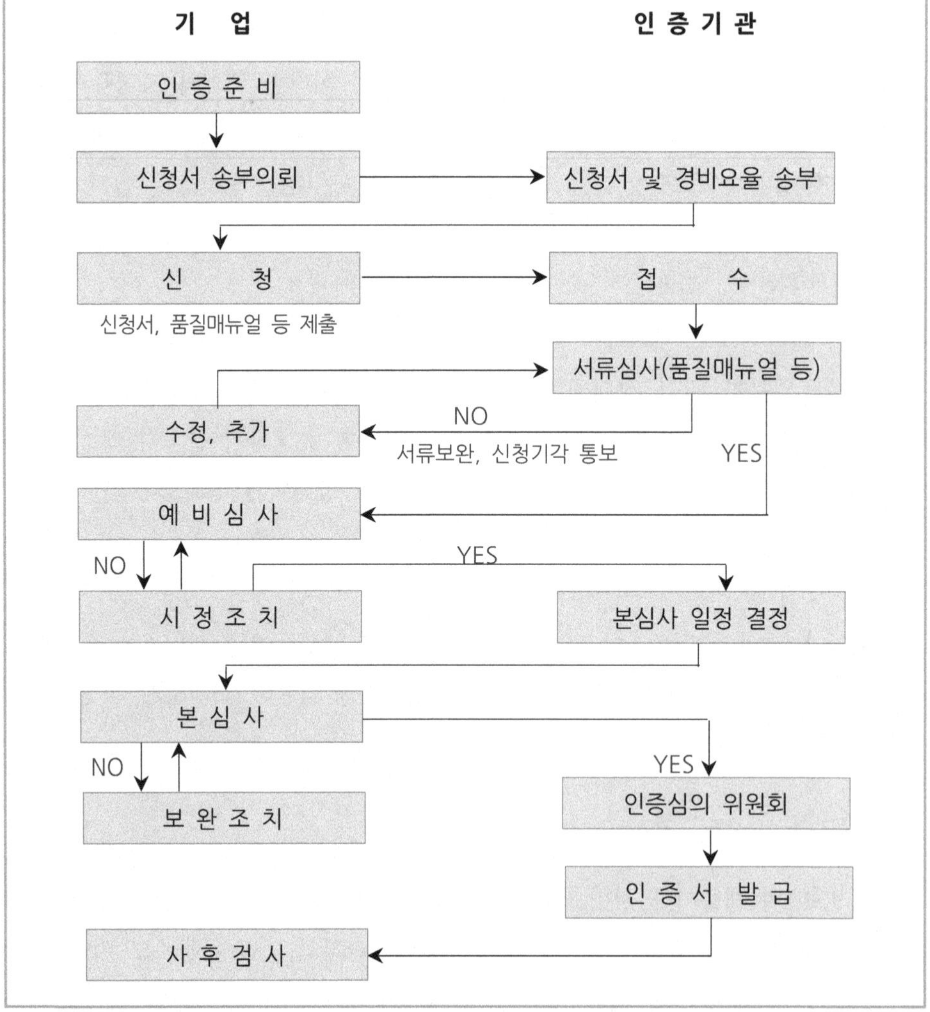

서류 심사는 일반적으로 본 심사에 1~2개월 앞서 실시하며, 품질 매뉴얼이 ISO 9001의 요구사항에 맞게 정리되어 있는지를 심사하는 것으로, 중대한 결점이 발견되지 않는 한 무리 없이 통과된다. 서류심사에 소요되는 기간은 통상 3일 이내이며 내용이 불충분할 경우 본 심사 일정이 연기될 수 있다. 예비심사는 기업이 선택적으로 받는 것으로, 본 심사 전에 자사의 품질시스템을 최종적으로 확인해 보기 위한 수단의 하나로 사용될 수 있다. 흔히 예비심사를 컨설팅으로 착각하는 경우가 있는데, 예비심사에서는 단순히 잘못된 점만 지적할 뿐 개선 방법에 대해서는 언급하지 않으므로 주의해야 한다.

본 심사는 인증 대상업체의 품질 시스템이 ISO 9001에서 규정한 요건에 따라 제대로 구축되어 있는지와 자사에서 문서화한 품질 매뉴얼, 절차서, 지시서대로 작업이 수행되고 있는지를 심사하는 것으로, 심사에 소요되는 일수는 사업장의 크기, 종업원 수에 따라 다르나 통상 2~3명이 심사하여 2일에서 5주일이 소요된다. 심사도중 발견되는 모든 지적사항은 중대한 사항과 경미한 사항으로 분류되어 중대한 사항이 하나 이상 발견될 경우 통상 인증서 발급이 허용되지 않는다. 중대한 사항이란 품질시스템의 한 요소라도 전반적으로 잘 이해되지 않는 경우를 뜻하며 전체적인 평가를 거쳐 재심사 또는 서류를 통한 보완, 보고 및 제출 등의 과정을 통해 인증서를 취득할 수 있다. 한편, ISO 9001은 인증을 받은 후에도, 재심사를 받아야 하기 때문에 항상 품질 시스템의 개선과 유지에 노력해야 한다.

2.4.5 ISO 14001

ISO는 1992년 내부에 환경경영 전문위원회인 TC 207을 설치하면서 본격적인 환경경영에 대한 관심을 갖기 시작하였다. 몇 년간의 작업 후인 1996년 환경경영 체계의 규격인 ISO 14001을 제정 및 공표하게 되었다. 우리나라 역시 같은 해 12월에 국립기술품질원에서 ISO 14001와 동일규격인 KS A 14001을 제정하였다. ISO 14001은 기존의 환경관리 방법으로는 경제적 수익과 환경 보호가 양립하기 힘들다는 인식 하에 새로운 환경전략을 기업의 경영전략으로 수립할 것을 요구하고 있다. 환경에 대한 것은 전사적인 차원에서 해결해야하고 개선할 방안을 체계적으로 모색해야 하며 이를 기업의 경영시스템과 통합하여 운영할 것을 요구하고 있다. 즉, 환경개선을 위한 조직체계를 마련하고 전 구성원에 대한 책임을 명백히 하여 환경개선을 위한 노력이 효율적으로 이루어 질 수 있도록 조직 내 자원의 적절한 배분을 강조하고 있다. 최초로 인증이 시작된 1996년도에 국내에서 총 54개 조직이 인증을 획득하였고, 2005년도에 5,015개 조직이 인증 및 유지하였다. 2011년 12월 31일 현재 한국 조직 중 6,937개 조직이 인증을 획득 및 유지하고 있다.

2.5 품질경영과 ISO 9001의 관계

앞에서 품질경영과 ISO 9001 인증에 관하여 설명하였다. 품질경영과 ISO 9001과는 어떤 관계가 있는가? 이러한 문제는 품질경영을 실시하려는 조직이나 이미 품질경영을 추진 중인 조직 그리고 ISO 9001을 획득하려는 조직에게 모두 매우 중요하다. 왜냐하면 품질경영과 ISO 9001의 관계를 정확하게 이해하지 못하면 인증에 대한 접근 방법이 달라지며, 설사 인증을 받더라도 단지 자격증만 있을 뿐 충분한 성과를 기대할 수 없기 때문이다.

품질경영과 ISO 9001의 관계를 품질 개선과 규격화의 관계로 비유하여 보자. 어떤 조직이든 업무의 효율을 높이기 위해서는 규격화가 필요하다. 그러나 규격화를 했다고 해서 반드시 품질개선이 이루어진다고 할 수는 없다. 즉, 규격화는 개선을 위한 필요조건은 되지만 충분조건을 되지 못하는 것이다. 마찬가지로 ISO 9001 인증을 받았다고 해서 품질경영이 성공적으로 추진되고 있다고 간주하는 것은 잘못된 것이다.

ISO 9001을 획득하여 효율적인 품질 개선이 이루어지는 것을 품질 비용의 변화로 살펴보자. ISO 9001 품질 시스템 준비에는 적어도 1년 이상의 기간이 필요하나 일단 시스템을 갖추면 품질에 대한 신뢰성 확보에 따른 대외 이미지도 좋아지고 구매자의 요구에 신속히 대응할 수 있게 됨에 따라 매출액 증대를 가져온다.

그림 2.12 ISO 9001 도입 단계에 따른 품질비용의 변화

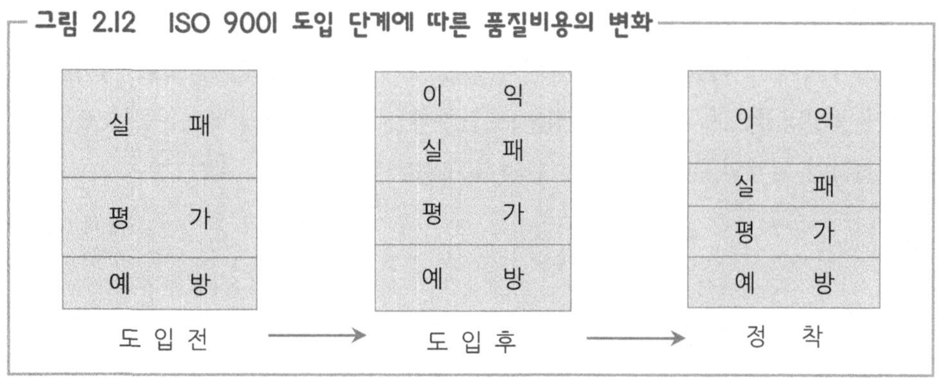

[그림 2.12]에서 보는 것과 같이 기업의 불합리한 실패 요소를 제거하여 실패비용(failure cost)을 줄이고 개선에 따른 이익을 얻게 된다. 일반적으로 초기에는 예방비용(prevention cost)이 증가하나 효율적인 품질 시스템의 관리로 예방비용도 감소할 수 있다. 이 시스템을 갖추게 되면 기업이 관리 상태로 되어 업무의 결과에 신뢰성이 있으며 환경 변화에 적절히 대응할 수 있게 된다. 즉, 기업은 어려운 상황에서도 적절히 관리될 수 있는 품질 시스템을 보유하게 된다. 회사 내에서 이루어지는 모든 업무가 문서화되어 품질시스템으로 체계화되므로, 직원 개개인에게 분산되어 있는 노하우가 회사 조직의 노하우로 이전되어 직원의 이탈 시에도 큰 문제가 발생하지 않는다.

또한 ISO 9001의 기본 사상은 철저한 문서화, 기록화 및 매뉴얼화이기 때문에 불량률의 원인 추적이 가능하다. 따라서 품질경영의 근본적인 접근방법인 지속적인 품질향상(continuous improvement)을 이룰 수 있다. 즉, 철저한 문서화로 어느 공정에서 어느 작업자에 의해 불량이 발생했는가, 작업표준이 잘못되었는가 등을 알 수 있다. 이와 같이 조직이 관리상태로 되기 때문에 작업표준과 작업매뉴얼을 제대로 지키지 않는 데에 따른 문제점이 자연스럽게 해결될 수 있다. 그 외에도 품질시스템을 객관적으로 보장받는 것이기 때문에 입찰이나 수주 등에서 경쟁사에 비해 우위를 점할 수 있으며, 거래선의 확보와 유지에서도 자신감을 가질 수 있다.

이상과 같이 ISO 9001이 성공적인 품질경영의 일부분이며 품질경영으로 가는

한 과정으로 본다면 ISO 9001을 단순한 하나의 인증으로만 취급하여도 안되며, ISO 9001 인증 획득을 품질 발전 단계에 있어서 최종 단계로 볼 것이 아니라 성공적인 품질경영으로 가는 한 과정으로 간주하는 것이 바람직하다. 즉, ISO 9001은 품질경영 전체의 관점에서 최소한의 요구사항이다.

2.6 QS 9000과 TL 9000

2.6.1 QS 9000

QS 9000은 미국의 자동차 업계 BIG 3인 크라이슬러, 포드, GM 세 개 사가 자기들 회사에 납품하는 전 세계 자동차 부품업체에 요구하는 품질시스템 인증기준이다. QS 9000 규격은 ISO 9001의 요구 사항을 기본으로 자동차 부품산업에 특별히 요구되는 생산부품 승인과정, 지속적인 개선, 제조능력과 각 사의 특성을 살린 요구사항을 추가한 품질보증규격이다. 각 사가 개별적으로 운영하던 공급자에 대한 품질 시스템 요구 사항 및 심사 문서로는 크라이슬러의 Supplier Quality Assurance Manual, 포드의 Q-101 Quality System Standard, Gm NAO의 Target for Excellence, GM 유럽의 General Standard for Purchased 그리고 트럭 제조업체의 품질시스템 매뉴얼 등이다.

1994년 ISO 9000 규격을 기초로 하여 최초의 QS 9000 규격이 제정되었고, 1995년 부품업체의 요구사항을 반영하여 2판을 발행하였으며, 1998년 유럽자동차 품질 요구사항 중 일부를 고려하여 3판을 발행하였다. 이러한 QS 9000 품질시스템의 궁극적인 목적(Purpose)은 지속적으로 제품의 산포를 줄이고, 최종소비자와 부품 공급자들에게 이익을 제공하며, 고객만족을 실현하는 것이다. 그리고 목표(Target)는 결함 방지 및 공급망에 있어서의 편차와 낭비의 감소에 중점을 두고 지속적인 개선 활동을 통하여 효율적인 품질시스템을 구축하도록 하는 것이다.

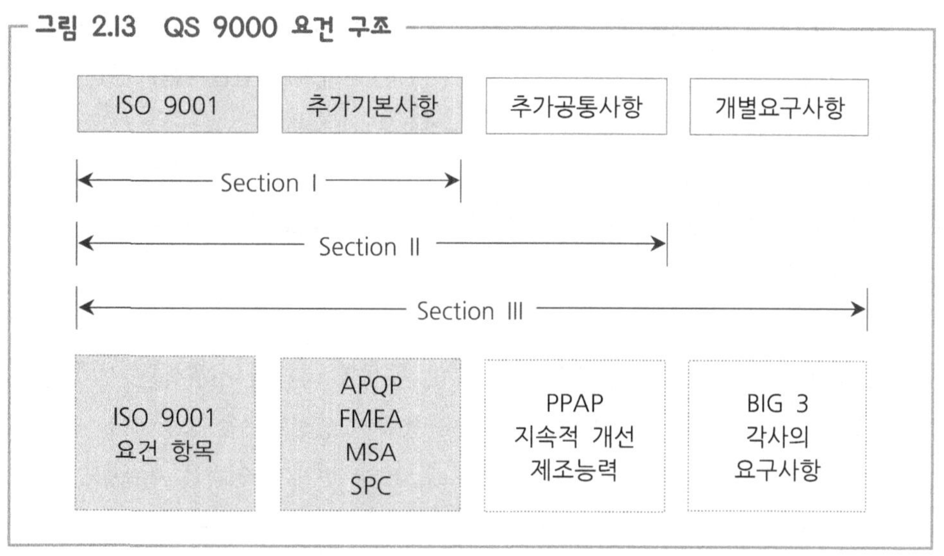

그림 2.13 QS 9000 요건 구조

QS 9000:1998의 구성은 크게 Section II 그리고 Section III으로 되어 있다 **[그림 2.13]**. Section I은 기본요건으로 ISO 9001의 요구사항에 자동차 업계에서 요구하는 추가사항(APQP, FMEA, MSA, SPC)을 포함하고 있다. Section II는 추가공통사항으로 자동차 산업에서 특별히 요구하는 규격으로서 양산부품 승인 절차, 지속적 개선, 제조능력에 대한 요구를 기술하고 있다. Section III는 BIG 3별 특성을 살린 개별 요구사항을 명시하고 있다.

* APQP(Advanced Product Quality Planning ; **사전 제품 품질 계획**) : 제품 개발 초기 단계부터 양산에 이르기까지 각 단계에서 무엇을 실행할 것인가를 정한 실행 방법 및 지침이다.
* FMEA(Failure Mode and Effects Analysis ; **고장모드 및 영향분석**) : 예상 가능한 모든 고장의 형태가 고객에게 어떤 영향을 미치고, 고장의 원인이 무엇인지를 추정하여 해석해 가는 수법으로 설계단계에서 실행하여 목표 품질의 조기 확보와 양질의 제품을 고객에게 인도하기 위한 수법이다.
* MSA(Measurement System Analysis ; **측정시스템 분석**) : 측정시스템의 상태를 정확히 평가 및 분석하여 측정데이터의 질을 향상시키기 위한 지침이다.

* SPC(Statistical Process Control ; **통계적 공정관리**) : 품질 규격에 합격하고 산포가 적은 제품을 안정적으로 생산하기 위하여 통계적 방법을 활용하여 공정을 관리해 나가는 관리 방법이다.
* PPAP(Production Part Approval Process ; **생산부품 승인절차**) : 부품 공급자가 고객(BIG 3)에게 부품을 승인받는 절차로, 제출준비요령, 제출요건, 수준 등에 대한 지침이다.

ISO 9000 인증제도는 인정기관의 감독 및 통제를 국가가 시행하는 것이 일반적이나, QS 9000에서는 정부가 아닌 자동차 협회가 인정기관을 승인한다. 한국에는 10개의 인증기관이 있으며, 1997년 최초로 13개 업체가 인증을 획득하였으며, 2004년 12월 31일 현재 총 2,490개 업체가 QS 9000 인증을 획득하였다.

2.6.2 TL 9000

TL 9000이란 Telecommunication Leader 9000의 약자로 정보통신업계의 품질보증규격을 말하는 것으로 자동차 산업 분야의 규격인 QS 9000과 마찬가지로 ISO 9000을 기본으로 하여 정보통신 업계의 요구사항을 추가한 것이다. TL 9000은 미국의 Bell, Motorola 등 정보통신 분야의 대기업이 중심이 되어 설립한 QuEST Forum(Quality Excellence for Suppliers of Telecommunication)에 의해 1999년 제정이 완료되었다. TL 9000의 제정 목적은 제품 및 서비스의 설계, 개발, 인도 및 유지 보수를 위한 정보통신 산업의 품질시스템 요구사항을 규정하기 위한 것이다. TL 9000은 시스템 요구사항을 정보통신산업 제품군의 성격에 따라 하드웨어, 소프트웨어 서비스 분야로 나누어 경영시스템 요소를 다루고 있으며, 이 핵심 품질을 계량화하여 객관적으로 파악할 수 있도록 비용과 성과에 근거한 성과측정표(matrix)를 규정하였다.

각 지표에 의해 산출된 자료는 통합적으로 관리하고 있으며, 기업 간 비교가 가능하도록 하여 지속적인 시스템의 발전을 유도하고 있다. 이밖에도 요구사항이 보다 구체적이고 계획부문을 강조하고 있으며 제품수명주기 관리 및 고객만족도 측정 등에 대한 내용이 포함되어 있다는 것이 ISO 9000과는 다른 점이다. 2001년 최초로 11개 업체가 인증을 획득하였으며, 2004년 12월 31일 현재 총 161개 업체가 TL 9000 인증을 획득하였다. TL 9000 요구사항과 성과 측정에 대한 구성은 5개 층(layer)으로 되어 있으며 다음과 같다.

* Layer 1 : 품질시스템 기본 요구사항(ISO 9000 요구사항 및 고객만족)
* Layer 2 : 하드웨어, 소프트웨어, 서비스에 대한 공통의 통신산업 요구사항
* Layer 3 : 하드웨어, 소프트웨어, 서비스에 대한 특정 통신산업 요구사항
* Layer 4 : 하드웨어, 소프트웨어, 서비스에 적용되는 공통의 통신산업 성과측정표(matrix)
* Layer 5 : 하드웨어, 소프트웨어, 서비스에 대한 특정 통신산업 성과측정표(matrix)

참고문헌

2·1 Banks, J. : The Essence of Total Quality Management, Prentice-Hall, 1992.

2·2 Deming, W. : Out of Crisis, MIT CASE, Cambridge, Mass., 1986.

2·3 Ishikawa, K. : Guide to Quality Control, Tokyo, Asian Productivity Organization, 1982.

2·4 Juran, J.M. and Gryna, F.M. : Quality Planning and Analysis, McGraw-Hill, 1982.

2·5 Juran, J.M. : Mode in U.S.A.-A renaissance in Quality, Harvard Business Review, pp.42~50, July-August, 1993.

2·6 Oakland, J.S. : Total Quality Management, Butterworth-Heineman Inc., 1989.

2·7 Peterson, D.E. : Beyond Satisfaction-Crating Customer Satisfaction, Research Report No. 944, Conference Board, New York, 1990.

2·8 Schonberger, R.J. : Total Quality Management cuts a Broad Swath through Manufacturing and Beyond, Organizational Dynamics, pp.16~28, 1993.

2·9 Tenner, A.R. and Detoro, I.J. : Total Quality Management, Addison Wesley Inc., 1992.

2·10 2005 Malcolm Baldrige National Quality Award Criteria, American Society for Quality Control, 2005.

2·11 류한주 : TQM에 의한 경영혁신, 한국생산성본부, 1994.

2·12 박성현 : 품질공학, 민영사, 1993.

2·13 이상연 : ISO 9000 해설, 창문각, 1993.

2·14 한국품질경영상 포상 요령, 한국표준협회, 2005.

2·15 김연성 외 5인 : 품질경영론, 박영사, 2002.

2·16 이무성 : 품질경영시스템론, 학문사, 2000.

2·17 오세진, 박영현 : 비영리조직 품질경영, 2005.

제3장

데이터의 기초적 정리방법

앞에서는 품질관리의 기본개념과 품질경영에 대하여 논하고 통계적 수법의 필요성에 대하여 언급하였다. 이 장에서는 그 통계적 수법의 밑바탕이 되는 데이터에 대한 사고방식과, 데이터의 정리방법 중에서 극히 기본이 되는 내용만을 설명하기로 한다.

품질관리활동에서는 가급적이면 육감에 의하여 판단하지 말고, 사실을 객관적으로 나타내는 데이터를 합리적인 방법에 의하여 구하고, 이를 통계적 수법 등에 의해 적절하게 정리하여 정보를 얻어 이 정보에 의하여 판단하는 것이 바람직하다. 한마디로 말하여 품질관리는 사실을 나타내는 데이터에 의한 관리라고 할 수 있을 것이다.

3.1 모집단과 표본

어떤 종류의 데이터든지 간에 그 데이터가 뽑혀져 나오는 집단이 있으며, 품질관리를 실시할 때, 이 데이터로부터 정보를 얻어 이 집단에 대하여 어떤 조처나 행동을 취하게 된다. 이 때 이 집단 전체를 모집단(population)이라고 부른다. 일반적으로 모집단의 크기는 방대하며, 모집단 전체를 하나도 빠짐없이 관측한다는 것은 현실적으로 불가능에 가까운 경우가 많다. 그래서 우리는 모집단 전체를 관측하는 대신에 이 모집단으로부터 일부분을 고르게 추출하여 이 모집단을 대표하는 표본(시료 또는 샘플(sample))을 취하게 된다.

품질개선사항, 품질관리사항 등 어떤 품질문제가 있다고 하자. 이 문제를 해결하기 위한 통계적 품질관리의 활동내용은, 그 대상이 되는 모집단을 구성하고, 여기에서 표본을 취한 후, 이 표본에 대한 관측을 통하여 데이터를 얻는다. 이 데이터를 정리·분석하여 모집단에 대한 정보를 얻고, 이것을 검토하여 의사를 결정한 후 제기된 품질문제에 대한 적절한 조처 행동을 취하게 된다. 이 내용을 그림으로 나타내면 **[그림 3.1]**과 같다.

그림 3.1 품질문제의 해결 싸이클

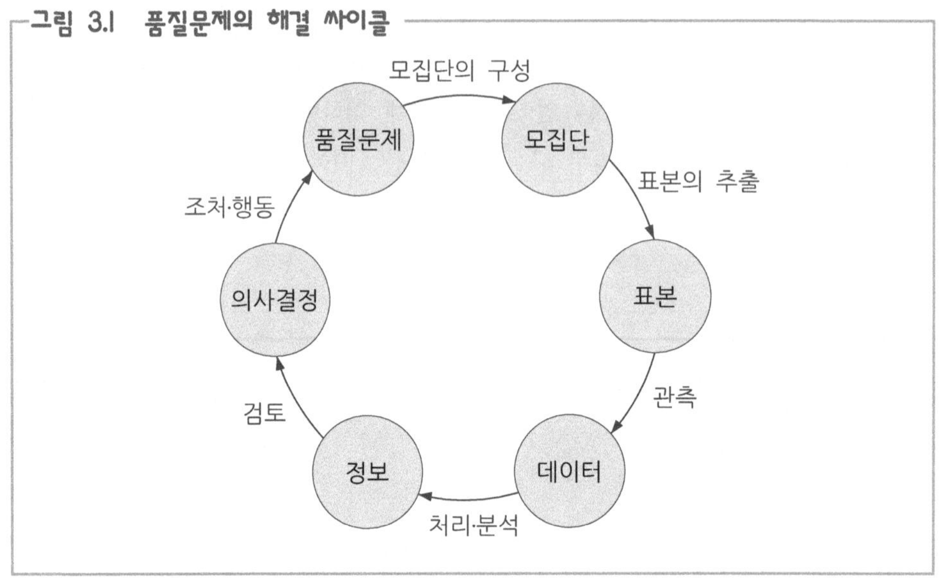

여기서 우리가 항상 염두에 두어야 할 사항은 표본을 관측하는 것은 표본에 대한 정보를 얻기 위함이 아니라, 표본을 관측하여 얻어진 데이터를 통하여 제기된 품질문제의 대상이 되는 모집단에 대한 정보를 얻기 위함이다. 모집단에 관한 정보로부터, 제기된 품질문제에 대한 의사결정이 가능하게 되는 것이다.

모집단에 포함되어 있는 기본단위의 수(모집단의 크기(population size))에 따라서 모집단을 무한모집단(infinite population ; 크기가 무한대라고 생각되는 모집단)과 유한모집단(finite population ; 크기가 한정되어 있다고 생각되는 모집단)의 두 가지로 분류한다. 어떤 공정에서 생산되는 모든 제품을 하나의 모집단으로 보자. 이 공정의 제조능력에는 어떤 시점에서 볼 때에는 한계가 있는 것은 틀림없으나 제품을 장래에도 계속하여 무한히 생산해 낸다는 입장에서 볼 때, 공정은 보통 무한모집단으로 취급된다. 그러나 수입검사, 출하검사, 반제품검사 등의 대상이 되는 로트

(lot)는 그 크기에 한계가 있으므로 유한모집단이다. 여기서 로트라는 것은 어떤 목적을 가지고 모아놓은 제품, 반제품 또는 원자재의 하나의 큰 덩어리라고 생각하면 좋다. 유한모집단의 다른 예로서, 서울 시민의 의식구조 조사에서 표본으로 1,000명을 추출하였다면, 이 때 모집단은 서울 시민 전체로서 유한모집단(모집단의 크기 약 천만)이고, 표본의 크기(sample size)는 1,000이 되는 것이다. 표본을 추출하는 방법을 "샘플링 방법"이라고 부르는데 이것은 9장에서 자세히 다루기로 한다.

3.2 데이터의 분류

3.2.1 사용목적에 의한 분류

데이터를 취할 때에는 그 데이터의 사용 목적을 명백히 해둘 필요가 있으며, 그렇지 못한 경우에는 데이터가 쓸모없는 것이 되는 경우가 많다. 통계적 품질관리에서 사용되는 데이터를 사용목적에 따라 분류하면 다음과 같이 나눌 수 있다.

(1) **현상파악을 목적으로 하는 데이터 :** 품질관리활동에서는 우선 문제의식을 가지고 현상을 파악하여 문제점이 어디에 있는가를 명백히 하는 것이 중요하다. 이처럼 현상파악을 위하여 정리된 과거의 데이터 혹은 새로 취한 데이터를 말한다.

(2) **통계해석을 목적으로 하는 데이터 :** 어떤 품질특성을 개선 또는 유지하기 위하여 이 품질특성과 관련이 있는 인자(factor)들과의 인과관계를 통계적으로 파악하는 것이 필요하다. 이처럼 인과관계를 파악하는 것을 통계해석활동이라고 볼 수 있는데, 이와 같은 해석을 목적으로 하는 데이터를 말한다.

(3) **검사를 목적으로 하는 데이터 :** 개개 제품의 양·불량 또는 로트의 합격·불합격의 판정을 내리기 위한 검사를 목적으로 하는 데이터를 말한다.

(4) **관리를 목적으로 하는 데이터 :** 공정의 중요한 품질특성을 측정하여 공정에 이상이 있는가 없는가를 판단하고, 공정이 정상적으로 유지되도록 조처 · 행동을 취하는 관리를 목적으로 하는 데이터이다.

(5) **기록을 목적으로 하는 데이터 :** 장래의 필요성에 대비하여 중요하다고 판단되는 기본적인 데이터를 수집 · 정리하여 둘 경우가 있다. 이처럼 장래에 사용할 것을 목적으로 하는 데이터를 말한다.

3.2.2 척도에 의한 분류

위에서 데이터를 사용목적에 따라 분류하였는데, 품질특성의 상태를 객관적으로 파악하기 위해서는 어떤 기준이 되는 척도를 정하여 가급적이면 그 상태를 수량적으로 표현하도록 해야 한다. 품질특성을 나타내는 데이터를 척도구성방법에 따라 다음과 같이 나눌 수 있다.

(1) 계량치(continuous data)

길이, 무게, 인장강도 등과 같이 연속량으로 측정될 수 있는 품질특성의 값이다. 연속량으로 측정되지 않더라도 점수의 데이터(학력고사의 성적, 자동차 성능의 점수 등)는 계량치로 간주한다.

(2) 계수치(discrete data)

불량품의 수, 결점수 등과 같이 개수로 셀 수 있는 품질특성의 값이다. 0, 1, 2, … 와 같이 양의 정수치로 잡는 것이 보통이다. 이외에 우열의 데이터, 순위의 데이터 등도 계수치로 간주한다.

3.3 모집단 분포

3.3.1 모집단의 분포

제품을 대량으로 생산하는 제조과정에서도 아무리 똑같은 조건하에서 만들어진 제품이라 하더라도 그 품질특성을 조사해 보면 반드시 산포가 존재한다. 사용되는 원재료의 품질을 일정하게 하고, 작업방법을 통일하고, 기계를 같은 조건으로 고정시키고, 측정기를 엄밀히 관리하는 등 공정 전반에 걸쳐 표준화에 의한 공정관리를 까다롭게 하더라도 산포를 작게 할 수는 있으나 산포를 완전히 없앨 수는 없다.

산포가 발생하는 원인은 대략 다음과 같이 두 가지로 분류할 수 있다.

(1) **우연원인**(chance cause) : 생산조건이 엄격하게 관리된 상태 하에서도 발생되는 어느 정도의 불가피한 변동을 주는 원인으로, 작업자 숙련도의 차이, 작업환경의 차이, 식별되지 않을 정도의 원자재 및 생산설비 등의 제반 특성의 차이 등에 의하여 발생되는 것을 말한다. 이 변동을 줄여 품질개선을 달성하기 위해서는 시스템적이고 관리적인 접근이 필요하다. 일반적으로 우연원인에 의해서만 변동하고 있는 상태를 통계적으로 관리상태(statistically in control)에 있다고 한다.

(2) **이상원인**(assignable cause) : 작업자의 부주의, 불량자재의 사용, 생산설비상의 이상 등에 의하여 발생되는 변동을 말하며, 이것을 까닭이 있는 원인 또는 우발적 원인이라고도 부른다. 이상원인은 공정에서 만성적으로 존재하는 것은 아니고 산발적으로 발생하며 품질의 변동에 크게 영향을 끼치는 요주의 원인으로써 우선적으로 제거해야 한다.

위에서 검토한 바와 같이 어떤 품질특성을 측정한 데이터는 반드시 산포가 있는 어떤 분포(distribution)에 따르며, 이 데이터가 얻어진 원래의 모집단도 어떤 분포에 따르고 있다고 생각할 수 있다. 일반적으로 우리의 관심대상인 모집단의 정보를 얻고자 할 때, 가장 먼저 알고자 하는 내용은 다음과 같다.

(1) 모집단분포의 중심 위치
(2) 모집단분포의 산포
(3) 모집단분포의 형태

먼저 중심 위치에 대하여 알아보고, 다음으로 산포와 모집단분포의 형태에 대하여 알아보자.

3.3.2 중심 위치의 측도

표본의 데이터를 정리하여 모집단에 관하여 얻을 수 있는 정보로는 모집단 분포의 중심 위치가 있다. 모집단의 중심 위치는 분포의 중심적 경향을 나타내는 측도에 의하여 추정된다. 모집단 분포의 평균치 μ를 표본의 데이터로부터 구하는 추정치로는 다음과 같은 것들이 많이 쓰인다.

(1) 평균(mean) $\bar{x}$

가장 많이 사용되는 것이 평균이며, 또는 평균치 또는 산술평균이라고도 한다. 데이터로부터 계산된 평균은 모집단의 평균치 μ(이를 간단히 모평균이라 한다)와 구별하기 위하여 표본평균이라 부르고 $\bar{x}$로 표시한다.

n 개의 표본 데이터의 표본평균은 다음과 같다.

$$\bar{x} = \frac{x_1 + x_2 + \cdots + x_n}{n} = \frac{\sum_{i=1}^{n} x_i}{n}$$

(2) 기하평균(geometric mean) G

기하평균은 n 개의 데이터를 다음과 같이 처리하여 얻어진다.

$$G = (x_1 \cdot x_2 \cdots\cdots x_n)^{\frac{1}{n}}$$

이는 일반적으로 데이터들이 모두 양인 경우에만 사용된다.

(3) 중앙값(median) $\tilde{x}$

중앙값은 n 개의 데이터를 크기 순으로 나열하였을 때, 데이터의 수가 홀수이면 중앙에 위치하는 데이터이고, 데이터의 수가 짝수이면 중앙에 위치하는 두 개의 데이터의 평균치이다. 이와 같이 중앙값은 순위를 나열하는 것만으로 구할 수 있어 계산이 간단하나 중앙의 값만 사용하므로 평균에 비하여 전체의 데이터를 활용하는 효율성이 약간 떨어지는 것을 피할 수 없다. 그러나 동떨어진 데이터(outlier)가 있는 경우에 그 영향을 받지 않는다는 장점이 있다. 데이터의 수가 너무 많으면 중앙의 값을 찾는 것이 용이하지 않고 효율도 떨어지므로 n 의 크기가 10미만인 경우에 많이 사용된다.

(4) 범위의 중앙값(mid-range) M

데이터 중에서 최대값 $x_{\max}$ 과 최소값 $x_{\min}$ 의 평균값을 범위의 중앙값이라고 한다. 즉,

$$M = \frac{x_{\max} + x_{\min}}{2}$$

이것은 중앙값보다 계산이 간단하다는 점은 있으나 양끝의 두 개의 값만 사용하므로 효율이 낮고, 또한 극단적으로 동떨어진 데이터에 민감한 영향을 받으므로 분포가 비뚤어진 경우에는 사용하지 않는 것이 좋다.

예제 3.1

다음과 같은 8개의 데이터가 있다. 앞에서 소개한 4개의 중심 위치의 측도들을 계산하여 보아라.

데이터 : 3, 9, 6, 15, 5, 3, 5, 5

풀이

산술평균 : $\bar{x} = \frac{\sum_{i=1}^{8} x_i}{8} = \frac{3+9+6+15+5+3+5+5}{8} = 6.375$

기하평균 : $G = (3 \cdot 9 \cdot 6 \cdot 15 \cdot 5 \cdot 3 \cdot 5 \cdot 5)^{\frac{1}{8}} = 5.558$

중앙값 $\tilde{x}$ 를 구하기 위하여 위의 데이터를 크기 순으로 나열하면

3, 3, 5, 5, 5, 6, 9, 15

이므로 $\tilde{x}$는 4번째와 5번째 숫자의 평균치 $\tilde{x}=\dfrac{5+5}{2}=5$ 이다.

범위의 중앙값은 $x_{max}=15$, $x_{min}=3$ 이므로 $M=\dfrac{15+3}{2}=9$ 이다.

3.3.3 산포도의 측도

데이터가 어느 정도 퍼져 있는가를 나타내는 측도로서, 품질 변동을 정량적으로 나타낼 때 주로 사용되며, 일반적으로 다음의 것들이 많이 쓰인다.

(1) 제곱합(sum of squares) S

제곱합이란 개개 측정치 x_i 와 표본평균 $\bar{x}$ 간의 편차의 제곱을 모든 데이터에 대하여 합한 것이다. 즉,

$$S=\sum_{i=1}^{n}(x_i-\bar{x})^2 \qquad (3\cdot1)$$

그러나 실제 계산에서는 아래의 증명의 결과로부터

$$\begin{aligned} S&=\sum_{i=1}^{n}x_i^2-\frac{\left(\sum_{i=1}^{n}x_i\right)^2}{n}\\ &=\sum_{i=1}^{n}x_i^2-CT \end{aligned} \qquad (3\cdot2)$$

를 사용하는 것이 편하다. 여기서

$$CT=\frac{\left(\sum_{i=1}^{n}x_i\right)^2}{n}=n(\bar{x})^2 \qquad (3\cdot3)$$

을 수정항(correction term)이라 부르고, CT로 줄여 쓴다.

증명 》

$$S=\sum_I (x_i-\overline{x})^2=\sum_i x_i^2-2\sum_I x_i\cdot\overline{x}+n(\overline{x})^2$$
$$=\sum_i x_i^2-2\sum_i x_i\left(\frac{\sum_i x_i}{n}\right)+n\left(\frac{\sum_i x_i}{n}\right)^2$$
$$=\sum_i x_i^2-\frac{2(\sum_i x_i)^2}{n}+\frac{(\sum_i x_i)^2}{n}$$
$$=\sum_i x_i^2-\frac{(\sum_i x_i)^2}{n}$$

(2) 불편분산(unbiased variance) V

제곱합 S를 $n-1$로 나눈 것을 불편분산이라고 한다. 여기서 $n-1$을 S의 자유도(degrees of freedom)라 부르고 Φ라는 기호로 표시한다.

$$V=\frac{S}{n-1}=\frac{S}{\Phi} \tag{3·4}$$

이것은 후술하는 바와 같이 모집단의 분산(이것을 간단히 모분산이라고 함) σ^2의 불편추정량(unbiased estimator)이므로 검정과 추정에서 자주 사용된다. 불편분산 V를 간단히 분산(variance)이라고도 부른다.

참고 》

제곱합 S를 n으로 나눈 값 $\frac{S}{n}$를 분산으로 정의하기도 한다. 그러나 이것은 모분산 σ^2의 불편추정량이 아니므로 자주 쓰이지는 않는다. 그러나 n이 매우 크면 $\frac{S}{n}$나 $\frac{S}{n-1}$나 큰 차이가 없을 것이다.

(3) 표준편차(standard deviation) s

분산 V의 제곱근을 표준편차라 하며 다음과 같다.

$$s=\sqrt{V}=\sqrt{\frac{S}{n-1}}=\sqrt{\frac{\sum_{i=1}^{n}(x_i-\overline{x})^2}{n-1}} \tag{3·5}$$

s 는 $s\geq 0$이며 그 단위는 데이터의 단위와 같다. 그러나 V는 $V\geq 0$이며 그 단위는 데이터 단위의 제곱이 된다.

(4) 범위(range) R

데이터 중에서 최대값과 최소값의 차이를 범위라 한다.

$$R=x_{\max}-x_{\min} \tag{3·6}$$

(5) 변동계수(coefficient of variation) V_c

변동계수는 표준편차를 평균으로 나눈 값으로 보통 백분율로 나타낸다.

$$V_c=\frac{s}{\overline{x}}\times 100(\%)$$

위에서 본 4개의 산포의 측도들은 측정단위(cm, m, mm 등)가 달라지면 똑같은 데이터라 하더라도 산포에 차이가 있는 것 같이 나타난다. 따라서 측정단위가 다른 두 종류의 데이터를 직접 비교하는 것은 곤란하다. 이런 경우에는 변동계수를 쓰면 좋다. 변동계수에서는 측정단위가 다르더라도 똑같은 데이터는 같은 산포 측도의 값을 준다.

예제 3.2

앞의 예제에서 사용된 8개의 데이터에 대하여 위에서 설명한 5개의 산포의 측도들의 값을 구하라.

데이터 : 3, 9, 6, 15, 5, 3, 5, 5 (단위 : cm)

풀이

제곱합 : $S=\sum x_i^2-\dfrac{(\sum x_i)^2}{n}$

$$=3^2+9^2+6^2+...+5^2-\frac{(3+9+...+5)^2}{8}$$

$$=435-\frac{(51)^2}{8}=109.875$$

분산 : $V=\dfrac{S}{n-1}=\dfrac{109.875}{7}=15.696$

표준편차 : $s=\sqrt{V}=\sqrt{15.696}=3.962$

범위 : $R=x_{\max}-x_{\min}=15-3=12$

변동계수 : $V_c=\dfrac{s}{\bar{x}}\times 100=\dfrac{3.962}{6.375}\times 100=62.149\%$

참고로 만약 데이터의 측정단위가 mm라면 데이터가 30, 90, 60, ⋯, 50mm로서 $S=1,0987.5$, $V=1,569.6$, $s=39.62$, $R=120$이 되어 크게 증가하나 변동계수는 변함없이 62.149%로 남아 있다.

3.3.4 수치변환

데이터를 수치변환(numerical transformation)한다는 것은 주어진 데이터에 어떤 상수를 더하거나 뺀 값을 어떤 다른 상수로 곱하거나 나누어서 변환시킴을 뜻한다. 이렇게 데이터를 수치변환 시키는 이유는 제곱합이나 분산 등을 간편하게 구하기 위함이다.

원래의 측정값 x_i를 변환시켜 얻은 측정값을

$$X_i=(x_i-x_0)\times h \tag{3・7}$$

라고 하자. 여기서 x_0는 x_i들의 평균에 가까우리라고 생각되는 가평균으로 간단한 수치를 많이 사용하고, h 는 X_i 를 계산하기 쉽도록 만들어 놓은 계수(scaling factor)이다. x_0 는 0이 가능하나 h 는 0이 되어서는 안된다.

식(3・7)로부터 X_i 들의 평균 $\overline{X}$ 와 x_i 들의 평균 $\bar{x}$ 간에는

$$\overline{X} = (\bar{x} - x_0) \times h \tag{3・8}$$

$$\bar{x} = x_0 + \frac{\overline{X}}{h} \tag{3・9}$$

의 관계가 성립하고, X_i 들의 제곱합, 분산(S_X, V_X) 과 x_i 들의 제곱합, 분산 (S_x, V_x) 간에는

$$S_x = \frac{1}{h^2} S_X \tag{3・10}$$

$$V_x = \frac{1}{h^2} V_X \tag{3・11}$$

가 성립한다. 따라서 수치변환하여 V_X 를 쉽게 구할 수 있도록 하면 V_x 도 쉽게 얻어진다.

3.1

다음의 데이터를 적절히 수치변환하여 산술평균, 제곱합과 분산을 구하라.

100.17, 100.18, 100.17, 100.19, 100.18

풀이

x_0 는 평균에 가까우리라고 생각되는 $x_0 = 100.17$을 잡고, h 는 100으로 하여 변환하면, X_i 는 소수점을 갖지 않는 값으로 바뀌진다. 즉,

$$X_i = (x_i - 100.17) \times 100$$

으로 하면 X_i 는 0, 1, 0, 2, 1이 된다. X_i 의 평균, 제곱합과 분산은

$$\overline{X} = \frac{4}{5} = 0.8$$

$$S_X = \sum X_i^2 - \frac{(\sum X_i)^2}{n} = 0^2 + 1^2 + 0^2 + 2^2 + 1^2 - \frac{(4)^2}{5} = 2.8$$

$$V_X = \frac{S_X}{n-1} = \frac{2.8}{4} = 0.7$$

이 된다. 따라서 원데이터의 평균, 제곱합과 분산은 각각

$$\overline{x} = x_0 + \frac{\overline{X}}{h} = 100.17 + \frac{0.8}{100} = 100.178$$

$$S_x = \frac{S_X}{h^2} = \frac{2,8}{(100)^2} = 0.00028$$

$$V_x = \frac{V_X}{h^2} = \frac{0.7}{(100)^2} = 0.00007$$

이 얻어진다.

3.4 모집단 형태

3.4.1 도수분포표

도수분포표(frequency distribution table)란 어떤 일정한 기준에 의하여 전체 데이터가 포함되는 구간을 여러 개의 급구간으로 분할하고, 데이터를 분할된 급구간에 따라 분류하여 만들어 놓은 **<표 3.2>**와 같은 표를 말한다.

표 3.1 어떤 특수전구의 수명 데이터

단위 : 시간 (hours)

데이터	1,310	1,262	1,234**	1,104	1,105	1,243	1,204	1,103	
	944	1,343	932	1,055	1,303	1,185	759*	1,404**	
	1,248	1,324	1,000	984	1,381**	816*	1,067	1,252	
	1.093	1,358**	1,024	1,240	1,220	972	1,022	956	
	1,690**	1,302	1,233	1,331**	1,157	1,415**	1,385	824*	
	1,229	1,079	1,176	1,173	1,109	827	1,209	1,202	
	609*	985*	1,233	985	769*	905	1,490**	918	
	1,028	1,122	872*	826*	985	1,075	1,240	985	
각열의 최대값	1,690	1,358	1,234	1,331	1,381	1,415	1,490	1,404	x_{max} =1,690
각열의 최소값	609	985	872	826	769	816	759	824	x_{min} =609

** : 최대값 * : 최소값

표 3.2 전구수명 데이터의 도수분포표

급의번호	급 의 구 간	중앙값($\widetilde{x_i}$)	도수 체크	도수(f_i)	도수분포율(%)
1	605.5~741.5	673.5	/	1	1.6
2	741.5~877.5	809.5	卌 //	7	10.9
3	877.5~1,013.5	945.5	卌 卌 //	12	18.7
4	1,013.5~1,149.5	1,081.5	卌 卌 ///	13	20.3
5	1,149.5~1,285.5	1,217.5	卌 卌 卌 ///	18	28.1
6	1,285.5~1,421.5	1,353.5	卌 卌 /	11	17.2
7	1,421.5~1,557.5	1,489.5	/	1	1.6
8	1,557.5~1,693.5	1,625.5	/	1	1.6
합 계				64	100%

실제 예를 들어 보기로 하자. **<표 3.1>**은 어떤 전구공장에서 만들어지는 40와트 110볼트의 특수 전구들 중에서 그 수명을 알아보기 위하여 64개의 전구를 적절한 방법으로 랜덤하게 추출하여 표본으로 뽑아낸 것이다.

<표 3.1>과 같은 데이터는 원데이터(raw data)이며, 이처럼 정리되지 않은 데이터는 무질서한 수의 나열에 불과하며 유용한 정보를 주지 못한다. 우선 이 데이터에서 우리가 알기를 원하는 것은 다음과 같은 것들이다.

(1) 이 전구를 만들어 내는 공정(이것은 하나의 무한모집단임)에서 생산되어 나오는 전구의 수명 특성치는 어떤 분포를 하고 있는가?
(2) 이 공정에서 생산되는 전구수명의 평균치는 얼마이고 어느 정도의 산포를 가지고 있는가?
(3) 전구의 수명은 회사가 원하는 표준규격에 맞는가? 부적합품의 비율은 어느 정도인가?

먼저 도수분포표를 작성하여 보자. **<표 3.1>**의 원데이터에서 전체의 최대값이 1,690이고 최소값이 609이며 측정값의 수가 64이므로, 급의 수를 임의로 8개로 정하고 급의 폭을 136으로 하여 등간격으로 나눈 후, 각 구간에 몇 개의 측정값이 들어가는가를 **<표 3.2>**에서와 같이 세어 보았다. 이 도수분포표를 기둥 그래프를 사용하여 도시하면 **[그림 3.2]**가 되는데 이런 그래프를 도수분포도(frequency distribution graph) 또는 히스토그램(histogram)이라 한다.

만약 사내규격이 800시간~1,400시간이라면 **[그림 3.2]**에서와 같이 나타내지며, 이 구간 속에 들어 있는 데이터의 수를 세어 보면 12+13+18=43개는 완전히 포함

그림 3.2 전구수명 데이터의 히스토그램

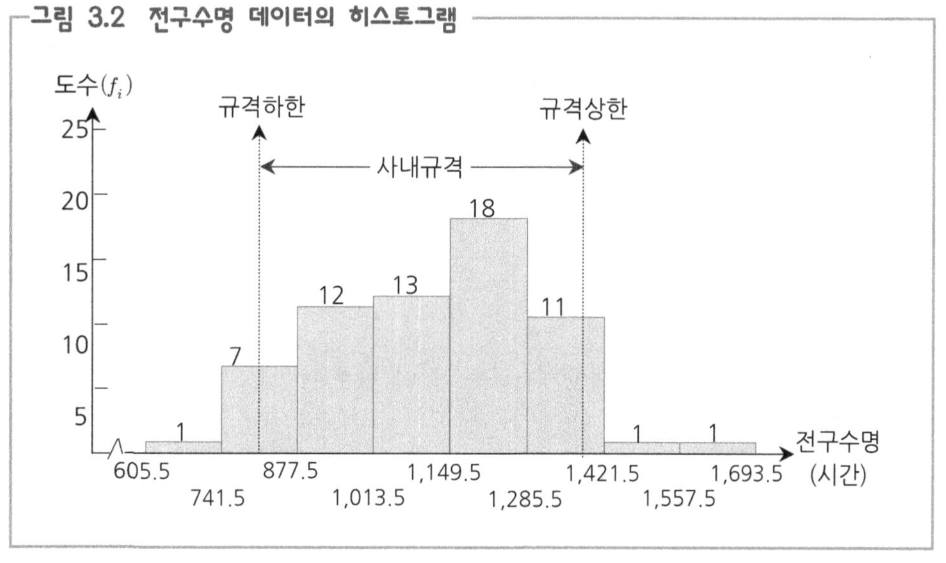

되어 있고, 7+11=18개는 약 $\frac{2}{3}$정도 포함되어 있다고 보면 대략적으로 $43+\left(\frac{2}{3}\right)(18)$ =55개 정도가 된다. 이것은 전체 데이터의 $\frac{55}{64}\times 100=86\%$에 해당한다. 즉, 표본의 데이터로부터 규격 밖으로 벗어나는 비율이 약 14%에 이르고 있다고 판단할 수 있다.

3.4.2 도수분포표의 작성 요령

원데이터로부터 도수분포표를 작성하고 히스토그램을 그려서 데이터의 분포상태를 조사할 때에 급구간의 선정을 합리적으로 하지 못하면 유용성이 적은 도수분포표나 히스토그램이 작성되기 쉽다. 급구간을 선정하는 문제는 어떤 통일된 기준이 있는 것은 아니나 일반적으로 다음의 순서에 따라서 작성하면 좋을 것이다. 각 순서마다 앞의 전구수명 데이터의 경우를 예로 들어서 설명하기로 한다.

(1) 데이터의 수를 센다. 이 수를 n 이라 한다.

$$n = 64$$

(2) 데이터의 최대값 $x_{\max}$ 과 최소값 $x_{\min}$을 구하고 범위를 구한다.

$$x_{\max} = 1,690$$
$$x_{\min} = 609$$
$$\text{범위} = R = x_{\max} - x_{\min} = 1,690 - 609 = 1,081$$

(3) 데이터의 최소단위를 구한다.

$$\text{데이터의 최소단위} = 1$$

(4) 최대값과 최소값 간에 존재할 수 있는, 값이 다른 데이터의 최대수를 다음 식에 의하여 구한다.

$$\text{가능한 데이터의 최대수}: \frac{\text{범위}}{\text{데이터의 최소단위}} + 1 = \frac{1,081}{1} + 1 = 1,082$$

(5) 급의 수를 정한다. 급의 수는 일반적으로 데이터의 수에 따라서 다음과 같이 잡아 주는 것이 적절하다.

데이터의 수	적절한 급의 수
40~100	5~9
100~200	8~12
200이상	10~16

$n=64$ 이므로 급의 수를 8로 잡아주었다.

(6) 한 급에 포함될 수 있는 가능한 데이터의 최대수를 구한다.

$$\frac{\text{가능한 데이터의 최대수}}{\text{급의 수}} = \frac{1.082}{8} = 135.3 \fallingdotseq 136$$

정수로 떨어지지 않으면 반올림하여 큰 값으로 정한다.

(7) 급의 구간 폭을 구한다.

구간폭=(데이터의 최소단위)×(한 급에 포함될 수 있는 가능한 데이터의 최대수)

$=1\times136=136$

(8) 도수분포용지를 준비한다. 이 용지는 **<표 3.2>**와 같은 것으로 급의 순서, 급의 구간, 중앙값, 도수체크, 도수, 도수분포율을 기입한 용지이다.

(9) 급의 구간을 결정하여 이 용지에 기입한다. 우선 첫 번째 급의 경계치를 다음에 의하여 구한다.

첫 번째 급의 아래쪽 경계치

$=x_{\min}-\frac{1}{2}$[(급의 수)×(한 급에 포함될 수 있는 가능한 데이터의 최대수)−(가능한 데이터의 최대수)]×(데이터의 최소단위)

$= 609-\frac{1}{2}(8\times136-1,082)\times1$

$= 609-3 = 606$

만약 위의 아래쪽 경계치가 데이터의 최소단위의 $\frac{1}{2}$(이 경우에는 최소단위가 1이므로 0.5에 해당)로 표현이 안되면 데이터 최소단위의 $\frac{1}{2}$을 빼서 정한다. 따라서 첫 번째 급의 아래쪽 경계치= 606−0.5 = 605.5가 된다. 이것이 일단 정해지면 다음에는 구간 폭을 136으로 정했으므로 136을 더하여 이하 순차적으로 605.5~741.5, 741.5~877.5, …, 1,557.5~1,697.5로 구간이 정해진다.

(10) 급의 중앙값은 다음과 같이 구하여 준비된 용지에 기입한다.

$$\text{중앙값}(\widetilde{x_i}) = \frac{\text{급의 양 경계치의 합계}}{2}$$

(11) 도수를 체크하여 준비된 용지에 기입한다. 도수의 체크는 /// //// ///// 등으로 하거나, 一, 正, 正, 正, 正 하거나 한다.

(12) 도수체크를 세어서 도수란에 기입한다.

(13) 도수분포율을 구하여 기입한다.

$$\text{도수분포율} = \frac{\text{도수}(f_i)}{n} \times 100(\%)$$

위의 작성요령에 따라서 도수분포표를 작성하면 최소값($x_{\min}$)은 첫 번째 급에, 그리고 최대값($x_{\max}$)은 마지막 급에 반드시 위치하게 되며, 양끝의 급에서 $x_{\max}$, $x_{\min}$이 대체로 한 쪽에 치우치지 않게 위치하게 된다.

3.4.3 히스토그램을 보는 방법

히스토그램을 살펴보면 표본 데이터의 분포를 알 수 있을 뿐만 아니라, 더 나아가서 그 모집단의 분포를 짐작할 수 있다. 제품의 품질규격이 주어져 있는 경우에는 **[그림 3.2]**와 같이 히스토그램을 규격과 대조시켜 보는 것이 좋다. **[그림 3.3]**은 히스토그램을 보면서 모집단 분포곡선에 대한 대체적인 윤곽을 구상하여 본 것이고, **[그림 3.4]**는 규격을 분포곡선 위에서 대조하여 본 것이다.

그림 3.3 모집단 분포곡선의 예

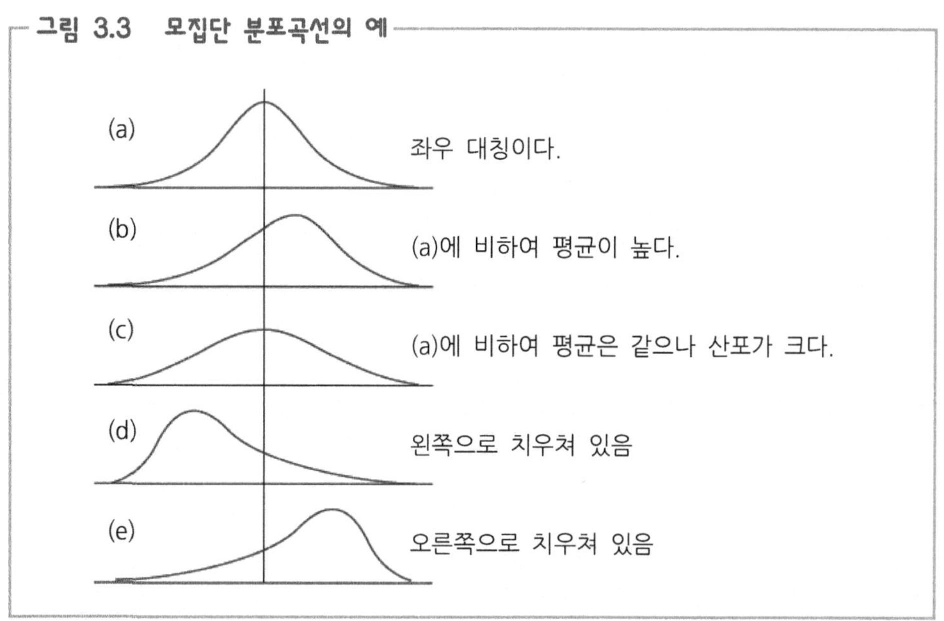

그림 3.4 규격과 모집단의 분포곡선

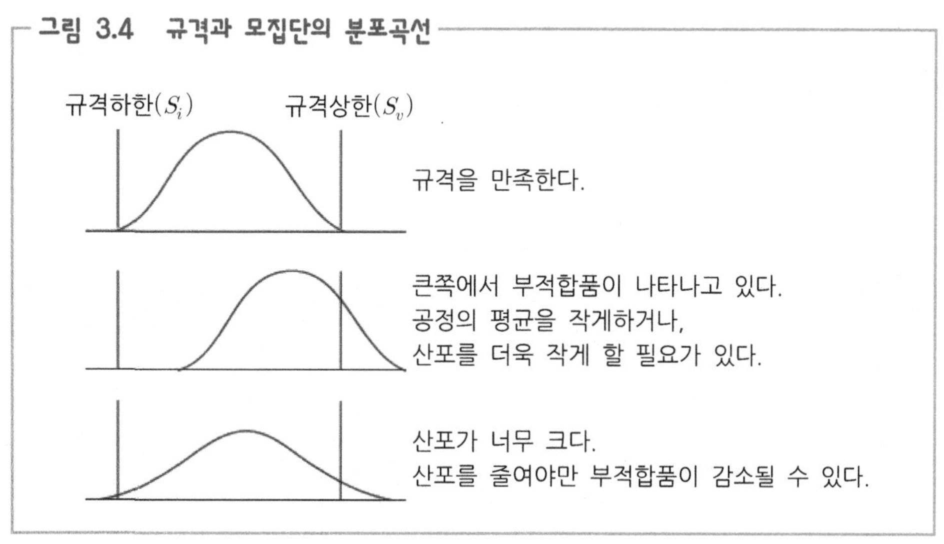

3.4.4 누적도수

주어진 데이터를 정리하고 분석하는 데 있어서 앞에서 설명한 도수분포표나 히스토그램을 사용하여 데이터의 분포상태를 파악할 수 있으나, 만약 어떤 품질특성치 이하에 속해 있는 데이터의 수가 어느 정도인가를 알려면 누적도수(cumulative frequency)를 구하면 된다. 누적도수는 어떤 값(일반적으로 급의 윗쪽 경계치) 이하의 도수가 몇 개인가를 나타내는 값으로, k 번째 급의 윗쪽 경계치까지의 누적도수는 $\sum_{i=1}^{k} f_i$ 가 된다.

각 급의 도수 f_i 를 표본의 크기(n)로 나눈 값을 앞에서 도수분포율이라고 불렀는데, 흔히 쓰이는 다른 이름은 상대도수(relative frequency)이다. 이 상대도수도 백분율(%)로 나타내는 경우가 있다. 누적도수를 n 으로 나누어서 얻은 값을 누적상대도수(cumulative relative frequency)라고 부르고, 이 값도 백분율로 나타낼 수 있다. **<표 3.2>**의 도수분포표에 대하여 상대도수, 누적도수, 누적상대도수를 구하면 **<표 3.3>**과 같다.

표 3.3 누적도수분포표

급의 번호	급 의 구 간	중앙값 ($\tilde{x}_i$)	도 수 (f_i)	상대도수 (f_i/n)	누적도수 ($\sum_i f_i$)	누적상대도수 ($\sum_i f_i/n$)
1	605.5 ~ 741.5	673.5	1	0.016	1	0.016
2	741.5 ~ 877.5	809.5	7	0.109	8	0.125
3	877.5 ~ 1,013.5	945.5	12	0.187	20	0.312
4	1,013.5 ~ 1,149.5	1,081.5	13	0.203	33	0.515
5	1,149.5 ~ 1,285.5	1,217.5	18	0.281	51	0.796
6	1,285.5 ~ 1,421.5	1,353.5	11	0.172	62	0.968
7	1,421.5 ~ 1,557.5	1,489.5	1	0.016	63	0.984
8	1,557.5 ~ 1,693.5	1,625.5	1	0.016	64	1.000
합 계			64	1.000	64	1.000

<표 3.3>과 같은 표를 누적도수분포표(cumulative frequency distribution table)라 부르고, 이것을 만들어 놓으면 어떤 특성치 이하나 이상의 데이터가 얼마나 있는가를 쉽게 알 수 있다. 예를 들면, 전구 수명이 1,013.5시간 이하인 것은 64개중에서 20개이며 이것은 전체의 0.312(31.2%)를 차지하고, 1,285.5시간 이상인 것은 64−51=13개로서 전체의 1−0.796 = 0.204(20.4%)가 된다.

[그림 3.2]에서 각 급의 도수 f_i 를 기둥그래프로 나타낸 히스토그램을 보았는데, 도수의 크기를 보여주는 다른 그래프로 도수다각형(frequency polygon)을 그릴 수 있다. 이의 작성요령은 각 급의 중앙값들을 타점하여 이를 연결시킨 것으로 **[그림 3.5]**와 같다. 도수다각형을 그릴 때에 유의할 사항은 첫 번째 급의 왼쪽에 도수 $f_i = 0$ 을 가진 급을 만들고, 마지막 급의 오른쪽에도 마찬가지로 하여 그림에서와 같이 가로축에 다각형이 밀착되도록 하여야 한다.

[그림 3.5]는 각 급의 중앙값에서 도수의 좌표를 연결하여 다각형을 만들었는데, 만약 각 급의 경계치에서 누적도수의 좌표를 연결하여 다각형을 만들면 **[그림 3.6]**과 같은 누적도수다각형(cumulative frequency polygon)이 되고, 이를 누적도수곡선(cumulative frequency curve)이라고도 부른다.

그림 3.5 전구수명 데이터의 도수다각형

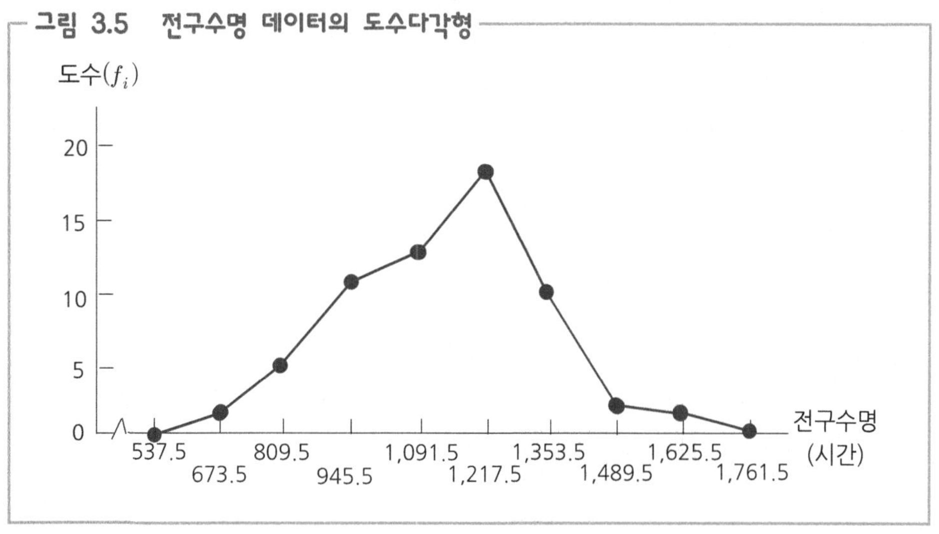

그림 3.6 전구수명 데이터의 누적도수다각형

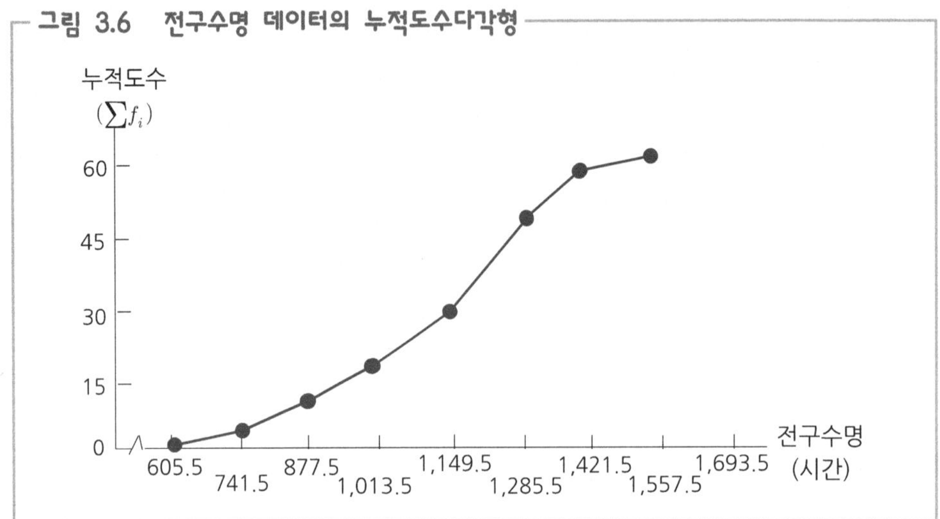

[그림 3.5]와 **[그림 3.6]**의 도수다각형과 누적도수다각형에서 세로축에 도수 대신에 상대도수를 그릴 수도 있고, 누적도수 대신에 누적상대도수를 그릴 수도 있다. 이는 데이터를 정리하는 데 있어서 어떤 특성을 나타내는 것이 의미가 있는가에 따라서 임의로 선택할 수 있다.

3.4.5 줄기-잎 그림

도수분포표나 히스토그램 그리고 도수다각형 등에서는 자료를 몇 개의 계급으로 분할하여 각 계급에서의 도수나 상대도수를 정리하고 이를 그래프로 나타내기 때문에 자료 하나 하나의 관측값들은 나타나지 않는 단점이 있다. 도수분포표나 히스토그램과 같은 성격을 가지면서 각 관측값들도 나타나는 정리방법이 줄기-잎 그림(stem-and-lead display)이다.

줄기-잎 그림은 자료의 관측값들 중 큰 단위에 해당하는 값을 줄기로 하고 작은 단위로 나타나는 값을 잎으로 하여, 세로줄에는 줄기를 표시하고 가로줄에 각 줄기에 해당하는 잎을 적어 넣어서 작성하게 된다. 특히 줄기-잎 그림은 관측값들의 수가 비교적 많은 자료에서 유용하게 사용될 수 있다.

예를 들어, 구미에 있는 어느 고등학교 2학년 남학생 40명을 랜덤하게 추출하여 몸무게를 측정하였다. 결과는 다음과 같다(단위 : kg). 이 자료를 줄기-잎 그림에 의하여 정리하여보자.

58.5	60.3	55.5	60.0	65.0	63.0	68.5	56.0	58.0	60.5
55.3	58.0	59.0	62.5	61.5	66.3	64.3	60.4	60.8	61.4
59.0	58.8	62.2	61.6	67.3	60.8	60.2	59.9	59.4	65.4
62.4	59.5	58.9	62.2	66.6	56.4	54.5	63.5	63.3	60.7

자료의 첫 번째 관측값 57.2kg을 57과 0.2로 분할하여 57을 줄기로 하게 되면 0.2는 57이라는 줄기에 속한 잎이 된다. 이와 같이 각 관측값들은 줄기와 잎으로 분할하여 줄기는 맨 왼쪽 세로줄에 표시하고 각 줄기마다 가로줄에 잎들을 적어넣어서 줄기-잎 그림으로 작성하면 **[그림 3.7]**과 같다.

[그림 3.7]에서 알 수 있듯이 줄기-잎 그림을 시계반대방향으로 90도 회전시켜 눕혀 보면 히스토그램의 형태가 되어 자료의 분포특성을 쉽게 파악할 수 있으며, 또한 58.0이나 58.5와 같은 관측값들이 하나하나 나타나게 된다. 그리고 줄기-잎 그림은 줄기에 해당하는 값만 결정되면 관측치의 잎을 줄기에 차례로 적어넣기만 하면 되므로 히스토그램보다 간편하게 작성될 수 있는 장점도 있다. 그리고 줄기-잎 그림에서는 각 줄기에서 길이(잎들로 나열한 것)가 히스토그램에서의 막대의 길이에 해당된다.

그림 3.7 몸무게 자료에 대한 줄기-잎 그림

줄기	잎
57	2 8
58	2 5 8 9
59	0 3 4 5 7 9
60	0 2 3 5 7 8 8 9
61	1 2 5 6 8
62	2 2 4 5 7
63	0 3 5
64	3 4
65	0 2 4 7
66	3

3.5 급으로 나눈 데이터의 통계치

데이터의 수 n 이 큰 경우에는 데이터를 **<표 3.2>**와 같이 도수분포표로 나누어 정리한 후에 이 표로부터 데이터의 중심적 경향과 산포를 나타내는 각종의 통계치를 구하고 싶은 경우가 있다. 물론 원래의 데이터를 그대로 사용하여 얻은 것과는 차이가 있을 것이나 n 이 충분히 크면 매우 근사한 값이 나오게 된다. 실제로 대부분의 각종 통계표가 도수분포표와 같은 모양을 가지므로, 급으로 나눈 데이터로부터 평균치, 표준편차와 같은 통계치를 구하는 방법을 알아 둘 필요가 있다.

다음에 도수분포표로부터 중심적 경향의 측도인 평균과 중앙값을, 그리고 산포의 측도인 표준편차를 구하는 방법을 차례로 알아보자.

3.5.1 평균

<표 3.2>에서와 같이 i 번째 급의 중앙값을 $\tilde{x}_i$, 도수를 f_i 라 하고, 급의 수는 모두 q 개가 있다고 가정하면, 평균은 다음 공식에 의하여 구한다.

$$\bar{x}=\frac{\sum_{i=1}^{q} f_i \tilde{x}_i}{n} \qquad (3 \cdot 12)$$

윗 공식의 의미는 i 번째 급에 있는 f_i 개의 데이터는 중앙값 $\tilde{x}_i$ 를 중심으로 이 구간에서 치우치지 않게 균등하게 분포되어 있어서 f_i 개 데이터의 평균치를 $\tilde{x}_i$ 로 간주할 수 있음을 말해주고 있다.

<표 3.2>의 도수분포표에서와 같이 8개 급으로 분류된 $n=64$ 개 데이터의 평균을 구하여 보면 다음과 같다.

$$\bar{x} = \frac{\sum_i f_i \tilde{x}_i}{n}$$

$$= \frac{1}{64}[(1)(673.5) + (7)(809.5) + ... + (1)(1,625.5)]$$

$$= \frac{1}{64}(71,664) = 1,119.75$$

3.5.2 중앙값

급을 사용한 데이터에서 중앙값 $\tilde{x}$ 를 계산하려면 먼저 데이터의 크기순으로 나열했을 때 $\frac{n}{2}$ 번째 데이터가 들어 있는 중앙값 급을 구하여야 한다. 이 급이 k 번째 급이라고 가정하자. 그러면 $\tilde{x}$ 의 계산 공식은

$$\tilde{x} = L + \frac{\frac{n}{2} - \sum_{i=1}^{k-1} f_i}{f_k} \cdot c \qquad (3 \cdot 13)$$

이다. 여기서 L 은 중앙값 급의 아래쪽 경계치이고 c 는 구간폭이다.

<표 3.3>으로부터 누적도수를 살펴보면 $\frac{n}{2} = \frac{64}{2} = 32$ 번째의 데이터가 4번째의 급구간에 있으므로 중앙값급은 1,013.5~1,149.5이다. 따라서

$$k = 4$$

$$L = 1,013.5$$

$$c = 136$$

$$f_4 = 13$$

$$\sum_{i=1}^{k-1} f_i = \sum_{i=1}^{3} f_i = 20$$

이므로 중앙값은 다음과 같다.

$$\tilde{x} = 1,013.5 + \frac{32-20}{13} \cdot 136$$
$$= 1,139.04$$

3.5.3 표준편차

표준편차는 분산의 제곱근이므로 먼저 분산을 구하여 보자. 급의 수가 q 개 있는 도수분포표에서 분산은 다음 공식에 의하여 구한다.

$$V = \frac{\sum_{i=1}^{q} f_i (\tilde{x}_i - \bar{x})^2}{n-1} \tag{3·14}$$

여기서 $\bar{x}$ 는 식(3·12)에 의하여 구한 평균이다.

식(3·14)는 다음과 같이 됨을 보일 수 있으며 이렇게 구하는 것이 계산상 편리하다.

$$V = \frac{1}{n-1}\left[\sum_{i=1}^{q} f_i \tilde{x}_i^{\,2} - n\bar{x}^2\right] \tag{3·15}$$

표준편차 s는 $s = \sqrt{V}$ 에 의하여 곧 얻어진다.

<표 3.2>에 정리된 데이터의 분산은

$$V = \frac{1}{63}[(673.5)^2(1) + (809.5)^2(7) + \cdots + (1,625.5)^2(1) - (64)(1,119.75)^2]$$
$$= 38,441.59$$

가 된다. 따라서 표준편차 s는 다음과 같다.

$$s = \sqrt{38,441.59} = 196.07$$

3.5.4 수치변환에 의한 계산

식(3・12)와 식(3・14)에 의하여 평균과 분산을 계산할 때에 데이터가 큰 값을 갖거나 소수점을 가지고 있어서 계산이 복잡한 경우에는 다음과 같이 수치변환시켜 계산하는 것이 편리한 경우가 많다.

$$\widetilde{X}_i = (\widetilde{x}_i - x_o)/c \qquad (3 \cdot 16)$$

여기에서 c 는 구간의 폭이고 $\widetilde{x}_i$ 는 i 번째 급의 중앙값이며, x_0 는 도수가 비교적 큰 급의 중앙값을 잡아 주는 것이 보통이다. 이 수치변환을 사용하면 식(3・12)는 $\sum_{i=1}^{q}$ 를 간단히 Σ 로 놓을 경우,

$$\bar{x} = x_0 + \frac{\sum f_i X_i}{n} \cdot c \qquad (3 \cdot 17)$$

가 되고, 식(3・14)는

$$V = \frac{c^2}{n-1}\left[\sum f_i \widetilde{X}_i^2 - \frac{(\sum f_i \widetilde{X}_i)^2}{n}\right] \qquad (3 \cdot 18)$$

이 된다.

<표 3.2>에서 5번째 급의 중앙값을 $x_0 = 1,217.5$로 놓고 식(3・17)과 (3・18)에 의하여 $\tilde{x}$ 와 V를 계산하기 위한 표를 만들어 보면 **<표 3.4>**와 같다.

식(3・17)과 식(3・18)에 의하여 $\tilde{x}$ 와 V를 계산하면 다음과 같다.

$$\bar{x} = x_0 + \frac{\sum f_i \widetilde{X}_i}{n} \cdot c$$

$$= 1,217.5 + \frac{-46}{64} \cdot 136 = 1,119.75$$

$$V = \frac{c^2}{n-1}\left[\sum f_i \widetilde{X}_i^2 - \frac{(\sum f_i \widetilde{X}_i)^2}{n}\right]$$

$$= \frac{(136)^2}{63}\left[164 - \frac{(-46)^2}{64}\right] = 38,441.59$$

표 3.4 수치변환에 의한 평균과 표준편차의 계산표

급의번호	급의 중앙값 ($\widetilde{x}_i$)	도수 (f_i)	$\widetilde{X}_i$	$f_i\widetilde{X}_i$	$f_i\widetilde{X}_i^2$
1	673.5	1	-4	-4	16
2	809.5	7	-3	-21	63
3	945.5	12	-2	-24	48
4	1,081.5	13	-1	-13	13
5	1,217.5	18	0	0	0
6	1,353.5	11	1	11	11
7	1,489.5	1	2	2	4
8	1,625.5	1	3	3	9
합 계		64		-46	164

3.6 7가지의 QC 기초수법

이 절에서는 품질관리(QC) 활동을 전개하는 데 있어서 기본적인 QC 수법으로 알려진 7가지 도구(seven tools of QC)에 대해 알아보자. 이 수법들은 데이터의 기초적 정리방법으로 널리 쓰이는 것들로 품질관리 활동을 수행하는 데 있어 가장 필수적인 통계적 방법들이다. QC 7가지 도구는 다음과 같다.

(1) 히스토그램(histogram)
(2) 특성요인도(causes-and-effects diagram)
(3) 파레토그림(Pareto diagram)
(4) 체크시이트(check sheet)
(5) 산점도(scatter diagram)
(6) 층별(stratification)
(7) 각종의 그래프(graph)

위의 방법들을 간략하게 하나씩 설명하기로 한다.

3.6.1 히스토그램

히스토그램(histogram)이란 길이, 무게, 강도 등과 같이 계량치의 데이터가 어떠한 분포를 하고 있는지 알아보기 위하여 작성하는 그림으로 **<표 3.2>**와 같은 도수분포표를 만든 후에 이를 기둥그래프의 형태로 만든 것으로 **[그림 3.2]**와 같은 히스토그램이 완성된다. 도수분포표의 작성요령은 이미 3.4.2절에서 설명되었고 여기서는 상세한 설명은 생략키로 한다.

히스토그램은 여러 개의 데이터에 대해서 그 분포의 상태를 한 눈에 알아볼 수 있는 기법으로 다음과 같은 용도로 자주 활용된다.

(1) 대체적인 평균이나 산포의 크기를 한눈으로 볼 수 있다
(2) 데이터가 얻어진 공정이 어느 정도 안정되어 있는지를 판단할 수 있다.
(3) 분포가 어떤 모양으로 되어 있는지를 알 수 있다.
(4) 측정된 데이터와 규격과 비교할 수 있다.

안정된 공정에서 얻어진 데이터의 히스토그램은 일반적으로 종을 엎어 놓은 것과 같은 좌우대칭의 형태를 하고 있는데, 다음의 **[그림 3.8]** 중의 어느 하나인 경우에는 공정에 이상이 있지 않은가 생각된다.

(a) **낙도형 :** 떨어져 있는 섬모양의 형태로, 떨어져 있는 부분이 이상이 있다고 생각되므로 그 원인을 규명하여 조처를 취할 필요가 있다. 일반적으로 공정이상, 측정의 미숙, 다른 공정의 데이터가 들어있는 등 다른 분포에서 데이터가 약간 혼입한 경우에 나타날 수 있는 모양이다.
(b) **쌍봉우리 형 :** 두 개의 산 모양을 가지므로, 이질의 집단이 섞여있거나 2대의 서로 성능이 상이한 기계로 만들어진 제품이 섞여있다든지 할 때에 흔히 발생한다.
(c) **이 빠진 형 :** 작업자의 측정법에 잘못된 버릇이 있거나 측정자가 의식적으로 또는 무의식적으로 특정한 구간의 값을 피한 경우에 일어난다.
(d) **절벽 형 :** 히스토그램은 한 쪽이 끊어진 형태로, 산포가 커서 불량품이 많

은 경우에 규격에 맞추기 위하여 전수검사한 후 어떤 경계치 이하 또는 이상의 제품은 버리고 나머지 제품만을 가지고 이 중에서 데이터를 수집했을 때 이런 현상이 자주 발생한다. 이것은 산포가 커서 공정능력이 나쁜 공정을 의미하므로 공정능력을 좋게 하도록 원인을 규명하여 조처를 취하는 것이 필요하다.

그림 3.8 히스토그램의 이상형

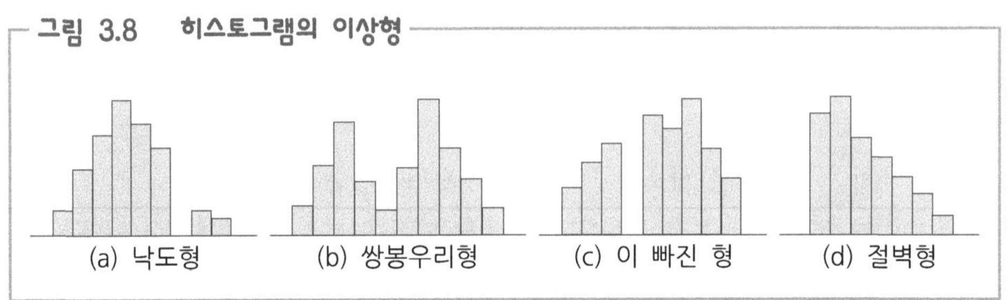

3.6.2 특성요인도

특성요인도(causes-and-effects diagram 또는 characteristics diagram)란 결과(보통 품질특성을 말함)에 원인(보통 품질특성에 영향을 주는 요인)이 어떻게 관계하고 있는가를 한 눈으로 알 수 있도록 작성한 그림이다. 그 모양이 생선뼈의 모양을 닮았다는 점에서 생선뼈그림(fish-bone diagram)이라고도 부른다. 이것은 일본의 Ishikawa Kaoru가 1953년 일본의 Kawasaki제철에서 품질관리를 지도할 때 처음으로 사용되었다고 알려지고 있다.

특성요인도는 많은 의견을 한 장의 그림에 정리하는 데 유용한 방법이다. 예를 들어, 분임조원 모두가 한자리에 모여 브레인스토밍과 같은 진행방법으로 분임원으로부터 제시된 의견을 특성요인도로 작성한다. 이 가운데서 중요한 항목을 찾아 대책을 세우고 개선의 실마리를 발견하는 경우 등에 쓰인다.

특성요인도의 작성방법은 다음의 순서에 따르는 것이 보통이다.

(1) 관심이 있는 품질특성을 정한다. 품질특성의 예를 들면, 제품의 치수, 부적합률, 수율 등 품질 자체를 나타내는 것 외에도 작업공수, 소요시간, 납기, 능률, 안전 등 작업의 결과를 나타내는 것이면 모두가 특성으로 취급할 수 있다.

(2) 큰 가지가 되는 화살표를 왼쪽에서 오른쪽으로 긋고 그 끝에 앞에서 정한 품질특성의 결과를 적는다**[그림 3.9-(a)]**.

(3) 요인을 중간 가지로 작성하여 ☐ 의 모양으로 두른다**[그림 3.9-(b)]**. 중간 가지에 의한 요인은 4M(재료(material), 기계설비(machine), 사람(man), 작업방법(method))을 사용하여도 좋고, 또는 공정명을 공정의 순서대로 왼쪽에서 오른쪽으로 차례로 기입하여도 좋다.

(4) 각 요인마다 보다 작은 요인을 작은 가지에 적어 넣는다**[그림 3.9-(c)]**. 필요하면 작은 가지를 향해서 새끼 가지를 적어 넣는다. 가장 말단의, 조처를 취할 수 있는 요인까지 기입한다.

(5) 특성요인도를 작성한 목적, 시기, 작성자 등을 기입하면 특성요인도의 작성이 완료된다.

그림 3.9 특성요인도 작성순서

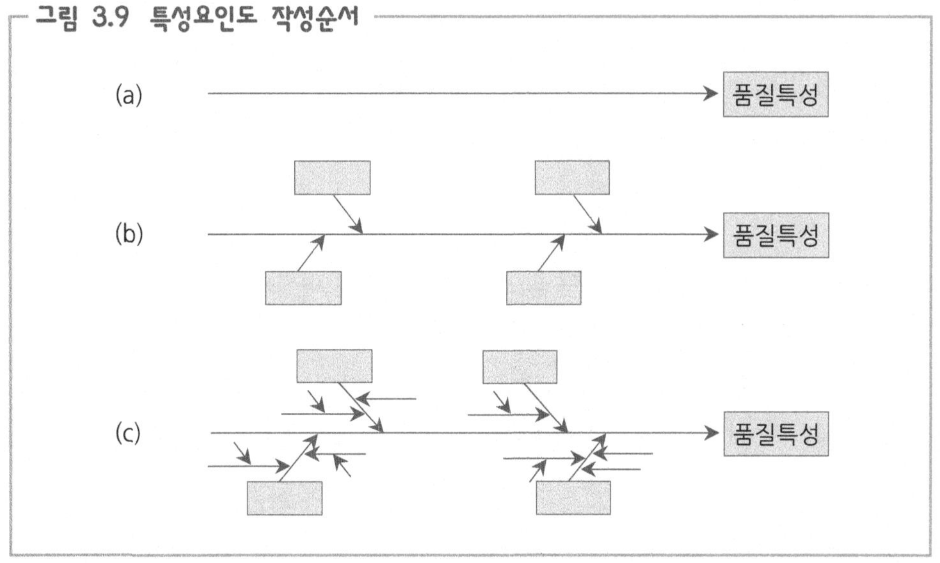

그림 3.10 과자 중량미달 특성요인도

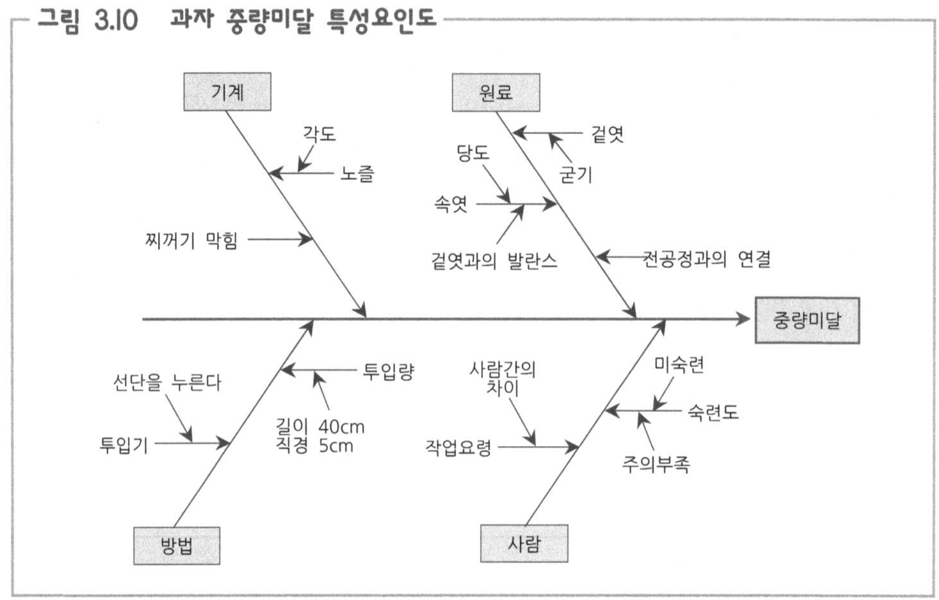

3.6.3 파레토그림

이탈리아의 경제학자 Pareto가 1897년에 소득분포곡선으로 **[그림 3.11]**과 같은 형태를 갖는 곡선

$$y = kx^{-\alpha}$$

을 발표하였다. 여기서 x 는 소득의 크기이고 y 는 x 이상의 소득을 가진 사람의 점유비율(x 이상 소득자의 누계백분비)이며, k 와 α 는 상수이다.

이와 같은 곡선을 파레토곡선(Pareto curve)이라 하였고, J.M. Juran이 이를 수정 및 보완하여 QC 수법으로 제안하여 오늘날의 **[그림 3.14]**와 같은 파레토그림이 되었다.

그림 3.11 파레토 곡선

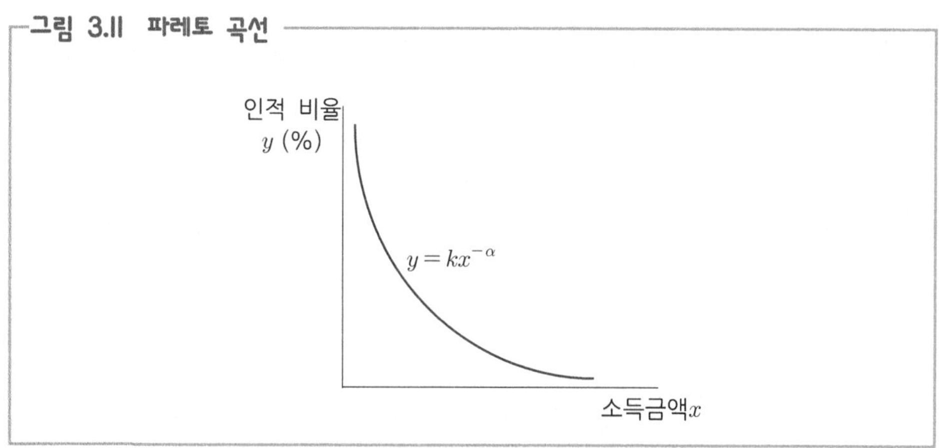

파레토그림(Pareto diagram)은 불량, 결점, 고장 등의 발생 건수(또는 손실금액)를 분류 항목별로 나누어 크기의 순서대로 나열해 놓은 그림으로, 이 그림에 의해서 불량, 결점, 고장 등에 대하여 "어떤 항목에 문제가 있는가,", "그 영향은 어느 정도인가"를 알아낼 수 있다.

파레토그림의 작성 요령은 다음의 순서에 의하여 하는 것이 좋다.

(1) 데이터(불량건수 또는 손실금액)의 분류 항목을 정한다.
: 결과의 분류 … 불량항목별, 장소별, 공정별
: 원인의 분류 … 재료별, 기계 · 장치별, 작업자별, 작업방법별
(2) 기간을 정해서 데이터를 수집한다.
(3) 분류 항목별로 데이터를 집계한다**<표 3.5>**. 이때 데이터의 크기 차례로 분류항목을 늘어놓고, 차례로 누적도수를 구한다. 항목마다 전체의 데이터 수에 대한 %를 계산하고, 영향이 작은 항목을 묶어서 "기타"로 한다.
(4) 그래프용지에 세로축과 가로축을 기입, 세로축에 데이터의 눈금을 넣고, 가로축에 분류 항목을 적는다.
(5) 데이터의 크기 차례대로 막대그래프를 그린다**[그림 3.12]**.
(6) 데이터의 누적도수를 꺾은선으로 기입한다**[그림 3.13]**.
(7) 데이터의 기간, 기록자, 목적 등을 기입하여 파레토그림이 작성 완료된다.

표 3.5 분류항목별 데이터 집계표

분류항목	데이터 수	%	누적도수	누적 %
A	23	46	23	46
B	10	20	33	66
C	7	14	40	80
D	3	6	43	86
E	2	4	45	90
기 타	5	10	50	100

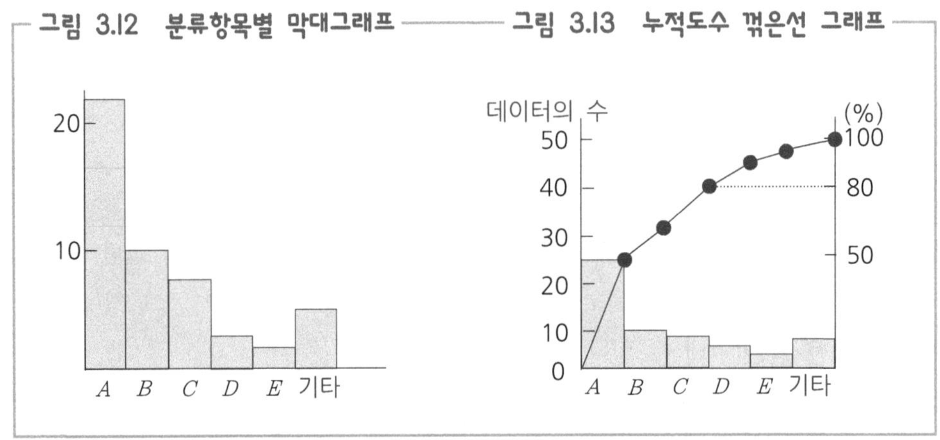

그림 3.12 분류항목별 막대그래프 — 그림 3.13 누적도수 꺾은선 그래프

실제의 파레토그림을 하나 소개하기로 한다. **<표 3.6>**은 구두를 만드는 공정에서 불량항목별 불량개수를 2005년 6월 11일부터 24일까지 2주일간 조사한 것이다. **<표 3.6>**의 결과를 파레토그림으로 그리면, **[그림 3.14]**와 같다.

표 3.6 구두 제조시 불량항목별 불량개수

불량항목	불량개수	누적불량개수	%	누적 %
뒤 틀 림	98	98	60.1	60.1
벌 어 짐	33	131	20.1	80.3
접힘선이탈	20	151	12.3	92.6
굵 힘	5	156	3.1	95.7
기 타	7	163	4.3	100.0
계	163		100	

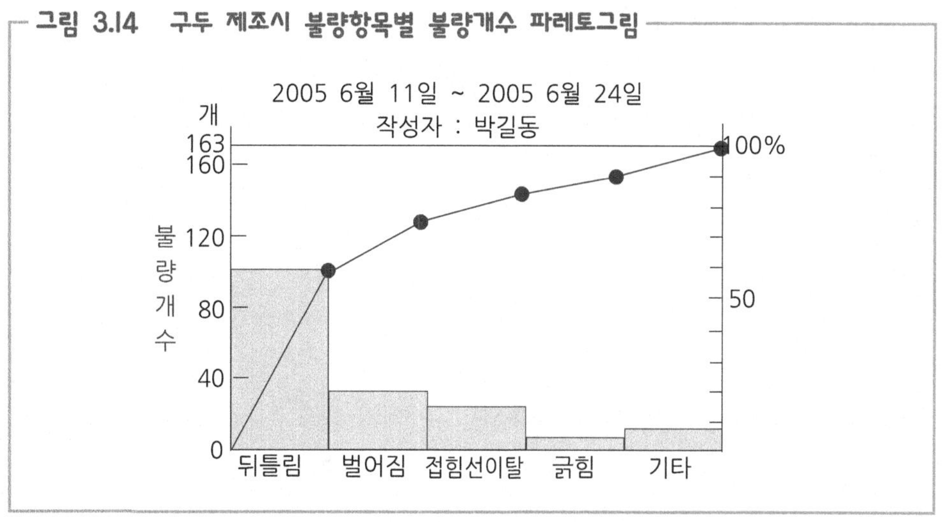

그림 3.14 구두 제조시 불량항목별 불량개수 파레토그림

3.6.4 체크시이트

체크시이트(check sheet)란 부적합품수, 결점수 등 셀 수 있는 데이터(계수치라 함)가 분류 항목별의 어디에 집중되어 있는가를 알아보기 쉽게 나타낸 그림이나 표이다. 이것은 일상의 데이터에 대한 기록용지 구실을 하여 주며, 기록이 끝난 다음에는 데이터가 어디에 집중되어 있는가를 비교·검토함으로써 문제점이 어디에 있는가를 판단할 수 있다. 그러므로 불량이나 결점의 발생원인을 기록하거나 그 원인조사를 위해서 쓰인다. 또한 파레토그림을 그리기 위하여 데이터를 수집하는 과정에서 이 체크시이트가 많이 사용된다.

표 3.7 자동차 라디오 조립공정의 불량항목별 체크시이트

항목 \ 날짜	월요일	화요일	수요일	목요일	금요일	토요일	
납 땜 불 량	卌	/			卌	卌 /	17
결 품 발 생	//	//		/	///	//	10
조 임 불 량		/	//	//	/		6
소형램프교환	卌	卌 /	///	卌 ///	//	卌 //	31
기 타	/	//	///	/	//	///	12
계	13	12	8	12	13	18	76

<표 3.7>은 자동차 라디오 조립공정의 불량항목별 체크시이트이다. 일주일 간 수집한 자료에 의하면 소형램프교환이 31개로 전체 불량의 약 40%를 차지하고 있으며, 요일별로는 수요일에 가장 불량이 적게 발생하였고 상대적으로 토요일에 가장 많은 불량이 발생한 것을 알 수 있다.

3.6.5 산점도

산점도(scatter diagram)란 서로 대응되는 두 개의 짝으로 된 데이터를 그래프용지 위에 점으로 나타낸 그림이다. 서로 대응되는 두 개의 짝으로 된 데이터란 관련되는 두 변수를 관찰하여 얻어진 데이터를 말하며, 산점도로부터 두 변수 간의 상관관계를 짐작할 수 있다. 그러나 그 관계가 구체적으로 어느 정도인지는 알기가 어렵다. 그 관계를 수량화 하는 데는 보통 상관계수(correlation coefficient)가 쓰인다. 상관계수 산출에 대하여는 뒷장에 있는 상관분석을 참조하기 바란다.

산점도를 작성하는 순서는 다음과 같다.

① 서로 대응되는 두 변수를 선정한다. 예를 들면, 광고비 지출액과 매출액, 혹은 원료의 순도와 제품의 수율 등 원인(요인)과 결과(특성)와 같은 두 변수를 선정한다.

② 대응되는 데이터를 모은다. 원인(요인)을 x에 결과(특성)를 y로 한다.

표 3.8 대응되는 데이터

No.	x (온도)	y (경도)	No.	x (온도)	y (경도)
1	500	60	11	520	68
2	540	72	12	550	84
3	550	78	13	510	64
4	560	90	14	530	72
5	540	74	15	540	76
6	560	86	16	500	62
7	530	68	17	510	62
8	520	70	18	520	66
9	530	67	19	560	84
10	510	66	20	550	80

③ 데이터 x, y 각각의 데이터를 보고 최소치와 최대치를 구한다.

x : 최대치 = 560　　　y : 최대치 = 90
　　최소치 = 500　　　　　최소치 = 60

④ 가로축과 세로축을 작성한다. 각 x, y의 최대치와 최소치의 범위는 가능한 같은 폭으로 눈금을 작성한다.

그림 3.15 산점도의 가로측과 세로측 눈금

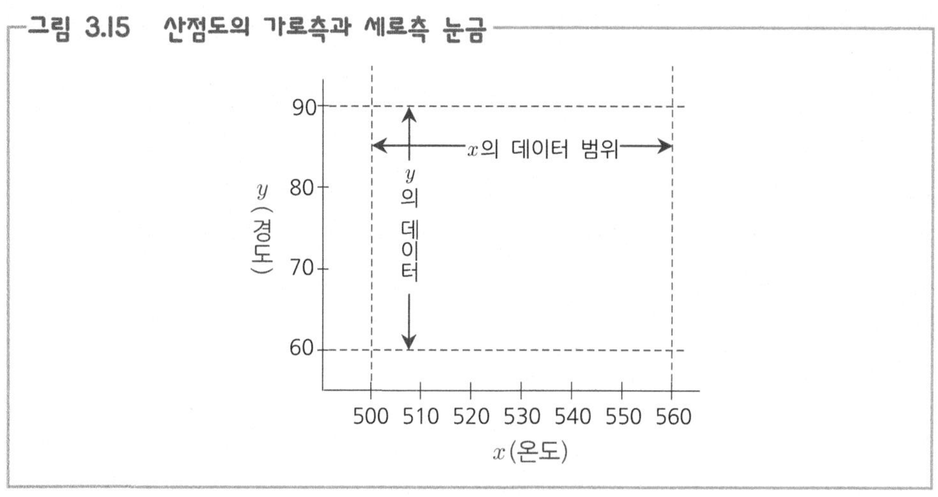

그림 3.16 산점도

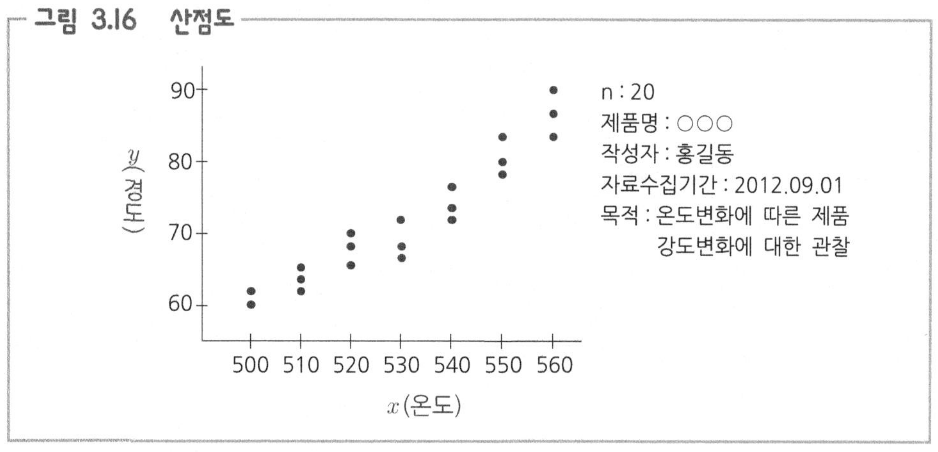

⑤ 데이터를 타점한다.

⑥ 필요 사항을 기입한다. 데이터의 수, 자료 수집기간, 목적, 공정명, 작성자 등을 여백에 기입한다.

⑦ 산점도를 판독한다. 양의 관계가 있는지, 음의 관계가 있는지, 이상점이 있는지, 혹은 층별이 필요한지 등을 판독한다.

[그림 3.17]는 x 와 y 간의 상관관계를 보여 주고 있다. x 가 커지면 y 도 커진다는 관계를 양(plus, +)의 상관이 있다고 하고, x 가 커지면 y 는 작아진다는 관계를 음(minus, −)의 상관이 있다고 한다. **[그림 3.18]**은 어떤 특수 실에 대한 수분과 신도와의 관계를 산점도로 나타낸 것이다. 수분함유량이 증가함에 따라 신도율이 점진적으로 증가된다는 것을 알 수 있다.

그림 3.17 x 와 y 간의 상관관계

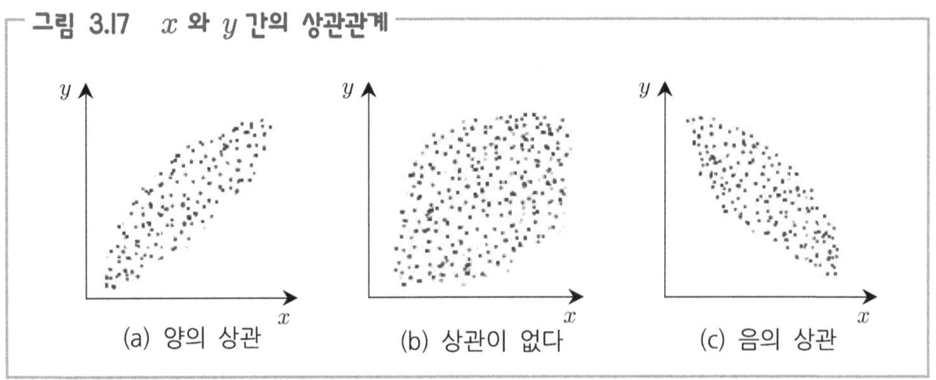

그림 3.18 특수 실에 대한 수분과 신도와의 산점도

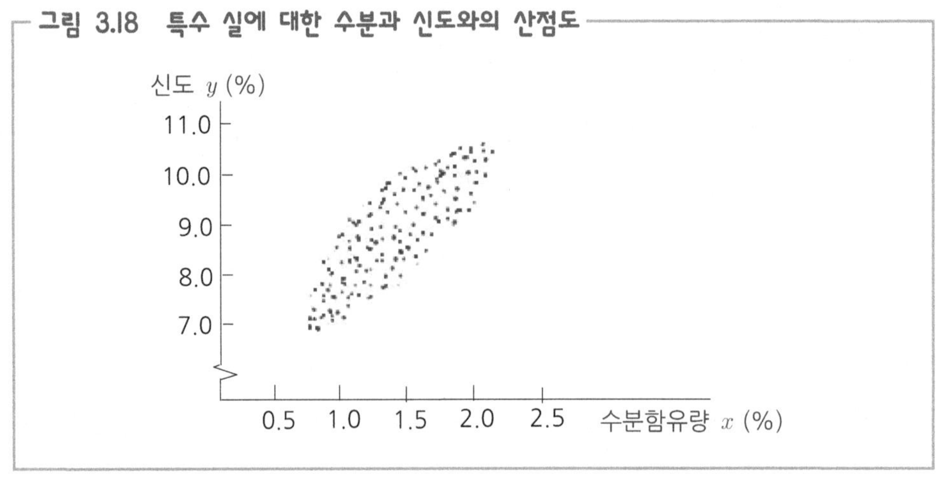

3.6.6 층별

생산공정에서 불량이 발생하였으나 무엇이 문제인지 파악하기 어려울 때, 기계별이나 작업자별 또는 재료별 혹은 시간별로 구분하여 데이터를 잡으면 불량의 원인을 파악하는 데 도움이 된다. 이에 따라 공정 상태를 파악하여 이상이 발생하였을 때 즉각 액션을 취할 수 있게 된다. 이처럼 층별(stratification)이란 집단을 구성하고 있는 많은 데이터를 어떤 특징에 따라서 몇 개의 부분집단으로 나누는 것을 말한다. 측정치에는 반드시 산포가 있다. 따라서 산포의 원인이 되는 인자에 관하여 층별하면 산포의 발생원인을 규명할 수 있게 되고, 산포를 줄이거나, 공정의 평균을 좋은 방법으로 개선하는 등 품질향상에 도움이 된다.

층별은 기술적 및 요인별로 고려하여 여러 가지로 시도해 보는 것이 필요한데, 일반적으로 다음의 항목에 대해서 고려해 보는 것도 바람직하다.

(1) **작업자 :** 조별, 경험년수별, 남녀별, 연령별 등
(2) **기계 설비 :** 공장별, 라인별, 치공구별, 신구기계별 등
(3) **재료 :** 저장기간별, 저장장소별, 구입처별, 구입시기별, 상표별 등
(4) **작업방법 :** 작업조건별, 측정방법별 등
(5) **시간 :** 오전 오후별, 주간 야간별, 계절별 등
(6) **환경 :** 기온, 습도, 조명의 명암

예를 들어, **[그림 3.19]**은 부적합품수를 작업자별로 층별한 것인데, 작업자마다 부적합품을 생산한 실적이 다름을 알 수 있다. 특히, C 작업자와 F 작업자에게 문제가 많이 발생한 것을 알 수 있다. **[그림 3.20]**은 결근율을 통상 근무 그룹과 교대근무의 그룹으로 요일별로 층별한 그래프이다. 확실히 교대근무의 그룹쪽이 결근율이 높다는 것을 알 수 있고, 그리고 다른 요일에 비하여 월요일과 토요일에 상대적으로 결근율이 높다는 것을 알 수 있다.

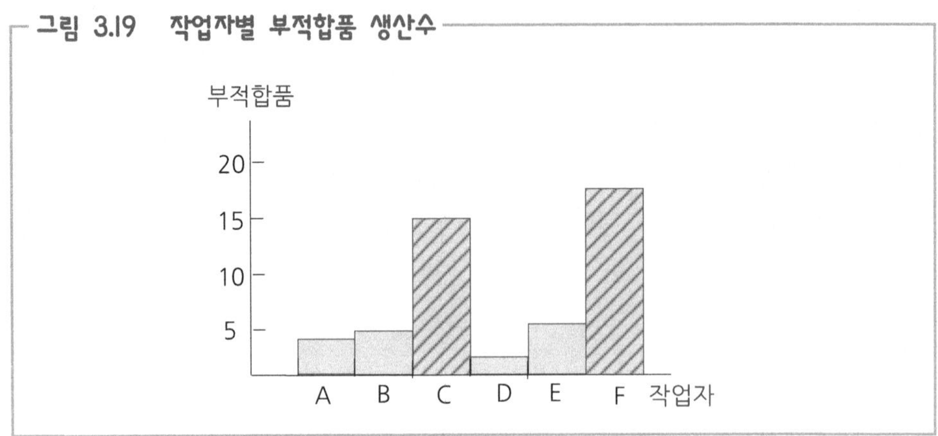

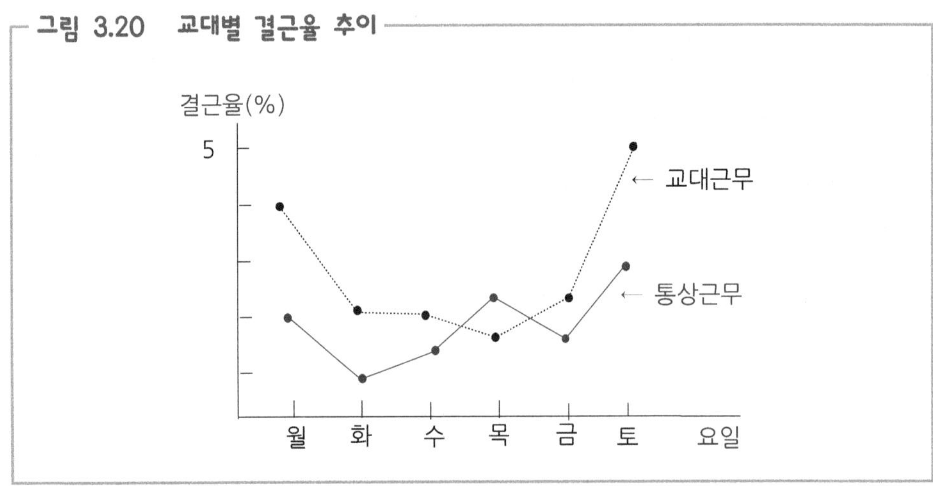

3.6.7 각종의 그래프

그래프(graph)는 여러 가지가 있으나 이를 표현 내용에 따라서 분류하면 다음과 같다.

(1) 계통도표 (예 : 공장조직도)

(2) 예정도표 (예 : 분임조활동 실시계획표)

(3) 기록도표 (예 : 온도기록표)

(4) 통계도표 (예 : 기둥그래프, 원그래프, 꺽은선 그래프)

이 중에서 통계도표의 예를 보이면 **[그림 3.21]**와 같다.

그림 3.21 각종의 통계도표

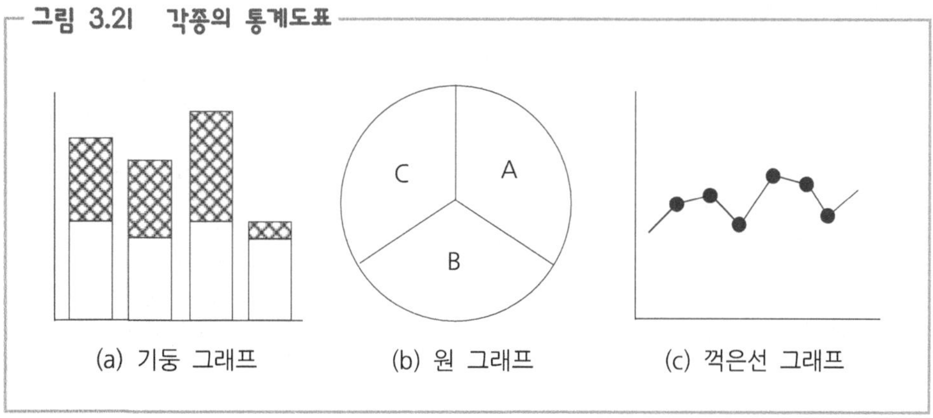

(a) 기둥 그래프 (b) 원 그래프 (c) 꺽은선 그래프

그래프의 작성요령은 단번에 그 그래프가 뜻하는 것을 알 수 있도록 나타내야 한다. 따라서 그래프 작성의 목적을 명확히 해서 가장 간략하게 그 뜻을 독자에게 전할 수 있는 방법을 강구하도록 해야 한다. 특히 꺽은선 그래프에서 데이터의 점이 이상이 있는가 없는가를 판단하기 위하여 중앙에 중심선(center line)을 긋고 위 아래로 한계선(관리상한선, 관리하한선)을 기입하여 관리하는 그래프를 관리도(control chart)라 부른다. 이것은 뒤에서 상세히 공부하기로 한다.

연습문제

3.1 다음의 데이터는 공장에서 생산된 어느 기계부품 중에서 랜덤하게 80개를 취하여 길이를 측정한 것이다.

단위 : mm

6.15	6.17	6.42	5.87	5.96	6.12	5.86	6.30
5.78	5.71	6.02	5.63	6.05	6.18	6.01	5.93
6.22	5.75	5.71	5.80	6.25	6.10	6.15	6.19
5.93	5.96	5.96	6.12	5.89	5.95	6.01	5.93
6.08	6.19	5.78	6.32	5.83	5.96	5.86	5.83
6.12	5.70	5.92	5.89	5.95	6.07	6.10	5.95
6.00	6.19	5.93	5.91	5.94	6.02	5.80	5.86
6.07	6.11	5.75	6.04	6.07	5.75	5.41	6.37
5.94	5.74	6.05	6.21	6.02	5.88	5.94	5.63
6.26	5.96	5.94	6.08	5.75	5.96	6.17	6.15

(1) 도수분포표와 히스토그램을 작성하라(8개의 급을 사용하시오).

(2) 위의 (1)에서 만들어진 도수분포표를 사용하여 도수다각형, 누적도수분포표, 누적도수다각형을 구하라.

(3) 위의 (1)에서 만들어진 도수분포표를 사용하여 평균($\bar{x}$), 중앙값($\tilde{x}$), 분산(V), 표준편차(s), 변동계수(V_c)를 계산하라.

3.2 위의 **3.1**의 데이터 중에서 첫 번째 열에 있는 10개의 데이터에 대하여 중심적 경향을 측정하는 측도 ; 평균($\bar{x}$), 기하평균(G), 중앙값($\tilde{x}$), 범위의 중앙값(M)을 구하라.

3.3 위의 **3.1**의 데이터 중에서 마지막 열에 있는 10개의 데이터에 대하여 산포의 측도인 제곱합(S), 분산(V), 표준편차(s), 범위(R), 변동계수를 구하라. 또한 이 다섯 개의 산포의 측도를 수치변환

$$X_i = (x_i - 6.00) \times 100$$

을 사용하여 구하라.

3.4 S 대학교 C 과의 3학년 학생 82명에 대한 키를 조사하여 도수분포표를 작성하니 다음과 같다.

급번호	급구간	도수(f_i)	중앙값($\widetilde{x_i}$)
1	154.5~159.5 cm	1	157
2	159.5~164.5	12	162
3	164.5~169.5	27	167
4	169.5~174.5	31	172
5	174.5~179.5	9	177
6	179.5~184.5	2	182

(1) 중앙값($\tilde{x}$) 을 구하라.

(2) 4번째 급의 중앙값을 $x_0 = 172$로 식(3・16)을 사용하여 수치변환시킨 후 식(3・17)과 (3・18)를 사용하여 평균($\bar{x}$) 과 분산(V)을 계산하라.

(3) 도수다각형과 누적도수다각형을 그려라.

3.5 **<표 3.7>**에 있는 체크시이트의 내용을 파레토그림으로 그려 보아라.

3.6 **<표 3.7>**에 있는 체크시이트의 내용에 대하여 항목별 불량개수의 상대적인 크기를 알아보기 쉽도록 원그래프로 그려 보아라.

3.7 어떤 섬유제품에 대하여 수분처리에 의한 신축의 영향을 조사하기 위하여 30점을 골라 수분처리 전후의 길이를 측정하니 다음과 같다.

x	y	x	y	x	y
98.9	98.7	101.4	100.1	98.9	100.6
100.0	98.5	97.1	97.6	99.9	99.7
101.7	101.1	98.1	97.3	100.1	99.0
97.2	96.5	99.5	98.3	100.0	99.5
99.1	98.6	98.2	96.8	99.0	100.0
99.8	98.4	99.6	99.9	101.1	98.4
101.7	100.6	100.6	100.1	100.2	99.0
97.1	96.9	102.2	99.8	97.6	97.4
98.9	98.3	101.3	101.5	97.5	97.6
101.4	98.2	101.6	97.9	97.7	98.9

섬유제품의 수분처리전(x)과 수부처리후(y)의 치수(mm)

산점도를 작성하고 상관관계가 양인가, 음인가, 그렇지 않으면 상관이 없는지를 밝혀라.

제4장

확률변수와 확률분포

4.1 확률

4.2 확률변수

4.3 이산확률분포

4.4 연속확률분포

앞 장에서는 데이터가 주어졌을 때, 이 데이터를 어떻게 정리하는 것이 필요한 정보를 획득하기에 용이한가를 공부하였다. 이것은 주로 기술통계학(descriptive statistics)적인 측면이라고 말할 수 있다. 표본의 정보로부터 모집단에 관한 의결결정을 하기 위해서는 불확실성(uncertainty)이 개입된 문제를 다루게 되며, 이것은 주로 추측통계학(inferential statistics)의 측면으로 확률의 개념이 바탕을 이루고 있다. 이 장에서는 먼저 확률에 대하여 그 개념을 명백히 하고, 통계적 품질관리에서 많이 사용되는 확률변수와 확률분포에 대하여 차례로 공부하기로 한다.

4.1 확률

4.1.1 표본공간과 사상

실험의 결과를 정확히 예측할 수는 없으나, 얻을 수 있는 모든 가능한 결과를 미리 알 수 있는 실험을 한다고 가정해 보자. 이러한 실험이 똑같은 조건하에서 수없이 반복될 수 있는 실험을 시행(trial) 또는 확률실험(random experiment)이라고 한다. 시행 때마다 나타날 수 있는 가장 기본적인 결과를 그 시행의 근원사상(elementary event)이라고 하며, 모든 가능한 근원사상들의 집합을 표본공간(sample space)이라고 한다. 표본공간의 부분집합(subset)을 사상(event)이라고 부르고, 하나의 근원사상도 하나의 사상이 될 수 있다. 표본공간을 S로, 근원사상을 e로, 그리고 사상을 알파벳의 대문자 A, B, C ⋯ 등으로 나타낸다.

두 개의 사상 A와 B를 나타내는 부분집합들이 서로 동일한 근원사상을 포함하고 있지 않는 경우에 이 두 사상은 서로 배반사상(exclusive event)이라고 한다. 두 사상 A, B에 대하여 $A \cup B$라 하면 “A 또는 B중에서 적어도 한 쪽이 일어나는 사상"을 말하고, $A \cap B$ 라 하면 "A 및 B가 모두 일어나는 사상"을 뜻한다. 표본공간 S에서 사상 A에 속하지 않는 모든 근원사상의 집합을 A의 여사상(complement)이라 하고 A'으로 나타낸다.

예제 4.1

한 개의 동전을 두 번 던지는 시행에서 앞면이 나타나면 H, 뒷면이면 T로 그 결과를 적기로 하자. 이 시행에서

(1) 표본공간 S를 나타내어라.
(2) 첫 번째 던진 동전의 결과가 앞면이 되는 사상 A를 나타내어라.
(3) 두 번째 던진 동전의 결과가 뒷면이 되는 사상 B를 나타내어라.
(4) 사상 A와 B는 서로 배반인가?
(5) $\mathrm{A} \cup \mathrm{B}$, $\mathrm{A} \cap \mathrm{B}$와 A'를 구하라.

풀이

(1) $S = \{(H, H), (H, T), (T, H), (T, T)\}$
(2) $A = \{(H, H), (H, T)\}$
(3) $B = \{(H, T), (T, T)\}$
(4) 사상 A와 B는 동일한 근원사상을 가지고 있으므로 서로 배반이 아니다.
(5) $A \cup B = \{(H, H), (H, T), (T, T)\}$
$A \cap B = \{(H, T)\}$
$A' = \{(T, H), (T, T)\}$

4.1.2 확률과 확률법칙

어떤 사상 A가 일어나리라고 기대되는 확실성을 계량적으로 나타낸 값을 사상 A의 확률(probability)이라 부르고 보통 $P(A)$로 나타낸다. 확률을 좀 더 수학적으로 정의하여 보자.

어떤 표본공간 S에 대하여 다음의 성질을 갖는 집합함수(set function) $P(\cdot)$를 고려할 때,

(1) 임의의 사상 A에 대하여 $P(A) \geq 0$

(2) 사상 A_i , i = 1, 2, 3, …가 서로 배반사상이라면

$$P(A_1 \cup A_2 \cup A_3 \cup \cdots) = P(A_1) + P(A_2) + P(A_3) + \cdots$$

(3) $P(S)=1$ 을 만족하는 P를 표본공간 S 에서의 시행의 확률집합함수(probability set function)라고 말하고, $P(A)$의 값을 사상 A의 확률이라고 부른다.

확률에 관한 법칙으로 다음과 같은 것들이 성립한다.

(1) $0 \leq P(A) \leq 1$

임의의 사상 A의 확률은 0과 1사이에 있다.

(2) $P(A \cup B) = P(A) + P(B) - P(A \cap B)$

이 등식은 **[그림 4.1]**의 벤 그림(Venn Diagram)을 살펴보면 자명하다.

(3) 사상 A, B가 서로 배반이면 $P(A \cup B) = P(A) + P(B)$ 이다. 이것은 위의 (2)에서 만약 A, B가 서로 배반이면 $P(A \cap B) = 0$ 이므로 그대로 성립한다.

(4) 사상 A의 여사상 A'에 대하여 $P(A') = 1 - P(A)$ 가 성립한다. A'이 A의 여사상이므로 $A \cup A' = S$ 이고, 또한 A와 A' 는 서로 배반이므로 $P(S) = P(A \cup A') = P(A) + P(A') = 1$이다. 따라서 $P(A') = 1 - P(A)$ 를 얻는다.

(5) 표본공간 $S = \{e_1, e_2, \cdots, e_n\}$ 의 모든 근원사상에 같은 확률이 부여될 때, 만약 A가 S 의 m 개의 근원사상으로 구성된 사상이라면 $P(A) = \frac{m}{n}$ 이 성립한다.

그림 4.1 벤 그림

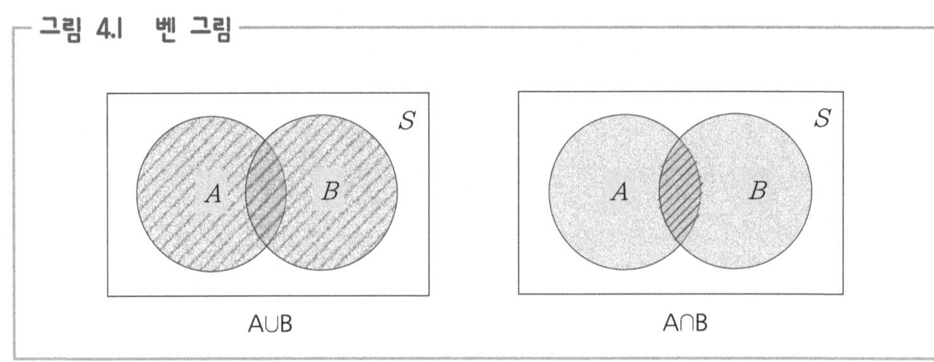

4.1.3 조건부확률과 독립사상

두 사상 A, B 에 대하여, $P(B)>0$ 일 때, $P(A \mid B)$ 를 B 가 일어난 상태에서 A 가 일어날 조건부확률(conditional probability)이라고 하고

$$P(A \mid B) = \frac{P(A \cap B)}{P(B)} \tag{4・1}$$

에 의하여 정의된다. 마찬가지로 $P(A)>0$ 일 때, $P(B \mid A)$ 는

$$P(B \mid A) = \frac{P(A \cap B)}{P(A)} \tag{4・2}$$

와 같이 되므로 $P(A)>0$, $P(B)>0$ 일 때,

$$P(A \cap B) = P(B \mid A)P(A) = P(A \mid B)P(B)$$

가 성립한다.

사상 A, B가 서로 독립(independent)이라는 것은

$$P(A \cap B) = P(A) \cdot P(B) \tag{4・3}$$

가 성립됨을 말한다. 마찬가지로 사상 $A_1, A_2, \cdots, A_n$ 이 서로 독립이라는 것은 집합 $\{1, \cdots, n\}$ 의 임의의 부분집합 $\{n_1, \cdots, n_r\}$ 에 대하여

$$P(An_1 \cap An_2 \cap \cdots \cap An_r) = P(An_1) \cdot P(An_2) \cdots P(An_r)$$

이 성립됨을 말한다.

만약 두 사상 A, B가 서로 독립이라면 식(4・1)과 (4・2)에 의하여

$$P(A \mid B) = \frac{P(A) \cdot P(B)}{P(B)} = P(A)$$

$$P(B \mid A) = \frac{P(A) \cdot P(B)}{P(A)} = P(B)$$

가 된다. 즉, 사상 A, B가 서로 독립이면 사상 A가 일어날 확률은 사상 B가 일어나는 것에 무관하고, 사상 B가 일어날 확률은 사상 A가 일어나는 것에 무관하다.

4.2

한 개의 주사위를 차례로 두 번 던져 윗면에 나타나는 눈의 결과를 (x_1, x_2) 로 나타내자. 여기서 x_i 는 i 번째 던진 주사위의 결과이다. 다음과 같은 4개의 사상을 생각하자. 이 시행의 모든 근원사상은 같은 확률을 갖는다고 가정한다.

$$A = \{(x_1, x_2) \mid x_1 + x_2 = 10\}$$

$$B = \{(x_1, x_2) \mid x_1 > x_2\}$$

$$C = \{(x_1, x_2) \mid x_1 = 6\}$$

$$D = \{(x_1, x_2) \mid x_2 = 6\}$$

(1) 표본공간 S를 구하라.

(2) A, B, $A \cap B$의 사상을 구체적으로 표현하고, $P(B \mid A)$ 를 구하라.

(3) A 와 C 는 서로 독립인가?

(4) C 와 D 는 서로 독립인가?

(5) $P(C \cup D) = P(C) + P(D) - P(C \cap D)$ 가 성립함을 보여라.

풀이

(1) S는 36개의 근원사상으로 되어있고, 각 근원사상이 일어날 확률은 $\frac{1}{36}$이다.

$$S=\left(\begin{array}{l}(1,1),(1,2),(1,3),\ \cdots,(1,6)\\(2,1),(2,2),\ \cdots\cdots\cdots\cdots,(2,6)\\ \qquad\qquad\vdots\\(6,1),(6,2),\ \cdots\cdots\cdots\cdots,(6,6)\end{array}\right)$$

(2) $A=\{(5,\ 5),\ (6,\ 4),\ (4,\ 6)\}$

$B=\{(2,\ 1),\ (3,\ 1),\ (4,\ 1),\ (5,\ 1),\ (6,\ 1),\ (3,\ 2),\ \cdots,(6,\ 5)\}$

$A\cap B=\{(6,\ 4)\}$

$$P(B|A)=\frac{P(A\cap B)}{P(A)}=\frac{\frac{1}{36}}{\frac{3}{36}}=\frac{1}{3}$$

(3) $C=\{(6,\ 1),\ (6,\ 2),\ (6,\ 3),\ (6,\ 4),\ (6,\ 5),\ (6,\ 6)\}$

$A\cap C=\{(6,\ 4)\}$

$$P(A\cap C)=\frac{1}{36}$$

$$P(A)\cdot P(C)=\frac{3}{36}\cdot\frac{6}{36}=\frac{1}{72}$$

따라서 A와 C는 서로 독립이 아니고 종속(dependent)이다.

(4) $D=\{(1,\ 6),\ (2,\ 6),\ (3,\ 6),\ (4,\ 6),\ (5,\ 6),\ (6,\ 6)\}$

$C\cap D=\{(6,\ 6)\}$

$$P(C)=P(D)=\frac{6}{36}=\frac{1}{6}$$

$$P(C\cap D)=\frac{1}{36}$$

그런데 $P(C\cap D)=P(C)\cdot P(D)=\frac{1}{36}$ 이 성립하므로 C와 D는 서로 독립이다.

(5) $C\cup D=\{(6,\ 1),\ (6,\ 2),\ (6,\ 3),\ (6,\ 4),\ (6,\ 5),\ (6,\ 6),$
$(1,\ 6),\ (2,\ 6),\ (3,\ 6),\ (4,\ 6),\ (5,6)\}$

$$P(C \cup D) = \frac{11}{36}$$

$$P(C) + P(D) - P(C \cap D) = \frac{6}{36} + \frac{6}{36} - \frac{1}{36} = \frac{11}{36}$$

따라서 $P(C \cup D) = P(C) + P(D) - P(C \cap D)$ 는 성립한다.

4.2 확률변수

4.2.1 확률변수의 정의

어떤 시행의 표본공간을 S라 하고, 이 표본공간에서 각각의 근원사상 e에 대하여 어떤 일정한 규칙(rule)에 따라 하나의 실수(real number)값을 대응시키자. 이때 이 관계를 $X(e)$로 표시하면, 이는 표본공간 S에서 정의된 하나의 수치함수(numerical valued function)이다. 이러한 함수 X를 확률변수(random variable)라 한다. 확률변수라는 이름에서 "확률(random)"이란 낱말이 붙은 이유는 실제로 어느 구체적인 사상이 일어날지 모르고, 또 이러한 사상들은 확률을 갖고 일어나기 때문이다. "변수(variable)"란 낱말은 편의상 붙인 것이다. 엄격한 의미에서 X는 표본공간에서 정의된 함수이다. 앞으로 "X의 함수"라는 표현이 많이 쓰이는데, 이때에 "함수 X의 함수"라고 부르는 것보다 "변수 X의 함수"로 부르는 것이 좋기 때문에 함수라는 용어 대신에 변수라는 용어를 붙인 것이다.

일반적으로 확률변수는 X, Y, Z 등의 대문자로 표시하고, 이 확률변수들이 취하는 값은 x, y, z 등의 소문자로 보통 나타낸다. 그러나 혼란이 생기지 않는 범위내에서 확률변수를 소문자로 쓰는 것도 허용하기로 한다. 이는 단순히 편의에 의해서이다.

예제 4.3

동전을 2회 던지는 시행을 생각하자. 이 경우의 표본공간은

$$S=\{(H,H),(H,T),(T,H),(T,T)\}$$

이다. 편의상 $e_1=(H,H)$, $e_2=(H,T)$, $e_3=(T,H)$, $e_4=(T,T)$ 라 하자. 이 표본공간 S 에서 확률변수 X 를

$$X = \text{앞면}(H)\text{의 개수}$$

로 정의하면, X 의 값은 $X(e_1)=2$, $X(e_2)=X(e_3)=1$, $X(e_4)=0$ 이 된다. 이 관계는 S 에서 정의된 수치함수이므로 그림으로 나타내면 **[그림 4.2]**와 같다. 그리고 X 의 값 x 에 대응하는 확률은 **<표 4.1>**과 같다.

그림 4.2 표본공간에서 정의된 확률변수

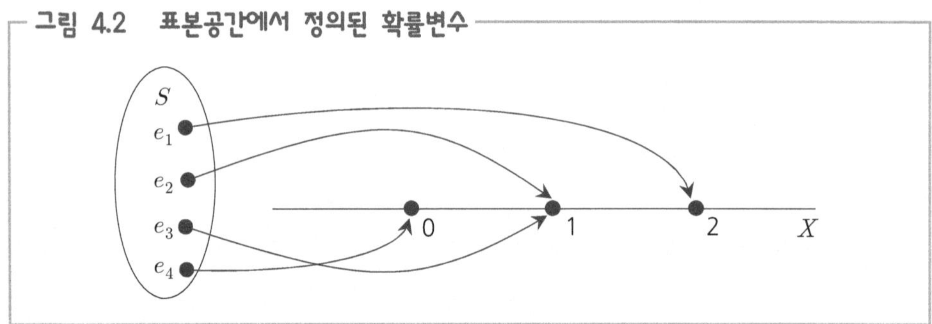

표 4.1 확률변수 X 의 확률분포

x	0	1	2
$P(X=x)$	$\frac{1}{4}$	$\frac{2}{4}$	$\frac{1}{4}$

4.2.2 확률변수의 분류

확률변수는 이산형(discrete type)과 연속형(continuous type)으로 분류된다. 동전을 여러 번 던졌을 때 나오는 앞면의 수, 생산공정에서 한 시간에 나오는 불량품의 개수 등과 같이 유한개의 값을 갖거나, 무한개일지라도 하나하나 셀 수 있는 값을 취하는 확률변수를 이산확률변수(discrete random variable)라 하고, 제품의 크기나 중량처럼 취할 수 있는 값이 무한이면서 동시에 셀 수 없는 값을 취하는 확률변수를 연속확률변수(continuous random variable)라 한다.

확률변수 X가 취할 수 있는 각각의 값 x에 대하여 **<표 4.1>**과 같이 발생할 확률 $P(X=x)$를 구하여 정리한 표를 확률변수 X의 확률분포(probability distribution)라 부른다. 이때 확률 $P(X=x)$을 식으로 표현하여 함수의 형태로 나타내면 이를 확률변수 X의 확률밀도함수(probability density function)라 하고, 간단히 p.d.f.로 표기한다. 일반적으로 이산확률변수에 대해서는 $P(X=x)=p(x)$로 표시하고, 연속확률변수에 대해서는 확률밀도함수를 $f(x)$로 나타내며 이는 $P(X=x)$를 의미하지는 않는다.

이산확률변수의 p.d.f.는 다음의 고유한 성질을 갖는다.

(1) $p(x) \geq 0$, 모든 x의 값에 대하여

(2) $\sum_x p(x)=1$, 모든 x의 값에 대하여 $p(x)$를 더할 경우

한편 연속확률변수의 p.d.f.는 다음의 대응되는 성질을 갖는다.

(1) $f(x) \geq 0$

(2) $\int_{-\infty}^{\infty} f(x)dx=1$

확률변수 X가 어떤 구간 [a, b]에 속할 확률은 다음과 같이 구한다.

$$
\begin{aligned}
P[a \leq X \leq b] &= \sum_{a \leqq x \leqq b} p(x) : \text{이산형} \\
&= \int_a^b f(x)dx : \text{연속형}
\end{aligned}
$$

또한 확률변수 X와 관련하여 자주 쓰이는 것으로, X가 주어진 실수 x 보다 작거나 같은 확률을 나타내는 누적분포함수(cumulative distribution function)(이를 확률분포함수(probability distribution function) 또는 간단히 분포함수(distribution function) 라고도 부름)라고 하는 것이 있다. 이 분포함수를 간략히 c.d.f.로 표기하고 다음 식으로 정의한다.

$$F(x) = P(X \le x)$$

분포함수는 다음과 같은 성질을 갖는다.

(1) 만일 $x_1 < x_2$ 이면 $F(x_1) \le F(x_2)$ 이다 즉 $F(x)$ 는 비감소함수(nondecreasing function) 이다.

(2) $F(-\infty) = 0, \quad F(\infty) = 1$

(3) $P(a < X \le b) = F(b) - F(a)$

(4) 연속확률변수에 대해서는

$$\frac{dF(x)}{dx} = f(x), \;\; F(x) = \int_{-\infty}^{x} f(t)dt \tag{4·4}$$

가 성립한다.

(5) 이산확률변수에 대해서는

$$F(x) = \sum_{x_i \leqq x} p(x_i)$$

가 된다.

(6) $F(x)$ 는 우측으로부터 연속이다.

예제 4.4

같은 동전을 3번 던져서 앞면(H) 과 뒷면(T) 이 나타나는 사항을 관찰하는 문제를 생각하여 보자. 앞면과 뒷면이 나타날 확률이 $\frac{1}{2}$ 씩 똑같은 경우에 확률변수 X를

$X=$ 앞면의 개수

로 정의할 때, X 의 p.d.f.와 c.d.f.를 구하고, 이를 그래프로 그려보아라.

풀이

표본공간은

$$S=\left\{\begin{array}{l}(H,H,H),(H,H,T),(H,T,H),(T,H,H),(H,T,T),\\(T,H,T),(T,T,H),(T,T,T)\end{array}\right\}$$

가 되고 $x=0$ 인 경우는 근원사상이 (T,T,T) 뿐이므로 그 확률은 $\frac{1}{8}$ 이다. $x=1$ 인 경우는 근원사상이 (H,T,T), (T,H,T), (T,T,H) 로 3개이므로 그 확률이 $\frac{3}{8}$ 이다. 이와 같이 계산하여 p.d.f.와 c.d.f.를 구하면 **<표 4.2>**와 같다.

표 4.2 X의 p.d.f.와 c.d.f.

x 의 값	p.d.f. $P(X=x)=p(x)$	c.d.f. $F(x)=P(X\le x)$
0	$\frac{1}{8}$	$\frac{1}{8}$
1	$\frac{3}{8}$	$\frac{4}{8}$
2	$\frac{3}{8}$	$\frac{7}{8}$
3	$\frac{1}{8}$	1

그림 4.3 X의 p.d.f.와 c.d.f.의 그래프

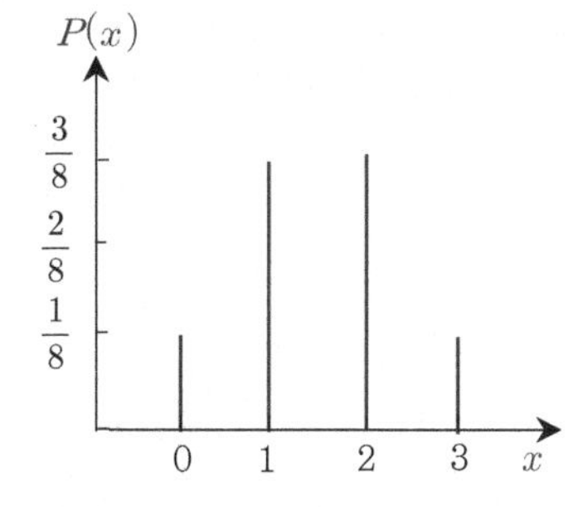

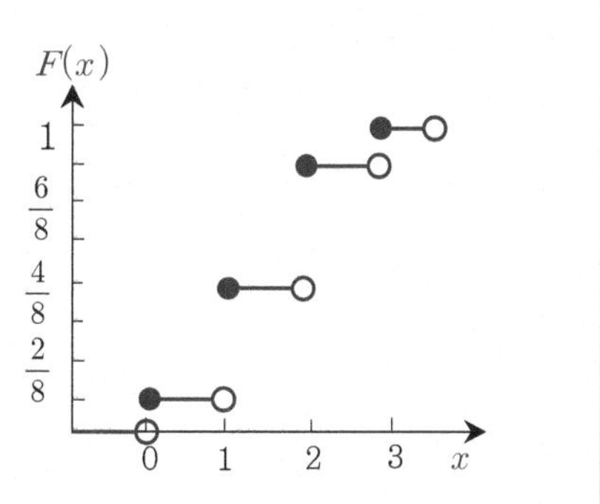

[그림 4.3]의 c.d.f.에서 $F(x)$는 우측으로부터는 연속이나 좌측으로부터는 연속이 아님을 보여주고 있다. 예를 들면, $x=1$ 에서 $F(1)=\frac{4}{8}$ 이지 $\frac{1}{8}$ 은 아니다. 즉, $x=0, 1, 2, 3$ 에서 $F(x)$는 빈원(○)의 값을 갖는 것이 아니라 채워진 원(●)의 값을 갖는다.

4.2.3 기대값과 분산

확률변수의 성질을 나타내는 대표적인 것으로 확률변수의 기대값(expected value)과 분산(variance)을 들 수 있다. 확률변수 X 의 기대값은 $E(X)$ 라고 쓰고, 이산형과 연속형에 따라서 다르게 정의된다.

$$E(X) = \sum_x xp(x) \text{ :이산형} \qquad (4 \cdot 5)$$

$$= \int_{-\infty}^{\infty} xf(x)dx \text{ :연속형} \qquad (4 \cdot 6)$$

또한 X 의 함수 $g(X)$ 의 기대값은

$$E[g(X)] = \sum_x g(x)p(x) \text{ :이산형} \qquad (4 \cdot 7)$$

$$= \int_{-\infty}^{\infty} g(x)f(x)dx \text{ :연속형} \qquad (4 \cdot 8)$$

에 의하여 구하여 진다.

확률변수 X 의 기대값을 $E(X)=\mu$ 라 놓고, 분산을 $V(X)$ 라 나타내기로 하면 다음과 같이 정의된다. X 의 표준편차는 언제나 분산의 제곱근 $\sqrt{V(X)}$ 이므로 표준편차에 대한 설명은 생략하기로 한다.

$$V(X) = \sum_x (x-\mu)^2 p(x) \text{ :이산형} \qquad (4 \cdot 9)$$

$$= \int_{-\infty}^{\infty} (x-\mu)^2 f(x)dx \text{ :연속형} \qquad (4 \cdot 10)$$

또한 X 의 함수 $g(X)$ 의 분산은, $E(g(X))=v$ 라 놓을 때,

$$V[g(X)] = \sum_x [g(x)-v]^2 p(x) \text{ :이산형} \qquad (4 \cdot 11)$$

$$= \int_{-\infty}^{\infty} [g(x)-v]^2 f(x)dx \text{ :연속형} \qquad (4 \cdot 12)$$

이 된다.

분산의 공식에서 이산형과 연속형을 구별하지 않고 동시에 표현할 수 있는 공식은

$$V(X) = E[(X-\mu)^2] \qquad (4 \cdot 13)$$

이며, 다음과 같은 관계식을 이용하여 계산을 간단히 한다.

$$\begin{aligned} V(X) &= E[(X-\mu)^2] \\ &= E[X^2 - 2\mu X + \mu^2] \\ &= E(X^2) - 2\mu E(X) + \mu^2 \\ &= E(X^2) - \mu^2 \\ &= E(X^2) - \mu^2 \end{aligned} \qquad (4 \cdot 14)$$

여기서 X^2 의 기대값은 X^2 이 X의 함수이므로 $g(X)=X^2$ 으로 놓고 식(4・7)과 (4・8)을 사용하면

$$E(X^2) = \sum_x x^2 p(x) \text{ :이산형} \qquad (4 \cdot 15)$$

$$= \int_{-\infty}^{\infty} x^2 f(x)dx \text{ :연속형} \qquad (4 \cdot 16)$$

이다.

기대값의 몇 가지 중요한 성질을 들면 다음의 정리와 같다.

정리 4.1

(1) 만약 a가 상수라면, $E(a)=a$ 이다.

(2) a가 상수이면, $E(aX)=aE(X)$ 이다.

(3) $a_1, a_2, \cdots, a_k$ 가 상수이고, $X_1, X_2, \cdots, X_k$ 가 확률변수이면 다음이 성립한다.

$$E(a_1X_1+a_2X_2+\cdots+a_kX_k)=a_1E(X_1)+a_2E(X_2)+\cdots+a_kE(X_k) \tag{4・17}$$

예제 4.5

앞의 **[예제 4.4]**에서 정의된 이산확률변수 X에 대하여 다음의 질문에 답하라.

(1) 기대값과 분산을 구하라.

(2) X의 값이 0이거나 3이면 1,000원을 받고, 그 외의 경우에는 400원을 내어 주는 내기라면 그 기대값은 얼마인가? 유리한 내기인가?

풀이

(1) 기대값은 식(4・5)에 의하여

$$E(X)=\sum xp(x)=(0)\left(\frac{1}{8}\right)+(1)\left(\frac{3}{8}\right)+(2)\left(\frac{3}{8}\right)+(3)\left(\frac{1}{8}\right)=1.5$$

이다. 분산은 식(4・14)와 (4・15)를 사용하여 계산하면

$$\begin{aligned}V(X)&=\sum_x x^2p(x)-\mu^2\\&=(0)^2\left(\frac{1}{8}\right)+(1)^2\left(\frac{3}{8}\right)+(2)^2\left(\frac{3}{8}\right)+(3)^2\left(\frac{1}{8}\right)-(1.5)^2\\&=0.75\end{aligned}$$

를 얻는다.

(2) 이 내기에서 X의 결과에 따라 받을 돈과 줄 돈을 함수로 만들면

$$g(X)=1{,}000\ ,\ \text{만약 } x=0 \ \text{ 또는 3이면}$$
$$=-400,\ \text{만약 } x=1 \ \text{ 또는 2이면}$$

과 같다. 따라서 이 내기의 기대값은 식(4・7)을 사용하여

$$E[g(X)_x]=\sum g(x)p(x)$$
$$=1{,}000\left(\frac{1}{8}\right)-400\left(\frac{3}{8}\right)-400\left(\frac{3}{8}\right)+1{,}000\left(\frac{1}{8}\right)$$
$$=-50\text{원}$$

을 얻는다. 즉, 기대값이 음(minus)이므로 불리한 내기이다.

4.2.4 공분산과 상관계수

두 개의 확률변수 X, Y에 관해서 주어진 실수가 x , y일 때 사상 $\{X\le x\}\{Y\le y\}$ 들이 동시에 일어나는 확률을 정의하는 결합확률분포함수(joint probability distribution function) $F(x,\ y)$는 다음과 같다.

$$F(x,\ y)=P\{X\le x,\ Y\le y\}$$

결합확률밀도함수(joint p.d.f.)는 이산형인 경우에는 $p(x,\ y)$ 로, 연속형인 경우엔 $f(x,\ y)$ 로 나타낸다. 만약 모든 $x,\ y$ 에 대하여

$$F(x,\ y)=P\{X\le x\}\cdot\ P\{Y\le y\}$$

로 표현할 수 있으면, 두 확률변수 X, Y는 서로 독립이라고 말한다.

두 개의 확률변수 X, Y의 기대값과 분산을 각각 μ_x, μ_y 및 $\sigma_x^{\ 2}, \sigma_y^{\ 2}$ 이라 하고 다음과 같은 기대값을 생각하여 보자.

$$E[(X-\mu_x)(Y-\mu_y)] = E(XY-\mu_y X-\mu_x Y+\mu_x\mu_y)$$
$$= E(XY)-\mu_x\mu_y$$

이와 같이 기대값을 X, Y의 공분산(covariance)이라 하며, 일반적으로 $Cov(X, Y)$ 또는 σ_{xy}로써 표시한다. 만약 X, Y가 서로 독립이면 $E(XY)=E(X)\cdot E(Y)=\mu_x\mu_y$ 이므로 공분산은 영이다.

두 확률변수 X, Y간의 상관계수(correlation coefficient)는 $Corr(X, Y)$ 또는 간단히 ρ 로 나타내며 다음과 같이 정의된다.

$$\rho = \frac{E[(X-\mu_x)(Y-\mu_y)]}{\sqrt{E(X-\mu_x)^2}\cdot\sqrt{E(Y-\mu_y)^2}}$$
$$= \frac{Cov(X, Y)}{\sqrt{V(X)\cdot V(Y)}} \qquad (4\cdot 18)$$

X, Y가 서로 독립이면 $Cov(X, Y)=0$이므로 $\rho=0$ 이 된다. 분산, 공분산, 그리고 상관계수와 관련된 중요한 성질로는 다음과 같은 것들이 있다.

정리 4.2

(1) 만약 a가 상수라면, $V(a)=0$ 이다.

(2) a가 상수이면, $V(aX)=a^2V(X)$ 이다.

(3) $a_1, a_2, \cdots, a_k$ 가 상수이고, $X_1, X_2, \cdots, X_k$ 가 확률변수이면 다음이 성립한다.

$$V(a_1X_1+a_2X_2+\cdots+a_kX_k) = \sum_{i=1}^{k} a_i^2 V(X_i) + 2\sum_{i<j}^{k} a_i a_j\, Cov(X_i, X_j) \qquad (4\cdot 19)$$

만약 $X_1, X_2, \cdots, X_k$ 가 서로 독립이면 $Cov(X_i, X_j)=0$ 이므로 윗 식에서 첫째 항만 남게 된다. 가장 간단한 경우로

(a) $V(X+Y)=V(X)+V(Y)+2Cov(X, Y)$

(b) $V(X-Y)=V(X)+V(Y)-2Cov(X, Y)$

를 들 수 있고, X, Y간에 독립이면 $Cov(X,Y)=0$ 이 된다.

(4) $-1 \le \rho \le 1$

(5) 상수 a, b, c, d 에 대하여 $ac>0$ 인 경우에 $U=aX+b$, $V=cY+d$ 의 관계가 있으면

$$Corr(U,V)=Corr(X,Y)$$

이 된다.

(6) a_i, b_j 들이 상수이고, X_i 들이 서로 독립이면

$$Cov(\sum_{i=1}^{k} a_i X_i,\ \sum_{i=1}^{k} b_i X_i) = \sum_{i=1}^{k} a_i b_i V(X_i) \qquad (4 \cdot 20)$$

이 된다.

예제 4.6

어떤 제품은 A, B 두 부품을 길게 붙여서 용접하여 만든다. A의 길이는 제조실적에 의해 평균 20㎝, 분산 9㎠이고, B의 길이는 평균 45㎝, 분산 16㎠의 분포를 하고 있음을 알고 있다. A, B의 두 로트로부터 각각 랜덤하게 1개씩 취하여 용접을 하여 제품을 만들 때, 제조 길이의 평균과 분산을 구하라.

풀이

$X=A$의 길이
$Y=B$의 길이

로 하면, 구하고 싶은 것은 $E(X+Y)$ 와 $V(X+Y)$ 이다. 먼저

$$E(X+Y)=E(X)+E(Y)=20+45=65\text{cm}$$

이고, A, B는 랜덤하게 취해졌으므로 X, Y는 서로 독립이다. 따라서 $Cov(X,Y)=0$ 이므로

$$V(X+Y)=V(X)+V(Y)=9+16=25\text{cm}^2$$

이 된다. 즉, 평균은 65㎝이고 분산은 25㎠이다.

4.2.5 확률벡터

k 개의 확률변수 $Y_1, Y_2, \cdots, Y_k$ 가 있고 각각의 기대값과 분산을 $E(Y_i) = \mu_i$, $V(Y_i) = (\sigma_i)^2$, $i = 1,2,\cdots,k$ 라 하고, Y_i, Y_j 간의 공분산을

$$Cov(Y_i, Y_j) = \sigma_{ij}, (i < j \ ; \ i,j = 1,2,\cdots,k)$$

라 하자. 이때 벡터

$$\boldsymbol{y} = \begin{bmatrix} Y_1 \\ Y_2 \\ \vdots \\ Y_k \end{bmatrix}$$

를 확률벡터 (random vector)라 부르고, 그 기대값과 분산은 다음과 같이 정의된다.(행렬에 대하여 잘 모르는 독자는 부록의 "행렬의 기초지식"을 참조하시오.)

$$E(\boldsymbol{y}) = E\begin{bmatrix} Y_1 \\ Y_2 \\ \vdots \\ Y_k \end{bmatrix} = \begin{bmatrix} \mu_1 \\ \mu_2 \\ \vdots \\ \mu_k \end{bmatrix} = \boldsymbol{\mu} \qquad (4 \cdot 21)$$

$$V(\boldsymbol{y}) = E[(\boldsymbol{y} - \boldsymbol{\mu})(\boldsymbol{y} - \boldsymbol{\mu})']$$

$$= \begin{bmatrix} V(Y_1) \ Cov(Y_1, Y_2) \ldots Cov(Y_1, Y_k) \\ V(Y_2) \ldots Cov(Y_2, Y_k) \\ \ddots \quad \vdots \\ (\text{대칭}) \qquad V(Y_k) \end{bmatrix}$$

$$= \begin{bmatrix} {\sigma_1}^2 \quad \sigma_{12} \cdots \sigma_{1k} \\ {\sigma_2}^2 \cdots \sigma_{2k}^2 \\ \ddots \quad \vdots \\ (\text{대칭}) \quad {\sigma_k}^2 \end{bmatrix} \qquad (4 \cdot 22)$$

흔히 식(4・22)의 $V(\boldsymbol{y})$ 를 확률벡터 $\boldsymbol{y}$ 의 분산-공분산행렬(variance-covariance matrix)이라 부르고 Σ 로 표시한다.

정리 4.3

$\boldsymbol{y}$ 가 $k\times 1$ 확률벡터이고 기대값이 $\boldsymbol{\mu}$ 이며 $n\times x$ 행렬 A가 상수들로만 구성된 행렬이면

$$E(A\boldsymbol{y}) = AE(\boldsymbol{y}) = A\boldsymbol{\mu} \tag{4・23}$$

이다. 그리고 $\boldsymbol{y}$ 의 분산-공분산 행렬 Σ 이면 다음이 성립한다.

$$\begin{aligned} V(A\boldsymbol{y}) &= E[(A\boldsymbol{y}-A\boldsymbol{\mu})(A\boldsymbol{y}-A\boldsymbol{\mu})'] \\ &= AE[(\boldsymbol{y}-\boldsymbol{\mu})(\boldsymbol{y}-\boldsymbol{\mu})']A' \\ &= A\Sigma A' \end{aligned} \tag{4・24}$$

위의 정리에서 A가 $1\times k$ 벡타 $\boldsymbol{a}'=(a_1,\ a_2,\ \cdots,\ a_k)$ 인 특수한 경우에는 식(4・23)과 (4・24)는

$$E(\boldsymbol{a}'\boldsymbol{y}) = \boldsymbol{a}'E(\boldsymbol{y}) = \boldsymbol{a}'\mu = \sum_{i=1}^{k} a_i\mu_i \tag{4・25}$$

$$\begin{aligned} V(\boldsymbol{a}'\boldsymbol{y}) &= \boldsymbol{a}'\textstyle\sum\boldsymbol{a} \\ &= \sum_{i=1}^{k} a_i^2\sigma_i^2 + 2\sum_{i<j}^{k} a_i a_j \sigma_{ij} \end{aligned} \tag{4・26}$$

로 나타내진다. 만약 Y_i 들이 서로 독립이면 $\sigma_{ij}=0$ 이므로 식 (4・26)의 뒷부분은 필요없는 항이 된다. 실제로 식(4・25)와 (4・26)은 식(4・17), (4・19)와 동일한 뜻을 가진다.

4.2.6 대수의 법칙과 Chebyshev의 정리

확률변수 $X_1, X_2, \cdots, X_n$ 이 서로 독립이고, 모두 같은 확률밀도함수를 갖는다면, 이와 같은 변수들을 하나의 모집단으로부터 얻어진 확률표본(random sample)이라고 말하고, 임의표본이라고도 부른다.

$X_1, X_2, \cdots, X_n$ 이 하나의 확률표본이라 하고

$$E(X_i)=\mu,\ \ V(X_i)=\sigma^2,\ \ i=1,\ 2,\ \ \cdots,\ \ n$$

으로 가정하자. 그러면 n 이 매우 커질 때$(n\to\infty)$

$$\frac{X_1+X_2+\cdots+X_n}{n}=\overline{X}\to\mu \tag{4・27}$$

가 된다. 이것을 대수의 법칙(law of large numbers) I 이라고 흔히 말한다.

위의 결과를 증명하여 보자. 식(4・17)에서 $k_i=\frac{1}{n},\ i=1,\ 2,\ \cdots,\ n$ 로 하면

$$E\left(\frac{X_1+X_2+\cdots+X_n}{n}\right)=\frac{1}{n}\sum_{i=1}^{n}E(X_i)=\frac{1}{n}(n\mu)=\mu$$

가 되고, 식(4・19)에서 또한 $k_i=\frac{1}{n},\ i=1,\ 2,\ \cdots,\ n$ 로 하고 X_i 들은 서로 독립이므로

$$V\left(\frac{X_1+X_2+\cdots+X_n}{n}\right)=\frac{1}{n^2}\sum_{i=1}^{n}V(X_i)=\frac{1}{n^2}(n\sigma^2)=\frac{\sigma^2}{n}$$

이 된다. 따라서 $n\to\infty$ 로 하면, $\frac{\sigma^2}{n}\to 0$ 이므로 $\frac{X_1+X_2+\cdots+X_n}{n}$ 은 일정한 값 μ 에 가까워진다.

다음으로 어떤 시행에서 생기는 결과가 성공과 실패 두 가지가 있다고 하고, 성공의 확률을 p, 실패의 확률을 $1-p$ 라 하자. 이 시행을 여러 번 계속하여 행한다고 생각하자. 다만 각 회에 있어서 성공・실패는 어느 쪽이 일어나든 서로 독립이 되도록 주의 깊게 실험하였다고 가정한다. 이때 제 n 회까지의 시행에서 성공 횟수를 k 라고 하면 $n\to\infty$ 로 갈 때,

$$\frac{k}{n} \to p$$

즉, n 회 중의 성공률은 n 이 매우 커지면 확률 p 에 가까워진다. 이 법칙을 대수의 법칙 II 라고 흔히 말한다.

위의 결과를 증명하여 보자. 확률변수 X_i, $i=1, 2, \cdots, n$ 를 다음과 같이 정의하면

$$X_i = \begin{cases} 1 : i \text{ 번째에 성공일 때} \\ 0 : i \text{ 번째에 실패일 때} \end{cases}$$

$X_1, X_2, \cdots, X_n$ 은 확률표본이 되고 $E(X_i)=p$, $i=1, 2, \cdots, n$ 이다. 또한 $X_1+X_2+\cdots+X_n$ 은 n 회 중의 성공 횟수가 된다. 그러므로 식(4·27)에 의하여

$$\frac{X_1+X_2+\cdots+X_n}{n} = \frac{k}{n} \to p$$

가 성립됨을 밝힐 수 있다.

모집단으로부터 크기 n 의 표본을 취하여 전체의 넓이가 1이 되는 히스토그램을 작성할 때, 어떤 계급에 속하는 데이터의 수를 k 라 하자. 또 이 계급에 데이터가 들어가는 확률을 p 라 하자. 대수의 법칙 II에 의하여 $k/n \to p$ ($n \to \infty$일 때) 이므로, 어떠한 계급을 택하더라도 이것은 성립한다. 그러므로 n 을 크게 하면서 계급이 구간을 좁혀 가면 히스토그램의 모양은 확률밀도함수의 그래프 모양에 가까워진다.

어떤 확률변수 X 의 확률분포는 모르면서 평균과 분산만을 알고 있는 경우에도 그 분포의 특성을 어느 정도 짐작할 수 있다. 이것이 다음에서 말하는 체비셰프(Chebyshev) 정리이다.

정리 4.4

확률변수 X 의 값이 그 평균 μ 로부터 표준편차 σ 의 k 배 이내에 있을 확률은 $1-\frac{1}{k^2}$ 보다 작지 않다. 즉,

$$P\{|X-\mu|<k\sigma\}\ge 1-\frac{1}{k^2} \qquad (4\cdot 28)$$

단, (k 는 임의의 양수이며 $\sigma>0$ 이다.)

증명 》

$|X-\mu|<k\sigma$ 이면, $(X-\mu)^2\ge k^2\sigma^2$ 이다. 따라서

$$1\le\frac{(X-\mu)^2}{k^2\sigma^2}$$

이고, 양변에 p.d.f. $f(x)$ 를 곱하면, $X=x$ 에 대하여

$$f(x)\le\frac{1}{k^2\sigma^2}(x-\mu)^2f(x)$$

이 성립한다. 따라서

$$\begin{aligned}P\{|X-\mu|\ge k\sigma\}&=\int_{x:|X-\mu|\ge k\sigma}f(x)dx\\&\le\frac{1}{k^2\sigma^2}\int_{x:|X-\mu|\ge k\sigma}(x-\mu)^2f(x)dx\\&\le\frac{1}{k^2\sigma^2}\int_{-\infty}^{\infty}(x-\mu)^2f(x)dx\\&=\frac{1}{k^2\sigma^2}\cdot\sigma^2=\frac{1}{k^2}\end{aligned}$$

이 된다. 그러므로 다음이 성립한다.

$$P\{|X-\mu|<k\sigma\}=1-P\{|X-\mu|\ge k\sigma\}>1-\frac{1}{k^2}$$

식(4〈28)의 부등식을 Chebyshev의 부등식이라고도 부르며, 이 부등식으로부터 확률변수 X 의 값이 $(\mu-2\sigma,\ \mu+2\sigma)$ 사이에 있을 확률은 $1-\frac{1}{2^2}=\frac{3}{4}$ 이상이고, $(\mu-3\sigma,\ \mu+3\sigma)$ 사이에 있을 확률은 $1-\frac{1}{3^2}=\frac{8}{9}$ 이상이다.

4.3 이산확률분포

이산확률분포(discrete probability distribution)는 수를 세는 경우에 나타나는 계수치의 분포로서 다음과 같은 것들이 많이 쓰인다.

(1) 베르누이분포(Bernoulli distribution)
(2) 이항분포(binomial distribution)
(3) 초기하분포(hypergeometric distribution)
(4) 포아송분포(Poisson distribution)
(5) 다항분포(multinomial distribution)

이들 분포들을 차례대로 살펴보기로 하자.

4.3.1 베르누이분포

실험 또는 관찰을 독립적으로 반복해서 시행하는 경우에 매 시행마다 오직 2개의 가능한 결과만이 일어나며, 각 시행이 서로 독립적인 것을 베르누이 시행(Bernoulli trials)이라고 한다. 각 시행의 결과를 "성공(S)과 실패(F)"로 나타내기도 하고 성공확률을 $p=P(S)$, 실패 확률을 $q=P(F)=1-p$ 로 하자.

임의의 확률변수 X를 다음과 같이 정의하자. X는 두 가지의 값 0, 1만 취할 수 있고 그 확률은 $P\{X=1\}=p$, $P\{X=0\}=1-p$ 이라 하자. "성공과 실패"와 관련지어서 변수 X가 베르누이 시행의 결과를 나타내는 것으로 한다면 $X=1$은 성공이고, $X=0$은 실패를 나타낸다. 이 때 확률변수 X의 확률밀도함수(p.d.f.)는

$$p(x)=p^x(1-p)^{1-x} \quad x=0,\ 1 \tag{4·29}$$

이 된다. 이것을 베르누이분포(Bernoulli distribution)의 p.d.f.라고 한다.

정리 4.5

확률변수 X가 식(4・29)의 베르누이분포에 따를 때, 그 기대값과 분산은 다음과 같다.

$$E(X) = p \tag{4・30}$$

$$V(X) = p(1-p) \tag{4・31}$$

증명

$$E(X) = \sum_x xp(x) = 0 \cdot P(X=0) + 1 \cdot P(X=1) = 0 + p = p$$

$$\begin{aligned} V(X) &= \sum_x (x-\mu)^2 p(x) = (0-p)^2 P(X=0) + (1-p)^2 P(X=1) \\ &= p^2(1-p) + (1-p)^2 \cdot p \\ &= p(1-p)[p + (1-p)] = p(1-p) \end{aligned}$$

예제 4.7

동전을 한 번 던져 앞면이 나오면 $X=1$, 뒷면이 나오면 $X=0$이라 할 때 X의 기대값과 분산을 구하시오.

풀이

$p = 0.5$ 이므로 기대값과 분산은 다음과 같다.

$$E(X) = p = 0.5$$

$$V(X) = p(1-p) = 0.5(1-0.5) = 0.25$$

4.3.2 이항분포

성공률이 p 인 베르누이 시행이 n 번 반복 시행되었을 때, 확률변수 X를 "n 번 시행에서의 성공회수"라고 하자. 이 때 X의 확률분포를 시행횟수 n 과 성공률 p 를 갖는 이항분포(binomial distribution) $B(n,p)$ 라 한다. X가 취할 수 있는 값은 $0,\ 1,\ 2,\ \cdots,\ n$ 이다.

통계적 품질관리에서는 다음과 같은 경우에 이항분포가 많이 사용된다. 불량품이 p 인 관리상태에 있는 공정(이것은 무한모집단임)으로부터 크기 n 인 표본을 취하거나, 또는 불량품 p 를 갖는 로트(이것은 유한모집단임)로부터 크기 n 인 표본을 복원추출(sampling with replacement : 한 개를 추출하여 측정한 다음, 곧 그것을 모집단에 되돌려 넣고 다시 다음의 추출단위를 추출해 가는 방법)할 때에, 표본 중에 발견되는 불량품개수 X 는 이항확률변수가 된다.

이항분포의 p.d.f.는 다음과 같다.

$$p(x)=\binom{n}{x}p^{x}(1-p)^{n-x},\quad x=0,\ 1,\ 2,\ \cdots,\ n \tag{4・32}$$

일반적으로 속성 A(불량이라는 것도 하나의 속성임)를 갖는 비율이 p 이고 속성 A를 갖지 않은 비율이 $q=1-p$ 인 무한모집단 또는 복원추출되는 유한모집단에서 크기 n 의 표본을 추출할 때 n 개 중에서 속성 A를 갖는 개수 X는 이항분포 $B(n,p)$ 에 따른다. 식(4・32)의 확률을 증명하여 보자.

증명 》

크기 n 인 표본에서 처음 x 개가 불량품이고, 나머지 $n-x$ 개가 양품일 확률은, 개개 제품의 결과가 독립적으로 발생하고 있으므로,

$$\underbrace{p\times p\times\cdots\times p}_{x\text{ 회 계속}}\times\underbrace{(1-p)\times(1-p)\times\cdots\times(1-p)}_{(n-x)\text{ 회 계속}}=p^{x}(1-p)^{n-x}$$

이 된다. 그런데 처음 x 개가 불량품이고, 나머지 $n-x$ 개가 양품이 아니더라도, n 개 중에서 x 개가 불량품이고 $n-x$ 개가 양품으로 나타나는 배열이 섞여

있는 경우에도 그 확률은

$$\underbrace{p \times (1-p) \times (1-p) \times p \times \cdots \times (1-p)}_{p \text{ 가 } x \text{ 개, } (1-p) \text{ 가 } (n-x) \text{ 개}} = p^x (1-p)^{n-x}$$

과 동일하다. n 개 중에서 x 개의 불량품과 $(n-x)$ 개의 양품을 배열시키는 방법의 수는

$${}_nC_x \text{ 또는} \binom{n}{x} = \frac{n!}{x!(n-x)!}$$

이다. 따라서 n 개 중에서 불량개수가 x 개일 확률은 식(4・32)와 같다.

정리 4.6

확률변수 X가 식(4・32)의 이항분포를 따를 때, X의 기대값과 분산은 다음과 같다.

$$E(X) = np \qquad (4 \cdot 33)$$

$$V(X) = np(1-p) \qquad (4 \cdot 34)$$

증명)))

이항 확률변수 X는 n 개의 서로 독립인 베르누이 확률변수 $X_1, X_2, \cdots, X_n$ 의 합으로 표시되므로

$$X = X_1 + X_2 + \ldots + X_n$$

의 관계에 있고, **<정리 4.1>**과 **<정리 4.2>**의 결과를 이용하여

$$\begin{aligned} E(X) &= E(X_1 + X_2 + \cdots + X_n) \\ &= E(X_1) + E(X_2) + \cdots E(X_n) \\ &= np \end{aligned}$$

$$V(X) = V(X_1) + V(X_2) + \cdots + V(X_n)$$
$$= np(1-p)$$

를 얻을 수 있다.

표본의 결과로부터 얻어진 표본불량률을

$$\hat{p} = \frac{X}{n}$$

로 한다면, 이것도 하나의 확률변수이며 그 기대값과 분산은

$$E(\hat{p}) = \frac{E(X)}{n} = \frac{np}{n} = p \qquad (4 \cdot 35)$$

$$V(\hat{p}) = V\left(\frac{X}{n}\right) = \frac{1}{n^2} V(X) = \frac{1}{n^2}(npq) = \frac{pq}{n} \qquad (4 \cdot 36)$$

가 된다.

이항분포는 다음과 같은 특징을 가진다.

(1) $p = 0.5$ 일 때는 기대값 np 에 대하여 대칭이 된다.
(2) $np \geq 5$ 이고 $n(1-p) \geq 5$ 일 때는 정규분포에 근사된다.
(3) $p \leq 0.1$ 이고 $n \geq 50$ 일 때는 포아송분포에 근사된다.

4.8

췌장암 4기에 걸렸을 때 회복될 수 있는 확률이 0.3이라고 한다. 현재 췌장암 4기 판정을 받은 환자가 20명이 있다고 하자. 이 경우 다음 상황에 대하여 답하시오.

(1) 적어도 6명이 회복될 확률을 구하시오.
(2) 6명만이 회복될 확률을 구하시오
(3) 기대값과 분산을 구하시오

풀이

확률변수 X를 회복될 환자의 수라 하면 X는 $n=20$, $p=0.3$의 이항분포를 따르게 되며, 밀도함수는 다음과 같다.

$$p(x)=\binom{20}{x}(0.3)^x(1-0.3)^{20-x},\quad x=0,1,2,\cdots,20$$

따라서 **[부록 A-5]**로부터

(1) $P(X\geqq 6)=1-P(X<6)=1-0.416=0.584$

(2) $P(X=6)=P(X\leqq 6)-P(X\leqq 5)=0.608-0.416=0.192$

(3) $E(X)=np=20\times 0.3=6.0$

$V(X)=np(1-p)=20\times 0.3\times 0.7=4.2$

이항분포의 형태가 어떤가 알아보자. **[그림 4.4]**에서 알 수 있듯이, $n=50$일 경우 이항분포의 모양은 p의 값에 따라 다른 형태가 된다. p가 0.5일 경우 $x=n/2$를 중심으로 좌우대칭이 되고, $p<0.5$일 때는 오른쪽 꼬리부분이 더 길게 나타나고, 만일 $p>0.5$일 때는 반대로 왼쪽 꼬리부분이 더 길게 나타남을 알 수 있다.

그림 4.4 이항분포

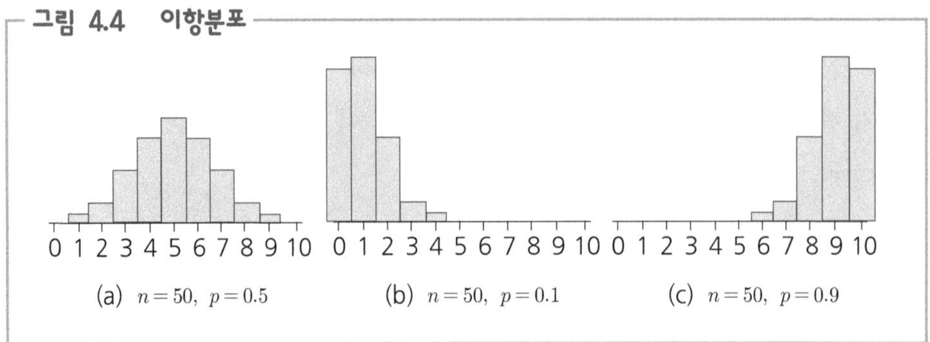

(a) $n=50,\ p=0.5$ (b) $n=50,\ p=0.1$ (c) $n=50,\ p=0.9$

4.3.3 초기하분포

불량률 p 이고 크기 N 인 로트(유한모집단)에서 표본(크기 n)을 채취할 때, 불량개수 X 의 확률분포는 복원추출일 때에 앞에서 공부한 바와 같이 이항분포를 한다고 알려져 있다. 이 경우에 복원추출이 아니고 비복원추출(sampling without replacement)이면 불량개수 X 는 초기하분포(hypergeometric distribution)를 하게 되며 다음과 같은 p.d.f.를 갖는다.

$$p(x) = \frac{\binom{Np}{x}\binom{N-Np}{n-x}}{\binom{N}{n}}, \quad x = 0,\ 1,\ 2,\ \cdots,\ \min(n,\ Np) \qquad (4 \cdot 37)$$

그림 4.5 초기하분포의 샘플링 모델

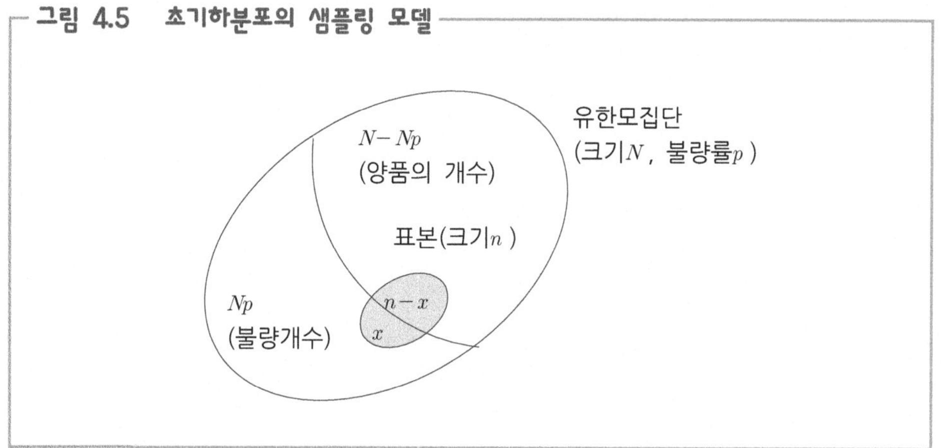

증명)))

일반적으로 크기 N 의 유한모집단이 있고 그 중 속성 A 를 갖는 확률이 p 라 하자. 따라서 N 개 중에서 속성 A 를 갖는 개수는 Np 개이고, 속성 A 가 아닌 것은 $N-Np$ 개이다. 이 유한모집단에서 크기 n 인 표본을 도로 넣지 않고 랜덤하게 채취(이를 비복원추출이라 함)할 때 속성 A 를 갖는 개수를 X 개라 하면 X 는 확률변수이며 $x=0,\ 1,\ 2,\ \cdots,\ \min(n,\ Np)$ 중의 값을 갖는다. 이때 특정한 값 $X=x$ 가 될 확률을 계산하여 보자.

N 개 중에서 n 개를 취할 수 있는 모든 가능한 방법은 $\binom{N}{n}$ 가지이다. 한편 속성 A 에 속하는 Np 개 중에서 x 개를 채취하는 방법은 $\binom{Np}{x}$ 가지이고, 이 각각의 방법에 대하여 속성 A 가 아닌 $N-Np$ 개 중에서 $n-x$ 개를 채취하는 방법의 수는 $\binom{N-Np}{n-x}$ 가지이다. 따라서 n 개 중 속성 A 가 x 개, $n-x$ 개가 속성 A 가 아닌 채취방법은 모두 $\binom{Np}{x}\binom{N-Np}{n-x}$ 가지이다. 따라서 특정한 값 x 가 나타나는 확률 $p(x)$ 는 식(4・37)이 된다.

정리 4.7

확률변수 X 가 식(4・37)의 초기하분포를 따를 때, X 의 기대값과 분산은 다음과 같다.

$$E(X) = np$$

$$V(X) = \frac{N-n}{N-1}npq \qquad (4 \cdot 38)$$

또한 표본의 불량률 $\hat{p} = \frac{X}{n}$ 는 다음과 같은 기대값과 분산을 가진다.

$$E(\hat{p}) = p$$

$$V(\hat{p}) = \frac{N-n}{N-1} \cdot \frac{pq}{n} \qquad (4 \cdot 39)$$

증명은 생략하기로 하며, 관심있는 독자는 참고문헌(4.1)을 참조하시오.

초기하분포의 p.d.f.는 $N \to \infty$ 로 하면 이항분포의 p.d.f.와 같다. 이것은 다음과 같이 간단히 증명된다.

$$\frac{\binom{Np}{x}\binom{N-Np}{n-x}}{\binom{N}{n}} = \frac{n!}{(n-x)!x!} \cdot$$

$$\frac{\overbrace{(N-Np)(N-Np-1)\cdots(N-NP-n+x+1)}^{n-x\text{ 항}}\cdot\overbrace{Np(Np-1)\cdots(Np-x+1)}^{x\text{ 항}}}{\underbrace{N(N-1)\cdots(N-n+1)}_{n\text{ 항}}}$$

여기에 $1=\dfrac{N^n}{N^{n-x}N^x}$ 을 양변에 곱하면

$$\frac{\binom{Np}{x}\binom{N-Np}{n-x}}{\binom{N}{n}}$$

$$=\binom{n}{x}\cdot\frac{(1-p)\left(1-p-\frac{1}{N}\right)\cdots\left(1-p-\frac{n-x-1}{N}\right)\cdot\ p\left(p-\frac{1}{N}\right)\cdots\left(p-\frac{x-1}{N}\right)}{1\left(1-\frac{1}{N}\right)\cdots\left(1-\frac{n-1}{N}\right)}$$

이 된다. 따라서 $N\to\infty$ 로 하면 윗식의 오른쪽 항은 $\binom{n}{x}p^x(1-p)^{n-x}$ 로 된다. 즉,

$$\lim_{N\to\infty}\frac{\binom{Np}{x}\binom{N-Np}{n-x}}{\binom{N}{n}}=\binom{n}{x}p^x(1-p)^{n-x}$$

따라서 N이 대단히 큰 경우에는 초기하분포를 이항분포로 간주하여도 좋다.

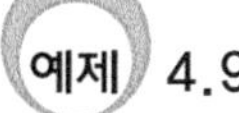

예제 4.9

하나의 로트가 제품 $N=10$ 개로 구성되어 있고, 이 중에서 2개가 불량품이라 하자(즉, 불량률은 $p=0.2$ 이다).

(1) 복원추출에 의하여 2개를 랜덤하게 채취할 때 그 중 하나만이 불량일 확률은?

(2) 비복원추출에 의하여 2개를 랜덤하게 채취할 때 그 중 하나만이 불량일 확률은?

풀이

(1) 불량개수를 X 라 할 때, 이 확률변수는 이항분포에 따른다. 따라서 $X=1$ 일 확률은 다음과 같다.

$$p(x)=\binom{n}{x}p^x(1-p)^{n-x}$$

$$=\binom{2}{1}(0.2)^1(0.8)^1=0.32$$

(2) 불량개수를 X 라 할 때, 이 확률변수는 초기하분포에 따르므로 $X=1$ 일 확률은 다음과 같다.

$$p(x)=\frac{\binom{Np}{x}\binom{N-Np}{n-x}}{\binom{N}{n}}$$

$$=\frac{\binom{2}{1}\binom{8}{1}}{\binom{10}{2}}=\frac{2\times 8}{45}=0.3556$$

4.3.4 포아송분포

이항분포 식(4・29)에 있어서 $np=m$ 을 그리 크지 않은 일정한 값으로 유지하면서 $n\to\infty$, $p\to 0$ 의 극한분포를 생각하여 보자.

$$p(x)=\binom{n}{x}p^x(1-p)^{n-x}$$

$$=\frac{n(n-1)\cdots(n-x+1)}{x!}p^x(1-p)^{n-x}$$

$$=\frac{1}{x!}\left(1-\frac{1}{n}\right)\left(1-\frac{2}{n}\right)\cdots\left(1-\frac{x-1}{n}\right)m^x\left(1-\frac{m}{n}\right)^{n-x}$$

여기에서 x 의 유한치에 대해 $n \to \infty$ 로 하면 윗식은

$$\lim_{n\to\infty} p(x) = \frac{m^x}{x!} \lim_{n\to\infty}\left(1 - \frac{m}{n}\right)^{n-x}$$
$$= \frac{m^x}{x!} \lim_{n\to\infty}\left(1 - \frac{m}{n}\right)^{n} = \frac{m^x e^{-m}}{x!}$$

이 된다.

어떤 확률변수 X가 $x = 0, 1, 2, 3, \ldots$ 을 취할 수 있고 그 P.D.F.가

$$p(x) = \frac{e^{-m} m^x}{x!}, \quad x = 0,\ 1,\ 2,\ 3,\ \cdots$$

이 되는 분포를 포아송분포(Poisson distribution)라고 부른다. 이 분포는 $\lim_{n\to\infty} p(x) = 0$ 이 됨을 알 수 있다.

포아송분포에 따른다고 생각되는 현상은 여러 가지가 있다. 이를테면, 제품의 일정한 단위 면적내에 있는 결점수, 단위 시간내에 걸려오는 전화수, 어느 고속도로에서 하루에 발생되는 교통사고의 수 등은 포아송분포로 잘 설명될 수 있다고 알려져 있다.

정리 4.8

확률변수 X가 포아송분포에 따를 때 X의 기대값과 분산은 다음과 같다.

$$E(X) = m \qquad (4 \cdot 41)$$
$$V(X) = m \qquad (4 \cdot 42)$$

증명)))

$$E(X) = \sum_{x=0}^{\infty} x \frac{e^{-m} m^x}{x!} = \sum_{x=1}^{\infty} \frac{e^{-m} m^x}{(x-1)!}$$
$$= me^{-m} \sum_{x-1=0}^{\infty} \frac{m^{x-1}}{(x-1)!} = me^{-m} \cdot e^{m} = m$$

$$
\begin{aligned}
V(X) &= E(X^2) - \mu^2 \\
&= \sum_{x=0}^{\infty} x(x-1)e^{-m}\frac{m^x}{x!} + m - m^2 \\
&= m^2 e^{-m} \sum_{x-2=0}^{\infty} \frac{m^{x-2}}{(x-2)!} + m - m^2 \\
&= m^2 e^{-m} e^m + m - m^2 = m
\end{aligned}
$$

포아송분포는 다음과 같은 특징을 갖는다.

(1) 기대값과 분산이 같다.

(2) $m \geq 5$ 일 때 정규분포에 근사된다.

(3) m 이 작을 때는 오른쪽으로 꼬리가 긴(skewed to the right) 분포가 되나 m 이 커짐에 따라서 대칭이 가까워진다.

포아송분포의 형태를 알아보자. **[그림 4.6]**에서 알 수 있듯이, m 의 값이 0에 가까울수록 왼쪽으로 치우치는 분포가 되고, m 값이 클수록 $X=m$을 중심으로 대칭한 분포를 이루고 있다. 즉, 위에서 설명된 것처럼 대칭에 가까워지고 정규분포의 형태와 가깝게 된다.

그림 4.6 포아송 분포

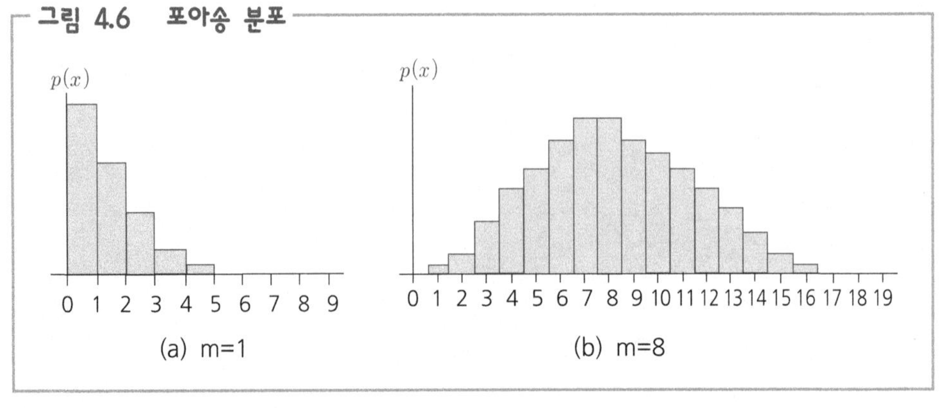

예제 4.10

강원도 어느 산골에 한 초등학교에서는 눈사태로 인하여 1년에 평균 4일 동안 휴교를 한다. 어느 해에 이 학교가 눈사태로 인하여 다음과 같이 휴교할 확률을 포아송분포를 사용하여 구하시오.

(1) 6일간 휴학할 확률
(2) 4일 이상 휴학할 확률

풀이

1년 동안 눈사태로 인하여 휴교하는 날의 수를 X라고 하면 X는 $m=4$의 포아송분포에 따르게 된다. 따라서 다음과 같은 확률이 된다.

(1) 6일 동안 휴학할 확률은 다음과 같다.

$$p(X=6)=\frac{e^{-4}4^6}{6!}=0.104$$

혹은 **[부록 A-6]**의 누적 포아송 분포표로부터

$$p(X=6)=p(x \leqq 6)-p(x \leqq 5)=0.889-0.785=0.104$$

가 구해진다.

(2) 4일 이상 휴학할 확률은 **[부록 A-6]**의 누적 포아송분포표로 다음과 같다.

$$p(X \geqq 4)=1-p(X \leqq 3)=1-0.433=0.567$$

예제 4.11

어느 햄버거 가게에 12:00-13:00사이에 1분당 찾아오는 고객의 수가 평균 4명이라고 한다. 이 햄버거 가게에서 이 시간대에 2분당 찾아오는 고객의 수가 8명 미만일 확률을 구하시오

풀이

1분당 평균 고객 수가 4명이므로 2분당 평균 고객 수는 8명이 된다. 따라서 X를 특정한 2분당 찾아오는 고객 수라 한다면, 확률변수 X는 평균 $m=8$의 포아송분포에 따르게 되고 구하고자 하는 확률값은 **[부록 A-6]**에 의하여 다음과 같다.

$$p(X<8)=p(X\leqq 7)=0.453$$

4.3.5 다항분포

제품이 1급품, 2급품, …, k 급품으로 분류되는 것으로서, 어떤 공장에서 1급품이 되는 확률이 p_1, 2급품이 되는 확률이 p_2, …, k 급품이 되는 확률이 p_k 일 때, n 개의 제품을 만들어 그 중에 1급품의 개수를 X_1, 2급품의 개수를 X_2, …, k 급품의 개수를 X_k 라 하자. 그러면 $X_1, X_2, \cdots, X_k$ 는 확률변수이며 k 항분포에 따른다고 말한다. $k=2$ 이면 이항분포이다.

일반적으로 한번의 시행결과로서 가능한 것이 $A_1, A_2, \cdots, A_k$ 중의 어느 하나이고, 각각의 사상이 일어나는 확률이 $p_1, p_2, \cdots, p_k$ (단, $p_1+p_2+\cdots+p_k=1$)라 하자. 이것을 n 회 시행하여 그중에 A_1 이 x_1 회, A_2 가 x_2 회, …, A_k 가 x_k (단, $x_1+x_2+\cdots+x_k=n$)회 일어나는 확률은

$$p(x_1,\ x_2,\ \cdots,\ x_k)=\frac{n!}{x_1!\ x_2!\ \cdots\ x_k!}\ p_1^{x_1}p_2^{x_2}\cdots\ p_k^{x_k} \qquad (4\cdot 43)$$

이다(증명생략). $k\geq 3$ 인 경우에 윗식을 다항분포(multinomial distribution)를 하는 확률변수 $X_1, X_2, \cdots, X_k$ 의 p.d.f. 라고 부른다.

정리 4.9

다항분포에 따르는 확률변수 $X_i,\ i=1,\ 2,\ \cdots,\ k$에 대하여 다음의 공식이 성립된다.

$$E(X_i)=np_i \tag{4·44}$$

$$V(X_i)=np_i(1-p_i) \tag{4·45}$$

$$Cov(X_i, X_j)=-np_i p_j,\quad i\neq j \tag{4·46}$$

<정리 4.9>의 증명은 생략하나, 기대치와 분산에 관한 공식은 이항분포의 경우로부터 명백하다.

4.4 연속확률분포

앞 절에서는 이산분포만을 다루었으나, 이 절에서는 연속형의 확률분포에 대하여 살펴보기로 하자. 연속확률분포(continuous probability distribution)는 계량치의 분포라고도 말하며, 그것은 무게, 시간, 길이 등과 같은 양을 측정하는 경우에 나타나기 때문이다. 연속확률분포로 다음과 같은 것들이 많이 사용된다.

(1) 정규분포(normal distribution)
(2) 카이제곱분포(χ^2 –distribution)
(3) t 분포(t –distribution)
(4) F 분포(F –distribution)
(5) 지수분포(exponential distribution)
(6) 와이블 분포(Weibull distribution)

이들 분포들을 차례로 간단히 살펴보기로 하자.

4.4.1 정규분포

정규분포(normal distribution)는 유명한 수학자 C.F. Gauss(1777~1855)가 발견한 것으로, 확률변수 X의 기대값이 μ이고 표준편차가 σ일 때 그 확률밀도함수(p.d.f.)가

$$f(x) = \frac{1}{\sqrt{2\pi}\cdot\sigma} e^{-\frac{(x-\mu)^2}{2\sigma^2}} \quad (-\infty < x < \infty \ ; \ \sigma > 0)$$

이 되는 확률변수 X는 정규분포 $N(\mu, \sigma^2)$에 따른다고 한다. 여기서 e는 자연대수의 밑(base)으로 2.7182⋯인 무리수이다. 이 분포의 p.d.f.를 그래프로 그려보면 **[그림 4.7]**과 같이 평균(기대치) μ에 대해 좌우대칭이고 산포의 정도는 σ에 의하여 결정되며 대표적인 범위의 면적은 다음과 같다.

$$P[\mu - \sigma < X < \mu + \sigma] = 0.683$$
$$P[\mu - 2\sigma < X < \mu + 2\sigma] = 0.954$$
$$P[\mu - 3\sigma < X < \mu + 3\sigma] = 0.997$$

그림 4.7 정규분포의 p.d.f.그래프

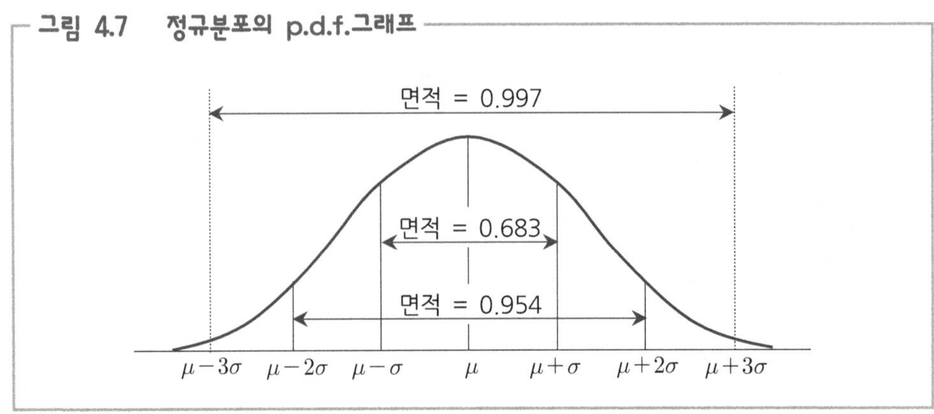

확률변수 X가 $N(\mu, \sigma^2)$에 따를 때, 변수변환

$$U = \frac{X-\mu}{\sigma} \tag{4・47}$$

을 하면 확률변수 U는 $\mu=0$, $\sigma^2=1$ 이 되는 표준정규분포(standard normal distribution)에 따르게 되며 $N(0, 1)$ 로 나타낸다. 그 p.d.f.는

$$f(u) = \frac{1}{\sqrt{2\pi}} e^{-\frac{1}{2}u^2}$$

과 같이 된다.

부록 **<표 A-1>**에는 누적확률(cumulative probability)이 $1-\alpha$ 가 되는 다음과 같은 $u_{1-\alpha}$ 의 값이 수록되어 있다.

$$1-\alpha = P\{U \le u_{1-\alpha}\} = \int_{-\infty^{\alpha}}^{u} f(u)du \tag{4・48}$$

그림 4.8 표준정규분포 $N(0, 1)$

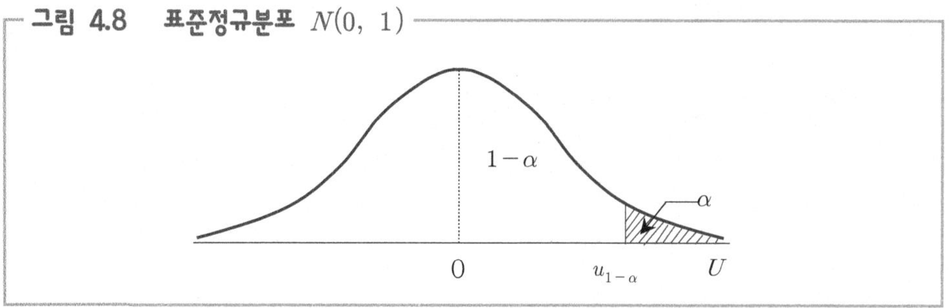

[그림 4.8]에 $u_{1-\alpha}$ 의 위치가 표시되어 있다. 정규분포와 같은 연속확률분포에서는 $P\{X=x\}=0$ 이므로 식(4・48)에서 $\le$ 대신에 $<$을 사용해도 무방하다.

확률변수 X가 $N(\mu,\sigma^2)$ 에 따를 때, 확률 $P[a \le X \le b]$ 은 식(4・47)의 변수변환을 시켜 표준정규분포를 만든 후 부록 **<표 A-1>**을 사용하여 구할 수 있다. 즉,

$$P[a \le X \le b] = P\left[\frac{a-\mu}{\sigma} \le \frac{X-\mu}{\sigma} \le \frac{b-\mu}{\sigma}\right]$$
$$= P\left[\frac{a-\mu}{\sigma} \le U \le \frac{b-\mu}{\sigma}\right]$$
$$= P\left[U \le \frac{b-\mu}{\sigma}\right] - P\left[U \le \frac{a-\mu}{\sigma}\right] \qquad (4 \cdot 49)$$

윗 식에서 $\le$ 대신에 $<$을 사용하여도 무방하다.

정규분포가 통계적 검정과 추정에서 많이 쓰이는 것은 다음과 같은 중심극한의 정리(central limit theorem)가 발견되었기 때문이다.

정리 4.10

중심극한의 정리 : 평균이 μ 이고 분산이 σ^2 인 임의의 확률분포를 가지는 모집단으로부터 크기 n 인 확률표본 $X_1,\ X_2,\ \cdots,\ X_n$ 을 취했을 때, 표본평균

$$\overline{X} = \sum_{i=1}^{n} X_i / n$$

은 표본의 크기 n 이 충분히 클 때 대략 정규분포 $N\left(\mu,\ \frac{\sigma^2}{n}\right)$ 을 따른다.

중심극한의 정리에서 $\overline{X}$ 가 $N\left(\mu,\ \frac{\sigma^2}{n}\right)$ 에 따르므로 $\sum_{i=1}^{n} X_i$ 는 $N(n\mu,\ n\sigma^2)$ 에 따름을 보일 수 있다. 다음으로 정규확률변수들의 선형함수의 성질을 증명없이 간단한 정리로써 알아보기로 하자.

정리 4.11

정규분포 $N(\mu,\ \sigma^2)$ 에 따르는 $X_i,\ \ i=1,\ 2,\ \cdots,\ n$ 가 서로 독립이라면(이때 $X_i,\ \ i=1,\ 2,\ \cdots,\ n$ 을 확률표본이라고 말하였음) 다음의 성질을 가진다.

(1) 산술평균 $\overline{X}=\sum_{i=1}^{n} X_i/n$ 은 $N\left(\mu,\ \frac{\sigma^2}{n}\right)$ 의 분포에 따른다. (4・50)

(2) $U=\frac{\overline{X}-\mu}{\frac{\sigma}{\sqrt{n}}}$ 는 $N(0,\ 1)$ 에 따른다. (4・51)

(3) $X_i-X_j,\quad i\neq j$ 는 $N(0,\ 2\sigma^2)$ 에 따른다.

(4) 상수 $c_1,\ c_2,\ \cdots,\ c_n$ 에 대하여 $c_1X_1+c_2X_2+\cdots+c_nX_n$ 은

$N(\mu(c_1+c_2+\cdots+c_n),\ \sigma^2(c_1^2+c_2^2+\cdots+c_n^2))$ 에 따른다.

예제 4.12

어느 과수원에서 수확되는 사과의 무게는 평균 200g, 표준편차는 25g인 정규분포를 따른다고 한다. 사과 무게를 X 라 하면, 이 과수원에서 수확되는 사과 중 무게가 150g 미만인 것은 하품으로 간주한다고 하자. 만일 1년에 15,000개 수확한다면 예상되는 하품 사과의 수는 얼마인가?

풀이

먼저 과수원에서 수확되는 사과 중 무게가 150g 미만인 것의 비율은 다음과 같다.

$$\begin{aligned} P(X\leq 150) &= P\left[\frac{X-200}{25}\leq\frac{150-200}{25}\right] \\ &= P[U\leq -2.0] = P[U\geq 2.0] \\ &= 0.0228 \end{aligned}$$

따라서 예상되는 하품 사과의 수는 다음과 같다.

$15{,}000$개 $\times\ 0.0228=342$개

예제 4.13

어느 공장에서 생산되는 제품의 수명은 평균 1,000시간 그리고 표준편차는 40시간의 정규분포를 한다고 한다.

(1) 제품수명이 950시간과 1100시간 사이에 있을 확률을 구하시오.

(2) 이 공장에서는 수명이 하위 5%에 속하는 제품들을 부적합품으로 생각하여 파기하려고 한다. 수명이 몇 시간 이하면 파기하여야 하는가?

풀이

(1) X를 제품의 수명을 나타내는 확률변수라 하면 제품수명이 950시간과 1100시간 사이에 있을 확률은 다음과 같다.

$$\begin{aligned} P(950 \le X \le 1100) &= P\left[\frac{950-1000}{40} \le \frac{X-1000}{40} \le \frac{1100-1000}{40}\right] \\ &= P[-1.25 \le U \le 2.5] \\ &= 0.9938 - 0.1056 \\ &= 0.8924 \end{aligned}$$

(2) 먼저 하위 5%에 해당되는 표준정규분포 확률변수 U의 값을 찾아야 한다. 표준정규분포표로부터 U의 값을 찾으면 1.64와 1.65사이에 있으므로 $U = 1.645$가 된다. 따라서 하위 5%에 해당되는 값은 $U = -1.645$이다. 그리고 표준화된 U의 값을 원래의 확률변수 X로 환원하면 $U = \frac{X-\mu}{\sigma} = \frac{X-1000}{40} = -1.645$로부터 X를 구하면 다음과 같다.

$$X = 934.2$$

따라서 수명이 934.2시간 이하인 제품은 하위 5%이하에 해당하므로 부적합품으로 생각하여 파기하여야 한다.

이항분포를 공부할 때 $p \le 0.1$ 이고 $np \ge 5$ 이면 이항분포는 정규분포에 근사된다고 하였다. 이제 그 방법을 살펴보자. 이항분포 $B(n, p)$ 을 하는 확률변수 X 의 평균은 $\mu = np$ 이고 표준편차는 $\sigma = \sqrt{np(1-p)}$ 이므로 X 를 베르누이 확률변수 $X_1, X_2, \cdots, X_n$ 의 합으로 볼 때 **<정리 4.10>**의 중심극한의 정리에 의하여 X 는 대략적으로 $N(np, np(1-p))$ 의 분포에 따른다. 따라서 $B(n, p)$ 의 이항분포를 갖는 확률변수 X 에 대해

$$P[a \le X \le b] = \sum_{x=a}^{b} \binom{n}{x} p^x (1-p)^{n-x}$$

을 구할 때에 n 이 크면 계산이 어려워지므로 그 근사계산으로

$$P[a \le X \le b] = P\left[\frac{a-np}{\sqrt{np(1-p)}} \le U \le \frac{b-np}{\sqrt{np(1-p)}}\right]$$

에 의하여 쉽게 계산할 수 있다.

예제 4.14

불량률이 $p = 0.08$ 인 공정에서 표본으로 $n = 100$ 개를 랜덤하게 취할 때 불량개수가

(1) 5개에서 10개 사이에 있을 확률을 구하라.

(2) 불량개수가 12개 이상이면 공정의 불량률이 높다고 판단한다면, 공정의 불량률이 높다고 판정된 확률을 구하라.

풀이

$np = (100)(0.08) = 8$ 이고, $np(1-p) = (100)(0.08)(0.92) = 7.36$ 이므로 다음과 같다.

(1) $P[5 \le X \le 10] = P\left[\frac{5-np}{\sqrt{np(1-p)}} \le U \le \frac{10-np}{\sqrt{np(1-p)}}\right]$

$$= P\left[\frac{5-8}{\sqrt{7.36}} \le U \le \frac{10-8}{\sqrt{7.36}}\right]$$

$$= P[-1.11 \le U \le 0.74]$$

$$= P[U \le 0.74] - P[U \le -1.11]$$

$$= P[U \le 0.74] - (1 - P[U \le -1.11])$$

$$= 0.774 - (1 - 0.8665)$$

$$= 0.6369$$

(2) $P(X \ge 12) = P\left[U \ge \frac{12-np}{\sqrt{np(1-p)}}\right]$

$$= P\left[U \ge \frac{12-8}{\sqrt{7.36}}\right]$$

$$= P[U \ge 1.47]$$

$$= 0.0708$$

4.4.2 카이제곱(χ^2)분포

만약 $Z_1, Z_2, \cdots, Z_n$ 이 $N(0,1)$ 이 표본정규분포로부터 얻어진 확률표본이라 하면 $\chi^2 = Z_1{}^2 + Z_2{}^2 + \cdots + Z_v{}^2$ 은 자유도(degrees of freedom)가 v 인 χ^2 분포를 하는 확률변수가 되며, 그 p.d.f.는 $\chi^2 = w$ 라 놓을 때

$$f(w) = \frac{1}{2\Gamma\left(\frac{v}{2}\right)} \cdot \ e^{-\frac{w}{2}} \left(\frac{v}{2}\right)^{\frac{v}{2}-1}, \quad 0 \le w \le \infty$$

과 같이 표현된다. 여기서 Γ는 감마함수(Gamma function)로 $y>0$ 에 대하여

$$\Gamma(y) = \int_0^{\infty} e^{-\theta} \theta^{y-1} d\theta$$

로써 정의된다. 특히 y 가 양의 정수이면 다음과 같다.

$$\Gamma(y) = (y-1)!$$

$$\Gamma\left(y-\frac{1}{2}\right) = \left(y-\frac{1}{2}-1\right)\left(y-\frac{1}{2}-2\right)\cdots\left(\frac{1}{2}\right)\sqrt{\pi}$$

부록 **<표 A-3>**에는 자유도가 v 인 χ^2 분포의 누적확률이 $1-\alpha$ 가 되는 다음과 같은 $\chi_{1-\alpha}^{2}(v)$ 의 값이 수록되어 있다.

$$1-\alpha = P\{\chi^2 \leq \chi_{1-\alpha}^{2}(v)\}$$

$$= \int_0^{x_{1-\alpha}^{2}(v)} f(w)dw$$

정리 4.12

(1) 자유도 v 인 χ^2 분포를 하는 확률변수 X 의 기대값과 분산은 다음과 같다.

$$E(X) = v\ ,\ \ V(X) = 2v$$

(2) $X_1,\ X_2,\ \cdots,\ X_n$ 이 $N(\mu,\ \sigma^2)$ 으로부터의 확률표본이라면 $\overline{X}=\sum_{i=1}^{n} X_i/n$, $S=\sum_{i=1}^{n}(X_i-\overline{X})^2$ 이라 놓을 때 다음이 성립한다.

(a) $\overline{X}$ 는 $N\left(\mu,\ \frac{\sigma^2}{n}\right)$ 에 따르고, $\frac{S}{\sigma^2}$ 는 자유도 $(n-1)$ 인 χ^2 분포에 따른다.

(b) $V=\frac{S}{n-1}$ 라 놓을 때

$$E(V) = E\left(\frac{S}{n-1}\right) = \sigma^2 \qquad (4\cdot52)$$

이다. 즉, V 는 σ^2 의 불편추정량(다음 장에서 정의됨)이다.

(c) $\overline{X}$ 와 S 는 서로 독립이다.

(3) U 가 $N(0,\ 1)$ 일 때, U^2 은 자유도 1인 χ^2 분포에 따르므로

$$\chi_{1-\alpha}^{2}(1) = [u_{1-\alpha/2}]^2$$

이 된다.

4.4.3 t 분포

만약 U와 χ^2 이 서로 독립인 확률변수이며, U은 $N(0,\ 1)$ 에 따르고 χ^2 은 자유도 v 인 χ^2 분포에 따를 때 확률변수

$$T = \frac{U}{\sqrt{\dfrac{\chi^2}{v}}} \tag{4・53}$$

은 자유도 v 인 t 분포를 한다고 말한다. 그 p.d.f.는

$$f(t) = \frac{1}{\sqrt{\pi v}} \frac{\Gamma\left(\dfrac{v+1}{2}\right)}{\Gamma\left(\dfrac{v}{2}\right)} \left(1 + \frac{t^2}{v}\right)^{-\frac{v+1}{2}}, \quad -\infty < t < \infty$$

으로 표현된다.

부록 **<표 A-2>**에는 누적확률이 $1-\dfrac{\alpha}{2}$ 가 되는 다음과 같은 $t_{1-\alpha/2}(v)$ 의 값이 수록되어 있다.

$$\begin{aligned} 1 - \frac{\alpha}{2} &= P\{T \le t_{1-\alpha/2}(v)\} \\ &= \int_{-\infty}^{t_{1-\alpha/2}(v)} f(t)dt \end{aligned} \tag{4・54}$$

이를 그림으로 나타내면 **[그림 4.9]**와 같다.

그림 4.9 t 분포

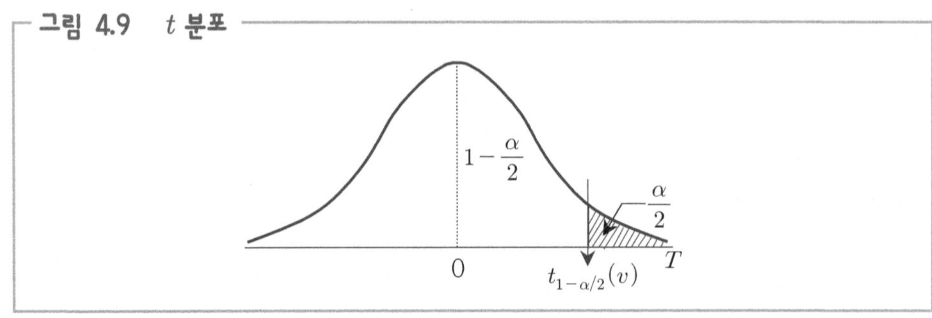

일반적으로 정규분포를 하는 어떤 확률변수에 대하여 다음의 변환된 확률변수

$$U = \frac{(\text{확률변수}) - (\text{확률변수의 기대값})}{\sqrt{\text{확률변수의 분산}}} \qquad (4 \cdot 57)$$

은 $N(0,\ 1)$ 의 분포에 따른다. 이 변환을 정규분포의 표준화(standardization)라고 한다. 식(4・47), (4・51)은 이것을 말해주고 있다. 또한,

$$T = \frac{(\text{확률변수}) - (\text{확률변수의 기대값})}{\sqrt{\text{확률변수의 분산의 추정량}}} \qquad (4 \cdot 58)$$

은, 분모에 있는 분산의 추정량(다음 장에서 정의됨)의 자유도를 갖는 t 분포에 따른다. 식(4・36)은 여기에 의한 것이다.

정리 4.13

(1) 자유도 v 인 t 분포에 따르는 확률변수 T 의 기대값과 분산은 다음과 같다.

$$E(T) = 0$$

$$V(T) = \frac{v}{v-2},\quad v > 2 \qquad (4 \cdot 55)$$

(2) $\lim_{v \to \infty} t_{1-\alpha/2}(v) = u_{1-\alpha/2}$, 즉 자유도가 무한히 커질 때 t 분포와 정규분포는 일치한다. 식(4・55)에서도 $v \to \infty$ 이면 $V(T) = 1$ 로 $N(0,\ 1)$ 분포의 분산과 일치한다.

(3) 정규분포 $N(\mu,\ \sigma^2)$ 으로부터의 크기 n 의 표본평균 $\overline{X}$ 와 $V = \sum_{i=1}^{n} (X_i - \overline{X})^2 / (n-1)$ 로 부터 확률변수

$$T = \frac{\overline{X} - \mu}{\sqrt{\dfrac{V}{n}}} \qquad (4 \cdot 56)$$

를 만들면 T 는 자유도 $v = n-1$ 인 t 분포에 따른다.

4.4.4 F분포

만약 두 확률변수 χ_1^2 과 χ_2^2 가 서로 독립이며, 각각의 자유도가 v_1, v_2 인 χ^2 분포를 따를 때 확률변수

$$F = \frac{\chi_1^2 / v_1}{\chi_2^2 / v_2} \tag{4・59}$$

는 자유도 (v_1, v_2) 의 F 분포(F-distribution)에 따른다. F 분포의 p.d.f.는

$$f(x) = \frac{v_1^{\frac{v_1}{2}} v_2^{\frac{v_2}{2}} \Gamma\left(\frac{v_1+v_2}{2}\right) x^{\frac{v_1}{2}-1}}{\Gamma\left(\frac{v_1}{2}\right)\Gamma\left(\frac{v_2}{2}\right)(v_2+v_1x)^{\frac{v_1+v_2}{2}}}, \quad 0 \le x \le \infty$$

으로 표현된다. 여기서 v_1 은 분자의 자유도, v_2 는 분모의 자유도라 부른다.

부록 **<표 A-4>**에는 누적확률이 $1-\alpha$가 되는 다음과 같은 $F_{1-\alpha}(v_1, v_2)$ 의 값이 수록되어 있다.

$$\begin{aligned} 1-\alpha &= P\{F \le F_{1-\alpha}(v_1, v_2)\} \\ &= \int_0^{F_{1-\alpha}(v_1,v_2)} f(x)dx \end{aligned} \tag{4・60}$$

분자의 자유도가 1인 경우에는 다음의 특수한 관계가 t 분포와 F 분포 간에 성립된다. 이 관계를 도해하면 **[그림 4.10]**과 같다.

$$F_{1-\alpha}(1,\ v) = [t_{1-\alpha/2}(v)]^2 \tag{4・61}$$

그림 4.10 t 분포와 F 분포의 관계

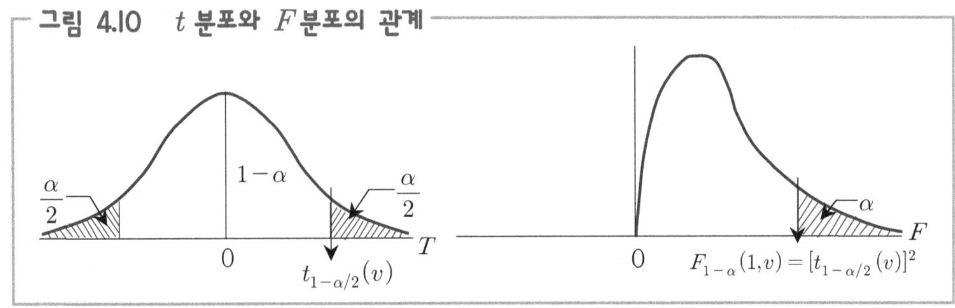

정리 4.14

(1) 확률변수 F가 자유도 $(v_1,\ v_2)$ 인 F분포를 한다면 그 기대값과 분산은 다음 식으로 주어진다.

$$E(F) = \frac{v_2}{v_2 - 2},\ \ v_2 > 2$$

$$V(F) = \left(\frac{v_2}{v_2 - 2}\right)^2 \cdot \frac{2(v_1 + v_2 - 2)}{v_1(v_2 - 4)},\ \ v_2 > 4$$

(2) 두 정규모집단 $N(\mu_1,\ {\sigma_1}^2)$, $N(\mu_2,\ {\sigma_2}^2)$ 으로부터의 서로 독립인 두 확률표본을 각각 $X_1,\ X_2,\ \cdots,\ X_{n_1}$, $Y_1,\ Y_2,\ \cdots,\ Y_{n_2}$ 라 할 때,

$$V_1 = \frac{\sum_{i=1}^{n_1}(X_i - \overline{X})^2}{n_1 - 1},\ V_2 = \frac{\sum_{i=1}^{n_2}(Y_i - \overline{Y})^2}{n_2 - 1}$$

으로 놓으면 $\dfrac{V_1/{\sigma_1}^2}{V_2/{\sigma_2}^2}$ 은 자유도 $(n_1 - 1, n_2 - 1)$ 인 F분포에 따른다.

(4・62)

(3) $F_{1-\alpha}(v_1,\ v_2) = \dfrac{1}{F_\alpha(v_2,\ v_1)}$ 이 된다. (4・63)

(4) χ^2 이 자유도 $v = n-1$인 χ^2 분포를 할 때, χ^2/v 는 자유도 $v_1 = n-1$, $v_2 = \infty$ 인 F분포를 한다.

예를 들면, $\chi^2 = S/\sigma^2$ 은 자유도 $v = n-1$ 인 χ^2 분포를 하므로

$$\frac{\chi^2}{v} = \frac{\frac{S}{n-1}}{\sigma^2} \tag{4・64}$$

은 분자가 자유도 $n-1$ 인 불편분산, 분모 σ^2 은 자유도 ∞ 인 불편분산이므로 χ^2/v 는 $v_1 = n-1, v_2 = \infty$ 인 F분포를 한다.

4.4.5 지수분포

지수분포(exponential distribution)는 신뢰도(제15장 참조)에서 많이 취급되는 특색 있는 분포이다. $\lambda(t)$ 를 고장률이라고 하자. 고장률이란 시간 t 를 지정하여 그 시점에서 무고장의 것이 다음 단위시간 동안에 얼마나 고장나는가 하는 시간당의 불량률을 말한다. 만일 고장률 $\lambda(t)$ 가 t 에 관계없이 일정한 $\lambda(t)=\lambda$ 라 하면, 고장 발생시간의 밀도함수 $f(t)$ 는

$$f(t)=\lambda e^{-\lambda t},\quad t\geq 0 \tag{4·65}$$

으로 주어진다. 이 $f(t)$ 를 지수분포의 p.d.f.라고 하며 단위시간당 전체의 몇 %가 고장났는가 하는 상대빈도를 나타낸다.

전자기의 부품에는 우연의 원인에 의해서만 고장을 발생시키는 것이 많다고 하는데, 이와 같은 성질의 것은 고장의 발생건수가 아직 고장 나지 않고 남아 있는 부품의 수에 비례하므로, 그 수명은 지수분포에 따른다.

지수분포를 하는 확률변수 T 의 기대값과 분산은 각각

$$E(T)=\frac{1}{\lambda} \tag{4·66}$$
$$V(T)=\frac{1}{\lambda^2}$$

이다. 따라서 고장 나면 그것으로 수명이 없어지는 제품에서는 $E(T)=\frac{1}{\lambda}$ 이 고장까지의 평균시간(mean time to failure, MTTF)이며, 이를 평균수명이라고 부른다. 고장이 나도 수리해서 쓸 수 있는 제품에서는 $\frac{1}{\lambda}$ 은 평균고장간격(mean time between failures, MTBF)이 된다.

어떤 부품의 고장발생시간이 이와 같은 분포에 따를 때, 어떤 시간 t 후에 고장이 나 있을 확률은

$$F(t)=\int_0^t f(x)dx \tag{4·67}$$
$$=\int_0^t \lambda e^{-\lambda x}dx=1-e^{-\lambda t}$$

이 되며 **[그림 4.11]**의 (b)와 같다. 이것을 누적고장곡선(cumulative failure curve)이라고 부른다.

임의의 t 에 대하여

$$R(t) = 1 - F(t) = e^{-\lambda t} \qquad (4 \cdot 68)$$

은 아직 고장이 나지 않고 남아 있는 확률을 나타내며, **[그림 4.11]**과 같은 곡선이 된다. 이것을 신뢰도곡선(reliability curve)이라고 부른다.

그림 4.11 $f(t)$, $F(t)$와 $R(t)$ 곡선

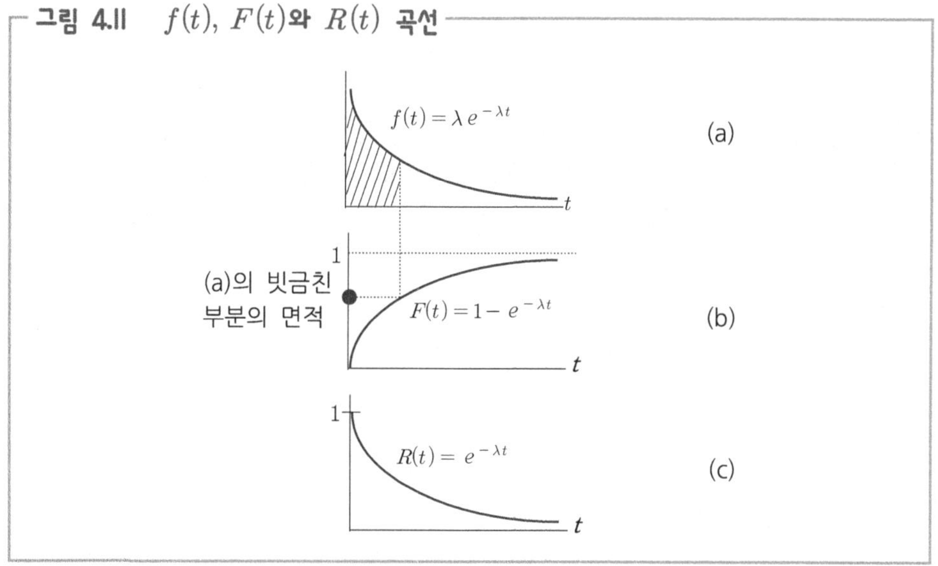

예제 4.15

어느 가정에서 구입한 KG회사의 냉장고는 평균 수명이 10년이라고 한다. 그리고 이 냉장고가 고장 날 확률이 지수분포를 따를 때, 이 냉장고가 5년 이내에 고장이 날 확률 $F(t=5)$는 얼마인가?

풀이

확률변수 T를 냉장고가 고장 날 때까지의 시간이라고 하면, T는 λ =1/10을 갖는 지수분포를 하므로 확률밀도함수는

$$f(t) = \frac{1}{10} e^{-\frac{1}{10}t}, \text{ 단 } t \geq 0$$

이 된다. 따라서 구하고자 하는 확률값은 다음과 같다.

$$F(t=5) = \int_0^5 f(t)dt = \int_0^5 \frac{1}{10} e^{-\frac{1}{10}t} dt = 1 - e^{-\frac{1}{2}}$$
$$= 0.39347$$

4.16

어느 병원에서 환자가 도착하여 진료를 받기까지 기다리는 시간은 평균 30분이며 지수분포에 따른다고 한다. 어떤 환자가 진료를 받기까지 40분 이상 기다릴 확률과 이 환자가 기다릴 평균시간과 분산을 구하시오.

풀이

이 환자가 기다리는 시간을 T라 하면 T의 평균은 30분이므로 T는 λ =1/30의 지수분포를 하게 된다. 따라서 확률밀도함수는 다음과 같다.

$$f(t) = \frac{1}{30} e^{-\frac{1}{30}t}, \text{ 단 } t \geq 0$$

그러므로

$$P(T > 40) = \int_{40}^{\infty} \frac{1}{30} e^{-\frac{1}{30}t} dt = e^{-\frac{4}{3}}$$
$$= 0.2636$$

$$E(T) = \frac{1}{\lambda} = \frac{1}{1/30} = 30$$

$$V(T) = \frac{1}{\lambda^2} = \frac{1}{1/900} = 900$$

4.4.6 와이블 분포

와이블 분포(Weibull distribution)는 지수분포의 일반형이라고 볼 수 있다. 지수분포에서는 신뢰도가 $R(t)=e^{-\lambda t}$ 로 주어지나 와이불분포에서는

$$R(t)=e^{-\lambda t^m} \tag{4·69}$$

으로 시간 t 의 상부에 m 이라는 모수를 도입한 것으로 이 m을 형상모수(shape parameter)라고 부르며, $m=1$ 이면 식(4·68)이 된다.

와이블 분포의 고장밀도함수는

$$f(t)=\lambda m t^{m-1}e^{-\lambda t^m} \tag{4·70}$$

이 되고, 시간 t 후에 고장이 나 있을 확률은

$$F(t)=\int_0^t f(x)dx \tag{4·71}$$
$$=\int_0^t \lambda m x^{m-1}e^{-\lambda x^m}dx=1-e^{-\lambda x^m}$$

이 되며, 따라서 신뢰도는 식(4·69)의 $R(t)=1-F(t)=e^{-\lambda t^m}$ 이 된다.

식(4·70)과 같은 p.d.f.를 주는 확률변수 T 의 기대값과 분산은

$$E(T)=\left(\frac{1}{\lambda}\right)^{\frac{1}{m}}\Gamma\left(1+\frac{1}{m}\right)$$

$$V(T)=\left(\frac{1}{\lambda}\right)^{\frac{2}{m}}\left[\Gamma\left(1+\frac{2}{m}\right)-\left\{\Gamma\left(1+\frac{1}{m}\right)\right\}^2\right]$$

이 된다. 이 결과는 참고문헌(4·3, 4·8)을 참조하여 주시오. 기타 상세한 내용은 15장에서 다루기로 한다.

마지막으로 식(4·70)의 $f(t)$와 식(4·69)의 $R(t)$를 각종의 m의 값에 따라 그래프로 그려보면 **[그림 4.12]**와 같다.

그림 4.12

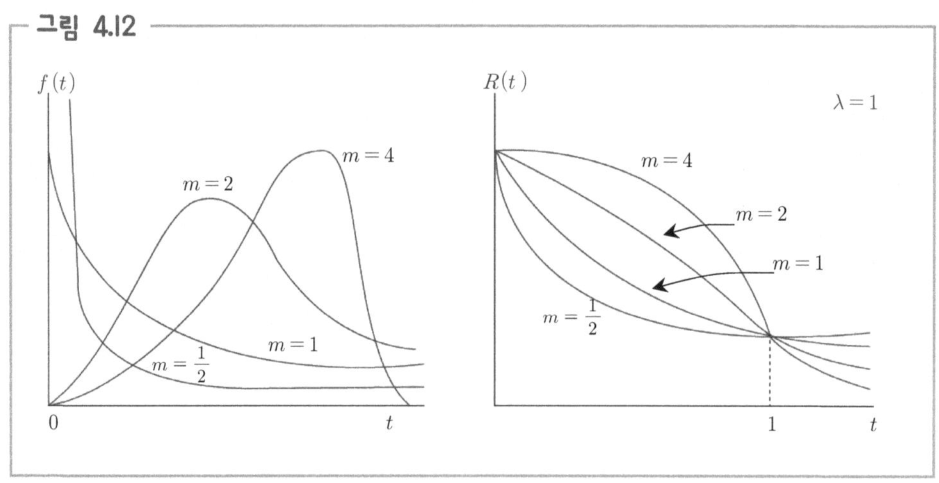

참고문헌

4·1 Cochran, W.G. : Sampling Techniques, Second Edition, John Wiley & Sons, New York, 1967.

4·2 Neter, J., Wasserman, and W. Whitmore, G. : Fundamental Statistics for Business and Economics, 4th edition,Allyn and Bacon, Boston, 1973.

4·3 Shooman, M.L. : Probabilistic Reliability : an Engineering Approach, McGraw-Hill, New York, 1968.

4·4 김상익 외 4인 : 통계학의 이해와 응용, 2002.

4·5 김영휘 : 공업통계학, 동양사, 1972.

4·6 박성현 외 7인 : 현대통계학, 영지문화사, 1980.

4·7 배도선 외 7인 : 통계학 이론과 응용, 2003.

4·8 백운봉 : 표준통계적방법, 박영사, 1973.

4·9 三根久 : 河合一 : 信頼性 · 保全性の數理.

연습문제

4.1 한 개의 동전을 세 번 던지는 시행에서 앞면이 나타나면 H, 뒷면이면 T로 그 결과를 나타내기로 하자. 이 시행에서

(1) 표본공간 S를 구하라.

(2) 적어도 한 개의 뒷면을 얻는 사상 A를 나타내어라.

(3) 뒷면의 수가 앞면의 수보다 많게 나타나는 사상 B를 구하라.

(4) A와 B는 서로 독립사상인가?

(5) A와 B는 서로 배반사상인가?

(6) $P(A \cap B)$, $P(A \cup B)$, $P(B \mid A)$, $P(A')$와 $P(A \cup B')$을 구하라.

4.2 트럼프의 카드(52매) 중에서 임의로 1매를 뽑을 때, 에이스(ace)일 사상 A, 스페이드(spade)일 사상을 B라 하자.

(1) A와 B는 서로 배반인가?

(2) A와 B는 서로 독립인가?

(3) $P(A \cap B)$, $P(A \mid B)$와 $P(A \cup B)$를 구하라.

4.3 다음 각 함수 $F(x)$와 $p(x)$가 p.d.f.의 조건을 만족하도록 상수 c를 구하라.

(1) $f(x) = c(x+2), \quad -2 < x < 4$

(2) $p(x) = c\left(\frac{2}{3}\right)^x, \quad x = 1, 2, 3, \cdots\cdots$

4.4 X의 확률분포가 다음과 같다.

x	1	2	4	7	11
$p(x)$	0.08	0.27	0.10	0.33	0.22

(1) 이 p.d.f.의 막대그래프를 그려라. c.d.f.인 $F(x)$를 구하고 이를 그래프로 그려 보아라.

(2) $P[2 \le X \le 8]$을 구하라.

(3) $E(X)$와 $V(X)$를 구하라.

(4) $Y=2X-8$이라고 할 때, $E(Y)$와 $V(Y)$를 구하라.

4.5 **<정리 4.1>**의 (1), (2)와 (3)을 증명하여라.

4.6 **<정리 4.2>**의 (4)와 (5)를 증명하라.

4.7 어느 공정에서 생산되는 제품의 20%가 불량품이라고 한다. 이 공정의 제품 7개를 임의로 추출하였을 때 다음 확률을 구하라.

(1) 3개가 불량품일 확률

(2) 적어도 하나 이상이 불량품일 확률

(3) 3개 이하가 불량품일 확률

4.8 12명의 조원이 있는 Q.C. 분임조에서 어느 안건에 대하여 실제로 6명이 찬성을 하고 있다. 이 가운데서 4명을 임의로 추출했을 경우 X를 찬성자 수라 하자.

(1) 확률분포표를 만들어라.

(2) 이 경우에 $E(X)$와 $V(X)$를 확률분포표에 의하여 구하라. 공식(4・38)과 (4・39)에 의한 결과와 일치하는가?

4.9 어느 교환대에 들어오는 전화통화 신청횟수 X는 1분당 평균 2.1회 꼴이다. 어느 특정한 1분 동안에

(1) 1개의 신청이 들어올 확률을 구하라.

(2) 4개 이상의 신청이 들어올 확률을 구하라.

(3) 신청이 전혀 없을 확률을 구하라.

4.10 A 급품이 2할, B 급품이 3할, C 급품이 5할 생산되는 공정에서 크기 6의 표본을 취하여 그 중 A, B, C 급품이 각각 1, 2, 3개 나타날 확률을 구하라.

4.11 어떤 강력 접착제의 접착력은 평균 100kg, 표준편차 6kg의 정규분포를 한다.

(1) 이 접착제로써 97kg에 상당하는 물체를 접착 유지시키려 한다. 이러한 접착이 실패할 확률은 얼마인가?

(2) 위의 (1)에서 접착을 5번 할 경우에 3회 이상 실패할 확률은 얼마인가?

(3) 접착력의 실험을 106kg의 물체에 대해 3회 반복할 때 실패횟수가 1번 이하일 확률은 얼마인가?

4.12 성공률이 p 인 베르누이 시행 n 회 중 성공횟수를 X 라 하자.

(1) $n=20$, $p=0.1$ 일 때 $2 \le X \le 5$ 일 확률을 정확히 구하라.

(2) (1) 의 확률을 정규분포로의 근사식을 이용하여 구하라.

4.13 포아송분포에서 모수 m 이 충분히 크면 이는 평균 m , 표준편차 $\sqrt{m}$ 인 정규분포에 근사된다.

(1) $m=9$ 일 때 $P[7 \le X \le 10]$ 를 구하라.

(2) (1)의 확률을 정규분포로의 근사식을 이용하여 구하라.

4.14 한강에서 모래를 채취하여 이를 운반하는데 한 트럭당 실려 있는 모래의 중량이 평균 3톤이고 표준편차가 0.5톤인 정규분포를 한다고 한다.

(1) 모래를 운반하는 트럭 9대를 임의추출할 때 표본의 평균 $\overline{X}$ 가 갖는 분포를 구하라.

(2) 위의 (1)의 경우에 $\overline{X}$ 가 2.5톤 미만이 될 확률을 구하라.

4.15 어떤 전기제품의 고장밀도함수가 $f(t)=0.3e^{-0.3t}$ 이다.

(1) 평균고장간격 $MTBF$ 를 구하라.

(2) $MTBF$ 에서 $F(t)$ 와 $R(t)$ 는 얼마인가?

4.16 와이블 분포로부터 얻어지는 신뢰도가 $R(t)=e^{-0.2t^m}$ 이라 하자. $m=0.5$, $m=1$, $m=3$ 인 경우에 대하여 $R(t)$ 의 신뢰도곡선을 그래프에 그려 보아라.

제5장

추정과 검정의 개념

5.1 표본의 분포

제4장에서는 모집단의 확률분포에 대하여 상세히 알아보았다. 그러나 품질관리 활동을 할 때에는 모집단으로부터 추출된 표본의 정보에 의하여 행동을 하게 된다. 따라서 표본이 갖는 각종의 통계적 특성을 이해해야만 올바른 판단을 할 수 있을 것이다. 이 장에서는 먼저 표본의 분포를 알아보기로 하고, 다음으로 표본의 정보에 근거하여 실시되는 가설검정과 모수추정을 다루기로 한다.

5.1.1 모수와 통계량

모집단의 특성을 수량적으로 표시하는 데에는 기대치(평균), 분산, 표준편차 등이 사용된다. 이들은 그 모집단에 대해서는 일정한 상수로서 각각 모평균, 모분산, 모표준편차 등으로 불리며 이들은 총칭하여 모수(population parameter)라고 한다. 이에 대하여 모집단으로부터 얻어진 표본(시료)에 관한 측정치의 평균, 분산, 표준편차 등은 동일한 모집단으로부터 샘플링된 표본이라도 표본마다 다른 값을 가질 수 있는 확률변수로서 이들을 총칭하여 통계량(statistic)이라고 부른다.

어떤 모수를 추정하기 위하여 사용되는 통계량을 추정량(estimator)이라고 부르고, 데이터로부터 얻어지는 추정량의 값을 추정값(estimate)이라고 한다. 어떤 추정량의 기대치가 모수와 같으면, 즉

$$E\,(\text{추정량})=\text{모수} \qquad (5 \cdot 1)$$

이면 그 추정량을 모수의 불편추정량(unbiased estimator)이라고 부른다.

동일 모집단으로부터 많은 조의 표본 측정치에 관해서는 분포를 생각할 수 있으며, 이것을 통계량의 분포라 한다. 일반적으로 자주 쓰이는 통계량에는 표본평균, 표본분산, 표본범위, 표본비율 등이 있다. 모수와 통계량과는 확실히 구분해야 하며, 이것을 나타내는 기호는 다음과 같이 구별하여 사용한다.

표 5.1 모수와 통계량

	모수	통계량	모수의 추정값
평 균	μ	$\overline{X}$	$\bar{x}=\sum x_i/n$
분 산	σ^2	V	$V=\dfrac{\sum(x_i-\bar{x})^2}{n-1}$
표준편차	σ	s	$s=\sqrt{V}$
비 율	p	$\hat{p}$	$\hat{p}=\dfrac{x}{n}$
범 위	-	R	$R=x_{\max}-x_{\min}$
중 앙 치	-	$\widetilde{X}$	$\tilde{x}$

($\hat{p}$ 이 부적합률의 추정값이라면 $\hat{p}=\dfrac{x}{n}$ 에서 x 는 n 개 제품 중 부적합 개수를 의미한다.)

<표 5.1>에서 통계량과 추정값의 표현 기호는 거의 같으나 평균과 중앙값의 통계량은 각각 $\overline{X}$, $\widetilde{X}$ 로 대문자로 표현하고, 추정값은 소문자 $\bar{x}$, $\tilde{x}$ 로 나타내었다. 그러나 구태여 통계량인지 추정값인지를 구별할 필요가 없을 때에는 소문자 $\bar{x}$, $\tilde{x}$ 등으로 쓰기로 한다.

표본으로부터 무수를 추정하려면 통계량의 분포를 알 필요가 있다. 모집단이 $N(\mu,\ \sigma^2)$ 의 분포를 한다고 가정하고, 모집단으로부터 각각 크기 n 의 표본을 k 조 추출하였다 하자. i 번째 표본의 평균, 분산, 표준편차, 비율, 범위, 중앙값을 각각 $\bar{x}_i$, V_i , s_i , $\hat{p}_i$, R_i , $\tilde{x}_i$ 로 표현한다면 이것들은 어떤 정해진 분포를 하게 된다. 이들 통계량의 분포를 살펴보기로 하자.

통계량의 분포는 모집단의 분포가 다르면 물론 다를 것이다. 이 절에서는 모집단이 정규분포 $N(\mu,\ \sigma^2)$ 에 따를 경우에만 국한하여 생각하기로 한다. 또한 모집단은 무한 모집단이며, 추출은 랜덤샘플링(random sampling)인 경우를 생각한다.

표 5.2 표본의 분포

표본번호	크기	평균	분산	표준편차	비율	범위	중앙값
1	n	$\bar{x}_1$	V_1	s_1	$\hat{p}_1$	R_1	$\tilde{x}_1$
2	n	$\bar{x}_2$	V_2	s_2	$\hat{p}_2$	R_2	$\tilde{x}_2$
3	n	$\bar{x}_3$	V_3	s_3	$\hat{p}_3$	R_3	$\tilde{x}_3$
⋮	⋮	⋮	⋮	⋮	⋮	⋮	⋮
k	n	$\bar{x}_k$	V_k	s_k	$\hat{p}_k$	R_k	$\tilde{x}_k$

5.1.2 표본평균의 분포

$N(\mu, \sigma^2)$ 의 분포를 하는 모집단으로부터 추출한 크기 n 인 각 표본의 평균 $\overline{X}_1, \overline{X}_2, \cdots, \overline{X}_k$ 는 평균 μ 이고 표준편차 $\frac{\sigma}{\sqrt{n}}$ 인 정규분포에 따른다. 즉, $\overline{X}_i$ 들의 산포는 X_i 들의 산포보다 작아져서 그 표준편차는 $\frac{1}{\sqrt{n}}$ 배로 작아진다. 이것을 그림으로 나타내면 **[그림 5.1]**과 같다.

그림 5.1 표본평균의 분포

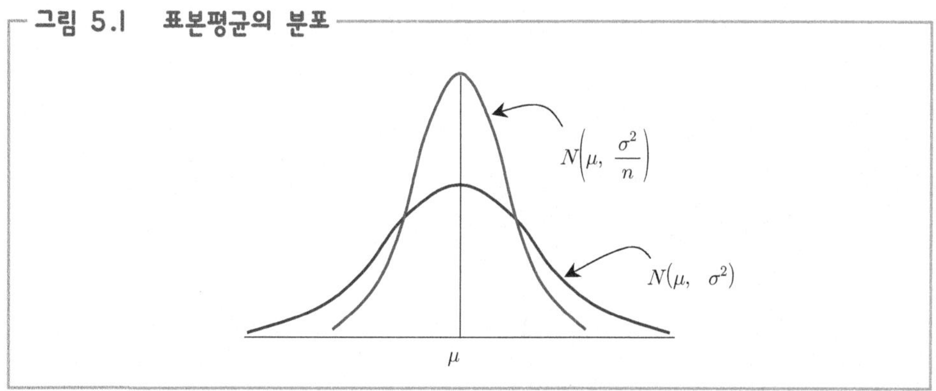

표본을 무한 개 취하여 얻어지는 평균값(또는 간단히 평균)이라는 의미에서 기대값(expected value)과 평균값은 같은 것을 뜻한다. 표본평균 $\overline{X}$ 의 기대값, 분산, 표준편차(D로 표시)는 각각

$$\left.\begin{aligned} E(\overline{X}) &= \mu \\ V(\overline{X}) &= \sigma^2/n \\ D(\overline{X}) &= \sigma/\sqrt{n} \end{aligned}\right\} \qquad (5\cdot 2)$$

으로 표현할 수 있다. 그 이유를 밝혀 보자.

$$E(\overline{X}) = E\left(\frac{X_1 + X_2 + \cdots + X_n}{n}\right)$$

$$= \frac{1}{n}E(X_1) + \frac{1}{n}E(X_2) + \cdots + \frac{1}{n}E(X_n)$$

$$= \frac{1}{n}\mu + \frac{1}{n}\mu + \cdots + \frac{1}{n}\mu = \mu$$

$$V(\overline{X}) = V\left(\frac{X_1 + X_2 + \cdots + X_n}{n}\right)$$

$$= \frac{1}{n^2}\left\{V(X_1) + \frac{1}{n}V(X_2) + \cdots + \frac{1}{n}V(X_n)\right\}$$

$$= \frac{1}{n^2}(\sigma^2 + \sigma^2 + \cdots + \sigma^2) = \frac{\sigma^2}{n}$$

$$D(\overline{X}) = \sqrt{V(\overline{X})} = \frac{\sigma}{\sqrt{n}}$$

만약 모집단이 무한모집단이 아니고, 크기 N인 유한모집단이라면 $\overline{X}$의 기대값, 분산, 표준편차는 다음과 같다.

$$\left.\begin{aligned} E(\overline{X}) &= \mu \\ V(\overline{X}) &= \frac{N-n}{N-1}\frac{\sigma^2}{n} \\ D(\overline{X}) &= \sqrt{\frac{N-n}{N-1}}\cdot\frac{\sigma}{\sqrt{n}} \end{aligned}\right\} \quad (5 \cdot 3)$$

윗 식에서 $(N-n)/(N-1)$ 은 유한모집단인 경우에만 붙는 계수이므로 이것을 유한수정계수(finite correction factor)라고 부른다.

5.1.3 표본분산의 분포

<표 5.2>의 V_1, V_2, $\cdots$, V_k 의 분포는 **[그림 5.2]**와 같이 왼쪽으로 편기된 곡선을 이루고 있으며 V는 양의 값만 갖게 된다.

그림 5.2 표본분산의 분포

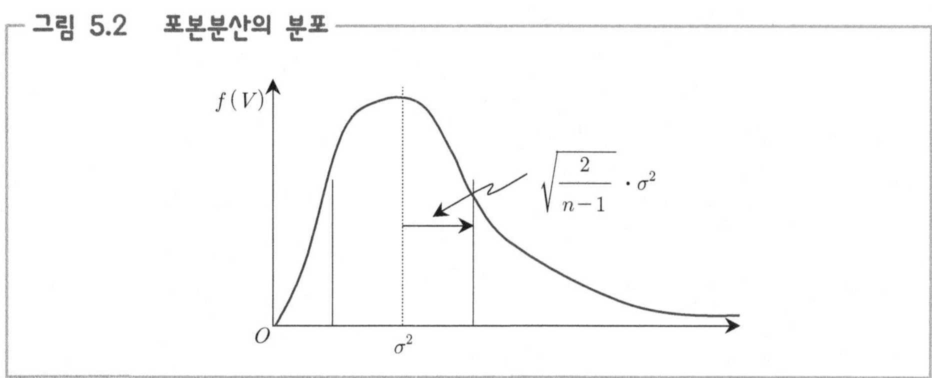

<정리 4.11>에 의하여 $\frac{S}{\sigma^2}=\frac{1}{\sigma^2}\sum_{i=1}^{n}(X_i-\overline{X})^2$ 이 자유도 $(n-1)$ 인 x^2 분포를 하고 있으므로 $\frac{S}{\sigma^2}=\frac{(n-1)V}{\sigma^2}$ 의 관계로부터 V의 분포곡선은 χ^2 분포곡선과 같은 모양을 갖는다.

V의 기대값과 표준편차는

$$E(V)=\sigma^2 \qquad (5\cdot4)$$

$$D(V)=\sqrt{\frac{2}{n-1}\sigma^4}=\sqrt{\frac{2}{n-1}}\cdot\sigma^2 \qquad (5\cdot5)$$

으로, V가 σ^2 의 불편추정량이며, 이를 불편분산이라고 흔히 부른다. 표준편차는 분산의 제곱근이므로 생략한다.

만약 분산을 $V=\sum_{i=1}^{n}(X_i-\overline{X})^2/(n-1)$ 에 의하여 구하지 않고 $V'=\sum_{i=1}^{n}(X_i-\overline{X})^2/n$

에 의하여 구한다면, 그 기대값과 표준편차는

$$E(V') = \frac{n-1}{n}\sigma^2 \tag{5·6}$$

$$D(V') = \sqrt{\frac{2(n-1)}{n^2}} \cdot \sigma^2 \tag{5·7}$$

으로 표현된다. 따라서 V' 는 편의된 추정값이므로 V 보다 그 용도가 작다.

5.1.4 표본 표준편차의 분포

$N(\mu, \sigma^2)$ 에서 랜덤하게 뽑은 크기 n 의 표본에서 계산된 불편분산 V 의 제곱근 $s = \sqrt{V}$ 의 기대값과 표준편차는

$$E(s) = c_2^* \sigma$$
$$D(s) = c_3^* \sigma \tag{5·8}$$

이다. 여기서 c_2^* 와 c_3^* 는 모두 n 에 따라 달라지는 값으로

$$(c_2^*)^2 + (c_3^*)^2 = 1$$

의 관계가 있다. c_2^* 의 값은 다음 식으로 주어진다.

$$c_2^* = \sqrt{\frac{2}{n-1}}\,\Gamma\left(\frac{n}{2}\right) / \Gamma\left(\frac{n-1}{2}\right)$$

c_2^* 의 값은 n 이 커짐에 따라 1에 접근하나 항상 1보다 작다. n 이 어느 정도 클 경우($n > 5$)에는

$$E(s) \fallingdotseq \sigma$$
$$D(s) \fallingdotseq \frac{\sigma}{\sqrt{2(n-1)}} \tag{5·9}$$

인 정규분포로 간주하더라도 실제로는 크게 문제시 되지 않는다.

$s^2 = V$ 이므로 식(5・4)에 의하여 $E(s^2) = \sigma^2$ 이 성립하나

$$E(s) < \sigma \quad (5 \cdot 10)$$

와 같이 됨을 증명하여 보자.

증명 》

식(4・14)에 의하여 확률변수 X 에 대하여 $V(X) = E(X^2) - \{E(X)\}^2$ 이 성립한다. X 대신에 s 를 대입시키면

$$V(s) = E(s^2) - \{E(s)\}^2$$

이 얻어지고, $E(s)$ 를 구하면, $E(s) > 0$ 이므로,

$$E(s) = \sqrt{E(s^2) - V(s)}$$

이 된다. 그런데 $V(s) > 0$ 이므로 $E(s) < \sqrt{E(s^2)} = \sqrt{\sigma^2} = \sigma$ 가 성립된다.

참고로 $s' = \sqrt{V'} = \sqrt{\sum (X_i - \overline{X})^2 / n}$ 의 기대값과 표준편차는

$$E(s') = c_2 \sigma \quad (5 \cdot 11)$$

$$D(s') = c_3 \sigma \quad (5 \cdot 12)$$

으로 주어진다. c_2 와 c_3 도 n 에 따라 달라지는 값으로 부록 **<표 A-7>**에 그 값이 수록되어 있다. s 의 분포모양은 **[그림 5.3]**과 같다.

그림 5.3 표본 표준편차의 분포

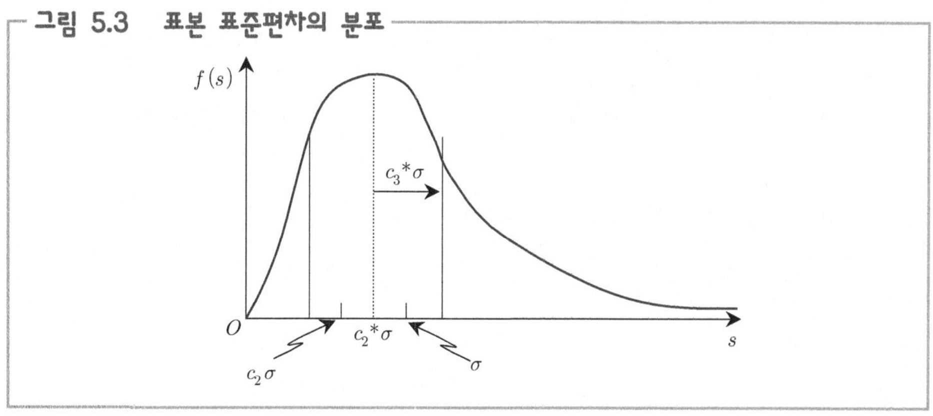

예제 5.1

$N(\mu,\ 5^2)$ 의 모집단에서 크기 4의 표본을 취했을 때 표본 표준편차의 기대값, 분산과 표준편차를 구하라.

풀이

$n=4$ 이므로 $c_2^*=0.92132$, $c_3^*=0.3888$ 이고, 따라서

$$E(s)=c_2^*\sigma=(0.9213)(5)=4.60652$$
$$D(s)=c_3^*\sigma=(0.3888)(5)=1.94403$$
$$V(s)=(c_3^*\sigma)^2=(1.9440)^2=3.7791$$

이 된다.

5.1.5 표본비율의 분포

표본의 비율 $\hat{p}=\dfrac{X}{n}$ 를 크기 n 의 표본 중에 나타나는 X 개 부적합개수의 비율이라고 하자. 그러면 그 기대치와 표준편차는 다음과 같다. 여기서 p 는 모집단의 부적합률이다.

$$E(\hat{p})=p$$
$$D(\hat{p})=\sqrt{\frac{p(1-p)}{n}} \quad \text{: 무한 모집단인 경우(식(4・36)에서)} \qquad (5\cdot 13)$$
$$=\sqrt{\frac{N-n}{N-1}\cdot\frac{p(1-p)}{n}} \quad \text{: 유한 모집단인 경우(식(4・39)에서)}$$

$\hat{p}$ 의 분포는 n 이 충분히 클 때 정규분포에 근사된다. 따라서

$$U=\frac{\hat{p}-E(\hat{p})}{D(\hat{p})} \qquad (5\cdot 14)$$

은 대략적으로 $N(0,\ 1)$ 의 분포에 따른다.

5.1.6 표본범위의 분포

표본에서 얻어지는 범위 R 의 기대값과 표준편차는 모집단이 정규분포인 경우에

$$E(R) = d_2\sigma \qquad (5 \cdot 15)$$

$$D(R) = d_3\sigma \qquad (5 \cdot 16)$$

으로 주어지며, d_2 와 d_3 도 표본의 크기 n 에 따라 정해지는 값으로 부록 **<표 A-7>**에 수록되어 있다. $d_2>1$ 이므로 $E(R)>\sigma$ 가 된다. 식(5・15)로부터 σ 의 불편추정값은

$$\hat{\sigma} = \frac{R}{d_2} \qquad (5 \cdot 17)$$

로 구할 수 있다. R 의 분포는 **[그림 5.4]**와 같다.

식(5・17)에 의하여 R 로부터 σ 의 추정은 n 이 10이상이 되면 정도(precision)가 떨어진다. 그러므로, 예를 들어 $n=15$ 일 때는 $n=5$ 씩 3조로 나누어 그 $\overline{R}=(R_1+R_2+R_3)/3$에 $\frac{1}{d_2}$ 을 곱하여 $\hat{\sigma}$ 을 구하는 것이 바람직하다.

k 조의 R 인 평균 $\overline{R}$ 의 분포는, R 의 분포를 하는 k 조의 평균의 분포이므로

$$E(\overline{R}) = d_2\sigma \qquad (5 \cdot 18)$$

$$D(\overline{R}) = \frac{d_3\sigma}{\sqrt{k}} \qquad (5 \cdot 19)$$

그림 5.4 표본범위의 분포

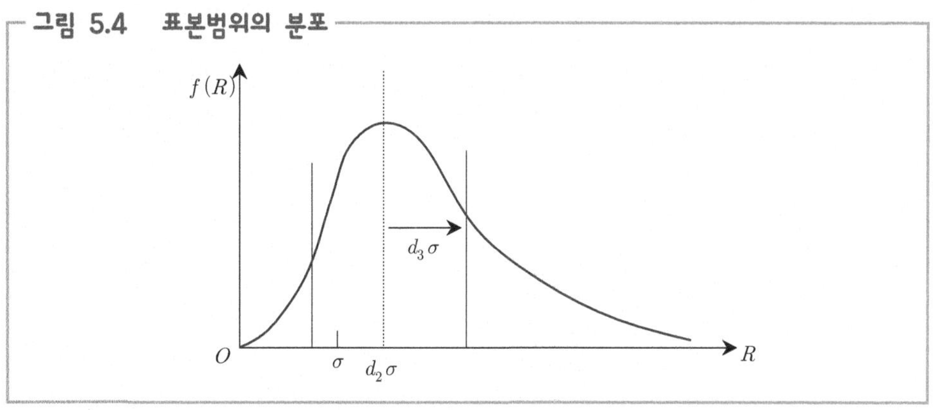

이 되고, σ 의 추정치는

$$\hat{\sigma}=\frac{\overline{R}}{d_2} \tag{5·20}$$

에 의하여 얻어진다. $\overline{R}$ 의 분포의 모양은 **<정리 4.10>**의 중심극한의 정리에 의하여 k 가 커지면(실제로는 $k=4$ 정도로 충분), 거의 정규분포에 가까워진다. 식(5·16)과 (5·19)를 비교하면 $\overline{R}$ 를 쓰는 것이 추정의 정도가 좋음을 알 수 있다.

5.1.7 표본 중앙값의 분포

표본으로부터 얻어지는 중앙값 $\widetilde{X}$의 기대값과 표준편차는

$$E(\widetilde{X})=\mu$$

$$D(\widetilde{X})=m_3\frac{\sigma}{\sqrt{n}} \tag{5·21}$$

로서, m_3 의 값은 n 의 크기에 따라 달라지는 값이며 부록 **<표 A-7>**에 수록되어 있다. $n \geq 3$ 인 경우에 $m_3>1$ 이므로

$$D(\widetilde{X})>\frac{\sigma}{\sqrt{n}}=D(\overline{X})$$

와 같이 $\widetilde{X}$ 의 표준편차가 표본평균 $\overline{X}$ 의 표준편차보다 크다. 따라서 μ 를 추정하는 데는 $\overline{X}$ 보다 $\widetilde{X}$ 의 정도가 떨어진다. 그러나 산포가 큰 경우에 얻어진 데이터나, 이상치(outlier)가 있는 경우 등에는 평균 $\overline{X}$ 보다 중앙치 $\widetilde{X}$ 가 이상치의 영향을 적게 받으므로 더 좋은 경우도 있다.

5.2 모수추정의 개념

5.2.1 추정의 의미

어떤 모집단의 확률밀도함수(p.d.f.)가 $f(x;\theta)$ 라고 가정하자. 여기서 θ 는 미지의 모수로, 이 값을 모집단으로부터 얻어진 데이터에 의하여 추측하고 싶을 경우가 있다. 예를 들면, 어떤 공정에서 생산되는 제품의 강도가 정규분포 $N(\theta, (5)^2)$에 따른다면, 그 p.d.f.는

$$f(x;\theta)=\frac{1}{5\sqrt{2\pi}}\,e^{-\frac{1}{2}\left(\frac{x-\theta}{5}\right)^2}$$

과 같이 표현된다. 여기서 θ 는 제품의 평균강도를 나타내는 모수로 보통 μ 를 사용한다.

모집단으로부터 제한된 규모의 표본을 추출하고, 표본의 정보로부터 모수 θ 의 값을 추측하는 통계적 절차를 통계적 추정(statistical estimation), 또는 모수의 추정(estimation of population parameter)이라고 한다. 우리가 흔히 추정하고자 하는 모수는 모집단의 평균(μ), 분산(σ^2), 표준편차(σ), 비율(p) 등이다.

모집단으로부터 크기 n 인 표본 $X_1, X_2, \cdots, X_n$ 을 뽑아 이들의 어떤 함수 $\phi(X_1, X_2, \cdots, X_n)$ 의 값을 사용하여 모수를 추측하는 것이 모수의 추정이라고 할 수 있다. 예를 들어, 모평균 μ 의 추정은 표본평균 $\overline{X}$ 를 사용하는데, 이 때는

$$\phi(X_1,X_2,\cdots,X_n)=\frac{X_1+X_2+\cdots+X_n}{n}=\overline{X} \qquad (5\cdot22)$$

이고, 모분산 σ^2 의 추정은 불편분산 V를 사용하는데, 이 때는

$$\phi(X_1,\ X_2,\ \cdots,\ X_n)=\sum_{i=1}^{n}(X_i-\overline{X})^2/(n-1)=V \qquad (5\cdot23)$$

가 된다.

표본의 데이터로부터 모수 θ를 추정할 때, 단일의 값이 되도록 추정하는 추정량(또는 통계량)을 점추정량(point estimator)이라 부르고 $\hat{\theta}$ (θ hat(햇트)라고 부름)로 표시한다. 식(5・22)와 (5・23)은 각각 μ와 σ^2의 점추정량으로

$$\left.\begin{array}{l}\hat{\mu}=\overline{X}\\ \hat{\sigma}^2=V\end{array}\right\} \qquad (5\cdot 24)$$

와 같이 나타낼 수 있다. 점추정량의 값은 점추정값(point estimate)이라고 부른다.

모수의 참값과 점추정값과는 일치하는 경우가 거의 없다. 따라서 모수가 포함되리라고 예상되는 구간을 구하여 점추정에 대신할 수도 있다. 이와 같이 어떤 구간이 모수를 포함하고 있을 것이라고 추정하는 것을 구간추정(interval estimation)을 한다고 말한다. 이 구간의 모수를 포함시킬 확률을 신뢰수준(confidence level), 신뢰계수(confidence coefficient), 또는 신뢰율이라고 부르며, 이 구간을 신뢰구간(confidence interval)이라고도 부른다. 이 구간의 상한과 하한을 신뢰한계(confidence limit)라고 부르며, 신뢰한계도 점추정량과 마찬가지로 표본 데이터에서 산출되므로 통계량이다.

신뢰한계는 통계량이므로 표본에 따라서 신뢰구간이 달라지며, 그 폭은 신뢰계수에 따라 달라진다. 신뢰계수가 95%라고 하면 신뢰구간이 모수를 그 구간 안에 포함시킬 확률이 0.95라는 뜻이다.

5.2.2 점추정량의 성질

어떤 모수 θ에 대한 점추정량은 여러 가지가 있을 수 있다. 예를 들어, 모평균 μ의 점추정량은 표본평균 $\overline{X}$, 중앙치 $\widetilde{X}$, 기하평균 G 등이다. 점추정량이 갖추어야 할 바람직한 조건 중에서 가장 중요한 것은 다음의 두 가지이다.

* **불편성**(unbiasedness)
* **최소분산**(minimum variance)

모수 θ 의 추정량 $\hat{\theta}$ 에 대하여 $E(\hat{\theta})=\theta$ 가 성립하면, $\hat{\theta}$ 을 θ 의 불편추정량이라고 이미 식(5・1)에서 언급하였다. 식(5・2)와 (5・4)로부터 $E(\overline{X})=\mu$, $E(V)=\sigma^2$ 이므로, $\overline{X}$ 와 V 는 각각 μ 와 σ^2 의 불편추정량이다.

추정량 $\hat{\theta}$ 의 분산 $V(\hat{\theta})=E[\hat{\theta}-E(\hat{\theta})]^2$ 이 모든 다른 추정량 θ^* 의 분산 $V(\theta^*)=E[\theta^*-E(\theta^*)]^2$과 비교하여

$$V(\hat{\theta}) \leq V(\theta^*)$$

이 성립하면 $\hat{\theta}$ 을 θ 의 최소분산추정량(minimum variance estimator)이라고 부른다.

추정량은 불편이면서 분산이 작은 것이 좋다. 불편추정량 중에서 분산이 가장 작은 것을 최소분산불편추정량(minimum variance unbiased estimator) 또는 최량불편추정량(best unbiased estimator)이라고 부른다.

그러나 점추정량을 선택할 때 반드시 불편이면서 최소분산만을 선택할 필요는 없다. 경우에 따라서 "계산이 간단하다" 라는 것도 중요한 성질이므로 분산이 조금 크더라도 계산이 간단한 것을 택할 경우도 많다. 예를 들면, μ 의 점추정량으로 평균 $\overline{X}$ 대신에 중앙치 $\tilde{X}$ 를 쓴다거나, σ 의 추정량으로 $\hat{\sigma}=s/c_2^*$ (식(5・8)에서) 대신에 $\hat{\sigma}=\overline{R}/d_2$ (식(5・20)에서)을 쓰는 경우 등이다.

5.3 모평균의 추정

모평균 μ 의 점추정량으로는 표본의 평균 $\overline{X}$ 가 가장 바람직한 성질들을 가지고 있음을 보았다. 다음으로 μ 의 구간추정을 알아보기 위하여 $\overline{X}$ 가 갖는 표본분포를 정리하여 보자.

모평균이 μ , 분산이 σ^2 인 모집단에서 확률표본 $X_1, X_2, \cdots, X_n$ 을 추출하여 표본평균 $\overline{X}$ 를 구하면, 이는 다음과 같은 표본분포의 성질을 갖는다.

(1) $E(\overline{X})=\mu$ 이므로 $\overline{X}$ 는 μ 를 중심으로 분포되어 있다.

(2) $\overline{X}$ 의 표준편차($D(\overline{X})$ 또는 $\sigma_{\bar{x}}$ 로 표현)는 다음과 같다.

$$\sigma_{\bar{x}} = \frac{\sigma}{\sqrt{n}} \tag{5・25}$$

(3) 만약 모집단이 정규분포를 하면

$$\overline{X} \sim N(\mu,\ \sigma_{\bar{x}}^2) \tag{5・26}$$

이며,

$$U = \frac{\overline{X}-\mu}{\sigma_{\bar{x}}} \sim N(0,\ 1) \tag{5・27}$$

이 된다.

(4) 만약 모집단이 정규분포가 아니더라도 $\overline{X}$ 는 n 이 증가함에 따라 $N(\mu,\ \sigma_{\bar{x}}^2)$ 의 분포에 접근한다. 또한 $(\overline{X}-\mu)/\sigma_{\bar{x}}$ 도 $N(0,\ 1)$ 에 접근한다. 이는 **<정리 4.10>**의 중심극한의 정리에 기초를 두고 있다.

5.3.1 표준편차 σ 를 알고 있는 경우

위에 요약된 내용을 근거로 하여 모집단의 표준편차 σ 를 알고 있는 경우에 모평균 μ 의 구간 추정을 하여 보자. 모집단이 정규분포를 하면 $U=(\overline{X}-\mu)/\sigma_{\bar{x}}$ 는 정확히 표준정규분포를 하므로 **<표 A-1>**에 의하여 U가 -1.96에서 1.96 사이에 있을 확률은 0.95이다. 따라서

$$\begin{aligned} 0.95 &= P\left[-1.96 \le \frac{\overline{X}-\mu}{\sigma_{\bar{x}}} \le 1.96\right] \\ &= P\left[-1.96\sigma_{\bar{x}} \le \overline{X}-\mu \le 1.96\sigma_{\bar{x}}\right] \\ &= P\left[\overline{X}-1.96\sigma_{\bar{x}} \le \mu \le \overline{X}+1.96\sigma_{\bar{x}}\right] \end{aligned} \tag{5・28}$$

가 된다.

이 의미는 구간 [신뢰하한, 신뢰상한] = $\left[\overline{X}-1.96\frac{\sigma}{\sqrt{n}},\ \overline{X}+1.96\frac{\sigma}{\sqrt{n}}\right]$ 이 모평균 μ 를 이 구간 안에 포함시킬 확률이 0.95라는 뜻이다. 이를 그림으로 나타내면 **[그림 5.5]**와 같다.

그림 5.5 μ 에 대한 신뢰구간의 의미

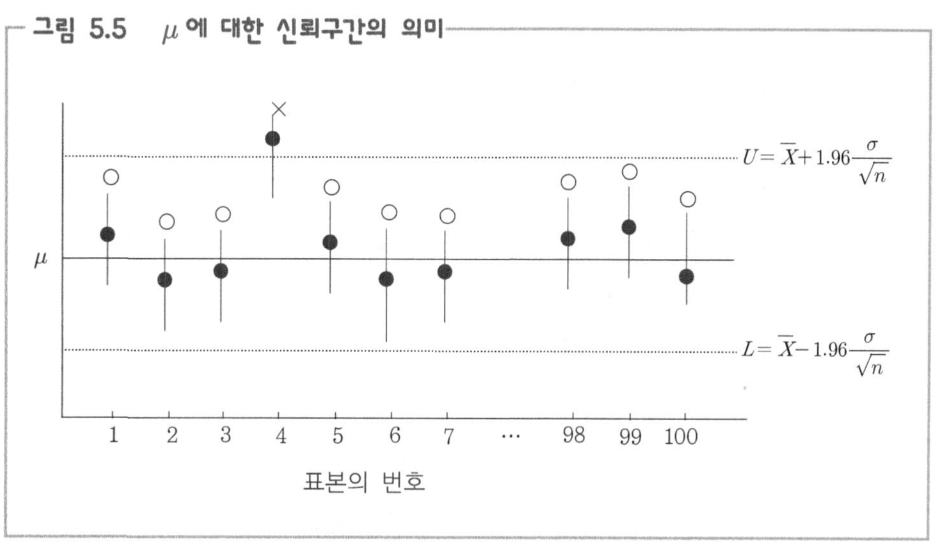

신뢰구간 $\left[\overline{X}-1.96\frac{\sigma}{\sqrt{n}},\ \overline{X}+1.96\frac{\sigma}{\sqrt{n}}\right]=[L,\ U]$ 의 의미는 미지의 모수 μ 를 추정하기 위하여 표본을 100회(각 표본의 크기 n) 추출한다면, 이로 인하여 얻어진 100개의 구간 $[L,\ U]$ 중에서 μ 를 포함시키는 구간이 95개 정도라는 뜻이다. **[그림 5.5]**에서는 ○표를 한 구간은 μ 를 포함하고 있고, ×표를 한 구간은 μ 를 포함하지 못하고 있다.

모집단이 정규분포에 따르고 표준편차 σ 를 알고 있는 경우, $1-\alpha$ 의 신뢰계수를 갖는 모평균 μ 의 신뢰구간은

$$\overline{X}\pm u_{1-\alpha/2}\frac{\sigma}{\sqrt{n}} \qquad (5 \cdot 29)$$

가 된다. 일반적으로 모수 θ 의 신뢰구간은, 이 모수의 불편추정량이 $\hat{\theta}$ 이라 하고

n 이 충분히 큰 표본으로부터 얻어져서 $\hat{\theta}$ 의 분포가 $N(\theta,\ V(\hat{\theta}))$ 에 가깝다면 다음과 같은 신뢰구간이 얻어진다.

$$\hat{\theta} \pm u_{1-\alpha/2}\sqrt{V(\hat{\theta})} \tag{5・30}$$

5.3.2 표준편차 σ 를 모르는 경우

실제로는 모집단의 표준편차 σ 를 모르고 있는 경우가 대부분이며, 이런 경우에는 식(5・29), (5・30) 등을 사용할 수 없다. 모집단이 정규분포를 하고 있으나 σ 를 모르는 경우에 μ 의 신뢰구간을 구하는 방법을 알아보자.

식(4・56)에 의하여, $V = s^2$ 이므로,

$$T = \frac{\overline{X} - \mu}{\sqrt{\frac{V}{n}}} = \frac{\overline{X} - \mu}{\frac{s}{\sqrt{n}}}$$

은 자유도$(n-1)$인 t 분포에 따른다. 따라서 신뢰계수가 $1-\alpha$인 모평균 μ 의 신뢰구간은, 식(5・28)에서 유도한 것과 같은 방법을 사용하여,

$$\overline{X} \pm t_{1-\alpha/2}(n-1)\frac{s}{\sqrt{n}} \tag{5・31}$$

를 얻게 된다. 그러나 n 이 충분히 크면 **<정리 4.13>**에 의하여 t 분포는 표준정규분포에 수렴하므로 식(5・31)에서 $t_{1-\alpha/2}(n-1)$ 대신에 $u_{1-\alpha/2}$ 를 사용하여도 무방하다.

예제 5.2

한 설탕공장에서 커피용으로 생산되는 소단위 설탕 한 봉지의 무게는 정규분포에 따른다고 한다. 평균무게 μ 를 구간추정하기 위하여 다음과 같이 크기 $n=9$ 인 표본을 얻었다. μ 의 95% 신뢰구간을

(1) $\sigma=0.24$ 로 가정하고 구하라.

(2) σ 를 모르는 경우에 구하라.

데이터(단위 : g) : 7.0, 7.1, 6.8, 7.0, 7.1, 7.4, 7.2, 6.8, 6.6

풀이

(1) 식(5・29)를 사용하여, $\bar{x}=7.0$ 이고 $u_{1-\alpha/2}=u_{0.975}=1.96$ 이므로

$$\begin{aligned}\bar{x}\pm u_{0.975}\frac{\sigma}{\sqrt{n}}&=7.0\pm 1.96\frac{0.24}{\sqrt{9}}\\&\fallingdotseq 7.0\pm 0.157\\&\Rightarrow (6.8430,\ 7.157)\end{aligned}$$

이 얻어진다.

(2) $$\begin{aligned}s&=\sqrt{\sum_{i=1}^{9}(x_i-\bar{x})^2/8}\\&=\sqrt{[(7.0-7.0)^2+(7.1-7.0)^2+\cdots+(6.6-7.0)^2]/8}\\&=\sqrt{\frac{0.46}{8}}=0.24\end{aligned}$$

$$t_{0.975}(n-1)=t_{0.975}(8)=2.306$$

따라서, 식(5・31)에 의하여

$$\begin{aligned}\bar{x}\pm t_{0.975}(8)\frac{s}{\sqrt{n}}&=7.0\pm 2.306\frac{0.24}{\sqrt{9}}\\&=7.0\pm 0.18\Rightarrow (6.82,\ 7.18)\end{aligned}$$

이 얻어진다.

5.3.3 표본 크기의 결정

모평균을 구간 추정할 때에 신뢰구간의 폭이 좁은 것이 좋으며, 이 폭은 식(5・29), (5・31)에서 보듯이 $\sqrt{n}$ 에 반비례한다. 즉, 표본의 크기 n 이 증가함에 따라 신뢰구간의 폭은 줄어든다. 따라서 n 을 증가시키는 것이 좋으나, 반면에 n 이 커지면 표본추출 경비와 자료처리 시간이 길어져서 어려운 점이 발생한다. 그러므로 통계적 조사를 시작할 때에 구간추정에 요구되는 신뢰구간의 폭을 정하여 놓고 이를 만족시키는 최소의 크기 n 을 결정하는 것이 바람직하다.

먼저 모집단의 표준편차 σ 를 아는 경우를 살펴보자. 식(5・29)에 의하여 μ 의 $100(1-\alpha)$ % 신뢰구간은 $\overline{X} \pm u_{1-\alpha/2}\dfrac{\sigma}{\sqrt{n}}$ 이므로, $\overline{X}$ 의 $100(1-\alpha)$ % 오차한계는

$$u_{1-\alpha/2}\,\sigma_{\overline{x}} = u_{1-\alpha/2}\frac{\sigma}{\sqrt{n}}$$

로써 주어진다. 이 오차한계는 신뢰구간 폭의 반에 해당한다. 따라서 $100(1-\alpha)$% 확신을 갖고 오차한계가 d 이내 이도록 하려면

$$u_{1-\alpha/2}\frac{\sigma}{\sqrt{n}} = d \qquad (5 \cdot 32)$$

로써 주어지므로 표본의 크기 n 을 결정할 수 있다. 식(5・32)를 n 에 관하여 풀면

$$n = \left(\frac{u_{1-\alpha/2}\sigma}{d}\right)^2 \qquad (5 \cdot 33)$$

을 얻게 된다. 표본의 크기는 정수이므로 이와 같이 구해진 수가 정수가 아닌 경우에는, 구해진 수보다 큰 정수로서 가장 작은 값을 택하게 된다.

이상의 유도과정은 $\overline{X}$ 가 정규분포를 따른다는 가정 하에 성립하므로 이는 모집단의 분포가 정규분포이거나, 또는 표본의 크기 n 이 충분히 큰 경우에만 성립하게 된다. 이외의 경우에는 Chebyshev의 부등식인데 이를 $\overline{X}$ 에 관한 부등식으로 바꾸면

$$P\left\{ \mid \overline{X}-\mu \mid < k\frac{\sigma}{\sqrt{n}} \right\} > 1-\frac{1}{k^2}$$

이 된다. 여기서 $k\frac{\sigma}{\sqrt{n}}=d$ 로 놓으면

$$P\{\mid \overline{X}-\mu \mid < d\} > 1-\frac{\sigma^2}{nd^2}$$

을 얻는다. 이 때 $1-\frac{\sigma^2}{nd^2}=1-\alpha$ 로 놓으면 표본 크기에 대한 상한은

$$n=\frac{\sigma^2}{\alpha d^2} \qquad (5 \cdot 34)$$

을 얻는다. 이는 상한으로서 실제로는 모집단의 형태에 따라 이보다 작은 크기의 표본이 필요할지도 모르는 것이다.

만약 모집단이 유한모집단(크기 N)이고 대략적으로 정규분포(유한모집단은 정확한 정규분포를 할 수 없음)에 따른다면 식(5・32)는 식(5・3)의 $D(\overline{X})=\sigma_{\overline{x}}$ 의 결과에 의하여 다음과 같이 달라진다.

$$u_{1-\alpha/2}\,\sigma_{\overline{x}}=u_{1-\alpha/2}\sqrt{\frac{N-n}{N-1}}\,\frac{\sigma}{\sqrt{n}}=d \qquad (5 \cdot 35)$$

이를 n 에 관하여 풀면 $N-1 \equiv N$ 으로 놓을 때

$$n=\frac{\sigma^2}{\left[\frac{d}{u_{1-\alpha/2}}\right]^2+\frac{\sigma^2}{N}} \qquad (536)$$

의 공식이 얻어진다.

예제 5.3

어떤 공정에서 생산되는 제품의 신도를 추정하고자 한다. 과거의 기록에 의해 표준편차는 $\sigma=4$ 로 알려져 있다. 90% 확신을 갖고 추정오차가 1이내(오차한계 $d=1$)이도록 하려면 표본의 크기 n 은 얼마이어야 하는지 다음 경우에 대하여 구하라.

(1) 제품의 신도가 정규분포라고 가정하는 경우

(2) 제품의 신도가 어떤 분포인지 모르는 경우

풀이

(1) $n=\left(\frac{u_{0.95}\cdot\sigma}{d}\right)^2=\left(\frac{1.645\times4}{1}\right)^2=43.3$ 이므로 표본의 크기 $n=44$ 로 한다.

(2) $n=\frac{\sigma^2}{\alpha d^2}=\frac{(4)^2}{(0.10)(1)}=160$ 이므로 표본의 크기는 160이다. 따라서 분포를 모르는 경우에는 n 이 대단히 커진다.

5.4 가설검정의 개념

5.4.1 검정의 개념

모집단의 모수의 값이나 확률분포에 대하여 어떤 가설(hypothesis)을 설정하고, 이 가설의 성립여부를 표본의 데이터로 판단하여 통계적 결정을 내리는 것을 통계적 가설검정(statistical hypothesis testing), 또는 간단히 가설검정이라고 부른다. 검정은 추정과는 대조적으로 모집단에 관한 가설이 먼저 설정되며, 이 가설이 옳은가의 여부를 판단하기 위하여 표본 데이터에서 얻은 통계량의 값을 이용하는 것이다. 검정의 대상으로 삼는 가설을 귀무가설(null hypothesis)이라고 하고, 이에 대립되거나, 이를 부정하는 가설을 대립가설(alternative hypothesis)이라고 한다. 귀무가설은 보통 H_0 로 나타내고, 대립가설은 H_1 으로 나타낸다.

표본을 측정하여 얻어진 결과에 의해 가설을 부정할 때에는 그 가설을 기각(reject)한다고 하고, 가설을 부정하지 못할 때에는 그 가설을 채택(accept)한다고 말한다. 여기서 유의하여야 할 것은 귀무가설이 기각되지 않았다고 해서 반드시 이 가설이 옳다는 뜻은 아니다. 단지 표본측정의 결과로 볼 때 귀무가설을 기각할 만한 충분한 이유가 없기 때문이며, 이 경우에는 기각판정을 보류한 데 불과하다고 해석하여도 좋은 경우가 많다.

가설검정의 결과를 나누어 보면 **<표 5.3>**과 같이 귀무가설(H_0)이 사실인 경우에 이를 채택하거나 기각하는 두 가지 결정이 있고, 또 귀무가설이 거짓인 경우에 이를 채택하거나 기각하는 두 가지 결정이 있다. 따라서 모두 4가지의 가능한 경우가 있는데, 잘못된 결정을 내리는 경우는 두 가지로서 사실인 H_0를 기각하는 때와 거짓인 H_0를 채택하는 때이다. 전자의 경우는 제1종의 과오(Type Ⅰ error)를 범했다고 말하고, 후자의 경우에는 제2종의 과오(Type Ⅱ error)를 범했다고 한다.

5.4.2 검정의 판정방법

앞에서 설명된 검정의 개념을 예를 들어 설명하여 보자. 새로이 설치된 어떤 공정의 불량률 p가 0.3이하일 것이라고 믿고 있으나, 이를 데이터로부터 확인하기 위하여 다음의 가설을 세웠다.

$$H_0 : p \leq 0.3$$
$$H_1 : p > 0.3$$

표본으로 이 공정에서 생산되는 제품 중에서 랜덤하게 20개를 추출하기로 정하고, 20개 중에서 발견된 불량품의 수를 X로 하였다. 실제로 표본을 관찰하기 전에는 H_0 또는 H_1의 사실여부에 관계없이 확률변수 X는 0, 1, 2, …, 20 중의 어느 한 값을 가질 것이라고 생각할 수 있다. 따라서 어떠한 값을 가지더라도 절대적인 판정은 불가능하다. 그러나 X의 값이 크다면 H_0가 거짓임을 암시하고, X의 값이 작으면 H_0가 사실임을 나타낸다고 믿을 수 있다. 따라서 다음과 같은 검정의 판정방법들을 예로서 고려할 수 있다.

$$\text{검정방법 I}: \begin{cases} X \geq 8 \text{ 이면 } H_0 \text{ 를 기각한다.} \\ X < 8 \text{ 이면 } H_0 \text{ 를 채택한다.} \end{cases}$$

$$\text{검정방법 II}: \begin{cases} X \geq 10 \text{ 이면 } H_0 \text{ 를 기각한다.} \\ X < 10 \text{ 이면 } H_0 \text{ 를 채택한다.} \end{cases}$$

물론 이외에도 여러 가지 검정방법을 생각할 수 있다. 여기서 X 는 검정통계량이고, 검정방법 I에서는 $X \geq 8$ 이 이 검정방법의 기각역이다. 일반적으로 검정의 판정방법은 검정통계량으로 쓰일 확률변수와 H_0 를 기각하게 될 기각역을 정하여 줌으로써 결정된다.

어떤 정하여진 검정방법에 대한 제 1종의 과오와 제2종의 과오의 확률은 미지수인 공정불량률 p 의 함수로 나타난다. H_0 가 옳을 때 $(p \leq 0.3)$ 제1종의 과오가 발생하고, H_1 이 옳을 때 $(p > 0.3)$ 제2종의 과오가 발생하므로 이들을 각각

$$\alpha(p) = r(p), \quad p \leq 0.3$$
$$\beta(p) = 1 - r(p), \quad p > 0.3$$

으로 나타내자. 이처럼 모수의 참값 p 가 변함에 따라, H_0 를 기각할 확률을 나타내는 함수 $r(p)$ 를 검정력함수(power function of the test)라고 부른다. 특히 H_1 에 속하는 한 특수한 경우에 대한 검정력함수의 값을 그 경우에 대한 검정력이라고 부른다.

검정방법 I을 생각해 보자. 기각역이 "$X \geq 8$"로써 주어지므로

$$r(p) = P[X \geq 8 \mid p]$$

로써 계산되고, 이항분포를 이용하면 $r(p)$ 의 값은 **<표 5.4>**와 같이 되며, 이를 그래프로 그리면 **[그림 5.6]**과 같이 된다.

표 5.4 H_0 **의 검정방법 "**$X \geq 8$**"에 의한 기각확률**

p	0.10	0.20	0.30	0.40	0.50	0.60	0.70	0.80	0.90
$r(p)$	0.000	0.032	0.228	0.584	0.868	0.979	0.999	1.000	1.000

그림 5.6 검정방법 "$X \geq 8$"의 검정력 곡선

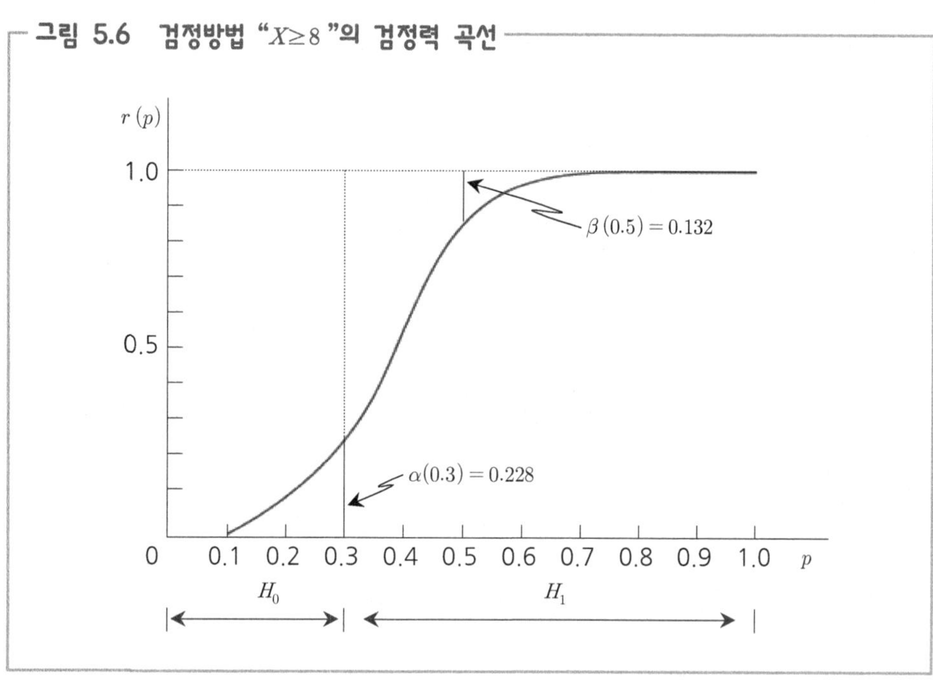

[그림 5.6]에서 점선의 왼쪽 부분, 즉 $p \leq 0.3$ 인 부분은 H_0 가 참일 때에, 오른쪽 부분은 H_1이 참일 때에 해당한다. 따라서 왼쪽 부분에서의 $r(p)$는 제1종의 과오를 범할 확률 $\alpha(p)$를, 오른쪽 부분에서는 $1-r(p)=\beta(p)$가 제2종의 과오를 범할 확률을 나타낸다. 이와 같이 검정력 함수 $r(p)$의 그래프는 검정방법의 판단력을 명백히 나타낸다.

검정방법 II에 대해서도 **<표 5.4>**와 같은 $r(p)$의 값을 계산하여 보면 **<표 5.5>**와 같게 되고, 이를 그래프에 그리면 **<그림 5.7>**이 된다.

표 5.5 H_0 의 검정방법"$X \geq 10$"에 의한 기각확률

p	0.10	0.20	0.30	0.40	0.50	0.60	0.70	0.80	0.90
$r(p)$	0.000	0.003	0.048	0.245	0.588	0.872	0.983	0.999	1.000

그림 5.7 검정방법 I, II의 검정력 곡선의 비교

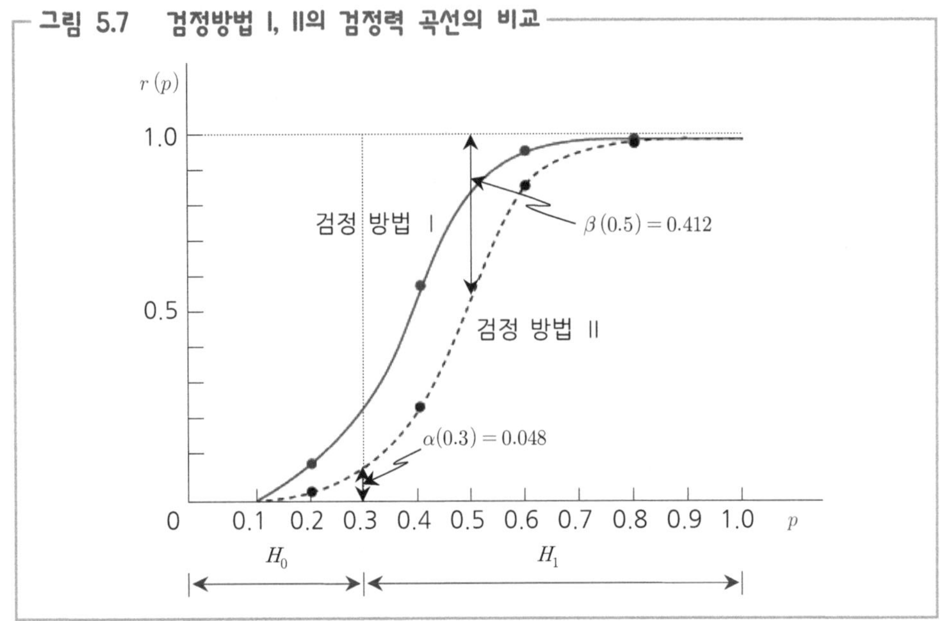

[그림 5.7]의 검정력곡선을 비교 · 검토하여 다음과 같은 사실을 알 수 있다.

(1) 어느 경우에나 제1종의 과오를 범할 확률 $\alpha(p)$ 는 H_0 와 H_1 의 경계인 $p=0.3$ 에서 최대가 된다.

(2) 어느 경우에나 $\alpha(p)$ 가 작게 되면 $\beta(p)$ 가 크게 된다. 이는 한 종류의 과오를 범할 확률을 줄이려면 다른 종류의 과오를 범할 확률이 커지게 됨을 말한다.

이상의 두 사실로부터 α, β 를 모두 최소로 하는 이상적인 검정방법은 표본의 크기가 일정한 이상 존재하지 않는다. 단 α, β 를 동시에 줄일 수 있는 방법은 표본의 크기 n을 증가시킴으로써 만이 가능하다. 일반적으로 제1종의 과오가 제2종의 과오보다 더욱 심각하다고 여기는 것이 통례이므로 α 값에 대한 최대 허용한계를 정하여 놓고 β 값을 최소로 하는 검정방법을 선택하는 것이 전통적인 통계적 가설검정방법이다.

검정방법 I, II의 $\alpha(p)$ 의 최대값은 각각 0.228, 0.048이다. 따라서 만약 $\alpha=0.05$ 를 최대허용한계로 잡는다면 검정방법 II만이 이를 만족한다. 여기서는 검토되지 않았지만 검정방법 "$X \geq 11$", "$X \geq 12$", "$X \geq 13$", … 등도 모두 $\alpha(p)$의 최대값이 0.05가 안되므로 최대허용한계를 만족하게 된다. 그러나 이들 중 $\beta(p)$를 최소로 하는 검정방법은 "$X \geq 10$"으로 검정방법 II이다. 따라서 제1종의 과오의 확률 α를 0.05이하로 하면서 β를 최소로 하는 검정방법은 검정방법 II이다.

검정방법 II에서 $\alpha(p)$의 최대값은

$$\alpha(0.3) = p[X \geq 10 \mid p = 0.3] = 0.048$$

이 된다. 이 $\alpha = 0.048$을 검정방법 II의 유의수준이라고 부른다. 유의수준의 결정은 검정을 실시하는 사람이 H_0를 기각하는 데 따르는 위험부담의 정도에 따라 정해줘야 한다. 일반적으로 $\alpha = 0.01, 0.05, 0.10$ 등이 많이 사용된다. $\alpha = 0.05$라고 정하는 것은 동일한 검정방법을 독립적으로 100번 사용하는 경우에 H_0를 잘못 기각하는 과오를 최대한 5번 정도 허용한다는 뜻이다.

5.4.3 가설검정의 수행 절차

일반적으로 가설검정은 다음과 같은 절차에 따라 수행하는 것이 바람직하다.

(1) 귀무가설(H_0)과 대립가설(H_1)을 세운다. 일반적으로 특정한 예상, 새로운 주장 등을 데이터를 통하여 확인하고자 할 때에는 이를 대립가설로 하고, 이에 반대되는 내용 또는 과거로부터 믿어져온 내용 등을 귀무가설로 정한다.
(2) 검정통계량을 결정한다.
(3) 표본의 크기 n과 유의수준 α를 정한 후에 이에 따라서 기각역을 정한다. 이때 표본의 크기와 α의 선택이 적절한 검정력을 보장하는가에 대한 조사가 필요하다.
(4) 표본을 추출·관찰하여 검정통계량의 값을 구하고 귀무가설의 기각여부를 판정한다.

위의 검정 수행절차를 다음의 모평균의 검정으로 상세히 다루어 보자.

5.5 모평균의 검정

5.5.1 검정의 절차

모집단의 평균 μ 의 값이 어떤 특정의 값 μ_0 인지 아닌지를 검정하고 싶은 경우에는 귀무가설 H_0 는

$$H_0 : \mu = \mu_0$$

라 쓰고, 대립가설 H_1 은 양쪽 검정인 경우에는

$$H_1 : \mu \neq \mu_0$$

라 표시하며, 한쪽 검정인 경우는

$$H_1 : \mu < \mu_0 \text{ 이거나 } H_1 : \mu > \mu_0$$

가 된다.

앞에서 본 바와 같이 모집단이 정규분포이면 표본평균 $\overline{X}$ 는 항상 정규분포를 하고, 모집단이 정규분포가 아니라 하더라도 표본의 크기 n 이 충분히 크면 중심극한의 정리에 의하여 표본평균은 근사적으로 정규분포를 한다. 따라서 모평균 μ 를 검정할 때에 표본의 크기 n 이 충분히 크고 모분산 σ^2 을 알고 있으면, 모집단의 분포에 구애됨이 없이 정규분포를 사용하여 검정할 수 있다. 모집단이 정규분포를 하나 σ^2 을 모르고 μ 를 검정하고자 할 때, 표본의 크기가 작으면 t 분포를 사용하고, 크면 표준정규분포를 사용하여도 좋다.

모집단이 정규분포를 하고 표준편차 σ 를 알고 있는 경우(또는 모집단의 분포는 모르나 표준편차 σ 는 알고 있으며, 표본의 크기 n 이 큰 경우) 모평균 μ 에 관한 검정은 다음 순서에 따른다.

* **순서 1 :** 귀무가설과 대립가설을 세운다.

$H_0 : \mu = \mu_0$

$H_1 : \mu \neq \mu_0$ (양쪽 검정인 경우)

$\mu < \mu_0$ 또는 $\mu > \mu_0$ (한쪽 검정인 경우)

* **순서 2 :** 검정통계량을 정한다. 여기에 사용되는 검정통계량으로는 H_0 하에서 표준정규분포 $N(0,\ 1)$ 에 따르는

$$U_0 = \frac{\overline{X} - \mu_0}{\frac{\sigma}{\sqrt{n}}}$$

을 사용하기로 한다.

* **순서 3 :** 표본의 크기 n 과 유의수준 α 을 확정하고, 기각역을 정하여 주기 위한 기각치를 부록 **<표 A-1>**의 표준정규분포표에서 구한다. 기각치의 값은 **[그림 5.8]**과 **[그림 5.9]**에서와 같이 구한다. 이들 그림에서 빗금친 부분이 기각역이다.

* **순서 4 :** 표본을 관찰하여 $\overline{x}$ 를 구한 후 검정통계량의 값

$$u_0 = \frac{\overline{x} - \mu_0}{\frac{\sigma}{\sqrt{n}}}$$

를 구하고, 이 값과 기각치 $u_{1-\alpha/2}$ (또는 $u_{1-\alpha}$)과 비교하여 판정을 내린다.

양쪽 검정 : $|u_0| \geq u_{1-\alpha/2}$ 이면 H_0 를 기각하고, 아니면 채택한다.

한쪽 검정 : $\begin{cases} (H_1 : \mu < \mu_0) : u_0 \leq -u_{1-\alpha} \text{ 이면 } H_0 \text{ 를 기각하고, 아니면 채택한다.} \\ (H_1 : \mu > \mu_0) : u_0 \geq u_{1-\alpha} \text{ 이면 } H_0 \text{ 를 기각하고, 아니면 채택한다.} \end{cases}$

그림 5.8 양쪽 검정

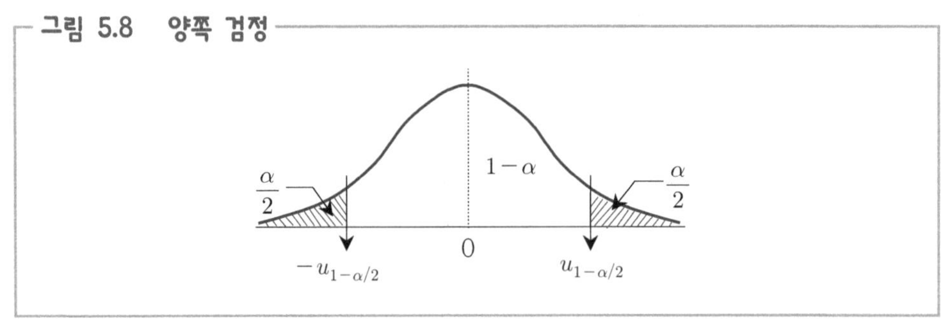

그림 5.9 한쪽 검정

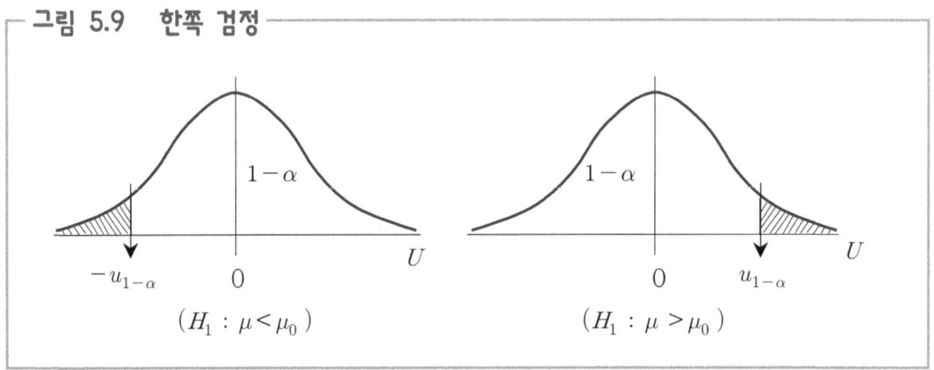

예제 5.4

어떤 공장에서 제조되는 특수제품은 공정온도 200℃에서 만들어지며 제품의 강도는 대략 $N(73.7kg,\ 1kg^2)$ 과 같은 분포를 한다고 알려져 있다. 공정온도를 조금 바꾸어서 제품을 생산하였더니 표준편차는 변함이 없어 보이나 평균강도에 차이가 있어 보인다. 바뀐 공정온도에서 생산된 제품 중 16개를 추출하여 강도를 재어 보았더니 표본평균이 75.1kg 이었다. 공정온도가 달라짐으로 인하여 생산되는 제품의 평균강도가 달라진다고 말할 수 있는가를 유의수준 $\alpha=0.05$ 를 사용하여 검정하라.

풀이

$$H_0 ; \mu = 73.7$$

$$H_1 ; \mu \neq 73.7$$

$\bar{x}=75.1,\ \sigma=1,\ n=16,\ \alpha=0.05$

검정통계량의 값은

$$u_0=\frac{\bar{x}-\mu_0}{\frac{\sigma}{\sqrt{n}}}=\frac{75.1-73.7}{\frac{1}{\sqrt{16}}}=5.6$$

이며, 양쪽 검정이므로 $u_{1-\alpha/2}=u_{0.975}=1.96$ 이 된다. 따라서 $|u_0|=5.6>1.96$ 이 성립하므로 귀무가설은 기각된다. 즉, 제품의 강도는 공정온도의 변화에 따라 평균 강도가 달라졌다고 말할 수 있다.

이제까지 모집단의 표준편차 σ 가 이미 알려져 있는 상태에서 모평균 μ 에 관한 검정을 알아보았다. 그러나 실무에서는 σ 를 모르는 경우가 허다하며 σ 를 모르는 경우에 어떻게 모평균 μ 를 검정하는가에 대한 순서를 알아보자.

* **순서 1 :** 표준편차 σ 를 아는 경우와 동일

* **순서 2 :** 검정통계량은 H_0 하에서 자유도$(n-1)$인 t 분포에 따르는

$$t_0=\frac{\bar{X}-\mu_0}{\frac{s}{\sqrt{n}}}$$

를 사용한다.

* **순서 3 :** 표본의 크기 n 과 유의수준 α 를 확정하고, 기각치를 부록 **<표 A-2>** 의 t 분포표에서 구한다.

* **순서 4 :** 표본을 관찰하여 $\bar{x}$, s 를 구한 후 검정통계량의 값

$$t_0=\frac{\bar{x}-\mu_0}{\frac{s}{\sqrt{n}}}$$

을 계산한다. 이 값과 기각치 $t_{1-\alpha/2}(n-1)$ 또는 $t_{1-\alpha}(n-1)$ 와 비교하여 판정을 내린다.

양쪽 검정 : $|t_0| \geq t_{1-\alpha/2}(n-1)$ 이면 H_0 를 기각하고, 아니면 채택한다.

한쪽 검정 : $\begin{cases} (H_1 : \mu < \mu_0) : t_0 \leq -t_{1-\alpha}(n-1) \text{ 이면 } H_0 \text{ 를 기각하고, 아니면 채택한다.} \\ (H_1 : \mu > \mu_0) : t_0 \geq t_{1-\alpha}(n-1) \text{ 이면 } H_0 \text{ 를 기각하고, 아니면 채택한다.} \end{cases}$

예제 5.5

어떤 기계에 의하여 만들어지는 제품의 평균무게가 $2g$ 인지를 검정하고 싶다. 25개의 표본을 취하여 표본 평균무게를 구하니 $1.96g$ 이고 표본 표준편차는 $0.05g$ 이다. 유의수준이 5%라 하면, 제품의 평균무게가 $2g$ 이라는 가설이 맞는가, 아니면 $2g$ 보다 작다는 것이 옳은가?

풀이

$H_0 : \mu = 2.0$

$H_1 : \mu < 2.0$

$\overline{x} = 1.96$, $s = 0.05$, $\alpha = 0.05$, $n = 25$

검정통계량의 값은

$$t_0 = \frac{\overline{x} - \mu_0}{\frac{s}{\sqrt{n}}} = \frac{1.96 - 2.0}{\frac{0.05}{\sqrt{25}}} = -4.00$$

이며, 한쪽 검정이므로 기각치는

$$-t_{1-\alpha}(n-1) = -t_{0.95}(24) = -1.711$$

이다. 따라서 $t_0 = -4.00 < -1.711$ 이 성립하므로 귀무가설은 기각된다.
따라서 제품의 무게는 2g보다 작아졌다고 말 할 수 있다.

5.5.2 검정의 과오와 검정력함수

모평균 μ 의 가설검정시에 발생되는 과오를 살펴보자. 표준편차 σ 를 아는 경우에 귀무가설과 대립가설이

$$H_0 : \mu = \mu_0$$
$$H_1 : \mu \neq \mu_0$$

이면, 기각역 R 은

$$| U_0 | \geq u_{1-\alpha/2} \Rightarrow \left| \frac{\overline{X} - \mu_0}{\frac{\sigma}{\sqrt{n}}} \right| \geq u_{1-\alpha/2}$$

으로부터

$$R : \overline{X} \geq \mu_0 + u_{1-\alpha/2}\frac{\sigma}{\sqrt{n}} \text{ 와 } \overline{X} \leq \mu_0 - u_{1-\alpha/2}\frac{\sigma}{\sqrt{n}} \qquad (5 \cdot 37)$$

가 된다.

그림 5.10 μ의 서로 다른 값에 대해 H_0를 기각할 확률

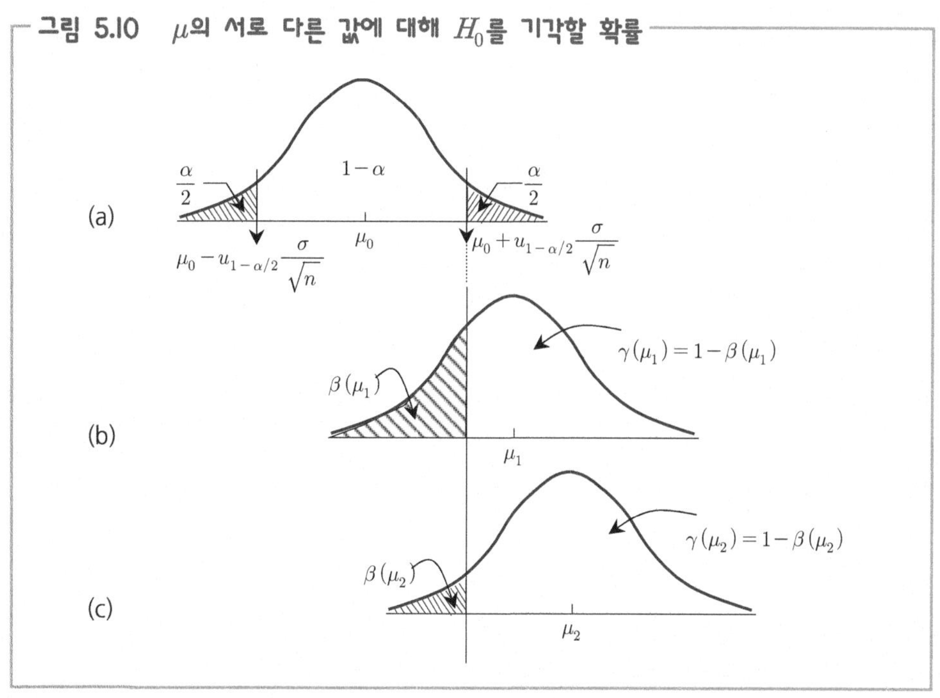

이를 그림으로 도시하면 **[그림 5.10]**의 (a)에 나타난 바와 같이 빗금친 부분이 된다. 이 빗금친 부분의 합이 유의수준 α 이다. 이제 모평균 μ 가 μ_0 가 아니고 μ_1 이나 μ_2 로 바뀌면 H_1 이 옳은 것이며, 식(5・37)의 기각역에 속할 확률이 검정력으로 **[그림 5.10]**의 (b)와 (c)에 $\gamma(\mu_i)=1-\beta(\mu_i)$, $i=1,2$ 로 표시되어 있다. μ_1 과 μ_2 가 μ_0 로부터 점차 멀어질수록 검정력은 커지며, 제2종의 과오는 줄어든다. $\mu_2>\mu_1>\mu_0$ 인 경우에는 $\beta(\mu_1)>\beta(\mu_2)$ 이며 따라서 $\gamma(\mu_1)<\gamma(\mu_2)$ 이다.

모평균 μ 가 $\mu \neq \mu_0$ 인 경우에 검정력함수 $\gamma(\mu)$ 를 구하여 보자. 검정력 $\gamma(\mu)$ 는 $\overline{X}$ 가 기각역에 위치할 확률이므로

$$\gamma(\mu)=P\left[\overline{X} \leq \mu_0-u_{1-\alpha/2}\frac{\sigma}{\sqrt{n}}\right]+P\left[\overline{X} \geq \mu_0+u_{1-\alpha/2}\frac{\sigma}{\sqrt{n}}\right]$$

$$=P\left[\frac{\overline{X}-\mu}{\frac{\sigma}{\sqrt{n}}} \leq \frac{\mu_0-\mu-u_{1-\alpha/2}\frac{\sigma}{\sqrt{n}}}{\frac{\sigma}{\sqrt{n}}}\right]$$

$$+P\left[\frac{\overline{X}-\mu}{\frac{\sigma}{\sqrt{n}}} \geq \frac{\mu_0-\mu+u_{1-\alpha/2}\frac{\sigma}{\sqrt{n}}}{\frac{\sigma}{\sqrt{n}}}\right]$$

$$=P\left[Z \leq -u_{1-\alpha/2}-\frac{\mu-\mu_0}{\frac{\sigma}{\sqrt{n}}}\right]+P\left[Z \geq u_{1-\alpha/2}-\frac{\mu-\mu_0}{\frac{\sigma}{\sqrt{n}}}\right] \quad (5 \cdot 38)$$

이 된다. 만약 $\mu>\mu_0$ 인 경우에는 식(5・38)의 첫 번째 항은 매우 작아지고 두 번째 항이 $\gamma(\mu)$ 의 대부분을 차지하고, $\mu<\mu_0$ 인 경우에는 그 반대이다. 이는 **[그림 5.10]**을 보아도 명백하다. 식(5・38)의 $\gamma(\mu)$ 를 그래프에 그려보면 **[그림 5.11]**과 같이 대칭이 된다.

그림 5.11 검정력 곡선

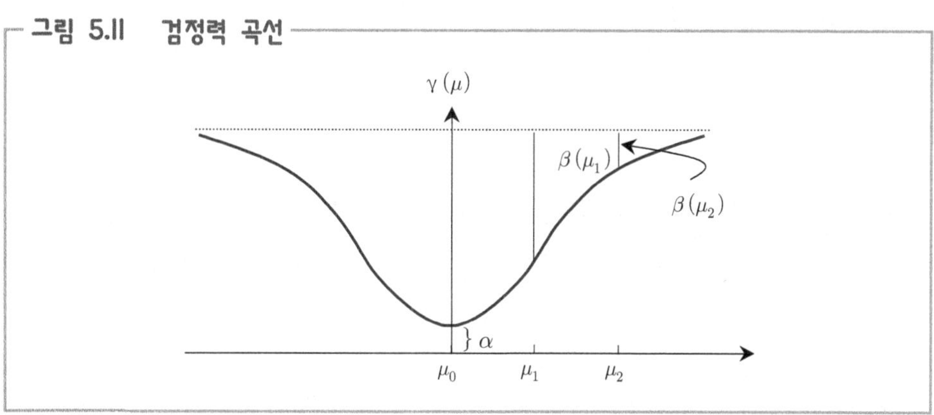

5.5.3 신뢰구간과 가설검정과의 관계

신뢰구간에 의한 구간추정과 가설검정 간에는 어떠한 관계가 있나 살펴보자. 예를 들어, 모평균 μ 에 대한 $100(1-\alpha)\%$ 신뢰구간은 σ 가 미지인 경우에 식(5・31)에 의하여

$$\overline{X} \pm t_{1-\alpha/2}(n-1)\frac{s}{\sqrt{n}} \qquad (5 \cdot 39)$$

로서 주어진다. 그런데 $H_0 : \mu = \mu_0$, $H_1 : \mu \neq \mu_0$ 에 대한 유의수준 α 가 가설검정에서는 기각역이

$$|\, t_0 \,| = \left| \frac{\overline{X} - \mu_0}{\frac{s}{\sqrt{n}}} \right| \geq t_{1-\alpha/2}(n-1)$$

이고, 채택역은

$$\left| \frac{\overline{X} - \mu_0}{\frac{s}{\sqrt{n}}} \right| < t_{1-\alpha/2}(n-1)$$

으로, 이를 바꾸어 쓰면

$$\text{채택역}: \overline{X} - t_{1-\alpha/2}(n-1)\frac{s}{\sqrt{n}} < \mu_0 < \overline{X} + t_{1-\alpha/2}(n-1)\frac{s}{\sqrt{n}} \quad (5 \cdot 40)$$

이 된다. 따라서 이 채택역을 식(5・39)의 신뢰구간과 비교하여 볼 때, 다음과 같은 결론을 내릴 수 있다.

"만약 μ_0 가 100(1 - α)% 신뢰구간 내에 있으면 유의수준 α 에서 귀무가설 $H_0 : \mu = \mu_0$ 을 기각할 수 없다."

따라서 모평균 μ 에 대한 100(1−α)% 신뢰구간을 구함으로써, 이 신뢰구간 내에 있는 값 μ_0 로 된 귀무가설은 유의수준 α 에서 기각되지 않을 것이고, 이 신뢰구간 밖에 있는 경우에는 기각될 것이다.

이 사실은 모평균에 대해서만 성립되는 것은 아니며, 일반적으로 모수 θ 의 신뢰구간과 가설검정에 적용될 수 있다. 즉, 모수 θ 에 대한 100(1−α)% 신뢰구간이 $L < \theta < U$ 로 주어지면, 대립가설 $H_1 : \theta \neq \theta_0$ 에 대하여 귀무가설 $H_0 : \theta = \theta_0$ 는 만약 θ_0 가 신뢰구간(L, U)의 안에 있으면 귀무가설이 채택되고, (L, U)의 밖에 있으면 귀무가설이 기각된다.

5.1 연습문제 **[3.1]**의 데이터를 이용하여 각 열마다의 범위를 구하여 이것으로부터 σ 의 불편추정치 $\hat{\sigma} = \overline{R}/d_2$ 를 계산하라. 도수분포표를 만들어서 구한 s 와 비교하여 보아라.

5.2 어떤 모집단에서 추출된 10개의 조로 만들어진 데이터가 있다. 10개조의 평균범위는 $\overline{R}=23.20$ 이고, 각 조의 크기는 5이다. 모표준편차 σ 를 추정하라.

5.3 식(5 · 27)을 증명하시오.

5.4 표본평균 $\overline{X}$ 의 표준편차를 다음과 같이 줄이기 위해서는 표본의 크기를 몇 배로 증가시켜야 하는가?

(1) 원래 값의 $\frac{1}{2}$

(2) 원래 값의 $\frac{1}{5}$

5.5 어떤 약품공정에서 불순물 함량은 정규분포에 따른다고 생각되고 그 표준편차는 $\sigma = 0.05\%$ 로 알려져 있다. 지금 그 공정으로부터 시료를 16개 샘플링하여 불순물 함량을 분석하였더니 그 평균치가 1.78%였다. 이 공정의 불순물 함량의 모평균을 95%의 신뢰율로 구간추정하라.

5.6 고속도로의 부분적 보수에 쓰이는 새로운 시멘트 혼합물이 굳을 때까지의 평균시간을 표본으로부터 추정하고자 한다. 과거의 유사한 시멘트 혼합물의 사용경험으로부터 측정 시간의 표준편차는 약 5분이라고 예상된다. 95%의 확신을 가지고 이 평균시간의 추정 오차가 1분 이내가 되도록 표본의 크기를 구하라. 단, 이 시멘트 혼합물이 굳는 시간은 정규분포에 근사한다고 가정하라.

5.7 모집단의 크기가 $N=5.000$ 인 로트에서 제품을 표본추출하여 이 로트제품의 평균강도(단위 : $\mathrm{kg/cm^2}$)를 신뢰구간으로 추정하고자 한다. 과거의 데이터에 의하면 동종 제품들의 강도의 표준편차는 $\sigma=100$ 정도였고, 이 강도들은 정규분포에 가깝다고 한다.

90%의 확신을 가지고 추정오차가 20이내라고 말하려면 표본의 크기는 얼마이어야 하는가?

5.8 어떤 원료에서 만들어지는 제품의 순도(단위 : %)를 구간추정하고 싶다. 표본(크기 $n=8$)을 조사하니 다음과 같다.

순도데이터 : 74.9, 75.5, 72.5, 73.4, 78.2, 77.8, 75.4, 76.8

순도의 모평균에 대한 95% 신뢰구간을 구하라. 제품의 순도들은 정규분포에 따른다고 가정한다.

5.9 연습문제 **5.5**에서 모평균의 신뢰구간은 구하지 말고, 모평균에 관한 다음의 검정을 실시하라. 유의수준은 $\alpha=0.05$ 를 사용하라.

(1) $H_0 : \mu=1.90\%$

$H_1 : \mu\neq 1.90\%$

(2) $H_0 : \mu\leq 1.60\%$

$H_1 : \mu>1.60\%$

5.10 연습문제 **5.8**에서 순도의 모평균에 관한 다음의 검정을 실시하라. 유의수준은 $\alpha = 0.05$ 를 사용하라.

(1) $H_0 : \mu = 77$

$H_1 : \mu \neq 77$

연습문제 **5.8**에서 얻은 신뢰구간과 이 검정의 결과와는 어떠한 관련이 있는가를 설명하라.

(2) $H_0 : \mu \geq 78$

$H_1 : \mu < 78$

5.11 하천의 오염도 조사를 위해 하천 밑바닥에서 각각 $1{,}000\text{cm}^3$ 의 침전물을 25번 표본으로 채취하여 포함된 납의 밀도를 조사하였다. 평균값과 표준편차는 각각 0.38, 0.06으로 나타났다. 이로부터 $1{,}000\text{cm}^3$ 의 침전물당 납의 평균밀도 μ 에 대하여

(1) 99% 신뢰구간을 구하라.

(2) 가설검정 $H_0 : \mu = 0.35$, $H_1 : \mu \neq 0.35$ 를 1% 유의수준으로 가설검정하라.

(3) 위의 (1)과 (2)의 결과가 어떻게 관련지어지는가를 조사하여라.

제6장

계량치의 추정과 검정

6.1 모평균 차의 추정과 검정

제5장에서 언급하였듯이 모집단의 특성값들은 일반적으로 알려져 있지 않다. 이때 전수조사가 불가능하거나 비실용적인 경우에 우리는 대상모집단으로부터 표본을 추출해서, 이 표본자료를 근거로 대상모집단의 모수들에 대해 통계적인 추론을 하고 검정을 하게 된다. 제5장에서는 하나의 모집단의 평균 μ 에 관한 추정과 검정 방법을 살펴보았다. 제6장에서는 먼저 두 개의 모집단의 평균 μ_1, μ_2 에 관한 추정과 검정문제를 몇 가지 경우로 나누어서 검토하여 보고, 3절 이후에서는 모분산의 추정과 검정에 대하여 알아보자.

6.1.1 표본의 크기가 작은 경우

표본의 크기가 작은 경우에는, 두 모집단은 각기 독립적으로 정규분포에 따른다는 가정과 모두 동일한 모분산(population variance)을 갖는다는 가정 ($\sigma_1{}^2 = \sigma_2{}^2 = \sigma^2$)이 필요하다. 모집단 1, 2로부터 얻은 표본의 크기를 각각 n_1, n_2 라 하고 확률변수를 각각 X_i, Y_i 로 나타낼 때, 이 가정들을 요약하면 다음과 같다.

＊ 표본의 크기가 작은 경우의 가정 :

(1) $X_1, X_2, \cdots, X_{n1} : N(\mu_1,\ \sigma^2)$ 의 분포를 갖는 모집단 1에서 추출된 확률표본

(2) $Y_1, Y_2, \cdots, Y_{n2} : N(\mu_2,\ \sigma^2)$ 의 분포를 갖는 모집단 2에서 추출된 확률표본

(3) $X_1, X_2, \cdots, X_{n1}$ 과 $Y_1, Y_2, \cdots, Y_{n2}$ 는 서로 독립이다.

두 모집단이 모두 정규분포를 따른다는 가정으로부터 $\overline{X}$ 의 분포는 $N(\mu_1,\ \sigma^2/n_1)$, Y 의 분포는 $N(\mu_2,\ \sigma^2/n_2)$ 이고, $\overline{X}$ 와 $\overline{Y}$ 가 서로 독립이므로 $Cov(\overline{X},\ \overline{Y}) = 0$ 이 되고, 따라서 통계량 $\overline{X} - \overline{Y}$ 는 평균과 분산이 각각

$$E(\overline{X}-\overline{Y})=E(\overline{X})-E(\overline{Y})=\mu_1-\mu_2$$

$$V(\overline{X}-\overline{Y})=V(\overline{X})+V(\overline{Y})=\frac{\sigma^2}{n_1}+\frac{\sigma^2}{n_2}=\sigma^2\left(\frac{1}{n_1}+\frac{1}{n_2}\right)$$

인 정규분포를 한다.

두 모집단이 공통인 분산 σ^2 을 갖고 있으므로 두 표본으로부터 얻어지는 σ^2 의 합동 추정량(joint estimator) ${s_p}^2$ 은

$$ {s_p}^2=\frac{\sum_{i=1}^{n_1}(X_i-\overline{X})^2+\sum_{i=1}^{n_2}(Y_i-\overline{Y})^2}{n_1+n_2-2} \tag{6・1}$$

에 의하여 구한다. 여기서 제곱합 $\sum(X_i-\overline{X})^2$ 의 자유도는 n_1-1 이고 $\sum(Y_i-\overline{Y})^2$ 의 자유도는 n_2-1 이므로 두 제곱합의 합의 자유도는 $(n_1-1)+(n_2-1)=n_1+n_2-2$ 가 된다.

식(6・1)은 각 표본의 분산

$$V_1=\frac{\sum(X_i-\overline{X})^2}{n_1-1}\ ,\quad V_2=\frac{\sum(Y_i-\overline{Y})^2}{n_2-1}$$

으로 나타내면

$$ {s_p}^2=\frac{(n_1-1)V_1+(n_2-1)V_2}{n_1+n_2-2} \tag{6・2}$$

이 된다. 앞에서 구한 바와 같이

$$(\overline{X}-\overline{Y})\sim N\left[\mu_1-\mu_2,\ \sigma^2\left(\frac{1}{n_1}+\frac{1}{n_2}\right)\right]$$

이므로 식(4・57)과 같은 표준화를 시키면

$$\frac{(\overline{X}-\overline{Y})-(\mu_1-\mu_2)}{\sigma\sqrt{\dfrac{1}{n_1}+\dfrac{1}{n_2}}}\sim N(0,1)$$

에 따른다. 표준편차 σ 를 모르는 경우에 이를 s_p 로 추정하면 다음의 통계량

$$t = \frac{(\overline{X} - \overline{Y}) - (\mu_1 - \mu_2)}{s_p\sqrt{\frac{1}{n_1} + \frac{1}{n_2}}}$$

는 자유도 $(n_1 + n_2 - 2)$ 인 t 분포에 따르게 되며, 이는 $\mu_1 - \mu_2$ 의 추정과 검정의 기본이 된다.

위의 결론을 종합하여 $\mu_1 - \mu_2$ 에 대한 신뢰구간 및 가설검정을 다음과 같이 정리할 수 있다.

[신뢰구간]

$\mu_1 - \mu_2$ 에 대한 $100(1-\alpha)\%$ 신뢰구간은 다음과 같다.

(1) σ 가 기지인 경우

$$(\overline{X} - \overline{Y}) \pm u_{1-\alpha/2} \cdot \sigma\sqrt{\frac{1}{n_1} + \frac{1}{n_2}} \tag{6・3}$$

(2) σ 가 미지인 경우

$$(\overline{X} - \overline{Y}) \pm t_{1-\alpha/2}(n_1 + n_2 - 2) \cdot s_p\sqrt{\frac{1}{n_1} + \frac{1}{n_2}} \tag{6・4}$$

[가설검정]

아래의 가설들에 대한 검정통계량은 다음과 같으며 Δ_0 는 어떤 주어진 상수의 값이다.

(1) σ 가 기지인 경우

$$z_0 = \frac{(\overline{X} - \overline{Y}) - \Delta_0}{\sigma\sqrt{\frac{1}{n_1} + \frac{1}{n_2}}} \tag{6・5}$$

(2) σ 가 미지인 경우

$$t_0 = \frac{(\overline{X} - \overline{Y}) - \Delta_0}{s_p\sqrt{\frac{1}{n_1} + \frac{1}{n_2}}} \quad \text{자유도} = n_1 + n_2 - 2 \tag{6・6}$$

표 6.1 검정방법의 분류

귀무가설(H_0)	대립가설 (H_1)	기각역(σ 기지)	기각역(σ 미지)
$\mu_1 - \mu_2 \le \Delta_0$	$\mu_1 - \mu_2 > \Delta_0$	$U_0 \ge u_{1-\alpha}$	$t_0 \ge t_{1-\alpha}(n_1 + n_2 - 2)$
$\mu_1 - \mu_2 \ge \Delta_0$	$\mu_1 - \mu_2 < \Delta_0$	$U_0 \le u_{1-\alpha}$	$t_0 \le -t_{1-\alpha}(n_1 + n_2 - 2)$
$\mu_1 - \mu_2 = \Delta_0$	$\mu_1 - \mu_2 \ne \Delta_0$	$\mid U_0 \mid \ \ge u_{1-\alpha/2}$	$\mid t_0 \mid \ \ge t_{1-\alpha/2}(n_1 + n_2 - 2)$

위에서 설명된 신뢰구간과 가설검정에서는 다음과 같은 형태를 따르고 있는 것을 발견할 수 있다. σ 가 기지인 경우(식(6・3)과 식(6・5))에는

$$\text{신뢰구간} : \text{점추정값} \pm u_{1-\alpha/2}\sqrt{\text{점추정량의 분산}} \tag{6・7}$$

$$\text{검정통계량의 값} : u_0 = \frac{\text{점추정값} - \text{가정된 값}}{\sqrt{\text{점추정량의 분산}}} \tag{6・8}$$

으로 나타내지고, σ 가 미지인 경우(식(6・4), (6・6))에서는

$$\text{신뢰구간} : \text{점추정값} \pm t_{1-\alpha/2}\,(\text{자유도})\sqrt{\text{점추정량의 분산의 추정값}} \tag{6・9}$$

$$\text{검정통계량의 값} : t_0 = \frac{\text{점추정값} - \text{가정된 값}}{\sqrt{\text{점추정량의 분산의 추정값}}} \tag{6・10}$$

으로 된다. 위와 같은 형태는 모든 종류의 모수에 관한 신뢰구간 추정과 가설검정에 나타나게 된다.

예제 6.1

어떤 화학약품의 제조에 상표가 다른 2종류의 원료를 사용하고 있다. 각 원료에서 그 주성분 A 의 함량은 다음과 같다. 단, 함량들은 정규분포에 따르고 모분산이 같다고 가정한다.

(단위 %)

상표 1	80.4	78.2	80.1	77.1	79.6	80.4	81.6	79.9	84.4	80.9	83.1
상표 2	80.0	81.2	79.5	78.0	76.1	77.0	80.1	79.9	78.8	80.8	

상표 1의 주성분 A 의 평균함량을 μ_1 , 상표 2의 그것을 μ_2 라고 할 때,

(1) $\mu_1 - \mu_2$ 의 95% 신뢰구간을 구하라.

(2) μ_1 과 μ_2 간에 차이가 있는가 없는가를 유의수준 5%로 가설검정하라.

풀이

(1) σ 가 미지이므로 s_p 를 구하여 사용한다. $\overline{X}, \overline{Y}$ 의 값을 $\overline{x}, \overline{y}$ 라 하면

$$\overline{x} = 80.52 \,,\ \overline{y} = 79.14$$

$$s_p = \sqrt{\frac{\sum(x_i - \overline{x})^2 + \sum(y_i - \overline{y})^2}{n_1 + n_2 - 2}}$$

$$= \sqrt{\frac{41.536 + 24.604}{11 + 10 - 2}} = \sqrt{\frac{66.14}{19}} = \sqrt{3.481} = 1.866$$

이 되고, 따라서 식(6・4)의 신뢰구간은

$$(\overline{x} - \overline{y}) \pm t_{1-\alpha/2}(n_1 + n_2 - 2) \cdot s_p \sqrt{\frac{1}{n_1} + \frac{1}{n_2}}$$

$$\Rightarrow (80.52 - 79.14) \pm t_{0.975}(19) \cdot s_p \sqrt{\frac{1}{n_1} + \frac{1}{n_2}}$$

$$\Rightarrow 1.38 \pm (2.093)(1.866) \sqrt{\frac{1}{11} + \frac{1}{10}}$$

$$\Rightarrow 1.38 \pm 1.71 = (-0.33,\ 3.09)$$

가 된다. 참고로 말하면, 이 신뢰구간이 0 을 포함하고 있으므로 μ_1 과 μ_2 간에 차이가 있다고 볼 수 없다. 이 사실은 다음의 검정결과와 일치한다.

(2) $$\begin{cases} H_0 : \mu_1 - \mu_2 = 0 \ (\text{또는 } \mu_1 = \mu_2) \\ H_1 : \mu_1 - \mu_2 \neq 0 \ (\text{또는 } \mu_1 \neq \mu_2) \end{cases}$$

위 가설검정의 검정통계량의 값은 σ 가 미지이므로

$$t_0 = \frac{(\overline{x} - \overline{y}) - 0}{s_p \sqrt{\frac{1}{n_1} + \frac{1}{n_2}}} = \frac{80.52 - 79.14}{1.866 \sqrt{\frac{1}{11} + \frac{1}{10}}} = \frac{1.38}{0.815} = 1.69$$

가 된다. 그런데 기각치는 $t_{1-\alpha/2}(n_1+n_2-2)=t_{0.975}(19)=2.093$ 이고, $|t_0|=1.69 \le 2.093$ 으로 기각역에 속하지 못하므로 H_0 를 기각할 수 없다. 즉, 상표 1과 2의 주성분 A 의 평균함량간에는 차이가 있다고 할 수 없다.

6.1.2 표본의 크기가 큰 경우

두 표본의 크기가 모두 큰 경우(보통 30보다 클 때)에는 표본의 크기가 작은 경우에 필요했던 가정들 중 필요없게 되는 것이 있다. 첫째로, 중심극한의 정리(**<정리 4.10>**)에 의하여 $\overline{X}$ 와 $\overline{Y}$ 는 각각 근사적으로 $N(\mu_1,\ {\sigma_1}^2/n_1)$,$N(\mu_2,\ {\sigma_2}^2/n_2)$ 에 따르게 되므로 정규 분포의 가정은 필요없게 된다. 또한

$$\frac{(\overline{X}-\overline{Y})-(\mu_1-\mu_2)}{\sqrt{\dfrac{\sigma^2}{n_1}+\dfrac{\sigma^2}{n_2}}}$$

도 근사적으로 $N(0,\ 1)$ 의 분포에 따른다.

두 번째로, n_1 과 n_2 가 모두 큰 경우에는 ${\sigma_1}^2,\ {\sigma_2}^2$ 의 추정량으로

$$V_1=\frac{\sum_{i=1}^{n_1}(X_i-\overline{X})^2}{n_1-1}\ ,\quad V_2=\frac{\sum_{i=1}^{n_2}(X_i-\overline{X})^2}{n_2-1}$$

을 사용하여도 위에서 언급된 근사분포는 성립하게 되므로, 두 모분산이 같아야 한다는 가정도 필요없게 된다. 그러므로 $\mu_1-\mu_2$ 에 대한 신뢰구간과 가설검정은 다음과 같이 구해진다. σ_1 과 σ_2 를 아는 경우는 실제에서 매우 드물기 때문에 $\sigma_1,\ \sigma_2$ 가 모두 미지인 경우만을 다루기로 한다.

[신뢰구간]

$\mu_1 - \mu_2$ 의 $100(1-\alpha)\%$의 신뢰구간은 다음과 같다.

$$(\overline{X} - \overline{Y}) \pm u_{1-\alpha/2}\sqrt{\frac{V_1}{n_1} + \frac{V_2}{n_2}} \tag{6・11}$$

[가설검정]

가설 $H_0 = \mu_1 - \mu_2 = \Delta_0$

$H_1 = \mu_1 - \mu_2 \neq \Delta_0$

에 대한 검정통계량은

$$U_0 = \frac{(\overline{X} - \overline{Y}) - \Delta_0}{\sqrt{\frac{V_1}{n_1} + \frac{V_2}{n_2}}}$$

으로, H_0 가 옳을 때 근사적으로 $Z_0 \sim N(0,1)$에 따른다. 따라서 U_0 의 값 u_0 가 $|u_0| \geq u_{1-\alpha/2}$ 이면 H_0 를 기각하고, 아니면 채택한다. 이와 같은 방법으로 한쪽 검정에 대한 검정방법도 유도할 수 있다(**<표 6.1>**을 참조하시오).

6.1.3 모분산이 다른 경우

두 모집단의 분산 σ_1^2 과 σ_2^2 이 서로 다르더라도 표본의 크기가 크면 앞 절 **(6.1.2)**의 경우와 같이 다를 수 있다. 그러나 모집단이 정규분포에 따르기는 하나 $\sigma_1 \neq \sigma_2$ 이고 표본의 크기가 작은 경우에는 앞에서 소개된 방법을 사용할 수 없다.

두 개의 정규모집단 $N(\mu_1, \sigma_1^2)$, $N(\mu_2, \sigma_2^2)$ 에서 취한 크기 n_1, n_2 의 표본 불편분산이 V_1, V_2 라 하자. 그러면 통계량

$$t_0 = \frac{\overline{X} - \overline{Y}}{\sqrt{\frac{V_1}{n_1} + \frac{V_2}{n_2}}} \tag{6・12}$$

은 근사적으로 자유도 v^* 인 t 분포(뒤에 증명)에 따른다. 여기서 v^* 는 Satterthwaite의 자유도(또는 등가자유도)라 부르며 다음과 같이 구한다.

$$v^* = \frac{\left[\dfrac{V_1}{n_1} + \dfrac{V_2}{n_2}\right]^2}{\dfrac{\left(\dfrac{V_1}{n_1}\right)^2}{n_1 - 1} + \dfrac{\left(\dfrac{V_2}{n_2}\right)^2}{n_2 - 1}} \tag{6・13}$$

따라서 신뢰구간과 가설검정은 다음과 같이 행한다.

[신뢰구간]

$\mu_1 - \mu_2$ 의 $100(1-\alpha)\%$ 신뢰구간은

$$(\overline{X} - \overline{Y}) \pm t_{1-\alpha/2}(v^*)\sqrt{\frac{V_1}{n_1} + \frac{V_2}{n_2}} \tag{6・14}$$

에 의하여 구한다.

[가설구간]

H_0 는 $\mu_1 - \mu_2 = \Delta_0$ 이고 H_1 이 달라짐에 따라 기각역은 다음과 같이 된다.

$H_1 : \mu_1 - \mu_2 \neq \Delta_0$ 인 경우의 기각역 ; $|t_0| \geq t_{1-\alpha/2}(v^*)$

$H_1 : \mu_1 - \mu_2 > \Delta_0$ 인 경우의 기각역 ; $t_0 \geq t_{1-\alpha}(v^*)$

$H_1 : \mu_1 - \mu_2 < \Delta_0$ 인 경우의 기각역 ; $t_0 \leq -t_{1-\alpha}(v^*)$

v^* 는 반드시 정수가 아니므로 $t_{1-\alpha/2}(v^*)$ 와 $t_{1-\alpha}(v^*)$ 를 구할 때, t 분포표에 기재된 v^* 에 가까운 정수의 자유도를 이용하여 보간법(interpolation method)을 사용하여 구한다. 식(6・12)의 통계량 t_0 가 왜 근사적으로 자유도 v^* 를 갖는가를 증명하여 보자.

증명 》

통계량 $t_0 = \dfrac{\overline{X} - \overline{Y}}{\sqrt{\dfrac{V_1}{n_1} + \dfrac{V_2}{n_2}}}$ 에서 $V = \dfrac{V_1}{n_1} + \dfrac{V_2}{n_2}$ 라고 놓으면,

V 는 자유도 $v_1 = n_1 - 1$ 의 V_1 과, 자유도 $v_2 = n_2 - 1$ 의 V_2 의 선형조합이다. 일반적인 선형조합으로

$$V = c_1 V_1 + c_2 V_2$$

를 고려하여 그 자유도 v^* 를 유도하여 보자. V 의 기대치는

$$\begin{aligned} E(V) &= c_1 E(V_1) + c_2 (V_2) \\ &= c_1 {\sigma_1}^2 + c_2 {\sigma_2}^2 \end{aligned}$$

이고, V_1 과 V_2 가 서로 독립적으로 식(5・5)에 의하여 그 분산이

$$V(V_1) = \frac{2}{v_1} {\sigma_1}^4, \;\; V(V_2) = \frac{2}{v_2} {\sigma_2}^4 \text{ 이므로}$$

$$V(c_1 V_1 + c_2 V_2) = \frac{2 {c_1}^2 {\sigma_1}^4}{v_1} + \frac{2 {c_2}^2 {\sigma_2}^4}{v_2}$$

이 된다.

<정리 4.12>에 의하여 자유도 v^* 인 χ^2 분포에 따르는 통계량의 기대치와 분산은 $E(\chi^2) = v^*$, $V(\chi^2) = 2v^*$ 이다. 여기서 V 를 자유도 v^* 인 σ^2 에 대한 불편분산이라고 한다면 식(4・64)와 같은 이유로 인하여

$$V = \frac{\chi^2}{v^*} \cdot \sigma^2$$

로 놓을 수 있다. 따라서 V 의 분산은

$$\begin{aligned} V(V) &= \left(\frac{\sigma^2}{v^*}\right)^2 V(\chi^2) \\ &= \left(\frac{\sigma^2}{v^*}\right)^2 2v^* = \frac{2\sigma^4}{v^*} \end{aligned}$$

이다. 따라서

$$\sigma^2 = c_1 {\sigma_1}^2 + c_2 {\sigma_2}^2$$

$$\frac{2\sigma^4}{v^*} = \frac{2{c_1}^2 {\sigma_1}^4}{v_1} + \frac{2{c_2}^2 {\sigma_2}^4}{v_2}$$

이 구해진다. 즉,

$$v^* = \frac{(c_1 {\sigma_1}^2 + c_2 {\sigma_2}^2)^2}{\frac{(c_2 {\sigma_1}^2)^2}{v_1} + \frac{(c_2 {\sigma_2}^2)^2}{v_2}}$$

이 성립된다. 여기에 근사적으로 $V_1 \fallingdotseq {\sigma_1}^2$, $V_2 \fallingdotseq {\sigma_2}^2$ 으로 대치시키면

$$\phi^* = \frac{(c_1 V_1 + c_2 V_2)^2}{\frac{(c_1 V_1)^2}{v_1} + \frac{(c_2 V_2)^2}{v_2}}$$

이 되고, $c_1 = \frac{1}{n_1}$, $c_2 = \frac{1}{n_2}$, $v_1 = n_1 - 1$, $v_2 = n_2 - 1$ 로 하면 식(6・13)의 v^* 를 얻게 된다.

예제 6.2

[예제 6.1]의 문제에서 ${\sigma_1}^2 \neq {\sigma_2}^2$ 이라고 가정하고

(1) $\mu_1 - \mu_2$ 의 90% 신뢰구간을 구하라.

(2) $\begin{cases} H_0 : \mu_1 - \mu_2 \leq 0 \\ H_1 : \mu_1 - \mu_2 > 0 \end{cases}$ 을 유의수준 5%로 가설 검정하라.

풀이

(1) $\bar{x} = 80.52$, $\bar{y} = 79.14$

$$V_1 = \frac{41.536}{10} = 4.154$$

$$V_2 = \frac{24.604}{9} = 2.734$$

$$v^* = \frac{\left(\frac{4.154}{11} + \frac{2.734}{10}\right)^2}{\frac{\left(\frac{4.154}{11}\right)^2}{10} + \frac{\left(\frac{2.734}{10}\right)^2}{9}} = \frac{0.424}{0.0226} \fallingdotseq 18.8$$

그런데 $t_{0.95}(18) = 1.734$, $t_{0.95}(19) = 1.729$ 이므로
$t_{0.95}(18.8) = 1.734 - \frac{8}{10}(1.734 - 1.729) = 1.730$이 된다.
따라서 $\mu_1 - \mu_2$ 의 90% 신뢰구간은

$$(\bar{x} - \bar{y}) \pm t_{0.95}(18.8)\sqrt{\frac{V_1}{n_1} + \frac{V_2}{n_2}}$$

$$\Rightarrow (80.52 - 79.14) \pm 1.730\sqrt{\frac{4.054}{11} + \frac{2.734}{10}}$$

$$\Rightarrow 1.38 \pm 1.39 = (-0.01,\ 2.77)$$

이 된다.

(2) 검정통계량의 값은

$$t_0 = \frac{\bar{x} - \bar{y}}{\sqrt{\frac{V_1}{n_1} + \frac{V_2}{n_2}}} = \frac{80.52 - 79.14}{\sqrt{\frac{4.154}{11} + \frac{2.734}{10}}} = 1.72$$

이고, 기각치 $t_{0.95}(v^*)$ 을 구하여 보자. 보간법을 사용하여 $t_{0.95}(18) = 1.734$, $t_{0.95}(19) = 1.729$ 로부터 $t_{0.95}(18.8) = 1.73$ 을 얻는다. 그런데 $1.72 < t_{0.95}(18.8) = 1.73$ 이 성립하므로 유의수준 $\alpha = 0.05$ 인 한쪽 감정에서 $\mu_1 - \mu_2 > 0$ 이라고 말할 수 없다(귀무가설의 채택).

6.1.4 두 개의 대응되는 데이터가 있는 경우

앞에서의 2개 모집단으로부터 각각 랜덤하게 취한 표본으로부터 모평균 차에 관하여 알아보았다. 이 경우에는 두 표본의 크기 n_1, n_2가 반드시 같을 필요가 없다.

여기에서는 2조의 데이터에 어떤 대응성이 있어서 짝지어질 수 있는 경우에 관한 추정과 검정을 알아보자. 이런 경우에는 반드시 데이터의 수가 같게 될 것이다. 예를 들어, 두 작업자가 하루에 한번씩 같은 시각에 증발탑으로 부터 표본을 취하여 각 작업자의 고유기술로써 처리한 후 데이터를 얻었다 하자. 이 데이터는 동일한 조건의 증발탑에서 나왔으므로 데이터간에는 두 작업자의 처리에 의한 차이는 있으나 다른 차이는 없다고 할 수 있을 것이다. 그러나 표본을 취하는 날짜는 매일 달라지므로 날짜에 따라서 표본간에는 차이가 생기게 된다. 이런 경우에 날짜에 따라서 두 개의 대응되는 데이터가 있다고 하며, 다음과 같은 데이터의 구조를 생각할 수 있다.

날짜	작업자 1	작업자 2	차이
1	X_1	Y_1	$D_1 = X_1 - Y_1$
2	X_2	Y_2	$D_2 = X_2 - Y_2$
⋮	⋮	⋮	⋮
n	X_n	Y_n	$D_n = X_n - Y_n$

이제 (X_1, Y_1), (X_2, Y_2), $\cdots$, (X_n, Y_n)에 X_i와 Y_i는 각각 정규분포에 따르고 또한 (X_i, Y_i)들은 서로 독립이라고 가정하고, 작업자 1의 모평균 μ_1과 작업자 2의 모평균 μ_2간의 차에 관한 추정과 검정을 다루어 보자. $D_i = X_i - Y_i$, $i = 1, 2, \cdots, n$의 표본평균과 표본분산은 다음과 같이 정의한다.

$$\overline{D} = \frac{1}{n}\sum_{i=1}^{n} D_i$$

$$s_D^2 = \frac{\sum_{i=1}^{n}(D_i - \overline{D})^2}{n-1} \quad ; \text{ 자유도 } n-1 \qquad (6 \cdot 15)$$

이 때 이들의 차이 $D_i = X_i - Y_i$, $i = 1,\ 2,\ \cdots,\ n$ 은 평균과 분산이

$$E(D_i) = E(X_i - Y_i) = \mu_1 - \mu_2 = \delta$$

$$V(D_i) = V(X_i - Y_i) = {\sigma_D}^2,\ i = 1, 2, \cdots, n$$

인 정규모집단에서 추출된 확률표본으로 간주할 수 있다.

따라서 $\mu_1 - \mu_2 = \Delta$ 에 관한 100(1−α)% 신뢰구간은

$$\overline{D} \pm t_{1-\alpha/2}(n-1)\frac{s_D}{\sqrt{n}} \qquad (6 \cdot 16)$$

이 된다. 다음으로 가설 $H_0 : \Delta = \Delta_0$, $H_1 : \Delta \neq \Delta_0$ 에 관한 검정통계량은

$$t_0 = \frac{\overline{D} - \Delta_0}{\dfrac{s_D}{\sqrt{n}}} \qquad (6 \cdot 17)$$

이 사용되며, 만약 t_0 의 값이 $|t_0| \geq t_{1-\alpha/2}(n-1)$ 이면 귀무가설을 기각한다.

만약 표본의 크기 n 이 큰 경우에는 모집단이 정규분포에 따른다는 가정은 필요없게 되며, 위에서 t 분포 대신에 표준정규분포를 사용할 수 있다. 즉, 식(6 · 16)은

$$\overline{D} \pm u_{1-\alpha/2}\frac{s_D}{\sqrt{n}}$$

이고 식(6 · 17)의 검정통계량은

$$U_0 = \frac{\overline{D} - \Delta_0}{\dfrac{s_D}{\sqrt{n}}}$$

가 된다.

예제 3.1

화학조미료의 제조에 대한 개발연구를 행한 결과 방법 1과 방법 2 중의 한 가지를 채택하기로 하였다. 방법 1은 2에 비하여 1뱃치(batch)당 제조비용은 비싸지만 제품의 수확량이 많으며 1뱃치당 5kg이상 높다고 판단된다면 방법 1을 채택하고 싶다. 원료 10로트(lot)에 대해서 파일롯트 플랜트(pilot plant)를 이용하여 방법 1과 2를 실험한 결과, 다음과 같은 대응이 있는 데이터를 얻었다.

(단위 : kg)

로트번호	방법 1(x_i)	방법 2(y_i)	차이($d_i = x_i - y_i$)
1	80.0	73.0	7.0
2	79.3	74.6	4.7
3	79.1	73.0	6.1
4	77.4	72.8	4.6
5	81.6	76.0	5.6
6	80.1	74.1	6.0
7	80.0	75.0	5.0
8	81.6	73.3	8.3
9	76.3	70.7	5.6
10	81.9	74.8	7.1

$\bar{d} = 6.0$

[가설 검정]

$$\begin{cases} H_0 : \mu_1 - \mu_2 = 5 \\ H_1 : \mu_1 - \mu_2 > 5 \end{cases}$$

을 $\alpha = 0.05$ 에서 실시하고, 그 결과를 이용하여 방법 1 또는 2를 선택하라.

풀이

$\bar{D}$ 의 값 $\bar{d}$ 와 s_d 를 구하면

$$\bar{d} = \sum d_i / 10 = 6.0$$

$$s_D^2 = \frac{\sum (d_i - \bar{d})^2}{9} = \frac{1}{9}\left[\sum d_i^2 - \frac{(\sum d_i)^2}{10}\right]$$

$$= \frac{1}{9}\left[372.48 - \frac{(60)^2}{10}\right] = 1.387$$

$$s_D = \sqrt{s_D^2} = \sqrt{1.387} = 1.178$$

이 된다. 따라서 검정통계량의 값은

$$t_0 = \frac{\bar{d} - \Delta_0}{\frac{s_D}{\sqrt{n}}} = \frac{6.0 - 5.0}{\frac{1.178}{\sqrt{10}}} = 2.684$$

가 된다. 기각치는 $t_{1-\alpha}(n-1) = t_{0.95}(9) = 1.833$ 이므로

$$t_0 = 2.684 > t_{0.95}(9) = 1.833$$

이 성립되고, 따라서 대립가설이 채택된다. 즉, 방법 1은 방법 2에 비하여 1뱃치당의 수확량이 5kg 이상 높다고 말할 수 있다.

6.2 3개 이상의 모평균 차의 검정

3개 이상인 k 개의 모집단이 있고, 각각의 분포가 $N(\mu_i, \sigma^2)$, $i = 1, 2, \cdots, k$ 라고 가정하자. 각 모집단으로부터 $n_1, n_2, \cdots, n_k$ 크기의 표본을 추출하여 가설검정

$$\begin{cases} H_0 \ : \ \mu_1 = \mu_2 = \cdots = \mu_k \\ H_1 \ : \ \text{모든 } \mu_i \text{ 가 같지는 않다.} \end{cases} \qquad (6 \cdot 18)$$

을 하는 방법을 알아보자. 표본의 구조를 써보면 다음과 같다.

표 6.2 k **개의 표본의 배열**

	소집단 번호					
	1	2	3	…	k	
확률표본	X_{11} X_{12} ⋮ X_{1n1}	X_{21} X_{22} ⋮ X_{2n2}	X_{31} X_{32} ⋮ X_{3n3}	⋮ ⋮ ⋮ ⋮	X_{k1} X_{k2} ⋮ X_{knk}	
합 계	T_1	T_2	T_3	…	T_k	총합계 $T=\sum_{i=1}^{k} T_i$
평 균	$\overline{X}_1$	$\overline{X}_2$	$\overline{X}_3$	…	$\overline{X}_k$	총평균 $\overline{X}= T/\sum_{i=1}^{k} n_i$

<표 6.2>에 나열된 확률표본의 형태는 실험계획에서 일원배치(one-way classification)와 같으며 비슷한 내용으로 분석된다.

k 개의 표본의 총변동을

$$S_T = \sum_{i=1}^{k}\sum_{j=1}^{ni}(X_{ij} - \overline{\overline{X}})^2 \tag{6 · 19}$$

으로 정의하고, 이를 표본내의 변동 S_E 와 표본간의 S_A 로 나누어 보자. 즉,

$$\begin{aligned} S_T &= \sum_i\sum_j(X_{ij} - \overline{\overline{X}})^2 \\ &= \sum_i\sum_j [(X_{ij} - \overline{X}_i) + (\overline{X}_i - \overline{\overline{X}})]^2 \\ &= \sum_i\sum_j (X_{ij} - \overline{X}_i)^2 + \sum_i n_i(\overline{X}_i - \overline{\overline{X}})^2 \\ &= S_E + S_A \end{aligned}$$

위에서

$$= \sum_i\sum_j (X_{ij} - \overline{X}_i)(\overline{X}_i - \overline{\overline{X}}) = \sum_i (\overline{X}_i - \overline{\overline{X}})\sum_j (X_{ij} - \overline{X}_j) = 0$$

이므로 쓰기를 생략하였고, 표본내의 변동과 표본간의 변동은 각각

$$S_E = \sum_{i=1}^{k}\sum_{j=1}^{ni}(X_{ij} - \overline{X}_i)^2 \tag{6·20}$$

$$S_A = \sum_{i=1}^{k} n_i(\overline{X}_i - \overline{\overline{X}})^2 \tag{6·21}$$

이다.

S_A 가 S_E 에 비하여 상대적으로 매우 크게 되면 $\mu_1 = \mu_2 = \cdots = \mu_k$ 의 귀무가설이 옳지 않다는 것을 뜻하게 된다. S_A 와 S_E 의 기대값을 구하여 보면, $\sum_{i=1}^{k} n_i = n$ 으로 간략히 놓을 때,

$$E(S_A) = \sum_{i=1}^{k} n_i\, a_i^2 + (k-1)\sigma^2 \tag{6·22}$$

$$E(S_E) = (n-k)\sigma^2 \tag{6·23}$$

이 된다. 여기서 μ_i 는 표본크기에 의한 가중평균을 $\mu = \sum_{i=1}^{k} n_i\,\mu_i / n$ 로 하면

$$a_i = \mu_i - \mu \tag{6·24}$$

을 의미하는 값이다.

그런데 S_A/σ^2 는 $\mu_i = \mu_2 = \cdots = \mu_k$ 라는 귀무가설하에서는 자유도 $(k-1)$ 을 갖는 χ^2 분포를 하고, S_E/σ^2 는 자유도 $(n-k)$ 를 갖는 x^2 분포를 하며, S_A 와 S_E 는 서로 독립으로 알려져 있다. 따라서 식(4·59)에 의하여 통계량

$$F_0 = \frac{S_A/(k-1)}{S_E/(n-k)} \tag{6·25}$$

는 $H_0 : \mu_1 = \mu_2 = \cdots = \mu_k$ 이 성립될 때, 자유도$(k-1,\ n-k)$ 인 F 분포에 따른다.

이제까지 논의된 결과를 종합하면 k 개의 모평균 차에 관한 검정절차는 다음과 같다.

*** 순서 1 :** 귀무가설과 대립가설을 세운다.

$$\begin{cases} H_0 : \mu_1 = \mu_2 = \cdots = \mu_k \\ H_1 : \text{모든 } \mu_i \text{ 가 같지는 않다.} \end{cases}$$

* **순서 2 :** 각 모집단으로부터 크기 n_i, $i=1, 2, \cdots, k$ 개의 표본을 취하여 식(6・20), (6・21)에 있는 표본내의 변동 S_E 와 표본간의 변동 S_A 의 값을 구한다.
* **순서 3 :** 유의수준 α 를 정하고, 기각치 $F_{1-\alpha}(k-1, n-k)$ 을 구한다. 여기서 $n=n_1+n_2+\cdots+n_k$ 를 말한다.
* **순서 4 :** 식(6・25)에 있는 검정통계량 F_0 의 값을 구하고, 이 값이 $F_0 \ge F_{1-\alpha}(k-1, n-k)$ 이면 귀무가설을 기각하고, 아니면 채택한다.

이 검정에서 몇 가지 고찰하여야 할 사항을 적어보면 다음과 같다.

(1) 귀무가설 $\mu_1=\mu_2=\cdots=\mu_k$ 는 식(6・24)의 관계로부터

$$H_0 : a_1 = a_2 = \cdots = a_k = 0$$

으로 나타낼 수 있다.

(2) $a_1=a_2=\cdots=a_k=0$ 인 경우에는 S_A 의 기대값은

$$E(S_A) = (k-1)\sigma^2$$

이 되고, 식(6・25)의 분자, 분모의 기대값의 비는

$$\frac{E(S_A)/(k-1)}{E(S_E)/(n-k)} = \frac{(k-1)\sigma^2/(k-1)}{(n-k)\sigma^2/(n-k)} = 1$$

이 된다. 따라서 모평균이 모두 같다는 귀무가설하에는 검정통계량 F_0 의 값은 1 근처에 있는 작은 값이 되고, 귀무가설이 성립되지 않으면

$$E(S_A) = \sum_{i=1}^{k} n_i a_1{}^2 + (k-1)\sigma^2 > (k-1)\sigma^2$$

으로 F_0 의 값이 커지게 된다. 즉, 기각치 $F_{1-\alpha}(k-1, n-k)$ 보다 커지게 되면 귀무가설이 기각된다.

(3) 만약 표본의 크기가 모두 동일하게 $n_1=n_2=\cdots=n_k=m$ 이라면, 각종의 관련된 통계량 및 기대값들은 다음과 같이 쓸 수 있다.

$$S_A = m\sum_{i=1}^{k}(\overline{X}_i - \overline{\overline{X}})^2$$

$$S_E = \sum_{i=1}^{k}\sum_{j=1}^{m}(X_{ij} - \overline{X}_i)^2$$

$$E(S_A) = m\sum_{i=1}^{k}a_i^{\,2} + (k-1)\sigma^2\ ,\ \text{단}\ a_i = \mu_i - \mu\ ,\ \mu = \sum_{i=1}^{k}\mu_i / k$$

$$E(S_E) = (km-k)\sigma^2 = k(m-1)\sigma^2$$

$$F_0 = \frac{S_A / (k-1)}{S_E / k(m-1)}$$

기각치$= F_{1-\alpha}(k-1,\ k(m-1))$

예제 6.4

보일러 부식의 문제에 있어서는 연소생성가스 중의 SO_3 의 %가 문제가 된다. 이 유황분의 함량에 차이가 있을 것이라고 생각되는 4종류의 기름을 동일한 보일러에 사용하여 연소생성가스 중의 SO_3 의 함량을 측정하여 다음의 데이터를 얻었다. 기름의 종류에 따라서 발생되는 SO_3 의 함량의 모평균에 차가 있는가 없는가를 $\alpha = 0.05$ 에서 가설검정하라.

(단위:%)

기름의 종류				
1	2	3	4	
6.1 5.8 6.4	4.4 4.2 3.9	3.1 3.3 3.1 3.2 3.6 3.5	2.8 2.6 2.6 3.1 2.7 2.5	
$\overline{x}_1 = 6.1$	$\overline{x}_2 = 4.167$	$\overline{x}_3 = 3.3$	$\overline{x}_4 = 2.717$	$\overline{\overline{x}} = 3.717$

풀이

$H_0 : \mu_1 = \mu_2 = \mu_3 = \mu_4$

H_1 : 모든 μ_i 가 같지는 않다.

$$S_A = \sum_{i=1}^{4} n_i(\overline{x}_i - \overline{\overline{x}})^2$$

$$= 3(6.1-3.717)^2 + 3(4.167-3.717)^2$$

$$+ 6(3.3-3.717)^2 + 6(2.717-3.717)^2$$

$$= 24.690$$

$$S_E = \sum_{i=1}^{4}\sum_{j=1}^{ni}(x_{ij} - \overline{x}_i)^2$$

$$= (6.1-6.1)^2 + (5.8-6.1)^2 + \cdots + (2.5-2.717)^2 = 0.755$$

$$n = \sum_{i=1}^{4} n_i = 3+3+6+6 = 18$$

$$F_0 = \frac{S_A/(k-1)}{S_E/(n-k)} = \frac{24.690/3}{0.755/14} = 152.69$$

$$F_{1-\alpha}(k-1,\ n-k) = F_{0.95}(3,14) = 3.34$$

그런데 $F_0 = 152.69 > F_{0.95}(3,14) = 3.34$ 이므로 귀무가설을 기각한다. 즉, 기름의 종류에 따라 SO_3 의 함량의 평균이 모두 같지는 않다.

6.3 모분산의 추정과 검정

모집단의 산포를 나타내는 모분산 σ^2 의 구간추정과 가설검정을 알아보자. 정규 모집단 $N(\mu,\ \sigma^2)$ 으로부터의 확률표본 $X_1,\ X_2,\ \cdots,\ X_n$ 에 대해 제곱합

$$S = \sum_{i=1}^{n} (X_i - \overline{X})^2$$

을 만들면, S/σ^2 은 **<정리 4.12>**의 (2)에 의하여 자유도 $(n-1)$ 인 χ^2 분포를 한다.

정규분포나 t 분포와는 달리 χ^2 분포는 비대칭이고 오른쪽으로 긴 꼬리를 갖고 있으며 항상 양의 값만 택하게 된다. 분포곡선의 형태는 자유도에 따라 달라지며 전형적인 χ^2 분포곡선을 **[그림 6.1]**과 같다.

그림 6.1 χ^2**분포**

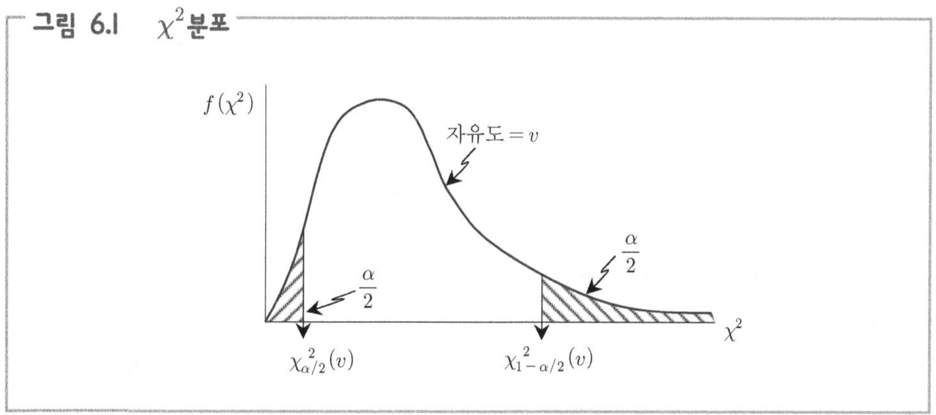

$\frac{S}{\sigma^2}$ 가 자유도 $(n-1)$ 인 χ^2 분포에 따르므로

$$P\left[\chi^2_{\alpha/2}(n-1) \le \frac{S}{\sigma^2} \le \chi^2_{1-\alpha/2}(n-1)\right] = 1-\alpha$$

가 성립된다. 이를 다른 형태로 바꾸어 쓰면

$$P\left[\frac{S}{\chi^2_{1-\alpha/2}(n-1)} \le \sigma^2 \le \frac{S}{\chi^2_{\alpha/2}(n-1)}\right] = 1-\alpha$$

가 되고, 따라서 σ^2 의 $100(1-\alpha)$의 신뢰구간은

$$\left[\frac{S}{\chi_{1-\alpha/2}^{2}(n-1)},\ \frac{S}{\chi_{\alpha/2}^{2}(n-1)}\right] \tag{6・26}$$

에 의하여 얻어진다.

다음으로 σ^2 에 대한 가설검정을 알아보자. 예를 들어, 어떤 가정된 값 $\sigma_0{}^2$ 에 대하여 $H_0 : \sigma^2 = \sigma_0^2$, $H_1 : \sigma^2 > \sigma_0{}^2$ 을 가설 검정하려고 하는 경우에는 σ^2 의 추정치

$$V = \frac{\sum_{i=1}^{n}(X_i - \overline{X})^2}{n-1}$$

가 클수록 H_0 를 기각하게 되는 것은 당연하다. 따라서 검정통계량으로

$$\chi_0{}^2 = \frac{S}{\sigma_0{}^2} = \frac{(n-1)V}{\sigma_0{}^2} \tag{6・27}$$

를 사용하여, 이 통계량이 자유도 $(n-1)$ 인 χ^2 분포에 따르므로 유의수준 α 에서 만약 χ^2 의 값이

$$\chi_0{}^2 = \frac{(n-1)V}{\sigma_0{}^2} \geq \chi_{1-\alpha}^{2}(n-1)$$

이면 H_0 를 기각하고, 아니면 채택한다.

여러 가지 경우에 대하여 검정방법들을 요약하면 다음과 같다.

귀무가설(H_0)	대립가설(H_1)	기각역
$\sigma^2 = \sigma_0^2$ 또는 $\sigma^2 \leq \sigma_0^2$	$\sigma^2 > \sigma_0^2$	$\chi_0^2 \geq \chi_{1-\alpha}^2(n-1)$
$\sigma^2 = \sigma_0^2$ 또는$\sigma^2 \geq \sigma_0^2$	$\sigma^2 < \sigma_0^2$	$\chi_0^2 \leq \chi_{\alpha}^2(n-1)$
$\sigma^2 = \sigma_0^2$	$\sigma^2 \neq \sigma_0^2$	$\chi_0^2 \geq \chi_{1-\alpha/2}^2(n-1)$ 또는 $\chi_0^2 \leq \chi_{\alpha/2}^2(n-1)$

예제 6.5

다음과 같은 표본데이터에 대하여 모집단의 분산 σ^2 의

7.0, 7.1, 6.8, 7.1, 7.0, 7.4, 7.2, 6.8, 6.6

(1) 90% 신뢰구간을 구하라.

(2) 가설설정 $H_0 : \sigma^2 = 0.1$

$H_1 : \sigma^2 \neq 0.1$

을 $\alpha = 0.10$ 에서 실시하라.

풀이

(1) $n = 9$, $\bar{x} = 7.0$

$$S = \sum_{i=1}^{9} (x_i - \bar{x})^2 = (7.0 - 7.0)^2 + (7.1 - 7.0)^2 \cdots + (6.6 - 7.0)^2 = 0.46$$

$$\chi^2_{0.95}(8) = 15.51 \quad \chi^2_{0.05}(8) = 2.73$$

이므로 식(6・26)에 의하여 신뢰하한과 상한은 각각

$$\frac{S}{\chi^2_{0.95}(8)} = \frac{0.46}{15.51} = 0.030$$

$$\frac{S}{\chi^2_{0.05}(8)} = \frac{0.46}{2.73} = 0.168$$

이다. 따라서 σ^2 의 90% 신뢰구간은 (0.030, 1.168)이 된다.

(2) $H_0 : \sigma^2 = 0.1$

$H_1 : \sigma^2 \neq 0.1$

$$\chi_0^2 = \frac{S}{\sigma_0^2} = \frac{0.46}{0.1} = 4.6$$

그런데, $\chi_0^2 = 4.6 \geq \chi^2_{0.95}(8) = 15.51$ 도 아니고, $\chi_0^2 = 4.6 \geq \chi^2_{0.05}(8) = 2.73$ 도 아니므로 H_0 를 기각할 수 없다. 즉, 모분산 σ^2 이 0.1이 아니라고 말할 수 없다.

6.4 모분산 비의 추정과 검정

품질관리를 수행시에 때때로 두 모집단의 산포에 대한 비교를 하고 싶은 경우가 있다. 예를 들면, 일정한 규격의 보울 베아링을 생산하는 경우에 제조방법의 차이에 따라, 또는 제조 작업자의 차이에 따라 베아링 지름의 산포에 차이가 있다면, 이는 품질관리상 심각한 문제를 야기하게 된다. 이러한 경우에 두 모집단의 분산의 비교를 하고 싶으며, 그 비교를 위한 통계적 방법은 다음의 가정하에 가능하다.

(1) $X_1, X_2, \cdots, X_{n1}$ 은 정규모집단 $N(\mu_1, \sigma_1^2)$ 으로부터의 확률표본이다.

(2) $Y_1, Y_2, \cdots, Y_{n2}$ 는 정규모집단 $N(\mu_2, \sigma_2^2)$ 으로부터의 확률표본이다.

(3) 두 확률표본은 서로 독립이다.

이러한 가정하에 모분산 σ_1^2, σ_2^2 의 비교는 표본분산

$$V_1 = \frac{\sum_{i=1}^{n_1}(X_i - \overline{X})^2}{n_1 - 1}, \quad V_2 = \frac{\sum_{i=1}^{n_2}(Y_i - \overline{Y})^2}{n_2 - 1}$$

에 의존하게 된다. 특히 두 모집단의 분산이 동일한가 아닌가에 대한 검정 $(H_0 : \sigma_1^2 = \sigma_2^2,\ H_1 : \sigma_1^2 \neq \sigma_2^2)$인 경우에는 V_1 과 V_2 간에 차이가 크면 H_0 를 기각하게 되고, 아니면 H_0 를 채택하게 된다.

위에서 설명된 3가지의 가정하에서는 식(4・62)에 의해

$$F_0 = \frac{V_1/\sigma_1^2}{V_2/\sigma_2^2} = \frac{V_1}{V_2} \cdot \frac{\sigma_2^2}{\sigma_1^2} \tag{6・28}$$

은 자유도$(n_1 - 1,\ n_2 - 1)$ 을 갖는 F 분포에 따른다. 따라서

$$P\left[F_{\alpha/2}(n_1 - 1,\ n_2 - 1) \leq \frac{V_1}{V_2} \cdot \frac{\sigma_2^2}{\sigma_1^2} \leq F_{1-\alpha/2}(n_1 - 1,\ n_2 - 1)\right] = 1 - \alpha$$

가 성립하며, 이것을 다음과 같이 바꾸어 표현할 수 있다.

$$P\left[\frac{V_2}{V_1}\cdot F_{\alpha/2}(n_1-1,\ n_2-1)\le\frac{\sigma_2{}^2}{\sigma_1{}^2}\le\frac{V_2}{V_1}\cdot F_{1-\alpha/2}(n_1-1,\ n_2-1)\right]$$
$$=1-\alpha \qquad (6\cdot29)$$

그런데 F 분포표를 사용하기 위하여 식(4・63)을 이용하여 $F_{\alpha/2}(n_1-1,\ n_2-1)$ 를 $\dfrac{1}{F_{1-\alpha/2}(n_2-1,\ n_1-1)}$ 로 바꾸어 놓으면 식(6・29)을 이용하여 $\sigma_2{}^2/\sigma_1{}^2$ 의 100(1−α)% 신뢰구간은

$$\left[\frac{V_2}{V_1}\cdot\frac{1}{F_{1-\alpha/2}(n_2-1,n_1-1)},\ \frac{V_2}{V_1}\cdot F_{1-\alpha/2}(n_1-1,n_2-1)\right] \qquad (6\cdot30)$$

로 얻을 수 있다. $\sigma_2{}^2/\sigma_1{}^2$ 의 신뢰구간을 $(L,\ U)$ 이라면 $\sigma_1{}^2/\sigma_2{}^2$ 의 신뢰구간은 $\left(\frac{1}{U},\frac{1}{L}\right)$ 이 되므로 식(6・30)을 이용하여 $\sigma_1{}^2/\sigma_2{}^2$ 의 100(1 − α)% 신뢰구간은

$$\left[\frac{V_1}{V_2}\cdot\frac{1}{F_{1-\alpha/2}(n_1-1,n_2-1)},\ \frac{V_1}{V_2}\cdot F_{1-\alpha/2}(n_2-1,n_1-1)\right] \qquad (6\cdot31)$$

가 된다.

다음으로 $\sigma_1{}^2$ 과 $\sigma_2{}^2$ 이 같은가 아닌가에 대한 가설검정을 알아보자. $\sigma_1{}^2=\sigma_2{}^2$ 이라고 가정하면 식(6・28)로부터 $F_0=V_1/V_2$ 또는 V_2/V_1 이 F 분포에 따르게 되므로 다음과 같은 순서를 밟아 가설검정할 수 있다.

*** 순서 1 :** 귀무가설과 대립가설을 세운다.

$$\begin{cases} H_0 & :\sigma_1{}^2=\sigma_2{}^2 \\ H_1 & :\sigma_1{}^2\ne\sigma_2{}^2 \ (\text{양쪽검정}) \end{cases}$$

$$\sigma_1{}^2>\sigma_2{}^2 \quad (\text{한쪽검정})$$

$$\sigma_1{}^2<\sigma_2{}^2 \quad (\text{한쪽검정})$$

*** 순서 2 :** 두 모집단에서 각각 표본의 크기가 $n_1,\ n_2$ 인 표본을 취하여 표본분

산 V_1, V_2 을 구하고, 표본분산의 비 F_0 를 다음 요령에 의하여 구한다.

- 양쪽검정 : F_0 가 1보다 크도록 V_1 과 V_2 중에서 큰 쪽을 분자로 한다. 예를 들면, $V_1 > V_2$ 이면 $F_0 = \dfrac{V_1}{V_2}$ 으로 한다.
- 한쪽검정 : ${\sigma_1}^2 > {\sigma_2}^2$ 이면 $F_0 = \dfrac{V_1}{V_2}$ 으로 하고 ${\sigma_1}^2 < {\sigma_2}^2$ 이면 $F_0 = \dfrac{V_2}{V_1}$ 로 한다.

*** 순서 3 :** 유의수준 α 를 정하고 F 분포표에서 기각치를 구한다.

- 양쪽검정 : $F_0 = \dfrac{V_1}{V_2}$ 이면 $F_{1-\alpha/2}(n_1 - 1,\ n_2 - 1)$ 를, $F_0 = \dfrac{V_2}{V_1}$ 이면 $F_{1-\alpha/2}(n_2 - 1,\ n_1 - 1)$ 를 구한다.
- 한쪽검정 : ${\sigma_1}^2 > {\sigma_2}^2$ 이면 $F_{1-\alpha}(n_1 - 1,\ n_2 - 1)$ 을, ${\sigma_1}^2 < {\sigma_2}^2$ 이면 $F_{1-\alpha}(n_2 - 1, n_1 - 1)$ 를 구한다.

*** 순서 4 :** 만약 $F_0 \geq$ 기각치이면 귀무가설을 기각하고, 아니면 채택한다.

 6.6

[예제 6.1]에서는 상표 1과 상표 2의 분산이 같다고 가정하고 모평균 차에 관한 검정과 추정을 알아보았다. 이 예제의 데이터로부터 실제로 상표 1과 상표 2에 포함되어 있는 주성분 A 의 함량의 분산 ${\sigma_1}^2$ 과 ${\sigma_2}^2$ 간에는 차이가 없는가를 $\alpha = 0.05$ 에서 가설검정하라. 그리고 ${\sigma_2}^2/{\sigma_1}^2$ 의 비율에 관한 95% 신뢰구간을 구하여 보아라.

풀이

$$\begin{cases} H_0 \ : {\sigma_1}^2 \\ H_1 \ : {\sigma_1}^2 \neq {\sigma_2}^2 \end{cases}$$

이며 V_1 과 V_2 를 구하면 다음과 같다.

$$V_1 = \frac{\sum_{i=1}^{n_1} (x_i - \overline{x})^2}{n_1 - 1} = \frac{41.536}{11 - 1} = 4.1536$$

$$V_2 = \frac{\sum_{i=1}^{n_2}(y_i - \overline{y})^2}{n_2 - 1} = \frac{24.604}{10-1} = 2.7338$$

$V_1 > V_2$ 이므로 분산비 F_0 를 구하면

$$F_0 = \frac{V_1}{V_2} = \frac{4.1536}{2.7338} = 1.519$$

이고, 기각치는 유의수준 $\alpha = 0.05$ 에서

$$F_{1-\alpha/2}(n_1 - 1, n_2 - 1) = F_{0.975}(10,9) = 3.96$$

이 된다. 따라서 $F_0 = 1.519 > 3.96$ 이 성립되지 않으므로, 상표 1과 2간의 분산에는 차이가 있다고 말할 수 없다.

다음으로 σ_2^2/σ_1^2 의 95% 신뢰구간을 구하여 보자. 식(6・30)에 의하여 신뢰하한은

$$\frac{V_2}{V_1} \cdot \frac{1}{F_{1-\alpha/2}(n_2 - 1,\ n_1 - 1)} = \frac{2.7338}{4.1536} \cdot \frac{1}{F_{0.975}(9,10)}$$

$$= (0.658) \cdot \frac{1}{3.78} = 0.174$$

이고, 신뢰상한은

$$\frac{V_2}{V_1} \cdot F_{1-\alpha/2}(n_1 - 1,\ n_2 - 1) = \frac{2.7338}{4.1536} \cdot F_{0.975}(9,\ 10)$$

$$= (0.658) \cdot (3.96) = 2.606$$

이다. 따라서 σ_2^2/σ_1^2 의 95% 신뢰구간은 (0.174, 2.606)이 된다.

참고 ▷ **[예제 6.1]**에서 모분산이 같다는 가정이 성립되지 않으면 이 예제의 풀이는 맞지 않는다. 모분산이 같지 않은 경우에는 **6.1.3**절의 "모분산이 다른 경우"를 사용하여 모평균 차에 관한 추정과 검정을 실시하여야 한다. 따라서 모평균 차를 검추정할 때는 먼저 모분산의 차가 있는가를 먼저 검정한 후 실시하는 것이 바람직하다.

6.5 3개 이상의 모분산 차의 검정

3개 이상의 모집단의 분산이 같다고 볼 수 있는가에 대한 가설검정을 하고 싶은 경우가 있다. 예를 들면, 강도의 추정방법이 A, B 및 C의 3가지 방법이 있을 때, 추정방법에 따른 측정정도(σ_A^2, σ_B^2, σ_C^2)에 차이가 있지 않은가? 또는 어떤 부품이 1, 2, 3, 4호의 4대의 선반에 따라 다르지 않은가? 이상과 같은 문제에서는 검정할 귀무가설은

$$H_0 : {\sigma_1}^2 = {\sigma_2}^2 = \cdots = {\sigma_k}^2$$

이 된다.

이 가설검정에 사용되는 방법으로는 다음의 몇 가지가 알려져 있다.

(1) Bartlett 방법
(2) Hartley 방법
(3) Cochran 방법
(4) R-관리도 또는 σ-관리도에 의한 방법

관리도에 의한 방법은 13장에서 다루기로 하고, 여기에서는 Bartlett 방법과 Hartley 방법만을 설명하기로 한다.

6.5.1 Bartlett 방법

k 개의 모집단으로부터 크기가 각각 $n_1, n_2, \cdots, n_k$ 인 표본을 추출하여 표본분산

$$V_i = \frac{\sum_{j=1}^{ni}(X_{ij} - \overline{X}_i)^2}{n_i - 1}, \ i = 1, 2, \cdots, k$$

을 구하였다 하자. 이 때 V_i 의 자유도 $n_i - 1$ 로 가중산술평균

$$V_w = \frac{\sum_{j=1}^{k}(n_i - 1)V_i}{\sum_{i=1}^{k}(n_i - 1)} = \frac{\sum_{i=1}^{k}(n_i - 1)V_i}{(n-k)} \tag{6·32}$$

를 만들고, 또한 자유도로 가중된 기하평균

$$V_g = [V_1^{n_1-1} V_2^{n_2-1} \cdots V_k^{n_k-1}]^{\frac{1}{n-k}} \tag{6·33}$$

을 생각해 보자. 여기서 n 은 $n=\sum_{i=1}^{k} n_i$ 을 의미한다.

V_w 와 V_g 간에는

$$V_w \geq V_g$$

의 관계가 성립한다. 여기서 등식(=)은 $V_1 = V_2 = \cdots V_k$ 의 경우에만 만족된다. 그리고 $V_1, V_2, \cdots, V_k$ 간에 차이가 크면 클수록 V_w 가 V_g 보다 커지게 된다. 따라서 V_w / V_g 의 비를 구하여 이 값이 1에 가까우면 모든 모분산 $\sigma_1^2, \sigma_2^2, \cdots, \sigma_k^2$ 이 같다고 믿을 수 있고, 이 값이 1보다 매우 큰 값이면 모분산들간에 차이가 있다는 증거가 된다. 또한

$$\log(V_W / V_g) = \log V_w - \log V_g$$

을 고려하여도 유사한 결론을 내릴 수 있다. 즉, 이 값이 0에 가까우면 모분산간에 차이가 없고, 0보다 많이 크면 차이가 있다는 증거가 된다.

M.S. Bartlett는 $\log V_w - \log V_g$ 의 함수로서 만들어진 통계량

$$B = \frac{2.302585}{c}(n-k)(\log V_w - \log V_g) \tag{6·34}$$

는 $\sigma_1^2 = \sigma_2^2 = \cdots = \sigma_k^2$ 의 가정하에서 n 이 충분히 큰 경우에 대략적으로 자유도 $(k-1)$ 인 χ^2 분포를 함을 증명하였다. 식(6·34)에서 2.302585는 상용대수(common logarithm)에서 자연대수(natural logarithm)로 바꿀 때 곱해지는 상수이고, c 는

$$c = 1 + \frac{1}{3(k-1)}\left[\sum_{i=1}^{k}\frac{1}{n_i - 1} - \frac{1}{n-k}\right] \qquad (6 \cdot 35)$$

로 언제나 1보다 큰 값을 갖는 상수이다.

따라서 위의 결과를 정리하여 검정절차를 만들면 다음과 같다.

* **순서 1** : 귀무가설과 대립가설을 세운다.

$$\begin{cases} H_0 = \sigma_1^{\ 2} = \sigma_2^{\ 2} = \cdots = \sigma_k^{\ 2} \\ H_1 : \text{모든 } \sigma_i^{\ 2} \text{ 이 같지는 않다.} \end{cases}$$

* **순서 2** : 각 모집단으로부터 크기 $n_1,\ n_2,\ \cdots,\ n_k$ 의 표본을 추출하여 표본분산 $V_i,\ i = 1,\ 2,\ \cdots,\ k$ 를 구하고, 식(6・32), (6・33)에 있는 가중산술평균과 가중기하평균 V_w , V_g 을 구한다. 또한 식(6・34)의 통계량 B 의 값을 구한다.

* **순서 3** : 유의수준 α 를 정하고, 기각치 $\chi^2_{1-\alpha}(k-1)$ 를 구한다.

* **순서 4** : 통계량의 값 B 가 $\chi^2_{1-\alpha}(k-1)$ 보다 크면 H_0 를 기각하고, 아니면 채택한다.

예제 6.7

3개의 생산라인(production line)에서 같은 제품을 생산해 내고 있다. 생산라인에 따라 제품의 어떤 품질특성치의 산포에 차이가 있는가를 보기 위하여 각 생산라인에서 만들어진 제품 중에서 랜덤하게 20개, 17개, 21개를 취하여 그 품질 특성을 재고 $V_1,\ V_2,\ V_3$ 를 각각 계산하여 다음의 결과를 얻었다.

세 모집단의 분산이 모두 같은가 아닌가를 $\alpha = 0.05$ 로 검정하라.

모집단	표본의 크기	표본분산
생산라인 1	20	V_1 =415
생산라인 2	17	V_2 =698
생산라인 3	21	V_3 =384

풀이

$H_0 : {\sigma_1}^2 = {\sigma_2}^2 = {\sigma_3}^2$

$H_1 : {\sigma_1}^2,\ {\sigma_2}^2,\ {\sigma_3}^2$ 이 모두 같지는 않다.

위의 가설검정을 하기 위하여 먼저 식(6・32)의 V_w 를 구하면 $n = n_1 + n_2 + n_3 = 58$, $k = 3$ 이므로

$$V_w = \frac{1}{n-k}\sum_{i=1}^{k}(n_i - 1)V_i$$
$$= \frac{1}{58-3}[(19)(415) + (16)(698) + (20)(384)] = 486.05$$

가 되고, 따라서 $\log V_w = \log 486.05 = 2.68668$ 이 된다. 다음으로 식(6・33)의 V_g 에 대하여 log을 취하면

$$\log V_g = \frac{1}{n-k}\sum_{i=1}^{k}(n_i - 1)\log V_i$$
$$= \frac{1}{58-3}[19\log 415 + 16\log 698 + 20\log 384]$$
$$= \frac{1}{55}(146.93131) = 2.67148$$

을 얻는다. 또한 식(6・35)의 c 의 값은

$$c = 1 + \frac{1}{3(3-1)}\left[\left(\frac{1}{19} + \frac{1}{16} + \frac{1}{20}\right) - \frac{1}{58-3}\right] = 1.02449$$

이므로, 식(6・34)이 통계량 B 의 값은

$$B = \frac{2.302585}{1.02449}(58-3)(2.68668 - 2.67184) = 1.879$$

가 된다. 유의수준 $\alpha = 0.05$ 에서 기각치는 $\chi^2_{1-\alpha}(k-1) = \chi^2_{0.95}(2) = 5.99$ 이므로 $B = 1.879 < 5.99$ 로서 귀무가설을 기각할 수 없다. 즉, 생산라인 1, 2, 3간에는 모분산의 차이가 있다고 볼 수 없다.

6.5.2 Hartley 방법

앞의 Bartlett 방법은 표본이 크기가 달라도 쓸 수 있는 검정방법이나, Hartley의 방법은 표본의 크기가 모두 동일한 경우($n_i = n$, $i = 1, 2, \cdots, k$) 에만 사용되는 방법으로, 계산이 간단하므로 표본의 크기가 같은 경우에는 이 방법이 자주 사용된다.

정규분포 $N(\mu_1, \sigma_1^2), N(\mu_2, \sigma_2^2), \cdots, N(\mu_k, \sigma_k^2)$ 에 따르는 k 개의 모집단에서 각각 크기 n 의 표본을 구하여 표본분산 $V_1, V_2, \cdots, V_k$ 를 구하였다 하자. 이 중에서 가장 큰 분산을 $V_{\max}$, 가장 작은 분산을 $V_{\min}$ 이라고 하자. 그러면 검정통계량

$$H_0 = \frac{V_{\max}}{V_{\min}} \tag{6・36}$$

은 $\sigma_1^2 = \sigma_2^2 = \cdots = \sigma_k^2$ 의 가정하에서 자유도 $(k, n-1)$ 을 갖는 H 분포에 따름을 H.O. Hartley는 보여 주었다.

식(6・36)의 H_0 의 값이 크면 모분산들이 다르다고 볼 수 있으며, H_0 의 값이 1에 가까이 갈수록 모분산들은 같다고 볼 수 있다. 가설검정은 다음과 같은 순서에 의하여 수행한다.

* **순서 1**: 귀무가설과 대립가설을 세운다.

$$\begin{cases} H_0 : \sigma_1^2 = \sigma_2^2 = \cdots = \sigma_k^2 \\ H_1 : \text{모든 } \sigma_i^2 \text{ 들이 같지는 않다.} \end{cases}$$

* **순서 2**: 각 모집단으로부터 크기 n 의 표본을 구하여 표본분산 V_i, $i = 1, 2, \cdots, k$ 를 구한다. 이 중에서 가장 큰 분산을 $V_{\max}$, 가장 작은 분산을 $V_{\min}$ 으로 하고, 그 비

$$H_0 = \frac{V_{\max}}{V_{\min}}$$

을 구한다.

* **순서 3**: 유의수준 α 에서 **<표 6.3>**의 H 분포표를 이용하여 기각치 $H_{1-\alpha}(k, n-1)$ 를 구한다.

*** 순서 4 :** 만약 $H_0 \geq H_{1-\alpha}(k,\ n-1)$ 이면 H_0 를 기각하고, 아니면 채택한다.

표 6.3 $H_{1-\alpha}(k,\ n-1)$

$\alpha = 0.05$

n-1 \ k	2	3	4	5	6	7	8	9	10	11	12
2	39.0	87.5	142	202	266	333	403	475	550	626	704
3	15.4	27.5	39.2	50.7	62.0	72.9	83.5	93.9	104	114	124
4	9.60	15.5	20.6	25.2	29.5	33.6	37.5	41.1	44.6	48.0	51.4
5	7.15	10.8	13.7	16.3	18.7	20.8	22.9	24.7	26.5	28.2	29.9
6	5.82	8.38	10.4	12.1	13.7	15.0	16.3	17.5	18.6	19.7	20.7
7	4.99	6.94	8.44	9.70	10.8	11.8	12.7	13.5	14.3	15.1	15.8
8	4.43	6.00	7.18	8.12	9.03	9.78	10.5	11.1	11.7	12.2	12.7
9	4.03	5.34	6.31	7.11	7.80	8.41	8.95	9.43	9.91	10.3	10.7
10	3.72	4.85	5.67	6.34	6.92	7.42	7.87	8.28	8.66	9.01	9.34
12	3.28	4.16	4.79	5.30	5.72	6.09	6.42	6.72	7.00	7.25	7.48
15	2.86	3.54	4.01	4.37	4.68	4.95	5.19	5.40	5.59	5.77	5.93
20	2.46	2.95	3.29	3.54	3.76	3.94	4.10	4.24	4.37	4.49	4.59
30	2.07	2.40	2.61	2.78	3.91	3.02	3.12	3.21	3.29	3.36	3.39
60	1.67	1.85	1.96	2.04	2.11	2.17	2.22	2.26	2.30	2.33	2.36
∞	1.00	1.00	1.00	1.00	1.00	1.00	1.00	1.00	1.00	1.00	1.00

$\alpha = 0.01$

n-1 \ k	2	3	4	5	6	7	8	9	10	11	12
2	199	448	729	1,036	1,362	1,705	2,063	2,432	2,813	3,204	3,605
3	47.5	85	120	151	184	216	249	281	310	337	361
4	23.2	37	49	59	59	79	89	97	106	113	120
5	14.9	22	28	33	38	42	46	50	54	57	60
6	11.1	15.5	19.1	22	25	27	30	32	34	36	37
7	8.89	12.1	14.5	16.5	18.4	20	22	23	24	26	27
8	7.50	9.9	11.7	13.2	14.5	15.8	16.9	17.91	18.9	19.8	21
9	6.54	8.5	9.9	11.1	12.1	13.1	13.9	14.7	15.3	16.0	16.6
10	5.85	7.4	8.6	9.69	10.4	11.1	11.8	12.4	12.9	13.4	13.9
12	4.91	6.1	6.9	7.6	8.2	8.7	9.1	9.5	9.9	10.2	10.6
15	4.07	4.9	5.5	6.0	6.4	6.7	7.1	7.3	7.5	7.8	8.0
20	3.32	3.8	4.3	4.6	4.9	5.1	5.3	5.5	5.6	5.8	5.9
30	2.63	3.0	3.3	3.4	3.6	3.7	3.8	3.9	4.0	4.1	4.2
60	1.96	2.2	2.3	2.4	2.4	2.5	2.5	2.6	2.6	2.7	2.7
∞	1.00	1.00	1.00	1.00	1.00	1.00	1.00	1.00	1.00	1.00	1.00

예제 6.8

(단위 : cm)

프레스 기계	1호	2호	3호	4호
데이터	10.25	10.10	10.01	10.11
	10.10	10.29	10.21	10.07
	10.20	10.35	10.07	10.18
	10.14	10.19	10.29	10.23
	10.36	10.17	10.27	10.02

어떤 기계부품의 프레스 작업에 4대의 프레스 기계(1, 2, 3, 4호)를 사용하고 있다. 각 프레스 기계에서 제조된 부품의 로트로부터 각각 5개씩 랜덤 샘플링하여 그 두께를 측정한 다음과 같은 데이터로부터 두께의 산포(분산으로 측정하는 경우)는 기계에 따라 차이가 있는가를 $\alpha=0.05$ 에서 가설검정하라.

풀이

$n=5,\ k=4$ 이며 표본분산을 계산하면

$$V_1 = \sum_{i=1}^{5}(x_{1i}-\overline{x}_1)^2/4$$

$$= \frac{(10.25-10.21)^2+\ldots+(10.36-10.21)^2}{4} = 0.0103$$

이고 같은 방법으로,

$$V_2 = 0.0099\ , \qquad V_3 = 0.0154\ , \qquad V_4 = 0.0071$$

을 얻는다. 이상의 계산결과 $V_{\max}=V_3=0.0154$, $V_{\min}=V_4=0.0071$ 이므로 검정통계량의 값은

$$H_0 = \frac{V_{\max}}{V_{\min}} = \frac{0.0154}{0.0071} = 2.169$$

가 된다. 유의수준 $\alpha=0.05$ 에서 기각치는 $H_{0.95}(4,4)=20.6$ 이다. 따라서 $H_0=2.169>20.6$ 이 성립되지 않으므로, 유의수준 $\alpha=0.05$ 에서 모분산은 같지 않다고 말할 수는 없다. 즉, 4대의 프레스 기계에서 만들어지는 기계부품의 산포에는 차이가 있다고 말할 수 없다.

연습문제

6.1 25마리의 젖소를 키우는 목장에서 두 종류의 사료가 우유의 생산량에 미치는 영향의 차이를 조사하고자 하여 임의로 선택된 12마리에게는 한 종류의 사료를 주고, 나머지에게는 다른 종류의 사료를 주어 3주일간 조사한 결과 다음과 같은 결과를 얻었다. 우유 생산량은 정규분포에 따른다고 가정한다.

(단위 : kg)

사료 1	44	44	56	46	47	38	58	53	49	35	46	30	41
사료 2	35	47	55	29	40	39	32	41	42	57	51	39	

(1) 모분산 σ_1^2 과 σ_2^2 이 같은가를 가설검정하라($\alpha = 0.05$).

(2) 위의 (1)의 결과에 따라 사료에 따른 우유 생산량 $\mu_1 - \mu_2$ 의 95% 신뢰구간을 구하라.

(3) 이 자료로부터 사료 2를 사용하는 경우, 사료 1보다 우유 생산량이 적다고 말할 수 있는가? 이를 유의수준 5%로 검정하라.

6.2 어떤 화학제품 안에 들어 X 성분의 양을 두 가지 측정방법에 의해서 측정한 데이터는 다음과 같다. 어느 것이나 정규분포에 따르고 모 표준편차는 $\sigma = 0.2\%$ 이다.

(단위 : %)

방법 1	7.55	7.74	7.69	7.71	7.73	7.81	7.53	7.94
방법 2	7.92	7.77	7.75	7.78	8.13	7.99	7.83	8.00

(1) 두 모집단의 평균의 차 $\mu_1 - \mu_2$ 의 95% 신뢰구간을 구하라.

(2) $\begin{cases} H_0 : \mu_1 = \mu_2 \\ H_1 : \mu_1 \neq \mu_2 \end{cases}$

의 가설검정을 실시하라 ($\alpha = 0.05$).

6.3 한 여성단체에서 같은 직종에 근무하는 여직원과 남직원을 비교하여 남녀가 같은 정도의 봉급을 받고 있는지 조사하였다. 같은 직종에 근무하는 직원 중에서 랜덤하게 추출하여 조사한 결과 다음이 데이터를 얻었다.

	남자	여자
표본의 크기	100	80
평 균 봉 급	253,000원	200,800원
표 준 편 차	42,000원	53,000원

(1) 남녀간의 평균 봉급의 차에 관한 90% 신뢰구간을 구하라.

(2) μ_1 을 남자 봉급의 모평균, μ_2 를 여자 봉급의 모평균이라 할 때,

$$\begin{cases} H_0 \ : \ \mu_1 = \mu_2 \\ H_1 \ : \ \mu_1 > \mu_2 \end{cases}$$

를 $\alpha = 0.05$ 에서 가설검정하라.

6.4 어떤 유기합성반응에서 반응온도를 70℃와 80℃로 하여 1일 각 1회씩 전체적으로 10일간에 걸쳐 합성을 시킨 후 그 비중을 측정하였다. 비중은 정규분포에 따른다고 가정한다.

실험일 번호	70℃	80℃
1	0.83	0.80
2	0.88	0.85
3	0.87	0.83
4	0.83	0.80
5	0.79	0.76
6	0.83	0.81
7	0.83	0.78
8	0.78	0.76
9	0.90	0.85
10	0.85	0.82

(1) 두 조건의 비중의 차의 99% 신뢰구간을 구하라.

(2) 70℃의 비중의 모평균을 μ_1 , 80℃의 비중의 모평균을 μ_2 라고 할 때

$$\begin{cases} H_0 \ : \ \mu_1 = \mu_2 \\ H_1 \ : \ \mu_1 > \mu_2 \end{cases}$$

의 가설검정을 $\alpha = 0.01$ 에서 실시하라.

6.5 어떤 반응공정의 수율(%)을 상승시킬 목적으로 촉매의 첨가량을 1.0%, 1.5%, 2.0%, 2.5%로 바꾸어 각 4회씩 실험하였다. 첨가량이 1.0%에서 2.5%로 차례로 바뀜에 따라서 수율은 각기 정규분포 $N(\mu_i,\ \sigma_i^{\ 2})$, $i=1,\ 2,\ 3,\ 4$ 에 따른다고 가정한다.

1.0%	1.5%	2.0%	2.5%
84.3	87.3	89.5	92.0
83.9	86.8	89.8	93.1
84.2	87.2	90.1	92.8
84.5	87.0	90.5	93.0

(1) $\sigma_1^{\ 2},\ \sigma_2^{\ 2},\ \sigma_3^{\ 2},\ \sigma_4^{\ 2}$ 이 모두 같다고 볼 수 있는가를 $\alpha=0.05$ 에서 가설검정하라.

(2) $\sigma_i^{\ 2},\ \ u=1,\ 2,\ 3,\ 4$ 이 동일한 경우에 수율의 모평균이 모두 같다는 가설검정을 실시하라.$(\alpha=0.05\ )$

6.6 3대의 기계에서 만들어지는 부품의 치수(mm)가 같은가를 알기 위하여 각 기계에서 만들어지는 제품 중에서 랜덤하게 추출하여 측정한 결과 다음의 데이터를 얻었다.
부품의 치수는 정규분포를 따르고, 모분산은 모두 같다고 가정할 때, 기계 1, 2, 3의 모평균간에 차가 있는가, 없는가를 $\alpha=0.05$ 에서 가설검정하라.

기계 1	기계 2	기계 3
15.4	14.8	15.5
15.2	14.9	15.4
14.9	15.0	15.3
15.0	15.1	15.4
	15.2	15.7
	15.4	

6.7 앞의 연습문제 **6.4**에서 80℃에서 모은 10개의 데이터로부터 80℃에서 얻어지는 비중의 모분산의

(1) 90% 신뢰구간을 구하라.

(2) 모분산 σ^2 의 가설검정 $H_0:\sigma^2=0.0025$, $H_1:\sigma^2\neq 0.0025$ 을 $\alpha=0.05$ 에서 실시하라.

6.8 연습문제 **6.2**에서 방법 1의 분산을 σ_1^2, 방법 2의 분산을 σ_2^2 이라 할 때,

(1) σ_1^2/σ_2^2 의 95% 신뢰구간을 구하라.

(2) σ_1^2/σ_2^2 의 95% 신뢰구간을 구하라.

(3) $H_0 : \sigma_1^2 = \sigma_2^2$, $H_1 : \sigma_1^2 \neq \sigma_2^2$ 을 $\alpha = 0.05$ 에서 가설검정하라.

6.9 연습문제 **6.6**에서 기계 1, 2, 3의 분산을 σ_1^2, σ_2^2, σ_3^2 이라고 할 때, $H_0 : \sigma_1^2 = \sigma_2^2 = \sigma_3^2$ 이 옳은가 아닌가를 $\alpha = 0.05$ 에서 가설검정하라.

제7장

계수치의 추정과 검정

5장에서는 추정과 검정의 사고방식을, 그리고 6장에서는 계량치에 관한 추정과 검정의 방법을 설명하였다. 품질관리를 수행할 때 있어서 일반적으로 길이, 무게, 수율 등과 같은 계량적 데이터 이외에 부적합개수, 부적합품률, 흠의 수 등과 같은 계수치의 데이터도 많이 있다. 그리고 계량치의 데이터라 할지라도 이 데이터를 층별하여 계수적으로 해석해 보고 싶은 경우에는 계수치를 병용하여 사용할 필요가 있다.

이 장에서는 계수치 데이터의 해석방법을 다루기로 한다. 계량치의 경우에는 모집단의 분포가 일반적으로 정규분포를 한다는 가정 아래 취급하였다. 그러나 계수치의 경우에는 보통 그 분포가 이항분포 또는 포아송분포라고 가정하여 취급해 나간다. 기존에는 계수치의 추정과 검정에서 불량개수, 불량률 등의 용어가 사용되었으나, 한국산업규격에서는 불량을 부적합품(nonconforming unit, nonconforming item)으로, 결점을 부적합(nonconformity)으로 변경되었다. 이에 따라 본 책자에서는 새로운 용어를 사용한다는 것을 알려둔다.

1, 2절에서는 모비율(population proportions)에 관한 추정과 검정을 다루기로 한다. 모비율의 대표적인 것은 부적합품률(percentage of nonconforming items)이라고 볼 수 있으며, 이외에도 이직률, 결근률 등도 모비율에 속한다. 3절에서는 부적합수라는 이름으로 설명하고 있으나, 부적합수 이외에도 단위면적당 흠의 수, 단위 길이당 사절수 등과 같이 포아송분포를 하는 것이라면 이 방법을 사용할 수가 있다. 4, 5절에서는 적합도(goodness-of-fit)와 독립성(independence)에 관한 검정방법을 알아보기로 한다.

7.1 모비율의 추정과 검정

7·1·1 모비율의 추정

제조현장에서 모비율을 나타내는 대표적인 것이 모부적합품률이다. 이에 따라 먼저 모부적합품률에 대하여 그 추정방법을 다루고 다음에 모비율 검정방법에 대하여 알아보자. 어떤 공정이 관리상태에 있고 그 부적합품률이 p 라면, 이 공정(무한모집단으로 간주됨)으로부터 랜덤하게 채취한 크기 n 의 표본(시료라고도 흔히 부름) 가운데 발견되는 부적합품의 개수 X는, n 과 p 에 의하여 결정되는 이항분포 $B(n, p)$ 에 따른다. 이항분포 $B(n, p)$ 는 $np \geq 5$ 이고 $n(1-p) \geq 5$ 일 때는 정규분포에 근사해지며, 확률변수 X 의 기대값과 분산은 **<정리 4.6>**에 의하여 $E(X)=np$, $V(X)=np(1-p)$ 가 된다.(제4장 이항분포 참조)

표본의 부적합품률

$$\hat{p}=\frac{X}{n}$$

을 생각하여 보자. X가 확률변수이므로 $\hat{p}$ 도 하나의 확률변수이며 그 기대값, 분산, 표준편차는 식(5・13)에서 밝힌 바와 같이

$$E(\hat{p})=p$$

$$\left.\begin{aligned} V(\hat{p}) &= \frac{p(1-p)}{n} \\ D(\hat{p}) &= \sqrt{\frac{p(1-p)}{n}} \end{aligned}\right\} \text{무한 모집단인 경우}$$

$$\left.\begin{aligned} V(\hat{p}) &= \frac{N-n}{N-1}\cdot\frac{p(1-p)}{n} \\ D(\hat{p}) &= \sqrt{\frac{N-n}{N-1}\cdot\frac{p(1-p)}{n}} \end{aligned}\right\} \text{유한 모집단인 경우}$$

이다.

무한 모집단인 경우에 대하여 고려하여 보자. 만약 n 이 충분히 큰 경우에는 $\hat{p}$ 의 분포도 근사적으로 정규분포에 따른다. 따라서 식(4・57)에서 설명된 바와 같은 정규분포의 표준화에 의하여

$$U = \frac{\hat{p} - E(\hat{p})}{D(\hat{p})} = \frac{\hat{p} - p}{\sqrt{\dfrac{p(1-p)}{n}}} \qquad (7 \cdot 1)$$

는 대략적으로 표준정규분포 $N(0,\ 1)$ 에 따른다.

식(7・1)의 확률변수 U가 표준정규분포에 따르므로

$$P\left[-u_{1-\alpha/2} \le \frac{\hat{p} - p}{D(\hat{p})} \le u_{1-\alpha/2}\right] = 1 - \alpha$$

와 같은 확률관계가 성립하고, 이를 p 에 관하여 정리하면

$$P[\hat{p} - u_{1-\alpha/2} D(\hat{p}) \le p \le \hat{p} + u_{1-\alpha/2} D(\hat{p})] = 1 - \alpha$$

를 얻는다.

그런데 표본의 크기 n 이 큰 경우에는 $\hat{p}$ 의 표준편차를 그의 추정량

$$D(\hat{p}) = \sqrt{\frac{\hat{p}(1-\hat{p})}{n}}$$

으로 대치할 수 있으므로, 모부적합품률 p 의 $100(1-\alpha)\%$ 신뢰구간은 근사적으로 다음과 같다.

$$\left[\hat{p} - u_{1-\alpha/2}\sqrt{\frac{\hat{p}(1-\hat{p})}{n}},\ \hat{p} + u_{1-\alpha/2}\sqrt{\frac{\hat{p}(1-\hat{p})}{n}}\right] \qquad (7 \cdot 2)$$

7.1.2 모비율의 검정

5장에서는 이항분포의 모수인 모부접합품률에 대한 가설검정에서 이항분포를 이용하여 기각역을 결정하는 방법을 설명하였다. 실제로 이처럼 표본의 크기 n 이

작을 때에는 이항분포를 사용하여야 한다. 그러나 계산이 복잡하고 유의수준을 정할 때에도 어려움이 생기므로, n 이 큰 경우에는 이항분포를 사용하지 않고, 이항분포가 정규분포에 근사한다는 이론을 이용하여, 정규분포를 사용하는 검정방법을 택하고 있다.

모부접합품률 p 에 관한 가설

$$\begin{cases} H_0 \ : \ p = p_0 \\ H_1 \ : \ p \neq p_0 \end{cases}$$

에 대하여 n 이 충분히 큰 경우($np_0 \geq 5,\ n(1-p_0) \geq 5$ 인 경우)의 검정방법을 알아보자. X가 n 개 중의 부적합수라 한다면 표본의 부적합품률 $\hat{p}=\dfrac{X}{n}$ 는 근사적으로 평균 p 이고 표준편차 $\sqrt{p(1-p)/n}$ 인 정규분포에 따르므로 귀무가설이 사실이라면 $\hat{p}$ 의 분포는 근사적으로 $N(n_0,\ p_0(1-p_0)/n)$ 에 따른다.

따라서 표준화된 통계량

$$U_0 = \frac{\hat{p} - p_0}{\sqrt{\dfrac{p_0(1-p_0)}{n}}} \tag{7・3}$$

은 근사적으로 $N(0,1)$ 에 따르고, 기각역은 양쪽 검정이므로 $|U_0| \geq u_{1-\alpha/2}$ 가 될 것이다.

표본의 크기가 큰 경우에 모부적합품률 p 에 대하여 정규분포 근사법에 의한 가설검정 절차를 적어보면 다음과 같다.

＊ 순서 1 : 귀무가설과 대립가설을 세운다.

$$H_0 \ : \ p = p_0$$

$$H_1 \ : \begin{cases} p \neq p_0 \ (\text{양쪽검정}) \\ p > p_0 \ \text{또는} \ p < p_0 \ (\text{한쪽검정}) \end{cases}$$

* **순서 2** : 크기 n 인 표본을 취하여 표본의 부적합품률 $\hat{p} = \frac{X}{n}$ 을 구한 후에 식(7・3)의 검정 통계량의 값

$$u_0 = \frac{\hat{p} - p_0}{\sqrt{\frac{p_0(1-p_0)}{n}}}$$

을 구한다.

* **순서 3** : 유의수준 α 를 정하고, 양쪽검정인가, 한쪽검정인가에 따라 기각치 $u_{1-\alpha/2}$ 또는 $u_{1-\alpha}$ 를 구한다.

* **순서 4** : 판정을 내린다.

양쪽검정 $(p \neq p_0)$: 만약 $|u_0| \geq u_{1-\alpha/2}$ 이면 H_0 를 기각한다.

한쪽검정 $\begin{cases} (p > p_0) : \text{만약 } u_0 \geq u_{1-\alpha/2} \text{ 이면 } H_0 \text{ 를 기각한다.} \\ (p < p_0) : \text{만약 } u_0 \leq -u_{1-\alpha/2} \text{ 이면 } H_0 \text{ 를 기각한다.} \end{cases}$

예제 7.1

어떤 TV공장에서는 컬러 TV용 튜너의 부적합에 의하여 화면의 흐림이 발생되므로 튜너의 불량문제를 중요한 품질문제로 생각하고 있다. 과거의 데이터에 의하면 튜너의 부적합품률이 5.5%로 집계되었다. 이 부적합품률을 줄이기 위해 그 원인을 조사한 결과, 납땜을 할 때에 열적 쇼크에 의하여 콘덴서가 갈라지는 불량이 주요 원인으로 지적되었다. 납땜의 가열방법을 개량하여 콘덴서의 예비가열 공정을 새로 추가하기로 하였다. 개량된 새 공정에서는 튜너의 부적합률이 감소되었는가를 확인하기 위하여 새공정에서 만들어진 200대의 튜너를 랜덤하게 채취하여 검사하였더니 4개가 부적합품으로 판명되었다. 만약 공정의 개량으로 부적합품률이 감소했다면 콘덴서의 예비가열공정을 작업표준으로 개정하려고 한다. 튜너의 부적합품률이 5.5% 미만으로 감소되었는가를 가설 검정을 하고 신뢰구간을 구하라. 유의수준으로 $\alpha = 0.05$ 를 사용하시오.

풀이

이 문제에서 검정하고자 하는 가설은 다음과 같다.

$$\begin{cases} H_0 \ : \ p = 0.055 \\ H_1 \ : \ p < 0.055 \end{cases}$$

먼저 정규분포를 활용할 수 있는가를 파악하기 위하여 표본의 크기가 충분히 큰가를 확인한다.

$$np_0 = 200(0.055) = 11 \geq 5$$

$$n(1-p_0) = 200(0.945) = 189 \geq 5$$

가 성립하므로, 표본의 크기는 충분히 커서 정규분포 근사법을 이용할 수 있다. 따라서 표본의 부적합품률 $\hat{p}$ 와 식(7・3)의 검정통계량의 값을 구하면

$$\hat{p} = \frac{X}{n} = \frac{4}{200} = 0.02$$

$$u_0 = \frac{\hat{p} - p_0}{\sqrt{\dfrac{p_0(1-p_0)}{n}}} = \frac{0.02 - 0.055}{\sqrt{\dfrac{(0.055)(1-0.055)}{200}}} = -2.17$$

이 된다. 유의수준 $\alpha = 0.05$ 에서 기각치는 $u_{0.95} = 1.64$ 이므로

$$u_0 = -2.17 < -u_{.0.95} = -1.64$$

이 성립되어 귀무가설이 기각된다. 따라서 개량된 공정에서의 튜너의 부적합품률은 5.5% 미만으로 감소되었다고 할 수 있다.

그리고 새로운 공정의 튜너 부적합품률 p 의 95% 신뢰구간은 식(7・2)에 의하여 다음과 같다.

$$\hat{p} \pm u_{0.975}\sqrt{\frac{\hat{p}(1-\hat{p})}{n}} = 0.02 \pm 1.96\sqrt{\frac{(0.02)(0.98)}{200}}$$

$$= 0.02 \pm 0.019 = (0.01,\ 0.039)$$

표본의 크기가 충분히 크지 않는 경우($np_0 \geq 5,\ n(1-p_0) \geq 5$ 가 성립되지 않는 경우)에는 정규분포에 의한 근사법을 사용하기 곤란하며 이항분포를 직접 이용하는 방법을 채택하여야 한다. 모부적합품률 p에 대하여 귀무가설

$$H_0 \ :\ p = p_0$$

의 검정시에 표본의 크기 n 개 중에서 x 개가 부적합품수라고 하고, $\sum p(x)$ 를 H_0의 조건하에서 이항분포의 부분합

$$\sum p(x) = \sum \binom{n}{x} {p_0}^x (1-p_0)^{n-x}$$

이라고 하면, **<표 7.1>**과 같은 대립가설과 기각역이 정해진다.

부록의 **<표 A-5>**에는 누적 이항확률

$$P[X \leq c] = \sum_{x=0}^{c} p(x) = \sum_{x=0}^{c} \binom{n}{x} p^x (1-p)^{n-x}$$

의 값들이 수록되어 있다. 이 표를 이용하여 **<표 7.1>**의 통계량의 값을 수월하게 얻을 수 있다.

표 7.1 $H_0 \ :\ p = p_0$ **의 검정(표본의 크기가 작은 경우의 직접법)**

검정통계량의 값	대립가설 (H_1)	기각역
$\sum_0^x p(x)$ 또는 $\sum_x^n p(x)$	$p \neq p_0$	$\sum_0^x p(x) \leq \frac{\alpha}{2}$ 또는 $\sum_x^n p(x) \leq \frac{\alpha}{2}$
$\sum_x^n p(x)$	$p > p_0$	$\sum_x^n p(x) \leq \alpha$
$\sum_0^x p(x)$	$p < p_0$	$\sum_0^x p(x) \leq \alpha$

7.2

어떤 공정의 부적합품률이 10%보다 큰가 아닌가를 확인하기 위하여, 이 공정에서 만들어지는 제품을 25개 랜덤 추출하여 부적합품의 수를 세어보니 4개였다. 부적합품률이 10%보다 크다고 볼 수 있는가를 $\alpha = 0.05$ 로 검정하라.

풀이

귀무가설과 대립가설은

$$\begin{cases} H_0 \ : \ p = 0.1 \\ H_1 \ : \ p > 0.1 \end{cases}$$

으로 설정할 수 있다. 표본의 크기가 충분히 커서 정규분포 근사법을 사용할 수 있는가 보기 위하여 검토하여 보자.

$$np_0 = (25)(0.1) = 2.5 < 5$$

이므로, 이 경우에는 근사법을 사용할 수 없고, 이항분포를 사용한 직접방법을 사용하여야 한다. **<표 7.1>**에 있는 검정통계량 $\sum_x^n p(x)$ 의 값은 $x = 4$ 이므로 부록의 **<표 A-5>**를 이용하여

$$\sum_x^n p(x) = \sum_{x=4}^{25} p(x) = 1 - \sum_{x=0}^{3} p(x) = 1 - 0.764 = 0.236$$

을 얻는다. 따라서 $\sum_x^n p(x) = 0.236 \leq 0.05$ 가 성립되지 않으므로 검정통계량의 값은 기각역에 위치하지 않으며, 귀무가설을 기각할 수 없다. 즉, 모부적합품률은 10%보다 크다고 할 수 없다.

7.1.3 표본 크기의 결정

5장의 3절에서 모평균 μ 를 추정하기 위한 표본을 취할 때 그 크기를 결정하는 방법을 설명하였다. 모비율 p 의 추정을 위한 표본 크기의 결정도 비슷한 방법을 사용하여 구한다.

먼저 무한모집단인 경우를 살펴보자. 모비율 p 의 $100(1-\alpha)\%$ 신뢰구간이 $\hat{p} \pm u_{1-\alpha/2}\sqrt{\frac{p(1-p)}{n}}$ 으로 주어지므로 그 오차한계(error bound)는

$$u_{1-\alpha/2}\sqrt{\frac{p(1-p)}{n}}$$

이다. 따라서 $100(1-\alpha)\%$의 확신을 갖고 오차한계가 d 이내이도록 하려면

$$u_{1-\alpha/2}\sqrt{\frac{p(1-p)}{n}} = d$$

가 성립되어야 한다. 이것을 n 에 대하여 풀면

$$n = p(1-p)\left[\frac{u_{1-\alpha/2}}{d}\right]^2 \qquad (7 \cdot 4)$$

이 된다.

다음으로 유한 모집단인 경우에는 그 오차한계가 d 이내이도록 하려면

$$u_{1-\alpha/2}\sqrt{\frac{p(1-p)}{n}} \cdot \sqrt{\frac{N-n}{N-1}} = d$$

가 성립되는 n 을 구해야 한다. 여기서 $N-1 = N$ 으로 놓고 n 에 대하여 풀면

$$n = \frac{p(1-p)}{\left[\frac{d}{u_{1-\alpha/2}}\right]^2 + \frac{p(1-p)}{N}} \qquad (7 \cdot 5)$$

를 얻을 수 있다. 그러나 식$(7 \cdot 4)$와 $(7 \cdot 5)$의 공식은 미지의 모수에 의존하기 때문에 사용할 수 없다. 따라서 p 에 대한 아무런 지식이 없다면 $p(1-p)$ 의 최대값이 $\frac{1}{4}$ 임을 이용하여 무한모집단인 경우에

$$n = \frac{1}{4}\left[\frac{u_{1-\alpha/2}}{d}\right]^2$$

을 사용하면 요구되는 정도를 만족시킬 수 있다. 만약 p 값이 근사적으로 p^* 라고 알고 있다면 표본의 크기는

$$n = p^*(1-p^*)\left[\frac{u_{1-\alpha/2}}{d}\right]^2$$

이 된다. 유한모집단도 같은 방법으로 취급하여 준다. 만약 p 의 값이 어떤 구간 $[p_1, p_2]$에 있을 것이라고 예상된다면 이 구간의 값 중에서 0.5에 가장 가까운 값을 사용하여 n 을 구한다. 예를 들면, p 가 [0.05, 0.20]사이에 있을 것이라고 예상된다면 $p=0.20$ 을 사용하여 n 을 구해야 요구되는 정도를 만족시킬 수 있다.

예제 7.3

앞의 **[예제 7.1]**의 문제에서 튜너를 랜덤하게 뽑기 위한 표본의 크기를 결정하고 싶다. 튜너의 모부적합품률 p 는 구간 [0.02, 0.06]에 있을 것이라고 예상되고, p 의 추정치 $\hat{p}$ 의 오차한계가 95%의 확신을 가지고 0.02를 넘지 않게 하고 싶다. 표본의 크기는 얼마인가?

풀이

식(7・4)를 이용한다. p 를 0.06으로 간주하여 n 을 구하면

$$n = (0.06)(0.94)\left[\frac{1.96}{0.02}\right]^2$$
$$\fallingdotseq 542$$

가 된다. 즉, $n=542$ 로 하면 p 의 95% 신뢰구간의 오차한계가 $d=0.02(2\%)$ 를 넘지 않게 된다.

7.2 모비율 차의 추정과 검정

7.2.1 모비율 차의 추정

두 제조공정의 부적합품률을 각각 p_1, p_2 라고 할 때, 그 차이 $p_1 - p_2$ 에 대한 추정 문제를 생각하여 보자. 즉, 첫 번째 공정(모집단 1)으로부터 크기 n_1 인 표본을 취하여 여기에서 발견되는 부적합품의 수를 X라 하고, 이와는 독립적으로 두 번째 공정(모집단 2)으로부터 크기 n_2 인 표본을 취하여 그 부적합품의 수를 Y라 할 때에 모부적합품률의 차 $p_1 - p_2$ 의 점추정량은

$$\hat{p}_1 - \hat{p}_2 = \frac{X}{n_1} - \frac{Y}{n_2}$$

으로 생각할 수 있다.

표본 부적합품률의 평균과 분산은 식(5・13)으로부터

$$E(\hat{p}_i) = p_i$$

$$V(\hat{p}_i) = \frac{p_i(1-p_i)}{n_i}, \quad i=1,2$$

로써 주어짐을 알고 있다. 두 표본이 독립이므로 $\hat{p}_1$ 과 $\hat{p}_2$ 은 독립이 되고, 따라서 표본부적합품률의 차 $\hat{p}_1 - \hat{p}_2$ 의 평균과 분산은

$$E(\hat{p}_1 - \hat{p}_2) = p_1 - p_2$$

$$V(\hat{p}_1 - \hat{p}_2) = \frac{p_1(1-p_1)}{n_1} + \frac{p_2(1-p_2)}{n_2} \tag{7・6}$$

가 된다. 이로부터 $\hat{p}_1 - \hat{p}_2$ 은 $p_1 - p_2$ 의 불편추정량임을 알 수 있다.

식(7・6)에서 $\hat{p}_1 - \hat{p}_2$ 의 분산의 추정량은 p_1, p_2 대신에 $\hat{p}_1$, $\hat{p}_2$ 을 사용하여 얻을 수 있고 더욱이 표본의 크기 n_1, n_2 가 큰 경우에는 $\hat{p}_1 - \hat{p}_2$ 은 근사적으로 정규분포를 따르게 된다. 그러므로

$$U_0 = \frac{(\hat{p}_1 - \hat{p}_2) - E(\hat{p}_1 - \hat{p}_2)}{\sqrt{\widehat{V}(\hat{p}_1 - \hat{p}_2)}}$$

$$= \frac{(\hat{p}_1 - \hat{p}_2) - (p_1 - p_2)}{\sqrt{\dfrac{\hat{p}_1(1-\hat{p}_1)}{n_1} + \dfrac{\hat{p}_2(1-\hat{p}_2)}{n_2}}}$$

는 근사적으로 표준정규분포 $N(0,\ 1)$ 에 따르게 된다. 따라서 표본의 크기가 큰 경우에 $p_1 - p_2$ 의 $100(1-\alpha)\%$ 신뢰구간은

$$(\hat{p}_1 - \hat{p}_2) \pm u_{1-\alpha/2}\sqrt{\frac{\hat{p}_1(1-\hat{p}_1)}{n_1} + \frac{\hat{p}_2(1-\hat{p}_2)}{n_2}} \qquad (7 \cdot 7)$$

으로부터 얻어진다.

7.2.2 모비율 차의 검정

귀무가설 H_0 : $p_1 = p_2$ 는 두 모집단이 공통인 모비율 p 을 갖고 있다고 가정하고 있으므로, 이러한 귀무가설 하에서는 $\hat{p}_1 - \hat{p}_2$ 은 표본의 크기 n_1, n_2 가 클 때 근사적으로 정규분포에 따르고, 평균과 분산은

$$E(\hat{p}_1 - \hat{p}_2) = 0$$

$$V(\hat{p}_1 - \hat{p}_2) = p(1-p)\left(\frac{1}{n_1} + \frac{1}{n_2}\right) \qquad (7 \cdot 8)$$

로 주어진다. 여기서 미지의 모비율 p 는 두 표본을 함께 이용하여 추정할 수 있다. 두 표본을 함께 이용하는 경우 p 의 합동추정량(joint estimator)은

$$\hat{p} = \frac{X+Y}{n_1 + n_2} \qquad (7 \cdot 9)$$

가 된다. 따라서 식(7・8)의 $V(\hat{p}_1 - \hat{p}_2)$ 의 추정량은

$$\widehat{V}(\hat{p}_1 - \hat{p}_2) = \hat{p}(1-\hat{p})\left(\frac{1}{n_1} + \frac{1}{n_2}\right)$$

로 표현된다.

표본의 크기 n_1, n_2 가 충분히 큰 경우에 통계량

$$U_0 = \frac{\hat{p}_1 - \hat{p}_2}{\sqrt{\widehat{V}(\hat{p}_1 - \hat{p}_2)}} = \frac{\hat{p}_1 - \hat{p}_2}{\sqrt{\hat{p}(1-\hat{p})\left(\frac{1}{n_1} + \frac{1}{n_2}\right)}} \qquad (7 \cdot 10)$$

은 귀무가설 하에서 근사적으로 $N(0,1)$ 에 따른다. 따라서 다음과 같은 검정순서를 작성할 수 있다.

* **순서 1 :** 귀무가설과 대립가설을 세운다.

$$H_0 : p_1 = p_2$$

$$H_1 : \begin{cases} p_1 \neq p_2 & \text{(양쪽검정)} \\ p_1 < p_2 \text{ 또는 } p_1 > p_2 & \text{(한쪽검정)} \end{cases}$$

* **순서 2 :** 두 모집단으로부터 n_1, n_2 크기의 표본을 취하여 표본비율 $\hat{p}_1, \hat{p}_2$ 을 구하고, 합동추정량 $\hat{p}$ 을 얻은 후 검정통계량의 값

$$u_0 = \frac{\hat{p}_1 - \hat{p}_2}{\sqrt{\hat{p}(1-\hat{p})\left(\frac{1}{n_1} + \frac{1}{n_2}\right)}}$$

을 구한다.

* **순서 3 :** 유의수준 α 에서 기각치 $u_{1-\alpha/2}$ 또는 $u_{1-\alpha}$ 의 값을 구한다.

* **순서 4 :** 판정을 내린다.
  - 양쪽검정($p_1 \neq p_2$)인 경우 : $|u_0| \geq u_{1-\alpha/2}$ 이면 H_0 를 기각한다.
  - 한쪽검정($p_1 < p_2$)인 경우 : $u_0 \leq -u_{1-\alpha}$ 이면 H_0 를 기각한다.
  - 한쪽검정($p_1 > p_2$)인 경우 : $u_0 \geq u_{1-\alpha}$ 이면 H_0 를 기각한다.

참고로 $p_1 = p_2$ 의 가설검정은 위에 소개된 방법 이외에도 다음과 같은 방법에 의해서도 행할 수 있다.

(1) 2×2 분할표에 의한 방법
(2) 이항확률지에 의한 방법
(3) 계수치의 분산분석에 의한 방법(0, 1 데이터 방법)

위의 (1)에 대해서는 5절에서 설명하고, (2)와 (3)에 대해서는 뒤의 장에서 기술하기로 한다.

 7.4

어떤 공정에서 원료의 산포가 제품의 품질특성치에 큰 영향을 미치고 있는데, 그 원료는 A, B 두 회사로부터 납품되고 있다. 이 두 회사의 원료에 대해서 제품에 미치는 부적합품률(회사 A, B 의 부적합품률을 각각 p_1, p_2 라 하자)에 차가 있으면 좋은 쪽 회사의 원료를 더 많이 구입하거나 나쁜 쪽 회사에 대해서는 가격을 낮출 것을 요구하고 싶다. 부적합품률의 차를 조사하기 위하여 회사 A, 회사 B 의 원료를 만들어진 제품 중에서 랜덤하게 각각 120개, 150개의 제품을 추출하여 부적합품의 수를 찾아보니 각각 12개, 9개였다.

(1) $p_1 - p_2$ 의 95% 신뢰구간을 구하라.
(2) 가설 H_0 : $p_1 = p_2$, H_1 : $p_1 \neq p_2$ 를 $\alpha = 0.05$ 에서 검정하라.

풀이

$$\hat{p}_1 = \frac{x}{n_1} = \frac{12}{120} = 0.10$$

$$\hat{p}_2 = \frac{y}{n_2} = \frac{9}{150} = 0.06$$

$$\hat{p} = \frac{x+y}{n_1+n_2} = \frac{12+9}{120+150} = 0.078$$

(1) $p_1 - p_2$ 의 95% 신뢰구간은 다음과 같다.

$$(\hat{p}_1 - \hat{p}_2) \pm u_{0.975}\sqrt{\frac{\hat{p}_1(1-\hat{p}_1)}{n_1} + \frac{\hat{p}_2(1-\hat{p}_2)}{n_2}}$$

$$\Rightarrow (0.10 - 0.06) \pm 1.96\sqrt{\frac{(0.10)(0.90)}{120} + \frac{(0.06)(0.94)}{150}}$$

$$\Rightarrow 0.04 \pm 0.066 = (-0.026,\ 0.106)$$

(2) 검정통계량의 값은

$$u_0 = \frac{\hat{p}_1 - \hat{p}_2}{\sqrt{\hat{p}(1-\hat{p})\left(\frac{1}{n_1} + \frac{1}{n_2}\right)}}$$

$$= \frac{0.10 - 0.06}{\sqrt{(0.078)(0.922)\left(\frac{1}{120} + \frac{1}{150}\right)}} = 1.22$$

이다. 그런데 기각치는 $u_{0.975} = 1.96$ 이므로 $u_0 = 1.22 > 1.96$ 이 성립되지 않는다. 따라서 귀무가설을 기각할 수 없다. 즉, 두 원료로 만들어지는 제품의 부적합품률 p_1, p_2 간에는 차이가 있다고 말할 수 없다.

7.3 모부적합수의 추정과 검정

앞에서는 계수치 중에서 부적합품의 수와 같이 데이터가 이항분포에 따르는 경우에 모비율의 분석방법에 대하여 설명하였다. 계수치에는 이밖에도 일정시간 내에 관측되는 사절수, 텔레비전 한 대당 납땜 부적합의 수, 철강제품 일정 면적당 흠의 수 등과 같이 포아송분포에 따른다고 생각되는 것도 많다. 그 대표적인 것으로는 일정 면적당 발견되는 부적합수라고 볼 수 있는데, 이 절에서는 이와 같은 경우의 해석방법에 대하여 알아보기로 하자.

7.3.1 모부적합수의 추정

표본 중에 나타나는 부적합수를 X라 하고, 그 모평균(모부적합수)을 m 이라고 하면, X는 보통 모평균 m 의 포아송분포에 따르고, 그 기대값과 분산은 **<정리 4.8>**에 의하여

$$E(X) = m$$
$$V(X) = m$$

으로 주어진다. 따라서 m 의 점추정량은

$$\hat{m} = X$$

가 되고, $V(X)$ 의 추정량은

$$\hat{V}(X) = \hat{m} = X$$

가 된다.

$m \geq 5$ 인 경우에는 X의 포아송분포는 정규분포 $N(m, m)$ 에 근사하므로 모부적합수 m 의 $100(1-\alpha)\%$ 신뢰구간은

$$\hat{m} \pm u_{1-\alpha/2}\sqrt{\hat{V}(\hat{m})} \Rightarrow X \pm u_{1-\alpha/2}\sqrt{X} \quad (7\cdot11)$$

로써 얻어진다.

7.3.2 모부적합수의 검정

모부적합수 m 의 가설검정은 $m \geq 5$ 인 경우에는 정규분포에 근사한다는 것을 이용하면

$$H_0 \ : \ m = m_0 \ (m_0 \geq 5 \text{ 인 경우})$$

의 조건 아래에서는

$$U_0 = \frac{X - m_0}{\sqrt{m}} \tag{7・12}$$

은 근사적으로 표준정규분포 $N(0,\ 1)$ 에 따른다.

따라서 모부적합수의 가설검정 $H_0 \ : \ m = m_0$ 의 대립가설과 기각역을 요약하여 적어 보면 **<표 7.2>**와 같다.

표 7.2 $H_0 \ : \ m = m_0$ **의 검정**($m_0 \geq 5$ **인 경우의 정규분포 근사법)**

검정통계량의 값	대립가설 (H_1)	기각역
$u_0 = \dfrac{x - m_0}{\sqrt{m_0}}$	$m \neq m_0$	$\mid u_0 \mid \ \geq u_{1-\alpha/2}$
	$m > m_0$	$u_0 \geq u_{1-\alpha}$
	$m < m_0$	$u_0 \leq -u_{1-\alpha}$

여기서 설명한 모부적합수에 대한 검정은 부적합수의 분포가 포아송분포에 따르는 것을 가정하고 있으므로, 귀무가설에 설정되는 m_0 의 값은 데이터를 취했을 때와 같은 단위의 크기에 있는 모부적합수로 하여야 한다. 예를 들면, 직물 10m^2 당의 부적합수의 모평균이 4.5라고 보아도 좋은가를 검정하고 싶을 때에, 시료로 20m^2 의 직물을 취하여 그중에 나타난 부적합수(x)를 조사한 것이라면, 귀무가설은 20m^2 당의 모부적합수가 4.5×2=9인가를 검정하는

$$H_0 \ : \ m = m_0 \ (=9)$$

가 되어야 하고, 검정통계량의 값은

$$u_0 = \frac{x - 9}{\sqrt{9}}$$

으로 하여야 한다.

만약 20m^2 당의 부적합수가 x 이었는데, 이 결과를 이용하여 10m^2 당의 모부적합수가 4.5인가를 검정하는 귀무가설

$$H_0 \ : \ m = m_0 \ (=4.5)$$

에서는, 검정통계량의 값은

$$u_0 = \frac{\frac{x}{2} - 4.5}{\sqrt{\frac{4.5}{2}}}$$

이 되어야 한다. 왜냐하면 한 단위당 모부적합수가 m_0 인가를 검정할 때에, 표본의 크기가 n 단위이고, n 단위 속에서 발견된 부적합수가 X 개라면 한 단위당 발견되는 부적합수의 수는 $\frac{X}{n}$ 이고, 그 기대값과 분산은

$$E\left(\frac{X}{n}\right) = \frac{E(X)}{n} = \frac{nm}{n} = m$$

$$V\left(\frac{X}{n}\right) = \frac{V(X)}{n^2} = \frac{nm}{n^2} = \frac{m}{n}$$

이 된다. 따라서 한 단위당 모부적합수에 대한 $H_0 \ : \ m = m_0$ 의 검정통계량의 값은 $X = x$ 일 때에

$$u_0 = \frac{\frac{x}{n} - m_0}{\sqrt{\frac{m_0}{n}}}$$

으로 주어지게 된다.

$m_0 \geq 5$ 인 경우에는 정규분포 근사법으로 검정이 가능하나 $m_0 < 5$ 인 경우에는 정규분포를 사용하는 것에 무리가 있다. 이 때에는 계산이 어렵더라도 포아송분포를 직접 이용하는 직접법을 사용하여야 한다.

<표 7.3>에는 $m_0 < 5$ 인 경우에 귀무가설 $m = m_0$ 를 검정하는 방법을 간략히 요약해 놓았다. 이 방법은 **<표 7.1>**에서 이항분포를 직접 이용하는 것과 유사하다.

부록의 **<표 A-6>**에는 누적 포아송확률

$$P[X \leq c] = \sum_{x=0}^{c} p(x) = \sum_{x=0}^{c} e^{-m} \frac{m^x}{x!}$$

의 값들이 수록되어 있다. 이 표를 이용하여 **<표 7.3>**의 검정통계량의 값을 쉽게 얻을 수 있다.

표 7.3 H_0 : $m = m_0$ 의 검정($m_0 < 5$ 인 경우의 직접법)

검정통계량의 값	대립가설	기각역
$\sum_0^x p(x) = \sum_0^x e^{-m_0}\frac{m_0^x}{x!}$ 또는 $\sum_x^\infty p(x) = \sum_x^\infty e^{-m_0}\frac{m_0^x}{x!}$	$m \neq m_0$	$\sum_0^x p(x) \le \frac{\alpha}{2}$ 또는 $\sum_x^\infty p(x) \le \frac{\alpha}{2}$
$\sum_x^\infty p(x) = \sum_x^\infty e^{-m_0}\frac{m_0^x}{x!}$	$m > m_0$	$\sum_x^\infty p(x) \le \alpha$
$\sum_0^x p(x) = \sum_0^x e^{-m_0}\frac{m_0^x}{x!}$	$m < m_0$	$\sum_0^x p(x) \le \alpha$

예제 7.5

어떤 섬유공장의 제조공정에서 발생되는 부적합수가 10,000m당 평균 13.5회였다. 부적합의 원인을 조사하였더니 보빈 쪽의 실의 장력이 너무 크다는 것을 알았다. 이에 기계의 일부를 개량하여 운전하였더니 10,000m당 부적합수가 7회가 되었다. 만약 부적합수가 감소되었다면 다른 기계도 개량하고 싶다. 개량한 기계에 의하여 부적합수가 감소되었다고 볼 수 있는지 유의수준 $\alpha = 0.05$ 에서 검정하여라.

풀이

H_0 : $m = 13.5$

H_1 : $m < 13.5$

여기서는 $m_0 = 13.5 \ge 5$ 이므로 정규분포 근사법을 사용한다. 식(7・12)의 검정통계량의 값은

$$u_0 = \frac{x - m_0}{\sqrt{m_0}} = \frac{7 - 13.5}{\sqrt{13.5}} = -1.77$$

이다. $\alpha=0.05$ 에서 기각치는 $-u_{0.95}=-1.64$ 이므로

$$u_0=-1.77\le-1.64$$

가 성립된다. 따라서 귀무가설을 기각한다. 즉, 10,000m당 부적합수가 감소되었다고 말할 수 있다.

7.4 적합도의 검정

어떤 도수분포가 주어져 있는 경우에 그 도수분포에 대응하는 모집단의 확률분포가 어떤 특정한 분포(정규분포, 포아송분포 등)라고 보아도 좋은가 어떤가를 조사하고 싶을 때에는 적합도의 검정(test for goodness-of-fit)을 이용한다. 이 검정의 내용은 도수분포에 k 개의 급(또는 속성)이 있고, 각 급이 차지하는 확률 p_i, $i=1, 2, \cdots, k$ 는 모르는 상태일 때, 크기 n 인 표본을 취하여 각 급에 따라서 분류한 후 실제의 도수 $n_1, n_2, \cdots, n_k$ (단, $\sum n_i=n$)가 어느 정도 가정된 확률에 잘 적합되는가를 검정하는 것이다. 이 검정을 다음과 같이 두 가지 경우로 나누어 생각하여 보자.

7.4.1 확률 p_i 의 가정된 값을 정해주는 경우

주어진 귀무가설이

$$H_0 \ : \ p_1=p_{10}$$
$$p_2=p_{20}$$

$$\vdots$$

$$p_k = p_{k0}$$

이라 하자. 여기서 p_{i0} 는 모집단에서 i 번째 급이 차지하는 비율 p_i 의 가정된 값이며, $\sum_{i=1}^{k} p_{i0} = 1$ 이 된다.

예를 들어, 「공장안에서 일정기간에 발생하는 사고건수의 모평균은 요일에 따라 같다고 볼 수 있는가」라는 문제는, 실제로 일어난 사고건수를 요일별로 도수분포를 만든 후에 이것에 대응하는 확률분포가

$$H_0 \ : \ p_1 = p_2 = p_3 = p_4 = p_5 = p_6 = p_7 = \frac{1}{7}$$

인가 아닌가를 검정하는 문제가 된다. 여기서 $p_1, p_2, \cdots, p_7$ 은 각각 일요일, 월요일, …, 토요일별로 일어나는 사고의 모비율이다. 이 문제에서 월요일, 화요일만이 다른 요일의 두 배인가를 검정하고 싶으면 귀무가설은

$$H_0 \ : \ p_1 = p_4 = p_5 = p_6 = p_7 = \frac{1}{9}$$

$$p_2 = p_3 = \frac{2}{9}$$

으로 나타낼 수 있다.

귀무가설에서 p_{i0} 의 값들이 정해지면 귀무가설 하에서 각 급의 도수의 기대값은

$$E(n_i) = np_{i0} \ , \ i = 1, 2, \cdots, k$$

이 된다. 만약 p_{i0} 의 가정된 값들이 실제와 잘 일치되면 실제의 측정도수 n_i 와 기대도수 np_{i0} 사이에는 큰 차이가 없게 되며 가정된 귀무가설은 채택이 되게 된다. 이 차이를 판단하기 위해 사용되는 통계량은

$$\chi_0^{\ 2} = \sum_{i=1}^{k} \frac{(n_i - np_{i0})^2}{np_{i0}} = \sum \frac{(\text{측정도수} - \text{기대도수})^2}{\text{기대도수}} \qquad (7 \cdot 13)$$

으로, O 및 E 를 각각 측정도수(observed frequency) 및 기대도수(expected frequency)를 나타내는 것으로 하면

$$\chi_0^{\ 2} = \sum \frac{(O-E)^2}{E}$$

의 형태가 된다.

식(7・13)의 $\chi_0^{\ 2}$ 검정통계량은 영국의 Karl Pearson(1857~1936)에 의하여 처음으로 제안되었으며, 그는 n 이 큰 경우에 $\chi_0^{\ 2}$ 은 자유도 $(k-1)$ 을 갖는 χ^2 분포에 따름을 보였다. 이 통계량을 적합도 검정을 위한 Pearson의 χ^2 통계량(Pearson's χ^2 statistic for goodness-of-fit test)이라고 하며, 이 값이 작으면 귀무가설이 옳고, 이 값이 크면 측정도수(O)와 기대도수(E) 사이에 차이가 있으므로 귀무가설이 옳지 않다고 결론 내리게 된다. 이 검정의 기각치는 유의수준 α 에서 $\chi_{1-\alpha}^{2}(k-1)$ 이다. 따라서 만약 $\chi_0^{\ 2} \geq \chi_{1-\alpha}^{2}(k-1)$ 이면 귀무가설이 기각된다. 여기서 자유도가 $k-1$ 이 되는 것은 k 개급 중에서 $k-1$ 개의 도수가 결정되면 마지막 급의 도수는 자동적으로 정해지기 때문이다.

예제 7.6

1급품, 2급품, 3급품의 생산비율 p_1, p_2, p_3 가 종전에는 각각 0.6, 0.2, 0.2이었다. 공정개량 후의 이 생산비율이 달라졌는가를 알아보기 위하여 공정개량 후에 만들어진 제품 중에서 200개를 랜덤하게 취하여 분류하여 보니 1, 2, 3급품이 각각 150개, 40개, 10개이었다. 공정개량 후의 생산비율이 종전과 같은가를 $\alpha = 0.05$ 로 검정하라.

풀이

귀무가설은

$$H_0 \ : \ p_1 = 0.6$$
$$p_2 = p_3 = 0.2$$

이고, 대립가설은 H_0 를 부정하는 가설이다. $n = 200$ 이므로 다음과 같이 기대도수가 계산된다.

제품의 분류	1급품	2급품	3급품	합계
측정도수 (n_i) 가정된 확률(p_{i0}) 기대도수(np_{i0})	150 0.6 120	40 0.2 40	10 0.2 40	200 1 200
$\frac{(n_i - np_{i0})^2}{np_{i0}}$	7.5	0	22.5	30.0

따라서 검정통계량의 값은 $\chi_0^{\ 2} = \sum \frac{(n_i - np_{i0})^2}{np_{i0}} = 30.0$ 이고,

기각치는 $\chi^2_{0.95}(2) = 5.99$ 이므로 $\chi_0^{\ 2} = 30.0 \geq 5.99$ 가 성립되어 귀무가설은 기각된다. 즉, 공정개량 후의 생산비율이 종전과는 달라졌다고 볼 수 있다.

7.4.2 확률 p_i 의 가정된 값이 완전히 정해지지 않는 경우

어떤 경우에는 각 급(또는 속성)의 확률 p_i 가 완전히 명시되지 않는 경우가 있다. 예를 들어 다음의 문제를 생각하여 보자. 어떤 큰 회사에서는 통계결과를 간단히 뽑아보기 위하여 종업원 중에서 300명을 표본으로 뽑아 이들이 2012년도에 회사에 결근한 날짜를 조사하였다.

종업원의 일년간 결근일수는 포아송분포에 따른다고 볼 수 있는가?

표 7.4 결근일수의 표본데이터

결근일수	0	1	2	3	4	5	6	7이상	합계
도　　수	30	70	75	55	32	28	6	4	300

위의 문제에서는 포아송분포를 하느냐고 질문하였으나 분포의 평균 m 이 무엇인지 명시되어 있지 않다. 따라서 각 급의 확률이 제시되지 않았으며, 이처럼 귀

무가설에서 p_i 를 뚜렷이 밝히지 않는 경우도 있다. 이런 경우에는 표본 데이터로부터 모수 m 을 추정하여야 하며, χ^2 검정통계량과 관련된 자유도는 추정되는 모수의 수만큼 줄어들게 된다. 즉,

$$\text{검정의 자유도} = (k-1) - (\text{추정되는 모수의 수})$$

이 된다. 그리고 기대도수가 너무 작으면 적합도 검정의 정도가 줄어들게 되니, 일반적으로 기대도수가 5이하이면 이를 옆에 있는 급과 합쳐서 한 급으로 만들어 주는 것이 좋다.

예제 7.7

<표 7.4>에 있는 결근일수의 표본 데이터를 사용하여 결근일수가 포아송분포에 따르는가를 $\alpha = 0.05$ 로 검정하라.

풀이

이 문제의 귀무가설과 대립가설은

$$\begin{cases} H_0 \ : \ \text{결근일수가 포아송분포에 따른다.} \\ H_1 \ : \ \text{결근일수가 포아송분포에 따르지 않는다.} \end{cases}$$

먼저 포아송분포의 모수 m 을 추정하여 보자. m 은 포아송 확률변수 X 의 모평균이므로 그 추정값을 평균 결근일수 $\bar{x}$ 로 한다면

$$\begin{aligned} \bar{x} &= \sum \frac{(\text{결근일수} \times \text{도수})}{n} \\ &= \frac{(0 \times 30) + (1 \times 70) + \cdots + (7 \times 4)}{300} = \frac{717}{300} = 2.39 \approx 2.4 \end{aligned}$$

가 되며, $m = 2.40$ 으로 보고 부록 **<표 A-6>**의 포아송분포표를 이용하여 기대도수를 구할 수 있다.

결근일수	0	1	2	3	4	5	6	7이상	합계
측정도수(O)	30	70	75	55	32	28	6	4	300
$m=2.4$ 의 포아송확률	0.091	0.217	0.262	0.209	0.125	0.060	0.024	0.012	1
기대도수(E)	27.3	65.1	78.6	62.7	37.5	18.0	7.2	3.6	300
$\frac{(O-E)^2}{E}$	0.267	0.369	0.165	0.943	0.807	5.556	0.059		8.169

여기서 결근일수 7이상의 기대도수가 3.6으로 5이하이므로 이를 그 옆의 결근일수 6에 합쳐서 하나의 급으로 묶어 주었다. 자유도는

$$(k-1)-(\text{추정되는 모수의 수})=(7-1)-1=5$$

이므로 유의수준 $\alpha=0.05$ 에서 기각치는 $\chi^2_{0.95}(5)=11.071$ 이다. 따라서

$$\chi_0^{\ 2}=8.169<11.071$$

이므로 귀무가설은 채택된다. 즉, 결근일수는 포아송분포에 따른다고 말할 수 있다.

예제 7.8

철판의 두께에 대한 210개의 데이터가 **<표 7.5>**와 같이 도수분포표에 정리되어 있다. 이 표에 의하여 작성한 히스토그램이 정규분포로부터 얻어진 표본의 히스토그램이라고 말할 수 있는가를 검토하시오.

표 7.5 철판두께의 도수분포표

급의번호	급의구간	중앙치($\tilde{x}_i$)	도수(f_i)	급의번호	급의구간	중앙치($\tilde{x}_i$)	도수(f_i)
1	8.35~8.65	8.5	2	7	10.15~10.45	10.3	35
2	8.65~8.95	8.8	5	8	10.45~10.75	10.6	26
3	8.95~9.25	9.1	15	9	10.75~11.05	10.9	17
4	9.25~9.55	9.4	28	10	11.05~11.35	11.2	5
5	9.55~9.85	9.7	36	11	11.35~11.65	11.5	1
6	9.85~10.15	10.0	40				

풀이

귀무가설과 대립가설은

$$\begin{cases} H_0 : \text{철판두께는 정규분포에 따른다.} \\ H_1 : \text{철판두께는 정규분포에 따르지 않는다.} \end{cases}$$

이고, μ 와 σ^2 을 모르므로 이를 식(3·12)와 (3·15)에 의하여 도수분포표의 산술평균과 표준편차

$$\bar{x} = \frac{\sum_i f_i \tilde{x}_i}{n}$$

$$s = \sqrt{V} = \sqrt{\frac{1}{n-1}\left[\sum_i f_i \tilde{x}_i^{\,2} - n(\bar{x})^2\right]}$$

의 공식에 의하여 구하여 보면 다음과 같다.

$$\bar{x} = \frac{1}{210}[(2)(8.5) + (5)(8.8) + \cdots + (1)(11.5)] = 9.994$$

$$V = \frac{1}{209}[(2)(8.5)^2 + (5)(8.8)^2 + \cdots + (1)(11.5)^2 - 210(9.994)^2]$$

$$= 0.3545$$

$$s = \sqrt{V} = \sqrt{0.3545} = 0.595$$

다음으로 H_0 의 조건아래서 기대도수 f_{i0} 를 계산하여 보자. i 번째 급의 하측 및 상측 경계치를 각각 L_i , U_i 로 하고, 다음 식에 의하여

$$u_{L_i} = \frac{L_i - \bar{x}}{s}\ , i = 1, 2, \ldots, 11$$

를 계산한 후에 각 급의 가정된 확률

$$p_{io} = P[u_{L_i} \le U \le u_{U_i}]$$

을 구한다. 여기서 Z 는 표준정규분포 $N(0,1)$ 에 따르는 확률변수이다. 그러면 i 급의 기대도수 f_{i0} 는

$$f_{i0} = np_{i0}$$

에 의하여 구할 수 있다. 첫 번째 급은 그 왼쪽구간의 확률을 포함하는 것으로 하고, 마지막급은 그 오른쪽 구간의 확률도 포함하는 것으로 한다. 이 계산결과를 정리하면 **<표 7.6>**과 같다.

예를 들어, 두 번째 급의 하측 및 상측 경계치는 각각 8.65, 8.95이므로 u_{L_2}, u_{U_2} 의 값은

$$u_{L_2} = \frac{L_2 - \overline{x}}{s} = \frac{8.65 - 9.994}{0.595} = -2.26$$

$$u_{U_2} = \frac{U_2 - \overline{x}}{s} = \frac{8.95 - 9.994}{0.595} = -1.75$$

이 되고, 가정된 확률은

$$p_{20} = P[-2.26 \le U \le -1.75] = 0.0282$$

이 되고, 기대도수는

$$f_{20} = np_{20} = (210)(0.0282) = 5.92$$

가 된다. 계산결과는

$$\chi_0^{\ 2} = \sum \frac{(f_i - f_{i0})^2}{f_{i0}} = 2.4$$

가 된다. 자유도는 데이터로부터 모평균과 표준편차가 추정되었으므로

$$= (k-1) - (\text{추정된 모수의 수})$$

$$= (9-1) - 2 = 6$$

이 된다. 따라서 기각치는 $\chi^2_{0.95}(6) = 12.59$ 이고, 판정은

$$\chi_0^{\ 2} = 2.4 < 12.59$$

이므로, 귀무가설을 기각할 수 없다. 즉, 철판 두께는 정규분포에 따른다고 볼 수 있다.

표 7.6 기대도수의 계산표

급의 번호	급의구간	측정도수 (f_i)	z_{L_i}	z_{U_i}	가정된 확률 p_{i0}	기대도수 $f_{i0}=np_{i0}$	$\frac{(f_i-f_{io})^2}{f_{io}}$
1	8.35~ 8.65	2 } 7		-2.26이하	0.0119	2.50 } 8.42	0.24
2	8.65~ 8.95	5	-2.26	-1.75	0.0282	5.92	
3	8.95~ 9.25	15	-1.75	-1.25	0.0655	13.76	0.11
4	9.25~ 9.55	28	-1.25	-0.75	0.1210	25.41	0.26
5	9.55~ 9.85	36	-0.75	-0.24	0.1786	37.51	0.06
6	9.85~10.15	40	-0.24	0.26	0.1974	41.45	0.05
7	10.15~10.45	35	0.26	0.77	0.1768	37.13	0.12
8	10.45~10.75	26	0.77	1.27	0.1186	24.91	0.05
9	10.75~11.05	17	1.27	1.77	0.0636	13.36	0.99
10	11.05~11.35	5 } 6	1.77	2.28	0.0271	5.68 } 8.05	0.52
11	11.35~11.65	1	2.28이상		0.0113	2.37	
합계		210			1	210.00	$\chi_0^2=2.4$

7.5 독립성의 검정

7.5.1 $r \times c$ 분할표에 의한 독립성의 검정

똑같은 제품이 3대의 기계에서 만들어지고 있을 때, 이들 제품으로부터 랜덤하게 300개를 뽑아 이것을 기계별로, 그리고 1, 2, 3급품별로 나누어 보니 **<표 7.7>**과 같은 결과를 얻었다.

<표 7.7>과 같은 표를 3×3 분할표라고 한다. 일반적으로 행(row)이 r 개 있고, 열(column)이 c 개 있는 **<표 7.7>**과 같은 형식의 이원표(two-way table)를 $r \times c$ 분할표($r \times c$ contingency table)라고 부른다.

표 7.7 3×3 분할표

기계 등급	기계 1	기계 2	기계 3	합계
1급품	78	65	68	211
2급품	22	8	30	60
3급품	20	2	7	29
합계	120	75	105	300

표 7.8 $r \times c$ 분할표

	B_1	B_2	$\cdots$	B_c	행의 합계
A_1	n_{11}	n_{12}	$\cdots$	n_{1c}	n_{10}
A_2	n_{21}	n_{22}	$\cdots$	n_{2c}	n_{20}
$\vdots$	$\vdots$	$\vdots$		$\vdots$	$\vdots$
A_r	n_{r1}	n_{r2}	$\vdots$	n_{rc}	n_{r0}
열의 합계	n_{01}	n_{02}	$\cdots$	n_{0c}	n

여기서 다음과 같은 질문을 생각하여 보자. "기계에 따라서 등급품의 비율에 차이가 없다고(또는 있다고)볼 수 있는가?" 이 질문은 **<표 7.7>**의 분할표에 대하여 생각하여 볼 때, 두 속성(기계별, 등급품별) 사이에 독립관계(또는 종속관계)가 있느냐는 질문과 동일하다.

두 속성을 A, B 라 하고, 속성 A 가 r 개로 나누어져 있고 B 가 c 개로 나누어 있을 때, 크기 n 인 표본을 취하여 이를 속성에 따라 분류한 후 $r \times c$ 분할표에 **<표 7.8>**과 같이 나누어서 기록하여 보자.

이제 모집단을 두 가지 속성으로 분류하여 미지의 모집단확률을 다음과 같이 정의하자.

$p_{ij} = p(A_i B_j)$: A_i 와 B_j 에 동시에 속하는 확률

$p_{i0} = p(A_i)$: A_i 에 속하는 확률

$p_{0j} = p(B_j)$: B_j 에 속하는 확률

그런데 두 가지 속성(또는 사상)이 서로 관련성이 없이 독립이라면 모든 i, j 에 대하여

$$p(A_i B_j) = p(A_i)p(B_j) \Rightarrow p_{ij} = p_{i0}p_{0j}$$

가 성립되어야 한다. 따라서 독립성 여부의 검정에 관한 귀무가설은

$$H_0 : p_{ij} = p_{i0}p_{0j}, \quad i = 1, 2, \cdots, r, \quad j = 1, 2, \cdots, c$$

가 된다. 다음과 같은 절차에 따라서 위의 귀무가설을 검정한다.

* **순서 1 :** p_{i0} 와 p_{0j} 의 추정치를 구한다.

$$\hat{p}_{i0} = \hat{p}(A_i) = \frac{n_{i0}}{n}$$

$$\hat{p}_{0j} = \hat{p}(B_j) = \frac{n_{0j}}{n}$$

* **순서 2 :** 귀무가설이 옳을 때에 $p_{ij} = p(A_iB_j)$ 의 추정치를 구한다. 귀무가설이 옳으면 $p_{ij} = p(A_iB_j) = p(A_i)p(B_j) = p_{i0}p_{0j}$ 이므로

$$\hat{p}_{ij} = \hat{p}_{i0}\hat{p}_{0j} = \frac{n_{i0}n_{0j}}{n^2}$$

이다. 따라서 귀무가설 하에서 A_iB_j 의 추정된 기대도수는

$$E_{ij} = n\hat{p}_{ij} = \frac{n_{i0}n_{0j}}{n}$$

가 된다.

* **순서 3 :** 검정통계량의 값은 다음과 같이 구한다.

$$\chi_0^{\ 2} = \sum_{i=1}^{r}\sum_{j=1}^{c}\frac{(n_{ij} - E_{ij})^2}{E_{ij}}$$

이 통계량은 n 이 클 때에 대략적으로 자유도 $(r-1)(c-1)$ 을 갖는 χ^2 분포에 따른다.

* **순서 4 :** 유의수준 α 에서 기각치 $\chi_{1-\alpha}^{2}((r-1)(c-1))$ 를 정하고, 만약 $\chi_0^{\ 2} \geq \chi_{1-\alpha}^{2}((r-1)(c-1))$ 이면 귀무가설을 기각한다.

참고로 검정통계량의 자유도 $(r-1)(c-1)$ 이 되는 이유를 설명하면 다음과 같다. n_{ij} 가운데 자유로 변동될 수 있는 수는 $\sum_i\sum_j n_{ij} = n$ 의 제약 때문에 $(rc-1)$ 개이다. 그런데 H_0 의 조건하에서 미지 모수의 수는 $\sum_i p_{i0} = \sum_j p_{0j} = 1$ 의 제약 때문에 p_{i0} 에서는 $(r-1)$ 개, p_{0j} 에서는 $(c-1)$ 개가 된다. 따라서 자유도는

$$\text{자유도} = (rc-1) - (r-1) - (c-1) = (r-1)(c-1)$$

이 된다.

예제 7.9

<표 7.7>의 표본 데이터로부터 기계에 따라서 등급품의 비율에 차이가 없는지 있는지를 $\alpha = 0.05$ 에서 검정하라.

풀이

"기계에 따라서 등급품의 비율에 차이가 없다." 라는 귀무가설은 "기계와 등급의 두 속성은 서로 독립이다."라는 뜻과 같으며 이를 비율로 등식관계를 만들면

$$H_0 \ : \ p_{ij} = p_{i0}\, p_{0j}\ , \quad i = 1, 2, 3 \qquad j = 1, 2, 3$$

이 된다. 여기서 p_{ij} 는 제품이 i 번째 등급과 j 번째 기계에 속하는 모집단의 비율이고, p_{i0} 와 p_{0j} 는 각각 i 번째 등급, j 번째 기계에 속하는 비율이다. 측정도수 n_{ij} 와 기대도수 E_{ij} 를 계산하여 표로 만들어 보면 다음의 표와 같다. 여기서 괄호 안에 있는 것이 기대도수이다.

등급 \ 기계	기계 1	기계 2	기계 3	합계
1급품	78 (84.4)	65 (52.75)	68 (73.85)	211
2급품	22 (24)	8 (15)	30 (21)	60
3급품	20 (11.6)	2 (7.25)	7 (10.15)	29
합계	120	75	105	300

기대도수의 계산방법을 예로 보이면

$$E_{11} = \frac{n_{10}n_{01}}{n} = \frac{(211)(120)}{300} = 84.4$$

$$E_{12} = \frac{n_{10}n_{02}}{n} = \frac{(211)(75)}{300} = 52.75$$

로 계산된 것이다. 다음의 $\chi_0^{\,2}$ 의 값은

$$\chi_0^{\;2} = \sum_{i=1}^{3}\sum_{j=1}^{3}\frac{(n_{ij}-E_{ij})^2}{E_{ij}}$$

$$= \frac{(78-84.4)^2}{84.4} + \frac{(65-52.75)^2}{52.75} + \cdots + \frac{(7-10.15)^2}{10.15} = 21.95$$

이고 자유도는

$$(r-1)(c-1) = (3-1)(3-1) = 4$$

이다.

유의수준 $\alpha = 0.05$ 로 하면 기각치가 $\chi^2_{0.95}(4) = 9.49$ 이므로

$$\chi^2 = 21.95 > 9.49$$

가 성립되어 귀무가설은 기각된다. 즉, 기계에 따라서 등급품의 비율에 차이가 있다고 볼 수 있다.

7.5.2 $r \times c$ 분할표에 의한 동일성의 검정

앞의 독립성의 검정에서는 **<표 7.8>**에서 보는 바와 같이 속성 $A_1, A_2, \cdots, A_r$; $B_1, B_2, \cdots, B_c$에 따라 분류하여 n_{ij} , n_{i0} , n_{0j} 를 확률변수로 보고 두 속성 A, B 간의 독립성 여부를 검정하였다. 여기에서는 n 만이 미리 정하여진 상수이다.

만약 속성 $A_1, A_2, \cdots A_r$ 을 각각 부분모집단(sub population)으로 보고 각각으로부터 미리 정해진 표본의 크기만큼의 데이터를 추출한다고 하자. 그러면 $n_{10}, n_{20}, \cdots, n_{r0}$ 는 미리 정해진 상수이며 확률변수는 아니다. n_{i0} 를 $B_1, B_2, \cdots B_c$ 의 속성에 따라서 나누고 이를 $n_{i1}, n_{i2}, \cdots, n_{ic}$ 라 하면 이들은 확률변수이며, 단 제약조건은 $\sum_{j=1}^{c} n_{ij} = n_{i0}$ 이다. n_{ij} 를 정리하여 놓은 $r \times c$ 분할표는 **<표 7.8>**과 동일하다.

부분모집단 A_i 중에서 B_j 에 속하는 확률을 p_{ij} 라 하자. 이 확률은 A_i 가 정해진 후에 B_j 에 속하는 확률로서 조건부확률 (conditional probability)이며

$$p_{ij} = P(B_j \mid A_i)$$

로서 표현된다. p_{ij} 에 대한 표를 정리하면 **<표 7.9>**와 같다.

<표 7.9>에서

$$P(A_i) = 1, \ i = 1, 2, \cdots, r$$

임을 유의하여야 한다. 여기서 검정하고자 하는 것은, 각 속성 B_j 에 속하는 비율이 모든 부분모집단에 대하여 동일하다고 보아도 좋은가 하는 것이다. 이 동일성에 관한 검정은 다음과 같이 귀무가설을 세울 수 있다.

$$H_0 \ : \ p_{1j} = p_{2j} = \cdots = p_{rj} = p_j, \ j = 1, 2, \cdots, c \qquad (7 \cdot 14)$$

단, $\sum_{j=1}^{c} p_j = 1$ 이 성립된다.

위의 귀무가설은 다음과 같은 절차에 따라서 검정한다.

＊ 순서 1 : 귀무가설이 옳을 때, 속성 B_j 가 가지는 동일확률(common probability)의 추정치는 전체의 표본 크기 n 에서 B_j 에 속하게 되는 n_{0j} 가 차지하는 비율이다. 따라서 추정된 동일확률은

$$\widehat{p_{1j}} = \widehat{p_{2j}} = \cdots = \widehat{p_{rj}} = \frac{n_{0j}}{n}$$

으로 계산된다.

표 7.9 p_{ij} 표

부분모집단 \ 속성	B_1	B_2	$\cdots$	B_c	합계
A_1	p_{11}	p_{12}	$\cdots$	p_{1c}	1
A_2	p_{21}	p_{22}	$\cdots$	p_{2c}	1
$\vdots$	$\vdots$	$\vdots$		$\vdots$	$\vdots$
A_r	p_{r1}	p_{r2}	$\vdots$	p_{rc}	1

*** 순서 2 :** 귀무가설이 옳을 때, A_iB_j 에 속하게 되는 추정된 기대도수는

$$E_{ij} = (A_i \text{ 의 표본크기}) \times (\text{주어진 } A_i \text{ 에서 } B_j \text{ 에 속하게 되는 확률의 추정값})$$
$$= n_{i0}\hat{p}_{ij} = \frac{n_{i0}n_{0j}}{n}$$

로 얻어진다.

*** 순서 3 :** 검정통계량의 값은 독립성의 검정과 동일하게

$$\chi_0^{\ 2} = \sum_{i=1}^{r}\sum_{j=1}^{c}\frac{(n_{ij}-E_{ij})^2}{E_{ij}}$$

으로 얻어진다. 이와 관련된 자유도도 독립성의 검정과 같게 $(r-1)(c-1)$ 이다.

*** 순서 4 :** 만약 $\chi_0^{\ 2}$ 의 값이 기각치 $\chi^2_{1-\alpha}((r-1)(c-1))$ 보다 크면 귀무가설을 기각하고 아니면 채택한다.

참고로 자유도가 $(r-1)(c-1)$ 이 되는 이유를 설명하여 보자. 그 이유는 독립성의 검정과 같지는 않다. 여기에서는 각 부분모집단마다

$$\sum_{j=1}^{c} n_{ij} = n_{i0}$$

의 관계가 있으므로 자유로이 변할 수 있는 n_{ij} 의 개수는 $r(c-1)$ 이다. 한편, H_0 의 조건하에서 미지의 모수의 수는 식(7・14)에서 $\sum_{j=1}^{c} p_j = 1$ 의 관계가 있으므로 $(c-1)$ 개이다. 따라서 자유도는

$$\text{자유도} = r(c-1)-(c-1) = (r-1)(c-1)$$

이 된다.

예제 7.10

Auburn 유리공장에서 A_1, A_2, A_3, A_4 의 4종의 방법으로 각각 100개씩의 꽃병을 만들어, 이것을 외관검사에 의하여 양품, 부적합품으로 나누었더니 **<표 7.10>**과 같은 데이터를 얻었다. 제조방법에 따라 모부적합품률이 다르다고 할 수 있는가를 $\alpha=0.05$ 에서 검정하라.

표 7.10 4×2 분할표의 데이터

부분모집단 \ 등급	양품	부적합품	합계
A_1 법	90	10	100
A_2 법	86	14	100
A_3 법	96	4	100
A_4 법	88	12	100
합계	360	40	400

풀이

A_i 법을 사용하였을 때 j 번째 등급($j=1$ 은 **양품**, $j=2$ 는 **부적합품**)이 될 확률을 p_{ij} 로 나타내기로 하면 귀무가설은

$$H_0 \ : \ p_{1j}=p_{2j}=p_{3j}=p_{4j}=p_j, \ \ j=1,2$$

가 된다. 단, $p_1+p_2=1$ 이고, p_1 는 H_0 하에서 양품이 될 확률이고, p_2 는 부적합품률이다. 양품이 될 확률이 같으면 반드시 부적합품률도 같으므로 이 문제의 귀무가설은 간단히

$$H_0 \ : \ p_{12}=p_{22}=p_{32}=p_{42}=p_2$$

으로 나타낼 수도 있다. 귀무가설하에서 동일확률의 추정값은

$$\hat{p}_{11}=\hat{p}_{21}=\hat{p}_{31}=\hat{p}_{41}=\frac{n_{01}}{n}=\frac{360}{400}=0.9$$

$$\hat{p}_{12}=\hat{p}_{22}=\hat{p}_{32}=\hat{p}_{42}=\frac{n_{02}}{n}=\frac{40}{400}=0.1$$

이고 따라서 귀무가설하에서 얻어진 기대도수의 추정값은 $n_{10} = n_{20} = n_{30} = n_{40} = 100$ 이므로

$$E_{11} = E_{21} = E_{31} = E_{41} = (100)(0.9) = 90$$
$$E_{12} = E_{22} = E_{32} = E_{42} = (100)(0.1) = 10$$

이 된다. 다음으로 검정통계량의 값은

$$\begin{aligned}\chi_0{}^2 &= \sum_{i=1}^{4}\sum_{j=1}^{2}\frac{(n_{ij}-E_{ij})^2}{E_{ij}} \\ &= \frac{1}{90}((90-90)^2+(86-90)^2+(96-90)^2+(88-90)^2) \\ &\qquad + \frac{1}{10}((10-10)^2+(14-10)^2+(4-10)^2+(12-10)^2) \\ &= 0.622+5.600 = 6.222\end{aligned}$$

가 되고, 자유도는

$$(r-1)(c-1) = (4-1)(2-1) = 3$$

이므로 기각치는 $\chi^2_{0.95}(3) = 7.81$ 이다. 따라서

$$\chi^2 = 6.222 > 7.81$$

이 성립되지 않으므로 귀무가설을 기각할 수 없다. 즉, 제조방법에 따라 부적합품률이 다르다고 말할 수 없다.

7.5.3 2×2 분할표

2×2분할표에 의한 독립성의 검정이나 동일성의 검정은 앞에서 다룬 $r \times c$ 분할표의 특수한 경우 $(r=2, c=2)$ 로서 앞에서 다룬 내용을 그대로 적용할 수 있다.

그러나 2×2분할표의 경우에는 계산식이 매우 간단해지므로 이를 소개하기로 한다. 2×2분할표를 **<표 7.11>**와 같이 나타내진다.

검정통계량의 값은 A_iB_j 에 해당되는 기대도수가 $E_{ij}=n_{i0}n_{0j}/n$ 이므로

표 7.11 2×2 분할표

	B_1	B_2	합 계
A_1	n_{11}	n_{12}	n_{10}
A_2	n_{21}	n_{22}	n_{20}
합 계	n_{01}	n_{02}	n

$$\chi_0{}^2=\sum_{i=1}^{2}\sum_{j=1}^{2}\frac{(n_{ij}-E_{ij})^2}{E_{ij}}$$

$$=\sum_{i=1}^{2}\sum_{j=1}^{2}\frac{\left(n_{ij}-\dfrac{n_{i0}n_{0j}}{n}\right)^2}{\dfrac{n_{i0}n_{0j}}{n}}$$

$$=\frac{n(n_{11}n_{22}-n_{12}n_{21})^2}{n_{10}n_{20}n_{01}n_{02}} \qquad (7\cdot 15)$$

이 된다. 이 때 χ_0^2 의 자유도는

$$(r-1)(c-1)=(2-1)(2-1)=1$$

이다.

연습문제

7.1 화장품의 제조회사에서 화장품의 특수한 향료 두 종류 A, B 에 대한 소비자의 기호가 다른지 조사하고자 한다. 500명의 소비자를 대상으로 설문조사한 결과 310명은 A 를, 190명은 B 를 좋아하였다.

(1) 향료 A 를 좋아하는 소비자의 모비율에 대한 95% 신뢰구간을 구하라.

(2) 이 자료에 의하면 두 향로 A, B 에 대한 소비자의 기호의 차이가 있다고 할 수 있는가? 유의 수준 $\alpha = 0.05$ 로 검정하여라.

7.2 어떤 절삭공구의 제조공장에서 가공비를 감소시키려고 애쓰고 있다. 최근 A 사로부터 판매되는 가공공구는 이 공장에서 종래부터 사용되고 있는 것보다 구입가격이 약 20% 싸나 A 사의 새 가공공구를 사용함으로써 공정의 부적합품률이 증가하는 일이 있다면 제품의 보증문제가 발생된다. 이 공정의 과거 40주간에 걸친 검사결과 공정의 부적합품률은 3.2%였다. A 사의 가공공구를 일부 사용하여 가공한 공구에 대하여 제품검사를 실시했더니, 4일간에 제조된 210개 부품 중에 11개의 부적합품이 나타났다. A 사의 가공공구를 사용함으로써 공정의 모부적합품률이 증가했는가를 유의 수준 $\alpha = 0.05$ 에서 검정하라.

7.3 앞의 문제 **[7.2]**에서 A 사의 가공공구를 사용함으로써 공정의 모부적합품률을 추정하고 싶다. 이 모부적합품률은 적어도 3%, 크면 10%까지 될 지도 모른다고 생각된다. 모부적합품률 p 를 추정하는데 그 오차한계가 95%의 확신을 가지고 2.5%를 넘지 않게 하고 싶다. 표본의 크기는 얼마로 하면 충분한가?

7.4 어떤 감광지 제조공장에서 농도가 다른 용액 A, B 속에서의 변색정도를 보기 위해서 감광지의 시험지를 연속 투입하여 실험한 결과 다음의 데이터를 얻었다. 용액의 농도 A, B 에 따라 부적합품의 수의 생산비율 p_A, p_B 에 차가 있다고 할 수 있는지 알고 싶다.

농 도	양호품매수	부적합품매수	합 계
A	928	72	1,000
B	772	28	800
합 계	1,700	100	1,800

(1) $p_A - p_B$ 의 90% 신뢰구간을 구하라.

(2) 가설 H_0 : $p_A = p_B$

H_1 : $p_A \neq p_B$

을 유의수준 $\alpha = 0.10$ 에서 검정하라.

7.5 10매의 석판에서 모두 합쳐서 20개의 흠을 발견하였다.

(1) 석판 10매당 모부적합수의 95% 신뢰구간을 구하라.

(2) 석판 1매당 모부적합수의 95% 신뢰구간을 구하라.

7.6 종래의 한 로트의 평균 부적합수가 $m = 13$ 이었다. 작업방법을 개선한 후에 하나의 로트를 뽑아서 부적합수를 세어보니 8이었다. 모부적합수가 줄어들었다고 볼 수 있느냐?

7.7 어떤 책의 한 페이지당 오자의 수가 네 개보다 많은가 아닌가를 검정하고 싶어, 한 페이지를 랜덤하게 택하여 오자를 세어보니 6개였다. 가설 H_0 : $m \leq 4$, H_1 : $m > 4$을 유의수준 $\alpha = 0.05$ 로 검정하라. 포아송분포를 직접 사용하여라.

7.8 어떤 로트로부터 샘플링된 크기 n 의 표본 중에 x 개의 부적합품이 나타났다는 것을 기준으로 삼아, 이 로트의 모부적합품률이 어떤 값 p_0 라고 볼 수 있는가를 검정하고 싶다. 즉, H_0 : $p=p_0$ 를 적합도 검정으로 실시하고 싶다. 양호품의 실측도수를 $n-x$ 개, 기대도수를 $n(1-p_0)$ 라고 볼 수 있고, 또한 불량품의 실측도수와 기대도수는 각각 x, np_0 이다. 이 때 $\chi_0^{\ 2}$ 검정통계량이, $\hat{p}=\frac{x}{n}$ 로 할 때,

$$\chi_0^{\ 2} = \left[\frac{p-p_0}{\sqrt{\dfrac{p_0(1-p_0)}{n}}} \right]^2 = U_0^2$$

과 같음을 증명하여라.(즉, χ^2 분포에 의한 적합도의 검정이 정규분포 근사법에 의한 모부적합품률의 검정과 같은 것을 알 수 있고, 또한 $[u_{1-\alpha/2}]^2 = \chi^2_{1-\alpha}(1)$임을 말하여 준다)

7.9 어떤 공장의 1년간의 사고건수를 요일별로 정리했더니 다음과 같았다. 요일에 따라 사고 발생건수에 차가 있다고 말할 수 있는가를 $\alpha=0.05$ 에서 검정하라.

일	월	화	수	목	금	토	합 계
10	15	7	7	12	6	16	73

7.10 어떤 공장에서 기계가 고장나는 수를 매일 기록하고 있다. 과거 180일간의 기계 고장 수리를 표로 나타내 보니 다음과 같다.

기계고장수	0	1	2	3	4	5	6	합계
일 수	82	42	31	12	8	3	2	180

(1) 기계 고장수와 같은 확률변수는 어떤 확률분포를 따르는 경우가 많은가?

(2) 위의 (1)에서 가정된 확률분포를 위의 데이터가 따르고 있는가에 대한 가설검정을 $\alpha=0.10$ 으로 실시하라.

7.11 어떤 식료품 회사가 새로운 통조림 두 종류를 개발하여 어느 통조림을 더 좋아하는가의 기호가 지역적으로 차이가 없는지를 보기 위하여 다음의 질문서 결과를 얻었다.

지 역	통조림 A	통조림 B	질문서 응답자
전라도	65	58	123
경상도	52	86	138
서 울	43	41	84
충청도	48	58	106

지역에 따라서 통조림 A 와 B 를 좋아하는 비율이 다르다고 볼 수 있는가?

7.12 기계가 5대 있을 때, 각 기계로부터 제품 250개씩을 랜덤하게 뽑아 각각 양호품과 부적합품으로 선별했더니 다음의 데이터를 얻었다. 기계에 따라 모부적합품률이 다르다고 할 수 있는가? $\alpha = 0.05$ 를 사용하시오.

	기계1	기계 2	기계3	기계 4	기계 5	합 계
양 품	241	230	227	244	232	1,174
부적합품	9	20	23	6	18	76
합 계	250	250	250	250	250	1,250

7.13 어떤 전기부품의 납땜 작업공정에서 작업자가 서서 작업한 공정에서 800개, 앉아서 작업한 제품에서 1,100개를 뽑아 양품 · 부적합품으로 나누었더니 다음의 데이터를 얻었다. 선 작업과 앉은 작업에서 부적합품률에 차가 있다고 할 수 있는가? $\alpha = 0.05$ 에서 식(7 · 15)를 사용하여 검정하라.

	양품	부적합품	합 계
선 작 업	751	49	800
앉은작업	967	133	1,100
합 계	1,718	182	1,900

제8장

상관분석과 간이분석법

8.1 산점도

8.2 표본상관계수

8.3 상관계수에 관한 검정

8.4 상관계수에 관한 추정

8.5 범위에 의한 간이분석법

8.6 순위에 의한 간이분석법

8.7 부호검정

8.1 산점도

산점도(scatter diagram)는 품질관리 7가지 도구 중의 하나로서 3장에서 이미 설명한 바 있으나 상관분석에서 매우 중요한 방법으로 사용되므로 여기서 다시 다루기로 한다.

서로 대응관계에 있는 측정치에 의하여 산점도를 그려 양자의 관계를 조사할 때에, 만약 한쪽의 측정치가 변하면 다른 측정치가 이것에 따라 변화하는 관계가 있는 경우, 이들 사이에는 상관이 있다고 말하고 이와 같은 상관관계를 통계적으로 해석하는 방법을 상관분석(correlation analysis)이라고 한다. 두 확률변수 X, Y 간의 상관관계를 알고자 할 때에는 두 변수에 대한 크기 n 의 확률표본을 취한 후, 얻어진 n 개의 데이터

$$(x_i,\ y_i),\ i=1,2,\ldots,n$$

로부터 두 변수간의 관련성을 찾게 된다. 이 때 우선적으로 산점도를 그려보는 것이 좋다.

산점도를 그린 후에 검토하여야 할 사항은 다음과 같은 것들이다.

(1) 점들이 산재해 있는 모양으로부터 x 와 y 사이에 관계가 있을 듯한지를 검토한다. 또한 양(positive)의 상관인가 음(negative)의 상관인가를 알아본다(**[그림 8.1]**의 (a)와 (b)).

(2) x 와 y 가 직선관계인가 혹은 곡선관계인가를 살펴본다.
[그림 8.1]의 (c)처럼 곡선관계인 경우에는 상관계수를 구하는 것은 전혀 의미가 없다(이와 같은 경우는 뒤에 설명하는 곡선회귀분석을 하여야 함).

(3) 이상한 데이터가 있는지를 확인한다. 산점도상에서 이상점의 발생은 데이터의 수집시 다른 모집단의 표본이 혼입되었거나, 측정이나 계산이 잘못되었거나, 혹은 데이터의 기입 등에 착오가 있는 것이다. 이와 같은 이상점이 발견되면 원인을 규명하여 수정하도록 한다.

(4) 점들이 뚜렷하게 두 개 또는 그 이상으로 층별되는 경우가 있는지를 검토한다. **[그림 8.1]**의 (e)처럼 두개의 층으로 나누어지는 경우에는 두 개의 모집단으로부터 얻어진 두 개의 표본이 섞여 있는 것이므로 두 개의 서로 다른 표본으로 취급하여야 한다.

그림 8.1 상관관계

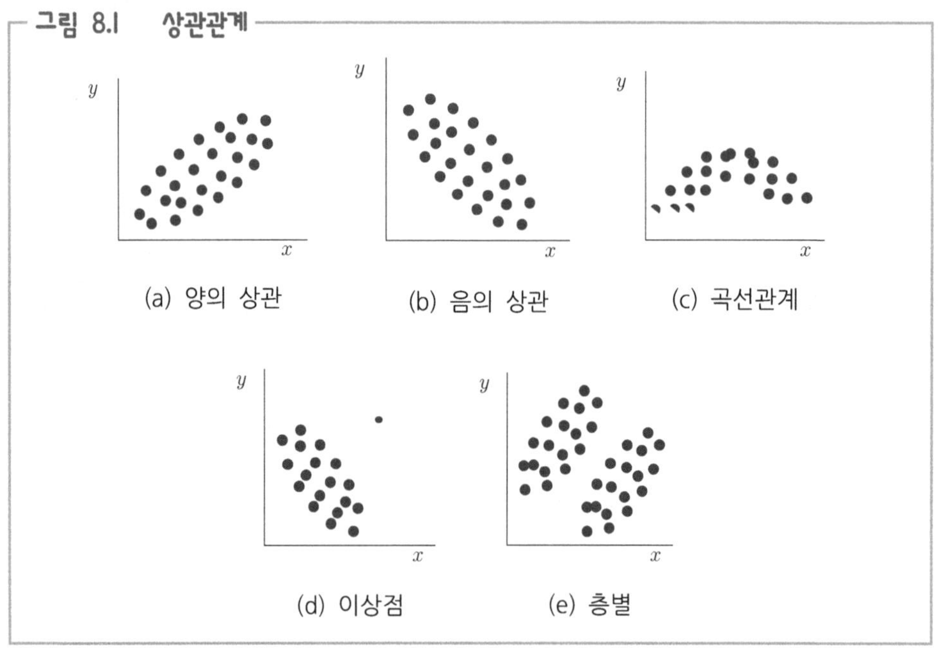

8.2 표본상관계수

8.2.1 이변량정규분포

상관분석에서 취급하는 두 확률변수 X, Y에 관한 n개의 데이터 (x_i, y_i), $i=1, 2, \ldots, n$은 이변량정규분포(bivariate normal distribution)에서 얻어진 것으로 가

정한다. 이변량정규분포를 이차원정규분포(two dimensional normal distribution)라고도 부른다. 이변량정규분포의 확률밀도함수(p.d.f.)는

$$f(x,\ y) = \frac{1}{2\pi\sqrt{1-\rho^2}\,\sigma_x\sigma_y} exp\left[-\frac{1}{2(1-\rho^2)}\left\{\frac{(x-\mu_x)^2}{{\sigma_x}^2} + \frac{(y-\mu_y)^2}{{\sigma_y}^2} - \frac{2\rho(x-\mu_x)(y-\mu_y)}{\sigma_x\sigma_y}\right\}\right],\quad -\infty < x,\ y < \infty \qquad (8 \cdot 1)$$

로 주어진다. 단, ρ는 X와 Y간의 모상관계수(식(4 · 18)에서 정의되었음)이고, $X \sim N(\mu_x,\ {\sigma_x}^2)$, $Y \sim N(\mu_y,\ {\sigma_y}^2)$ 으로 가정한 것이다. 만약, $\rho = 0$ 로서 X, Y가 서로 독립이면 식(8 · 1)은

$$f(x,\ y) = \frac{1}{2\pi\,\sigma_x\sigma_y} exp\left[-\frac{1}{2}\left\{\frac{(x-\mu_x)^2}{{\sigma_x}^2} + \frac{(y-\mu_y)^2}{{\sigma_y}^2}\right\}\right]$$

과 같이 간단히 표현된다.

식(8 · 1)로 설명된 이변량정규분포의 p.d.f.를 입체적으로 그려보면 **[그림 8.2]** 의 (a)가 되고, 이를 등고선으로 그려보면 **[그림 8.2]**의 (b)가 된다.

그림 8.2 이변량정규분포의 그래프

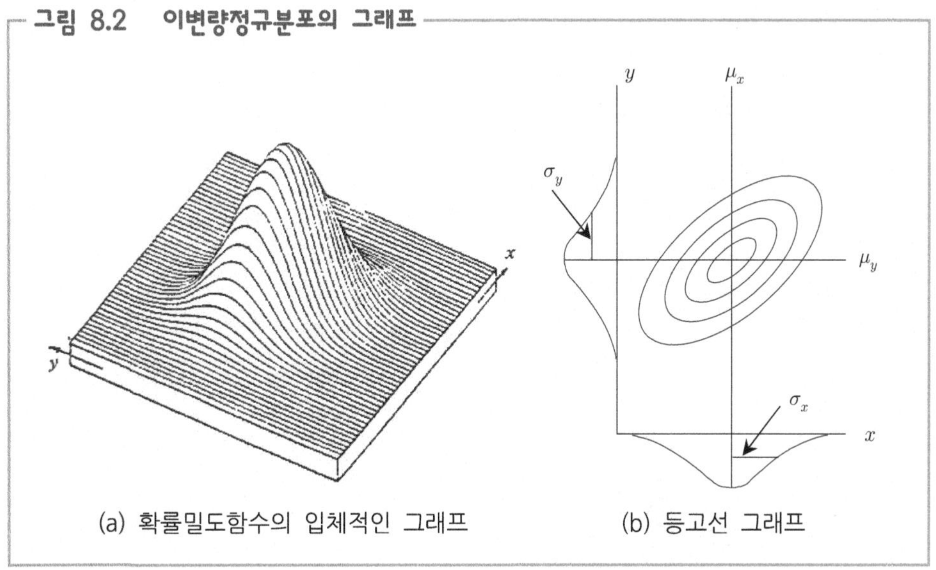

(a) 확률밀도함수의 입체적인 그래프　　(b) 등고선 그래프

8.2.2 표본상관계수

두 확률변수 X, Y에 대하여 n개의 데이터 $(x_1, y_1), (x_2, y_2), \cdots, (x_n, y_n)$이 얻어졌을 때, 그 표본상관계수(sample correlation coefficient)는 다음과 같이 정의한다.

$$r = \frac{S(xy)}{\sqrt{S(xx)S(yy)}} \tag{8・2}$$

$$\text{단, } S(xx) = \sum_{i=1}^{n}(x_i - \bar{x})^2 = \sum_i x_i^{\,2} - \frac{(\sum x_i)^2}{n}$$

$$S(yy) = \sum_i (y_i - \bar{y})^2 = \sum_i y_i^{\,2} - \frac{(\sum y_i)^2}{n}$$

$$S(xy) = \sum_i (x_i - \bar{x})(y_i - \bar{y}) = \sum_i x_i y_i - \frac{(\sum x_i)(\sum y_i)}{n} \tag{8・3}$$

을 의미한다.

X, Y간의 모상관계수 ρ는 식(4・18)에서 정의된 바와 같이

$$\rho = \frac{Cov(X, Y)}{\sqrt{V(X) \cdot V(Y)}} = \frac{\sigma_{xy}}{\sigma_x \sigma_y} \tag{8・4}$$

이다. 여기서 $Cov(X, Y) = \sigma_{xy}$, $V(X) = \sigma_x^{\,2}$, $V(Y) = \sigma_y^{\,2}$으로 놓은 것이다. 이들의 표본에 의한 추정값은 각각

$$\hat{\sigma}_{xy} = \frac{\sum(x_i - \bar{x})(y_i - \bar{y})}{n-1} = \frac{S(xy)}{n-1}$$

$$\hat{\sigma}_x^{\,2} = \frac{\sum(x_i - \bar{x})^2}{n-1} = \frac{S(xx)}{n-1}$$

$$\hat{\sigma}_y^{\,2} = \frac{\sum(y_i - \bar{y})^2}{n-1} = \frac{S(yy)}{n-1}$$

을 사용할 수 있으므로, 식(8・4)의 ρ의 추정값은

$$\hat{\rho} = \frac{\dfrac{S(xy)}{n-1}}{\sqrt{\dfrac{S(xx)}{n-1} \cdot \dfrac{S(yy)}{n-1}}} = \frac{S(xy)}{\sqrt{S(xx)S(yy)}} = r$$

로서 이는 식(8・2)에 주어진 표본상관계수이다.

표본상관계수가 갖는 몇 가지 성질을 들어보면 다음과 같다.

(1) r 의 범위는 $-1 \le r \le 1$ 이다.

(2) r 의 값은 X, Y 간의 선형관계(linear relationship)를 나타내는 척도로서 **[그림 8.1]**의 (a)의 경우는 $0<r<1$ 이고 (b)의 경우는 $-1<r<0$ 이 된다. $r=\pm 1$ 인 경우는 모든 점이 기울기가 영이 아닌 일직선상에 놓이게 된다.

(3) 만약 x 가 $ax+b$ 로 바뀌고, y 가 $cy+d$ 로 바뀌어도 a 와 c 의 부호가 같으면 r 의 값에는 변함이 없다. 따라서 계산의 편의상 수치변환(단, $h>0, g>0$ 임)

$$X=(x-x_0)\times h$$
$$Y=(y-y_0)\times g \qquad (8 \cdot 5)$$

을 하여도 x, y 간의 상관계수는 X, Y 의 상관계수와 동일하다.

여기서 X, Y 는 확률변수를 나타내는 대문자의 의미로 사용한 것이 아니라 x, y 의 수치변환된 값을 나타내고 있다.

예제 8.1

두 변수 x, y 에 대하여 다음과 같은 6개의 데이터가 있다. 표본상관계수 r 을 구하라.

x	1	2	3	5	6	7
y	3	4	6	8	9	12

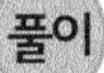

풀이

x_i	y_i	$x_i-\bar{x}$	$y_i-\bar{y}$	$(x_i-\bar{x})^2$	$(y_i-\bar{y})^2$	$(x_i-\bar{x})(y_i-\bar{y})$
1	3	-3	-4	9	16	12
2	4	-2	-3	4	9	6
3	6	-1	-1	1	1	1
5	8	1	1	1	1	1
6	9	2	2	4	4	4
7	12	3	5	9	25	15
$\bar{x}=4$	$\bar{y}=7$			$S(xx)=28$	$S(yy)=56$	$S(xy)=39$

$$r = \frac{S(xy)}{\sqrt{S(xx)S(yy)}} = \frac{39}{\sqrt{(28)(56)}} = 0.985$$

8.3 상관계수에 관한 검정

모집단의 상관계수 ρ 가 어떤 값을 가질 수 있는가에 대한 가설검정을 다루어 보자. 먼저 상관관계가 존재하는지에 대한 검정으로 귀무가설과 대립가설이

$$H_0 \ : \ \rho = 0$$

$$H_1 \ : \ \rho \neq 0$$

일 때에, 만약 두 변수 X, Y가 이변량정규분포를 따르고 $\rho = 0$ 가 사실이라면 통계량

$$t_0 = \frac{r}{\sqrt{\frac{1-r^2}{n-2}}} \qquad (8 \cdot 6)$$

은 자유도가 $n-2$ 인 t 분포를 한다는 것이 알려져 있다. 따라서 이 가설검정에 대한 결정은 유의수준 α 에서 만약

$$|t_0| \geq t_{1-\alpha/2}(n-2)$$

이면 H_0 를 기각하고, 아니면 채택한다.

식(8・6)의 t_0 를 계산하여 $|t_0| > t_{1-\alpha/2}(n-2)$ 인가를 검토하는 계산을 거치지 않고도 검정할 수 있도록 부록 **<표 A-8>**에 r 표를 만들어 놓았다. 이 표는 $H_0 : \rho = 0$, $H_1 : \rho \neq 0$ 에 대한 검정의 기각역이

$$\left| \frac{r}{\sqrt{\frac{1-r^2}{n-2}}} \right| \geq t_{1-\alpha/2}(n-2) \tag{8・7}$$

이므로, r 표의 값들은 $\alpha=0.05$ 또는 0.01, $v=n-2$ 를 주어 위의 부등식을 만족시키는 r 의 한계치를 구해서 표로 만들어 놓은 것이다. 예를 들면, $v=n-2=30$ 일 때에는 $\alpha=0.05$ 에서 $t_{0.975}(30)=2.04$ 이므로 식(8・7)을 만족시키는 r 의 값은 $|r| \geq 0.349$ 이다. 이 r 의 값이 r 표에 기록되어 있는 것이다. 따라서 표본상관계수 r 의 값이 $|r| \geq 0.349$ 이면 H_0 : $\rho=0$ 가 기각되게 된다.

다음으로 ρ 가 0이 아닌 임의의 값 ρ_0 일 때, 가설

$$H_0 \ : \ \rho = \rho_0$$
$$H_1 \ : \ \rho \neq \rho_0$$

에 대한 검정은 앞에서 채택한 방법과는 다르며, 다음과 같은 통계이론에 기초를 두고 있다. 만약 표본의 크기 n 이 클 때에는 H_0 가 옳은 경우에

$$U = \sqrt{n-3}\left[\frac{1}{2}ln\left(\frac{1+r}{1-r}\right) - \frac{1}{2}ln\left(\frac{1+\rho_0}{1-\rho_0}\right)\right] \tag{8・8}$$

가 대략 표준정규분포 $N(0,1)$ 을 따른다. 따라서 계산된 U 의 값 u 가 $|u| \geq 1.96$ 이면 귀무가설 H_0 : $\rho=\rho_0$ 는 유의수준 $\alpha=0.05$ 로 기각된다.

식(8・8)의 계산을 용이하게 하기 위하여 **<표 8.1>**에

$$u' = \frac{1}{2}ln\left(\frac{1+r}{1-r}\right), \quad \zeta = \frac{1}{2}ln\left(\frac{1+\rho_0}{1-\rho_0}\right)$$

의 값을 수록하여 놓았다. 즉, r 과 ρ_0 의 값으로부터 u' 와 ζ 의 값을 쉽게 얻고, 역으로 u' 와 ζ 로부터 r 과 ρ_0 를 얻을 수 있도록 하여 놓았다. r 과 ρ_0 의 값이 음이면 그에 대응되는 u' 와 ζ 의 값도 음으로 하면 된다.

표 8.1 $u' = \frac{1}{2} ln\left(\frac{1+r}{1-r}\right)$, $\zeta = \frac{1}{2} ln\left(\frac{1+\rho_0}{1-\rho_0}\right)$ **의 관계**

r ρ_0	z' ζ	r ρ_0	z' ζ	r ρ_0	z' ζ	r ρ_0	z' ζ
.00	.0000	.25	.2554	.50	.5493	.75	.973
.01	.0100	.26	.2661	.51	.5627	.76	.996
.02	.0200	.27	.2769	.52	5763	.77	1,020
.03	.0300	.28	.2877	.53	.5901	.78	1,045
.04	.0400	.29	.2986	.54	.6042	.79	1,071
.05	.0500	.30	.3095	.55	.6184	.80	1,099
.06	.0601	.31	.3205	.56	.6328	.81	1,127
.07	.0701	.32	.3316	.57	.6475	.82	1,157
.08	.0802	.33	.3428	.58	.6625	.83	1,188
.09	.0902	.34	.3541	.59	.6777	.84	1,221
.10	.1003	.35	.3654	.60	.6931	.85	1,256
.11	.1104	.36	.3769	.61	.7089	.86	1,293
.12	.1206	.37	.3884	.62	.7250	.87	1,333
.13	.1307	.38	.4001	.63	.7414	.88	1,376
.14	.1409	.39	.4118	.64	.7582	.89	1,422
.15	.1511	.40	.4236	.65	.7753	.90	1,472
.16	.1614	.41	.4356	.66	.7928	.91	1,528
.17	.1717	.42	.4477	.67	.8107	.92	1,589
.18	.1820	.43	.4599	.68	.8291	.93	1,658
.19	.1923	.44	.4722	.69	.8480	.94	1,738
.20	.2027	.45	.4847	.70	.8673	.95	1,832
.21	.2132	.46	.4973	.71	.8872	.96	1,946
.22	.2237	.47	.5101	.72	.9076	.97	2,092
.23	.2342	.48	.5230	.73	.9287	.98	2,298
.24	.2448	.49	.5361	.74	.9505	.99	2,647

예제 8.2

어떤 화섬제품에 대하여 수분 처리에 의한 신축의 영향을 조사하기 위하여 150점을 골라 수분 처리 전후의 길이를 재니 **<표 8.2>**를 얻었다. 수분처리 전(x)과 수분처리 후(y)의 제품 길이간의 상관관계에 대하여 다음을 검정하라. $\alpha = 0.01$ 을 사용하라.

(1) $H_0 \ : \ \rho = 0$, $H_1 \ : \ \rho \neq 0$

(2) $H_0 \ : \ \rho = 0.7$, $H_1 \ : \ \rho \neq 0.7$

표 8.2　화섬의 수분처리 전(x)과 수분처리 후(y)의 치수(mm)

x	y	x	y	x	y	x	y	x	y
98.9	98.7	97.1	96.9	98.2	96.8	98.9	100.6	97.6	97.4
100.0	98.5	98.9	98.3	99.6	99.9	99.9	99.7	97.5	97.6
101.7	101.1	101.4	98.2	100.6	100.1	100.1	99.0	97.7	98.9
97.2	96.5	101.4	100.1	102.2	99.8	100.0	99.5	97.8	96.9
99.1	98.6	97.1	97.6	101.3	101.5	99.0	100.0	98.2	97.5
99.8	98.4	98.1	97.3	101.6	97.9	101.1	98.4	99.7	99.4
101.7	100.6	99.5	98.3	102.0	100.3	100.2	99.0	99.0	97.6
97.4	98.0	100.6	98.1	98.0	96.4	99.2	99.2	99.1	98.0
98.8	98.5	100.4	97.1	99.4	100.7	100.1	97.9	100.7	98.9
99.9	97.4	99.5	97.7	99.1	94.4	98.4	97.6	100.4	98.6
101.5	98.3	98.4	97.9	98.4	96.6	99.7	93.3	101.0	100.9
98.1	97.2	98.6	98.5	99.4	98.7	97.5	96.7	100.5	99.0
99.3	99.4	99.5	97.2	100.7	98.5	99.0	98.3	100.4	99.2
100.3	99.6	101.2	100.0	98.6	99.4	99.8	98.0	102.3	99.8
102.5	101.5	98.4	98.9	99.9	100.5	101.2	99.5	102.1	98.9
98.0	98.6	100.0	100.8	98.6	99.6	97.7	97.0	100.8	98.9
99.3	99.0	101.0	99.8	99.9	100.0	101.7	99.5	100.4	98.9
100.2	98.9	98.6	100.1	100.9	99.3	100.0	97.9	98.5	98.2
101.8	100.0	100.1	99.8	97.6	98.1	98.8	98.1	98.8	99.1
97.0	96.0	101.2	99.3	99.0	97.0	97.6	98.4	101.6	99.2
99.1	98.9	98.9	99.2	100.0	97.1	98.8	96.5	101.5	98.5
99.9	98.8	99.8	99.1	97.9	96.1	100.7	101.0	101.9	100.9
99.1	99.6	100.9	98.2	100.5	100.4	98.0	98.0	97.8	97.6
100.0	99.3	102.5	100.5	102.4	100.8	99.5	96.9	98.6	98.1
101.0	98.7	98.6	97.7	98.4	98.4	99.4	97.9	98.6	98.8
100.9	99.6	100.7	97.7	99.3	97.4	99.6	99.2	100.4	100.6
101.1	100.6	100.5	97.4	101.0	100.2	100.2	97.8	100.5	99.7
99.3	97.7	99.6	98.8	98.5	96.9	102.4	101.0	100.5	99.4
99.7	97.5	98.0	99.0	100.3	98.3	100.1	97.6	100.8	99.2
99.6	98.5	98.1	99.5	99.4	98.9	100.4	100.1	99.5	99.3

풀이

(1) x 와 y 간의 상관여부에 관한 검정으로 식(8・6)을 사용한다. 표본의 크기가 $n=150$ 이고 $r=0.61$ 을 얻었으므로

$$t_0 = \frac{r}{\sqrt{\dfrac{1-r^2}{n-2}}} = \frac{0.61}{\sqrt{\dfrac{1-(0.61)^2}{150-2}}} = 9.37$$

이 되고 $t_{1-\alpha/2}(n-2)=t_{0.995}(148) \le t_{0.995}(120)=2.617$ 이므로 $|t_0| \ge t_{0.995}(148)$ 가 성립하여 귀무가설 H_0 : $\rho=0$ 을 기각한다. 즉, 상관관계가 존재한다.

(2) 식(8・8)에 의한 통계량의 값 u 를 **<표 8.1>**을 이용하여 계산하면

$$u=\sqrt{147}\left[\frac{1}{2}ln\left(\frac{1+0.61}{1-0.61}\right)-\frac{1}{2}ln\left(\frac{1+0.7}{1-0.7}\right)\right]$$
$$=(12.124)(0.7089-0.8673)$$
$$=-1.92$$

가 되는데 $\alpha=0.01$ 에서 표준정규분포에 의한 기각치가 2.58이므로 $|u| \ge 2.58$ 이 성립되지 않아서 귀무가설 H_0 : $\rho=0.7$ 을 기각할 수 없다. 즉, 모집단상관계수 ρ 가 유의수준 1%를 사용할 때에 0.7이 아니라고 말할 수 없다.

8.4 상관계수에 관한 추정

모집단상관계수 ρ 에 관한 100(1−α)%의 신뢰구간을 구하여 보자. Fisher(8・1)에 의하여

$$u'=\frac{1}{2}ln\left(\frac{1+r}{1-r}\right) \qquad (8・9)$$

은 표본의 크기가 큰 경우에(대략 $n \ge 25$) 근사적으로 정규분포를 하며

$$E(u')=\frac{1}{2}ln\left(\frac{1+\rho}{1-\rho}\right)+\frac{\rho}{u(n-1)} \fallingdotseq \frac{1}{2}ln\left(\frac{1+\rho}{1-\rho}\right) \qquad (8・10)$$

$$Var(u')=\frac{1}{n-3}$$

임이 알려져 있다. 따라서 표준화된 변수

$$U = \frac{u' - E(u')}{\sqrt{Var(u')}} = \sqrt{n-3}\left[\frac{1}{2}ln\left(\frac{1+r}{1-r}\right) - \frac{1}{2}ln\left(\frac{1+\rho}{1-\rho}\right)\right]$$

는 대략적으로 $N(0,1)$ 을 따른다. 그러므로 $E(u') = \frac{1}{2}ln\left(\frac{1+\rho}{1-\rho}\right)$ 의 $100(1-\alpha)\%$ 신뢰구간은

$$u' \pm u_{1-\alpha/2}\sqrt{\frac{1}{n-3}} \qquad (8 \cdot 11)$$

이 된다. 여기서 구간 상한 u_U' 과 하한 u_L' 에 대응되는 r 의 값을 **<표 8.1>**에서 구하여 이를 각각 ρ_U, ρ_L 로 하면 모집단 상관계수 ρ 의 $100(1-\alpha)\%$ 신뢰구간은 다음과 같다.

$$\rho_L \le \rho \le \rho_U$$

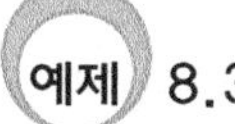

예제 8.3

[예제 8.2]의 데이터로부터 X와 Y간의 모집단상관계수의 95% 신뢰구간을 구하라.

풀이

$r = 0.61$ 이므로 **<표 8.1>**에 의하여

$$u' = \frac{1}{2}ln\left(\frac{1+0.61}{1-0.61}\right) = 0.7089$$

이고 $u_{0.975} = 1.96$, $n = 150$ 이므로 식(8・11)에 의한 상한과 하한은

$$u_U' = u' + u_{1-\alpha/2}\sqrt{\frac{1}{n-3}}$$
$$= 0.7089 + 1.96\sqrt{\frac{1}{147}} = 0.8706$$

$$u_L{}' = u' - u_{\alpha/2}\sqrt{\frac{1}{n-3}}$$

$$= 0.7089 - 1.96\sqrt{\frac{1}{147}} = 0.5472$$

가 된다. 이 상한과 하한에 대응되는 r 의 값을 **<표 8.1>**에서 보간법(interpolation)에 의하여 구하면

$$u_U{}' = 0.8706 \rightarrow \rho_U = 0.702$$

$$u_L{}' = 0.5472 \rightarrow \rho_L = 0.498$$

이 된다. 따라서 ρ 의 95% 신뢰구간은 (0.498, 0.702)이 된다.

실무에서 모상관계수 ρ 의 95% 신뢰구간을 구하여 보고 싶을 때 식(8・11)을 사용하여 구하는 것이 그렇게 간단하지 않으므로 이를 더욱 쉽게 구할 수 있도록 만들어 놓은 것이 **[그림 8.3]**의 u' 변환도표이다. 이 도표는 식(8・9)의 r 과 u' 과의 관계를 그림으로 나타낸 것이므로 **<표 8.1>**의 내용을 그림으로 나타낸 것으로 볼 수 있다. ρ 의 95% 신뢰구간은 식(8・11)에 의하여

$$u' \pm \frac{1.96}{\sqrt{n-3}}$$

으로 구하여 진다. u' 변환도표에서는 r 의 값에 대응되는 $u' = \frac{1}{2}ln\left(\frac{1+r}{1-r}\right)$ 의 값이 나타나 있고, 또 n 의 값에 따른

$$\Delta u = \frac{1.96}{\sqrt{n-3}}$$

의 값을 읽을 수 있도록 되어 있다. 따라서 다음 순서에 의하여 ρ 의 95% 신뢰구간을 구한다.

* **순서 1** : 표본상관계수 r 의 값을 u' 변환도표 위에서 찾는다.
* **순서 2** : 표본의 크기 n 에 대응하는 Δu 의 폭을 구한다.
* **순서 3** : 앞서 u' 변환도표 위에서 잡은 r 의 값에서 상하에 Δu 의 폭을 주

었을 때 얻어지는 상하의 두 점의 r 의 값이 신뢰구간의 하한 ρ_L 과 상한 σ_U 의 값이 된다.

그림 8.3 u' 변환도표

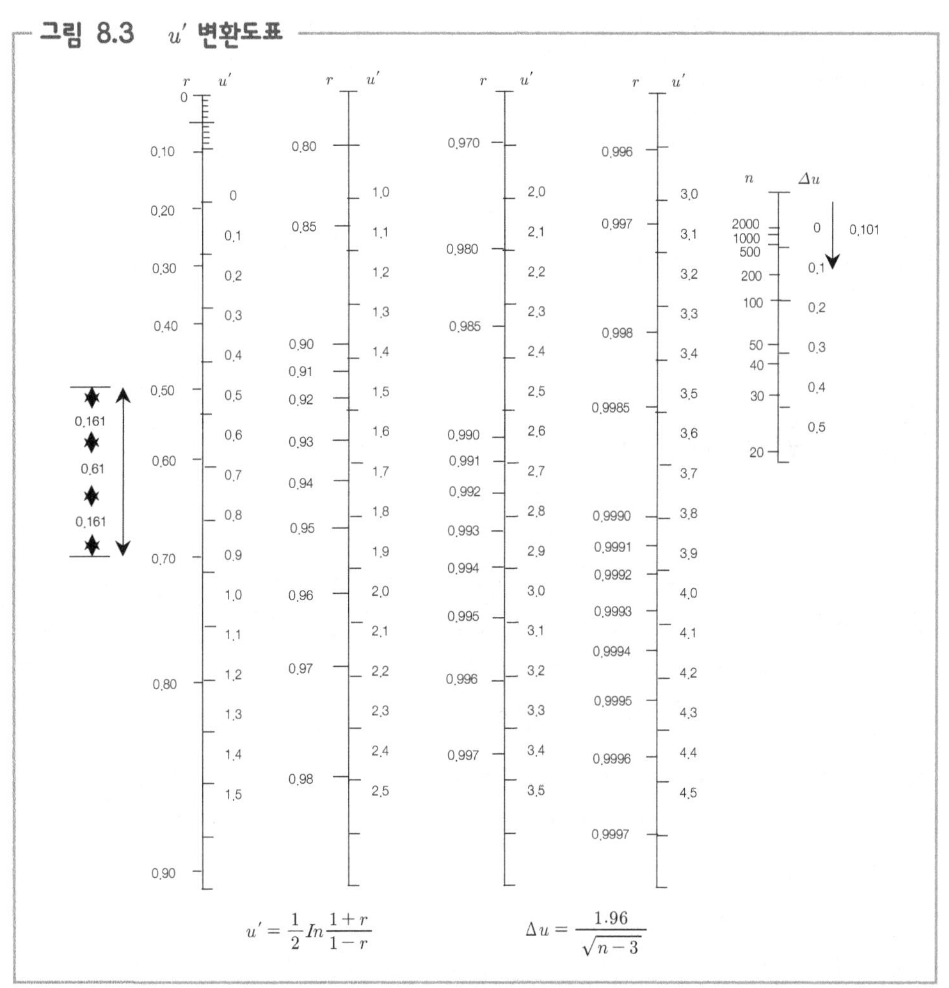

예제 8.4

[예제 8.2]의 데이터로부터 X 와 Y 간의 모상관계수 ρ 의 95% 신뢰구간을 u' 변환도표에 의하여 구하라.

풀이

$r=0.61$ 이므로 **[그림 8.3]**에서 $u'=0.709$ 를 얻고, $n=150$ 이므로 $\Delta u=0.161$ 을 얻는다. 이 폭을 $r=0.61$ 에서 상하로 0.161 을 그려보면 하한은 $\rho_L=0.50$, 상한은 $\rho_U=0.70$ 을 구할 수 있다. 이 신뢰구간은 **[예제 8.3]**에서 수치에 의하여 구한 구간과 거의 동일하다.

8.5 범위에 의한 간이분석법

지금까지 다루어 온 통계적 수법에서는 표본에 의하여 모집단의 특성을 추측할 때, 표본이 포함하고 있는 정보를 최대한으로 이용하기 위하여 계산상 어려움이 있더라도 효율이 높은 통계적 추정 및 검정방법을 살펴보았다. 그러나 데이터를 쉽게 그리고 많이 얻을 수 있다면, 효율이 좀 떨어지더라도 계산방법이 간단하고, 판단하기가 쉬운 방법을 사용하는 것이 바람직하다. 여기서 효율이라는 것은 데이터를 이용하는 활용도를 말하며 어떤 추정량이 효율이 높아지면 그 추정량의 분산은 작아진다.

특히 실험이나 공장 등에서 일상적으로 대량의 데이터가 얻어지는 경우는 정밀한 수법을 사용하여 해석하기보다는, 시간이 적게 소요되는 간편한 수법으로 충분히 목적을 달성할 수 있는 경우가 많다. 이러한 간단한 분석방법을 간이분석법이라고 한다.

앞에서 다룬 모든 추정 및 검정에서는 데이터의 산포가 언제나 관련되어 있으며, 그 측도로서 불편분산 V를 사용하여 왔다. 그러나 데이터가 많은 경우에는 V의 계산이 번잡하므로 산포의 측도로서 범위 R을 사용하는 간이분석법을 쓸 수 있다.

범위는 산포의 측도로서 계산은 매우 간단하나 추정량으로서 효율이 낮고, 특히 표본의 크기 n 이 증가함에 따라 효율이 더욱 나빠지므로 범위를 사용하는 경우에는 $n \le 10$ 일 때가 좋으며, $n > 10$ 인 경우에는 데이터를 여러 개 조로 나누어 각 조마다 범위를 구하여 그 평균범위를 사용함으로써 효율을 증가시키는 것이 필요하다.

범위를 사용하는 방법에는 여러 가지가 있으나 여기에서는 모평균의 검정과 모분산 차의 검정에 대하여 알아보기로 한다.

8.5.1 모평균의 검정

크기 n 인 표본 k 조에서 구한 k 개의 범위의 평균을 $\overline{R}$ 라고 하고, $s = \sqrt{V}$ 를 자유도 v 인 표준편차라고 할 때 근사적으로

$$\frac{\overline{R}}{c} = s \qquad (8 \cdot 12)$$

가 성립되는 상수 c 는

$$c = \sqrt{{d_2}^2 + \frac{1}{k}{d_3}^2} \qquad (8 \cdot 13)$$

으로 얻어진다. 단, d_2 와 d_3 는 식(5・15)와 (5・16)에 나타나는 상수로 부록 **<표 A-7>**에 실려 있다. 식(8・13)의 등식관계를 증명하여 보자.

증명)))

근사적으로 식(8・12)이 성립하기 위해서는, $\overline{R}/c$ 의 기대값과 분산이, 자유도 v 인 $s = \sqrt{V}$ 이 기대값과 분산과 일치하도록 하여주면 된다. 즉,

$$E\left(\frac{\overline{R}}{c}\right) = E(s), \quad V\left(\frac{\overline{R}}{c}\right) = V(s)$$

이 되도록 하여 준다. 식(5・18)과 (5・19)에 의하여

$$E(\overline{R}) = d_2\sigma,\ \ V(\overline{R}) = \frac{1}{k}(d_3\sigma)^2$$

이므로,

$$E\left(\frac{\overline{R}}{c}\right) = \frac{d_2}{c}\sigma,\quad V\left(\frac{\overline{R}}{c}\right) = \frac{1}{k}\left(\frac{d_3}{c}\sigma\right)^2$$

이 된다.

한편 자유도 v 인 불편분산의 제곱근 $s = \sqrt{V}$ 의 기대값과 분산은 식(5・8)로부터

$$E(s) = c_2^{\ *}\sigma,\ \ V(s) = (c_3^{\ *}\sigma\ )^2 = (1 - c_2^{\ *2})\sigma^2$$

이므로,

$$\frac{d_2}{c} = c_2^{\ *},\quad \frac{1}{k}\left(\frac{d_3}{c}\right)^2 = 1 - c_2^{\ *2}$$

이 성립한다. 이 두 식을 c 에 대하여 풀면

$$c = \sqrt{d_2^{\ 2} + \frac{1}{k}d_3^{\ 2}}$$

을 얻을 수 있다.

참고로 v 의 값은 식(5・9)에서 $v = n - 1$ 로 놓으면

$$c_2^{\ *} = \sqrt{\frac{2}{v}}\,\Gamma\left(\frac{v+1}{2}\right)\Big/\,\Gamma\left(\frac{v}{2}\right) = \frac{d_2}{c} \tag{8・14}$$

로부터 v 에 대하여 풀어서 v 를 구할 수 있다.

주어진 k, n 에 대하여 식(8・13)과 (8・14)를 만족시키는 v 와 c 를 일일이 계산하는 것이 어려우므로, 이를 표로 만들어 보면 **<표 8.3>**과 같다.

표 8.3 범위를 사용하는 추정 및 검정의 보조표

n \ k		2	3	4	5	10	15	20	25	$k>25$
2	v	1.9	2.8	3.7	4.6	9.0	17.8	17.8	22.2	$0.876k+0.25$
	c	1.28	1.23	1.21	1.19	1.16	1.14	1.14	1.14	$1.128+0.32/k$
3	v	3.8	5.7	7.5	9.3	18.4	36.6	36.6	45.6	$1.815k+0.25$
	c	1.81	1.77	1.75	1.74	1.72	1.70	1.70	1.70	$1.693+0.23/k$
4	v	5.7	8.4	11.2	13.9	27.6	55.0	55.0	68.7	$2.738k+0.25$
	c	2.15	2.12	2.11	2.10	2.08	2.06	2.06	2.06	$2.059+0.19/k$
5	v	7.5	11.1	14.7	18.4	36.5	72.7	72.7	90.8	$3.623k+0.25$
	c	2.40	2.38	2.37	2.36	2.33	2.33	2.33	2.33	$2.326+0.16/k$
6	v	9.2	13.6	18.1	22.6	67.2	89.6	89.6	111.9	$4.466k+0.25$
	c	2.60	2.58	2.57	2.56	2.54	2.54	2.54	2.54	$2.534+0.14/k$

크기 n 인 표본 k 조가 있을 때, $\overline{R}/c$ 를 사용하여 모평균 μ 의 추정 및 검정방법을 살펴보자. 먼저 σ 가 미지인 경우에 μ 의 $100(1-\alpha)\%$ 신뢰구간은 식(5·31)에 의하여 v 가 s 의 자유도라 할 때,

$$\overline{X} \pm t_{1-\alpha/2}(v)\frac{s}{\sqrt{n}}$$

로 주어졌다. 이 공식에서 s 를 $\overline{R}/c$ 로 대입시키고, 데이터의 수는 kn 이므로 다음의 신뢰구간을 쉽게 얻을 수 있다.

$$\overline{X} \pm t_{1-\alpha/2}(v)\frac{1}{\sqrt{kn}}\cdot\frac{\overline{R}}{c} \qquad (8\cdot15)$$

다음으로 모평균 μ 의 가설검정을 살펴보자.

$$H_0 \ : \ \mu = \mu_0$$
$$H_1 \ : \ \mu \neq \mu_0$$

의 가설검정에서 σ 가 미지인 경우에는 5장의 5절에서 검정통계량

$$t_0 = \frac{\overline{X}-\mu_0}{\frac{s}{\sqrt{n}}}$$

을 사용하였다. 여기에서 n 은 전체 데이터의 수이다. 표본의 표준편차 s 대신에 $\overline{R}/c$ 를 대입시키면 데이터의 수가 kn 이므로 간편한 방법에 의한 대용 t 검정통계량은

$$t_0 = \frac{\overline{X} - \mu_0}{\frac{\overline{R}}{c} \Big/ \sqrt{kn}} \tag{8·16}$$

이 된다. 검정의 판정은 만약 $|t_0| \geq t_{1-\alpha/2}(v)$ 이면 H_0 를 기각하게 된다.

예제 8.5

어떤 합성수지판의 두께는 종래 평균치가 10.0mm이었다. 최근 20일간에 생산된 100매에 대하여, 이를 한 조에 5개씩 20개 조로 나누어 판 두께를 측정한 후에 각 조의 범위 R 을 구하였다. 범위의 평균을 구하니 $\overline{R}=0.62\text{mm}$ 이었고, 100매의 평균 판두께는 $\overline{x}=9.9\text{mm}$ 이었다. 판두께가 종래와 달라졌다고 볼 수 있는지 $\alpha=0.05$ 에서 가설검정하라.

풀이

가설은 $H_0 : \mu=10.0$, $H_1 : \mu \neq 10.0$ 으로 표현된다. $k=20$, $n=5$ 이므로 **<표 8.3>**에 의하여 $v=72.7$, $c=2.33$ 을 얻는다. 검정통계량의 값은

$$t_0 = \frac{\overline{x} - \mu_0}{\frac{\overline{R}}{c} \Big/ \sqrt{kn}} = \frac{9.9 - 10.0}{\frac{0.62}{2.33} \Big/ \sqrt{100}} = -3.758$$

이 된다. 기각치는 $\alpha=0.05$ 에서

$$t_{1-\alpha/2}(v) = t_{0.975}(72.7) < t_{0.975}(60) = 2.004$$

이므로 $|t_0| = 3.758 \geq 2.004$ 가 성립되어 H_0 가 기각된다. 따라서 최근 생산된 판의 두께는 10.0mm 라고 볼 수 없다.

8.5.2 모분산 차의 검정

모평균의 검정에서 말한 바와 같이 $\overline{R}/c$ 에서 자유도 v 인 표준편차 $s=\sqrt{V}$ 가 얻어지므로 이 성질을 이용하여 2조의 데이터가 있는 경우에 각각의 범위의 평균 $\overline{R}_1$, $\overline{R}_2$ 로부터 각각 불편분산 V_1, V_2 를 구하여 F 검정에 의하여 모분산의 차의 검정을 행할 수 있다.

$$F_0 = \left(\frac{\overline{R}_1}{c_1}\right)^2 \Big/ \left(\frac{\overline{R}_2}{c_2}\right)^2 \qquad (8 \cdot 17)$$

단, 자유도 v_1, v_2 와 c_1, c_2 는 **<표 8.3>**에서 구해야 한다. 예를 들어, $H_0 : {\sigma_1}^2 = {\sigma_2}^2$, $H_1 : {\sigma_1}^2 \neq {\sigma_2}^2$ 인 양쪽 검정에서는, $\overline{R_1}/c_1 > \overline{R_2}/c_2$ 인 경우에는 식(8・17)의 값이 $F_0 \geq F_{1-\alpha/2}(v_1,\ v_2)$ 이면 H_0 를 기각하게 된다. 이 검정방법을 평균범위를 이용한 대용 F 검정이라고 부른다.

모분산 차를 정밀하게 검정하기 위해서는 **6.4**에서 설명된 불편분산에 의한 F 검정방법을 하는 것이 좋다. 그러나 범위를 사용한 예비적인 공정해석용으로는 이 방법이 편리하다. 특히 층별한 두 개의 $\overline{x}-R$ 관리도를 그렸을 때, 범위 R 을 사용하여 층간의 분산의 차를 검정할 때에는 이 방법이 흔히 사용된다.

예제 8.6

어떤 공장에서는 매일 생산되는 화학약품의 주성분을 2명의 연구원이 분석하고 있다. 분석은 동일 시료에 대해 4회씩 하게 되어 있다. 분석결과는 다음 데이터와 같다. 연구원 1과 연구원 2의 분석오차에 차이가 있다고 할 수 있는가를 검정하라.

날짜	연구원 1				연구원 2			
1	0.183	0.181	0.188	0.183	0.190	0.190	0.188	0.187
2	0.181	0.182	0.193	0.185	0.188	0.187	0.191	0.186
3	0.182	0.191	0.188	0.187	0.184	0.186	0.185	0.187
4	0.185	0.188	0.184	0.191	0.186	0.186	0.189	0.191

풀이

가설을 세우면

$$H_0 \ : \ {\sigma_1}^2 = {\sigma_2}^2$$
$$H_1 \ : \ {\sigma_1}^2 \neq {\sigma_2}^2$$

이 된다. 단 ${\sigma_1}^2$ 과 ${\sigma_2}^2$ 은 각각 연구원 1과 2의 분석치의 분산이다.

매일마다 연구원마다 $n=4$ 의 분석치를 취하였으므로 날짜별로 R 을 구하고 각각 $\overline{R}$ 를 계산한다.

날짜	R_1	R_2
1	0.007	0.003
2	0.012	0.005
3	0.009	0.003
4	0.007	0.005
	$\overline{R}_1 = 0.0088$	$\overline{R}_2 = 0.0040$

각각 $k=4$, $n=4$ 이므로 **<표 8.3>**에 의하여 $v_1 = v_2 = 11.2$, $c_1 = c_2 = 2.11$ 을 얻는다. 따라서

$$\left(\frac{\overline{R_1}}{c_1}\right)^2 = \left(\frac{0.0088}{2.11}\right)^2 = 1.73 \times 10^{-5}$$

$$\left(\frac{\overline{R_2}}{c_2}\right)^2 = \left(\frac{0.0040}{2.11}\right)^2 = 3.50 \times 10^{-6}$$

이 된다. $\overline{R_1}/c_1 > \overline{R_2}/c_2$ 이므로 검정통계량의 값은

$$F_0 = \frac{\left(\frac{\overline{R_1}}{c_1}\right)^2}{\left(\frac{\overline{R_2}}{c_2}\right)^2} = \frac{1.73 \times 10^{-5}}{3.50 \times 10^{-6}} = 4.94$$

가 된다. 기각치는 $F_{1-\alpha/2}(v_1,\ v_2) = F_{0.975}(11.2,\ 11.2)$ 을 구하여야 하나 이런 자유

도의 값이 없으므로 $F_{0.975}(11,\ 11) = 2.82$, $F_{0.975}(12,\ 12) = 2.69$ 을 구하여 보면 $F_{0975}(11.2,\ 11.2)$ 는 2.69와 2.82 사이에 있는 값이 된다. 그런데 이 값들이 모두 $F_0 = 4.94$ 보다 작으므로 귀무가설을 기각한다. 즉, 분석오차에 차이가 있다고 말할 수 있다.

8.6 순위에 의한 간이분석법

품질관리에서 취급되는 데이터 중에는 섬유제품의 감축의 정도, 음향기기의 잡음의 크기, 식물의 맛 등과 같이 특성이 계량적으로 측정하기 곤란하고 인간의 감각에 의해 평가하여야 하는 경우가 많다. 이와 같은 관태검사의 경우에는 양적인 차이를 세밀하게 측정하기가 곤란하기 때문에 주로 어느 쪽이 좋은가 등, 단순히 순위를 붙임으로써 평가하는 경우가 많다. 또 계량적으로 측정된 데이터의 경우에도 이를 크기 순으로 나열함으로써 순위를 붙일 수가 있다. 이 절에서는 이러한 순위에 의한 데이터의 해석방법을 살펴보기로 하자.

8.6.1 Wilcoxon의 순위합검정

두 모집단의 평균의 차에 대한 검정을 할 때에 두 모집단이 정규분포를 따르는 경우는 6장에서 상세히 다루었다. 여기서는 데이터가 순위로 얻어졌거나, 또는 모집단이 정규분포를 따른다는 가정을 할 수 없는 경우에 사용할 수 있는 Wilcoxon의 순위합검정(rank-sum test)을 알아보기로 한다. 이 검정을 Wilcoxon의 U 검정이라고도 흔히 부른다.

두 개의 모집단 A, B 간에 차가 있는가의 여부를 조사하기 위하여 각각으로부터 크기 m, n 개의 표본을 취하여, 어떤 특성에 대하여 $m+n$ 개 전체에 대한 순위를 붙였다고 하자. 동순위는 붙이지 않는 것으로 한다. 이때 A, B 간에 차가 없으면 표본 A, B 는 섞여서 랜덤하게 나열된 것이고, 차가 있으면 한쪽에 치우쳐서 나열되게 될 것이다. 이 순위를 계량치의 데이터로 보고 표본의 순위로부터 다음 식에 의해 각각의 순위의 합 W_A, W_B 를 계산한다.

$$\left.\begin{aligned} W_A &= \sum_{i=1}^{m} R_{Ai} \\ W_B &= \sum_{i=1}^{n} R_{Bi} \end{aligned}\right\} \qquad (8 \cdot 18)$$

단, R_{Ai}, R_{Bi} 는 $m+n$ 개 데이터 전체에 대하여 순위를 붙였을 때, A 및 B 표본에 붙여진 순위이다.

두 표본 크기의 합을 $N=m+n$ 이라 하면 $W_A+W_B=\frac{1}{2}N(N+1)$ 이 항상 성립되며, 귀무가설

H_0 : 두 모집단의 모평균은 동일하다.

하에서는 W_A 의 분포는 $E(W_A)=\frac{m}{2}(m+n+1)$ 에 관하여 대칭이 된다. 또한 Wilcoxon은 W_A 의 분산이

$$V(W_A)=\frac{mn(m+n+1)}{12}$$

임을 보였고, 표본의 크기가 큰 경우에

$$U=\frac{W_A-E(W_A)}{\sqrt{V\ (W_A)}}$$

는 근사적으로 표준정규분포 $N(0, 1)$ 에 따름을 보였다. 따라서 Wilcoxon의 순위합 검정은 다음과 같은 순서로 행한다.

*** 순서 1 :** 식(8・18)에 의하여 W_A 를 구한다.

* **순서 2 :** 양쪽 $100(1-\alpha)$%의 신뢰한계를 다음 식에 의하여 구한다.

$$\frac{m}{2}(m+n+1) \pm u_{1-\alpha/2}\sqrt{\frac{mn(m+n+1)}{12}}$$

* **순서 3 :** 만약 W_A의 값이 위의 신뢰한계 사이에 있지 않으면 귀무가설 "H_0 : 두 모집단의 모평균은 동일하다." 를 기각한다.

예제 8.7

A, B의 두 교육방법에 차이가 있는지를 비교하기 위해 지식정도가 비슷한 20명의 교육생을 10명씩 랜덤하게 두 집단으로 나누어, 각각에 A, B 두 교육방법을 6주 동안 실시한 후에 시험을 실시한 결과 다음의 점수를 얻었다. (점수는 크기 순으로 배열) 두 교육방법에 차이가 있다고 볼 수 있는가?

방법 A	35	39	47	52	65	67	68	71	76	78
방법 B	38	40	45	58	70	75	80	81	83	85

풀이

표본 A의 순위를 구하여 보면

$$R_{Ai} \Rightarrow 1, 3, 6, 7, 9, 10, 11, 13, 15, 16$$

이 되고, 이 순위의 합은

$$W_A = 1+3+6+...+16 = 91$$

이 된다. 양쪽 95%의 신뢰한계를 구하면

$$\frac{m}{2}(m+n+1) \pm 1.96\sqrt{\frac{mn(m+n+1)}{12}}$$

$$\Rightarrow \frac{10}{2}(10+10+1) \pm 1.96\sqrt{\frac{(10)(10)(10+10+1)}{12}}$$

$$\Rightarrow 105 \pm (1.96)(13.23)$$

$$\Rightarrow 105 \pm 25.93 = (79.07,\ 130.93)$$

이 된다. 그런데 $W_A = 91$ 은 이 구간속에 포함이 되므로 두 교육방법에 차이가 있다고 볼 수 없다.

8.6.2 Kruscal-Wallis의 H 검정

Wilcoxon의 순위합 검정이 2조의 표본에 대한 해석 방법인 데 대하여, Kruscal-Wallis의 H 검정은 3조 이상의 경우로 확장한 것이다. k 조의 모집단에서 각각 크기 $n_i,\ i=1, 2, \ldots, k$ 의 시료를 취하여 이것을 전부 함께 하여 크기 순으로 나열하였을 때, i 조의 표본이 갖는 순위들을 R_{ij} 라 하면 그 순위의 평균치는

$$\overline{R}_i = \frac{1}{n_i}\sum_{j=1}^{n_i} R_{ij},\ \ i = 1, 2,\ \ldots, k$$

가 된다.

전체 데이터 $n = \sum_{i=1}^{k} n_i$ 개의 순위의 평균치는

$$\overline{\overline{R}} = \frac{1+2+\cdots+n}{n} = \frac{n+1}{2}$$

이다. 만일 모집단 간에 차가 없으면 $\overline{R}_j$ 는 서로 근사한 값이 되어 $\overline{\overline{R}}$ 에 가까워지고, $\overline{R}_i - \overline{\overline{R}} = \overline{R}_i - \frac{n+1}{2}$ 의 절대값은 작은 값이 될 것이다.

Kruscal과 Wallis는 귀무가설

$$H_0\ :\ \text{개의 모집단의 모평균은 동일하다.}$$

가 옳으면 식 (8・19)로 정의되는 검정통계량

$$H = \frac{12}{n(n+1)}\sum_{i=1}^{k} n_i(\overline{R}_i - \overline{\overline{R}})^2$$

$$= \frac{12}{n(n+1)} \sum_{i=1}^{k} n_i \overline{R}_i^{\,2} - 3(n+1) \qquad (8 \cdot 19)$$

은 표본크기가 클 때 근사적으로 자유도 $k-1$ 인 χ^2 분포를 함을 보였다. 따라서 유의수준 α 에서 만약 $H \geq \chi_{1-\alpha}^{2}(k-1)$ 이면 H_0 를 기각하게 된다.

예제 8.8

과수원에서 사용되고 있는 3종류의 살충제의 성능을 비교하고자 한다. 똑같은 조건하에 있는 과수원을 지역으로 21등분하여 8개 지역에 살충제 1을, 다른 7개 지역에 살충제 2를, 그리고 나머지 6개 지역에 살충제 3을 같은 양 사용하여 살충률(%)을 측정하니 다음 데이터가 얻어졌다. 살충제간의 살충효과에 차이가 있는가를 Kruscal-Wallis의 H 검정으로 검정하여라.

살충제 1	살충제 2	살충제 3
40.3(10)	38.9(9)	68.1(18)
28.8(3)	49.1(15)	51.0(16)
31.5(6)	56.8(17)	45.3(13)
38.2(8)	25.5(2)	75.2(20)
43.5(12)	37.8(7)	75.9(21)
46.1(14)	30.9(5)	69.8(19)
29.8(4)	41.5(11)	
18.9(1)		
순 위 합　58	66	107
순위평균　7.25	9.43	17.83

풀이

각 표본의 순위의 평균은

$$\overline{R}_1 = \frac{1}{8}(10+3+\ldots+1) = \frac{58}{8} = 7.25$$

$$\overline{R}_2 = \frac{1}{7}(9+15+\ldots+11) = \frac{66}{7} = 9.43$$

$$\overline{R}_3 = \frac{1}{6}(18+16+\ldots+19) = \frac{107}{6} = 17.83$$

이 된다.

따라서 검정통계량의 값은

$$H = \frac{12}{n(n+1)}\sum_{i=1}^{3} n_i \overline{R}_i - 3(n+1)$$

$$= \frac{12}{(21)(21+1)}[(8)(7.25)^2 + (7)(9.43)^2 + (6)(17.83)^2] - 3(21+1)$$

$$= 76.63 - 66.00 = 10.63$$

이 된다. 유의수준 $\alpha = 0.05$ 에서 기각치는

$$\chi^2_{1-\alpha}(k-1) = \chi^2_{0.95}(2) = 5.99$$

이므로, $H \geq 5.99$ 가 성립되어 살충제간에 살충효과의 차이가 있다고 결론지을 수 있다.

8.6.3 Spearman의 순위상관계수

지금까지 설명한 Wilcoxon의 순위합검정이나 Kriscal-Wallis의 H 검정에서는 각 모집단에서 표본을 취하여 전체를 합쳐 각 모집단 간에 차가 있는가의 여부를 조사하는 검정이었으나, 여기서는 크기 n 인 표본의 두 가지 특성에 대해 각각 순위(x_i, y_i)가 붙여져 있을 때, 이 두개의 특성간에 상관관계가 있는가를 조사하는 방법이다. 상관관계를 조사하는 측도로서 계량적 데이터인 경우에는 식(8・2)의 표본상관계수가 사용되었으나 순위 데이터의 경우에는 다음과 같은 Spearman의 순위상관계수 r_s 가 사용된다.

$$r_s = 1 - \frac{6\sum_{i=1}^{n}(x_i - y_i)^2}{n^3 - n} \qquad (8 \cdot 20)$$

여기서 x_i, y_i 는 두 개의 특성치의 각각의 순위이다.

Spearman의 순위상관계수 r_s 는 순위 x_i, y_i 를 계량치라고 생각하여 계산한 표본상관계수 r 과 같다. 즉, 계량치로 취급하면

$$r_s = \frac{\sum x_i y_i - \frac{(\sum x_i)(\sum y_i)}{n}}{\sqrt{\left[\sum x_i^2 - \frac{(\sum x_i)^2}{n}\right]\left[\sum y_i^2 - \frac{(\sum y_i)^2}{n}\right]}}$$

이 되는데,

$$\sum x_i = \sum y_i = 1 + 2 + \cdots + n = \frac{n(n+1)}{2}$$

$$\sum x_i^2 = \sum y_i^2 = 1^2 + 2^2 + \cdots + n^2 = \frac{n(n+1)(2n+1)}{6}$$

을 윗식에 대입하여 정리하면 식(8・20)이 얻어진다.

동순위가 있을 때 동순위 수가 적은 경우는 식(8・20)을 그대로 사용하여도 r_s 의 값에는 큰 차이가 없어 식(8・20)의 사용이 무방하다. 그러나 동순위 수가 많은 경우는 다음 식으로 계산한다.

$$r_s = \frac{n^3 - n - \frac{\sum T_x + \sum T_y}{2} - 6\sum (x_i - y_i)^2}{\sqrt{(n^3 - n - \sum T_x)(n^3 - n - \sum T_y)}} \qquad (8 \cdot 21)$$

여기서 T_x, T_y 는 각각 특성 x, y 에 동순위가 붙여진 개수를 t 라고 할 때

$$T = t^3 - t$$

로서 구해진다. 또 $\sum T$ 는 동순위조가 몇 개 있을 때 각각에 대한 T 를 합계한 것을 표시한다.

$\rho = 0$ 일 때는 $n \geq 10$ 이면 r_s 의 분포는 근사적으로 정규분포를 따르며

$$t_0 = \frac{r_s}{\sqrt{\frac{1 - r_s^2}{n-2}}} \qquad (8 \cdot 22)$$

는 근사적으로 자유도가 $n-2$ 인 t 분포를 따른다. 따라서 유의수준 α 에서 $|t_0| \geq t_{1-\alpha/2}(n-2)$ 이면 $H_0 : \rho=0$ 를 기각하게 된다. 그런데 식(8・22)의 검정 통계량은 앞장에서 취급된 통계량 식(8・6)과 동일하므로 Spearman의 순위상관 검정에도 보통 부록의 **<표 A-8>**의 r 표가 많이 사용된다.

 8.9

12명 학생의 1학기 성적순위와, 2학기 성적순위를 조사한 결과 다음과 같다.

학생	A	B	C	D	E	F	G	H	I	J	K	L
1학기 성적순위(x_i)	1	2	3	4	5	6	7	8	9	10	11	12
2학기 성적순위(y_i)	7	1	8	3	4	11	11	2	5.5	9	11	5.5

이 결과에서 2학기 성적 y 에는 순위 5.5를 붙인 개수가 2, 순위 11을 붙인 개수가 3개이다. 1학기 성적과 2학기 성적 간에 상관이 있다고 할 수 있는가?

풀이

$$\left.\begin{aligned} T_{y1} &= 2^3 - 2 = 6 \\ T_{y2} &= 3^3 - 3 = 24 \end{aligned}\right\} \sum T_y = 30$$

$$\sum T_x = 0$$

$$\sum (x_i - y_i)^2 = (1-7)^2 + (2-1)^2 + \ldots + (12-5.5)^2 = 196.5$$

따라서 식(8・21)에 의하여

$$r_s = \frac{12^3 - 12 - \dfrac{30}{2} - 6 \times 196.5}{\sqrt{(12^3-12)(12^3-12-30)}} = 0.305$$

가 된다.

다음으로 $H_0 : \rho=0$, $H_1 : \rho \neq 0$ 의 검정을 r 표에 의하여 실시하여 보자. $\alpha=0.05$ 에서 $v=n-2=12-2=10$ 인 경우에 r 표상의 r 의 값은 0.576이므로

$|r_i| = 0.305 \geq 0.576$ 이 성립되지 않으며, 따라서 $H_0 : \rho = 0$ 를 기각할 수 없다. 즉, 1학기 성적과 2학기 성적간에는 상관관계가 있다고 말할 수 없다.

8.7 부호검정

두 처리(모집단) A, B 를 비교하기 위하여 n 개의 동질적인 쌍에 실험한 결과가 **<표 8.4>**와 같이 주어지고, 각 쌍에서의 차를 $D_1, D_2, \ldots, D_n$ 이라 하자. 검정하고자 하는 귀무가설은

$$H_0 : \text{두 처리 사이에 차가 없다.}$$

이며 대립가설은 한쪽 또는 양쪽으로 주어질 수 있다.

표 8.4 두 개의 대응되는 데이터

쌍	1	2	…	n
처리 A 처리 B	X_1 Y_1	X_2 Y_2	…	X_n Y_n
차$(A-B)$	D_1	D_2	…	D_n

6장의 **6.1.4절**에서는 두 처리가 정규분포를 따른다고 가정할 때 모평균 차에 대한 검정방법을 살펴보았다. 정규분포의 가정을 할 수 없는 경우에는 차 D_i 의 부호에 기초를 둔 부호검정(sign test)을 실시할 수 있다.

이 부호검정의 검정통계량은

$$S = D_1, D_2, \ldots, D_n \text{ 중의 양(+) 부호의 개수}$$

로 정의되며, 귀무가설하에서는 S 는 이항분포 $B(n, p) = B(n, 0.5)$ 에 따른다. 모집

단의 분포와는 관계없이 S는 이항분포에 따르므로, S를 이용한 검정은 분포와 무관한 검정이 된다.

S는 $p=0.5$ 인 이항분포에 따르므로 평균은 $np=n/2$ 이고, 표준편차는 $\sqrt{np(1-p)}=\sqrt{n}/2$ 이다. 따라서 표본의 크기가 큰 경우에는 근사적으로 귀무가설하에서

$$U_0 = \frac{S-\frac{n}{2}}{\frac{\sqrt{n}}{2}} \tag{8·23}$$

은 표준정규분포 $N(0,1)$ 를 따른다. 따라서 양쪽 검정인 경우에 U_0 의 값 u_0 가 유의수준 α 에서 $|u_0| \geq u_{1-\alpha/2}$ 이면 H_0 를 기각하게 된다.

부호검정에서 같은 값인 관측치가 있어 $D_i=0$ 가 될 경우에는 그 관측치를 무시하고 표본의 크기도 그만큼 줄여야 한다. 예를 들어, $n=30$ 개의 쌍 가운데 10개가 양의 부호를 갖고 4개가 0의 값을 갖고 16개가 음의 부호를 갖는다면 $n'=30-4=26$ 개의 표본크기에서 $S=10$ 으로 간주하면 된다.

예제 8.10

동일 원료를 사용하여 매일 A, B 2대의 장치로 병행하여 같은 제품을 만들어 내고 있다. 이 제품의 매일의 수확률은 다음과 같다. A, B 장치에 따라 수확률에 차가 있다고 할 수 있겠는가를 부호검정하라.

단위(수확률 : %)

A	B	부호	A	B	부호	A	B	부호
92	90	+	87	88	+	91	87	+
96	84	+	91	93	-	87	85	+
89	90	-	88	85	+	86	84	+
91	88	+	89	84	+	89	85	+
93	91	+	85	88	-	92	91	+
88	90	-	84	89	-	93	94	-
88	87	+	92	91	+	95	91	+
90	88	+	93	88	+	92	89	+
93	89	+	94	91	+	90	92	-
90	91	-	95	95	0	88	88	0

풀이

귀무가설과 대립가설은

H_0 : A, B 장치의 수확률에는 차가 없다.

H_1 : A, B 장치의 수확률에는 차가 있다.

가 된다.

$n=30$ 개 중에서 2개가 동점이므로 표본의 크기는 28이며 이중에서 +의 부호는 20개이다. 따라서 식(8・23)의 검정통계량의 값은

$$u_0 = \frac{s-\frac{n}{2}}{\frac{\sqrt{n}}{2}} = \frac{20-\frac{28}{2}}{\frac{\sqrt{28}}{2}} = \frac{6}{2.646} \fallingdotseq 2.27$$

이 된다. 유의수준 $\alpha=0.05$ 에서 기각치는 $u_{0.975}=1.96$ 이므로 $|u_0| \geq 1.96$ 이 성립되어 귀무가설은 기각된다. 즉, A, B 장치의 수확률에는 차가 있다고 볼 수 있다.

위에서 다룬 부호검정은 **[그림 8.4]**와 같은 산점도에서 두 변수 x, y 간에 상관관계가 있는가 없는가의 검정을 개괄적으로 실시하는 데 사용될 수 있다. 그 검정방법은 다음과 같은 순서로 실시한다.

(1) 산점도의 점을 상하 같은 개수로 나누는 가로의 중앙선($\tilde{x}$)을 긋는다.

(2) 같은 방법으로 산점도의 점을 좌우 같은 개수로 나누는 세로의 중앙선($\tilde{y}$)을 긋는다.

(3) 세로, 가로 2줄의 중앙선으로 구분된 1, 2, 3, 4 상한내에 있는 점의 수를 세어 n_1, n_2, n_3, n_4 로 한다. 중앙선상의 점은 제외시킨다.

(4) $n_1+n_2+n_3+n_4=n$ 으로 하고, $n_1+n_3=S$ 로 한다.

(5) 식(8・23)를 사용하여 U_0 의 값을 구한다.

$$u_0 = \frac{S - \frac{n}{2}}{\frac{\sqrt{n}}{2}}$$

(6) 만약 $|u_0| \geq u_{1-\alpha/2}$ 면 유의수준 α 에서 두 변수 x, y 간에는 상관관계가 존재한다고 말할 수 있다.

[그림 8.4]의 산점도에서는 $n_1 = n_3 = 11$, $n_2 = n_4 = 4$ 이므로 $n = 30$ 이고, $S = 22$ 이다. 따라서

$$u_0 = \frac{22 - \frac{30}{2}}{\frac{\sqrt{30}}{2}} = 2.56$$

이 되고, $\alpha = 0.05$ 에서 $|u_0| \geq u_{0.975} = 1.96$ 이 성립하므로, 두 변수 x, y 간에는 상관관계가 있다고 말할 수 있다.

이와 같이 부호에 의한 검정은 극히 간단히 검정할 수 있으나 이에 수반되는 정보의 손실도 크고 검출력도 나쁘다. 그러나 이와 같은 방법에서 유의한 결과가 나오면 엄밀하게 검정한 결과로도 거의 유의하기 때문에 간단히 결론을 내고 싶은 경우에 자주 사용된다.

그림 8.4 x, y간의 산점도

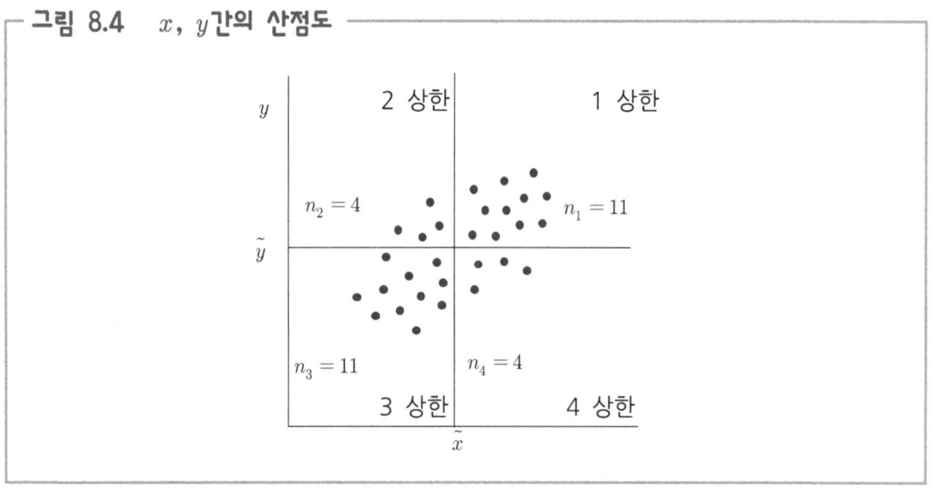

참고문헌

8·1 Fisher, R.A. : "Frequency distribution of the values of the correlation coefficient in samples from an infinitely large population," Biometrika, Vol. 10, pp. 507-521, 1915.

8·2 Johnson, N.L. and Leone, E.C. : Statistics and Experimental Designin Engineering and the Physical Sciences, John Wiley & Sons, New York, 1964.

8·3 Neter, J. and Wasserman, W. : Applied Linear Statistical Models, R.D. Irwin, Inc., Homewood, 1974.

8·4 박성현 : 회귀분석, 민영사, 1981.

8·5 박성현 : 현대실험계획법, 민영사, 1982.

연습문제

8.1 어느 제품에 대한 경도(x)와 파괴강도(y)와의 관계로서 다음과 같은 데이터가 얻어졌다. 데이터 변환

$$X = (x - 3.0) \times 10$$
$$Y = (y - 25.0) \times 10$$

을 사용하여 x, y 간의 표본상관계수 $r = \dfrac{S_{(XY)}}{\sqrt{S_{(XX)}S_{(YY)}}}$ 를 구하라.

단, $S_{(XX)} = \sum X^2 - \dfrac{(\sum X)^2}{n}$

$$S_{(YY)} = \sum Y^2 - \frac{(\sum Y)^2}{n}$$

$$S_{(XY)} = \sum XY - \frac{(\sum X)(\sum Y)}{n}$$

실험 No.	x	y	X	Y	X^2	Y^2	XY
1	2.2	26.5	-8	15	64	225	-120
2	5.7	24.1					
3	4.0	21.5					
4	2.2	23.3					
5	2.4	25.2					
6	2.3	26.2					
7	3.8	24.7					
8	3.4	24.4					
9	4.3	23.7					
10	6.5	20.7					
11	3.7	24.3					
12	2.3	27.2					
13	3.2	24.7					
14	2.0	28.0					
15	5.2	23.1					
16	4.5	26.0					
17	4.2	24.8					
18	3.1	23.1					
19	2.2	22.9					
20	2.4	24.2					

8.2 어떤 원료의 품질특성(x)과 이 원료를 써서 만든 제품의 특성(y)에 관한 조사결과 다음의 데이터가 얻어졌다.

x	y	x	y
36	29	31	28
40	32	44	34
34	29	41	34
44	40	29	27
33	31	42	33
36	29	35	33
40	34	45	34
33	30	31	27
26	25	32	30
36	31	38	33

(1) 산점도를 그리고, 상관계수를 구하라.

(2) 모상관계수 ρ 의 95% 신뢰구간을 구하라.

(3) x 와 y 간의 회귀직선을 구하라.

(4) 모상관계수 ρ 가 $\rho=0$ 이라는 귀무가설을 검정하라($\alpha=0.05$).

8.3 다음의 데이터는 어떤 제품을 만들 때의 처리온도(x℃)와 그때에 만들어진 제품의 치수(y mm)이다.

x	y	x	y	x	y
531	22.99	529	23.01	533	23.14
535	23.36	535	23.42	535	23.11
536	23.62	534	23.16	530	23.24
530	22.86	526	22.87	531	23.13
532	23.16	533	23.62	530	23.00
533	23.28	534	23.63	531	23.35
532	22.89	530	23.01	529	22.62
531	23.00	531	23.12	534	23.23
528	23.08	536	23.50	532	23.08
534	23.64	533	22.75	533	23.31

(1) 이 결과를 산점도를 그려라.

(2) 상관계수를 구하라.

(3) 상관계수의 유무에 대한 가설검정을 실시하라. ($\alpha = 0.05$)

(4) ρ 의 95% 신뢰구간을 구하라.

8.4 어떤 통신기부품으로서 저항체의 직류 저항치는 종래 평균치 $\mu_0 = 102.5$ KΩ 이었다. 제조설비의 일부를 개선한 후 15개의 제품에 대해 저항치를 측정한 결과 다음과 같은 데이터(단위 KΩ)를 얻었다.

102.8	103.4	104.1
103.9	102.0	103.7
101.6	104.3	101.7
103.7	102.4	102.4
102.3	102.8	102.8

저항치는 설비를 개선함으로써 저항치의 모평균이 변화되었는가를 범위에 의한 방법으로 대용 t 검정을 실시하라.

8.5 A, B 2명의 작업자가 만든 어떤 조립부품의 치수(단위 mm)를 2회 측정한 결과 다음의 데이터를 얻었다.

횟수	작업자 A				작업자 B			
1	10.8	11.0	11.4	11.2	11.0	10.5	10.9	11.0
2	11.4	10.9	11.3	11.3	10.7	11.0	11.2	10.5

작업자에 따라 부품치수의 산표에 차가 있다고 할 수 있는가? 범위를 이용한 대용 F 검정을 실시하라.

8.6 고등학교 1학년 어떤 반에서 남학생과 여학생간의 키 차이가 있는가를 조사하기 위하여 20명의 남학생과 20명의 여학생 전원을 키 순으로 세워 본 결과 다음과 같은 배열이 되었다.

남 여 남 남 남 여 남 여 남 남 남 여 여 남 여 여 여 여 남 남
여 남 여 여 남 남 여 남 여 여 여 남 남 여 남 여 여 남 여 남

이 결과에서 남·여학생의 키 차이가 있다고 할 수 있는가? 순위법에 의하여 검정하라.

8.7 종이에 대한 마무리 가공을 실시할 때, A, B, C 3종류의 가공제에 따라 잉크가 스며드는 정도가 다른가의 여부를 조사하기 위해 각 가공제를 사용하여 마무리 가공한 지편 각 5매에 일정량의 잉크를 떨어뜨려 그 스며드는 정도에 따라 작은 쪽으로부터 순위를 붙인 결과 다음과 같은 배열이 얻어졌다.

C C A C A C C B A B A A B B B

가공제의 종류에 따라 잉크의 스며드는 정도에 차가 있다고 볼 수 있는지 순위법에 의하여 검정하라.

8.8 11명의 작업자들에 대하여 키(x)와 몸무게(y)를 크기 순으로 순위를 매겨보니 다음과 같았다.

작업자	A	B	C	D	E	F	G	H	I	J	K
키의 순서(x_i)	1	2	3	4	5	6	7	8	9	10	11
몸무게의 순서(y_i)	3	4	1	2	6	5	9	7	8	11	10

작업자들의 키와 몸무게 간에는 상관관계가 있다고 할 수 있는지 검정하라.

8.9 새로 개발된 두통약 A를 지금까지 사용해 오던 두통약 B와 효능면에서 비교하기 위해 다음 가설을 검정하고자 한다.

H_0 : A와 B 사이에 차가 없다.
H_1 : A가 B보다 효능이 좋다.

이를 검정하기 위해 두 가지 약을 100명의 두통 환자에게 투약하기로 하였다. 각 환자는 두통이 생길 때마다 A와 B를 교대로 복용하게 하고(물론 어느 것이 새로 개발된 약인지 모르게 한다), 일정량을 사용한 후에 어느 약이 더 효능이 있는지를 보고하게 하였다. 만약 66명이 A가 더 효과가 있다고 보고한다면 어떤 검정결과가 나오게 되는지 부호검정을 실시하라.

제9장

샘플링과 오차

통계적 품질관리는 근본적으로 데이터를 매개체로 한 관리활동이다. 이 데이터는 관심의 대상이 되는 알지 못하는 모집단을 규명하기 위하여 모집단(population)으로부터 얻어진 시료(표본, 샘플, sample)의 측정으로부터 얻어진다. 모집단(공정 또는 로트(lot) 등)으로부터 시료를 채취하는 것을 샘플링(sampling)이라고 하며, 샘플링의 여러 가지 방법들을 샘플링법(sampling method)이라고 한다. 샘플링법에 따라서 샘플링 오차(sampling error)가 수반되며, 또한 데이터의 측정오차가 추가되어 유의할 정도로 큰 오차가 존재하는 경우가 많다.

이 장에서는 샘플링검사의 기본 개념인 샘플링의 개념, 오차의 분류, 그리고 샘플링법 등에 관하여 다루고, 제 10장에서 계수형 샘플링검사를 그리고 제 11장에서는 계량형 샘플링검사를 다루기로 한다.

9.1 샘플링의 기본개념

9.1.1 샘플링의 분류와 대상

샘플링을 목적에 따라서 분류하면 다음과 같다.

(1) 사회 · 정치 · 문화적인 측면에서 표본조사를 위한 샘플링
(2) 시장조사를 위한 샘플링
(3) 공장에서 자재나 제품을 대상으로 하는 샘플링

위의 세 가지 분야는 각 분야에 있어서 샘플링법 · 기초적인 통계수법 등은 같다고 하여도 여러 가지 면에서 차이가 있다. 특히 (1)에서는 그 대상이 사람 또는 가구로서 그 집단의 의견, 사고방법, 생활습성 등이 대상이 되나, (3)에서는 자재 또는 제품이 그 대상물로서 물체가 된다. 여기에서는 (3)의 공장 또는 기업에서의 샘플링을 위주로 하여 기술하기로 한다.

공장에서 취급하고 있는 것으로 샘플링의 대상이 되는 것을 분류하면 다음과 같다.

(1) 단위체(discrete materials) : 라디오, 타이어, 전구, 자동차 등
(2) 연속체(continuous materials) : 전선, 실, 압연 중의 철판 등
(3) 가스 · 액체(gasses, liquids) : 석유, 황산, LPG, 가스 등
(4) 분괴혼합물(bulk materials) : 석탄, 코크스, 광석, 비료, 점토, 시멘트 등

이상의 분류는 대상물에 따라서 반드시 한 가지로만 분류되는 것이 아니고 그 상태에 따라서 달라질 수 있다. 예를 들면, 압연 중인 철판을 연속체, 압연이 끝난 후 절단을 하면 단위체로 분류하여야 한다. 시멘트도 포대에 넣기 전의 상태는 분괴혼합물이나 포대에 들어 있는 상태에서는 단위체로 생각할 수 있다. 또한 액체도 관을 흐르고 있는 상태가 아니고 드럼통에 담겨져 있는 경우에는 단위체로 생각할 수 있으며 그 취급방법이 다르다.

공장에서의 샘플링의 용도는 대체로 다음과 같이 분류된다.

(1) 공정관리나 해석을 위하여
(2) 검사를 위하여
(3) 원자재나 제품들로 구성된 로트의 특성을 추정하기 위하여
(4) 실험 · 연구를 위한 정보를 얻기 위하여

샘플링을 할 때에는 그 용도나 목적을 명백히 하여야만 합리적으로 로트의 구성, 샘플링법의 선택, 측정방법의 선택 등이 이루어질 수 있다.

9.1.2 샘플링 단위

시료를 채취하는 방법을 구상할 때에는 제일 먼저 시료로서 취해지는 최소단위인 샘플링 단위(sampling unit)를 명확히 하여야 한다. 모집단이 단위체들로 구성되는 경우는 각 단위체(전구 1개, 라디오 1대 등)가 샘플링 단위가 된다. 그런데 실, 전선 등의 연속체인 경우에는 어느 정도의 길이를 1단위로 하는가가 문제이며, 액

체나 가스인 경우에는 어느 정도 크기의 용기로 시료를 채취할 것인가 등이 문제가 된다.

연속체의 경우 샘플링 단위의 길이를 시장이라 하고, 합성수지나 고무의 경우에는 시편이라 하며, 액체 및 분괴혼합물과 같은 집합체인 경우에는 그 샘플링 단위를 인크리멘트(increment, 단위시료)라 부르고, 그 분량을 인크리멘트의 크기(size of increment)라고 한다. 인크리멘트의 크기는 한번의 동작으로 취한 분량을 말한다. 200g씩 5번 취하는 샘플링에서는 인크리멘트의 크기는 200g이다.

샘플링 단위를 결정할 때는 다음의 조건들을 고려하여 결정하여야 한다.

(1) 샘플링의 목적
(2) 샘플링 비용
(3) 공정이나 제품의 산포
(4) 기술적인 정보 또는 시험방법

시장, 시편 또는 인크리멘트의 크기를 정하는 데에는 위의 조건들을 고려하여 결정하여 준다. 일반적으로 인크리멘트의 크기가 작은 경우에는 인크리멘트의 산포는 크며 크기가 큰 경우에는 산포는 급격하게 작아진다. 그러나 어느 정도 이상 커지면 산포의 크기는 거의 차이가 없어진다. 이 관계를 그림으로 나타낸 것이 **[그림 9.1]**이다.

그림 9.1 인크리멘트 크기와 산포의 관계

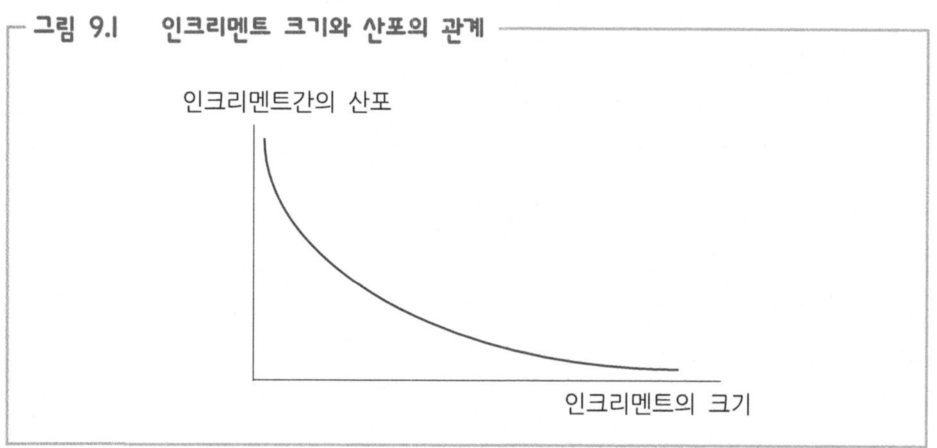

집합체의 샘플링에 있어서 채취하는 샘플링의 양에 비하여 모집단이 대단히 큰 경우에는 무한모집단으로 생각하여도 좋다. 유한모집단으로 하여 모집단의 크기 N을 구하려면

$$N = \frac{\text{모집단 전량}}{\text{인크리멘트의 크기}}$$

의 공식을 사용하면 된다.

9.2 오차

통계적 품질관리에서 사용되는 모든 종류의 데이터에는 거의 모든 경우에 여러 가지 오차가 따르게 된다. 일반적으로 오차라는 말은 그 의미에 있어서 매우 막연하게 사용되어 왔다고 생각된다. 데이터를 사용할 때에 거기에 수반되는 오차의 성질이나 크기 등에 관한 정보 없이 그대로 사용한다는 것은 바람직하지 않으며, 특히 통계적 품질관리에서는 산포를 줄이고 오차를 작게하는 것이 중요한 일이므로 오차에 대하여 유의하여야 할 것이다.

통계적 품질관리에서 관심이 있는 오차는 측정오차(observation error)와 샘플링 오차(sampling error)이다. 측정오차는 측정계기의 부정확, 측정자의 측정기술 부족 등에서 오는 오차이고, 샘플링오차는 시료를 랜덤하게 샘플링하지 못함으로써 발생되는 오차이다. 이 절에서는 이들 오차에 대하여 검토하여 보기로 한다. 먼저 오차의 개념을 다루어보자.

9.2.1 오차의 개념

오차(error)는 모집단의 참값과 그것을 추정하기 위하여 얻어지는 측정 데이터와의 차로 정의할 수 있다. 통계적 품질관리의 사고를 도입하여 오차의 성질을 분석할 때에는 신뢰성, 정밀도, 정확성이라는 3개의 개념으로 나누어 생각할 수 있다.

(1) **신뢰성**(reliability) : 데이터를 신뢰할 수 있는가의 문제로, 분석방법에 잘못이 있지 않았는가, 계기에 잘못이 있지 않았는가 하는 등의 문제이다. 이것은 주로 계기 및 측정작업의 관리를 철저하게 함으로써 데이터의 신뢰성을 얻을 수 있다.

(2) **정밀도**(precision) : 어떤 일정한 측정법으로 동일 시료를 무한히 측정한다면 그 데이터는 반드시 어떤 산포를 하게 된다. 이 산포의 크기를 정밀도라고 말한다. 산포가 작으면 정밀도가 좋다고 말한다. 그러므로 산포의 측도로서 사용되는 분산, 표준편차, 범위 등은 모두 정밀도를 나타내는 방법들이다.

(3) **정확성**(accuracy) : 어떤 일정한 측정법으로 동일 시료를 무한히 측정할 때에 얻어지는 데이터의 분포의 평균치와 모집단의 참값과의 차를 정확성 또는 치우침(bias)이라고 말한다. 그 차가 작으면 정확성이 좋고, 치우침이 작은 것이다.

위에서 설명된 신뢰성, 정밀도, 정확성 등을 얻으려면 계기의 관리, 측정 및 샘플링 기술 등을 향상시킴으로써 달성할 수 있을 것이다. 이들을 그림으로 설명하면 **[그림 9.2]**와 같다. 그림에서 분포곡선은 동일 시료를 무한히 측정하였다고 생각할 때 얻어진 측정치의 분포이다. 그림에서

μ : 모집단 모수의 참값

μ_0 : 측정치들의 분포의 평균값

σ_0 : 측정치들의 분포의 표준편차

로 σ_0 가 정밀도에 해당하고, 정확성(치우침)은 μ 와 μ_0 의 차이에 해당한다.

그림 9.2 오차의 정밀도와 정확성

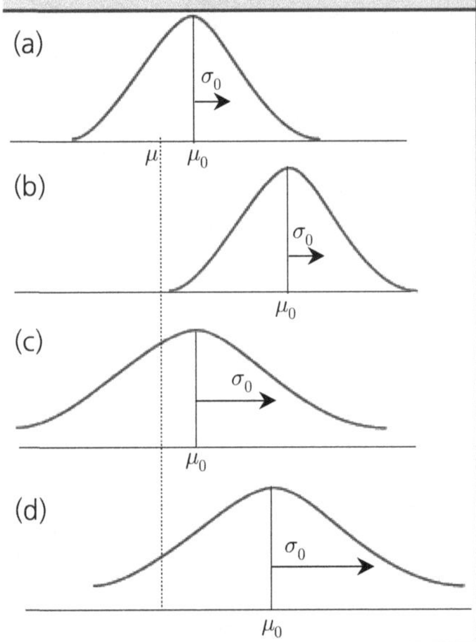

그 림	정밀도 σ_0	정확성(치우침) $\mid \mu - \mu_0 \mid$	오차
(a) σ_0 μ μ_0	좋다 (표준편차가 작다)	좋다 (치우침이 작다)	작다
(b) σ_0 μ_0	좋다	나쁘다 (치우침이 크다)	크다
(c) σ_0 μ_0	나쁘다 (표준편차가 크다)	좋다	크다
(d) σ_0 μ_0	나쁘다	나쁘다	매우 크다

만약 오차의 분포곡선 모양이 **[그림 9.2]**와 같이 봉우리가 하나인 정규분포의 형태가 아니고, 봉우리가 두 개 이상이거나 한쪽으로 너무 크게 치우친 모양을 하게 되면, 데이터의 신뢰성이 매우 나쁜 것으로 믿을 수 없는 상태가 되며 오차도 일반적으로 매우 크게 된다.

9.2.2 오차의 검토

앞에서 오차를 3가지 개념으로 나누어 생각해 보았다. 다음으로 오차가 존재한다고 생각되는 경우에, 어떠한 순서로 오차를 검토하여 나가면서 오차를 줄여가야 할 것인가를 다루어 보자.

(1) 먼저 신뢰성을 검토하여야 한다.

신뢰성을 얻기 위해서는 샘플링을 작업표준에서 제시한 대로 하도록 관리해야 한다. 실험방법, 샘플링 방법, 측정방법 등이 확립되어야만 오차분포가 안정되게 된다. 만약 σ_0, μ_0 등이 날에 따라 변하고, 측정자에 따라 달라진다면 분포의 안정성이 전혀 없게 되며, 정밀도나 정확성을 논하는 것은 의미가 없는 일이다.

(2) 두 번째로 정밀도를 검토하여야 한다.

데이터가 신뢰성이 있다고 믿어지면 다음으로 분포의 모양, 즉 정밀도(산포)를 구해야 한다. 실제로는 데이터를 무한히 많이 취할 수는 없으므로 μ_0 와 σ_0 를 알 수는 없으나 이를 시료의 데이터로부터 $\bar{x}$, $\sqrt{V}$ 등으로 추정하게 된다. 먼저 산포의 크기를 알아야만 정확도(μ 와 $\bar{x}$ 간의 차이)를 검정할 수 있으므로, 정확도에 앞서서 먼저 정밀도를 검토하여야 한다.

(3) 세 번째로 정확도를 검토하여야 한다.

산포의 크기를 안 후에는 $\bar{x}$ 와 μ 간에 유의한 차가 있는가를 통계적으로 검정하여 정확도(치우침)를 검토할 수 있게 된다. 치우침은 시료를 랜덤하게 샘플링하지 못함으로써 생기는 경우가 가장 흔하며 이를 샘플링오차라고 부른다. 예를 들면, 양품이 몰려있는 부분만을 골라 샘플링한다든지, 야적된 광석의 표면에서만 시료를 취한다든지, 로트의 어떤 부분에서만 샘플링한다든지 하면 치우침이 생기게 마련이다.

랜덤 샘플링을 하기 위해서는 가급적이면 다음의 세 항목을 지키는 것이 바람직하다.

(1) 그 제품의 생산에 종사한 사람에게 샘플링을 맡기지 말고, 책임있는 사람의 관리하에 객관적으로 하여야 한다.
(2) 시료채취 담당자에게 샘플링의 목적과 중요성을 충분히 인식시켜 주의 깊게 하도록 하여야 한다.
(3) 대상물(로트 등)의 이동 중에 샘플링 하도록 한다. 정지상태에 있는 대상물로부터 샘플링하면 치우침이 발생되기 쉽다.

9.2.3 샘플링오차와 측정오차의 관계

공정(혹은 로트)에서 시료를 취하여 모평균 μ 를 추정하는 경우에 현실적으로 하나의 데이터 x 는 다음과 같은 구조를 갖고 있다.

$$x = \mu + s + m \tag{9・1}$$

여기서 s 는 공정의 샘플링단위간의 산포로서 샘플링 오차이고, m 은 측정할 때 발생되는 측정오차이다. 이 장에서는 확률변수를 나타내는 기호를 대문자로 사용하지 않고 편의상 소문자 x , $\bar{x}$ 등으로 사용하기로 한다.

시료가 랜덤하게 취하여지고 측정조작 및 공정이 관리상태하에 있으면 μ 는 일정하고, s 와 m 은 서로 독립적인 확률변수라고 볼 수 있으므로, 데이터 x 의 기대값과 분산은 $E(s)=0$, $V(s)=\sigma_s^2$, $E(m)=0$, $V(m)=\sigma_m^2$ 이라고 가정할 때에

$$E(x) = \mu$$
$$V(x) = \sigma_s^2 + \sigma_m^2 \tag{9・2}$$

이 된다. 즉, 데이터의 산포는 샘플링 단위 자체의 산포와 측정오차가 서로 교락되어 있는 것이다. 만약 공정이 관리상태하에 있지 않으면 μ 도 일정하지 않고 변하므로 데이터의 산포는

$$V(x) = \sigma_p^2 + \sigma_s^2 + \sigma_m^2 \tag{9・3}$$

이 된다. σ_p^2 는 공정의 산포이다.

식(9・2)와 (9・3)에서 보는 바와 같이 데이터 x 의 산포는 2개 또는 3개의 다른 산포의 결합으로 되어 있으므로, 데이터의 산포를 줄이고 싶을 때에는 각각의 산포를 분리시켜 그 크기를 평가한 후, 산포가 가장 큰 것으로부터 대책을 세워나가는 것이 필요하다.

로트에서 시료를 취하여 로트평균을 추정하는 경우에, 시료를 몇 개 취하는가, 시료 1개에 대하여 몇 회 측정을 할 것인가에 따라 추정의 정밀도가 변한다. 분괴 혼합물의 경우는 시료(인크리멘트)의 분쇄・축분이라는 과정이 들어가기 때문에 더

욱 복잡하여진다. 샘플링오차와 측정오차는 서로 독립이라 하고 모집단의 유한수 정계수를 무시하기로 하면 분산의 가법성에 의하여 다음의 결론이 얻어진다.

(1) 단위체의 경우(축분·혼합이 행하여지지 않을 때)

단위체를 1개 취하여 1회 측정하였을 때에는 식(9・1)과 같은 데이터의 구조식을 갖는다. 단위체를 n 개 취하여 각 1회씩 측정하여 평균하는 경우에는 시료평균의 분산은

$$V(\bar{x}) = \frac{1}{n}(\sigma_s^2 + \sigma_m^2) \qquad (9 \cdot 4)$$

이 된다.

만약 단위체를 n 개 취하여 각각을 k 회씩 측정하여 평균하는 경우에는 그 시료평균의 분산은

$$V(\bar{x}) = \frac{1}{n}\left(\sigma_s^2 + \frac{\sigma_m^2}{k}\right) \qquad (9 \cdot 5)$$

이 된다.

(2) 집합체의 경우(축분·혼합이 행하여질 때)

시료(인크리멘트)를 1개 취하여 이것을 축분하여 1회 측정하였을 때의 데이터의 구조는 다음 식으로 표현된다.

$$x = \mu + s + r + m \qquad (9 \cdot 6)$$

단, μ : 로트의 모평균

s : 샘플링오차 $E(s) = 0$, $V(s) = \sigma_s^2$

r : 축분오차 $E(r) = 0$, $V(r) = \sigma_r^2$

m : 측정오차 $E(m) = 0$, $V(m) = \sigma_m^2$

몇 가지 경우로 나누어 시료평균의 분산을 살펴보자.

(a) 시료를 n 개 취하여 각 1회씩 축분 · 분석하여 평균하는 경우 :

$$V(\overline{x}) = \frac{1}{n}({\sigma_s}^2 + {\sigma_r}^2 + \sigma_m^2) \qquad (9 \cdot 7)$$

(b) 시료를 n 개 취하여 각 1회씩 축분하여 분석만을 k 회 반복한 후에 평균하는 경우 :

$$V(\overline{x}) = \frac{1}{n}\left({\sigma_s}^2 + {\sigma_r}^2 + \frac{{\sigma_m}^2}{k}\right) \qquad (9 \cdot 8)$$

(c) 시료를 n 개 취하여 각 시료로부터 k 개의 분석용 시료를 조제하여 각 분석용 시료를 1회씩 분석하는 경우 :

$$V(\overline{x}) = \frac{1}{n}\left\{{\sigma_s}^2 + \frac{1}{k}({\sigma_r}^2 + \sigma_m^2)\right\} \qquad (9 \cdot 9)$$

(d) 시료를 n 개 취하여 전부를 혼합하여 혼합시료를 만들고, 그것을 1회 축분 · 분석하는 경우 :

$$V(\overline{x}) = \frac{1}{n}{\sigma_s}^2 + {\sigma_r}^2 + \sigma_m^2 \qquad (9 \cdot 10)$$

9.3 단순 랜덤 샘플링

모집단에서 시료를 취할 때에는 시료가 모집단을 잘 대표할 수 있도록 가능한 한 랜덤(random)하게 해야 한다. 랜덤 샘플링(random sampling) 방법으로 많이 사용되는 것으로는 다음과 같은 것들이 있다.

(1) 단순 랜덤 샘플링(simple random sampling)
(2) 다단계 샘플링(multi–stage sampling)
(3) 층별 샘플링(stratified sampling)
(4) 집락 샘플링(cluster sampling)
(5) 계통 샘플링(systematic sampling)

이 중에서 (1)의 방법이 가장 기본적인 것으로 이 절에서 설명하기로 하고, 나머지 방법은 다음 절에서 설명하기로 한다.

단순 랜덤 샘플링(simple random sampling, 이를 단순확률추출이라고 부르기도 한다)이란 모집단의 모든 샘플링 단위가 동일한 확률로써 시료에 뽑힐 가능성이 있는 샘플링 방법이다. 따라서 N개의 샘플링 단위가 있는 유한모집단에서 크기 n의 시료를 뽑을 때 $\binom{N}{n}$ 개의 모든 가능한 경우가 같은 확률로써 나타날 수 있는 확률추출을 단순 랜덤 샘플링이라고 한다.
시료를 랜덤하게 취하는 데는

(1) 난수표(random number table)
(2) 난수주사위(random number die)
(3) 샘플링 카드(sampling card)

등이 실무에서 사용된다. 이들에 대하여 간단히 설명하여 보자.

9.3.1 난수표를 사용하는 방법

난수표는 0에서 9까지 숫자를 랜덤하게 늘어놓은 것이다. 부록 **<표 A-9>**는 0에서 9까지의 숫자를 두개씩 묶어서 만들어 놓았다. 난수표를 이용하여 모집단의 크기 N개 중에서 시료의 크기 n을 샘플링하는 방법은 다음과 같다.

① 출발점을 랜덤하게 정한다.
난수표의 숫자는 2자리로 구분되어 50행, 25열의 숫자가 2조로 2페이지에

걸쳐 나열되어 있다. 어느 행, 어느 열부터 난수를 사용할 것인가를 정하기 위하여 눈을 감고 난수표 위에 연필을 떨어뜨려 맞은 점에 제일 가까운 2자리 숫자를 읽어 이를 행번호로 한다. 열에 대해서도 같은 조작을 하여 정한다. 열 번호는 00~24까지밖에 없으므로 얻어진 숫자가 64이면 25로 나누어 그 나머지를 열 번호로 정하면 된다(이 경우에는 나머지가 14이므로 14열로 정함).

② 원난수표을 읽는다.
정해진 출발점으로부터 N과 같은 자리수의 난수열을 아래 쪽으로 읽어나간다. 아래쪽의 끝에 도달하면 다음 열로 옮긴다.

③ 원난수열에서 얻어진 랜덤 수들을 지정된 범위의 랜덤 수로 변화시킨다. 필요한 난수 범위가 $1 \sim N$일 때에 N의 값에 따라 다음과 같이 변환한다.

ⓐ $N \leq 10$ 인 경우 : 한 자리의 원난수열을 취하여 N을 초과하는 것은 버린다. 0은 10으로 간주한다.

ⓑ $11 \leq N \leq 20$ 인 경우 : 2자리의 원난수열을 위하여 20으로 나눈 나머지로 바꾸어 놓고 N을 초과하는 것은 버린다. 0은 20으로 간주한다.

ⓒ $21 \leq N \leq 50$ 인 경우 : 2자리의 원난수열을 취하여 50으로 나눈 나머지로 바꾸어 놓고 N을 초과하는 것은 버린다. 0은 50으로 간주한다.

ⓓ $51 \leq N \leq 100$ 인 경우 : 2자리의 원난수열을 취하여 N을 초과하는 것은 버린다. 00은 100으로 간주한다.

ⓔ N이 100을 초과하는 경우 : 위의 방법에 준한다. 이를테면 $101 \leq N \leq 200$ 이면 3자리의 원난수열을 취하여 200으로 나눈 나머지로 바꾸어 놓고, $201 \leq N \leq 500$ 이면 500으로 나눈 나머지로 바꾸어 놓고, $501 \leq N \leq 1{,}000$ 이면 그대로 취하여 각각 (b), (c), (d)의 방법에 준하여 변환한다.

9.1

40개의 제품 중에서 12개를 랜덤하게 채취하고 싶다. 난수표를 이용한 단순 랜덤 샘플링을 실시하라.

풀이

40개의 제품에 번호를 붙여 1에서 40까지를 정한다. 다음으로 위의 ①, ②, ③의 순서대로 행한다.

① 행, 열을 랜덤하게 선정하였더니 제15행 21열이 나왔다.
② 난수표에서 15행 21열의 숫자는 63이다. 63을 출발점으로 하여 이 두 자리 원난수열을 아래로 읽으면 다음과 같은 랜덤 수가 얻어진다.

63, 15, 49, 93, 20, 68, 81, 76, 79, 58, 84, 28, 13, 36, 18, 10, …

③ 위의 랜덤 수를 1~40까지의 난수로 변환시킨다. 50 이상의 것은 50으로 나누어 나머지를 다시 적어보면 다음과 같다.

13, 15, 49, 43, 20, 18, 31, 26, 29, 8, 34, 28, 13, 36, 18, 10, …

여기에서 $N=40$ 을 초과하는 것은 버리고 중복되는 수를 제외하고 다시 나열하면

13, 15, 20, 18, 31, 26, 29, 8, 34, 28, 36, 10

이 얻어진다. 이 번호에 해당하는 제품을 뽑으면 단순 랜덤 샘플링이 된 것이다.

9.3.2 난수주사위를 사용하는 방법

정20면체를 이용한 주사위로 일본에서 고안된 것이다. **[그림 9.3]**에서 보는 바와 같이 정이십면체는 정삼각형의 면이 20개 있으므로 여기에 0에서 9까지의 숫자가 2개씩 기입되어 있다. 주사위를 한 번 던지면 한자리의 난수, 두 번 던지면 두자리의 난수가 얻어진다. 주사위를 두 개 동시에 던지면 두자리의 난수가 얻어진다. 얻어진 난수의 사용방법은 난수표의 사용방법에서 설명한 것과 같다. 이것은 현장에서 사용하기에 편리하다.

그림 9.3 난수주사위

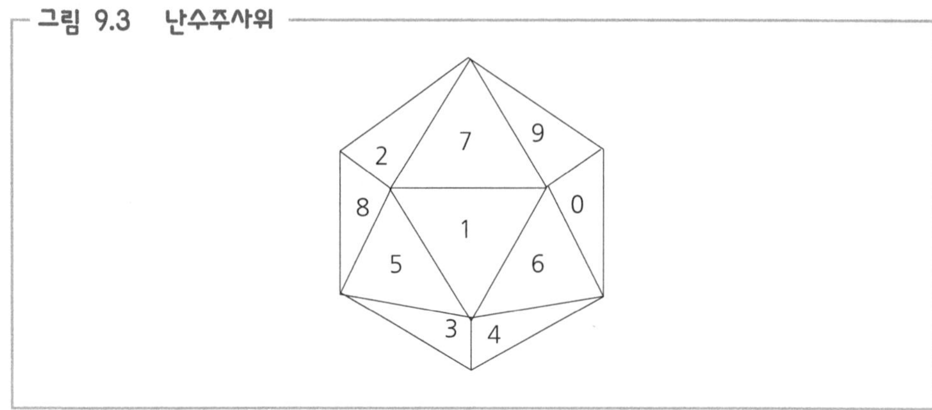

9.3.3 샘플링 카드를 사용하는 방법

N개의 물품이 상자 속에 일정한 모양으로 들어 있고, 그것으로부터 n개의 물품을 뽑아내어 검사하는 반복적인 검사작업에 있어서는, 그때그때마다 난수표를 이용하거나 난수주사위를 사용하는 것이 번잡스럽다. 이런 경우에는 샘플링 카드를 이용하여 다음 중, 한 방법을 사용하면 편리하다.

① $N \leq 100$ 인 제품에서 크기 n의 시료를 취하고 싶은 경우에는 1에서 N까지의 번호를 매긴 카드를 2벌, 계 $2N$매를 준비하여, 이를 트럼프와 같이 충분히 섞은 다음, 필요한 시료의 크기만큼 카드를 뽑아내어 뽑혀진 번호로 시료를 취하면 된다. 이 때 중복되어 나오는 번호는 두 번째 나오는 것을 제외시키면 된다.

② 제품이 상자 속에 **[그림 9.4]**의 (a)와 같이 들어 있는 경우에 여기서 랜덤하게 2개 채취하는 경우 다음과 같이 한다.

[그림 9·4]의 (b)와 같이 1에서 12까지 위치를 정하여

$$\binom{12}{2} = {}_{12}C_2 = 66$$

장의 카드에 각각 그 모든 조합을 나타내는 ○표를 한다. **[그림 9.4]**의 (c)에서는 66장의 조합 중에서 (4,9)를 나타낸 것이다. 66장 중에서 1매를 뽑아 그 카드에 표시된 ○표 위치의 제품을 샘플링 한다. 만약 제품의 수가 많은 경우에는 모든 조합 $_NC_n$ 의 수가 대단히 커지므로 카드를 모두 준비하기가 어렵다. 이때에는 1에서 N까지의 난수 중에서 n 개를 랜덤하게 뽑아서 하나의 카드를 작성하고, 이와 같은 카드를 대략 100매 정도 준비하여 사용하면 된다.

그림 9.4 샘플링 카드의 작성방법

(a) 제품의 배열

1	4	7	10
2	5	8	11
3	6	9	12

(b) 번호를 할당

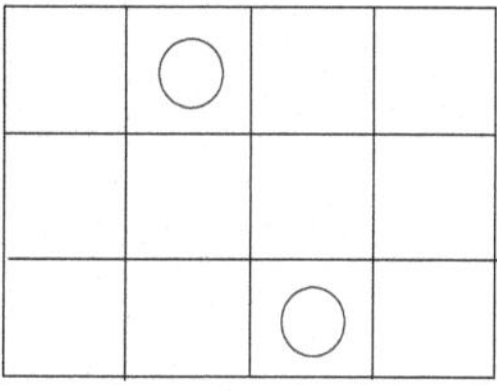

(c) 샘플링카드

9.3.4 모평균 μ 의 추정

크기 N의 유한모집단의 특성치를 $x_1, x_2, \cdots, x_n$ 이라고 하면 모집단의 평균 μ 와 분산 σ^2 은

$$\mu = \frac{\sum_{i=1}^{N} x_i}{N}$$

$$\sigma^2 = \frac{\sum_{i=1}^{N} (x_i - \mu)^2}{N}$$

으로 정의된다. 만약 크기 n 의 시료 $x_1, x_2, \cdots, x_n$ 을 단순 랜덤 샘플링하면 시료

의 평균과 분산은

$$\bar{x} = \sum_{i=1}^{n} x_i / n$$

$$V = \sum_{i=1}^{n} (x_i - \bar{x})^2 / (n-1)$$

이 되며, 이것은 각각 μ 와 σ^2 의 불편추정량이다.

시료평균 $\bar{x}$ 의 분산을 구하여 보자.

$$\begin{aligned} V(\bar{x}) &= E(\bar{x} - \mu)^2 \\ &= E\left[\frac{\sum_{i=1}^{n}(x_i - \mu)}{n}\right]^2 \\ &= \frac{1}{n^2} E\left[\sum_{i=1}^{n}(x_i - \mu)^2 + \sum_{i \neq j}^{n}(x_i - \mu)(x_j - \mu)\right] \\ &= \frac{1}{n^2}\sum_{i=1}^{n} E(x_i - \mu)^2 + \frac{1}{n^2}\sum_{i \neq j}^{n} E(x_i - \mu)(x_j - \mu)\Big] \end{aligned} \qquad (9 \cdot 11)$$

그런데 i 번째 샘플링에서 모집단의 i 번째 단위 x_i 가 택하여질 확률은 $\frac{1}{N}$ 이므로 윗 식의 첫 번째 항은

$$E(x_i - \mu)^2 = \sum_{i=1}^{N} \frac{1}{N}(x_i - \mu)^2 = \sigma^2$$

이 되고, 또한 $(x_i - \mu)(x_j - \mu)$ 는 $1/N(N-1)$ 의 확률로서 나타나므로, 두 번째 항은

$$\begin{aligned} E(x_i - \mu)(x_j - \mu) &= \frac{1}{N(N-1)} \sum_{i \neq j}^{N} (x_i - \mu)(x_j - \mu) \\ &= \frac{1}{N(N-1)}\left[\Big[\sum_{i=1}^{N}(x_i - \mu)\Big]^2 - \sum_{i=1}^{N}(x_i - \mu)^2\right] \\ &= -\frac{1}{N(N-1)}\sum_{i=1}^{N}(x_i - \mu)^2 = -\frac{\sigma^2}{N-1} \end{aligned}$$

과 같이 된다. 이 결과를 식(9・11)에 대입시키면

$$V(\bar{x}) = \frac{1}{n^2}\left[n\sigma^2 - n(n-1)\frac{\sigma^2}{N-1}\right]$$
$$= \frac{N-n}{N-1}\cdot\frac{\sigma^2}{n} \qquad (9\cdot12)$$

이 얻어진다. 여기서 $\frac{N-n}{N-1}$ 을 유한모집단의 유한수정계수(finite population correction factor)라고 흔히 부른다.

만약 N이 충분히 크면 $N \fallingdotseq N-1$ 이므로 식(9 · 12)는

$$V(\bar{x}) \fallingdotseq \frac{\sigma^2}{n}\left(1-\frac{n}{N}\right) \qquad (9\cdot13)$$

으로 쓸 수 있고, 또한 n/N이 충분히 작거나 모집단이 대단히 크다면

$$V(\bar{x}) \fallingdotseq \frac{\sigma^2}{n} \qquad (9\cdot14)$$

으로 된다. 유한수정계수는 $\frac{N-n}{N-1}$ 대신에 $1-\frac{n}{N}$ 을 쓰는 경우도 많이 있다.

9.4 다단계 샘플링

실제의 샘플링 문제에 있어서는 제품의 수송, 저장, 판매 등의 편리를 위하여 몇 개의 양으로 나누어 포장하든가 화차에 적재하는 경우가 많으며, 따라서 모집단 전체에서 단순 랜덤 샘플링 한다는 것은 번잡하거나 비경제적인 경우가 흔하다. 이러한 경우에 대한 실용적이고 경제적인 각종 샘플링 방법이 고안되어 있으나 먼저 여러 단계로 나누어서 샘플링 하는 다단계 샘플링(multi-stage sampling)에 대하여 다루어 보자. 다단계 샘플링 중에서도 2단계 샘플링이 가장 많이 사용되므로 여기에 대하여 집중적으로 다루어 보겠다.

9.4.1 2단계 샘플링

부품이 50개씩 들은 상자, 20상자로 로트가 구성되어 있고, 여기에서 100개의 부품을 랜덤하게 뽑는 여러 가지 샘플링 방법을 생각하여 보자.

(1) 전체로부터 랜덤하게 100개의 부품을 샘플링 한다.
(2) 우선 상자를 5개 랜덤하게 취하고, 각 상자로부터 랜덤하게 20개씩 샘플링 한다.
(3) 20개 상자로부터 각 5개씩 샘플링 한다.
(4) 전체의 상자 중에서 2상자를 랜덤하게 샘플링 하여 각 상자의 부품을 전부 조사한다.

위에서 (1)이 단순 랜덤 샘플링이고, (2)의 방법이 2단계 샘플링이라고 부른다. (3)과 (4)의 방법은 각각 뒷장에서 다루게 될 층별샘플링과 집락샘플링이다. 크기 N의 로트가 각각 N_i 개씩의 제품이 포함되는 M상자(이를 부-로트(sub lot)라고 부른다)로 나누어져 있을 때, M상자 중에서 랜덤하게 m (단, $m < M$) 상자를 취하고 각 상자로부터 n_i (단, $n_i < N_i$)개의 제품을 랜덤하게 샘플링하는 경우에 이를 2단계 샘플링(two-stage sampling) 또는 부-샘플링(subsampling)이라고 부른다.

여기에서 상자를 전부 취하게 되면(즉, $m = M$) 이것은 층별 샘플링이고, 일부의 상자를 취하여 그 상자를 전부 조사하는 경우(즉, $n_i = N_i$)에는 집락 샘플링이 된다.

[그림 9.5]에서 각 부-로트를 1차 샘플링단위(primary sampling unit), 각 부-로트 내의 제품의 샘플링단위를 2차 샘플링단위(secondary sampling unit)라고 한다. 1단계에서 시료로 얻어진 부-로트를 1차 시료(또는 1차 샘플), 2단계에서 얻어진 제품을 2차 시료(또는 2차 샘플)라 한다. 이때 로트의 크기와 시료의 크기는 각각

$$N = \sum_{i=1}^{M} N_i\,, \quad n = \sum_{i=1}^{m} n_i$$

이다.

그림 9.5 2단계 샘플링

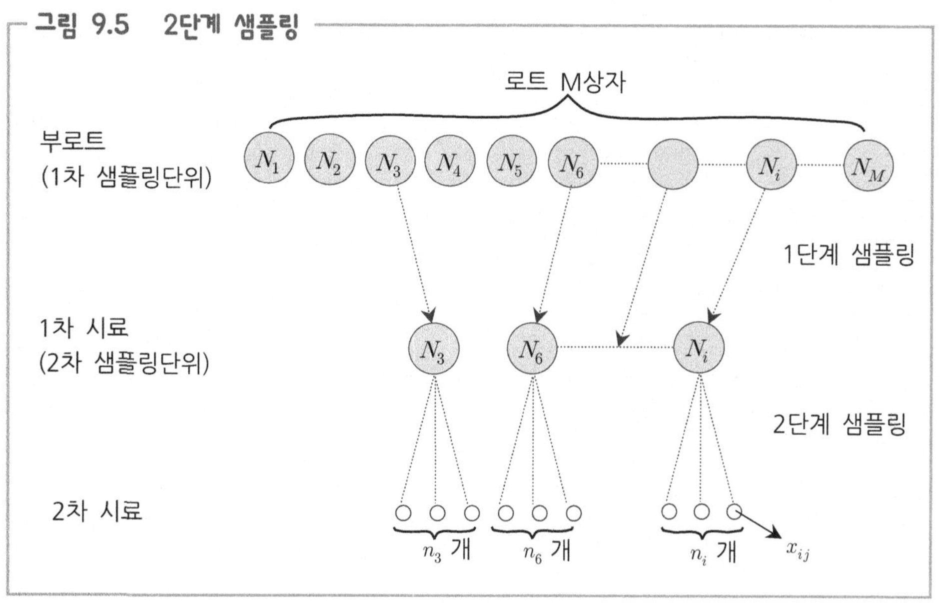

일반적으로 공업생산에서는 N_i, n_i 들이 일정한 경우를 많이 다루게 되므로 모든 i 에 대하여

$$N_i = \overline{N}$$
$$n_i = \overline{n}$$

로 일정하게 놓고 설명해 나가기로 한다.

크기 N 의 로트가 각 $\overline{N}$ 개씩의 M 부-로트(sub lot)로 나누어져 있을 때

μ : 로트의 모평균

μ_i : i 번째 부-로트의 모평균

σ^2 : 로트의 모분산

${\sigma_i}^2$: i 번째 부-로트내의 분산

x_{ij} : i 번째 부-로트내의 j 번째 제품의 특성치

라고 하면

$$\mu = \frac{1}{N}\sum_{i=1}^{M}\sum_{j=1}^{\overline{N}} x_{ij}$$

$$\mu_i = \frac{1}{\overline{N}}\sum_{j=1}^{\overline{N}} x_{ij}$$

$$\begin{aligned}\sigma^2 &= \frac{1}{N}\sum_i\sum_j (x_{ij}-\mu)^2 \\ &= \frac{1}{N}\sum_i\sum_j [(x_{ij}-\mu_i)+(\mu_i-\mu)]^2 \\ &= \frac{1}{N}\sum_i\sum_j (x_{ij}-\mu_i)^2 + \frac{1}{M}\sum_i(\mu_i-\mu)^2 \\ &= {\sigma_w}^2 + {\sigma_b}^2 \qquad (9\cdot15)\end{aligned}$$

이 된다. 단,

$${\sigma_w}^2 = \frac{1}{N}\sum_i\sum_j (x_{ij}-\mu_i)^2$$

$${\sigma_b}^2 = \frac{1}{M}\sum_i (\mu_i-\mu)^2$$

으로 ${\sigma_w}^2$ 은 부-로트 내(within sub lot)의 분산이고, ${\sigma_b}^2$ 은 부-로트 간(between sub lot)의 분산이다. 이와 같이 로트의 모분수 σ^2 은 부-로트 내의 분산과 부-로트 간의 분산으로 나누어진다. ${\sigma_w}^2$ 은 층내분산, ${\sigma_b}^2$ 을 층간분산이라고 부르기로 한다.

로트로부터 m 개의 1차 샘플링 단위를 뽑고, 그것으로부터 각 $\overline{n}$ 개씩의 2차 샘플링 단위를 뽑아, i 번째의 1차 샘플링 단위에서 얻은 j 번째 2차 샘플링 단위의 데이터를 x_{ij} 라 하면 모평균 μ 의 불편추정치는

$$\overline{\overline{x}} = \frac{1}{m\overline{n}}\sum_{i=1}^{m}\sum_{j=1}^{\overline{n}} x_{ij} \qquad (9\cdot16)$$

가 된다. 이 때 $\overline{\overline{x}}$ 의 분산을 생각하여 보자.

데이터의 구조식을

$$\begin{aligned}x_{ij} &= \mu_i + e_{ij} \\ &= \mu + a_i + e_{ij} \qquad (9\cdot17)\end{aligned}$$

$$i = 1, 2, \cdots, m$$
$$j = 1, 2, \cdots, \bar{n}$$

과 같이 표현할 수 있다. 여기서 a_i 는 $\mu_i - \mu$ 로서 부-로트의 모평균과 로트의 모평균의 차이고, e_{ij} 는 로트내의 단위간의 산포를 나타내는 변량으로 $N(0,\ \sigma_w^2)$ 이 성립된다고 가정하고 있다.

식(9・17)로부터

$$\bar{x}_{i\cdot} = \sum_{j=1}^{\bar{n}} x_{ij} / \bar{n} = \mu + a_i + \bar{e}_{i\cdot}$$
$$\bar{\bar{x}} = \sum_{i=1}^{m} \bar{x}_i / m = \mu + \bar{a} + \bar{\bar{e}}$$

를 얻을 수 있다. 여기서 $\bar{e}_{i\cdot} = \sum_{j=1}^{\bar{n}} e_{ij}/\bar{n}$, $\bar{\bar{e}} = \sum_i \sum_j e_{ij}/m\bar{n}$, $\bar{a} = \sum_i a_i / m$ 를 각각 의미한다.

따라서 무한모집단으로 취급할 수 있는 경우 $\left(\frac{\bar{n}}{\bar{N}} \le 0.1\text{이고 } \frac{m}{M} \le 0.1\text{인 경우}\right)$에는

$$V(\bar{x}_{i\cdot}) = V(a_i) + V(\bar{e}_{i\cdot})$$
$$= \sigma_b^2 + \sigma_w^2/\bar{n}$$
$$V(\bar{\bar{x}}) = \sigma_b^2/m + \sigma_w^2/m\bar{n} \qquad (9 \cdot 18)$$

이 됨을 알 수 있다. 즉, $\bar{\bar{x}}$ 는 μ 를 중심으로 산포하며 그 분산은 $\sigma_b^2/m + \sigma_w^2/m\bar{n}$ 임을 알 수 있다.

시료의 크기에 비하여 모집단이 충분히 크지 않을 때 $\left(\frac{\bar{n}}{\bar{N}} \le 0.1,\ \frac{m}{M} \le 0.1\right.$ 이 성립되지 않는 경우$\left.\right)$ 는 유한수정계수를 식(9・18)에 붙여주어야 한다. 즉,

$$V(\bar{\bar{x}}) = \frac{M-m}{M-1} \cdot \frac{\sigma_b^2}{m} + \frac{\bar{N}-\bar{n}}{\bar{N}-1} \cdot \frac{\sigma_w^2}{m\bar{n}}$$
$$\fallingdotseq \left(1 - \frac{m}{M}\right) \cdot \frac{\sigma_b^2}{m} + \left(1 - \frac{\bar{n}}{\bar{N}}\right) \cdot \frac{\sigma_w^2}{m\bar{n}} \quad (\text{단, } M \gg 1,\ N \gg 1 \text{ 일 때}) \qquad (9 \cdot 19)$$

과 같이 된다. 윗 식이 2단계 샘플링의 정밀도라고 말할 수 있다. 참고로 2단계 샘플링이 아니고 층별 샘플링인 경우에는 $M=m$ 이며, 집락샘플링인 경우에는 $\overline{N}=\overline{n}$ 가 됨을 유의하여야 한다.

만약 2차 샘플링 단위 $m\overline{n}$ 개에 대하여 한 개씩 측정하였을 경우에 측정의 정밀도를 σ_M^2 이라 한다면 $\overline{\overline{x}}$ 의 분산은 식(9·19)에 $\sigma_M^2/m\overline{n}$ 을 더함으로써 얻을 수 있다.

$$V(\overline{\overline{x}})=\frac{M-m}{M-1}\cdot\frac{\sigma_b^2}{m}+\frac{\overline{N}-\overline{n}}{\overline{N}-1}\cdot\frac{\sigma_w^2}{m\overline{n}}+\frac{\sigma_M^2}{m\overline{n}} \tag{9・20}$$

또 다른 방법으로 $m\overline{n}$ 개의 샘플을 모두 합쳐서 한 개의 대량시료로 삼고, 이것을 축분하여 분석용 시료를 조제하고, 이것을 q 회에 걸쳐 분석하였다 하자. 이 때 축분의 정밀도를 σ_R^2, 분석의 정밀도를 σ_M^2 이라고 한다면 식(9・19)은 다음과 같이 달라진다.

$$V(\overline{\overline{x}})=\frac{M-m}{M-1}\cdot\frac{\sigma_b^2}{m}+\frac{\overline{N}-\overline{n}}{\overline{N}-1}\cdot\frac{\sigma_w^2}{m\overline{n}}+\sigma_R^2+\frac{\sigma_M^2}{q} \tag{9・21}$$

9.2

같은 부품이 50개씩 들어 있는 100개의 상자가 있다. 이 로트에서 각 부품들의 평균무게 μ 를 알고 싶다. 상자간의 무게의 산포를 $\sigma_b=0.8\text{kg}$ 이라 하고, 상자 내의 부품간의 산포를 $\sigma_w=0.5\text{kg}$ 이라고 하자. 이 때 5상자를 랜덤하게 뽑고, 그 가운데서 4개의 부품을 랜덤하게 샘플링하여 모두 20개의 부품이 샘플링되었다.

(1) 각각의 부품의 무게를 측정할 때, 측정오차를 무시할 수 있다면(즉, $\sigma_M=0$), $\overline{\overline{x}}$ 의 분산은?

(2) 위의 (1)의 질문에서 $\sigma_M=0.4\text{kg}$ 이라면 $\overline{\overline{x}}$ 의 분산은?

풀이

(1) $m/M = 5/100 < 0.1$, $\overline{n}/\overline{N} = 4/50 < 0.1$ 이므로 유한수정계수를 무시하고 무한 모집단으로 취급할 수 있다. 따라서 식(9・18)을 사용하면

$$V(\overline{\overline{x}}) = \sigma_b^2/m + \sigma_w^2/m\overline{n}$$
$$= (0.8)^2/5 + (0.5)^2/(5)(4) = 0.1405(\text{kg})^2$$

을 얻는다.

(2) 유한수정계수를 무시하고 식(9・20)을 사용하면 다음과 같다.

$$V(\overline{\overline{x}}) = \sigma_b^2/m + \sigma_w^2/m\overline{n} + \sigma_M^2/m\overline{n}$$
$$= (0.8)^2/5 + (0.5)^2/(5)(4) + (0.4)^2/(5)(4) = 0.1485(\text{kg})^2$$

9.4.2 2단계 샘플링에서의 시료의 최적배분

2단계 샘플링을 할 경우에 m, $\overline{n}$ 를 어떻게 정하는 것이 좋은가? 앞의 예제에서 샘플수 $n = m\overline{n} = 20$ 을 취하는 경우에도 $m = 5$, $\overline{n} = 4$ 또는 $m = 2$, $\overline{n} = 10$; $m = 1$, $\overline{n} = 20$; 등등 여러 가지 방법이 있을 수 있다. 이 중에서 어떤 것을 선택할 것인가는, 같은 정밀도 $V(\overline{\overline{x}})$ 라면 샘플링 비용이 적게 드는 것으로, 또는 같은 비용이 든다면 정밀도 $V(\overline{\overline{x}})$ 가 작은 쪽으로 택하는 것이 좋을 것이다. 이것을 시료의 최적배분 문제라고 한다.

1차 및 2차 단위의 샘플링 비용을 각각 k_1, k_2 라 하고, 시료의 크기와 관계없이 발생되는 비용을 k_0 라 하면 샘플링에 들어가는 총비용 T 는

$$T = k_0 + k_1 m + k_2 m\overline{n} \qquad (9 \cdot 22)$$

가 된다. 이를 비용함수(cost function)라고 한다. 이 함수에서는 샘플링 비용이 시료의 크기에 비례하여 직선적으로 증가한다는 것을 가정하고 있다.

식(9・22)를 사용할 때에 혼합시료를 작성하여 축분・분석하는 화학분석의 경우에는 축분・분석비용 등은 시료의 개수와 무관하므로 k_0 에 넣는 것이 좋다. 이와 반면에 2차단위에서 취해진 제품 하나하나에 대하여 강도 등을 측정하는 측정비용 등은 $m\bar{n}$ 에 비례하여 커지므로 k_2 에 들어가야 한다.

최적배분의 문제는 다음과 같이 몇 가지 경우로 나누어 생각하여 보자. 가장 간단한 분산의 공식 식(9・18)의 경우에 대하여 검토하기로 한다.

(1) T 를 일정하게 하고 $V(\bar{\bar{x}})$ 를 최소로 하는 경우

식(9・22)에서 m 에 대하여 풀면

$$m = \frac{T - k_0}{k_1 + k_2\bar{n}} \tag{9・23}$$

을 얻는다. 이것을 식(9・18)에 대입하여 $V(\bar{\bar{x}})$ 를 $\bar{n}$ 의 함수로 나타내면

$$V(\bar{\bar{x}}) = \frac{\sigma_b^2(k_1 + k_2\bar{n})}{T - k_0} + \frac{\sigma_w^2(k_1 + k_2\bar{n})}{\bar{n}(T - k_0)}$$

가 된다. $V(\bar{\bar{x}})$ 를 최소로 하는 $\bar{n}$ 를 구하기 위하여 $V(\bar{\bar{x}})$ 를 $\bar{n}$ 로 미분하고, 이것을 0으로 놓고 풀면

$$\bar{n} = \sqrt{\frac{k_1\sigma_w^2}{k_2\sigma_b^2}} \tag{9・24}$$

를 얻는다. 이 결과를 식(9・23)에 대입시키면 다음과 같다.

$$m = \frac{T - k_0}{k_1 + \sqrt{k_1k_2\sigma_w^2/\sigma_b^2}} \tag{9・25}$$

(2) $V(\bar{\bar{x}})$ 를 일정하게 하고 T 를 최소로 하는 경우

식(9・18)에서 $V(\bar{\bar{x}})$ 를 일정하게 한 후에 m 을 구하면

$$m = \frac{1}{V(\overline{\overline{x}})}\left[\sigma_b^{\ 2} + \frac{\sigma_w^{\ 2}}{\overline{n}}\right] \tag{9・26}$$

이다. 이를 식(9・22)에 대입시키면

$$T = k_0 + (k_1 + k_2\overline{n})\left(\sigma_b^{\ 2} + \frac{\sigma_w^{\ 2}}{\overline{n}}\right) / V(\overline{\overline{x}}) \tag{9・27}$$

가 된다. 이를 $\overline{n}$ 에 대하여 미분하고, 그 값이 0이 되도록 하는 $\overline{n}$ 을 구하면

$$\overline{n} = \sqrt{\frac{k_1\sigma_w^{\ 2}}{k_2\sigma_b^{\ 2}}} \tag{9・28}$$

로 식(9・24)와 동일하게 된다. 이 값을 식(9・26)에 대입시키면 다음과 같다.

$$m = \frac{\sigma_b^{\ 2} + \sigma_b\sigma_w\sqrt{k_2/k_1}}{V(\overline{\overline{x}})} \tag{9・29}$$

> 주 T를 일정하게 하고 $V(\overline{\overline{x}})$를 최소로 하거나, $V(\overline{\overline{x}})$를 일정하게 하고 T를 최소로 하기 위한 시료의 크기 $\overline{n}$는 식(9・24)와 (9・28)에서 보는 바와 같이 동일하다. 또한 k_1, k_2, σ_w, σ_b의 개개의 값은 알 필요 없이 k_1/k_2 , σ_w/σ_b의 비율만 알면 충분하다. 만약 최적배분 $\overline{n}$가 커져서 $\overline{n} \geq \overline{N}$의 결론이 나오면 $\overline{n} = \overline{N}$를 취해야 하며, 이것은 집락 샘플링의 경우에 해당하게 된다.

(3) 샘플링 비용이 2차 샘플링 단위의 수에 의해서만 결정되는 경우

경우에 따라서 1차 샘플링에는 거의 비용이 안들고(문서처리만으로 이루어지는 경우), 대부분의 샘플링 비용이 2차 단위에서 얻는 샘플에만 관계가 있는 경우에는, 그 비용함수는

$$T = k_0 + k_2 m\overline{n} \tag{9・30}$$

로 쓸 수 있다. 이 때 최적배분을 생각하여 보자.

먼저 T를 일정하게 하고 $V(\bar{\bar{x}})$를 최소로 하려면 식(9・30)에서

$$m\bar{n} = \frac{T - k_0}{k_2}$$

이므로, $m\bar{n}$ 도 일정하게 된다. 따라서 k_0 의 값을 최소로 하여 주는 m, $\bar{n}$ 를 정해 주면된다. 이 때 m 이 커져서 $m = M$ 이 되면 이것은 모든 부로트에서 샘플링 하는 것이므로 층별 샘플링이 된다.

다음으로 $V(\bar{\bar{x}})$를 일정하게 하고 T를 최소로 하려면 먼저 식(9・18)에서 $m\bar{n}$ 를 구하고,

$$m\bar{n} = \frac{\bar{n}{\sigma_b}^2}{V(\bar{\bar{x}})} + {\sigma_w}^2 \qquad (9 \cdot 31)$$

이것을 식(9・30)에 대입시키면

$$T = k_0 + k_2\left[\frac{{\sigma_b}^2}{V(\bar{\bar{x}})} \cdot \bar{n} + \frac{{\sigma_w}^2}{V(\bar{\bar{x}})}\right] \qquad (9 \cdot 32)$$

이 얻어진다. 여기서 T, k_0, k_2, σ_b, σ_w 는 모두 일정한 값이므로 T를 최소로 하기 위해서는 $\bar{n}$ 를 최소, 즉 $\bar{n} = 1$ 로 하면 된다.

이상과 같이 1차 샘플링 단위를 취하는 비용 k_1 이 거의 0인 경우에는 $\bar{n} = 1$ 로 하여 경비가 허용하는 한도 내에서 m 을 크게 하여 주는 것이 좋다.

예제 9.3

100개씩 포장된 부품이 700상자 있다. 상자를 창고에 넣는 과정 중에서 샘플링하면 1차 단위의 샘플링 비용이 거의 들지 않으므로 $k_1 = 0$ 이나, 창고에 보관되어 있는 것을 꺼내어 샘플링하려면 운반비용 등이 계산되어 $k_1 = 300$ 원이 든다. 이제 $k_0 = 500$ 원, $k_2 = 20$ 원, $\sigma_w = \sigma_b = 2$ 이라면 $V(\bar{\bar{x}}) = (0.30)^2$ 으로 일정하게 하기 위해서는 어느 정도의 총경비가 드는가를 검토하여라.

풀이

$k_1 = 0$ 인 경우에 $V(\bar{\bar{x}})$ 를 일정하게 하고 T 를 최소로 하려면 $\bar{n} = 1$ 이다. 따라서 식(9・32)로부터

$$T = 500 + 20\left[\frac{(2^2)(1)}{(0.30)^2} + \frac{2^2}{(0.30)^2}\right] = 2,278 \text{ 원}$$

이 소요되며, 이 때에 샘플의 크기는 식(9・31)에 의해

$$m\bar{n} = \frac{(1)(2)^2 + (2)^2}{(0.30)^2} = 89$$

가 된다. 즉, 운반되고 있는 상자 중에서 89상자를 랜덤하게 택하고 각 상자에서 1개씩의 부품을 취하는 샘플링 방법이 된다.

$k_1 = 300$ 원인 경우에는 식(9・28)에 의하여

$$\bar{n} = \sqrt{\frac{k_1 \sigma_w{}^2}{k_2 \sigma_b{}^2}} = \sqrt{\frac{(300)(2)^2}{(20)(2)^2}} \fallingdotseq 4$$

가 된다. 이 경우에 m 과 T 는 각각 식(9・26)과 (9・27)에 의하여

$$m = \frac{1}{(0.30)^2}\left[2^2 + \frac{2^2}{4}\right] = 56$$

$$T = 500 + \frac{[300 + (20)(4)]\left[2^2 \dfrac{+ 2^2}{4}\right]}{(0.30)^2} = 21,611 \text{ 원}$$

이 된다. 즉, 상자를 창고 내에서 56상자 랜덤 샘플링하여 각 상자로부터 4개씩 시료를 취하면 된다. 그러나 그 경비는 21,611원이나 소요되어 $k_1 = 0$ 인 경우에 비하여 같은 정밀도를 얻으려면 약 9.5배 정도의 비용이 들게 된다. 따라서 「샘플링은 가능하면 이동 중에 실시하라」는 원칙이 여기에도 적용된다고 하겠다.

주 2단계 샘플링과 랜덤 샘플링에 의한 모평균 μ의 추정 정밀도를 비교하여 보자. 표본의 크기가 n일 때, 단순 랜덤 샘플링에 의한 $\bar{x}$의 분산은, $\frac{n}{N} \le 0.1$인 경우에 식(9・14)에 의하여,

$$V_R(\bar{x}) = \frac{\sigma^2}{n}$$

으로 주어지고, 2단계 샘플링에서는 $n = m\bar{n}$에 대하여

$$V_D(\bar{\bar{x}}) = \frac{{\sigma_b}^2}{m} + \frac{{\sigma_w}^2}{m\bar{n}}$$

이 된다. 이를 비교하여 보면

$$\alpha = \frac{V_D(\bar{\bar{x}})}{V_R(\bar{x})} = \left(\frac{{\sigma_b}^2}{m} + \frac{{\sigma_w}^2}{m\bar{n}}\right) \Big/ \left(\frac{\sigma^2}{n}\right)$$

$$= \frac{\bar{n}{\sigma_b}^2 + {\sigma_w}^2}{\sigma^2}$$

이 된다. 그런데 $\sigma^2 = {\sigma_b}^2 + {\sigma_w}^2$이므로 $\bar{n} = 1$일 때 $\alpha = 1$이 되어 양자는 동일한 정밀도를 갖는다. 그러나 $\bar{n} \ge 2$일 때는 $\alpha > 1$로 2단계 샘플링이 추정의 정밀도가 나쁘다. 그러나 일반적으로 2단계 샘플링이 샘플링의 조작이 쉽고 비용이 적게 드는 장점이 있으므로 랜덤 샘플링보다 더 흔히 사용된다.

9.4.3 3단계 샘플링

앞에서 2단계 샘플링법을 다루었는데, 만약 1, 2, 3차 단위로 나누어서 샘플링하게 되면 3단계 샘플링이 된다. 예를 들면, 볼펜이 작은 상자에 들어 있으나 이 작은 상자가 다시 큰 상자에 들어가 있는 경우가 있다. 이 경우에 우선 큰 상자를 l 상자 샘플링하고, 다음에 2단계로서 큰 상자에서 작은 상자 $\bar{m}$ 개를 취하여 $l\bar{m}$ 개의 작은 상자를 택한 후, 여기에서 각각 $\bar{n}$ 개씩의 볼펜을 취하면 3단계 샘플링이 된다.

로트에서 큰상자, 작은상자, 상자 속에 들어있는 제품의 수가 각각 L, $\bar{M}$, $\bar{N}$라

하고, 여기서 샘플링된 수는 각각 l, $\overline{m}$, $\overline{n}$ 라 할 때, 로트의 모평균 μ 의 불편추정량은 다음과 같다.

$$\overline{\overline{x}}=\sum_{i=1}^{l}\sum_{j=1}^{\overline{m}}\sum_{k=1}^{\overline{n}} x_{ijk}/l\,\overline{m}\,\overline{n}$$

만약 l/L, $\overline{m}/\overline{M}$, $\overline{n}/\overline{N}$ 가 모두 0.1보다 작으면 유한수정계수를 무시하고 $\overline{\overline{x}}$ 의 분산을 다음과 같이 구할 수 있다.

$$V(\overline{\overline{x}}) \fallingdotseq \frac{\sigma_1^{\,2}}{l}+\frac{\sigma_2^{\,2}}{l\,\overline{m}}+\frac{\sigma_3^{\,2}}{l\,\overline{m}\,\overline{n}} \qquad (9 \cdot 33)$$

단, $\sigma_1^{\,2}$: 1차 단위(큰상자)간의 분산

$\sigma_2^{\,2}$: 1차 단위내의 2차 단위(작은 상자)간의 분산

$\sigma_3^{\,2}$: 2차 단위내의 3차 단위(개개의 제품)간의 분산

을 의미하며, 여기서 1차 단위가 다르더라도 1차 단위내의 2차 단위간의 분산은 일정하다고 가정하고, 또한 2차 단위가 다르더라도 3차 단위간의 분산은 같다고 가정한 것이다.

만약 유한수정계수를 무시할 수 없는 경우에는 식(9・33)은 다음과 같이 바뀐다.

$$\begin{aligned} V(\overline{\overline{x}}) &= \frac{L-l}{L-1}\cdot\frac{\sigma_1^{\,2}}{l}+\frac{\overline{M}-\overline{m}}{\overline{M}-1}\cdot\frac{\sigma_2^{\,2}}{l\,\overline{m}}+\frac{\overline{N}-\overline{n}}{\overline{N}-1}\cdot\frac{\sigma_3^{\,2}}{l\,\overline{m}\,\overline{n}} \\ &\fallingdotseq \left(1-\frac{l}{L}\right)\cdot\frac{\sigma_1^{\,2}}{l}+\left(1-\frac{\overline{m}}{\overline{M}}\right)\cdot\frac{\sigma_2^{\,2}}{l\,\overline{m}}+\left(1-\frac{\overline{m}}{\overline{M}}\right)\cdot\frac{\sigma_3^{\,2}}{l\,\overline{m}\,\overline{n}} \end{aligned}$$

($L \gg 1$, $\overline{M} \gg 1$, $\overline{N} \gg 1$ 인 경우)

9.5 층별 샘플링

로트를 몇 개의 층으로 나누어 각 층으로부터 시료를 취하는 샘플링법을 층별 샘플링(stratified sampling) 또는 층화 샘플링이라고 한다. 이 방법은 2단계 샘플링에서 $m=M$으로 하는 경우, 즉 1차 단위의 부로트 M개를 모두 택하여 그 중에서 2차 단위를 랜덤 샘플링하는 방법이다.

이 방법은 다음과 같은 장점이 있으므로 자주 사용된다.

(1) 규모가 작은 각 층(부-로트)에서 시료를 취하면 되므로 랜덤 샘플링을 용이하게 할 수 있다.
(2) 단순 랜덤 샘플링보다 일반적으로 시료의 크기가 작아도 같은 정밀도를 얻을 수 있으므로 경제적이다.

층별 샘플링의 예를 들면 로트가 10상자로 이루어져 있고 각 상자에 제품들이 들어 있을 때, 이 10상자 전부의 각 상자로부터 일부를 랜덤 샘플링하는 것이 층별 샘플링이다. 모든 광석이 35통 차량으로 8대 들어왔을 때, 이 8대 전부의 차량으로부터 일부의 시료(예를 들면, 2인크리멘트씩)를 샘플링하는 경우이다. 이 경우에는 이것을 전부 섞어서 대량시료로 하고 이것을 다시 축분하여 흔히 분석한다. 층의 크기가 같은 경우와 다른 경우로 나누어 다루어 보기로 한다.

9.5.1 층의 크기가 같은 경우

크기 N의 로트를 $m=M$층으로 나누었을 때 각 층의 크기가 모두 같아서 $N_i=\overline{N}$이고 각 층에서의 2차 샘플링 개수가 $n_i=\overline{n}$로서 같은 경우에는 로트의 모평균 μ의 불편추정량은,

$$\bar{\bar{x}} = \sum_{i=1}^{m} \sum_{j=1}^{\bar{n}} x_{ij} / m\bar{n}$$

가 된다. $\bar{\bar{x}}$ 의 분산은 식(9・19)에서 $M=m$ 으로 놓고 얻어진다. 즉,

$$V(\bar{\bar{x}}) = \frac{\bar{N} - \bar{n}}{\bar{N} - 1} \cdot \frac{\sigma_w^2}{m\bar{n}}$$

$$\fallingdotseq \left(1 - \frac{\bar{n}}{\bar{N}}\right) \cdot \frac{\sigma_w^2}{m\bar{n}} \text{ (단, } \bar{N} \gg 1 \text{ 일 때)}$$

이 되고, $\bar{n} / \bar{N} \leq 0.1$ 인 경우에는

$$V(\bar{\bar{x}}) \fallingdotseq \sigma_w^2 / m\bar{n} \quad (9 \cdot 35)$$

으로 쓸 수 있다.

층별 샘플링에서는 층간분산 σ_b^2 이 포함되지 않으므로 층간에 어떤 큰 차가 있는 원료가 들어와도 모평균의 추정 정밀도는 층내의 산포 σ_w^2 만으로 결정된다. 그러므로 $V(\bar{\bar{x}})$ 를 작게 하기 위해서는, 층내가 가능하면 균질하게 층간이 불균질하게 되도록 층별하면 추정 정밀도를 좋게 할 수 있다.

> 注 단순 랜덤 샘플링에서의 모평균의 추정 정밀도를 $V_R(\bar{x})$ 로 놓고 식(9・14)의 $V_R(\bar{x}) = \frac{\sigma^2}{n}$ 과 층별 샘플링의 식(9・35)와 비교하여 보자. 층별 샘플링에 의한 분산을 $V_s(\bar{\bar{x}})$ 라 놓을 때
>
> $$\alpha = \frac{V_s(\bar{\bar{x}})}{V_R(\bar{x})} = \frac{\sigma_w^2 / m\bar{n}}{\sigma^2 / n} = \sigma_w^2 / \sigma^2 \quad (9 \cdot 36)$$
>
> 이 된다. 그런데 $\sigma^2 = \sigma_b^2 + \sigma_w^2$ 이므로 층별 방법이 나빠 $\sigma_b^2 = 0$ 인 경우에만 $\alpha = 1$ 이고, $\sigma_b^2 > 0$ 이면 $\alpha < 1$ 이 되어 층별 샘플링의 추정 정밀도가 좋다고 말할 수 있다.

9.5.2 층의 크기가 같지 않은 경우

각 층의 크기 N_i 가 모두 같지 않고, 각 층으로부터 크기 n_i 의 시료를 랜덤하게 취하는 층별 샘플링에서는 다음과 같은 기호를 정의할 수 있다.

모집단 로트의 크기 : $N = \sum_{i=1}^{m} N_i$

시료의 크기 : $n = \sum_{i=1}^{m} n_i$

i 층의 모평균 : $\mu_i = \sum_{j=1}^{N_i} x_{ij} / N_i$

모평균 : $\mu = \sum_{i=1}^{m} N_i \mu_i / N$

i 층의 모분산 : $\sigma_i^{\,2} = \sum_{j=1}^{N_i} (x_{ij} - \mu_i)^2 / N_i$

모분산 : $\sigma^2 = \sum_{i=1}^{m} N_i (\mu_i - \mu)^2 / N + \sum_{i=1}^{m} N_i \sigma_i^{\,2} / N$

$= \sigma_b^{\,2}$

위의 모분산에서

$$\sigma_b^{\,2} = \sum_i N_i (\mu_i - \mu)^2 / N$$

은 층간분산으로 $N_i = \overline{N}$ 인 경우에는 $\sigma_b^{\,2} = \sum_i (\mu_i - \mu)^2 / m$ 이 되고,

$$\sigma_w^{\,2} = \sum_i N_i \sigma_i^2 / N$$

은 층내분산으로 $N_i = N$ 인 경우에는 $\sigma_w^{\,2} = \sum_i \sigma_i^{\,2} / m$ 이 된다.

크기 n 의 샘플로부터 μ 의 불편추정량은 다음과 같다.

$$\overline{\overline{x}} = \sum_{i=1}^{m} \frac{N_i}{N} \left(\sum_{j=1}^{n_i} x_{ij} / n_i \right) \tag{9・37}$$

여기서 i 층의 시료평균을

$$\overline{x}_{i\cdot} = \sum_{j=1}^{n_i} x_{ij} / n_i \tag{9・38}$$

이라고 한다면 식 (9・37)은

$$\bar{\bar{x}} = \sum_{i=1}^{m} \frac{N_i}{N} \cdot \bar{x}_{i\cdot} \tag{9・39}$$

로 각 시료평균의 가중평균(weighted mean)이 모평균 μ 의 추정량 $\bar{\bar{x}}$ 가 된다.

다음에 몇 가지의 관심 있는 층별 샘플링에 관한 내용을 살펴보자.

(1) 층별 비례 샘플링

각 층의 시료의 크기 n_i 를 정할 때, 층의 크기 N_i 에 비례하도록 하여 취하는 샘플링법을 층별비례 샘플링(proportional stratified sampling)이라고 한다. 이 경우에 시료 크기의 할당을 비례할당(proportional allocation)이라고 하고

$$n_i = n\left(\frac{N_i}{N}\right),\ i = 1, 2, \cdots, m \tag{9・40}$$

과 같이 얻어진다.

식(9・37)의 $\bar{\bar{x}}$ 는 식(9・40)에 의하여

$$\bar{\bar{x}} = \frac{1}{n} \sum_{i=1}^{m} \sum_{j=1}^{n_i} x_{ij} \tag{9・41}$$

와 같이 간단하게 되어, 가중평균을 취하지 않고 단순히 산술평균을 취한 결과가 된다. 예를 들면, 무게가 다른 원료가 몇 뱃치(batch) 입하되었을 경우에 그 무게에 비례하게 인크리멘트를 취하여 혼합시료를 만들고, 축분・분석하여 그 분석치로 로트의 평균을 추정하는 것이 좋은 예이다.

(2) 시료평균 $\bar{\bar{x}}$ 의 분산

각 층의 시료평균을 $\bar{x}_{i\cdot}$ 라 할 때, μ 의 추정량은 $\bar{\bar{x}}$ 로 식(9・39)에 주어져 있다. $\bar{\bar{x}}$ 의 분산을 구하여 보자. 식(9・12)에 의하여

$$V(\bar{x}_{i\cdot}) = \frac{\sigma_i^2}{n_i}\left(\frac{N_i - n_i}{N_i - 1}\right)$$

이고, 각각의 $\bar{x}_{i\cdot}$ 는 서로 독립이므로

$$
\begin{aligned}
V(\bar{\bar{x}}) &= V\left(\sum_{k=1}^{m} \frac{N_i}{N} \bar{x}_{i\cdot}\right) \\
&= \sum_i \left(\frac{N_i}{N}\right)^2 V(\bar{x}_{i\cdot}) \\
&= \sum_i \left(\frac{N_i}{N}\right)^2 \left(\frac{N_i - n_i}{N_i - 1}\right) \frac{{\sigma_i}^2}{n_i} && (9 \cdot 42) \\
&\fallingdotseq \sum_i \left(\frac{N_i}{N}\right)^2 \left(1 - \frac{n_i}{N_i}\right) \frac{{\sigma_i}^2}{n_i} \ (N_i \gg 1 \text{ 인 경우}) && (9 \cdot 43) \\
&\fallingdotseq \sum_i \left(\frac{N_i}{N}\right)^2 \frac{{\sigma_i}^2}{n_i} \left(\frac{n_i}{N_i} \leq 0.1 \text{ 인 경우} \right) && (9 \cdot 44) \\
&= \frac{{\sigma_w}^2}{n} \left(\frac{n_i}{N_i} \text{가 일정한 경우} \right) && (9 \cdot 45)
\end{aligned}
$$

과 같이 된다.

식(9・45)의 의미는 $V(\bar{\bar{x}})$ 는 층간분산 ${\sigma_b}^2$ 과는 무관하며, 오직 층내분산 ${\sigma_w}^2$ 에 비례하여 나타나고 있다. 따라서 ${\sigma_i}^2$ 들을 작게 하여 층내분산

$$
{\sigma_w}^2 = \sum_i \left(\frac{N_i}{N}\right) {\sigma_i}^2
$$

를 작게 하여 주면 $V(\bar{\bar{x}})$ 을 줄일 수 있다.

(3) 최적 할당

각 층의 시료의 크기를 결정할 때, 식(9・40)과 같이 N_i 비례하게 n_i 를 정해주는 비례 할당이 사용하기는 간편하나 반드시 좋은 것은 아니다. 특히 σ_i 들간에 차이가 많이 있을 때에는 표본의 크기 n_i 를 $N_i \sigma_i$ 에 비례하도록 할당하는 최적할당(optimal allocation)

$$
n_i = n \cdot \frac{N_i \sigma_i}{\sum_{i=1}^{m} N_i \sigma_i}, \quad i = 1, 2, \ldots, m \qquad (9 \cdot 46)
$$

을 택하는 것이 좋다. 이것을 최적할당이라고 부르는 것은 이렇게 n_i 를 정해 줌으로써 식(9・42)의 $V(\overline{\overline{x}})$ 를 최소화시킬 수 있기 때문이다. 그러나 이 방법은 σ_i 에 대한 대략적인 지식이 있어야만 사용할 수 있다. 식(9・46)의 증명은 참고 문헌(9·1, 9·4)을 참조하여 주기 바란다.

예제 9.4

인구가 각각 N_1 = 40만, N_2 = 20만, N_3 = 30만인 세 도시에서 n = 400명의 표본을 층별 샘플링하여 이 3도시에 살고 있는 주민들의 평균키를 알고자 한다. 층별 표본의 크기를 (a) 비례 할당, (b) 표준편차가 $\sigma_1 = 20$, $\sigma_2 = 12$, $\sigma_3 = 14$ (단위 cm)라 할 때의 최적 할당에 의하여 구하라.

풀이

비례할당

$$n_1 = n\left(\frac{N_1}{N}\right) = 400\left(\frac{40}{90}\right) = 178$$

$$n_2 = n\left(\frac{N_2}{N}\right) = 400\left(\frac{20}{90}\right) = 89$$

$$n_3 = n\left(\frac{N_3}{N}\right) = 400\left(\frac{30}{90}\right) = 133$$

최적할당

$$n_1 = n \cdot \frac{N_1\sigma_1}{\sum N_i\sigma_i} = 400\left(\frac{800}{1,460}\right) = 219$$

$$n_2 = n \cdot \frac{N_2\sigma_2}{\sum N_i\sigma_i} = 400\left(\frac{240}{1,460}\right) = 66$$

$$n_3 = n \cdot \frac{N_3\sigma_3}{\sum N_i\sigma_i} = 400\left(\frac{420}{1,460}\right) = 115$$

9.6 집락 샘플링

모집단을 여러 개의 층(부-로트)으로 나누고, 그 중에서 일부를 랜덤 샘플링한 후, 샘플링된 층에 속해 있는 모든 제품을 측정 · 조사하는 방법을 집락 샘플링(cluster sampling)이라고 한다. 이 샘플링법의 이름은 사회조사에서 시작된 것으로, 사회조사에서는 층을 집락(cluster)이라고 부른데서 기인한 것이다.

예를 들면, 각 100개씩의 부품이 들어 있는 30상자의 로트가 입하되었을 때, 이 중에서 랜덤하게 3상자 뽑고, 그 상자의 부품의 전부를 조사하는 샘플링 방법이다. 집락 샘플링은 2단계 샘플링에 있어서 $n_i = N_i$ 로 되는 경우로, 층별 샘플링 방법과는 정반대의 샘플링 방법으로 생각할 수 있다.

공업에서는 각 집락의 크기 N_i 가 같은 경우가 많으므로 $N_i = \overline{N}$ 인 경우만을 생각하여 보자. 각 $\overline{N}$ 개 들이의 M 상자의 로트로부터 m 상자를 랜덤하게 샘플링하고, 뽑은 m 상자의 제품을 모두 측정 · 조사하기로 하면, 모평균 μ 의 불편추정량은

$$\overline{\overline{x}} = \frac{1}{m\overline{N}} \sum_{i=1}^{m} \sum_{j=1}^{\overline{N}} x_{ij}$$

가 된다. 이 $\overline{\overline{x}}$ 의 분산은 2단계 샘플링의 식(9 · 19)에서 $\overline{n} = \overline{N}$ 로 놓으면 얻어진다. 즉,

$$V(\overline{\overline{x}}) = \frac{M-m}{M-1} \cdot \frac{{\sigma_b}^2}{m}$$

$$\fallingdotseq \left(1 - \frac{m}{M}\right) \frac{{\sigma_b}^2}{m} \quad (M \gg 1\text{인 경우}) \qquad (9 \cdot 47)$$

$$\fallingdotseq \frac{{\sigma_b}^2}{m} \left(\frac{m}{M} \leq 0.1 \text{ 인 경우} \right) \qquad (9 \cdot 48)$$

이 된다. 여기서 ${\sigma_b}^2$ 은 식(9 · 15)에 정의되어 있는 층간분산이다. 이 분산에는 층내분산 σ_w^2 이 포함되어 있지 않다. 따라서 층별 샘플링과는 반대로 층내가 되도록 불균일하게 집락을 만들면 그 반대로 σ_b 가 작아져서 μ 의 추정 정밀도가 좋아진다.

이 의미는 표본조사의 경우 집락내에 모든 요소가 포함되어 있으면(즉, σ_w 가 크고, σ_b 가 작으면) 하나의 집락을 조사하더라도 전체를 알 수 있다는 뜻이 된다.

화학 공장의 예를 들어보자. 탱크에 짙은 용액이 들어 있고 그 용액의 농도가 탱크의 깊이에 따라 차이가 있는 경우를 생각하여 보자. 탱크 안을 위에서 아래까지 파이프를 넣어서 몇 번 샘플링하는 경우, 탱크 내를 표면에서 바닥까지 파이프의 굵기에 상당하게 수십 개로 잘게 잘라서 집락으로 나누었다고 생각하고, 그 중에서 몇 개를 취하였다고 생각하면 집락샘플링이 된다. 이 보기는 층별 샘플링이라고도 생각할 수 있다. 탱크를 수평으로 몇 개의 층으로 자른다고 생각하고, 위에서 아래까지 파이프로 샘플링 한다면, 각 층으로부터 샘플링한 것과 같게 되기 때문에 층별 샘플링이 된다.

㈜ 집락 샘플링의 정밀도를 $V_c(\bar{\bar{x}})$ 로 놓고 랜덤 샘플링의 정밀도와 비교하여 보자. 간단히 식(9・14)와 식(9・48)을 비교하면

$$\alpha = \frac{V_c(\bar{\bar{x}})}{V_R(\bar{x})} = \frac{\sigma_b^2/m}{\sigma^2/n} = \frac{\bar{N}\sigma_b^2}{\sigma^2} = \frac{\bar{N}\sigma_b^2}{\sigma_w^2 + \sigma_b^2} \quad (9 \cdot 49)$$

이다. 여기서

$$\sigma_b^2 > \frac{\sigma^2}{\bar{N}} \text{ 이면 } \alpha > 1$$

$$\sigma_b^2 = \frac{\sigma^2}{\bar{N}} \text{ 이면 } \alpha = 1$$

$$\sigma_b^2 < \frac{\sigma^2}{\bar{N}} \text{ 이면 } \alpha < 1$$

로 집락을 만들어서 σ_b^2 이 작아질 수 있도록 하면 집락 샘플링이 유리하고, 집락을 잘못 만들어서 σ_b^2 이 커지면 오히려 랜덤 샘플링보다 못하다. 그러나 샘플링의 수고나 비용을 고려한다면 집락 샘플링 쪽이 유리한 경우가 많다. 또한 식(9・49)에서 σ_b^2 이 일정할 때 $\bar{N}$가 클수록(즉, 하나의 집락의 크기가 클수록) 집락 샘플링의 정밀도가 나빠진다. 그러나 실제로는 $\bar{N}$가 커질수록 σ_b가 작아지는 일이 많으므로 $\bar{N}\sigma_b^2$ 의 크기를 동시에 고려하여 집락을 형성하여 주는 것이 좋다. 반대로 $\bar{N}$를 작게 하면 σ_b가 커져 소요 정밀도를 얻기 위해서는 집락수 m을 증가시켜야 한다. 집락수가 증가하면 일반적으로 운반 포장비용 등이 증가하므로 이 비용도 고려하여 m, $\bar{N}$ 등을 정해 주어야 한다.

9.7 계통 샘플링

시료를 시간적으로나 공간적으로 일정한 간격을 두고 취하는 샘플링 방법으로 계통 샘플링(systematic sampling)이라는 것이 있다. 모집단과 시료의 크기를 N과 n이라고 할 때 $k=N/n$이라 하면, 계통 샘플링은 모집단에서 처음의 k개의 샘플링 단위에서 랜덤하게 하나를 뽑고, 다음부터는 그 뽑힌 것으로부터 매 k번째마다 뽑아서 시료로 하는 것이다.

예를 들면, 1부터 10,000까지 샘플링 단위가 있는 모집단에서 500개를 계통 샘플링하고 싶으면, $k=10{,}000/500=20$이므로 처음 1부터 20번 사이에서 임의로 하나를 뽑고 그 다음부터는 20씩 더해서 뽑으면 된다. 만일 17번이 처음 택해졌다면 다음엔 37번, 57번, 77번, … 등을 샘플링하면 된다.

일반적으로 모집단이 순서대로 정리되어 있을 때는 계통 샘플링 사용이 매우 편리하다. 또 모집단의 순서에 어떤 경향이나 주기성이 없고 랜덤하게 배열되어 있다면, 단순 랜덤 샘플링에서 얻은 것보다 더 좋은 정밀도를 얻을 수 있다. 그러나 모집단의 순서 가운데 예측 못했던 주기성이 내포되어 있다면 계통 샘플링에 의한 결과는 상당히 편의된(biased) 결과가 될 수도 있음에 유의해야 한다.

계통 샘플링도 근사적으로 층별 샘플링이라고 생각할 수 있다. 예를 들면, $k=8$ 간격으로 시료를 취하였을 때는 다음과 같이 생각할 수 있다.

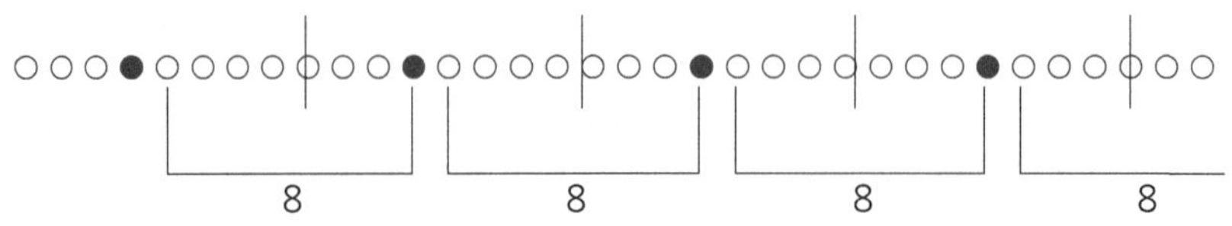

제품의 흐름을 8개씩 층으로 잘라, 각 층으로부터 1개씩 샘플링하는 $\bar{n}=1$의 층별 샘플링이라고 근사적으로 생각할 수 있다. 그러나 각 층으로부터 랜덤 샘플링을 하고 있지 않으므로 엄밀한 의미에서는 층별 샘플링이라고 말할 수는 없다. 그러나 층별 샘플링의 효과가 나타나 단순 랜덤 샘플링보다 계통 샘플링이 같은 시료의 크기이면 정밀도가 더 좋아지는 경우가 많다.

예제 9.5

선박으로 광석을 들여왔다. 이를 4회에 걸쳐 화물선으로 광석을 운반하는데 차례로 500, 600, 500, 400톤 적재하여 운반하고 있다. 화물선으로부터 광석을 하역 중 100톤 간격으로 인크리멘트를 취하여 이를 대량시료로 혼합하는 경우 샘플링의 정밀도는 얼마인가? 다만 이 광석은 과거의 실험에 의해 150톤 이내의 인크리멘트 간의 산포는 $\sigma_w = 10\%$ 임을 알고 있다고 가정하라.

풀이

이 예제는 층별비례 샘플링이라고 생각할 수 있다. 먼저 n 을 구하면

$$n = \frac{500 + 600 + 500 + 400}{100} = 20$$

이 되고, 식(9 · 45)에 의하여

$$V(\overline{\overline{x}}) = \frac{\sigma_w^2}{n} = \frac{(10)^2}{20} = 5(\%)^2$$

임을 알 수 있다. 이 예제의 샘플링에서는 샘플링 방법의 편의를 위하여 처음 화물선의 100톤 중에서 인크리멘트를 몇 번째 톤에서 취할까를 결정하고, 이것이 27번째 톤이면 그 다음부터는 127번째, 227번째, 327번째톤 등으로 계통 샘플링에 의하여 실시하면 좋을 것이다.

참고문헌

9·1 김우철 외 7인 : 현대통계학, 영지문화사, 1982.
9·2 박성현 : 현대실험계획법, 민영사, 1982.
9·3 황의철 : 최신품질관리, 박영사, 1977.
9·4 Cochran, W.G. : Sampling Techniques, John Wiley & Sons, Inc., 1963.

연습문제

9.1 50개의 제품 중에서 10개를 랜덤하게 뽑고 싶다. 난수표를 이용한 단순 랜덤 샘플링을 설명하여라.

9.2 같은 부품이 30개씩 들어 있는 80개의 상자가 있다. 이 로트에서 각 부품들의 평균 무게 μ 를 알고 싶다. 상자간의 무게의 산포를 $\sigma_b = 1.0$kg, 상자 내의 부품간의 산포를 $\sigma_w = 0.6$kg, 각 부품의 무게를 측정할 때 생기는 측정오차를 $\sigma_M = 0.2$kg이라 가정하자. 이때 4상자를 랜덤하게 뽑고, 그 가운데서 2개의 부품을 랜덤하게 샘플링하여 모두 8개의 부품을 측정하였다. 8개 시료의 평균무게 $\bar{\bar{x}}$ 의 분산을 구하라.

9.3 50개씩 포장된 부품이 100상자 있다. 이 로트로부터 2단계 샘플링 할 때 $k_0 = 5,000$원, $k_1 = 3,200$원, $k_2 = 200$원이 들 것으로 예상되고, $\sigma_w = \sigma_b = 3$으로 생각된다. 총경비를 $T = 50,000$원으로 고정시키고, $V(\bar{\bar{x}})$ 를 최소로 하려면 m, $\bar{n}$ 를 얼마로 해주어야 하느냐?

9.4 어느 큰 회사에는 4개 도시에 공장을 가지고 있다. 각 공장별 종업원의 가구당 월 생계비를 조사하기 위하여 공장별로 4개의 층으로 나눈 다음 층화비례

샘플링을 통하여 다음의 결과를 얻었다. 층내의 분산 σ_i^2, $i=1,2,3,4$ 를 시료분산 = (시료 표준편차)^2 으로 추정할 때,

	층(공장)			
	1	2	3	4
층의 크기(종업원 수)	2,000	1,500	1,800	2,500
시료크기	100	75	90	125
시료평균	25.4만원	28.2	31.8	27.9
시료표준편차	4.5만원	5.0	6.2	5.3

(1) 가구당 평균 생계비의 추정값을 구하라.

(2) 위의 추정치의 분산을 추정하여라.

9.5 1계약분의 원료광석 1로트가 5회에 걸쳐서 공장내로 운반되었다. 매번 운반된 광석의 색조가 조금씩 다른 것으로 보아 성분이 변화되지 않았나 생각된다. 더욱 분량도 상이하므로 샘플링을 실시한 결과, 위의 데이터를 얻었다. x 는 수분(%)이다. 단, 1회의 시료는 50g이며, 각 회의 수분의 산포는 $\sigma_w = 0.10$ 이라는 것을 알고 있다. 이 로트의 평균수분의 95% 신뢰구간을 구하여라.

횟수	N_i	n_i (시료수)	$\bar{x}_{i\cdot}$
1	250t	5	4.35
2	300t	6	4.24
3	200t	4	4.72
4	300t	6	4.83
5	250t	5	4.86

제10장

계수형 샘플링 검사

10.1 샘플링 검사의 기본개념

10.2 검사특성곡선

10.3 계수규준형 샘플링 검사

10.4 로트별 AQL 지표형 샘플링 검사

10.5 고립로트 LQ 지표형 샘플링 검사

10.6 스킵로트 샘플링 검사

10.7 계수 연속생산형 샘플링 검사

10.1 샘플링 검사의 기본 개념

10.1.1 KS Q ISO 2859

KS Q ISO 2859는 1995년 제1판으로 발행된 ISO 2859-0인 계수값 검사에 대한 샘플링 방법(sampling procedures for inspection by attributes)을 기초로 작성하여 2011년에 확정된 계수형 샘플링 검사에 대한 한국산업규격이다. KS Q ISO 2859는 다음과 같이 구성되어 있다.

* KS Q ISO 2859-0 : KS Q ISO 2859 샘플링 검사 시스템 서론
* KS Q ISO 2859-1 : 로트별 합격품질한계(AQL) 지표형 1회 샘플링검사 절차
* KS Q ISO 2859-2 : 고립로트 검사형(LQ)지표형 샘플링검사 절차
* KS Q ISO 2859-3 : 스킵로트 샘플링 검사 절차

한국산업규격의 샘플링 검사 통칙(KS Q ISO 2859-0)에 의하면 검사(inspection)란「일정 품질 또는 서비스에 대한 하나 이상의 특성에 대해서 측정, 검정, 게이지 사용 등의 시험을 하여 각 특성이 규정 요구사항에 적합한가를 판정하는 활동」으로 정의되어 있다. 검사는 로트의 합격여부를 결정지어 주는 것 이외에 향후에 품질관리를 철저히 하도록 경고를 주는 의미를 갖고 있다. 따라서 검사는 품질관리활동에서 매우 중요한 역할을 담당하고 있으며 수입검사, 공정검사, 최종검사, 출하검사 등이 많이 사용되는 검사이다.

수입검사에서는 재료, 원료, 부분품 또는 반제품이 다음 공정에 대해서 지장이 없는가를 보증하여 주고, 공정검사에서는 만들어진 제품이 잇따른 뒷 공정에 적합한지의 여부를 판정하며, 최종검사에서는 제품이라고 인정하여도 좋은지를 판정하고, 출하검사에서는 재고 중에 어떤 변화가 없었는가, 포장상태는 어떤가 등의 보증을 하기 위한 것이다.

검사는 전수검사(100% inspection)와 샘플링 검사(sampling inspection)로 나누어서 생각할 수 있다. 전수검사는 제품을 하나하나 모두 검사하는 것으로 검사가 완벽하게 이루어진다면 그 품질이 완전히 보증된다. 검사는 이러한 의미에서는 전수검사를 하는 것이 바람직하겠으나, 검사의 성질에 따라서 제품의 일부만을 샘플링하여 검사하는 샘플링 검사가 중요한 경우도 많다.

일반적으로 전수검사는 다음과 같은 경우에 가능하다.

(1) 검사가 비파괴검사인 경우
(2) 검사항목이 적은 경우로 검사량이 많지 않아 꼼꼼히 검사할 수 있는 경우
(3) 검사비용이 적게 드는 경우

전수검사를 한다고 해서 부적합품을 완전히 제거할 수 있다고 생각하는 것은 잘못된 생각이다. 검사 항목이 늘고 검사의 수가 많은 경우에는 착오를 일으킬 확률이 더 많아진다. 예를 들면, 책 교정을 보는 것 같은 경우가 좋은 예이다. 따라서 샘플링 검사로써 목적을 달성할 수 있으면 구태여 전수검사를 할 필요는 없다.

샘플링 검사는 전수검사가 바람직하지 못할 때 사용된다. 즉, 파괴검사이거나, 검사량이 너무 많거나, 검사비용이 많이 들 때 사용된다. 샘플링 검사가 갖는 몇 가지 특성을 적어보면 다음과 같다.

(1) 전수검사보다 검사개수가 적어도 되므로 검사비용이 적게 들고 검사를 꼼꼼히 행할 수 있다.
(2) 로트 중에 검사되지 않는 제품이 있으므로 부적합품이 그대로 포함되어 있는 것을 인정해야 한다.
(3) 나쁜 로트를 좋은 로트로, 좋은 로트를 나쁜 로트로 잘못 판정되는 경우를 피할 수 없다.
(4) 수입 검사에서는 불합격 로트를 공급자에게 그대로 반환시킴으로써, 공급자에게 품질관리를 철저히 하지 않으면 안 되겠다는 자극을 준다.

10.1.2 샘플링 검사의 분류

검사단위의 품질표시 방법은 부적합품의 수, 부적합수, 특성치와 같이 세 가지로 분류되는데 이에 따라 샘플링 검사는 크게 두 가지로 분류된다.

* 부적합품수에 의한 샘플링 검사 * 부적합수에 의한 샘플링 검사	계수형 샘플링 검사 (sampling inspection by attributes)
* 특성치에 의한 샘플링 검사	계량형 샘플링 검사 (sampling inspection by variables)

위의 두 가지 대분류에 대하여 다음의 세 가지 형태로 나누어 생각할 수 있다. 참고로 2011년도에 개정된 KS Q ISO 2859에서는 기존의 KS 규격인 선별형 샘플링 검사가 제외되었고, 조정형 샘플링 검사라는 용어 대신에 KS Q ISO 2859-1인 로트별 검사에 대한 AQL(acceptable quality level) 지표형 샘플링 검사가 사용된다.

(1) 규준형

생산된 로트의 합격, 불합격을 결정하는 샘플링 검사로서, 생산자에 대한 보호와 소비자에 대한 보호의 두 가지를 규정해서, 생산자의 요구와 소비자의 요구를 동시에 만족시키도록 짜여져 있는 것이 특징이다. 1회, 2회, 다회 샘플링 검사로 나누어 생각할 수 있다.

(2) AQL 지표형 샘플링 검사

소비자 쪽에서 샘플링 검사를 수월하게 하거나 까다롭게 하거나를 조정하는 것을 특징으로 한다. 일반적으로 합격으로 하고 싶은 합격품질수준(AQL: acceptable quality level)을 정하고, 이 수준보다 좋은 품질의 로트는 거의 다 합격시킬 것을 보증하여 준다. 조정의 단계로서 까다로운 검사, 보통 검사, 수월한 검사의 3단계로 나누어 실시한다. 즉, 품질이 좋다고 추정되는 경우에는 수월한 검사를 적용하여 거의 다 합격시켜 주고, 반대로 품질이 나쁘다고 추정되는 경우에는 까다로운 검사를 적용하여 생산자에게 품질향상을 위한 자극을 주도록 조정한다.

(3) 연속생산형

이것은 이미 형성된 로트를 대상으로 하는 것이 아니고, 연속생산으로 물품이 계속 흘러나오는 상태에서 그대로 적용하는 것이 특징이다. 일반적으로 최초에 1개씩 조사해서 양호품이 일정개수 계속되면 일정개수 간격으로 샘플링 검사하고, 부적합품이 나오면 다시 1개씩의 검사로 되돌아가는 방식이다.

10.1.3 샘플링 검사의 전제조건

샘플링 검사는 언제 어디에서나 실시할 수 있는 것이 아니고 다음의 조건이 준비된 상태에서 실시가 가능한 것이다.

(1) 제품이 로트로서 처리될 수 있을 것

샘플링 검사는 로트 자체의 합격여부를 결정하는 것이지, 로트내의 개개의 제품의 합격여부를 결정짓는 것은 아니다. 따라서 제품이 로트의 개념으로 처리 가능한 것이라야 한다.

(2) 시료를 랜덤하게 취할 수 있을 것

샘플링 검사는 시료를 랜덤하게 취하는 것이 기본조건이므로, 이 조건이 만족되지 않으면 샘플링 검사를 적용할 의미가 없다. 그러므로 샘플링 검사는 시료가 랜덤하게 채취될 수 있도록 구체적인 방법을 마련해야 한다.

(3) 품질기준이 명백한 것

제품 한개 한 개를 조사할 때마다 제각기 다른 판단을 내리게 되거나, 개개의 데이터에 대한 신뢰성이 결여된다면 로트에 대한 올바른 판단이 안되므로, 명백한 품질기준을 설정하고 정확한 게이지(gauge) 및 계측방법을 사용해서 누가 언제 검사하여도 같은 결과가 나오도록 해야 한다.

(4) 계량형 샘플링 검사에서는 로트의 검사단위 특성치의 분포를 대략 알고 있을 것

계량형 샘플링 검사는 일반적으로 특성치가 정규분포에 가깝다는 것이 전제조건이므로, 특성치의 정규분포 가정이 무리가 없는가를 알고 있어야 한다.

10.2 검사특성곡선

10.2.1 검사특성곡선의 정의

샘플링 검사를 설계할 때에는 로트로부터 시료로서 제품을 몇 개 채취할 것인가, 또 로트의 합격, 불합격의 판정기준을 어떻게 정할 것인가 하는 것은 통계적인 이론에 근거하여 결정할 필요가 있으며, 이와 같이 시료의 크기나 판정기준을 정하는 것이 샘플링 검사를 설계하는 것이다.

로트의 크기가 N, 로트의 부적합품률이 p 인 로트로부터 크기 n 의 시료를 채취할 때에 시료 중에 나타나는 부적합품의 수를 x 라고 하면, 이 x 개의 부적합품이 나타날 확률은, 4장에서 설명된 초기하분포(hypergeometric distribution)의 이론에 의하여,

$$P(x,\ n \mid p,\ N) = \binom{pN}{x}\binom{N-pN}{n-x} \Big/ \binom{N}{n},$$

$$x = 0,\ 1,\ 2,\ \cdots,\ \min(n,\ pN) \qquad (10 \cdot 1)$$

으로 표시된다.

N=1,000이고 n =30으로 고정시켰을 때 p , x 의 여러 가지 경우에 대한 확률을 **<표 10.1>**에 계산하여 놓았다.

<표 10.1>의 결과를 이용하여 다음과 같은 샘플링 검사 방식을 생각하여 보자.

크기 N=1,000의 로트로부터 크기 n=30의 시료를 랜덤하게 채취해서 조사하고, 시료 중에 포함되어 있는 부적합품의 수가 3개 이하이면 로트를 합격으로 하고, 4개 이상이면 불합격으로 하는 샘플링 검사 방식을

"N=1,000인 경우의(n=30, c=3) 샘플링 검사 방식"

이라고 부른다. 여기서 c를 합격판정개수(acceptance number)라고 하며, 시료 중의 부적합품의 수 x가 $x \le c$이면 합격으로 판정된다.

표 10.1 부적합품이 나타날 확률 (N = 1,000 n = 30)

x \ p %	5	10	15	20
0	0.210	0.040	0.007	0.001
1	0.342	0.139	0.039	0.009
2	0.263	0.229	0.102	0.032
3	0.123	0.240	0.171	0.077
4	0.044	0.180	0.210	0.132
5	0.011	0.102	0.187	0.174

이 샘플링 검사 방식에서는 $x=0, 1, 2, 3$ 어느 경우에도 로트는 합격이므로, 로트가 합격하는 확률 $L(p)$는 $x=0, 1, 2, 3$이 나오는 확률의 합으로 계산되므로 **<표 10.2>**와 같이 구해진다.

표 10.2 로트가 합격하는 확률 (N = 1,000 n = 30 c = 3)

p %	$L(p) = \sum_{x=0}^{3} P(x, n \mid p, N)$
5	0.938
10	0.648
15	0.319
20	0.119

예를 들면, p=5%인 경우에는

$$L(p) = \sum_{x=0}^{3} P(x, n \mid p, N)$$

$$= 0.210 + 0.342 + 0.263 + 0.123 = 0.938$$

과 같이 계산된다. **<표 10.2>**로부터 가로축에 로트의 부적합품률 p 를 잡고, 세로축에 로트가 합격하는 확률 $L(p)$ 를 잡아서 **[그림 10.1]**과 같은 곡선을 얻을 수 있다.

[그림 10.1]을 살펴보면 부적합품률 5%의 로트는 0.062의 확률로 불합격이 되고, 또 부적합품률 20%의 로트라도 0.119의 확률로 합격함을 알 수 있다. 이와 같이 부적합품률이 낮은 로트라도 불합격이 되는 비율이 있고, 부적합품률이 높은 로트라도 합격하는 비율이 있음을 알 수 있다. 전자의 경우에는 생산자가 좋은 로트를 생산하고도 불합격 판정되는 위험을 안고 있으므로 생산자 위험(PR : producer's risk, α)이라고 부르고, 생산자 위험에 대응하는 OC곡선 위의 점을 생산자 위험점(PRP : producer's risk point)이라 한다. 그리고 후자의 경우에는 나쁜 로트가 합격되어 소비자가 부적합품을 쓰게 될 위험을 가지고 있으므로 소비자 위험(CR : consumer's risk, β)이라고 하고, OC 곡선에서 미리 정해진(보통 낮다) 합격의 확률에 대응하는 점을 소비자 위험점(CRP : consumer's risk point)라고 한다.

[그림 10.1]은 한 눈에 p 의 변화에 따라 로트가 합격되는 확률을 나타낸 곡선으로 검사특성곡선(operating characteristic curve)이라고 부르고, 샘플링 검사의 α, β 의 값을 비롯한 여러 가지 검사특성을 평가하는 데 사용된다. 이 곡선을 간단히 OC 곡선이라고도 부른다.

그림 10.1 N = 1,000 n = 30 c = 3인 경우의 OC 곡선

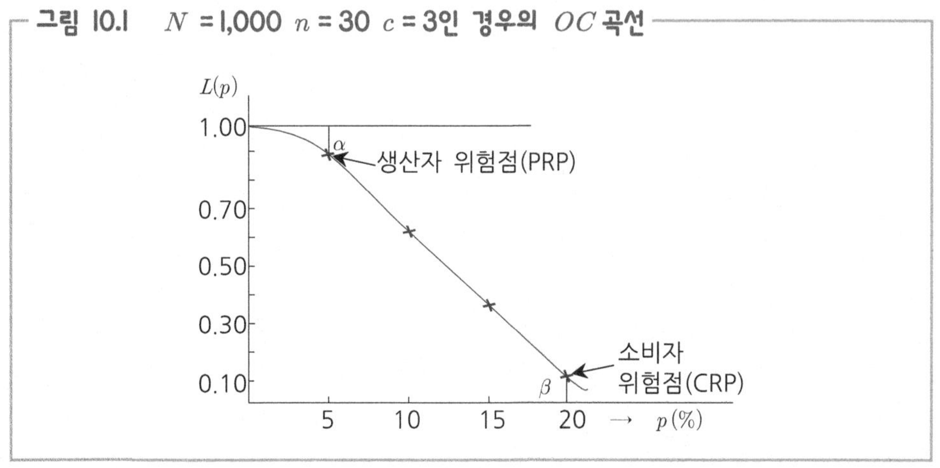

10.2.2 N의 변경에 의한 OC곡선의 변화

앞 절에서 N=1,000인 경우에 대해서만 고찰했지만, (n, c)가 고정되어 있을 때, 크기 N이 여러 가지로 변화하는 경우 OC곡선의 변화를 살펴보자. (n, c)=(20, 2)로 일정하고 로트의 크기 N이 60, 100, 200, 400, 1,000, ∞로 변화할 때 $L(p)$의 값은 **<표 10.3>**과 같이 변하고, N= 60, ∞의 경우만 그림으로 그리면 **[그림 10.2]**와 같다.

표 10.3 N의 변화에 따른 $L(p)$의 변화 (n=20, c=2 일정)

로트의 크기N	60	100	200	400	1,000	∞
p=5%	0.966	0.947	0.935	0.929	0.927	0.925
p=15%	0.362	0.378	0.394	0.400	0.402	0.405
p=25%	0.053	0.069	0.080	0.086	0.089	0.091

그림 10.2 N= 60, ∞의 OC곡선 (n= 20, c= 2 일정)

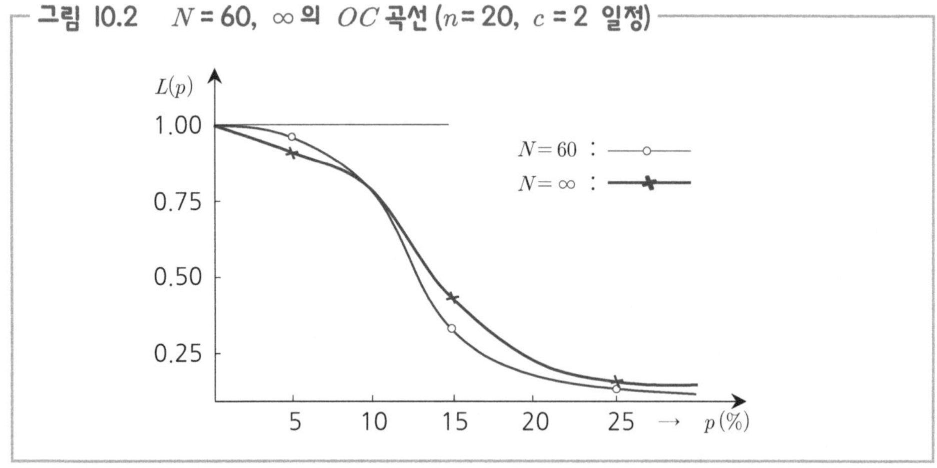

[그림 10.2]에서 N=60과 N=∞인 두 가지 경우만을 그렸는데 N=100, 200, 400, 1,000인 경우는 두 곡선 사이에 모두 들어가게 된다. 실제로 **<표10.3>**에서 보듯이 N=200 이상이면 실질적인 차이는 없는 것으로 나타난다. 일반적으로 로트의 크기가 시료의 크기의 10배 이상인 경우에는 로트의 크기가 무한대라 간주

하고, 로트의 크기에 관계없이 샘플링 방식을 설계할 수 있다. 그러므로 공정이 안정되어 있을 때는 로트의 크기를 충분히 크게 하고도, 생산자 위험을 작은 수준으로 유지할 수 있는 샘플링방식이 가능하며 검사비용을 절감할 수 있다.

그러나 로트의 크기가 너무 커지면 하나의 로트가 불합격으로 판정되었을 때의 손실이 생산자측에 너무 크게 된다. 따라서 로트의 크기가 클 때는, 로트의 크기가 작을 때보다도 다소 시료의 크기를 크게 해서 좋은 로트가 불합격되는 확률은 작게 하여 주는 것이 바람직하다. 이외에도 로트를 너무 크게 잡아주면 상이한 제조조건에서 만들어진 제품이 혼입되는 위험이 있게 되어 합리적인 로트형성이 안되는 경우가 있으니 주의해야 한다.

10.2.3 고정 퍼센트 샘플링 검사

통계적 샘플링 검사법이 널리 보급되기 이전에는 로트로부터 언제나 그 로트의 크기의 몇 퍼센트를 시료로 채취하여 로트의 합격여부를 판정하는 샘플링 검사가 있었는데, 이것을 고정 퍼센트 샘플링(fixed percent sampling)법이라고 불렀다. 이 검사법의 구상은 시료의 크기 n과 로트의 크기 N의 비율n/N을 일정하게 하면 로트에 대한 품질보증도 일정하게 될 것이라는 그릇된 생각에 근거를 두고 있다. 또 이 검사방식에서는 로트의 부적합품을 허용해서는 안된다는 주장에서 합격판정 개수를 $c=0$으로 하여 실시하였다.

위의 구상이 잘못된 것임을 **[그림 10.3]**에 의하여 살펴보자. 이 그림은 $\frac{n}{N}=0.1$이 되는 4가지 검사방식에 대한 OC 곡선을 비교한 것으로 동일한 부적합품률을 가진 로트도 그 크기에 따라 $L(p)$의 값이 달라진다는 것을 알 수 있다. 따라서 고정 퍼센트 샘플링 검사에서는 로트의 크기가 달라지면 같은 내용의 품질보증을 얻을 수 없다는 것이 결점으로, 합리적인 샘플링 검사 방식으로 사용되지 않게 되었다. 또한 이 그림에서는 $c=0$임에도 부적합품이 섞여 있는 로트($p \neq 0$인 로트)가 합격될 확률이 있음에 유의하여야 한다.

그림 10.3 고정 퍼센트 샘플링 검사$\left(\frac{n}{N}=0.1\right)$ 의 OC 곡선

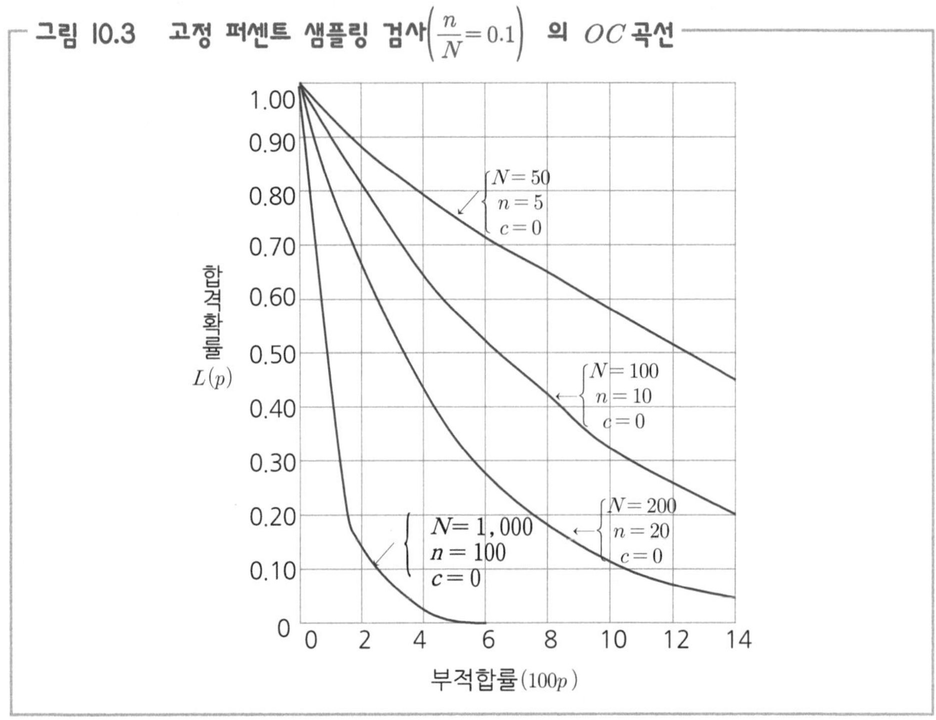

10.2.4 OC 곡선의 계산

크기 N의 로트로부터 크기 n의 시료를 채취하여, 시료 중의 부적합의 수가 c 개 이하이면 로트를 합격으로 하고, $c+1$ 개 이상이면 불합격으로 하는 샘플링 검사방식에서 로트가 합격되는 확률은 앞 절에서

$$L(p) = \sum_{x=0}^{c} P(x, n \mid p, N)$$

$$= \sum_{x=0}^{c} \frac{\binom{pN}{x}\binom{N-pN}{n-x}}{\binom{N}{n}} \qquad (10 \cdot 2)$$

에 의하여 계산되었다. 그러나 이 계산은 N 및 n 이 커지면 계산이 복잡해지므로 다음과 같이 이항분포나 포아송분포를 사용하여 구하는 것이 좋다.

(1) 이항분포를 사용하여 계산하는 경우

4장의 초기하분포를 설명할 때, N이 무한대로 커지면 이론적으로 초기하분포는 이항분포가 됨을 증명하였다. 실제의 경우에 로트가 합격되는 확률 $L(p)$ 는 N이 충분히 크고 $\frac{n}{N} \le 0.1$ 인 경우에는 이항분포를 사용하여 계산하여도 좋다. 이 경우에는

$$L(p) = \sum_{x=0}^{c} \binom{n}{x} p^x (1-p)^{n-x} \qquad (10 \cdot 3)$$

와 같이 표현되며, $L(p)$ 는 n , p , c 만의 함수로써 나타난다. $L(p)$ 의 값은 부록 **<표 A-5>**의 누적 이항분포표에 찾을 수 있다.

(2) 포아송분포를 사용하여 계산하는 경우

로트의 크기 N이 시료의 크기에 비하여 충분히 크고 $\left(\frac{n}{N} \le 0.1\right)$, 부적합품률 p 가 작은 경우($p \le 0.1$)에는 포아송분포로 근사계산을 해서 $L(p)$의 값을 구해도 좋다. 그 이유는 4장에서 증명한 바와 같이 이항분포에서 $np = m$ 으로 고정시키고 $p \to 0$ 으로 수렴시키면 이항분포는 포아송분포가 됨을 밝힌데 근거하는 것이다.

포아송분포에 의한 $L(p)$의 계산식은

$$L(p) = \sum_{x=0}^{c} e^{-np}(np)^x / x! = \sum_{x=0}^{c} e^{-m} m^x / x! \qquad (10 \cdot 4)$$

이 되며, 부록 **<표 A-6>**의 누적 포아송 분포표로부터 얻을 수 있다. 특히 **[그림 10.4]**의 Thorndike 곡선은 포아송분포를 사용한 누적확률곡선으로 $L(p)$의 계산이나 OC 곡선을 그리는 데 편리한 곡선이다.

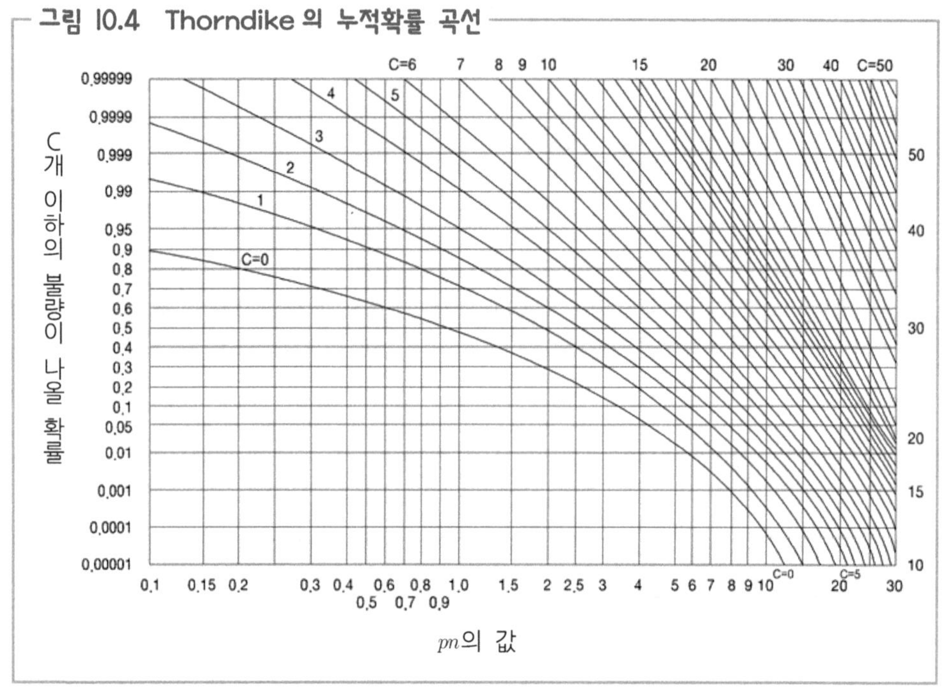

그림 10.4 Thorndike의 누적확률 곡선

10.3 계수규준형 샘플링 검사

10.3.1 계수규준형 1회 샘플링 검사

(1) 검사의 개요

계수규준형 1회 샘플링 검사(acceptance sampling by attributes : single sampling plans)는 샘플링 검사 중에서 가장 간단한 검사로서 (n, c)에 의하여 완전히 결정된다. 로트의 크기 N 중에서 크기 n의 시료를 검사하여 이 중에서 불합격품의 수가 c 개 이하이면 그 로트를 합격으로 판정하고 $c+1$ 개 이상이면 불합격으로 판정하는 검사 방식이다.

이 경우 샘플링 검사를 설계시에 **[그림 10.5]**에서 보는 바와 같이 로트의 부적합품률이 p_0 밖에 안되는 좋은 품질의 로트가 불합격으로 될 확률 α (생산자 위험)와, 부적합품률이 p_1 이 되는 나쁜 품질의 로트가 합격으로 될 확률 β (소비자 위험)를 미리 정하여 줌으로써, 생산자측과 소비자측에 요구하는 품질보호를 동시에 만족시키도록 샘플링 검사 방식을 정하여 준다.

그림 10.5 곡선 α , β 를 나타내는 OC 곡선

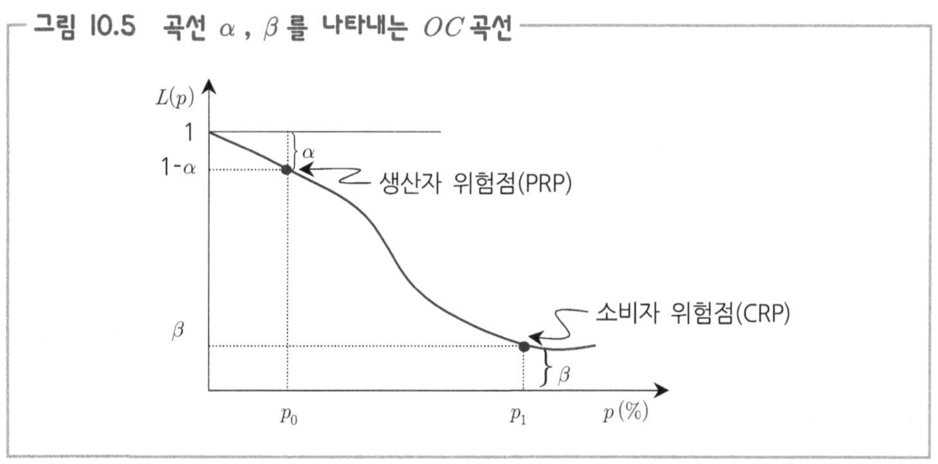

일반적으로 p_0 는 합격품질수준(AQL : acceptable quality level)과 일치하고, p_1 은 한계품질수준(LQL : limiting quality level)과 일치하게 정한다. 여기서 한계품질수준(LQL)은 종래의 로트허용 불량률(lot tolerance percent defective(LTPD))과 동일한 개념이고, AQL은 소비자가 만족스럽게 생각하는 부적합률의 범위 중에서 가장 낮은 부적합품률을 뜻한다. 자세한 사항은 계수치 검사에 대한 샘플링 검사 규격인 KS Q ISO 2859:2011을 참조하기 바란다.

AQL은 생산자나 소비자의 입장에서도 만족스러운 품질수준이므로 로트가 합격될 확률이 높다. LQL은 소비자의 입장에서는 허용 안되는 로트의 부적합품률이다. 이 경우 로트의 합격확률은 낮다.

(2) 검사방법의 설계

이 샘플링 검사 방법의 설계는 사전에 결정된 생산자 위험과 소비자 위험을 동시에 만족시키는 일이다. 따라서 설계되는 검사방식의 *OC* 곡선은 사전에 결정된 생산자 위험점 (p_0, $1-\alpha$)과 소비자 위험점 (p_1, β)을 통과하여야 한다. 수학적으로 *OC* 곡선상에 두 개의 점을 지정한다는 것은 하나의 특정한 샘플링 검사방식을 결정하는 데 필요한 조건을 제시하는 결과가 된다.

만약 이항분포에 의한 근사계산이 가능하다면 주어진 α, β를 동시에 만족시키는 샘플링 검사 방식 (n, c)는 다음 관계식을 만족시켜야 한다.

$$\left.\begin{aligned} \sum_{x=0}^{c}\binom{n}{x}p_0^{\,x}(1-p_0)^{n-x} &= 1-\alpha \\ \sum_{x=0}^{c}\binom{n}{x}p_1^{\,x}(1-p_1)^{n-x} &= \beta \end{aligned}\right\} \qquad (10 \cdot 5)$$

식(10・5)에서 p_0, p_1, α, β는 사전에 결정된 수치이므로, 이 식을 풀어서 (n, c)의 답(solution)을 구할 수 있다.

일반적으로 많이 사용되는 α, β의 값은 $\alpha=0.05$, $\beta=0.10$이며, p_0, p_1의 값은 요구되는 부적합품률에 따라 큰 차이가 있다. 주어진 p_0, p_1, α, β에 대하여 (n, c)를 결정하는 것을 계수규준형 1회 샘플링 검사를 설계한다고 말하며, 식 (10・5)를 푸는 것이 어려우므로 **<표10.4>**를 이용하여 근사적으로 (n, c)를 정하여 준다.

이 표에서 (n, c)를 용이하게 구할 수 있다. 예를 들면,

$$\begin{pmatrix} p_0 = 1\% & \alpha = 0.05 \\ & \\ p_1 = 10\% & \beta = 0.10 \end{pmatrix}$$

을 만족시키는 샘플링 검사 방식은 다음과 같이 구한다. 먼저 p_0 난에서 0.901~1.12(%)의 행과 p_1 난에서 9.01~11.2의 열이 만나는 곳에서 (n=40, c=1)을 쉽게 결정할 수 있다.

표 10.4 계수규준형 1회 샘플링 검사표와 그의 보조표

왼쪽 글자는 n, 오른쪽 글자는 c $\alpha \fallingdotseq 0.05$, $\beta \fallingdotseq 0.10$

p_1 (%) / p_0 (%)	0.71~0.90	0.91~1.12	1.13~1.40	1.41~1.80	1.81~2.24	2.25~2.80	2.81~3.55	3.56~4.50	4.51~5.60	5.61~7.10	7.11~9.00	9.01~11.2	11.3~14.0	14.1~18.0	18.1~22.4	22.5~28.0	28.1~35.5	p_1 (%) / p_0 (%)
0.090~0.112	*	400 1	↓	←	↓	→	60 0	50 0	←	↓	↓	←	↓	↓	↓	↓	↓	0.090~0.112
0.113~0.140	*	↓	300 1	↓	←	↓	→	↑	40 0	←	↓	↓	←	↓	↓	↓	↓	0.113~0.140
0.141~0.180	*	500 2	↓	250 1	↓	←	↓	→	↑	30 0	←	↓	↓	←	↓	↓	↓	0.141~0.180
0.181~0.224	*	*	400 2	↓	200 1	↓	←	↓	→	↑	25 0	←	↓	↓	←	↓	↓	0.181~0.224
0.225~0.280	*	*	500 3	300 2	↓	150 1	↓	←	↓	→	↑	20 0	←	↓	↓	←	↓	0.225~0.280
0.281~0.355	*	*	*	400 3	250 2	↓	120 1	↓	←	↓	→	↑	15 0	←	↓	↓	←	0.281~0.355
0.356~0.450	*	*	*	500 4	300 3	200 2	↓	100 1	↓	←	↓	→	↑	15 0	←	↓	↓	0.356~0.450
0.451~0.560	*	*	*	*	400 4	250 3	150 2	↓	80 1	↓	←	↓	→	↑	10 0	←	↓	0.451~0.560
0.561~0.710	*	*	*	*	500 6	300 4	200 3	120 2	↓	60 1	↓	←	↓	→	↑	7 0	←	0.561~0.710
0.711~0.900	*	*	*	*	*	400 6	250 4	150 3	100 2	↓	50 1	↓	←	↓	→	↑	5 0	0.711~0.900
0.901~1.12		*	*	*	*	*	360 6	200 4	120 3	80 2	↓	40 1	↓	←	↓	→	↑	0.901~1.12
1.13~1.40			*	*	*	*	560 10	250 6	150 4	100 3	60 2	↓	30 1	↓	←	↓	→	1.13~1.40
1.41~1.80				*	*	*	*	400 10	200 6	120 4	80 3	50 2	↓	25 1	↓	←	↓	1.41~1.80
1.81~2.24					*	*	*	*	250 10	150 6	100 4	60 3	40 2	↓	20 1	↓	←	1.81~2.24
2.25~2.80						*	*	*	*	250 10	120 6	70 4	50 3	30 2	↓	15 1	↓	2.25~2.80
2.81~3.55							*	*	*	*	200 10	100 6	60 4	40 3	25 2	↓	10 1	2.81~3.55
3.56~4.50								*	*	*	*	150 10	80 6	50 4	30 3	20 2	↓	3.56~4.50
4.51~5.60									*	*	*	*	120 10	60 6	40 4	25 3	15 2	4.51~5.60
5.61~7.10										*	*	*	*	100 10	50 6	30 4	20 3	5.61~7.10
7.11~9.00											*	*	*	*	70 10	40 6	25 4	7.11~9.00
9.01~11.2												*	*	*	*	60 10	30 6	9.01~11.2
p_0 (%) / p_1 (%)	0.71~0.90	0.91~1.12	1.13~1.40	1.41~1.80	1.81~2.24	2.25~2.80	2.81~3.55	3.56~4.50	4.51~5.60	5.61~7.10	7.11~9.00	9.01~11.2	11.3~14.0	14.1~18.0	18.1~22.4	22.5~28.0	28.1~35.5	p_0 (%) / p_1 (%)

비고 화살표는 그 방향의 칸의 n, c를 사용한다.

*표는 다음의 보조표에 따른다. 빈칸에 대해서는 샘플링 검사방법이 없다.

p_1/p_0	c	n
17이상	0	$2.56/p_0 + 115/p_1$
16.0~7.9	1	$17.8/p_0 + 194/p_1$
7.8~5.6	2	$40.9/p_0 + 266/p_1$
5.5~4.4	3	$68.3/p_0 + 334/p_1$
4.3~3.6	4	$98.5/p_0 + 400/p_1$
3.5~2.8	6	$164/p_0 + 527/p_1$
2.7~2.3	10	$308/p_0 + 770/p_1$
2.2~2.0	15	$502/p_0 + 1065/p_1$
1.99~1.86	20	$704/p_0 + 1350/p_1$

샘플링 검사 설계 보조표

(3) 검사의 절차

(a) 품질기준을 설정한다.

검사단위에 대하여 양호품과 부적합품을 구분하기 위한 기준을 명백히 정한다.

(b) p_0 , p_1 의 값을 결정한다.

생산자측과 소비자측이 합의하여 p_0 , p_1 의 값을 정한다. 이 때 일반적으로 α =0.05, β =0.10을 기준으로 한다. 이 값들은 생산능력, 경제적 사정, 품질에 대한 요구조건, 검사비용 등을 고려하여 정하여 준다.

(c) 로트를 형성한다.

(d) (n, c)를 결정하고, 로트에서 랜덤하게 크기 n 의 시료를 취한다.

(e) 시료를 조사하여 시료 중에 포함된 부적합품의 수를 c 와 비교하여 로트의 합격판정을 내린다.

(f) 로트를 처리한다.

합격된 로트는 그대로 수입하여도 되지만 불합격된 로트는 (1) 상대방에게 그대로 돌려보냄, (2) 구매가격을 낮추어 수입함 등으로 생각할 수 있는데, (1)의 경우에 상대방이 얼마 후에 그 로트를 그대로 다시 제출하지 못하도록 충분히 주의할 필요가 있다.

10.3.2 계수규준형 2회 샘플링 검사

(1) 검사의 개요

계수규준형 2회 샘플링 검사(acceptance sampling by attributes ; double sampling plans)는 일반적으로 n_1, n_2, c_1, c_2 를 4개의 숫자로 정의되며, 그 합격판정 절차는 **[그림 10.6]**에 그림으로 나타낸 바와 같다. 이 검사방식은 KS Q ISO 2859:2011에는 소개되어 있지 않다.

[그림 10.6]에서 n_1 은 첫 번째 시료의 크기, x_1 은 첫 번째 시료에 포함된 부적합품의 수이고, n_2 를 두 번째 시료의 크기, x_2 는 두 번째 시료의 포함되어 있는 부적합품의 수이다. 이 검사방법은 우선 n_1 개의 시료를 로트로부터 랜덤하게 추출하여 이를 검사한다. 만약 부적합품의 수 x_1 이 $x_1 \le c_1$ 이면 로트를 즉시 합격시키고, $x_1 > c_2$ 이면 즉시 불합격시킨다. 만일 $c_1 < x_1 \le c_2$ 이면 n_2 개의 두 번째 시료를 추출하여 검사한다. 그 결과로 $x_1 + x_2 \le c_2$ 이면 로트를 합격시키고, 아니면 불합격시킨다.

2회 샘플링 검사는 1회 샘플링 검사와 비교하여 볼 때 검사량의 절감을 기할 수 있다는 것과, 2회에 걸쳐서 로트를 판정하는 데서 오는 심리적인 효과를 기대할 수 있다는 장점을 가지고 있다. 그러나 검사절차가 번거롭기 때문에 검사 담당자들의 세심한 주의가 필요한 검사라고 하겠다.

그림 10.6 계수규준형 2회 샘플링 검사의 합격판정 절차

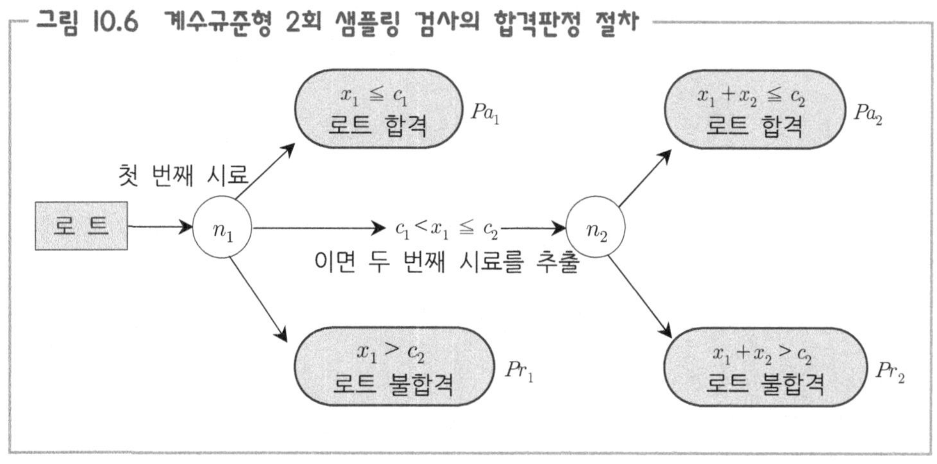

(2) OC 곡선의 계산

2회 샘플링 검사의 OC 곡선의 계산에도 1회 샘플링 검사 때와 마찬가지로 초기하분포, 이항분포, 포아송분포가 모두 이용한다. 이항분포 또는 포아송분포를 이용할 수 있는 조건은 1회의 경우와 같다.

포아송분포를 이용할 수 있는 경우에 대하여 아래에 합격확률 $L(p)$ 의 계산방법을 설명하기로 한다. 먼저 다음의 확률을 정의하자.

P_{a1} : 로트가 첫 번째 시료에 의하여 합격되는 확률
P_{r1} : 로트가 첫 번째 시료에 의하여 불합격되는 확률
P_{a2} : 로트가 두 번째 시료에 의하여 합격되는 확률
P_{r2} : 로트가 두 번째 시료에 의하여 불합격되는 확률

만약 포아송 확률밀도함수를

$$P(x,\ np) = e^{-np}\frac{(np)^x}{x!}$$

으로 나타내기로 하면, 위의 확률들은 다음과 같이 계산된다.

$$\begin{aligned} P_{a1} &= P(x_1 \le c_1) \\ &= \sum_{x_1=0}^{c_1} P(x_1,\ n_1p) = \sum_{x_1=0}^{c_1} e^{-n_1p}\frac{(n_1p)^{x_1}}{x_1!} \\ P_{r1} &= P(x_1 > c_2) \\ &= 1 - \sum_{x_1=0}^{c_2} P(x_1,\ n_1p) = 1 - \sum_{x_1=0}^{c_2} e^{-n_1p}\frac{(n_1p)^{x_1}}{x_1!} \\ P_{a2} &= \sum_{x_1=c_1+1}^{c_2} \sum_{x_2=0}^{c_2-x_1} P(x_1,\ n_1p)P(x_2,\ n_2p) \\ &= \sum_{x_1=c_1+1}^{c_2} \sum_{x_2=0}^{c_2-x_1} e^{-n_1p}\frac{(n_1p)^{x_1}}{x_1!}\cdot e^{-n_2p}\frac{(n_2p)^{x_2}}{x_2!} \\ P_{r2} &= 1 - P_{a1} - P_{r1} - P_{a2} \end{aligned}$$

이 경우에 로트가 합격될 확률은

$$L(p) = P_{a1} + P_{a2}$$

로 쉽게 얻어진다. 초기하분포나 이항분포를 이용하는 경우에도 위의 계산절차와 같은 과정을 거쳐서 $L(p)$ 가 계산된다.

예제 10.1

로트의 크기가 $N=1,000$인 로트에서 $n_1=40$, $n_2=80$, $c_1=0$, $c_2=2$ 인 계수규준형 2회 샘플링 검사를 실시하여 로트의 합격여부를 판정하기로 하였다. 이 검사방식의 OC 곡선을 그려라.

풀이

$\frac{n_1}{N}=\frac{40}{1,000}$ 과 $\frac{n_2}{N}=\frac{80}{1,000}$ 이 모두 0.1보다 작으므로 $p \le 0.1$ 의 범위에서 포아송분포를 이용하여 $L(p)$ 를 계산하여 보자. 예를 들어, $p=0.005$ 인 경우를 살펴보자. 포아송 확률은 부록 **<표 A-6>**의 누적 포아송분포표를 이용하거나, **[그림 10.4]**의 Thorndike 곡선을 이용할 수도 있다. 여기서는 누적 포아송분포표를 이용하여 계산하기로 한다. $c_1=0$, $c_2=2$, $n_1p=(40)(0.005)=0.20$, $n_2p=(80)(0.005)=0.40$ 이므로

$$P_{a1}=P(x_1 \le 0)=0.819$$

$$P_{r1}=P(x_1>2)=1-P(x_1 \le 2)$$
$$=1-0.999=0.001$$

$$P_{a2}=\sum_{x_1=1}^{2}\sum_{x_2=0}^{2-x_1}P(x_1,\ 0.20)P(x_2,\ 0.40)$$
$$=P(x_1=1,\ 0.20)\sum_{x_2=0}^{1}p(x_2,\ 0.40)+P(x_1=2,\ 0.20)P(x_2=0,\ 0.40)$$
$$=(0.982-0.819)(0.938)+(0.999-0.982)(0.670)$$
$$=0.164$$

$$P_{r2}=1-P_{a1}-P_{r1}-P_{a2}$$
$$=1-0.819-0.001-0.164=0.016$$

이 각각 얻어진다. 따라서 $p=0.005$ 에서의 합격확률은

$$L(p)=P_{a1}+P_{a2}=0.819+0.164=0.983$$

이 된다. 위와 같은 방법으로 p 의 값을 변화시켜 가며 $L(p)$ 를 구한 후에 이를 도시하면 **[그림 10.7]**과 같다.

그림 10.7 계수규준형 2회 샘플링검사의 검사특성곡선

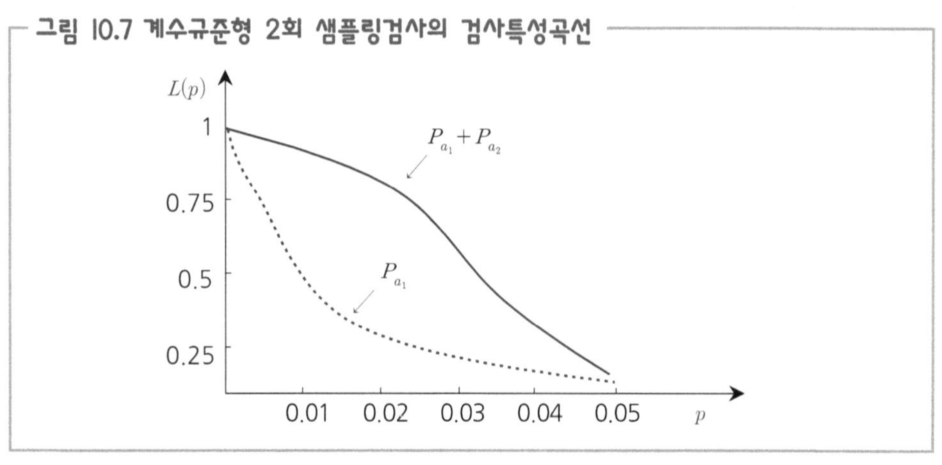

(3) 평균검사개수

1회 샘플링 검사에서는 시료의 크기 n 이 항상 일정하나 2회 샘플링 검사에서는 첫 번째 시료(n_1)만이 이용되느냐, 또는 두 번째 시료까지(n_1+n_2) 이용되느냐에 따라 시료의 크기가 달라진다. 시료의 크기는 첫 번째 시료에서 로트의 합격여부가 결정되는 확률 $P_1=P_{a1}+P_{r1}$ 의 크기에 따라 달라지며, 이 확률은 로트의 부적합품률 p 의 함수이다.

2회 샘플링 검사에 의하여 로트의 합격여부를 결정하는 데 소요되는 검사개수의 기대값을 평균검사개수(average sample number : ASN)라 부르고, 부적합품률 p 의 변화에 따라 ASN의 변화를 도시한 곡선을 ASN곡선이라 한다.

첫 번째 시료 n_1 이나 두 번째 시료 n_2 를 일단 추출한 다음에 이들을 모두 검사하는 경우에는 다음과 같이 평균검사개수를 계산한다.

$$\begin{aligned} ASN &= n_1+n_2(1-P_{a1}-P_{r1}) \\ &= n_1+n_2(1-P_1) \end{aligned} \qquad (10\cdot6)$$

그러나 두 번째 시료를 검사하는 도중에 그때까지 발견된 부적합품의 총수가 c_2 를 넘으면 그 이상의 검사가 필요 없으므로 검사를 중단시키는 검사방식을 택할 수 있다. 이러한 검사방식을 단축검사(curtailed inspection)라 부른다. 단축검사를 실시하면 제품의 검사개수를 줄일 수 있어 검사경비를 절감할 수 있다. 단축검사의 ASN에 대한 내용은 참고문헌(10·4, 10·11)을 참조하시오.

여기서 한 가지 유의할 점은 1회 샘플링 검사에서나, 2회 샘플링 검사의 첫 번째 시료에 대해서는 일반적으로 단축검사를 실시하지 않는다는 것이다. 그 이유는 검사로트의 품질에 관한 필요한 정보를 얻어서 검사관리를 효율적으로 하고자 하는 데 있다.

예제 10.2

앞의 **[예제 10.1]**의 검사에 대하여 단축검사를 실시하지 않는 경우에 ASN곡선을 그려라.

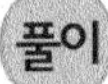

풀이

$p=0.005$ 인 경우 ASN을 계산하면 식(10·6)에 의하여

$$\begin{aligned} ASN &= n_1 + n_2(1 - P_{a1} - P_{r1}) \\ &= 40 + 80(1 - 0.819 - 0.001) \\ &= 54.4 \end{aligned}$$

가 된다. 마찬가지 방법으로 몇 가지 p 의 값에 대한 P_{a1}, P_{r1}, ASN을 구해보면 다음과 같다.

p	0.01	0.02	0.04	0.05	0.06	0.10
P_{a1}	0.670	0.449	0.202	0.135	0.091	0.018
P_{r1}	0.008	0.047	0.217	0.323	0.430	0.762
ASN	65.8	80.3	86.5	83.4	78.3	57.6

위의 결과를 정리하여 ASN곡선을 그리면 다음의 결과를 얻는다.

대략적으로 **[그림10.7]**의 OC 곡선을 갖는 계수규수형 1회 샘플링 검사방식은 $n=75$, $c=1$ 과 같다. 이를 점선으로 **[그림 10.8]**에 나타내었다. 따라서 평균검사개수의 측면에서 판단할 때, 대략 $0.02<p<0.06$ 의 범위에서는 1회 샘플링 검사가 더 좋고, 기타의 모든 범위에서는 2회 샘플링 검사가 유리함을 알 수 있다.

그림 10.8 계수규준형 2회 샘플링 검사의 ASN 곡선 (n_1 =40, n_2 =80, c_1 =0, c_2 =2)

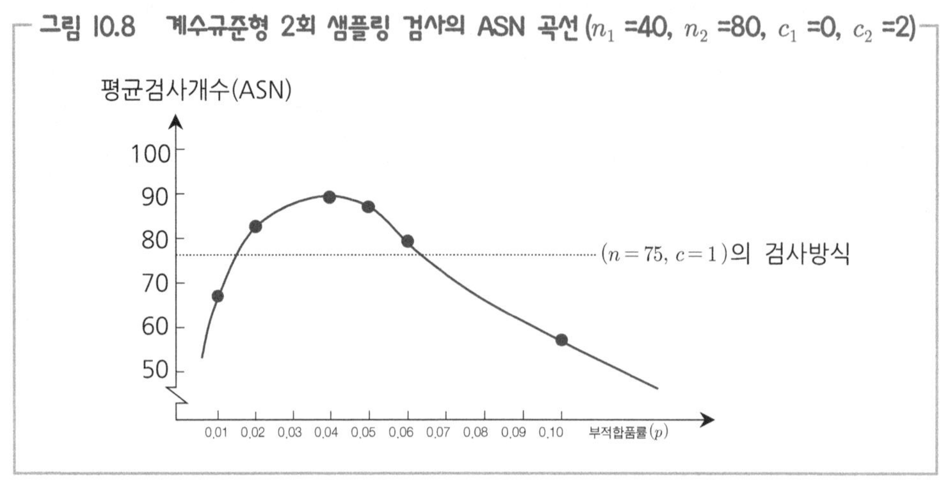

(4) 샘플링 검사의 설계

1회 샘플링 검사의 설계에서는 OC 곡선상의 두 개의 점(p_0 , $1-\alpha$)와 (p_1 , β)를 제시함으로써, 이 조건을 만족시키는 검사방식(n, c)가 결정되었다. 그러나 2회 샘플링 검사에서는 두 개의 점만으로는 유일한 검사방식이 결정되지 않으며, 이 외에도 또 다른 조건이 제시될 필요가 있다. 일반적으로 이러한 목적으로 사용되는 것이 n_1 과 n_2 의 비율이다.

n_1 과 n_2 의 비율을 일정하게만 유지한다면 계수규준형 2회 샘플링 검사방식을 설계하는데 **<표 10.5>**와 **<표 10.6>**과 같은 표를 이용할 수 있다. 이 표의 작성 원리의 설명은 생략하기로 하고(관심 있는 독자는 참고문헌(10.6)을 참조), 여기에서는 그 사용방법만을 설명하기로 하자.

<표 10.5>를 이용한 2회 샘플링 검사의 설계절차를 예시하면 다음과 같다. 예를 들어, p_0 =0.01, p_1 =0.05, α =0.05, β =0.10으로 하고, $n_2=2n_1$ 의 경우를 생각하여 보자.

p_1/p_0 =5.0이므로 **<표10.5>**에서 5.0에서 가장 가까운 값을 찾는다. 이 값이 5.09이므로 검사방식 번호 5를 택한다. 따라서 c_1 =1, c_2 =4가 정해진다. 다음으로 n_1 , n_2 의 값을 결정하기 위하여 (p_1 ,β)=(0.05, 0.10)을 기준으로 택하면 합격확률 $L(p)$ =0.10을 주는 n_1p 의 값은 $(n_1p)_{0.10}=3.92$ 이므로

표 10.5 $\frac{p_1}{p_0}$ **의 비로부터 2회 샘플링 검사를 설계하는 표** ($n_2 = 2n_1$, $\alpha = 0.05$, $\beta = 0.10$)

검사방식 번호	$\frac{p_1}{p_0}$	합격판정 개수		$n_1 p$ 의 값			$L(p)$ =0.95가 되는 점에서의 $\frac{\text{ASN}}{n_1}$의 근사치
		c_1	c_2	$L(p)$ =0.95	$L(p)$ =0.50	$L(p)$ =0.10	
1	14.50	0	1	0.16	0.84	2.32	1.273
2	8.07	0	2	0.30	1.07	2.42	1.511
3	6.48	1	3	0.60	1.80	3.89	1.238
4	5.39	0	3	0.49	1.35	2.64	1.771
5	5.09	1	4	0.77	1.97	3.92	1.359
6	4.31	0	4	0.68	1.64	2.93	1.985
7	4.19	1	5	0.96	2.18	4.02	1.498
8	3.60	1	6	1.16	2.44	4.17	1.646
9	3.26	2	8	1.68	3.28	5.47	1.476
10	2.96	3	10	2.27	4.13	6.72	1.388
11	2.77	3	11	2.46	4.36	6.82	1.468
12	2.62	4	13	3.07	5.21	8.05	1.394
13	2.46	4	14	3.29	5.40	8.11	1.472
14	2.21	3	15	3.41	5.40	7.55	1.888
15	1.97	4	20	4.75	7.02	9.35	2.029
16	1.74	6	30	7.45	10.31	12.96	2.230

표 10.6 $\frac{p_1}{p_0}$ **의 비로부터 2회 샘플링 검사를 설계하는 표** ($n_2 = n_1$, $\alpha = 0.05$, $\beta = 0.10$)

검사방식 번호	$\frac{p_1}{p_0}$	합격판정 개수		$n_1 p$ 의 값			$L(p)$ =0.95가 되는 점에서의 $\frac{\text{ASN}}{n_1}$ 의 근사치
		c_1	c_2	$L(p)$ =0.95	$L(p)$ =0.50	$L(p)$ =0.10	
1	11.90	0	1	0.21	1.00	2.50	1.170
2	7.45	1	2	0.52	1.82	3.92	1.081
3	6.79	0	2	0.43	1.42	2.96	1.340
4	5.39	1	3	0.76	2.11	4.11	1.169
5	4.65	2	4	1.16	2.90	5.39	1.105
6	4.25	1	4	1.04	2.50	4.42	1.274
7	3.88	2	5	1.43	3.20	5.55	1.170
8	3.63	3	6	1.87	3.98	6.78	1.117
9	3.38	2	6	1.72	3.56	5.82	1.248
10	3.21	3	7	2.15	4.27	6.91	1.173
11	3.09	4	8	2.62	5.02	8.10	1.124
12	2.85	4	9	2.90	5.33	8.26	1.167
13	2.60	5	11	3.68	6.40	9.56	1.166
14	2.44	5	12	4.00	6.73	9.77	1.215
15	2.32	5	13	4.35	7.06	1008	1.271
16	2.22	5	14	4.70	7.52	1045	1.331
17	2.12	5	16	5.39	8.40	11.41	1.452

$$n_1 = \frac{(n_1 p)_{0.10}}{p_1} = \frac{3.92}{0.05} = 78$$

$$n_2 = 2n_1 = 156$$

을 얻는다. 따라서 주어진 조건에 대한 2회 샘플링 검사방식은(n_1 =78, n_2 =156, c_1 =1, c_2 =4)가 된다. 이 검사방식의 OC 곡선에서는 $L(p)$ =0.95, 0.50, 0.10 이 되는 부적합품률이 대개

$$\frac{(n_1 p)_{0.95}}{n_1} = \frac{0.77}{78} = 0.01$$

$$\frac{(n_1 p)_{0.50}}{n_1} = \frac{1.97}{78} = 0.025$$

$$\frac{(n_1 p)_{0.10}}{n_1} = \frac{3.92}{78} = 0.05$$

가 된다. 로트의 합격확률 $L(p)$ =0.95가 되는 부적합품률, 즉 p =0.01일 때, 단축심사를 실시하지 않는다면 **<표 10.5>**의 오른쪽 칸을 이용하여

$$\text{ASN} = n_1 \cdot \frac{\text{ASN}}{n_1} = (78)(1.359) = 106$$

을 얻게 된다. 이 표의 ASN은 단축검사를 실시하지 않는 경우를 기준으로 한 것이다.

10.3.3 계수규준형 다회 샘플링 검사

앞의 2회 샘플링 검사에서는 첫 번째 시료의 결과에서 합격여부가 결정되지 않으면 두 번째 시료에서 결정되었다. 이 개념을 연장시켜 3회 이상의 시료 결과에서 결정될 수 있는 샘플링 검사를 다회 샘플링 검사(multiple sampling plans)라고 부른다. 이 검사 방식은 KS Q ISO 2859에는 소개되어 있지 않다. 한 가지 예를 들어보면 오른쪽의 표와 같다.

이 예는 7회 샘플링 검사방식으로 로트의 합격판정절차는 어떤 횟수에서나 그 때까지 발견된 총부적합품의 수가, 그 회의 합격판정개수보다 크지 않으면 로트를

횟수	시료의 크기	누적된 시료의 크기	합격 판정개수	불합격 판정개수
1	30	30	0	4
2	30	60	2	5
3	30	90	3	7
4	30	120	5	9
5	30	150	7	10
6	30	180	9	11
7	30	210	10	11

합격시키고, 그 회의 불합격판정개수보다 같거나 크면 로트를 불합격시킨다. 만약 총부적합품의 수가 합격판정개수보다 크고 불합격판정개수보다 작으면 그 다음 회의 시료를 채취하여 검사절차를 계속한다. 이 예에서는 7회째의 시료를 추출할 때까지 검사가 계속될 수 있다. 다회 샘플링 검사에서 대한 OC 곡선의 계산 및 검사설계는 생략키로 한다. 관심있는 독자는 참고문헌(10·4, 10·11)을 참조하시오.

10.3.4 계수규준형 축차 샘플링 검사

축차 샘플링 검사(sequential sampling inspection plans)는 다회 샘플링 검사의 개념을 확장시켜 만들어진 것으로 평균검사개수를 적게 하고 싶을 때 사용하는 검사방식이다. 이 검사의 내용은 로트로부터 1개씩 시료를 채취하여 검사해 가면서 누적 부적합품의 수를 합격 또는 불합격 판정개수와 비교함으로써, 로트의 합격여부를 결정하는 검사방식으로 생산자 및 소비자가 요구하는 검사특성을 만족시켜 주도록 되어 있다.

축차 샘플링 검사는 동일한 OC 곡선을 모든 샘플링 검사들 중에서는 평균검사개수가 최소가 되는 샘플링방식으로 1943년 A. Wald에 의하여 처음으로 소개되었고, 그의 책(참고문헌 (10.9))에 상세히 설명되어 있다. 오늘날에 사용되는 축차 샘플링 검사는 Wald의 개별 축차 샘플링(item-by-item sequential sampling) 검사방식으로 축차확률비(sequential probability ratio(SPR)) 검정에 그 근거를 두고 있는 검사이다. SPR은 다음과 같이 정의되는 두 확률의 비로

$$\mathrm{SPR} = \frac{{p_1}^d (1-p_1)^{n-d}}{{p_0}^d (1-p_0)^{n-d}} \qquad (10 \cdot 7)$$

을 의미한다. 여기서 n 은 누적된 시료의 크기이고, d 는 누적된 부적합의 수이다.

식(10・7)의 양변에 대수를 취하면

$$\log SPR = d\log\left[\frac{p_1}{p_0}\right] + (n-d)\log\left[\frac{1-p_1}{1-p_0}\right]$$

$$= d\log\left[\frac{p_1(1-p_0)}{p_0(1-p_1)}\right] + n\log\left[\frac{1-p_1}{1-p_0}\right] \qquad (10 \cdot 8)$$

이 된다. 여기서 $p_1 > p_0$ 이므로 d 의 계수는 항상 양수이고 n 의 계수는 음수가 된다. 따라서 d 가 증가하면 SPR도 증가하며, n 이 증가하면 SPR은 감소하는 결과가 된다.

위의 결과를 이용하여 축차 샘플링 검사의 기본개념을 다음과 같이 생각할 수 있다. 누적된 n 개의 시료의 검사결과로부터 SPR을 계산하고 그 결과가 검사방식에 따라 결정되는 두 개의 상수 a, $b(b<a)$ 에 대하여 SPR$\leq b$ 이면 로트를 합격시키고, SPR$\geq a$ 이면 로트를 불합격시키며, 만약 $b<$SPR$<a$ 이면 1개의 시료를 추가하여 검사하는 절차를 밟는 것이다.

그림 10.9 축차 샘플링 검사방식의 합격판정 절차

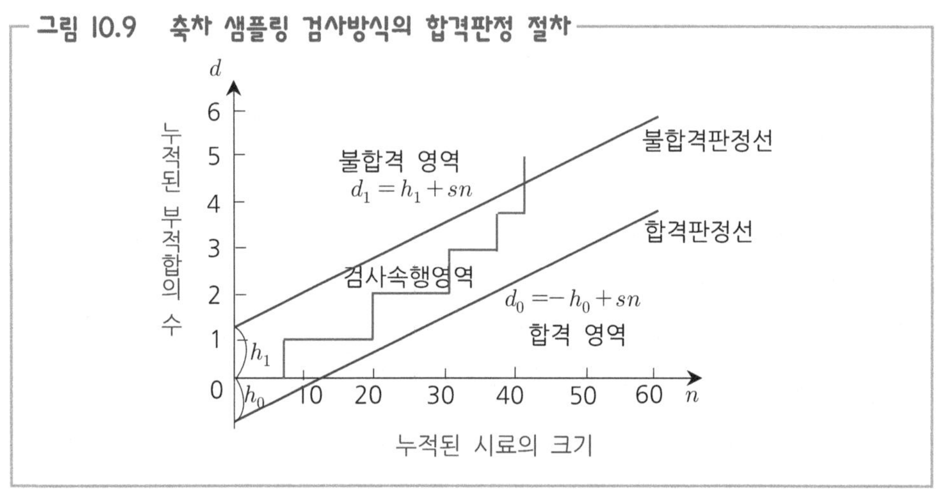

실제로 축차 샘플링 검사 방식을 적용하는 경우에는 SPR을 일일이 계산하지 않고 **[그림 10.9]**와 같이 그래프에 n 개의 누적된 시료에서 발견되는 부적합품의 수 d 를 타점하여 로트의 합격여부를 판정한다. 이 그래프에는 h_0, h_1, s 에 의하

여 정의되는 2개의 직선 $d_1 = h_1 + sn$, $d_0 = -h_0 + sn$ 에 의해서 합격, 불합격, 검사속행의 3개의 영역으로 구분되어 있다. 이 검사방식은 n 을 하나씩 증가시켜 가면서 d 를 타점할 때에 불합격 영역에 (n , d)의 점이 들어가면 즉시 로트 불합격의 판정을 내리고, 합격영역에 들어가면 합격판정을 내린다. 그러나 검사속행 영역에 남아 있으면 검사 절차를 계속하면 된다.

따라서 축차 샘플링 검사 방식을 설계한다는 것은 불합격 판정선과 합격판정선을 정하여 주는 문제가 된다. Wald(10·9)에 의하여 작성된 이들 판정선의 계산은 다음 공식에 의한다.

$$\left.\begin{aligned} h_0 &= \log\frac{1-\alpha}{\beta} \Big/ \log\left[\frac{p_1(1-p_0)}{p_0(1-p_1)}\right] \\ h_1 &= \log\frac{1-\beta}{\alpha} \Big/ \log\left[\frac{p_1(1-p_0)}{p_0(1-p_1)}\right] \\ s &= \frac{\log\left[\dfrac{(1-p_0)}{(1-p_1)}\right]}{\log\left[\dfrac{p_1(1-p_0)}{p_0(1-p_1)}\right]} \end{aligned}\right\} \qquad (10 \cdot 9)$$

그러나 위의 공식에 대입시켜 일일이 계산하는 것이 번잡하므로 실무에서는 다음과 같은 절차에 의하여 검사방식이 정하여 지도록 필요한 표들이 준비되어 있다.

(1) $\alpha = 0.05$, $\beta = 0.10$ 으로 택하고, p_0 , p_1 의 값을 생산자와 소비자가 협의하여 정해준다. 이 때 생산능력, 경제적 사정, 품질에 대한 필요한 요구, 검사에 드는 비용, 노력, 시간 등 여러 가지 실정을 고려하여 결정한다.

(2) **<표 10.7>**에서 지정된 p_0 를 포함하는 행과 p_1 을 포함하는 열이 만나는 칸에서 h_0 , h_1 , s 의 값을 읽어 낸다.

(3) 합격판정선 및 불합격판정선을 구한다.

합격판정선 : $d_0 = -h_0 + sn$

불합격판정선 : $d_1 = h_1 + sn$

(4) **<표 10.8>**에서 지정된 p_0 , p_1 에 맞는 평균검사개수(ASN) $\bar{n}_0$, $\bar{n}_{p0}$, $\bar{n}_s$, $\bar{n}_{p1}$, $\bar{n}_1$ 을 읽어낸다. 여기서 다음을 의미한다.

$\bar{n}_0$: 부적합품률 0%인 로트에 대한 평균검사개수

$\bar{n}_{p0}$: 부적합품률 p_0 %인 로트에 대한 평균검사개수

$\bar{n}_s$: 부적합품률 s %인 로트에 대한 평균검사개수

$\bar{n}_{p1}$: 부적합품률 p_1 %인 로트에 대한 평균검사개수

$\bar{n}_1$: 부적합품률 100%인 로트에 대한 평균검사개수

(5) 위의 (4)에서 구한 평균검사개수들 중에서 최대의 것의 3배를 n 의 상한으로 정하여준다. 이와 같이 n 의 상한을 정하여 주는 것은 로트의 합격, 불합격 판정이 나지 않고 검사가 무한히 계속되는 것을 막기 위함이다.

예제 10.3

부적합품률이 p_0=1%일 때 생산자 위험이 $\alpha=0.05$, 부적합품률이 p_1= 8% 일 때, 소비자 위험이 $\beta=0.10$이 되는 계수규준형 축차 샘플링 검사 방식을 설계하라.

풀이

공식(10・9)에 대입시키면 다음을 얻게 된다.

$$h_0 = \log\frac{0.95}{0.10} / \log\left[\frac{(0.08)(0.99)}{(0.01)(0.92)}\right] = 1.0457$$

$$h_1 = \log\frac{0.90}{0.05} / \log\left[\frac{(0.08)(0.99)}{(0.01)(0.92)}\right] = 1.3426$$

$$s = \log\frac{0.99}{0.92} / \log\left[\frac{(0.08)(0.99)}{(0.01)(0.92)}\right] = 0.0341$$

만약 h_0 , h_1 , s 의 값을 **<표 10.7>**을 이용하여 구하면 h_0 =1.046, h_1 =1.342, s =0.034로 위의 계산결과와 거의 일치한다. **<표 10.7>**의 결과를 사용하여 판정선을 구하면 다음과 같다.

$$d_0 = -1.046 + 0.034n$$

$$d_1 = 1.342 + 0.034n$$

표 10.7 h_0, h_1, s 를 구하는 표 (KS Q 3107)

p_1(%) p_0(%)		0.71 ~ 0.90	0.91 ~ 1.12	1.13 ~ 1.40	1.41 ~ 1.80	1.81 ~ 2.24	2.25 ~ 2.80	2.81 ~ 3.55	3.56 ~ 4.50	4.51 ~ 5.60	5.61 ~ 7.10	7.11 ~ 9.00	9.01 ~ 11.2	11.3 ~ 14.0	14.1 ~ 18.0	18.1 ~ 22.4	22.5 ~ 28.0	28.1 ~ 35.5	p_1(%) p_0(%)
0.090 ~ 0.112	h_0	1.079	0.974	0.887	0.808	0.747	0.694	0.647	0.604	0.563	0.535	0.504	0.479	0.454	0.429	0.403	0.333	0.367	0.090 ~ 0.112
	h_1	1.385	1.250	1.139	1.037	0.959	0.891	0.891	0.775	0.729	0.687	0.647	0.615	0.583	0.551	0.524	0.498	0.471	
	s	0.003	0.004	0.005	0.006	0.003	0.008	0.009	0.011	0.013	0.015	0.019	0.021	0.027	0.033	0.040	0.049	0.062	
0.113 ~ 0.140	h_0	1.209	1.078	0.973	0.878	0.807	0.746	0.691	0.642	0.602	0.565	0.534	0.502	0.475	0.448	0.425	0.403	0.381	0.113 ~ 0.140
	h_1	1.551	1.384	1.249	1.123	1.035	0.957	0.887	0.824	0.773	0.725	0.631	0.644	0.610	0.575	0.546	0.517	0.489	
	s	0.004	0.004	0.005	0.003	0.007	0.008	0.009	0.011	0.016	0.016	0.019	0.023	0.028	0.035	0.042	0.051	0.064	
0.141 ~ 0.180	h_0	1.394	1.223	1.090	0.972	0.885	0.812	0.748	0.691	0.645	0.603	0.564	0.531	0.502	0.471	0.446	0.420	0.398	0.141 ~ 0.180
	h_1	1.788	1.570	.398	1.247	1.136	1.042	0.960	0.837	0.827	0.773	0.724	0.682	0.664	0.605	0.572	0.539	0.511	
	s	0.004	0.005	0.005	0.006	0.007	0.009	0.010	0.012	0.014	0.017	0.021	0.025	0.029	0.036	0.004	0.053	0.067	
0.181 ~ 0.224	h_0	1.617	1.392	1.222	1.076	0.970	0.884	0.808	0.742	0.689	0.641	0.597	0.561	0.528	0.495	0.467	0.440	0.414	0.181 ~ 0.224
	h_1	2.075	1.787	1.568	1.390	1.245	1.134	1.037	0.952	0.884	0.823	0.767	0.720	0.677	0.635	0.599	0.565	0.532	
	s	0.004	0.005	0.006	0.007	0.008	0.009	0.011	1.013	0.015	0.018	0.022	0.023	0.081	0.038	0.046	0.056	0.069	
0.225 ~ 0.280	h_0		1.616	1.390	1.204	1.074	0.968	0.879	0.801	0.740	0.685	0.619	0.594	0.572	0.520	0.489	0.460	0.432	0.225 ~ 0.280
	h_1		2.073	1.784	1.545	1.378	1.243	1.127	1.028	0616	0.879	0.795	0.762	0.715	0.667	0.628	0.591	0.554	
	s		0.006	0.006	0.007	0.009	0.010	0.012	0.014	0.016	0.019	0.022	0.027	0.032	0.040	0.048	0.059	0.072	
0.281 ~ 0.355	h_0			1.623	1.375	1.207	1.076	0.966	0.873	0.801	0.737	0.679	0.633	0.591	0.549	0.515	0.483	1.452	0.281 ~ 0.355
	h_1			2.082	1.764	1.549	1.380	1.240	1.120	1.027	0.945	0.872	0.812	0.758	0.706	0.681	0.620	0.580	
	s			0.007	0.008	0.009	0.011	0.012	0.015	0.017	0.020	0.024	0.029	0.034	0.042	0.050	0.051	0.075	
0.356 ~ 0.450	h_0				1.610	1.385	1.215	1.077	0.963	0.875	0.799	0.732	0.674	0.629	0.584	0.545	0.509	0.475	0.356 ~ 0.450
	h_1				2.066	0.777	1.559	1.362	1.235	1.123	1.028	0.940	0.864	0.808	0.749	0.699	0.654	0.610	
	s				0.009	0.010	0.012	0.013	0.016	0.018	0.022	0.028	0.030	0.036	0.044	0.053	0.064	0.079	
0.451 ~ 0.560	h_0				1.915	1.607	1.382	1.206	1.065	0.959	0.868	0.790	0.727	0.673	0.620	0.576	0.537	0.499	0.451 ~ 0.560
	h_1				2.457	2.062	1.773	1.548	1.366	1.230	1.114	1.014	0.933	0.863	0.796	0.740	0.689	0.640	
	s				0.009	0.011	0.012	0.014	0.017	0.020	0.023	0.028	0.032	0.038	0.047	0.056	0.067	0.083	
0.561 ~ 0.710	h_0					1.926	1.612	1.377	1.197	1.064	0.954	0.860	0.786	0.723	0.662	0.613	0.568	0.526	0.561 ~ 0.710
	h_1					2.471	2.068	1.767	1.535	1.365	1.224	1.104	1.009	0.928	0.849	0.786	0.729	0.675	
	s					0.012	0.013	0.016	0.018	0.021	0.025	0.030	0.035	0.041	0.049	0.060	0.071	0.087	
0.711 ~ 0.900	h_0						1.947	1.615	1.371	1.200	1.062	0.947	0.859	0.784	0.712	0.656	0.601	0.554	0.711 ~ 0.900
	h_1						2.499	2.072	1.760	1.540	1.363	1.215	1.102	1.005	0.913	0.842	0.772	0.710	
	s						0.015	0.017	0.020	0.023	0.027	0.032	0.037	0.044	0.053	0.063	0.075	0.091	
0.901 ~ 1.12	h_0							1.932	2.589	1.364	1.188	1.046	0.939	0.850	0.767	0.702	0.644	0.590	0.901 ~ 1.12
	h_1							0.521	2.039	1.751	1.525	1.342	1.205	1.091	0.984	0.901	0.827	0.757	
	s							0.019	0.022	0.025	0.029	0.034	0.040	0.047	0.056	0.066	0.079	0.096	
1.13 ~ 1.40	h_0								1.890	1.580	1.349	1.169	1.037	0.929	0.831	0.755	0.689	0.627	1.13 ~ 1.40
	h_1								2.426	2.028	1.731	1.500	1.330	1.192	1.066	0.969	0.884	0.804	
	s								0.024	0.027	0.031	0.037	0.043	0.050	0.060	0.071	0.084	0.102	
1.41 ~ 1.80	h_0									1.917	1.586	1.343	1.172	1.035	0.915	0.824	0.746	0.674	1.41 ~ 1.80
	h_1									2.460.	2.036	1.723	1.504	1.330	1.174	1.058	0.957	0.865	
	s									0.030	0.035	0.040	0.047	0.054	0.064	0.076	0.090	0.103	
1.81 ~ 2.24	h_0										1.889	1.554	1.329	1.157	1.008	0.899	0.806	0.723	1.81 ~ 2.24
	h_1										2.424	1.994	1.706	1.485	1.294	1.153	1.035	0.928	
	s										0.038	0.044	0.050	0.058	0.069	0.081	0.096	0.115	
2.25 ~2.80	h_0										2.341	1.844	1.529	1.311	1.123	0.939	0.873	0.780	2.25 ~ 2.80
	h_1										3.005	2.366	1.962	1.682	1.441	1.269	1.127	1.001	
	s										0.039	0.048	0.054	0.063	0.074	0.087	0.102	0.122	
2.81 ~ 3.55	h_0											2.290	1.833	1.522	1.274	1.104	0.968	0.850	2.81 ~ 3.55
	h_1											2.939	2.352	1.958	1.635	1.417	1.242	1.091	
	s											0.052	0.060	0.069	0.081	0.094	0.110	0.131	
3.56 ~ 4.50	h_0												2.296	1.823	1.482	1.257	1.083	0.938	3.56 ~ 4.50
	h_1												2.946	2.345	1.901	1.613	1.390	1.204	
	s												0.066	0.075	0.083	0.102	0.119	0.141	
4.51 ~ 5.60	h_0													2.255	1.751	1.445	1.220	1.039	4.51 ~ 5.60
	h_1													2.894	2.247	1.855	1.566	1.333	
	s													0.082	0.096	0.110	0.128	0.151	
5.61 ~ 7.10	h_0														2.163	1.715	1.607	1.171	5.61 ~ 7.10
	h_1														2.775	2.201	1.805	1.503	
	s														0.105	0.120	0.139	0.162	
7.11 ~ 9.00	h_0															2.087	1.670	1.368	7.11 ~ 9.00
	h_1															2.679	2.151	1.714	
	s															0.125	0.152	0.167	
9.01 ~ 11.2	h_0															2.778	2.050	1.586	9.01 ~ 11.2
	h_1															3.564	2.631	2.035	
	s															0.145	0.166	0.192	

표 10.8 평균검사개수 (ASN)를 구하는 표 (KS Q3107)

p_1(%) / p_0(%)		0.71~0.90	0.91~1.12	1.13~1.40	1.41~1.80	1.81~2.24	2.25~2.80	2.81~3.55	3.56~4.50	4.51~5.60	5.61~7.10	7.11~9.00	9.01~11.2	11.3~14.0	14.1~18.0	18.1~22.4	22.5~28.0	28.1~35.5	p_1(%) / p_0(%)
0.090~0.112	$\bar{n}_0$	317	244	192	147	117	93	73	56	45	35	27	23	17	13	10	8	6	0.090~0.112
	$\bar{n}p_0$	403	288	218	159	123	95	73	55	43	33	26	22	16	12	9	7	5	
	n_1	410	304	220	152	114	84	81	44	33	24	18	15	10	7	6	4	3	
	$\bar{n}p_1$	218	171	119	81	59	42	32	22	16	12	9	6	5	4	3	2	2	
	$\bar{n}_1$	1	1	1	1	1	1	1	1	1	1	1	1	1	1	1	1	1	
0.113~0.140	$\bar{n}_0$	327	251	195	151	119	94	74	56	45	35	28	22	17	13	10	8	6	0.113~0.140
	$\bar{n}p_0$	437	312	230	171	129	99	76	56	44	34	26	21	16	12	9	7	5	
	n_1	481	255	244	170	124	92	66	47	35	26	19	14	11	8	6	4	3	
	$\bar{n}p_1$	297	200	136	91	64	46	33	24	18	13	9	7	5	4	3	2	2	
	$\bar{n}_1$	2	1	1	1	1	1	1	1	1	1	1	1	1	1	1	1	1	
0.141~0.180	$\bar{n}_0$	348	268	286	156	121	94	74	58	44	35	28	22	17	13	10	8	6	0.141~0.180
	$\bar{n}p_0$	514	361	261	187	138	103	78	57	44	35	26	20	16	12	7	7	5	
	n_1	623	417	287	200	140	100	72	51	37	28	20	9	11	8	6	5	3	
	$\bar{n}p_1$	368	239	161	105	74	56	37	26	19	14	10	7	6	4	3	2	2	
	$\bar{n}_1$	2	2	1	1	1	1	1	1	1	1	1	1	1	1	1	1	1	
0.181~0.224	$\bar{n}_0$	376	278	214	161	124	97	76	58	46	36	28	22	17	13	10	8	6	0.181~0.224
	$\bar{n}p_0$	623	411	293	203	148	110	82	61	47	36	27	21	16	12	9	7	5	
	n_1	781	497	336	223	156	118	79	57	41	30	21	16	12	9	6	5	3	
	$\bar{n}p_1$	461	294	190	123	84	59	41	29	21	15	11	8	7	4	3	2	2	
	$\bar{n}_1$	2	2	1	1	1	1	1	1	1	1	1	1	1	1	1	1	1	
0.225~0.280	$\bar{n}_0$		294	221	165	126	99	76	59	46	36	28	22	18	13	10	8	6	0.225~0.280
	$\bar{n}p_0$		478	324	222	159	138	87	64	49	37	28	21	17	12	10	77	6	
	n_1		609	394	259	176	124	87	62	42	32	23	17	13	9	7	5	4	
	$\bar{n}p_1$		379	237	146	99	67	46	32	22	16	11	9	6	5	3	3	2	
	$\bar{n}_1$		2	2	2	1	1	1	1	1	1	1	1	1	1	1	1	1	
0.281~0.355	$\bar{n}_0$			239	174	133	101	79	60	47	36	28	22	17	13	10	8	6	0.281~0.355
	$\bar{n}p_0$			394	256	180	129	94	63	48	38	29	22	17	13	10	7	5	
	n_1			561	341	208	141	99	68	49	35	25	18	14	10	7	5	4	
	$\bar{n}p_1$			228	179	117	100	53	36	26	18	13	9	7	5	4	3	2	
	$\bar{n}_1$			2	2	2	1	1	1	1	1	1	1	1	1	1	1	1	
0.356~0.450	$\bar{n}_0$				185	137	105	80	62	48	37	28	22	17	13	10	8	6	0.356~0.450
	$\bar{n}p_0$				303	202	142	102	73	54	40	30	23	17	13	10	7	6	
	n_1				387	246	165	113	77	54	39	27	20	15	10	8	6	4	
	$\bar{n}p_1$				233	148	96	63	42	29	20	14	10	8	5	4	3	2	
	$\bar{n}_1$				2	2	2	1	1	1	1	1	1	1	1	1	1	1	
0.451~0.560	$\bar{n}_0$					149	111	84	63	49	37	29	22	18	13	10	8	6	0.451~0.560
	$\bar{n}p_0$					254	165	115	79	58	42	31	21	18	13	10	8	6	
	n_1					310	201	131	88	61	43	30	22	16	11	8	6	4	
	$\bar{n}p_1$					181	117	74	49	33	23	16	13	6	6	5	3	2	
	$\bar{n}_1$					2	2	2	1	1	1	1	1	1	1	1	1	1	
0.561~0.710	$\bar{n}_0$					161	120	87	67	49	39	29	23	18	13	10	8	6	0.561~0.710
	$\bar{n}p_0$					299	204	128	91	63	45	33	25	19	14	10	8	6	
	n_1					400	253	156	104	70	48	33	24	17	12	9	6	5	
	$\bar{n}p_1$					254	147	93	57	39	29	18	13	9	6	5	3	2	
	$\bar{n}_1$					3	2	2	2	1	1	1	1	1	1	1	1		
0.711~0.900	$\bar{n}_0$						131	94	69	52	40	30	23	18	14	10	8	6	0.711~0.900
	$\bar{n}p_0$						257	156	102	70	50	35	26	19	14	11	8	6	
	n_1						331	198	124	82	55	38	27	19	13	9	7	5	
	$\bar{n}p_1$						203	125	75	47	31	21	14	10	7	5	4	3	
	$\bar{n}_1$						3	2	2	2	1	1	1	1	1	1	1	1	

0,901 ~ 1,12	$\bar{n}_0$ $\bar{n}p_0$ n_1 $\bar{n}p_1$ $\bar{n}_1$							103 191 265 167 3	73 121 152 91 2	55 81 98 58 2	41 55 64 37 2	31 39 43 24 1	24 28 30 16 1	18 23 21 11 1	14 15 14 8 1	11 11 10 6 1	8 7 7 4 1	6 6 5 3 1	0,901 ~ 1,12
1,13 ~ 1,40	$\bar{n}_0$ $\bar{n}p_0$ n_1 $\bar{n}p_1$ $\bar{n}_1$								78 151 199 122 3	58 96 121 73 2	43 63 77 45 2	32 43 60 28 2	24 30 34 17 1	19 22 23 13 1	14 16 16 9 1	11 12 11 6 1	8 9 8 4 1	6 6 6 3 1	1,13 ~ 1,40
1,41 ~ 1,80	$\bar{n}_0$ $\bar{n}p_0$ n_1 $\bar{n}p_1$ $\bar{n}_1$									64 121 162 51 3	46 76 97 24 2	33 49 60 36 2	25 34 40 23 2	19 24 27 15 1	14 17 18 10 1	11 12 12 7 1	8 8 9 5 1	6 6 6 3 1	1,41 ~ 1,80
1,81 ~ 2,24	$\bar{n}_0$ $\bar{n}p_0$ n_1 $\bar{n}p_1$ $\bar{n}_1$										50 95 126 79 3	36 59 75 45 2	26 44 47 28 2	20 27 31 18 2	15 18 20 12 1	11 13 14 9 1	8 9 10 6 1	6 7 6 4 1	1,81 ~ 2,24
2,25 ~2,80	$\bar{n}_0$ $\bar{n}p_0$ n_1 $\bar{n}p_1$ $\bar{n}_1$										60 77 188 103 3	39 73 97 60 3	28 46 58 35 2	21 31 87 22 2	15 20 24 14 2	11 14 16 9 1	9 10 11 6 1	6 7 7 4 1	2,25 ~ 2,80
2,81 ~ 3,55	$\bar{n}_0$ $\bar{n}p_0$ n_1 $\bar{n}_1$ $\bar{n}_1$											44 93 135 86 3	31 57 77 48 3	22 36 50 28 2	16 23 28 17 2	12 15 18 11 2	9 11 12 7 1	7 8 8 5 1	2,81 ~ 3,55
3,56 ~ 4,50	$\bar{n}_0$ $\bar{n}p_0$ n_1 $\bar{n}p_1$ $\bar{n}_1$												35 78 110 71 3	24 46 62 39 3	17 27 35 22 2	12 18 22 14 2	9 12 14 9 2	7 8 9 6 1	3,56 ~ 4,50
4,51 ~ 5,60	$\bar{n}_0$ $\bar{n}p_0$ n_1 $\bar{n}p_1$ $\bar{n}_1$													27 62 87 56 3	18 34 46 29 3	13 21 27 17 2	10 14 17 11 2	7 9 12 7 2	4,51 ~ 5,60
5,61 ~ 7,10	$\bar{n}_0$ $\bar{n}p_0$ n_1 $\bar{n}p_1$ $\bar{n}_1$														20 52 64 29 3	14 27 36 23 3	10 16 21 13 2	7 10 13 8 2	5,61 ~ 7,10
7,11 ~ 9,00	$\bar{n}_0$ $\bar{n}p_0$ n_1 $\bar{n}p_1$ $\bar{n}_1$															17 41 51 27 3	11 21 28 18 2	8 14 17 10 2	7,11 ~ 9,00
9,01 ~ 11,2	$\bar{n}_0$ $\bar{n}p_0$ n_1 $\bar{n}p_1$ $\bar{n}_1$															19 32 80 53 4	12 28 39 26 3	8 15 21 14 3	9,01 ~ 11,2

10.4 AQL 지표형(조정형) 샘플링 검사

10.4.1 검사의 개념

한국산업규격에 의하면, 계수형 샘플링 검사에서는 기존의 계수조정형 샘플링 검사 대신에 엄격도 조정의 절차 등을 수정한 KS Q ISO 2859-1인 "계수값 검사에 대한 샘플링 검사-로트별 검사에 대한 AQL지표형 샘플링 검사방식(sampling procedures for inspection by attributes-sampling plans indexed by acceptable quality level(AQL) for lot-by-lot inspection)"을 사용하기로 하였다. 이 규격은 계수값 합격 및 불합격 판정 샘플링 검사에 대하여 규정하였다. 이 때 규격에서는 품질 지표로써 AQL(Acceptable Quality Level:합격품질수준)을 사용한다. 이 규격의 목적은 공급자에 대해서는 로트 불합격이라는 경제적이고 심적인 압력을 통하여 프로세스 평균을 적어도 AQL의 규정값과 같은 정도로 유지하도록 유도하고, 동시에 소비자에 대해서는 때때로 발생할 수 있는 품질이 나쁜 로트를 합격시키는 위험의 상한선을 제공하여 소비자를 보호하고자 한다. 이 규격에서 설정된 샘플링 검사 방식은 다음과 같은 검사에 적용할 수 있으나, 한정된 것은 아니다.

* 최종 제품
* 부분품 및 원재료
* 프로세스 중의 자재
* 보관 중인 보급품
* 데이터 또는 기록
* 관리 절차

앞에서 다룬 규준형 샘플링 검사에서는 시료의 결과로부터 즉시 합격판정이 나므로 검사가 간편하여 좋으나, 불합격된 로트를 생산자에게 반납함으로써 생산자에게로 심적 부담감을 주고 있다. 그러나 이 샘플링 검사 방식은 우수한 제품의 생산자에게는 심적 부담감을 적게 주고, 불량제품의 생산자에게는 심적인 압박을

가하여 품질개선을 꾀하도록 하는 동시에, 검사량을 조절해 주는 검사방식으로, 2차 대전 중인 1942년 미육군을 위해 Bell 전화연구소의 전문가들에 의하여 개발된 MIL-STD-105 샘플링 검사표에 기초를 두고 있다.

이 방식은 생산자들을 용이하게 관리하면서 좋은 품질의 제품을 납품받기 위하여, AQL(합격품질수준)을 미리 정하여 놓고 생산자 누구에게나 최초에는 보통검사(normal inspection)로 시작하지만 계속되는 로트의 검사성적이 AQL보다 나쁜 생산자에게는 까다로운 검사(tightened inspection)로 바꾸어 나쁜 품질의 합격을 막고, 반대로 검사성적이 AQL보다 좋은 생산자에게는 수월한 검사(reduced inspection)로 바꾸어서 검사량의 감소를 꾀한다. 이와 같이 생산자의 품질 수준에 따라 검사의 엄격도를 조정하기 때문에 "조정형 샘플링 검사"라고도 한다.

KS Q ISO 2859의 기능 및 샘플링표의 구성상의 특징은 다음과 같다.

(1) 검사의 엄격도 조정

보통검사, 까다로운 검사, 수월한 검사, 검사중지 등 엄격도 조정을 하면서 생산자에게 품질향상의 자극을 주는 것과 동시에 좋은 품질에 대해서는 검사량을 감소시킬 수 있는 특징을 가진다.

(2) 장기적인 안목에서의 품질보증

소비자가 요구하는 품질 AQL로 표시된다. 소비자는 이 샘플링표에 제시된 절차에 따라 검사를 하게 되면 장기적으로 AQL의 품질이 보증된다. 물론 개별적인 로트에 대해서도 *OC* 곡선에 의한 보증이 가능하지만 이 검사방식은 개개의 로트의 보증보다 긴 안목에서의 평균품질의 보증에 중점을 두고 있다.

(3) 로트의 크기와 시료의 크기와의 관계

뒤에서 설명하게 될 검사수준(inspection level)이 지정되면 로트의 크기로부터 시료의 크기를 나타내는 시료문자(sample size code letter)가 분명하게 정해진다. 또한 합격 판정 개수와 불합격 판정 개수는 시료의 크기와 AQL로부터 정해진다.

(4) 로트의 크기와 생산자위험

생산자위험 α 의 값은 일정하게 되어 있지 않다. 로트의 크기가 작은 경우에는 0.12로부터 로트의 크기가 큰 경우의 0.01까지의 범위 안에 있다. 이것은 큰 로트일수록 큰 시료를 취하게 하여, 좋은 로트와 나쁜 로트의 판단력을 높여주고, 소비자위험 β 를 작게 하려는 조치이다.

(5) 샘플링 형식

샘플링 형식으로는 1회, 2회 및 다회 샘플링의 3종류가 있다. 검사의 내용에 따라 어느 것이라도 선택할 수 있게 되어 있으며, 이들은 검사의 엄격도, AQL 그리고 시료문자가 모두 같은 경우에는 OC 곡선이 거의 일치하도록 만들어져 있다.

(6) 검사수준

검사비용, 제품의 가격들을 고려하여 일반검사(general inspection)는 3수준, 특별검사(special inspection)는 4수준으로 구분되어 있다.

(7) AQL과 시료의 크기

AQL과 시료의 크기는 모두 $10^{\frac{1}{5}}=1.585$ 를 공비로 하는 등비수열이 채택되어 있다.

10.4.2 검사절차

보통 검사는 다음의 절차에 따른다.

(1) 검사로트의 구성 및 크기를 정한다.

될 수 있는 한 실질적으로 같은 조건하에서 제조된 제품을 모아서 검사 로트를 구성하고 그 크기를 정한다.

(2) AQL을 설정한다.

합격품질수준(AQL)은 “공정평균치로서 만족스럽다고 생각되는 부적합품률의 상한(또는 100단위당 부적합수의 상한)”으로 구입검사에서 되돌고 합격시키고 싶은 품질수준을 의미한다. 샘플링 검사표를 사용하기 위해서는 부적합품률 검사의 경우에는 0.010부터 10까지의 16단계, 기타의 경우에는 0.010에서 1,000까지의 26단계 중에서 선택해야 한다.

0.010	0.015	0.025	0.040	0.065	0.10	0.15	0.25	0.40	0.65	1.0	1.5	2.5
4.0	6.5	10	15	25	40	65	100	150	250	400	650	1,000(%)

(3) 검사수준을 결정한다.

검사수준은 상대적인 검사량을 결정하는 것으로 일반적 용도에 대해서는 I, II, III 중에서 어느 수준을 택하는가를 결정한다. 특별한 지정이 없는 경우 일반적으로 II를 사용한다. 이외에 S-1, S-2, S-3 및 S-4라는 4개의 특별 검사 수준으로 비교적 작은 샘플 크기를 필요로 하는 경우에 사용된다.

(4) 검사의 엄격도를 정한다.

보통검사, 까다로운 검사, 수월한 검사 중에서 어느 것을 적용할지를 정한다.

(5) 샘플링 형식을 정한다.

1회, 2회, 다회 샘플링 중에서 어느 것을 사용할 것인지 정한다. 어느 것을 사용하는가는 통상 관리상의 곤란함과 사용 가능한 샘플링 방식의 평균 검사 개수와의 비교에 기초하여 결정한다.

(6) 로트의 크기와 검사수준으로부터 **<표 10.9>**에서 시료문자를 결정한다.

(7) 정해진 시료문자, AQL, 샘플링 형식, 검사의 엄격도로부터 **<표 10.10>~<표 10.15>** 중의 해당 샘플링 검사표에서 샘플링 검사 방식을 읽어낸다. 검사표는 다회의 것은 생략하고 1회와 2회의 것만을 소개한다. 다회의 검사표가 필요한 독자는 한국산업규격을 참조하면 된다. 이들 검사표에서 ↓, ↑, A_c, R_e 등은 다음을 뜻한다.

↓ = 화살표 아래쪽의 최초의 샘플링 방식을 사용한다.
시료의 크기가 로트의 크기보다 크면 전수검사한다.

↑ = 화살표 위쪽의 최초의 샘플링 방식을 사용한다.

A_c = 합격 판정개수

R_e = 불합격 판정개수

(8) 검사로트로부터 (7)에서 정해진 시료를 채취한다. 검사로트를 대표할 수 있도록 원칙적으로 층별 비례샘플링 방법에 의하여 시료를 채취한다.

(9) 시료를 조사한다.
시료를 시험하여 부적합품수 또는 부적합수를 조사한다.

(10) 검사로트의 합격, 불합격의 판정을 내리고 로트를 처리한다.

표 10.9 시료문자표

로트의 크기	특별검사수준				일반검사수준		
	S-1	S-2	S-3	S-4	I	II	III
2~8	A	A	A	A	A	A	B
9~15	A	A	A	A	A	B	C
16~25	A	A	B	B	B	C	D
26~50	A	B	B	C	C	D	E
51~90	B	B	C	C	C	E	F
91~150	B	B	C	D	D	F	G
151~280	B	C	D	E	E	G	H
281~500	B	C	D	E	F	H	J
501~1,200	C	C	E	F	G	J	K
1,201~3,200	C	D	E	G	H	K	L
3,201~10,000	C	D	F	G	J	L	M
10,001~35,000	C	D	F	H	K	M	N
35,001~150,000	D	E	G	J	L	N	P
150,001~500,000	D	E	G	J	M	P	Q
500,001 이상	D	E	H	K	N	Q	R

㊟ 시료문자의 배열은 로트의 크기가 클수록 시료의 크기도 커지도록 만들어져 있다.

예제 10.4

어떤 제품의 수입검사를 위하여 KS Q ISO 2859 계수형 샘플링 검사를 사용하기로 하였다. AQL 1.5%, 로트의 크기 1,500, 검사수준 II에 대한 1회 및 2회 샘플링, 보통 검사, 까다로운 검사, 수월한 검사의 샘플링 방식을 구하라.

풀이

먼저 **<표10.9>**에서 로트의 크기 N=1,500을 포함하는 행(1,201~3,200)과 일반검사수준 II의 열이 있는 칸에서 시료문자 K를 읽어내고, 시료문자 K와 AQL=1.5%를 사용하여 **<표 10.10>~<표 10.12>**에서 (a)와 같이 1회 샘플링 방식을 얻을 수 있다.

(a) 1회 샘플링 방식

검사의 엄격도	시료의 크기(n)	합격판정 개수(A_c)	불합격판정개수(R_e)
보통 검사	125	5	6
까다로운 검사	125	3	4
수월한 검사	50	2	5

(b) 2회 샘플링 방식

검사의 엄격도	시료구분	시료크기(n_1, n_2)	합격판정개수(A_c)	불합격판정개수(R_e)
보통 검사	제1시료	80	2	5
	제2시료	80(누계 160)	6	7
까다로운 검사	제1시료	80	1	4
	제2시료	80(누계 160)	4	5
수월한 검사	제1시료	32	0	4
	제2시료	32(누계 64)	3	6

위에서 수월한 검사의 경우, 부적합품의 수가 3개 또는 4개일 때는 그 로트는 합격으로 하지만 다음 회부터는 보통 검사로 되돌아간다. 또한 불합격 로트가 나왔을 경우도 다음 회부터 보통 검사로 되돌아간다. 2회 샘플링 검사의 경우, **<표 10.13>~<표 10.15>**에서 (b)의 결과를 얻는다.

2회 샘플링 검사에서도 수월한 검사의 경우, 64개의 시료 중에서 부적합품의 수가 4,5 이면 로트는 합격시키되 보통 검사로 되돌아가고, 부적합품의 수가 6이상이면 로트를 불합격시키고 보통 검사로 돌아가게 된다. 참고로 2회 샘플링 보통검사의 절차를 흐름도(flow chart)로 작성하면 다음과 같다.

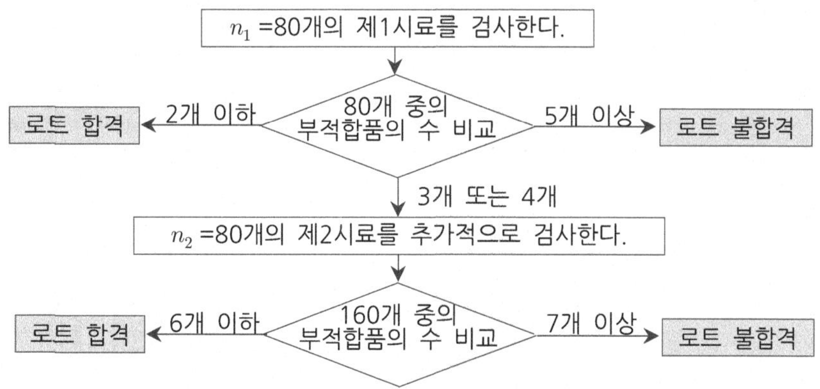

표 10.10 1회 샘플링 검사방식(보통검사)

시료문자	샘플의 크기	합격품질수준 (AQL) 보통검사																									
		0,010	0,015	0,025	0,040	0,065	0,10	0,15	0,25	0,40	0,65	1,0	1,5	2,5	4,0	6,5	10	15	25	40	65	100	150	250	400	650	1000
		AC Re	AC Re	AC Re	AC Re	AC Re	AC Re	AC Re	AC Re	AC Re	AC Re	AC Re	AC Re	AC Re	AC Re	AC Re	AC Re	AC Re	AC Re	AC Re	AC Re	AC Re	AC Re	AC Re	AC Re	AC Re	AC Re
A	2														↓	0 1		↓	1 2	2 3	3 4	5 6	7 8	10 11	14 15	21 22	30 31
B	3													↓	0 1	↑	↓	1 2	2 3	3 4	5 6	7 8	10 11	14 15	21 22	30 31	44 45
C	5												↓	0 1	↑	↓	1 2	2 3	3 4	5 6	7 8	10 11	14 15	21 22	30 31	44 45	↑
D	8											↓	0 1	↑	↓	1 2	2 3	3 4	5 6	7 8	10 11	14 15	21 22	30 31	44 45	↑	
E	13										↓	0 1	↑	↓	1 2	2 3	3 4	5 6	7 8	10 11	14 15	21 22	30 31	44 45	↑		
F	20									↓	0 1	↑	↓	1 2	2 3	3 4	5 6	7 8	10 11	14 15	21 22	↑	↑	↑			
G	32								↓	0 1	↑	↓	1 2	2 3	3 4	5 6	7 8	10 11	14 15	21 22	↑						
H	50							↓	0 1	↑	↓	1 2	2 3	3 4	5 6	7 8	10 11	14 15	21 22	↑							
J	80						↓	0 1	↑	↓	1 2	2 3	3 4	5 6	7 8	10 11	14 15	21 22	↑								
K	125					↓	0 1	↑	↓	1 2	2 3	3 4	5 6	7 8	10 11	14 15	21 22	↑									
L	200				↓	0 1	↑	↓	1 2	2 3	3 4	5 6	7 8	10 11	14 15	21 22	↑										
M	315			↓	0 1	↑	↓	1 2	2 3	3 4	5 6	7 8	10 11	14 15	21 22	↑											
N	500		↓	0 1	↑	↓	1 2	2 3	3 4	5 6	7 8	10 11	14 15	21 22	↑												
P	800	↓	0 1	↑	↓	1 2	2 3	3 4	5 6	7 8	10 11	14 15	21 22	↑													
Q	1250	0 1	↑	↓	1 2	2 3	3 4	5 6	7 8	10 11	14 15	21 22	↑														
R	2000	↑		1 2	2 3	3 4	5 6	7 8	10 11	14 15	21 22	↑															

표 10.11 1회 샘플링 검사방식 (까다로운 검사)

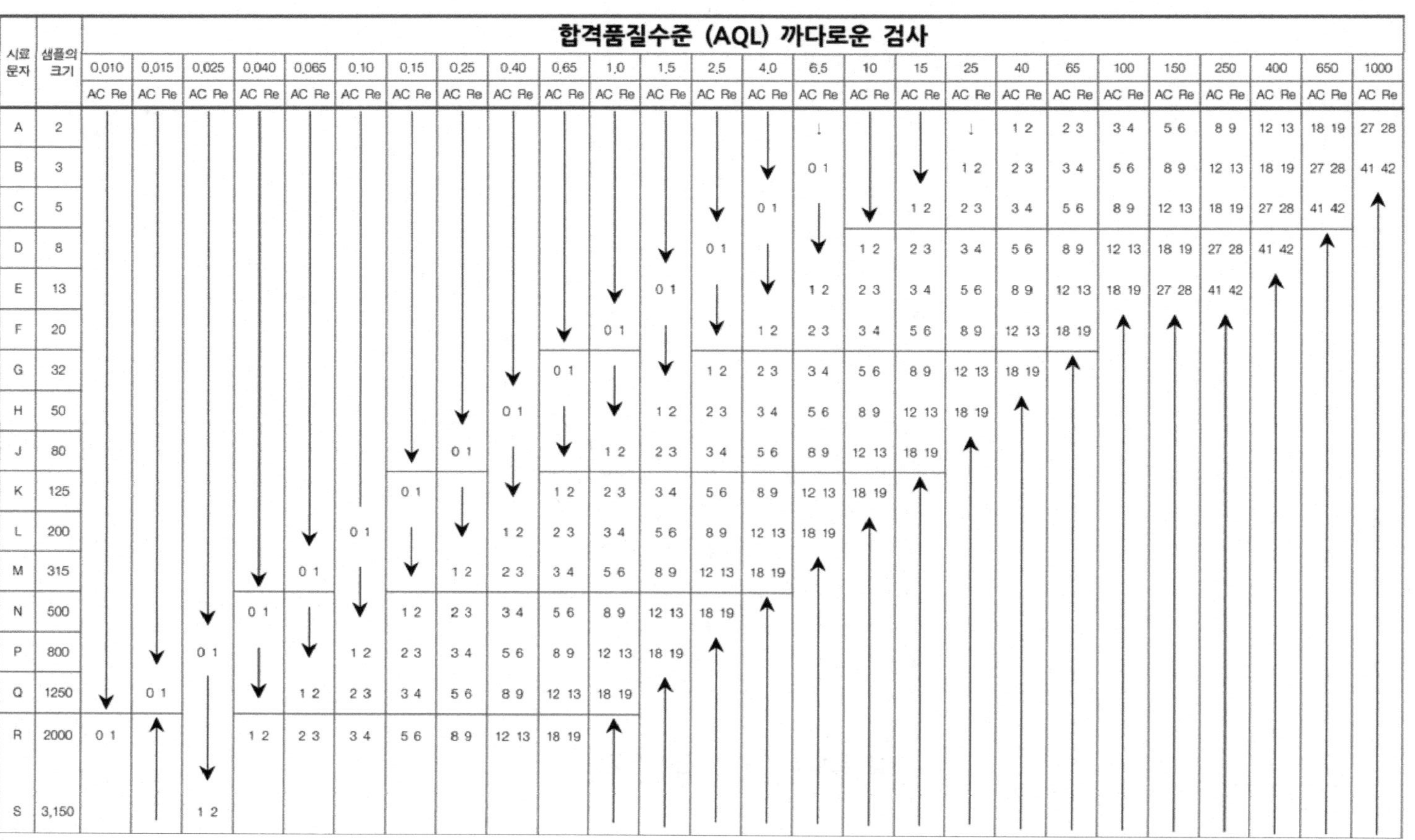

시료 문자	샘플의 크기	합격품질수준 (AQL) 까다로운 검사																									
		0.010	0.015	0.025	0.040	0.065	0.10	0.15	0.25	0.40	0.65	1.0	1.5	2.5	4.0	6.5	10	15	25	40	65	100	150	250	400	650	1000
		AC Re	AC Re	AC Re	AC Re	AC Re	AC Re	AC Re	AC Re	AC Re	AC Re	AC Re	AC Re	AC Re	AC Re	AC Re	AC Re	AC Re	AC Re	AC Re	AC Re	AC Re	AC Re	AC Re	AC Re	AC Re	AC Re
A	2															↓			↓	1 2	2 3	3 4	5 6	8 9	12 13	18 19	27 28
B	3														↓	0 1		↓	1 2	2 3	3 4	5 6	8 9	12 13	18 19	27 28	41 42
C	5													↓	0 1		↓	1 2	2 3	3 4	5 6	8 9	12 13	18 19	27 28	41 42	↑
D	8												↓	0 1		↓	1 2	2 3	3 4	5 6	8 9	12 13	18 19	27 28	41 42	↑	
E	13											↓	0 1		↓	1 2	2 3	3 4	5 6	8 9	12 13	18 19	27 28	41 42	↑		
F	20										↓	0 1		↓	1 2	2 3	3 4	5 6	8 9	12 13	18 19	↑	↑	↑			
G	32									↓	0 1		↓	1 2	2 3	3 4	5 6	8 9	12 13	18 19	↑						
H	50								↓	0 1		↓	1 2	2 3	3 4	5 6	8 9	12 13	18 19	↑							
J	80							↓	0 1		↓	1 2	2 3	3 4	5 6	8 9	12 13	18 19	↑								
K	125							0 1		↓	1 2	2 3	3 4	5 6	8 9	12 13	18 19	↑									
L	200					↓	0 1		↓	1 2	2 3	3 4	5 6	8 9	12 13	18 19	↑										
M	315				↓	0 1		↓	1 2	2 3	3 4	5 6	8 9	12 13	18 19	↑											
N	500			↓	0 1		↓	1 2	2 3	3 4	5 6	8 9	12 13	18 19	↑												
P	800		↓	0 1		↓	1 2	2 3	3 4	5 6	8 9	12 13	18 19	↑													
Q	1250	↓	0 1		↓	1 2	2 3	3 4	5 6	8 9	12 13	18 19	↑														
R	2000	0 1	↑	↓	1 2	2 3	3 4	5 6	8 9	12 13	18 19	↑															
S	3,150			1 2																							

표 10.12 1회 샘플링 검사방식 (수월한 검사)

시료문자	샘플의 크기	합격품질수준 (AQL) 수월한 검사																									
		0,010	0,015	0,025	0,040	0,065	0,10	0,15	0,25	0,40	0,65	1,0	1,5	2,5	4,0	6,5	10	15	25	40	65	100	150	250	400	650	1000
		AC Re	AC Re	AC Re	AC Re	AC Re	AC Re	AC Re	AC Re	AC Re	AC Re	AC Re	AC Re	AC Re	AC Re	AC Re	AC Re	AC Re	AC Re	AC Re	AC Re	AC Re	AC Re	AC Re	AC Re	AC Re	AC Re
A	2														↓	0 1		↓	1 2	2 3	3 4	5 6	7 8	10 11	14 15	21 22	30 31
B	2													↓	0 1	↑	↓	0 2	1 3	2 4	3 5	5 6	7 8	10 11	14 15	21 22	30 31
C	2												↓	0 1	↑	↓	0 2	1 3	1 4	2 5	3 6	5 8	7 10	10 13	14 17	21 24	↑
D	3											↓	0 1	↑	↓	0 2	1 3	1 4	2 5	3 6	5 8	7 10	10 13	14 17	21 24	↑	
E	5										↓	0 1	↑	↓	0 2	1 3	1 4	2 5	3 6	5 8	7 10	10 13	14 17	21 24	↑		
F	8									↓	0 1	↑	↓	0 2	1 3	1 4	2 5	3 6	5 8	7 10	10 13	↑	↑	↑			
G	13								↓	0 1	↑	↓	0 2	1 3	1 4	2 5	3 6	5 8	7 10	10 13	↑						
H	20							↓	0 1	↑	↓	0 2	1 3	1 4	2 5	3 6	5 8	7 10	10 13	↑							
J	32						↓	0 1	↑	↓	0 2	1 3	1 4	2 5	3 6	5 8	7 10	10 13	↑								
K	50					↓	0 1	↑	↓	0 2	1 3	1 4	2 5	3 6	5 8	7 10	10 13	↑									
L	80				↓	0 1	↑	↓	0 2	1 3	1 4	2 5	3 6	5 8	7 10	10 13	↑										
M	125			↓	0 1	↑	↓	0 2	1 3	1 4	2 5	3 6	5 8	7 10	10 13	↑											
N	200		↓	0 1	↑	↓	0 2	1 3	1 4	2 5	3 6	5 8	7 10	10 13	↑												
P	315	↓	0 1	↑	↓	0 2	1 3	1 4	2 5	3 6	5 8	7 10	10 13	↑													
Q	500	0 1	↑	↓	0 2	1 3	1 4	2 5	3 6	5 8	7 10	10 13	↑														
R	800	↑		0 2	1 3	1 4	2 5	3 6	5 8	7 10	10 13	↑															

(주) 만일 불량개수가 합격판정수보다 많지만 불합격판정수보다 적을 때에는 로트는 합격시키되 보통검사로 되돌아간다.

표 10.13 2회 샘플링 검사방식 (보통 검사)

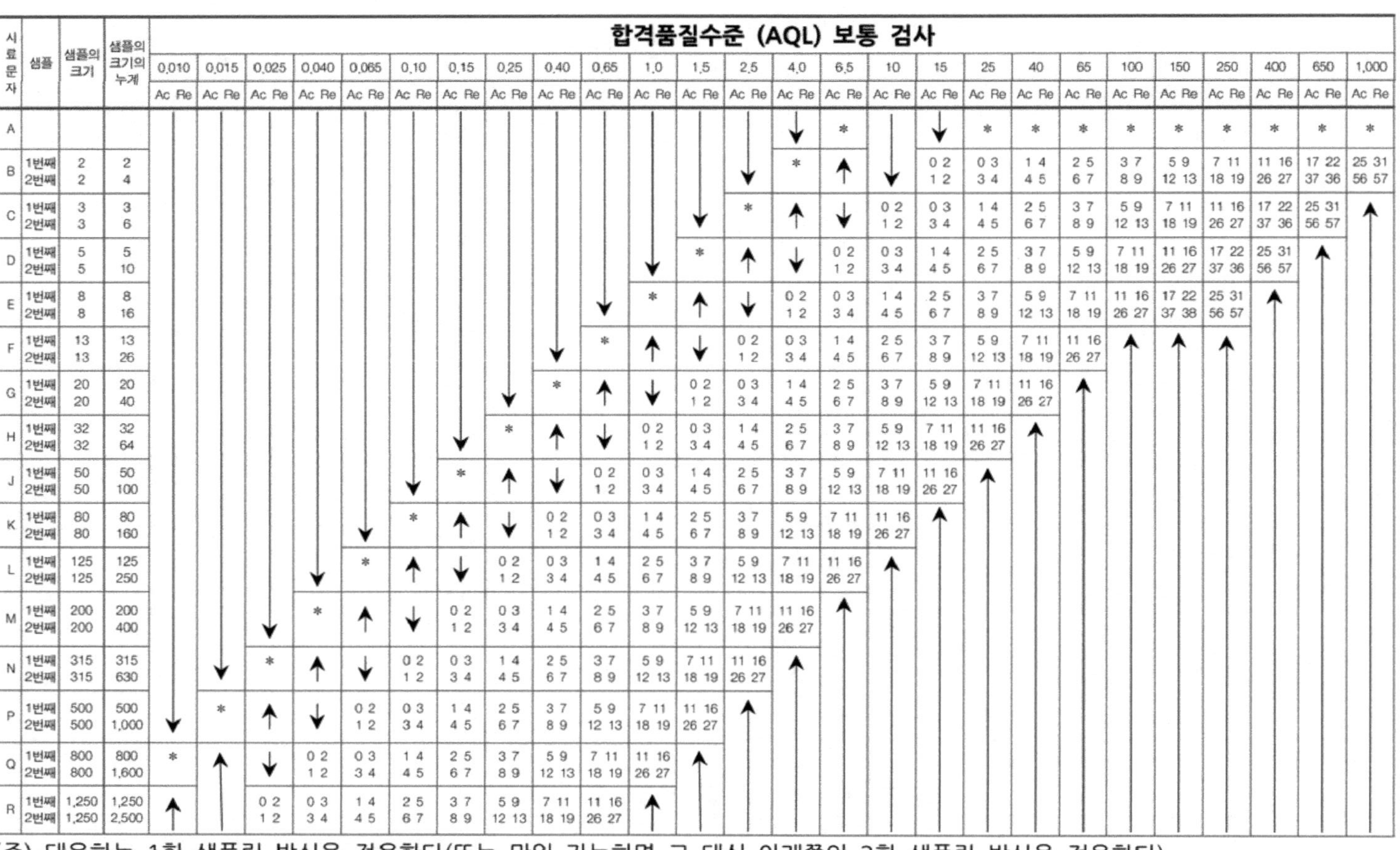

시료문자	샘플	샘플의 크기	샘플의 크기의 누계	합격품질수준 (AQL) 보통 검사																									
				0.010	0.015	0.025	0.040	0.065	0.10	0.15	0.25	0.40	0.65	1.0	1.5	2.5	4.0	6.5	10	15	25	40	65	100	150	250	400	650	1,000
				Ac Re	Ac Re	Ac Re	Ac Re	Ac Re	Ac Re	Ac Re	Ac Re	Ac Re	Ac Re	Ac Re	Ac Re	Ac Re	Ac Re	Ac Re	Ac Re	Ac Re	Ac Re	Ac Re	Ac Re	Ac Re	Ac Re	Ac Re	Ac Re	Ac Re	Ac Re
A				↓	↓	↓	↓	↓	↓	↓	↓	↓	↓	↓	↓	↓	↓	*	↓	↓	*	*	*	*	*	*	*	*	*
B	1번째 2번째	2 2	2 4	↓	↓	↓	↓	↓	↓	↓	↓	↓	↓	↓	↓	↓	*	↑	↓	0 2 1 2	0 3 3 4	1 4 4 5	2 5 6 7	3 7 8 9	5 9 12 13	7 11 18 19	11 16 26 27	17 22 37 36	25 31 56 57
C	1번째 2번째	3 3	3 6	↓	↓	↓	↓	↓	↓	↓	↓	↓	↓	↓	↓	*	↑	↓	0 2 1 2	0 3 3 4	1 4 4 5	2 5 6 7	3 7 8 9	5 9 12 13	7 11 18 19	11 16 26 27	17 22 37 36	25 31 56 57	↑
D	1번째 2번째	5 5	5 10	↓	↓	↓	↓	↓	↓	↓	↓	↓	↓	↓	*	↑	↓	0 2 1 2	0 3 3 4	1 4 4 5	2 5 6 7	3 7 8 9	5 9 12 13	7 11 18 19	11 16 26 27	17 22 37 36	25 31 56 57	↑	↑
E	1번째 2번째	8 8	8 16	↓	↓	↓	↓	↓	↓	↓	↓	↓	↓	*	↑	↓	0 2 1 2	0 3 3 4	1 4 4 5	2 5 6 7	3 7 8 9	5 9 12 13	7 11 18 19	11 16 26 27	17 22 37 38	25 31 56 57	↑	↑	↑
F	1번째 2번째	13 13	13 26	↓	↓	↓	↓	↓	↓	↓	↓	↓	*	↑	↓	0 2 1 2	0 3 3 4	1 4 4 5	2 5 6 7	3 7 8 9	5 9 12 13	7 11 18 19	11 16 26 27	↑	↑	↑	↑	↑	↑
G	1번째 2번째	20 20	20 40	↓	↓	↓	↓	↓	↓	↓	↓	*	↑	↓	0 2 1 2	0 3 3 4	1 4 4 5	2 5 6 7	3 7 8 9	5 9 12 13	7 11 18 19	11 16 26 27	↑	↑	↑	↑	↑	↑	↑
H	1번째 2번째	32 32	32 64	↓	↓	↓	↓	↓	↓	↓	*	↑	↓	0 2 1 2	0 3 3 4	1 4 4 5	2 5 6 7	3 7 8 9	5 9 12 13	7 11 18 19	11 16 26 27	↑	↑	↑	↑	↑	↑	↑	↑
J	1번째 2번째	50 50	50 100	↓	↓	↓	↓	↓	↓	*	↑	↓	0 2 1 2	0 3 3 4	1 4 4 5	2 5 6 7	3 7 8 9	5 9 12 13	7 11 18 19	11 16 26 27	↑	↑	↑	↑	↑	↑	↑	↑	↑
K	1번째 2번째	80 80	80 160	↓	↓	↓	↓	↓	*	↑	↓	0 2 1 2	0 3 3 4	1 4 4 5	2 5 6 7	3 7 8 9	5 9 12 13	7 11 18 19	11 16 26 27	↑	↑	↑	↑	↑	↑	↑	↑	↑	↑
L	1번째 2번째	125 125	125 250	↓	↓	↓	↓	*	↑	↓	0 2 1 2	0 3 3 4	1 4 4 5	2 5 6 7	3 7 8 9	5 9 12 13	7 11 18 19	11 16 26 27	↑	↑	↑	↑	↑	↑	↑	↑	↑	↑	↑
M	1번째 2번째	200 200	200 400	↓	↓	↓	*	↑	↓	0 2 1 2	0 3 3 4	1 4 4 5	2 5 6 7	3 7 8 9	5 9 12 13	7 11 18 19	11 16 26 27	↑	↑	↑	↑	↑	↑	↑	↑	↑	↑	↑	↑
N	1번째 2번째	315 315	315 630	↓	↓	*	↑	↓	0 2 1 2	0 3 3 4	1 4 4 5	2 5 6 7	3 7 8 9	5 9 12 13	7 11 18 19	11 16 26 27	↑	↑	↑	↑	↑	↑	↑	↑	↑	↑	↑	↑	↑
P	1번째 2번째	500 500	500 1,000	↓	*	↑	↓	0 2 1 2	0 3 3 4	1 4 4 5	2 5 6 7	3 7 8 9	5 9 12 13	7 11 18 19	11 16 26 27	↑	↑	↑	↑	↑	↑	↑	↑	↑	↑	↑	↑	↑	↑
Q	1번째 2번째	800 800	800 1,600	*	↑	↓	0 2 1 2	0 3 3 4	1 4 4 5	2 5 6 7	3 7 8 9	5 9 12 13	7 11 18 19	11 16 26 27	↑	↑	↑	↑	↑	↑	↑	↑	↑	↑	↑	↑	↑	↑	↑
R	1번째 2번째	1,250 1,250	1,250 2,500	↑	↑	0 2 1 2	0 3 3 4	1 4 4 5	2 5 6 7	3 7 8 9	5 9 12 13	7 11 18 19	11 16 26 27	↑	↑	↑	↑	↑	↑	↑	↑	↑	↑	↑	↑	↑	↑	↑	↑

(주) 대응하는 1회 샘플링 방식을 적용한다(또는 만일 가능하면 그 대신 아래쪽의 2회 샘플링 방식을 적용한다).

표 10.14 2회 샘플링 검사방식 (까다로운 검사)

시료문자	샘플	샘플의 크기	샘플의 크기의 누계	합격품질수준 (AQL) 까다로운 검사																									
				0,010	0,015	0,025	0,040	0,065	0,10	0,15	0,2	0,40	0,65	1,0	1,5	2,5	4,0	6,5	10	15	25	40	65	100	150	250	400	650	1,000
				Ac Re	Ac Re	Ac Re	Ac Re	Ac Re	Ac Re	Ac Re	Ac Re	Ac Re	Ac Re	Ac Re	Ac Re	Ac Re	Ac Re	Ac Re	Ac Re	Ac Re	Ac Re	Ac Re	Ac Re	Ac Re	Ac Re	Ac Re	Ac Re	Ac Re	Ac Re
A				↓	↓	↓	↓	↓	↓	↓	↓	↓	↓	↓	↓	↓	↓	↓	↓	↓	↓	*	*	*	*	*	*	*	*
B	1번째 2번째	2 2	2 4	↓	↓	↓	↓	↓	↓	↓	↓	↓	↓	↓	↓	↓	↓	*	↓	↓	0 2 1 2	0 3 3 4	1 4 4 5	2 5 6 7	3 7 11 12	6 10 15 16	9 14 23 24	15 20 34 35	23 29 52 53
C	1번째 2번째	3 3	3 6	↓	↓	↓	↓	↓	↓	↓	↓	↓	↓	↓	↓	↓	*	↓	↓	0 2 1 2	0 3 3 4	1 4 4 5	2 5 6 7	3 7 11 12	6 10 15 16	9 14 23 24	15 20 34 35	23 29 52 53	↑
D	1번째 2번째	5 5	5 10	↓	↓	↓	↓	↓	↓	↓	↓	↓	↓	↓	↓	*	↓	↓	0 2 1 2	0 3 3 4	1 4 4 5	2 5 6 7	3 7 11 12	6 10 15 16	9 14 23 24	15 20 34 35	23 29 52 53	↑	↑
E	1번째 2번째	8 8	8 16	↓	↓	↓	↓	↓	↓	↓	↓	↓	↓	↓	*	↓	↓	0 2 1 2	0 3 3 4	1 4 4 5	2 5 6 7	3 7 11 12	6 10 15 16	9 14 23 24	15 20 34 35	23 29 52 53	↑	↑	↑
F	1번째 2번째	13 13	13 26	↓	↓	↓	↓	↓	↓	↓	↓	↓	↓	*	↓	↓	0 2 1 2	0 3 3 4	1 4 4 5	2 5 6 7	3 7 11 12	6 10 15 16	9 14 23 24	↑	↑	↑	↑	↑	↑
G	1번째 2번째	20 20	20 40	↓	↓	↓	↓	↓	↓	↓	↓	↓	*	↓	↓	0 2 1 2	0 3 3 4	1 4 4 5	2 5 6 7	3 7 11 12	6 10 15 16	9 14 23 24	↑	↑	↑	↑	↑	↑	↑
H	1번째 2번째	32 32	32 64	↓	↓	↓	↓	↓	↓	↓	↓	*	↓	↓	0 2 1 2	0 3 3 4	1 4 4 5	2 5 6 7	3 7 11 12	6 10 15 16	9 14 23 24	↑	↑	↑	↑	↑	↑	↑	↑
J	1번째 2번째	50 50	50 100	↓	↓	↓	↓	↓	↓	↓	*	↓	↓	0 2 1 2	0 3 3 4	1 4 4 5	2 5 6 7	3 7 11 12	6 10 15 16	9 14 23 24	↑	↑	↑	↑	↑	↑	↑	↑	↑
K	1번째 2번째	80 80	80 160	↓	↓	↓	↓	↓	↓	*	↓	↓	0 2 1 2	0 3 3 4	1 2 4 5	2 5 6 7	3 7 11 12	6 10 15 16	9 14 23 24	↑	↑	↑	↑	↑	↑	↑	↑	↑	↑
L	1번째 2번째	125 125	125 250	↓	↓	↓	↓	↓	*	↓	↓	0 2 1 2	0 3 3 4	1 2 4 5	2 5 6 7	3 7 11 12	6 10 15 16	9 14 23 24	↑	↑	↑	↑	↑	↑	↑	↑	↑	↑	↑
M	1번째 2번째	200 200	200 400	↓	↓	↓	↓	*	↓	↓	0 2 1 2	0 3 3 4	1 4 4 5	2 5 6 7	3 7 11 12	6 10 15 16	9 14 23 24	↑	↑	↑	↑	↑	↑	↑	↑	↑	↑	↑	↑
N	1번째 2번째	315 315	315 630	↓	↓	↓	*	↓	↓	0 2 1 2	0 3 3 4	1 4 4 5	2 5 6 7	3 7 11 12	6 10 15 16	9 14 23 24	↑	↑	↑	↑	↑	↑	↑	↑	↑	↑	↑	↑	↑
P	1번째 2번째	500 500	500 1,000	↓	↓	*	↓	↓	0 2 1 2	0 3 3 4	1 4 4 5	2 5 6 7	3 7 11 12	6 10 15 16	9 14 23 24	↑	↑	↑	↑	↑	↑	↑	↑	↑	↑	↑	↑	↑	↑
Q	1번째 2번째	800 800	800 1,600	↓	*	↓	↓	0 2 1 2	0 3 3 4	1 4 4 5	2 5 6 7	3 7 11 12	6 10 15 16	9 14 23 24	↑	↑	↑	↑	↑	↑	↑	↑	↑	↑	↑	↑	↑	↑	↑
R	1번째 2번째	1,250 1,250	1,250 2,500	*	↑	↓	0 2 1 2	0 3 3 4	1 4 4 5	2 5 6 7	3 7 11 12	6 10 15 16	9 14 23 24	↑	↑	↑	↑	↑	↑	↑	↑	↑	↑	↑	↑	↑	↑	↑	↑
S	1번째 2번째	2,000 2,000	2,000 4,000			0 2 1 2																							

(주) * 대응하는 1회 샘플링 방식을 적용한다 (또는 만일 가능하면 그 대신 아래쪽의 2회 샘플링 방식을 적용한다).

표 10.15 2회 샘플링 검사방식 (수월한 검사)

시료문자	샘플	샘플의 크기	샘플의 크기의 누계	합격품질수준 (AQL) 수월한 검사 +																									
				0,010	0,015	0,025	0,040	0,065	0,10	0,15	0,25	0,40	0,65	1,0	1,2	2,5	4,0	6,5	10	15	25	40	65	100	150	250	400	650	1,000
				Ac Re	Ac Re	Ac Re	Ac Re	Ac Re	Ac Re	Ac Re	Ac Re	Ac Re	Ac Re	Ac Re	Ac Re	Ac Re	Ac Re	Ac Re	Ac Re	Ac Re	Ac Re	Ac Re	Ac Re	Ac Re	Ac Re	Ac Re	Ac Re	Ac Re	Ac Re
A				↓	↓	↓	↓	↓	↓	↓	↓	↓	↓	↓	↓	↓	↓	‡	↓	↓	‡	‡	‡	‡	‡	‡	‡	‡	‡
B				↓	↓	↓	↓	↓	↓	↓	↓	↓	↓	↓	↓	↓	‡	↓	↓	‡	‡	‡	‡	‡	‡	‡	‡	‡	‡
C				↓	↓	↓	↓	↓	↓	↓	↓	↓	↓	↓	↓	‡	↑	↓	‡	‡	‡	‡	‡	‡	‡	‡	‡	‡	↑
D	1번째 2번째	2 2	2 4	↓	↓	↓	↓	↓	↓	↓	↓	↓	↓	↓	‡	↑	↓	0 2 0 2	0 3 0 4	0 4 1 5	0 4 3 6	1 5 4 7	2 7 6 9	3 8 8 12	5 10 12 16	7 12 18 21	11 17 26 30	↑	↑
E	1번째 2번째	3 3	3 6	↓	↓	↓	↓	↓	↓	↓	↓	↓	↓	‡	↑	↓	0 2 0 2	0 3 0 4	0 4 1 5	0 4 3 6	1 5 4 7	2 7 6 9	3 8 8 12	5 10 12 16	7 12 18 21	11 17 26 30	↑	↑	↑
F	1번째 2번째	5 5	5 10	↓	↓	↓	↓	↓	↓	↓	↓	↓	‡	↑	↓	0 2 0 2	0 3 0 4	0 4 1 5	0 4 3 6	1 5 4 7	2 7 6 9	3 8 8 12	5 10 12 16	↑	↑	↑	↑	↑	↑
G	1번째 2번째	8 8	8 16	↓	↓	↓	↓	↓	↓	↓	↓	‡	↑	↓	0 2 0 2	0 3 0 4	0 4 1 5	0 4 3 6	1 5 4 7	2 7 6 9	3 8 8 12	5 10 12 16	↑	↑	↑	↑	↑	↑	↑
H	1번째 2번째	13 13	13 26	↓	↓	↓	↓	↓	↓	↓	‡	↑	↓	0 2 0 2	0 3 0 4	0 4 1 5	0 4 3 6	1 5 4 7	2 7 6 9	3 8 8 12	5 10 12 16	↑	↑	↑	↑	↑	↑	↑	↑
J	1번째 2번째	20 20	20 40	↓	↓	↓	↓	↓	↓	‡	↑	↓	0 2 0 2	0 3 0 4	0 4 1 5	0 4 3 6	1 5 4 7	2 7 6 9	3 8 8 12	5 10 12 16	↑	↑	↑	↑	↑	↑	↑	↑	↑
K	1번째 2번째	32 32	32 64	↓	↓	↓	↓	↓	‡	↑	↓	0 2 0 2	0 3 0 4	0 4 1 5	0 4 3 6	1 5 4 7	2 7 6 9	3 8 8 12	5 10 12 16	↑	↑	↑	↑	↑	↑	↑	↑	↑	↑
L	1번째 2번째	50 50	50 100	↓	↓	↓	↓	‡	↑	↓	0 2 0 2	0 3 0 4	0 4 1 5	0 4 3 6	1 5 4 7	2 7 6 9	3 8 8 12	5 10 12 16	↑	↑	↑	↑	↑	↑	↑	↑	↑	↑	↑
M	1번째 2번째	80 80	80 160	↓	↓	↓	‡	↑	↓	0 2 0 2	0 3 0 4	0 4 1 5	0 4 3 6	1 5 4 7	2 7 6 9	3 8 8 12	5 10 12 16	↑	↑	↑	↑	↑	↑	↑	↑	↑	↑	↑	↑
N	1번째 2번째	125 125	125 250	↓	↓	‡	↑	↓	0 2 0 2	0 3 0 4	0 4 1 5	0 4 3 6	1 5 4 7	2 7 6 9	3 8 8 12	5 10 12 16	↑	↑	↑	↑	↑	↑	↑	↑	↑	↑	↑	↑	↑
P	1번째 2번째	200 200	200 400	↓	‡	↑	↓	0 2 0 2	0 3 0 4	0 4 1 5	0 4 3 6	1 5 4 7	2 7 6 9	3 8 8 12	5 10 12 16	↑	↑	↑	↑	↑	↑	↑	↑	↑	↑	↑	↑	↑	↑
Q	1번째 2번째	315 315	315 630	‡	↑	↓	0 2 0 2	0 3 0 4	0 4 1 5	0 4 3 6	1 5 4 7	2 7 6 9	3 8 8 12	5 10 12 16	↑	↑	↑	↑	↑	↑	↑	↑	↑	↑	↑	↑	↑	↑	↑
R	1번째 2번째	500 1,000	500 1,500	↑	↑	0 2 0 2	0 3 0 4	0 4 1 5	0 4 3 6	1 5 4 7	2 7 6 9	3 8 8 12	5 10 12 16	↑	↑	↑	↑	↑	↑	↑	↑	↑	↑	↑	↑	↑	↑	↑	↑

(주) +2번째 시료를 검사한 다음 불량개수가 합격판정개수 보다는 많지만 불합격판정개수 보다는 적을 경우에는 보통 검사로 되돌아간다.
‡ 대응하는 1회 샘플링방식을 적용한다(또는 만일 가능하면 그 대신 아래쪽의 2회 샘플링 방식을 적용한다).

10.4.3 엄격도 조정의 절차

이 규격에는 "최초의 검사는 원칙적으로 보통 검사를 적용한다. 그러나 특히 필요한 것이 있을 때는 구입자는 계약 최초의 검사에 까다로운 검사 또는 수월한 검사를 지정할 수 있다."라고 명시하고 있다. 따라서 최초에 검사를 시작할 때에는 보통검사를 적용하는 것이 상례이다.

(1) 보통 검사에서 까다로운 검사로

연속 5로트 이내에 2로트가 불합격이 되었을 경우 보통 검사에서 까다로운 검사로 변경한다.

(2) 까다로운 검사에서 보통 검사로

까다로운 검사를 행하는 도중 연속 5개의 로트가 합격되었을 때에는 보통 검사로 변경한다.

(3) 보통 검사에서 수월한 검사로

기존의 KS규격에서는 연속 10로트의 합격과 불합격 총수가 한계개수 이하인 경우로 판단하였으나, 새로운 규격은 새로운 규칙인 전환 스코오법(switching score)으로 변경되었다. 보통 검사를 행하는 도중 다음에 열거하는 조건에 만족하면 수월한 검사로 변경한다.

① 전환 스코어 30점 이상

이것은 1회마다 검사의 합격에 대하여 스코어가 주어져 이것을 누적하고, 기준을 만족했을 때 수월한 검사로 전환한다는 방법이다. 소위 마일리지 서비스를 저축하는 방법과 유사하다. 스코어는 다음과 같다.

＊1회 샘플링검사(보통검사)

- Ac≥2 인 경우에도 합격 : 3점 가산(10로트 연속 합격 시 보통검사에서 수월한 검사로 전한 함)
- 합격판정개수 Ac가 1개 이하 일 때 로트가 합격 : 2점 가산

(15로트 이상 연속해서 합격하였을 경우 보통검사에서 수월한 검사로 전환)

＊2회 샘플링 검사(보통검사)

· 1회 샘플 검사만으로 합격 : 3점을 가산

이와 같이 하여 스코어를 누적한다. 그러나 도중에 로트가 불합격되면 전환스코어는 "0"이 된다. 이와 같이하여 스코어가 30점이 되었을 때 수월한 검사로 전환한다.

② 생산이 안정되어 있다.

③ 구입자가 수월한 검사로 넘어가도 좋다고 인정하였다.

(4) 수월한 검사에서 보통 검사로

수월한 검사를 하고 있을 때, 다음의 조건 가운데서 어느 하나라도 발생하면 보통 검사로 돌아간다.

① 1로트라도 불합격되었다.

② 생산이 불규칙하게 되었거나 정체되었다.

③ 기타 보통 검사로 되돌아가는 것이 필요하다고 구입자가 인정될 때

그림 10.10 엄격도 조정의 흐름도

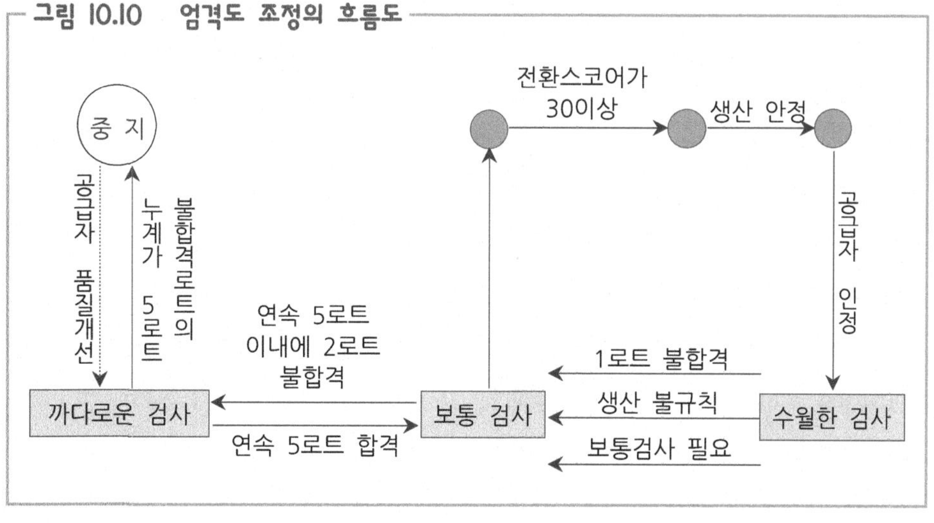

(5) 검사의 중지

까다로운 검사 개시 후, 불합격 로트의 누계가 5로트에 달한다면 원칙적으로 이 규칙에 따른 검사를 중지한다. 검사 중지 후 품질개선 처리가 취해진 경우에는 원칙적으로 까다로운 검사로 되돌린다.

(6) 엄격도 조정의 흐름

위에서 검토된 엄격도 조정의 절차를 묶어서 흐름도로 작성하여 보면 **[그림 10.10]**과 같다.

10.4.4 부적합수에 관한 검사

검사단위에 대하여 취급된 검사항목에 의해서 일어날 수 있는 모든 부적합을 그 중요성에 따라 치명결함(critical defect), 중결함(major defect), 경결함(minor defect)의 3종류로 분류하고 있다. 결함을 분류하는 것은 주로 AQL을 정할 때 필요하게 된다. 이들 결함은 다음과 같이 정의되어 있다.

(1) 치명결함 : 제품을 사용, 유지 또는 보관하고 있는 사람에게 위험을 미치거나, 안전치 못한 상황을 초래하겠다고 예상되는 결함
(2) 중결함 : 치명결함 정도는 아니나, 검사단위의 실용성을 실질적으로 저하시켜서 소기의 목적을 달성하기가 곤란하다고 예상되는 결함
(3) 경결함 : 검사단위의 실용성 또는 유효한 사용 조작 등에서는 하등의 지장이 없다고 예상되는 결함

이 규격에는 또 하나 이상의 치명결함이 있는 검사단위를 치명부적합품(critical nonconforming item), 하나 이상의 중결함이 있는 검사단위를 중부적합품(major non-conforming item), 하나 이상의 경결함이 있는 검사단위를 경부적합품(minor non-conforming item)이라고 정의하여 사용하고 있다.

부적합수에 관한 AQL은 100단위당의 부적합수를 나타내고 있다. 이것은 1단위

당의 평균 부적합수를 100배 한 것이라고 생각하면 된다. 이것은 부적합품률(%)의 표와 공용하기 위한 조치이다. AQL의 설정은 일어날 수 있는 모든 결함의 종류에 대하여 설정하여 줄 필요가 있다. 예를 들면, 중결함(또는 중부적합품)에 대해서는 AQL 1.5(%), 경결함(또는 경부적합품)에 대해서는 AQL 4.0(%)라고 하는 것과 같다. 만약 하나의 물품에 중결함 항목이 여러 개 있더라도 모두 합쳐서 중결함의 수로서 취급한다.

부적합수에 대한 샘플링 검사를 실시할 경우에는 일반적으로 동일한 시료에 대하여 여러 종류의 결정항목을 검사하는 것이 경제적이며 또한 편리하다. 어느 한 가지 종류의 결점에서도 불합격이 나면 로트는 불합격이 된다.

다음과 같은 예를 생각하여 보자. 베아링에 대하여 샘플링 검사를 실시하고 있다. 이 베아링의 검사항목에서 두 종류의 결함은 치명결함으로, 세 종류의 결함은 중결함으로, 다섯 종류의 결함은 경결함으로 분류된다고 한다. 이 베아링의 로트의 크기는 N=5,000으로 검사수준 II에서 2회 샘플링 검사방식으로 보통 검사를 이용하는데 AQL의 값으로는 치명결함, 중결함, 경결함이 각각 1.0%, 4.0%, 6.5%를 적용한다.

이 경우 주어진 로트의 크기와 검사수준에 해당하는 시료문자는 L로, 각 결함의 종류에 대한 샘플링 검사방식은 다음과 같다.

누적된 시료의 크기	치명결함		중결함		경결함	
	A_c	R_e	A_c	R_e	A_c	R_e
125(n_1)	2	5	7	11	11	16
250(n_1+n_2)	6	7	18	19	26	27

실제의 검사결과로서 먼저 시료 n_1=125개에서

치명결함 = 2개　　　중결함 = 8개　　　경결함 = 12개

가 발견되었다고 가정하자. 이 결과에 의하면 치명결함은 합격이고, 중결함과 경결함은 제2시료 125개를 추가로 추출 검사하여 결정하여야 한다. 제2시료의 결과 누적된 부적합의 수 합계가

중결함 = 17개　　　경결함 = 30개

가 나타났다 하자. 그러면 중결함은 합격이나, 경결함이 불합격이므로 로트 전체를 불합격 판정하여야 한다.

10.4.5 검사수준과 OC곡선

검사수준은 시료의 상대적인 크기를 나타내는 것이다. 일반 검사수준(general inspection level)으로는 I, II, III의 3종류의 검사수준이 있고, 수준 II가 보통 많이 사용된다. 특별한 검사(파괴검사이거나 비용이 많이 드는 검사)를 위해서 특별 검사수준(special inspection level)으로서 $S-1$부터 $S-4$까지의 수준이 있다. 이것은 소시료검사로 불리기도 한다.

검사수준 I, II, III의 시료의 크기의 비율은 대략 0.4 : 1.0 : 1.6으로 되어 있으며 대표적인 *OC* 곡선의 비교는 **[그림 10.11]**과 같다.

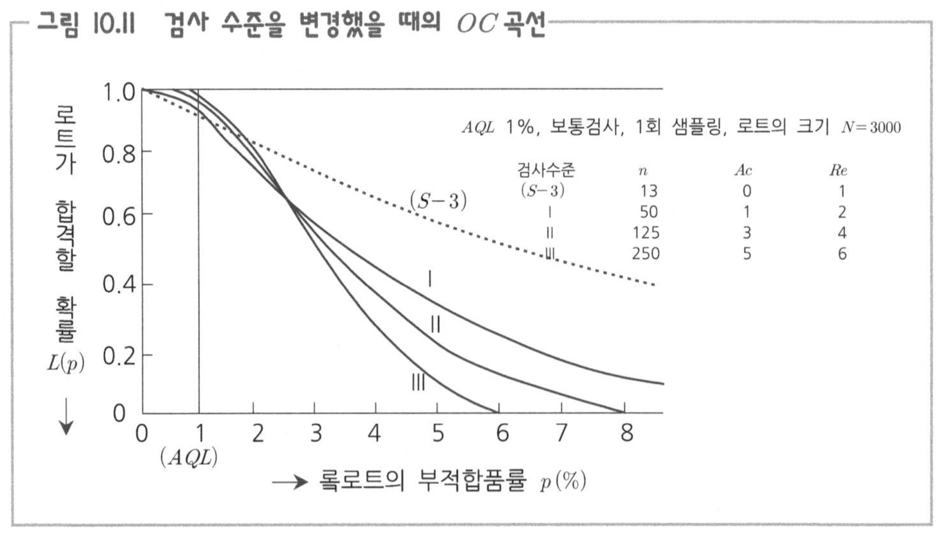

그림 10.11 검사 수준을 변경했을 때의 *OC* 곡선

이 그림에서 알 수 있는 바와 같이 검사수준을 높게 하면(I → III으로) 시료의 크기가 증가하면서, 좋은 로트와 나쁜 로트의 판별력이 좋아진다. 또한 검사수준이 변경되면, 생산자 위험 α의 변화는 비교적 적지만, 소비자 위험 β가 상당히 변화한다. 따라서 검사수준을 정하는 일은 특히 구입자 측에서 중요한 문제이다.

소시료 검사에 사용되는 특별 검사수준으로 $S-1$부터 $S-4$까지 4종류가 있는데 $S-1$이 가장 작은 시료의 크기를 가지고 $S-4$가 가장 큰 시료를 갖게 된다. 그러나 $S-4$도 일반 검사수준 I보다는 시료의 크기가 더 크지는 않다. 참고로 로트의 크기가 281~500인 경우에 검사수준을 비교하면 다음과 같다.

로트의 크기 (281~500)	특별검사수준				일반검사수준		
	S-1	S-2	S-3	S-4	I	II	III
시료 문자	B	C	D	E	F	H	J
시료의 크기	3	5	8	13	20	50	80

10.4.6 샘플링 형식

샘플링 형식으로는 1회, 2회, 다회의 3종류가 있다. 동일한 AQL, 동일 시료 문자의 경우에는 어느 샘플링 형식을 취하여도 OC 곡선은 실용상 거의 일치하도록 되어 있다. 따라서 어떤 샘플링 형식을 선택할 것인가에 대해서는 OC 곡선 이외의 사항을 고려하여 결정하면 된다.

2회 샘플링 형식은 여기에 대응하는 1회 샘플링 형식(동일 시료분자, 동일 AQL 같은 검사의 엄격도)보다도 작은 시료의 크기를 채택하고 있다. 일반적으로

$$n_1 = n_2 \fallingdotseq 10^{-\frac{1}{5}} n_0 \fallingdotseq 0.63 n_0$$

n_1 : 제1시료의 크기

n_2 : 제2시료의 크기

n_0 : 대응하는 1회 샘플링의 시료의 크기

가 성립된다. 이러한 방침을 적용한 결과 2회 샘플링 검사의 평균검사개수(ASN)가 n_0 보다 작게 되었다. 이 결과에 대한 비교 분석은 참고문헌(10·5, 10·12)을 참조하시오.

10.4.7 검사의 엄격도에 따른 OC 곡선

동일 AQL, 동일 시료 문자인 경우에는 검사의 엄격도에 따라서 OC 곡선이 어떻게 달라지는가를 AQL 1.0%, 검사수준 II, 1회 샘플링, 로트의 크기 N=1,000, 시료 문자 J에 대하여 **[그림 10.12]**에 도시하였다. 수월한 검사의 OC 곡선은 두 개가 있음을 유의하여야 한다. 수월한 검사의 OC 곡선 가운데에서 왼쪽의 곡선은 로트가 합격되고 수월한 검사가 계속되는 확률을 나타내는 곡선이고, 오른쪽의 곡선은 로트가 불합격되지 않는 확률을 나타내는 곡선이다. 따라서 임의의 부적합품률 p 에서 두 합격 확률의 차는 로트가 조건부 합격을 하게 될 확률이 된다.

수월한 검사의 왼쪽 OC 곡선은 소비자 보호란 관점에서 보통검사의 OC 곡선과 비교할 때 차이가 없다는 것을 알 수 있다. 그러나 수월한 검사의 오른쪽 OC 곡선은 어떤 부적합품률에 대해서도 로트가 불합격되지 않는 확률이 보통 검사보다도 월등히 높다. 따라서 수월한 검사를 채택하기 위해서는 공급자에 대한 철저한 조사가 있어야 한다.

까다로운 검사에서는 AQL이 1%보다 상당히 나쁜 경우에는 소비자 위험이 무시할 수 없을 정도로 높다. 따라서 소비자 보호는 까다로운 검사에만 의존한다는 것은 불충분하며 공급자로 하여금 철저한 품질관리를 하도록 유도하는 것이 바람직하다.

그림 10.12 검사의 엄격도 변환에 따른 OC 곡선의 비교

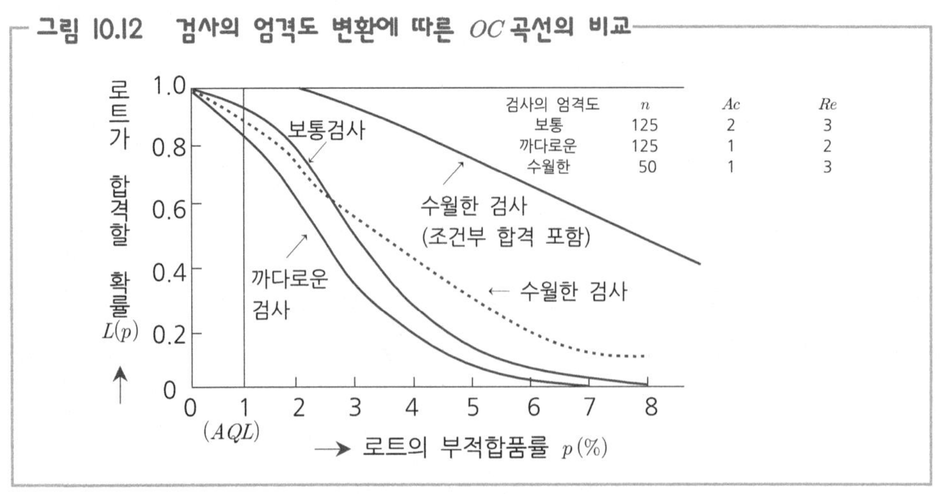

10.5 고립로트 LQ 지표형 샘플링검사(KS Q ISO 2859-2 : 2011)

10.5.1 검사의 개념

계수값 검사에 대한 샘플링 검사로는 다음의 3가지가 한국산업규격(KS)에 나와 있다.

로트별 AQL 지표형 샘플링 검사 방식(KS Q ISO 2859-1 : 2011)
고립로트 LQ 지표형 샘플링 검사 방식(KS Q ISO 2859-2 : 2011)
스킵로트 샘플링 검사 방식(KS Q ISO 2859-3 : 2011)

이 중에서 첫 번째 것은 이미 앞의 **10.4절**에서 상세히 설명하였고, 이번 절에서는 두 번째 검사방식에 대하여 설명하기로 한다. 두 번째 검사방식의 규격은 1985년에 제1판으로 발행된 ISO 2859-2 Sampling procedures for inspection by attributes – Part 2: Sampling plans indexed by limiting quality(LQ) for isolated lot inspection을 번역하여, 기술적 내용 및 규격서의 서식을 변경하지 않고 작성한 한국산업규격이다.

(1) 고립로트(Isolated lot)란?

검사의 대상이 되는 로트는 연속 로트(continuous lot)와 고립 로트(isolated lot)의 두 종류가 있다. 연속 로트는 검사를 받기 위하여 연속적으로 제출되는 일련의 로트로서 로트별 검사(lot-by-lot inspection)의 대상이 된다. 만일 일련의 로트가 생산 시점에서 합부 판정을 위하여 제출되어 있다면 선행 로트의 결과는 후속 로트의 검사 판정에 영향을 주게 된다. 위의 3가지 검사 방식 중에서 첫 번째와 세 번째는 로트별 검사에 사용되는 것이다.

고립로트(isolated lot)란 일련의 로트가 아니라 로트가 단 하나로 고립되어 있는 경우이다. 단지 하나의 로트만이 생산되어 이를 검사하거나, 또는 저장되어 있는 로트에서 동일한 제품의 생산이 종료되었을 때, 이 로트에 대해서 마지막으로 검사가 실시되는 경우를 고립로트(isolated lot) 검사라 한다. 이와 같은 조건하에서는 한 로트의 품질이 다른 로트에 영향을 줄 수 없는 상황이 되는 것이다.

고립로트에 대한 검사방식이 위에 열거된 3가지 중에서 두 번째(KS Q ISO 2859-2) 방식이다. 로트별 검사방식(KS Q ISO 2859-1과 KS Q ISO 2859-3)에서는 합격품질수준(AQL)의 값 및 검사 수준을 사전에 결정하는 것이 요구되는 것에 비하여, KS Q ISO 2859-2에서는 한계 품질(LQ: limiting quality)의 설정이 요구된다.

한국산업규격이 개정되기 전에는 KS Q ISO 2859-2에 해당되는 샘플링 검사방식은 KS Q 3105(계수 선별형 1회 샘플링 검사)이었다. KS Q 3105는 폐지되고 대신에 KS Q ISO 2859-2가 사용되는 것이다.

(2) 한계 품질(LQ : Limiting quality) 이란?

한계 품질(Limiting quality)이란 고립 로트에서 합격으로 판정하고 싶지 않은 로트의 불량률을 말한다. 즉, 한계 품질은 부적합품 퍼센트(또는 100 아이템 당 부적합수)로 표시한 품질수준이다. 폐지된 KS Q 3105에서는 한계 품질을 로트 허용불량률(LTPD: lot tolerance percent defective)이라고 부르고 보통 p_1이라고 표시하였다. 로트가 한계 품질에 있는 경우에도 샘플링 검사에서 로트가 합격될 확률이 있는데, 이런 확률을 소비자 위험(consumer's risk)이라고 부르고, 이를 보통 β 로 표시한다. 이에 비하여 검사에서 합격으로 판정하고 싶은 로트의 낮은 불량률은 합격품질수준(AQL; acceptable quality level)이라고 부르고 보통 p_0라고 명기하였다. 로트의 불량률이 AQL인 경우에도 샘플링 검사에서 로트가 불합격되는 확률이 있는데, 이런 확률을 생산자 위험(producer's risk)이라고 부른다. 고립 로트의 검사에서는 AQL을 사용하지 않고 LQ를 품질지표로 사용한다.

10.5.2 검사의 적용분야

이 검사 방식에서는 두 가지 상황에 대한 절차 A, B를 규정하고 있다.

(1) **절차 A**: 이것은 공급자와 소비자 양쪽 모두가 로트를 고립 상태로 간주하는 것을 바라는 경우에 사용하는 절차이다. 관련된 검사방식의 표는 소비자

위험 및 생산자 위험 모두에 대하여 유한 로트(finite lot)에서의 임의 샘플링 (random sampling)에 기초한 것이다.

(2) **절차** B: 이것은 공급자는 로트가 연속 시리즈의 하나로 간주하는 것을 바라고 있으나, 소비자는 로트를 고립 상태로 받아들인다고 생각하는 경우에 사용하는 절차이다. 각 표는 한계 품질에서의 소비자 위험에 대해서는 유한 로트에서의 임의 샘플링에 기초하나, 생산자 위험에 대해서는 프로세스에서의 임의 샘플링에 기초하고 있고, OC 곡선의 수치도 표에 나타난다.

10.5.3 샘플링 방식의 선택

샘플링 방식을 선택할 때에는 절차 A와 B 중에서 무엇을 사용할지 정할 필요가 있다. 어느 절차를 사용할지 명확하지 않으면 절차 A를 따른다. 절차 A는 샘플링 검사의 결과에 대하여 초기하분포에 기초하고 있으나, 합격판정개수(Ac)가 0이 아닌 경우에는 2항 분포에 근사하므로 2항 분포를 사용하여 계산된다.

절차 A는 합격판정개수가 0인 샘플링 방식을 포함하고 샘플 크기는 초기하 분포에 기초하고 있으나, 절차 B에서는 합격판정개수가 0인 샘플링 방식은 포함하지 않고, 합격판정개수가 0인 경우에는 전수검사로 한다.

(1) 절차 A (**<표 10.16>**을 사용한다.)

샘플링 방식은 로트 크기 및 한계 품질(LQ)의 값을 지표로 하여 **<표 10.16>**에서 샘플 크기(n) 및 합격판정개수(Ac)를 구한다.

예제 10.5

로트의 크기가 500이고 한계품질이 5.0%인 경우에 고립 로트의 검사에 대한 LQ 지표형 샘플링 검사 방식을 설계하라.

풀이

<표 10.16>을 보면 $n=50$, $Ac=0$을 찾을 수 있다. 즉, 크기 500인 로트에서 50개를 랜덤하게 추출하여 검사한 결과 부적합품의 개수가 하나도 없으면 로트를 합격으로 하고, 하나로도 발견되면 불합격으로 한다.

표 10.16 한계 품질(LQ)을 지표로 하는 1회 샘플링 방식(절차A, 주 샘플링표)

로트 크기		한계품질(LQ)(부적합품 퍼센트)									
		0.50	0.80	1.25	2.0	3.15	5.0	8.0	12.5	20.0	31.5
16~25	n Ac	*	*	*	*	*	*	17[(1)] 0	13 0	9 0	6 0
26~50	n Ac	*	*	*	*	*	28[(1)] 0	22 0	15 0	10 0	6 0
51~90	n Ac	*	*	*	50 0	44 0	34 0	24 0	16 0	10 0	8 0
91~150	n Ac	*	*	90 0	80 0	55 0	38 0	26 0	18 0	13 0	13 1
151~280	n Ac	200[(1)] 0	170[(1)] 0	130 0	95 0	65 0	42 0	28 0	20 0	20 1	13 1
281~500	n Ac	280 0	220 0	155 0	105 0	80 0	50 0	32 0	32 1	20 1	20 3
501~1 200	n Ac	380 0	255 0	170 0	125 0	125 1	80 1	50 1	32 1	32 3	32 5
1 201~3 200	n Ac	430 0	280 0	200 0	200 1	125 1	125 3	80 3	50 3	50 5	50 10
3 201~10 000	n Ac	450 0	315 0	315 1	200 1	200 3	200 5	125 5	80 5	80 10	80 18
10 001~35 000	n Ac	500 0	500 1	315 1	315 3	315 5	315 10	200 10	125 10	125 18	80 18
35 001~150 000	n Ac	800 1	500 1	500 3	500 5	500 10	500 18	315 18	200 18	125 18	80 18
150 001~500 000	n Ac	800 1	800 3	800 5	800 10	800 18	500 18	315 18	200 18	125 18	80 18
500001이상	n Ac	1250 3	1250 5	1250 10	1250 18	800 18	500 18	315 18	200 18	125 18	80 18

주 : (1) 만약 샘플 크기가 로트 크기 이상이면 전수 검사한다.
비고 : * 전수 검사한다.(한계 품질은 로트 중 부적합품 개수가 1미만인 것을 의미하거나 또는 적용할 수 있는 샘플링 방식이 없다.)

(2) 절차 B

샘플링 방식은 로트 크기, 한계 품질(LQ) 및 검사수준에서 구할 수 있다. 특별한 지정이 없으면 검사수준 II를 사용한다. 규정된 한계 품질은 부표 B1~B10 중에서 적절한 표를 선택한다. 한계 품질의 값으로는 B1이 LQ =0.50%, B2가 LQ

=0.80%, B3가 LQ=1.25%, B4가 LQ=2.00%, B5가 LQ=3.15%, B6가 LQ=5.00%, B7이 LQ=8.00%, B8이 LQ=12.5%, B9이 LQ=20.0%, B10이 LQ=31.5%이다.

모든 부표를 여기에 실을 수 없으므로 대표적인 **<표 10.17>**을 다음에 보이고 설명하기로 한다.

표 10.17 한계 품질 5.00%에 대한 1회 샘플링 방식(절차 B, 주 샘플링표)

검사 수준에 대한 로트 크기					KS A ISO 2859-1의 1회 샘플링 방식(보통검사)			샘플문자	합격 확률(%)의 특정값에 대응하는 공정 품질의 값[(1)](부적합품 퍼센트)					각 검사 수준에 대한 한계 품질(LQ)에서의 소비자 위험(β_{LQ})의 최대값[(2)]		
S-1~S-3	S-4	I	II	III	AQL	n	Ac		95.0	90.0	50.0	10.0	5.0	S-1~I	II	III
81[(3)] 이상	81[(3)]~ 500 000	81[(3)]~ 10 000	81[(3)]~ 1 200	81[(3)]~ 500	0.65	80	1	J	0.446	0.667	2.09	4.78	5.79	8.6	7.9	6.9
	500 001 이상	10 001~ 35 000	1201~ 3 200	501~ 1 200	1.00	125	3	K	1.10	1.40	2.93	5.27	6.09	12.4	11.9	11.0
		35 001~ 150 000	3 201~ 10 000	1 201~ 3 200	1.00	200	5	L	1.31	1.58	2.83	4.59	5.18	6.2	6.2	5.7
		150 001 이상	10 001 이상	3 201 이상	1.50	315	10	M	1.97	2.24	3.38	4.85	5.33	8.1	8.1	8.1

주 : (1) 공정품질의 값은 2항 분포에 기초한다.
(2) 초기하 분포에 의한 소비자 위험의 정확한 값은 로트 크기에 따라서 바뀐다. 여기서는 각 검사 수준의 최대값을 부여한다.
(3) 81 미만의 로트에 대해서는 전수 검사한다.

 예제 10.6

로트의 크기가 500이고 검사 수준 II를 사용하는 경우에 절차 B에 의한 샘플링 검사 방식을 설계하라.

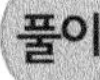 풀이

<표 10.17>을 보면 AQL=0.65%, n=80, Ac=1로서 크기 500인 로트에서 80개를 랜덤 샘플링하여 검사하고, 이 중에서 부적합품의 개수가 1개 이하이면 로트를 합격으로 하고, 아니면 불합격으로 한다.

10.6 스킵로트 샘플링검사 (KS Q ISO 2859-3 : 2011)

10.6.1 검사의 개념

검사받는 로트가 연속적으로 들어오는 경우에 검사에 제출된 제품의 품질이 AQL 보다 상당히 좋다고 입증되어 소정의 판정 기준에 합치했을 때에는 연속적으로 들어오는 모든 로트를 검사하지 않고 로트를 건너 뛰어 일부의 로트만을 검사하고 싶은 경우가 있다. 이런 경우에 사용하는 검사 방식이 스킵 로트 샘플링 검사(skip lot sampling inspection)로, 연속하여 제출된 로트 중의 일부 로트를 검사 없이 합격으로 하는 합부 판정 샘플링 검사 절차이다. 이 검사 방식의 규격은 1991년에 제1판으로 발행된 ISO 2859-3 Sampling procedures for inspection by attributes-Part 3: Skip-lot sampling procedures를 번역하여, 기술적 내용 및 규격서의 서식을 변경하지 않고 작성한 한국산업규격이다.

KS Q ISO 2859-3에 기술되어 있는 스킵 로트 샘플링 검사의 절차에서는 제품이 스킵 로트 샘플링 검사의 공급자 및 제품의 자격을 만족하는가를 계통적으로 심사한다. 제품이 규정의 자격 기준을 만족했을 때에는 로트에서 일정 비율(즉, 1/2, 1/3, 1/4 또는 1/5)에서 샘플을 취한다. 보다 작은 비율은 제품 품질이 AQL 보다 현저히 좋다는 결과가 나온 경우에만 허락된다. 1/5라는 샘플링 빈도는 초기에는 사용할 수 없다. 만일 샘플링 검사에서 얻어진 품질이 악화되면 이 검사 방식의 자격을 상실하고, 재취득할 때까지 로트별 샘플링 검사로 복귀한다.

이 절차는 연속적 시리즈의 로트 및 배치(batch)에 사용하는 것을 의도한 것으로, 고립 로트에 대해서는 사용할 수 없다.

10.6.2 공급자 및 제품의 자격 심사

이 규격은 제출된 제품에 대한 검사 노력의 감소를 도모하는 일반적인 계수값 스킵 로트 샘플링 검사 절차에 대하여 규정하는 것으로, KS Q ISO 2859-1에 기술된 로트별 계수값 샘플링 방식과 함께 사용하도록 설계되어 있고, 공급자와 제품의 자격 심사를 만족시켜야 이 검사 절차를 사용할 수 있다.

(1) 공급자의 자격 심사

공급자는 다음의 각 항을 만족시켜야 한다.

a) 제품 품질과 설계 변경을 관리하기 위한 문서화된 시스템을 갖추고, 유지하고 있어야 한다. 이 시스템에는 공급자에 따른 각 생산 로트의 검사와 검사 결과의 기록이 포함되어 있어야 한다.
b) 품질 수준의 이동을 검출 수정하고, 또 품질의 저하를 초래하는 프로세스의 변화를 감시할 능력이 있는 시스템을 설치하여야 한다. 이 시스템 적용의 책임을 가진 공급자 쪽 요원은 적용되는 규격, 시스템 및 따라야 할 절차에 대한 명확한 이해를 나타낼 수 있어야 한다.
c) 품질의 저하를 초래할 우려가 있는 조직 변경이 없어야 한다.

(2) 제품의 자격 심사

제품은 다음의 각 항을 만족하여야 한다.

a) 안정된 설계에 따른 것이어야 한다.
b) 공급자와 소관 권한자 양쪽이 합의한 기간, 실질적 연속 생산의 상태에서 제조되어 온 것으로 한다. 만일 기간의 규정이 없으면 6개월로 한다. 샘플의 승인을 위하여 생산이 중지된 경우에는 승인되고 생산개시부터의 기간만을 포함한다.
c) 제품에 대한 자격 심사 기간 중에 한 로트라도 까다로운 검사를 적용받은 제품은 스킵 로트 검사를 받을 자격이 없다.
d) 공급자와 소관 권한자 양쪽이 합의한 안정 기간 중 AQL 또는 그보다 좋은 품질이 유지되어야 한다. 만일 이 기간의 규정이 없으면 이 기간은 6개월로 한다.
e) 다음의 품질 요구 사항을 만족하여야 한다.
  ① 직전의 10로트 이상이 합격되어야 한다.

② 직전의 10 로트 또는 그 이상의 로트에 대하여 **<표 10.18>**의 요구사항이 각각 만족 되어야 한다.

③ 최근의 각 2로트에 대하여 **<표 10.19>**의 요구사항이 각각 만족되어야 한다.

표 10.18 스킵 로트 검사 적용을 위한 최소 누계 샘플 크기

불합격품 또는 불합격	합격 품질 수준(AQL) [불합격품 퍼센트[(1)] 또는 100단위당 불합격수]												
	0.1	0.15	0.25	0.4	0.65	1	1.5	2.5	4	6.5	10	15	25
	최소 누계 샘플 크기												
0	2,660	1,740	1,040	650	400	260	174	104	65	40	26	17	10
1	4,250	2,840	1,700	1,070	654	425	284	170	107	65	43	28	17
2	5,740	3,830	2,300	1,440	883	574	383	230	144	88	57	38	23
3	7,140	4,760	2,860	1,790	1,098	714	476	286	179	110	71	48	29
4	8,490	5,660	3,400	2,120	1,306	849	566	340	212	131	85	57	34
5	9,800	6,530	3,920	2,450	1,508	980	653	392	245	151	98	65	39
6	11,090	7,390	4,440	2,770	1,706	1,109	739	444	277	171	111	74	44
7	12,360	8,240	4,940	3,090	1,902	1,236	824	494	309	190	124	82	49
8	13,610	9,070	5,440	3,400	2,094	1,361	907	544	340	209	136	91	54
9	14,850	9,900	5,940	3,710	2,285	1,485	990	594	371	229	149	99	59
10	16,080	10,720	6,430	4,020	2,474	1,608	1,072	643	402	247	161	107	64
11	17,290	11,530	6,920	4,320	2,660	1,729	1,153	692	432	266	173	115	69
12	18,500	12,330	7,400	4,630	2,846	1,850	1,233	740	463	285	185	123	74
13	19,700	13,130	7,880	4,930	3,031	1,970	1,313	788	493	303	197	131	79
14	20,890	13,930	8,360	5,220	3,214	2,089	1,393	836	522	321	209	139	84
15	22,080	14,720	8,830	5,520	3,397	2,208	1,472	883	552	340	221	147	88
16	23,260	15,500	9,300	5,820	3,578	2,326	1,550	930	582	358	233	155	93
17	24,430	16,290	9,770	6,110	3,758	2,443	1,629	977	611	376	244	163	98
18	25,600	17,070	10,240	6,400	3,938	2,560	1,707	1,024	640	394	256	171	102
19	26,760	17,840	10,700	6,690	4,117	2,676	1,784	1,070	669	412	268	178	107
20	27,930	18,620	11,170	6,980	4,297	2,793	1,862	1,117	698	430	279	186	112
n[(2)]	1,170	780	470	290	180	117	78	47	29	18	12	8	5

주 : (1) 불합격품 퍼센트는 10 이하의 AQL에 적합하다.

(2) 각각의 추가 불합격품 또는 불합격은 20의 최소 샘플 크기에 n을 더한다.
예를 들면, AQL이 1%이고 22의 불합격품 또는 불합격이 발견되었을 때,
최소 누계 샘플 크기는 다음에 의하여 구해진다.
(2×117)+2,793=3,027

표 10.19 스킵 로트 검사의 개시, 계속, 재개를 위한 합격 판정수

샘플 크기	합격 품질 수준(AQL)[(1)] [부적합품 퍼센트[(2)] 또는 100단위당 부적합]												
	0.1	0.15	0.25	0.4	0.65	1	1.5	2.5	4	6.5	10	15	25
	합격 판정수												
2								→	→	0	→	0	1
3							→	→	0	→	0	1	1
5						→	→	0	→	0	1	1	2
8					→	→	0	→	0	1	1	2	3
13				→	→	0	→	0	1	1	2	3	5
20			→	→	0	→	0	1	1	2	3	5	7
32		→	→	0	→	0	1	1	2	3	5	7	11
50	→	→	0	→	0	1	1	2	3	5	7	11	17
80	→	0	→	0	1	1	2	3	5	7	11	17	
125	0	→	0	1	1	2	3	5	7	11	17		
200	→	0	1	1	2	3	5	7	11	17			
315	0	1	1	2	3	5	7	11	17				
500	1	1	2	3	5	7	11	17					
800	1	2	3	5	7	11	17						
1250	2	3	5	7	11	17							
2000	3	5	7	11	17								

주 : (1) 엄격하지 않은 검사에 의하여 화살표 표시한 Ac=0을 나타낸다.
(2) 부적합품 퍼센트 10 이하의 AQL에 적용한다.

비고 : 이 스킵 로트 합격 판정수는 ISO 2859-1에 주어진 각각의 로트에 대한 합부 판정 기준과 혼동해서는 안 된다.

예제 10.7

자격을 취득한 생산자가 공급자의 자격심사 a), b), c)를 만족하는 콘덴서를 생산하는 경우이다. 이 제품이 AQL=0.65%로 검사되고, 연속 10로트가 합격하고, 누계 샘플 크기가 1,400개로, 그 10로트에서 합계 4개의 불합격품이 발견된 것으로 가정한다. **<표 10.18>**에서 불합격품의 합계가 4개에 대한 최소 누계 샘플 크기가 1,306개이다. 합계 샘플 크기의 1,400은 이 최소 누계 샘플 크기를 넘으므로 **<표 10.18>**의 판정 기준은 만족한다. 그리고 최근의 2 로트는 샘플 크기는 각각 125개로, 샘플 중 불합격품은 각각 1개라고 가정한다. **<표 10.19>**에서 샘플 크기 125에 대한 불합격품의 허용값은 1개이므로 **<표 10.19>**의 판정 기준을 만족한다. 따라서 이 제품은 자격심사 e)의 품질 요구사항을 만족하고, 스킵 로트 검사의 자격을 취득한다.

10.6.3 스킵로트 검사 절차

제품이 앞의 '공급자의 자격 심사' 조건에 적합한 공급자에 의하여 '제품의 자격 심사' 조건에 적합하여 생산되면 스킵 로트 검사의 대상이 된다. 스킵 로트 검사 절차 구조의 개요가 **[그림 10.13]**에 표시되어 있다. 이 절차에는 3개의 기본적 상태가 존재한다.

a) 상태 1: 로트별 검사
b) 상태 2: 스킵 로트 검사
c) 상태 3: 스킵 로트 중단

어느 제품에 대한 검사의 절차는 상태 1, 즉 로트별 검사에서 시작한다. 공급자와 제품이 스킵 로트 검사의 자격(공급자 자격과 제품의 자격)을 취득했을 때에는 상태 2, 즉 스킵 로트 검사로 옮겨 간다. 스킵 로트 검사는 일반적으로 중단되어 상태 3으로 옮겨가는 경우가 있다(다음의 (3) 참조). 상태 3에서는 그 제품이 최초만큼 엄격하지 않은 조건에서 자격을 재취득하고, 상태 2로 되돌릴 수 있다(다음의 (4) 참조). 한편 상태 2 또는 상태 3에서 그 제품이 스킵 로트 검사의 자격을 상실하는 경우도 있다(다음의 (5) 참조). 이 경우에 절차는 상태 1로 되돌리고, 그 제품은 또 한번 공급자와 제품의 요구사항을 만족하여야 한다. 이 스킵 로트 절차에서 상태 1, 2 및 3의 전기간 중 개개의 로트에 대해서 사용하는 합격 및 불합격의 판정 기준은 KS A ISO 2859-1:1989의 보통검사에 기준 한다.

(1) 스킵 로트 검사의 초기 빈도 결정

스킵 로트 검사의 초기 빈도는 다음의 3가지를 사용하며 그 기준 선택은 **[그림 10.14]**에 나와 있다.

a) 1/2 (제출된 2로트 중에서 1로트를 검사한다.)
b) 1/3 (제출된 3로트 중에서 1로트를 검사한다.)
c) 1/4 (제출된 4로트 중에서 1로트를 검사한다.)

그림 10.13 스킵 로트 절차의 기본 구조

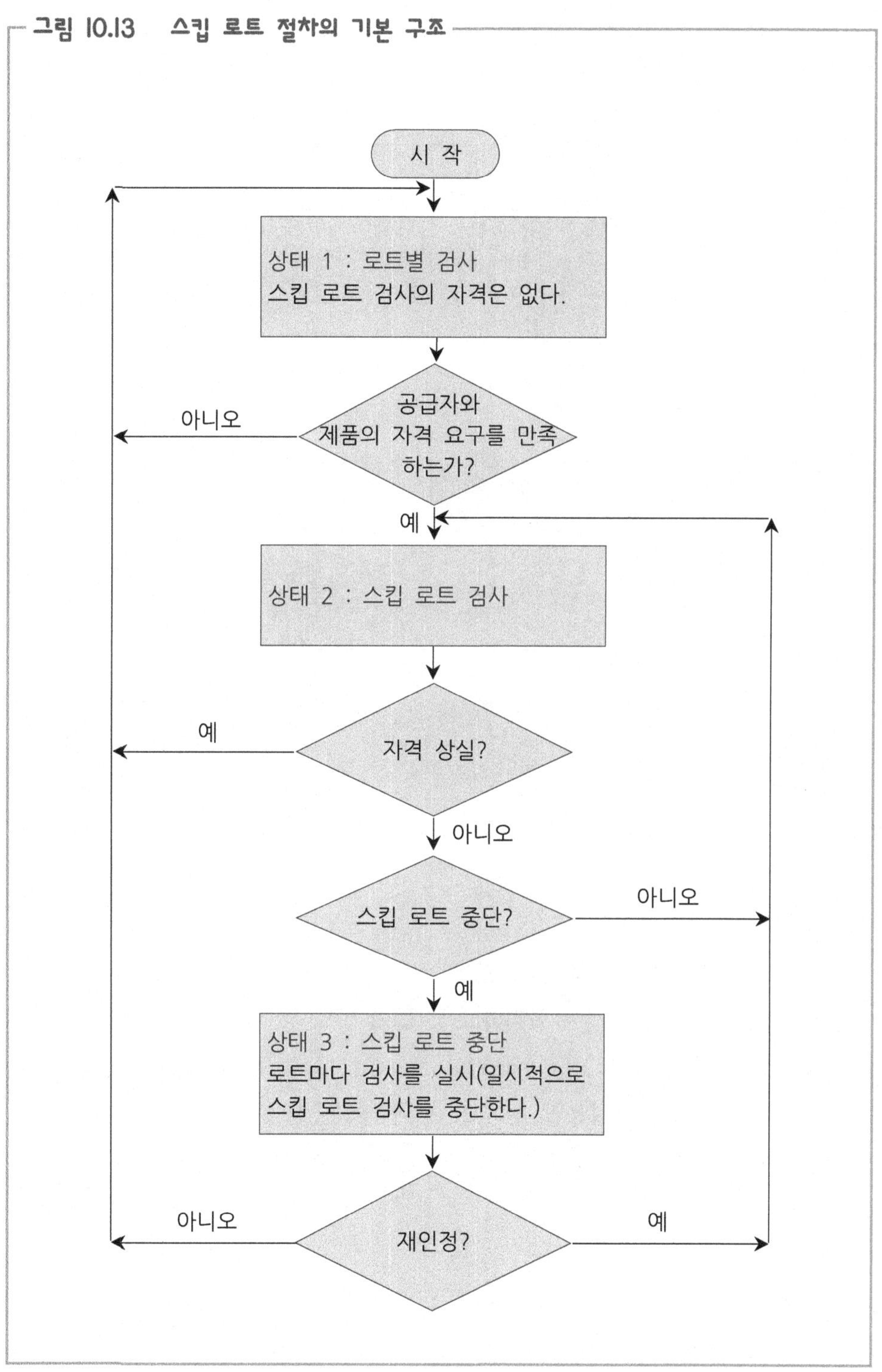

그림 10.14 스킵 로트 검사의 빈도의 초기값 결정

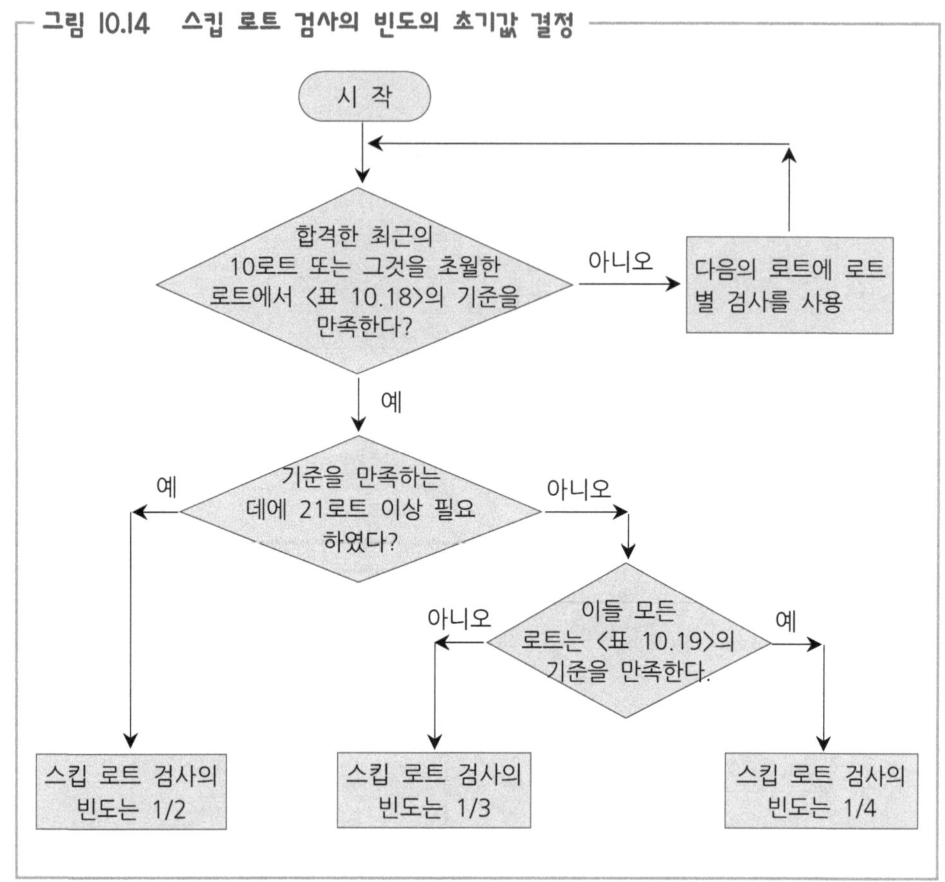

(2) 검사 빈도의 감소

현행의 상태 2(**스킵 로트 검사**)에 있어서 직전의 빈도 결정 이후에 연속 10로트 이상이 스킵 로트 검사를 받아 합격하고, 그들의 로트에서의 데이터가 **<표 10.18>** 의 요구 이상이면 다음의 낮은 빈도(예로 1/3에서 1/4로)로 옮겨도 좋다. 1/5라는 빈도는 초기 빈도로서는 사용할 수 없으나 나중에는 사용이 가능하다. 자세한 사항은 복잡하여 규격에는 나와 있으나 여기서는 생략하기로 한다.

(3) 중단의 절차

스킵 로트 검사 기간 중 다음의 조건 중 어느 쪽이나 또는 양쪽이 발생한 경우에는 스킵 로트 검사를 중단하고 로트별 검사를 적용하여야 한다.

a) 검사한 최후의 로트에서의 데이터가 **<표 10.19>**의 판정 기준에 합치하지 않았다.

b) 2회 샘플링 방식을 사용하여 제2샘플이 필요해졌다.

(4) 자격 재심사(재인정)의 절차

만약 스킵 로트 검사가 중단된 상태 3의 기간 중에 연속 4로트가 합격하고, 최근의 연속 2로트가 양쪽 모두 **<표 10.19>**의 요구사항을 만족한다면 스킵 로트 검사로 되돌아와도 좋다. 2회 샘플링 방식을 사용하는 때는 제1샘플의 결과만을 사용한다. 만일 중단 이전의 감사 빈도가 1/2이 아니면 다음에 높은 빈도로(예를 들면, 1/4에서 1/3으로) 이행하여야 한다. 그렇지 않으면 1/2의 빈도로 되돌아와야 한다.

(5) 자격 상실

다음 중 하나라도 발생하면 그 제품은 스킵 로트 검사의 자격을 상실하고 로트별 검사로 되돌아온다.

a) 상태 3에서 1로트가 불합격 되었다.

b) 상태 3에서 10로트 이내에 자격을 재취득하지 않았다.

c) 공급자와 소관 권한자 양쪽이 합의한 기간 생산 활동이 없었다(만일 이 기간에 대한 합의가 없으면 2개월로 한다.).

d) 공급자가 문서화되고, 승인된 품질관리 절차를 현저히 일탈하였다. 또는 공급자가 공급자 자격심사 조건과 제품 자격심사 조건의 품질요구사항을 만족하지 않았다.

e) 소관 권한자가 로트별 검사로 되돌아오는 것을 희망한다. 예를 들면, 소관 권한자가 고객으로부터 고충을 듣고 확인하고, 제품 또는 서비스의 품질에 중대한 영향이 있는 것을 아는 경우이다. 또는 상태 2 및 상태 3 사이의 이행이 단기간에 2회 이상 일어나는 경우이다.

10.7 계수 연속생산형 샘플링 검사

10.7.1 검사의 개념

계수 연속생산형 샘플링 검사(sampling inspection plans for continuous production by attributes)라고 함은, 벨트 콘베이어 생산 방식과 같이 물품이 한 개씩 한 개씩 연이어 흘러나올 때 평균품질을 평균출검품질한계(average outgoing quality level (AOQL))내에 들도록 하려는 것이다. 지금까지 고찰해 온 샘플링 검사 방식들은 모두 개별적인 유한한 로트를 대상으로 적용할 수 있는 것이었으나, 이 검사방식은 유한한 로트가 형성되지 않더라도 적용이 가능한 검사방식이다.

이 샘플링 검사에는 전수검사로부터 시작하여 품질이 양호하면 일부검사로 넘어가는 방식과, 일부검사로부터 시작하여 품질이 나쁘면 전수검사로 넘어가는 방식이 있다. 전수검사(100% inspection)란 연이어 보내지는 검사단위를 한개 한개 빠짐없이 조사하는 검사를 말하고, 일부검사(sampling inspection)란 연이어 보내지는 검사단위를 몇 개씩마다의 구분으로 나누고 그 구분마다에서 한 개씩의 검사단위를 샘플링하여 조사하는 검사를 말한다.

이 검사방식은 1943년에 H.F. Dodge(10·1)에 의하여 처음으로 제안되었고, 그는 이것을 CSP-1이라고 명명하였다. 1951년에 Dodge와 Torrey(10·3)에 의하여 CSP-1을 다소 수정한 CSP-2와 CSP-3가 발표되었다. Dodge의 연속생산형 샘플링 검사는 모두가 각개검사로부터 시작되지만 Wald와 Wolfowitz(10·10)는 일부검사로부터 시작하는 샘플링 검사 방식을 제안하고 있다. 이 외에도 Lieberman과 Solomon(10·8)이 제안한 다수준 연속생산형 샘플링 검사(multi-level continuous sampling plan)가 있는데 이것은 일부검사의 수준을 여러 개 가지는 검사 방식이다.

10.7.2 검사절차

CSP-1의 샘플링 검사 방식은 i 와 f 에 의하여 완전히 결정되는 검사방식으로 다음과 같은 내용으로 되어있다.

(1) 처음 적용할 때에 전수검사로부터 시작하며, 연속적으로 i 개의 합격품이 나올 때까지 계속한다.
(2) 합격품이 연속적으로 i개 나오면 전수검사를 중단하고 일부검사를 실시한다. 일부검사는 연속적으로 흘러가는 $1/f$ 개의 제품에서 한 개를 랜덤하게 추출하여 검사한다. 검사과정에서 부적합품이 나오지 않는 이상 일부 검사를 계속한다.
(3) 일부검사에서 부적합품이 나오면 (1)의 전수검사로 돌아가서 검사절차를 반복한다.
(4) 검사과정에서 발견된 부적합품은 모두 수리하거나 양호품으로 교환한다.

계수 연속생산형 샘플링 검사는 다음의 검사절차에 따르도록 되어 있다.

(1) 품질기준을 정한다.
검사단위에 대하여 양호품과 부적합품과를 분별하기 위한 기준을 명확하게 결정한다.
(2) AOQL을 지정한다.
여러 가지 사정을 고려하여 양반 간에 협의하여 정한다.
(3) 로트를 형성한다.
연속적으로 내보내지는 이동로트를 로트로 한다. 이 경우 로트의 크기가 유한하게 정해질 필요는 없다. 생산 상황이 바뀐다거나 품질에 대한 요구가 달라진 경우에는 다른 로트로 본다. 새로운 로트에 대해서는 각개검사로부터 시작한다. 정치 로트에 대하여서도 검사단위를 한 개씩 한 개씩 내어서 이 검사를 적용할 수 있다.
(4) 도중에서 발견한 부적합품을 양호품으로 갈아 넣는가, 또는 제거하는가의 방침을 결정한다.

(5) 공정평균 부적합품률을 추정한다.

공정이 안정되어 있고 현재까지의 공정평균 부적합품률을 알 수 있는 경우에는, 이 값을 그대로 검사기간의 공정평균 부적합품률 $\bar{p}$ 로 한다. 그렇지 못한 경우에는 최근의 제조공정으로부터 나온 검사단위를 조사하여 다음 식에 의하여 계산하라.

$$\bar{p}(\%) = \frac{\text{부적합품의 수}}{\text{검사단위의 수}} \times 100$$

(6) 구분의 크기 $\left(\frac{1}{f}\right)$ 를 결정한다.

구분의 크기 $\frac{1}{f}$ 은 먼저 다음 식에 의하여 품질개선지수 b 를 구하고, 그 값에 따라 **<표 10.20>**에서 고른다.

$$b = \frac{\bar{p}}{\text{AOQL}}$$

표 10.20 구분의 크기 $\frac{1}{f}$ 을 구하는 표

b	1.52 미만	1.52 ~ 1.61 미만	1.61 ~ 1.70 미만	1.70 ~ 1.83 미만	1.83 ~ 1.96 미만	1.96 ~ 2.12 미만	2.12 ~ 2.31 미만	2.31 ~ 2.51 미만	2.51 ~ 2.89 미만	2.89 ~ 3.75 미만	3.75 이상
$\frac{1}{f}$	50	30	20	15	10	8	6	5	4	3	2

(7) 연속 양호품수(i)를 결정한다.

연속 양호품수 i 는 **<표 10.21>**와 **<표 10.22>**에서 AOQL과 $\frac{1}{f}$ 로부터 결정한다.

(8) 실시에 옮긴다.

① 품질 기준에 따라서 각개검사를 시작하여 양호품인가 부적합품인가를 조사한다.

② 양호품이 연이어 i 개 나올 때까지 각개검사를 계속하고, 만일 i 개가 되지 못한채 부적합품이 나오면 그 다음부터 다시 세어나가서 각개검사를 계속한다.

표 10.21 연속 양호품수 i 를 구하는 표 (부적합품을 양호품으로 갈아 넣는 경우)

AOQL의 범위(%)	1/ f										
	2	3	4	5	6	8	10	15	20	30	50
0.1 ~ 0.16 미만	280	470	610	720	820	980	1100	1350	1530	1790	2140
0.16 ~ 0.25 미만	175	290	380	450	510	610	690	840	960	1120	1340
0.25 ~ 0.4 미만	115	185	245	290	330	390	440	540	610	720	860
0.4 ~ 0.63 미만	69	120	155	180	205	245	275	340	380	450	540
0.63 ~ 1.0 미만	44	73	95	115	130	130	175	215	245	285	340
1.0 ~ 1.6 미만	28	46	60	71	81	97	110	135	155	180	215
1.6 ~ 2.5 미만	17	29	37	44	50	60	68	83	94	115	135
2.5 ~ 4.0 미만	11	18	24	28	32	38	43	53	60	71	84
4.0 ~ 6.3 미만	7	11	15	17	24	24	27	33	37	44	52
6.3 ~10.0 미만	4	7	9	11	15	15	17	21	23	27	33

표 10.22 연속 양호품수 i 를 구하는 표 (부적합품을 제거하는 경우)

AOQL의 범위(%)	1/ f										
	2	3	4	5	6	8	10	15	20	30	50
0.1 ~ 0.16 미만	280	470	610	720	820	980	1100	1350	1530	1790	2140
0.16 ~ 0.25 미만	175	290	380	450	510	610	690	840	960	1120	1340
0.25 ~ 0.4 미만	115	185	245	290	330	390	440	540	610	720	860
0.4 ~ 0.63 미만	70	120	155	180	205	245	275	340	380	450	540
0.63 ~ 1.0 미만	45	74	96	115	130	155	175	215	245	285	340
1.0 ~ 1.6 미만	29	47	61	72	82	98	110	135	155	180	215
1.6 ~ 2.5 미만	18	30	38	45	51	61	69	84	95	115	135
2.5 ~ 4.0 미만	12	19	25	29	33	39	44	54	61	72	85
4.0 ~ 6.3 미만	8	12	16	18	21	25	28	34	38	45	53
6.3 ~10.0 미만	5	8	10	12	13	16	18	22	24	28	34

③ 양호품이 연이어 i 개 나왔으면, 그 다음 검사 단위로부터 $\frac{1}{f}$ 개 마다를 구분으로 나누어서 각 구분으로부터 1개를 뽑아서 조사하는 일부검사에 옮긴다.

④ 일부검사에서 조사한 1개가 양호품이면, 같은 일부검사를 계속한다.

⑤ 일부검사에서 조사한 1개가 부적합품이면, 다음 구분의 검사 단위로부터 각개검사에 되돌아간다.

⑥ ②와 ⑤에서 부적합품을 양호품으로 갈아넣을 때에는, 그것을 수리하거나 또는 미리 검사가 끝난 다른 양호품으로 갈아넣는다. 또, 부적합품을 양호품으로 갈아넣지 않을 때에는 단지 그것만을 제거한다.

⑦ 이하, 이것을 로트가 끝날 때까지 되풀이 한다.

위의 내용을 간단히 그림으로 그려보면 다음과 같다.

그림 10.15 계수 연속생산형 샘플링 검사 흐름도

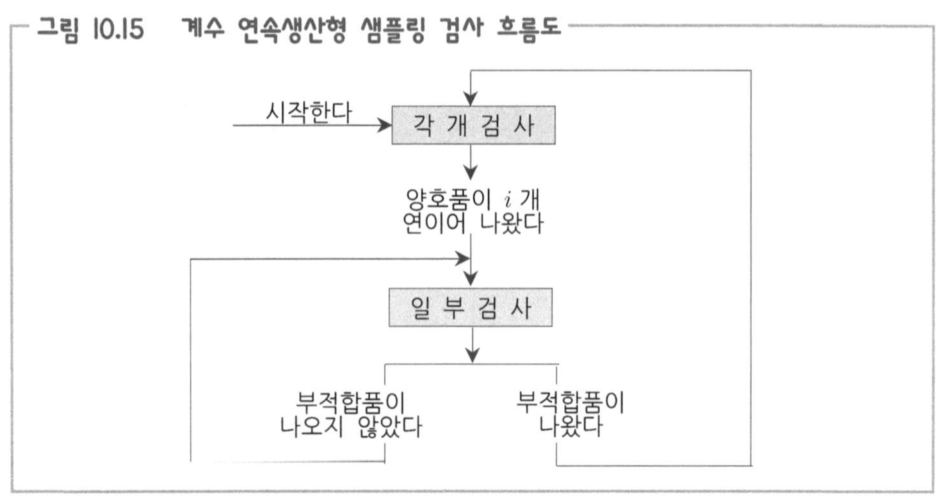

예제 10.8

벨트 콘베이어에 의한 제조공정으로부터 들어오는 반제품을 검사하려고 한다. AOQL을 1.0%로 하고, 도중에서 발견된 부적합품을 제거하기로 하였다. 과거의 검사결과로부터 공정평균 부적합품률을 추정하였더니 1.8%이었다. 연속생산형 샘플링 검사를 설계하라.

풀이

먼저 품질개선지수 b 를 구한다.

$$b = \frac{\overline{p}}{\text{AOQL}} = \frac{1.8}{1.0} = 1.8$$

다음으로 **<표 10.20>**에서 구분의 크기를 구하니 $\frac{1}{f}$ =15가 얻어진다. 부적합품을 제거하는 경우이므로 **<표 10.22>**에서 양호품수 i 를 찾으니 i =135를 얻는다. 따라서 샘플링 방식은 다음과 같다.

$$(i, f) = \left(135, \frac{1}{15}\right)$$

10.7.3 검사의 통계적 특성

공정의 부적합품률이 p 인 연속 생산형 공정에서 CSP-1을 실시할 경우에 발생되는 제반 통계적 특성을 살펴보자. 이 검사는 각개검사와 일부검사가 교차되며 반복되므로 각개검사가 시작되는 시점으로부터 일부검사가 끝날 때까지 한 주기라 하면 1주기당 각개 검사하에서 실시되는 평균검사개수 u 는

$$u = \frac{1-(1-p)^i}{p(1-p)^i}$$

이 된다. 또한 1주기당 일부검사하에서 조사된 제품의 평균개수는

$$\frac{1}{p}$$

이 되고, 이 때 통과된 제품의 평균 개수 v 는

$$v = \frac{1}{fp}$$

로 얻어진다. 따라서 1주기에 통과된 제품의 평균개수는

$$u + v$$

로 얻어진다. 흘러 들어오는 제품의 수에 비하여 실제로 조사되는 제품의 수의 비율을 평균검사비율(average fraction inspected(AFI))이라 한다면 그 비율은 다음 식으로 얻어진다.

$$\text{AFI} = \frac{u+fv}{u+v} = \frac{f}{f+(1-f)(1-p)^i}$$

일부검사하에서 통과된 제품이 차지하는 비율을 p_s 라 하면

$$p_s = \frac{v}{u+v} = \frac{(1-p)^i}{f+(1-f)(1-p)^i}$$

이 되고, 따라서 평균출검품질 AOQ는

$$\mathrm{AOQ} = p(1-f)p_s = \frac{p(1-f)(1-p)^i}{f+(1-f)(1-p)^i}$$

으로부터 구할 수 있다.

[예제 10.8]에서 본 바와 같이 $p=0.018$ 일 때 $i=135$, $f=\frac{1}{15}=0.0667$을 사용하는 CSP-1을 적용할 경우에 u, v, AFI, p_s와 AOQ를 구하여 보자.

$$u = \frac{1-(1-0.018)^{135}}{(0.018)(1-0.018)^{135}} = 590$$

$$v = \frac{1}{(0.0667)(0.018)} = 833$$

$$\mathrm{AFI} = \frac{0.0667}{0.0667+(1-0.0667)(1-0.018)^{135}} = 0.454$$

$$p_s = \frac{833}{590+833} = 0.585$$

$$\mathrm{AOQ} = (0.018)(1-0.0667)(0.585) = 0.0098$$

10.7.4 기타 연속생산형 샘플링 검사

CSP-1을 수정하여 만든 연속생산형 샘플링 검사에는 Dodge와 Torrey(10·3)가 제안한 CSP-2와 CSP-3가 있다. CSP-2가 CSP-1과 다른 점은 일부검사가 실시되고 있을 때, 부적합품이 나오더라도 다음 k번째까지의 제품을 조사하는 동안에 부적합품이 다시 나오지 않는 한 일부검사를 계속한다는 데 있다. 즉, 일부검사에서 발견되는 두 개의 부적합품 사이에 검사한 합격품의 수가 k개 미만일 때 각개검사로 넘어가도록 하고 있다. CSP-2에서 사용하는 k의 값은 어떠한 값을 사용하여도 좋으나 흔히 $k=i$를 사용한다. **<표 10.23>**은 f의 값이 5%와 10%일 때 CSP-1과 CSP-2에서 필요한 AOQL을 보장받을 수 있는 i의 값을 비교해 놓은 것이다.

CSP-3는 품질의 급격한 악화를 빨리 탐지할 수 있도록 CSP-2를 또다시 수정한 것이다. CSP-3에서는 일단 부적합품이 발견되면 그 다음에 나오는 제품 네 개를 검사하도록 하여, 이들 가운데서 하나도 부적합품이 없는 경우에는 CSP-2를 그대로 적용시켜서 일부검사를 계속하고, 만일 하나라도 부적합품이 나타나면 즉시 각개검사로 넘어가 CSP-2의 절차를 따르도록 규정하고 있다. CSP-3의 주어진 f 와 AOQL에 대응하는 i 의 값은 CSP-2의 경우와 같다.

Wald와 Wolfowitz가 제안한 일부검사로부터 시작하는 샘플링 검사 방식과 Lieberman과 Solomon이 제안한 다수준 연속생산형 샘플링 검사에 대해서는 여기서는 설명을 생략하기로 하고 참고문헌(10·8, 10·10)을 참조하기 바란다.

표 10.23 CSP-1과 CSP-2의 비교

AOQL %	f =5%		f =10%	
	CSP-1 i	CSP-2 i (=k)	CSP-1 i	CSP-2 i (=k)
0.3	510	650	370	490
0.5	305	390	220	290
1	150	195	108	147
2	76	96	55	72
3	49	64	36	48
4	37	48	27	36
5	29	38	21	29
6	24	31	17	23
8	18	23	13	17
10	14	18	10	14

참고문헌

10·1 Dodge, H.F. : "A sampling inspection plan for continuous production," Annals of Mathematical Statistics, Vol, XIV, pp. 264~279, 1943.

10·2 Dodge, H.F.와 Romig, H.G. : Sampling Inspection Tables~Single and Double Sampling, 2nd ed., John Wiley & Sons, Inc., New York, N.Y., 1959.

10·3 Dodge, H.F.와Torrey, M.N. : "Additional Continuous Sampling Inspection Plans," Industrial Quality Control, pp. 5~9, November 1951.

10·4 Duncan, A.J. : Quality Control and Industrial Statistics, 4th ed., Richard Irwin, Inc., Homewood, Ill., 1974.

10·5 Grant, E.L.과 Leavenworht, R.S. : Statistical Quality Control, 4th ed., McGraw-Hill, Inc., New York, N.Y., 1972.

10·6 Hamaker. H.C.와 Van Strik, R. : "The efficiency of double sampling for attributes," Journal of the American Statistical Association, Vol. L., pp. 830~849, 1955.

10·7 Juran, J.M., Gryna, F. M.과 Bingham, R.S. : Quality Control Handbook, 3rd ed., McGraw-Hill, New York, 1974.

10·8 Lieberman, G.J.와 Solomon, G. : "Multi-level contonuous sampling plans," Annals of Mathematical Statistics, Vol. XXVI, pp. 686~704, 1955.

10·9 Wald, A. : Sequential Analysis, John Wiley & Sons, Inc., New York, 1947.

10·10 Wald, A.와 Wolfowitz, J. : "Sampling inspection plans for continuous production which insure a prescribed limit on the outgoing quality," Annals of Mathematical Statistics, Vol. XVI, pp. 30~49, 1945.

10·11 김영휘 : 품질관리, 청문각, 1979.

10·12 한국산업규격 : KS Q ISO 2859 - 0, 1, 2, 3 각종의 샘플링 검사법.

10.1 크기 N=1,000인 로트에 대하여 n=80, c=2인 계수규준형 1회 샘플링 검사를 적용한다. 로트의 부적합품률이 p=0.01, 0.02, 0.04, 0.06, 0.08, 0.10일 때의 로트 합격확률을 구하고 OC 곡선을 그려라. 확률계산에서 사용된 확률분포는 무엇이냐? 왜 그것을 사용하였는가 설명하라.

10.2 로트의 크기가 N=1,500인 로트에서 $n_1 = 50$, $n_2 = 100$, $c_1 = 1$, $c_2 = 4$인 계수규준형 2회 샘플링 검사를 실시하여 로트의 합격여부를 판정하기로 하였다. 이 검사방식의 OC 곡선을 그려라. 만일 검사에 제출된 로트의 부적합품률이 $p = 0.05$였다면 첫 번째 시료를 검사하고 로트가 합격될 확률과 불합격될 확률은 각각 얼마나 될까? 또 최종적으로 로트가 불합격될 확률은?

10.3 앞의 연습문제 **10.2**에서 단축검사를 실시하지 않는 경우에 ASN곡선을 그려라.

10.4 p_0=0.03, p_1=0.10, α=0.05, β=0.10이고, $n_2 = 2n_1$이 되는 계수규준형 2회 샘플링 검사를 설계하라.

10.5 p_0=0.02, p_1=0.07, α=0.05, β=0.10을 만족시키는 계수규준형 축차 샘플링 검사 방식을 설계하라.

10.6 어떤 제품의 수입검사를 하기 위하여 AQL 지표형 샘플링 검사를 사용하기로 하였다. AQL=1.0%, 로트의 크기 N=1,000, 검사수준 II에 대한 1회 및 2회 샘플링, 보통검사, 까다로운 검사 및 수월한 검사의 샘플링방식을 구하여라.

10.7 중결함에 대한 AQL은 0.25%, 경결함에 대한 AQL은 1.0%로 하는 어떤 제품의 검사에 AQL지표형 샘플링 검사를 처음으로 적용한다. 다음은 처음 10 로트를 검사한 결과이다.

로트번호	로트의 크기	시료의 크기	시료에서 발견된 결함의 수	
			중결함	경결함
1	1,300	125	1	2
2	1,300	125	1	2
3	1,250	125	1	3
4	1,350	125	0	2
5	1,300	125	1	2
6	800	80	1	3
7	900	80	0	0
8	1,000	80	0	2
9	1,000	80	0	1
10	1,100	80	0	0

다음 로트부터는 수월한 검사를 적용할 수 있는가? 단, 생산은 안정되어 있다고 한다.

10.8 계수 연속생산형 샘플링 검사 방식을 적용하는 검사를 하려고 한다. AOQL=1.5%로 하고, 도중에 발견된 부적합품은 갈아넣기로 하였다. 과거의 검사결과로부터 공정평균 부적합품률을 알아보았더니 3.0%이었다. 검사방식을 설계하라. 이 검사방식에 대한 AFI와 AOQ를 구하라.

제11장

계량형 샘플링 검사

11.1 계량형 샘플링 검사의 기본개념

앞 장에서 고찰해 본 각종의 샘플링 검사 방식은 품질검사의 결과가 계수형으로 나타날 때에 적용될 수 있는 검사방식이었다. 그러나 품질특성의 종류에 따라서 무게나 치수 등과 같이 계량형으로 나타나는 데이터도 매우 많으며, 이 경우에는 계량형 샘플링 검사(sampling inspection by variables)방식을 사용하여야 한다. 물론 검사결과가 계량형 데이터로 나타나는 경우에도 이를 품질규격이 정하는 바에 따라 합격, 불합격 또는 A급, B급 등으로 분류하면 계수형 데이터가 얻어지므로 계수형 샘플링 검사를 적용할 수는 있다. 계량형 샘플링 검사를 할 것인지 혹은 계수형 샘플링 검사를 할 것인지를 결정할 때 다음 사항을 고려하는 것이 바람직하다.

(1) 경제적인 관점에서 다수의 제품 아이템을 비교적 간단한 방법으로 검사 하는 계수형 샘플링 방식과 다소 손이 많이 가고 시간이 더 소요되는 계량형 샘플링 검사 방식의 총 비용과 효용성에 대하여 비교가 필요하다.

(2) 계량형 샘플링 방식은 계수형 샘플링 방식보다 일반적으로 이해하기가 더 어렵다. 예를 들면, 계량형 샘플링 방식에서는 샘플이 부적합품을 포함하지 않아도 그 측정값을 기초로 하여 로트가 불합격이라고 판정되는 수가 있다.

(3) 계수형 샘플링 방식과 계량형 샘플링 방식의 샘플 사이즈를 비교 하면 계량형 샘플링 방식이 동일한 생산자 위험 및 소비자 위험을 가진 계수형 샘플링 방식보다 샘플 사이즈가 작다는 것을 알 수 있다. 따라서 검사 절차가 비용이 많이 들 때, 예를 들면 파괴 검사와 같은 경우에는 계량형 샘플링 방식이 더 유리하다.

계량형 샘플링 검사는 로트로부터 채취한 시료를 검사한 결과로 로트에 대한 합격, 불합격 판정이 계량형으로 주어지게 되며, 시료에서 얻어지는 평균값을 사용하여 판정을 내리게 된다. 이 검사방식은 다음과 같이 두 가지 경우로 나누어서 취급되고 있다.

(1) 로트의 표준편차 σ 가 알려져 있는 경우
   (a) 로트의 부적합률을 보증하는 방식
   (b) 로트의 평균값을 보증하는 방식
(2) 로트의 표준편차 σ 가 알려져 있지 않는 경우
   이 경우에는 로트의 부적합률을 보증하는 방식만이 취급됨.

11.2 표준편차 σ를 알고 있는 경우의 샘플링 검사

11.2.1 σ 기지의 개념

일반적으로 계량형 샘플링 검사의 이론은 검사하려고 하는 제품의 품질특성치가 정규분포를 한다는 점을 전제로 하고 있다. 표준편차 σ 를 알고 있다는 것은, 품질특성값이 정규분포를 하는 공정으로부터 형성된 로트내의 표준편차 σ 를 알고 있다는 것이다. 따라서 σ 를 알아내기 위하여 로트를 구성하고 있는 검사단위를 전부 측정하면 σ 의 추정이 가능하나, 경제적으로 이렇게 추정하는 것은 현명한 방법이 아니다.

11.1 k 조의 시료 데이터

로트(시료)번호	1	2	…	k
데이터	x_{11} x_{12} $\vdots$ x_{1n}	x_{21} x_{22} $\vdots$ x_{2n}	… … …	x_{k1} x_{k2} $\vdots$ x_{kn}
평균 범위	$\bar{x}_1$ R_1	$\bar{x}_2$ R_2	… …	$\bar{x}_k$ R_k

실무에서는 σ 의 추정방법으로 흔히 사용하는 것은 n 이 동일한 조건하에서 제조된 k 개의 로트로부터 얻어진 **<표 11.1>**과 같은 k 조의 시료의 데이터를 사용하는 방법이다.

일반적으로 k 와 n 의 값은 $10 \le k \le 25$ 와 $3 \le n \le 10$ 의 범위에서 택해 주는 것이 보통이다. 각 시료의 범위 R_i , $i = 1, 2, \ldots, k$ 는 각 로트내의 산포를 나타내는 양으로, 범위의 평균치

$$\overline{R} = \sum_{i=1}^{k} R_i / k$$

가 크면 로트내의 산포가 크고, 작으면 로트내의 산포가 작다고 볼 수 있다.

식(5・20)에서 보인 바와 같이 표준편차 σ 의 불편추정값은

$$\hat{\sigma} = \frac{\overline{R}}{d_2} \tag{11・1}$$

로 주어지며, 상수 d_2 는 n 에 따라 달라지는 값으로 부록 **<표 A-7>**에서 찾을 수 있다. 따라서 **<표 11.1>**과 같은 데이터가 이미 준비되어 있는 경우에는 σ 를 알고 있는 것으로 간주하고 σ 의 값을

$$\sigma \fallingdotseq \frac{\overline{R}}{d_2} \tag{11・2}$$

로 한다.

단, 식(11・2)를 사용하여 σ 를 알고 있다는 조건은, **<표 11.1>**의 데이터를 사용하여 R 관리도를 그렸을 때, 모든 점이 관리한계선 안쪽에 있으며 로트내의 산포가 관리상태에 있다는 것이 밝혀져야 한다. 로트내의 산포가 관리상태 하에 있지 않다는 것이 밝혀지면 식(11・2)를 사용하는 것은 바람직 하지 못하다.

11.2.2 로트의 부적합률을 보증하는 방식

품질특성치가 계량값인 경우에 로트의 부적합품률은 다음과 같이 정의한다. 로트를 구성하는 검사단위의 수를 N이라 하고 상한규격치만이 있는 검사에서 검사

단위 전부를 측정할 수 있었다면, 그 결과를 사용하여 **[그림 11.1]**과 같은 히스토그램을 만들 수 있다. 이와 같은 히스토그램은 N이 충분히 크고 k의 수를 많게 하면 정규분포의 모양을 하는 경우가 흔하다.

그림 11.1 로트 전체에 대한 특성치 x의 히스토그램

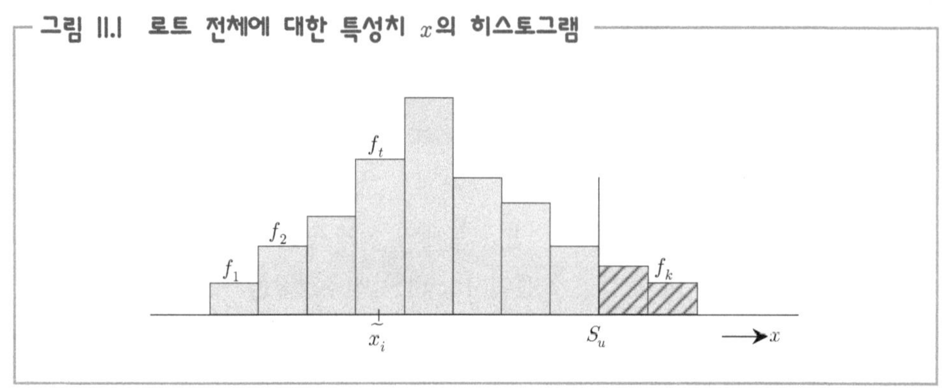

여기에서

S_U : 상한규격치

$\tilde{x}_i$: i 번째 급의 중앙값

f_i : i 번째 급의 도수

k : 급의 수

N : $f_1+f_2+\cdots+f_k$

를 의미한다. 따라서

$$1=\frac{f_1}{N}+\frac{f_2}{N}+\cdots+\frac{f_k}{N}$$

가 성립하며, **[그림 11.1]**에서 빗금 친 부분이 전체의 몇 %인가를 용이하게 알 수 있다. 이 빗금 친 부분의 비율이 부적합품률이라고 말할 수 있다.

지금부터 로트의 부적합품률을 보증하는 경우의 샘플링방식에 대하여 생각하여 보자.

(1) 상한규격값 S_U가 주어진 경우

로트의 품질특성치 x는 **[그림 11.2]**와 같이 $N(m, \sigma^2)$의 정규분포를 하고, 상한규격값 S_U를 초과하는 특성치를 갖는 검사단위는 부적합품이고, 로트 중에 이 부적합품이 포함되는 비율이 부적합품률 p라고 하자.

그림 11.2 상한규격값(S_U)가 주어진 경우

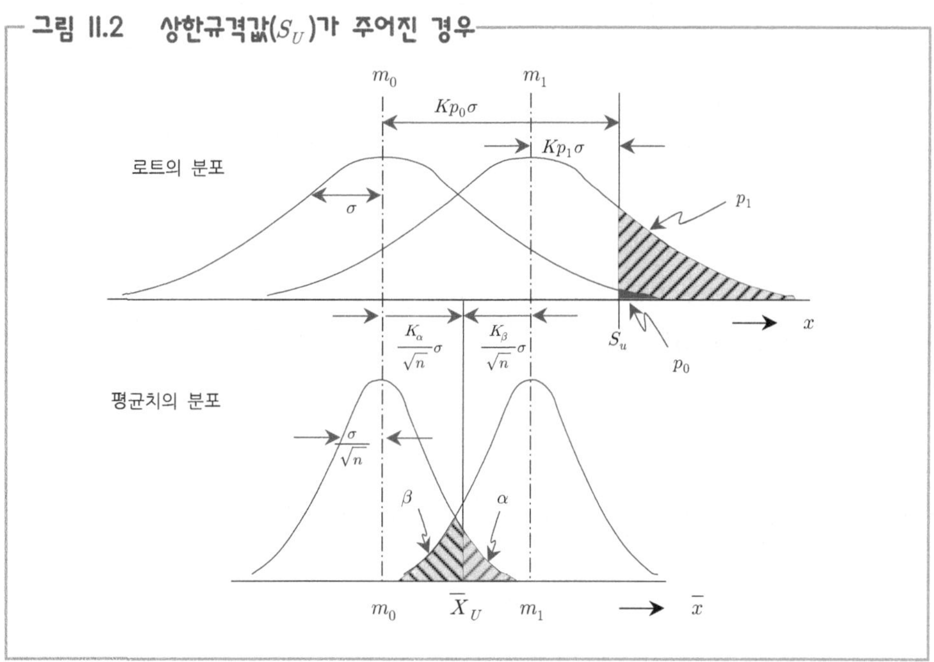

[그림 11.2]에서 p_0보다 좋은 부적합품률을 갖는 로트(모평균 m이 $m \leq m_0$인 로트)는 "좋은 로트"로 받아들이고, p_1보다 나쁜 부적합품률을 갖는 로트(모평균 m이 $m > m_1$인 로트)는 "나쁜 로트"로 받아들이고 싶지 않다 하자.

이제 로트에서 랜덤하게 n개의 시료를 샘플링해서 측정한 후, 그 값을 각각 $x_1, x_2, \cdots, x_n$이라 하자. 그 평균값

$$\overline{x} = \frac{1}{n}\sum_{i=1}^{n} x_i$$

을 산출하여, 이 $\overline{x}$에 대하여

$$\left.\begin{array}{l}\bar{x} \leq \overline{X}_U \text{ 이면 로트 합격} \\ \bar{x} > \overline{X}_U \text{ 이면 로트 불합격}\end{array}\right\} \qquad (11 \cdot 3)$$

으로 판정할 수 있는 상한 합격판정값 $\overline{X}_U$를 합리적으로 정하면 된다.

샘플링 검사인 이상 좋은 로트를 불합격으로, 나쁜 로트를 합격으로 판정하는 위험은 어느 정도 피할 수 없다. 전자의 위험이 생산자 위험(α)이고, 후자의 위험이 소비자 위험(β)으로, **[그림 11.2]**에 빗금 친 부분에 나타나 있다.

품질특성치 x 가 $N(m, \sigma^2)$ 의 분포에 따르는 경우에

$$u = \frac{x - m}{\sigma}$$

으로 변환시키면, u 는 표준정규분포 $N(0, 1)$ 의 분포에 따른다. 이 관계를 그림으로 그려보면 **[그림 11.3]**과 같다.

그림 11.3 S_U 와 p, K_p 와 p 의 관계

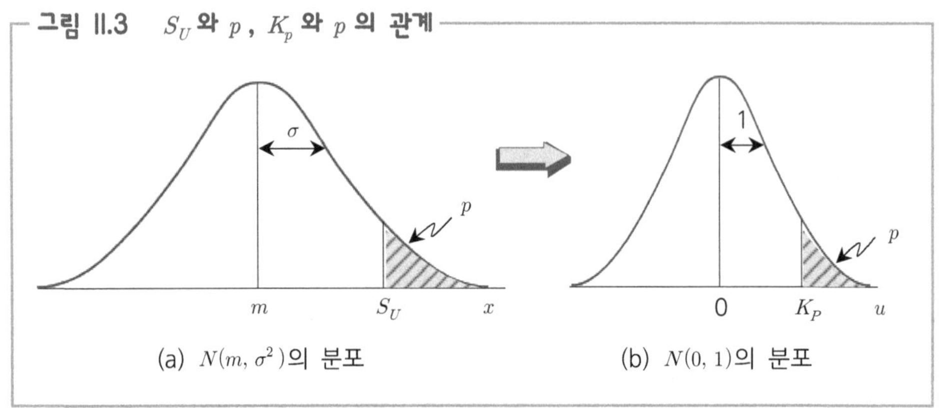

(a) $N(m, \sigma^2)$의 분포 (b) $N(0, 1)$의 분포

여기에서

$$K_p = \frac{S_U - m}{\sigma} \qquad (11 \cdot 4)$$

의 관계가 성립하며, 이로부터

$$S_U = m + K_p\sigma \qquad (11 \cdot 5)$$

라고 하는 계량형 샘플링 검사의 기본적인 관계식을 얻을 수 있다.

식(11・5)의 관계식을 **[그림 11.2]**의 m_0 와 p_0 , m_1 과 p_1 의 관계에 적용시키면 본래 p 의 데이터에 대하여

$$S_U = m_0 + K_{p_0}\sigma \qquad (11 \cdot 6)$$

$$S_U = m_1 + K_{p_1}\sigma \qquad (11 \cdot 7)$$

가 성립하고, 평균값에 대하여

$$\overline{X}_U = m_0 + K_\alpha \frac{\sigma}{\sqrt{n}} \qquad (11 \cdot 8)$$

$$\overline{X}_U = m_1 - K_\beta \frac{\sigma}{\sqrt{n}} \qquad (11 \cdot 9)$$

가 성립한다.

로트의 부적합품률을 보증하는 샘플링 검사 방식을 설계하려면 위의 4개의 식 (11・6)~(11・9)를 만족시키는 n 과 $\overline{X}_U$ 를 구하면 된다. 먼저 n 을 구하여 보자. 식(11・6)과 (11・8)에서 m_0 를 소거하면

$$S_U - \overline{X}_U = \left(K_{p_0} - \frac{K_\alpha}{\sqrt{n}}\right)\sigma \qquad (11 \cdot 10)$$

가 얻어지고, 식(11・7)과 (11・9)에서 m_1 을 소거하면

$$S_U - \overline{X}_U = \left(K_{p_1} + \frac{K_\beta}{\sqrt{n}}\right)\sigma \qquad (11 \cdot 11)$$

가 얻어진다. 따라서 식(11・10)과 (11・11)에서

$$\left(K_{p_0} - \frac{K_\alpha}{\sqrt{n}}\right) = \left(K_{p_1} + \frac{K_\beta}{\sqrt{n}}\right) \equiv k \qquad (11 \cdot 12)$$

로 놓을 수 있고, 이 k을 흔히 합격판정계수라고 부른다. 이것으로부터

$$K_{p_0} - K_{p_1} = (K_\alpha + K_\beta)\frac{1}{\sqrt{n}}$$

을 얻을 수 있다. 이를 n 에 대하여 풀면

$$n = \left(\frac{K_\alpha + K_\beta}{K_{p_0} - K_{p_1}}\right)^2 \qquad (11 \cdot 13)$$

이 된다.

다음으로 상한 합격판정값 $\overline{X}_U$ 는 식(11・10)에서 용이하게 구할 수 있다. 즉,

$$\overline{X}_U = S_U - \left(K_{p_0} - \frac{K_\alpha}{\sqrt{n}}\right)\sigma \qquad (11 \cdot 14)$$

이다. 이 식에서 식(11・12)와 같이

$$k \equiv K_{p_0} - \frac{K_\alpha}{\sqrt{n}} \qquad (11 \cdot 15)$$

로 놓으면

$$\overline{X}_U = S_U - k\sigma \qquad (11 \cdot 16)$$

로 쓰여진다.

식(11・15)에 식(11・13)을 대입시키면, 합격판정계수는

$$k = K_{p_0} - \frac{K_\alpha(K_{p_0} - K_{p_1})}{K_\alpha + K_\beta} = \frac{K_{p_0}K_\beta + K_{p_1}K_\alpha}{K_\alpha + K_\beta} \qquad (11 \cdot 17)$$

가 되어, 이 공식을 이용하여 $\overline{X}_U$ 를 결정지을 수도 있다.

따라서 샘플링 검사 방식은

$$(n,\ \overline{X}_U) \text{ 또는 } (n,\ k)$$

로 결정지어 진다. 여기서 K_{p_0} , K_{p_1} , K_α , K_β 는 **[그림 11.3]**에서 보는 바와 같이 표준 정규분포에서 얻어지는 값이므로 부록 **<표A-1>**에서 쉽게 구할 수 있다. 많이 쓰이는 것을 표로 만들어 보면 **<표 11.2>**와 같다.

표 11.2 p 와 K_p 와의 관계

p (%)	K_p	p (%)	K_p
0.5	2.58	6.0	1.56
1.0	2.33	7.0	1.48
2.0	2.05	8.0	1.40
3.0	1.88	9.0	1.34
4.0	1.75	10.0	1.28
5.0	1.64	20.0	0.84

예제 11.1

p_0 =1%, p_1 =10%, α =0.05, β =0.10을 만족시키는 로트의 부적합품률을 보증하는 계량형 샘플링 검사 방식을 구하라. 상한규격값 S_U 가 주어지고 모집단의 표준편차 σ 를 알고 있다고 가정하며, 품질특성치는 정규분포에 따른다고 가정한다.

풀이

<표 11.2>에서

$$\begin{array}{rl} & K_{p_0} = 2.33 \\ -) & K_{p_1} = 1.28 \\ \hline & K_{p_0} - K_{p_1} = 1.05 \end{array} \qquad \begin{array}{rl} & K_{\alpha} = 1.64 \\ +) & K_{\beta} = 1.28 \\ \hline & K_{\alpha} + K_{\beta} = 2.92 \end{array}$$

이므로, 식(11・13)과 (11・17)로부터

$$n = \left(\frac{2.92}{1.05}\right)^2 = 7.73 ≒ 8$$

$$k = \frac{(2.33)(1.28) + (1.28)(1.64)}{2.92} = 1.74$$

를 얻는다. 따라서 검사방식은

$$(n = 8,\ k = 1.74\ )$$

가 된다. 즉, 로트에서 랜덤하게 시료를 8개 샘플링하여 이를 측정한 후에 그 평균값

$$\bar{x} = \frac{1}{8}(x_1 + x_2 + ... + x_8)$$

을 구하여

$\bar{x} \leq \overline{X}_U = S_U - 1.74\sigma$ 이면 로트 합격

$\bar{x} > \overline{X}_U = S_U - 1.74\sigma$ 이면 로트 불합격

으로 판정한다.

---

(2) 하한규격값 S_L 이 주어진 경우

하한규격값 S_L 이 주어지는 경우에는 **[그림 11.4]**와 같이 좋은 로트, 나쁜 로트, 하한합격값 $\overline{X}_L$, 그리고 α, β 등을 생각하여 볼 수 있으며, 상한규격값 S_U 가 주어지는 경우와 똑같은 방법으로 n, k 와 $\overline{X}_L$ 을 유도할 수 있다. n 와 k 의 공식은 식(11・13)과 식(11・17)과 동일하나, $\overline{X}_L$ 의 값만은

$$\overline{X}_L = S_L + k\sigma \tag{11・18}$$

에 의하여 구하여야 한다.

그림 11.4 하한규격값(S_L)가 주어지는 경우

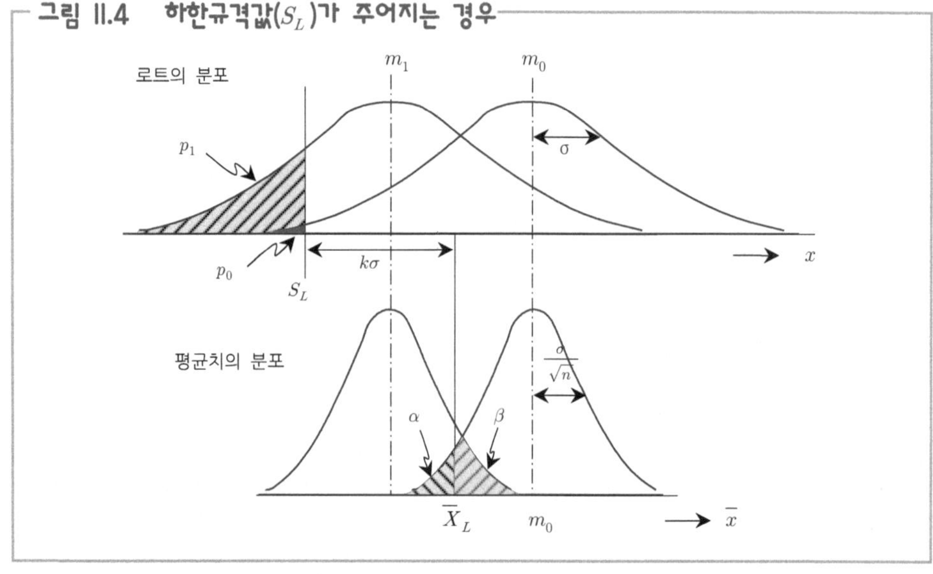

(3) 로트의 부적합품률 보증 검사방식에 대한 OC 곡선

식(11・12)의

$$k = K_{p_1} + \frac{K_\beta}{\sqrt{n}}$$

에서 n, k 가 결정되면 윗 식은 K_{p_1} 과 K_β 만의 관계식으로 된다. 여기에서 p_1 을 일반적으로 p 로 표시하면 β 는 이에 따라 $L(p)$ 의 형으로 표시할 수 있다. 즉,

$$k = K_p + \frac{K_{L(p)}}{\sqrt{n}} \tag{11・19}$$

이것에서

$$K_{L(p)} = \sqrt{n}\,(k - K_p) \tag{11・20}$$

의 관계를 표로 만들고, p 와 $L(p)$ 와의 관계를 구할 수 있다. 이렇게 해서 구한 결과를 p 는 가로축에, $L(p)$ 는 세로축에 잡아서 그래프로 그리면 OC 곡선이 얻어진다.

 11.2

앞의 **[예제 11.1]**에서 구한 샘플링 검사 방식 n =8, k =1.74에 대한 OC 곡선을 그려보아라.

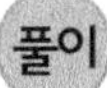

p_0 =1%, p_1 =10% 등을 포함하여 p 의 값을 5~6개 지정하여 **<표 11.2>**와 정규분포표를 사용하여 다음과 같은 표를 작성한다.

p (%)	K_p	$k-K_p$	$\sqrt{n}(k-K_p) = K_{L(p)}$	$L(p)$
0.5	2.58	-0.84	-2.38	0.9913
1.0	2.33	-0.59	-1.67	0.9505
2.0	2.05	-0.31	-0.88	0.8106
4.0	1.75	-0.01	-0.03	0.5120
5.0	1.64	0.10	0.28	0.3897
10.0	1.28	0.46	1.30	0.0985

이를 그래프로 그리면 다음과 같은 OC 곡선을 얻는다.

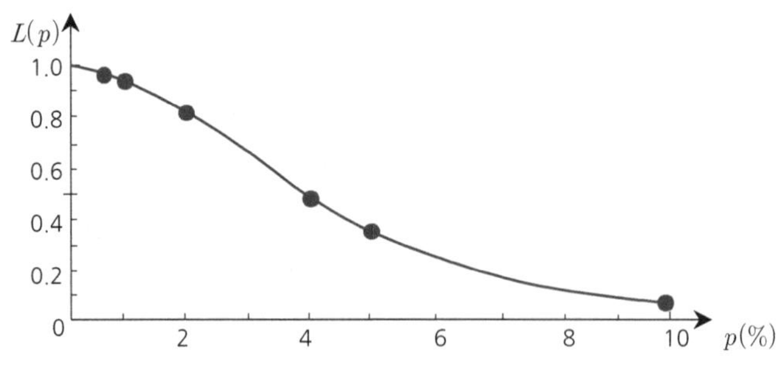

(4) 양쪽 규격값 S_U, S_L이 주어진 경우

양쪽 규격값이 주어지는 경우의 샘플링 검사는 상한규격값 S_U와 하한규격값 S_L 사이의 폭 $S_U - S_L$과 표준편차 σ와의 관계에 따라 달라진다. 특성치의 평균값이 양쪽 규격값의 중심에 위치할 때에 **[그림 11.5]**의 3가지 경우를 살펴보자.

그림 11.5 양쪽 규격값이 있는 3가지 경우

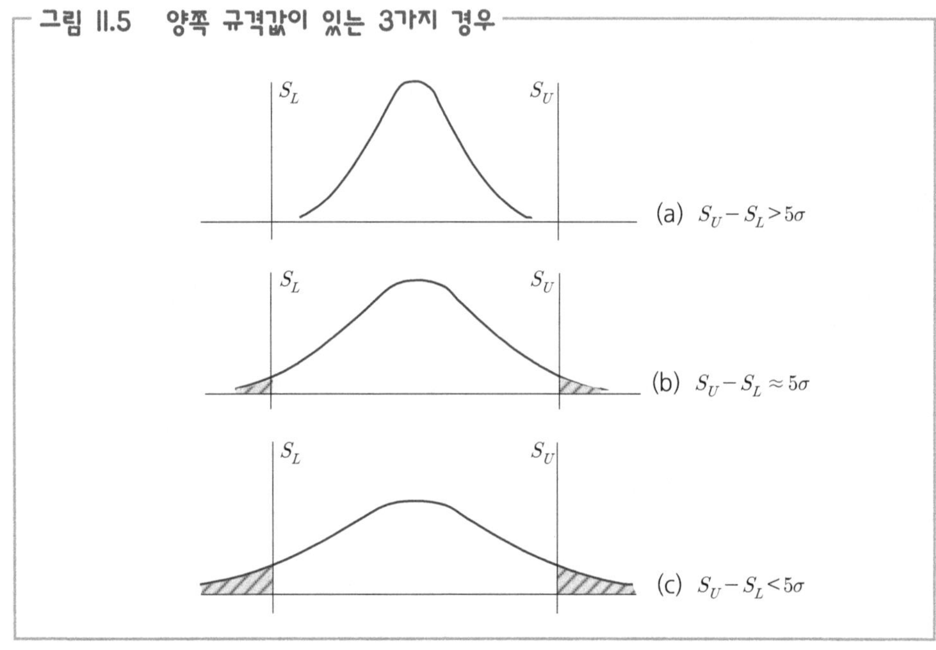

[그림 11.5]에서 (a)는 5σ 에 비하여 $S_U - S_L$ 이 훨씬 더 넓기 때문에 평균값이 어느 정도 좌우로 이동하더라도 부적합품률이 발생하지 않는 경우이다. 이 때에는 검사방식을 S_U 및 S_L 에 대하여 각각 적용하면 된다. 즉, 식(11·16)과 (11·18)로부터

$$\overline{X}_U = S_U - k\sigma$$
$$\overline{X}_L = S_L + k\sigma$$

을 구하여, $\overline{X}_L \le \bar{x} \le \overline{X}_U$ 이면 합격으로 하고, 아니면 불합격으로 처리하면 된다.

(c)는 양쪽 규격값의 폭이 5σ 에 비해 좁기 때문에 품질특성의 평균값이 양쪽 규격값의 중심과 일치하여 부적합품률이 최소가 되더라도 그 부적합품률이 p_0 보다는 큰 경우이다. 이러한 경우에는 로트에서 시료를 추출하여 검사할 필요없이

$$\left| \frac{S_u - S_L}{2\sigma} \right| \le K_{p_0}$$

이면 로트를 불합격시키면 된다.

(b)는 양쪽 규격값의 폭이 대략적으로 5σ 정도로 평균값이 양쪽 규격값의 중심과 일치할 때에 부적합품률이 p_0 보다 작은 경우이다. 이 때에는 샘플링 검사의 적용에 특별한 주의를 요한다. 예를 들어 설명하기로 한다.

S_U =54.0, S_L =49.0, σ =1.0이고, p_0 =0.024일 때 α =0.05, p_1 =0.10일 때 β =0.10인 샘플링 검사 방식을 생각하여 보자. 이 경우에 품질특성에 평균값 m 과 부적합품률 p 사이에는 **<표 11.3>**과 같은 관계가 성립한다. 여기서 p_L 은 S_L 의 왼쪽 밖으로 나가는 부적합품률이고, p_U 는 S_U 의 오른쪽 밖으로 나가는 부적합품률이다.

표 11.3 부적합품률 p 의 계산표

m	$\frac{S_L - m}{\sigma}$	$\frac{S_U - m}{\sigma}$	p_L	p_U	$p = p_L + p_U$
50.5	-1.5	3.5	0.0668	0.0002	0.0670
51.0	-2.0	3.0	0.0228	0.0013	0.0241
51.5	-2.5	2.5	0.0062	0.0062	0.0124
52.0	-3.0	2.0	0.0013	0.0228	0.0241
52.5	-3.5	1.5	0.0002	0.0668	0.0670

[그림 11.6]은 **<표 11.3>**을 그래프로 그린 것이다. **[그림 11.6]**과 **<표 11.3>**을 보면 m =51.0이거나 m =52.0이 되면 대략적으로 부적합품률이 p =0.024가 됨을 알 수 있다. 이 부적합품률은 S_L 왼쪽으로 나가는 부적합품률 p_L 과 S_U 의 오른쪽으로 나가는 부적합품률 p_U 의 합 0.0013+0.0228=0.0241로 계산된다. 이러한 사실은, 곧 어느 한쪽의 규격치 밖으로 나가는 부적합품률이 0.0228이면 양쪽 규격치 밖으로 나가는 부적합품률이 0.024가 된다는 것을 의미한다.

그림 11.6 부적합품률과 평균치와의 관계

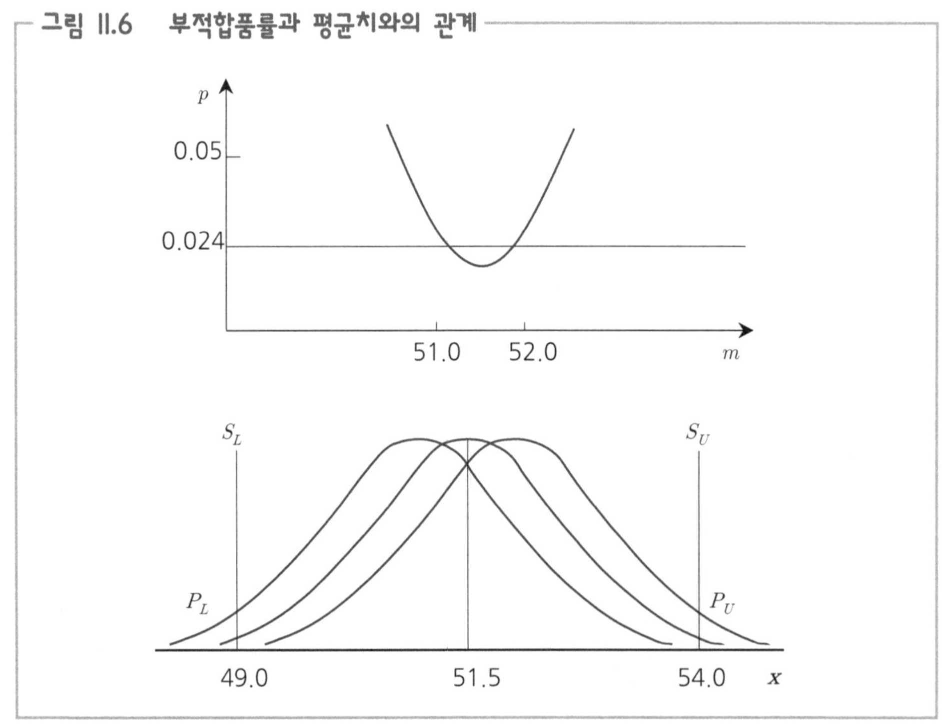

이러한 사실을 이용하면 양쪽 규격치가 주어지는 경우, p_0 =0.024일 때, α =0.05, p_1 =0.10일 때, β =0.10이 되는 샘플링 검사 방식은 p_0 =0.0228일 때, α =0.05, p_1 =0.10일 때, β =0.10이 되는 상한 규격값만을 가지는 경우 또는 하한 규격값만을 가지는 경우를 각각 이용함으로써 샘플링 검사 방식을 설계할 수 있다.

이러한 조건을 만족하는 n 과 k 를 구해보면 식(11・13)과 (11・17)에서 $K_{p_0} = K_{0.0228} = 2.0$, $K_{p_1} = K_{0.1} = 1.28$, $K_\alpha = K_{0.05} = 1.64$, $K_\beta = K_{0.10} = 1.28$ 이므로

$$n = \left(\frac{1.64 + 1.28}{2.0 - 1.28}\right)^2 \fallingdotseq 17$$

$$k = \frac{(2.0)(1.28) + (1.28)(1.64)}{1.64 + 1.28} = 1.60$$

을 얻는다. 따라서 샘플링 검사 방식은 $\overline{X}_U$와 $\overline{X}_L$의 값이 각각

$$\overline{X}_U = S_U - k\sigma = 54.0 - (1.60)(1) = 52.40$$

$$\overline{X}_L = S_L + k\sigma = 49.0 + (1.60)(1) = 50.60$$

이므로, 크기 n =17의 시료를 취하여 $\overline{x}$ 를 계산하고, 만약

$$\overline{X}_L = 50.60 \le \overline{x} \le 52.40 = \overline{X}_U$$

가 성립하면 로트를 합격시키고, 그렇지 않으면 불합격시키면 된다.

11.2.3 로트의 평균값을 보증하는 방식

(1) 특성치가 낮을수록 좋은 경우

[그림 11.7]의 m_0 보다 낮은 평균값을 갖는 로트는 좋은 로트로 해서 받아 들이고, m_1 보다 높은 평균값을 갖는 로트는 나쁜 로트로 하여 되도록 받아 들이고 싶지 않은 샘플링 검사를 생각하여 보자. 샘플링 검사의 우연성에 의하여 좋은 로트가 불합격되는 비율을 α , 나쁜 로트가 합격되는 비율을 β 로 억제하고 싶다. 로트로부터 크기 n 인 시료를 취하여 그 평균값 $\overline{x} = \sum x_i / n$ 를 산출한 후, 상한 합격 판정값 $\overline{X}_U$ 와 비교하여

$\overline{x} \le \overline{X}_U$ 이면 로트 합격

$\overline{x} > \overline{X}_U$ 이면 로트 불합격

으로 하는 샘플링 검사 방식(n , $\overline{X}_U$)를 구하고 싶다.

[그림 11.7]로부터 좋은 로트에 대해서는

$$\overline{X}_U = m_0 + K_\alpha \frac{\sigma}{\sqrt{n}} \tag{11·21}$$

이 성립하고, 나쁜 로트에 대해서는

$$\overline{X}_U = m_1 - K_\beta \frac{\sigma}{\sqrt{n}} \tag{11·22}$$

이 된다. 위의 두 식으로부터 $\overline{X}_U$를 소거하면

$$m_1 - m_0 = (K_\alpha + K_\beta)\frac{\sigma}{\sqrt{n}} \tag{11·23}$$

가 되고, 따라서 시료의 크기 n 은

$$n = \left(\frac{K_\alpha + K_\beta}{m_1 - m_0}\right)^2 \sigma^2 \tag{11·24}$$

으로부터 구해진다.

그림 11.7 특성치가 낮을수록 좋은 경우

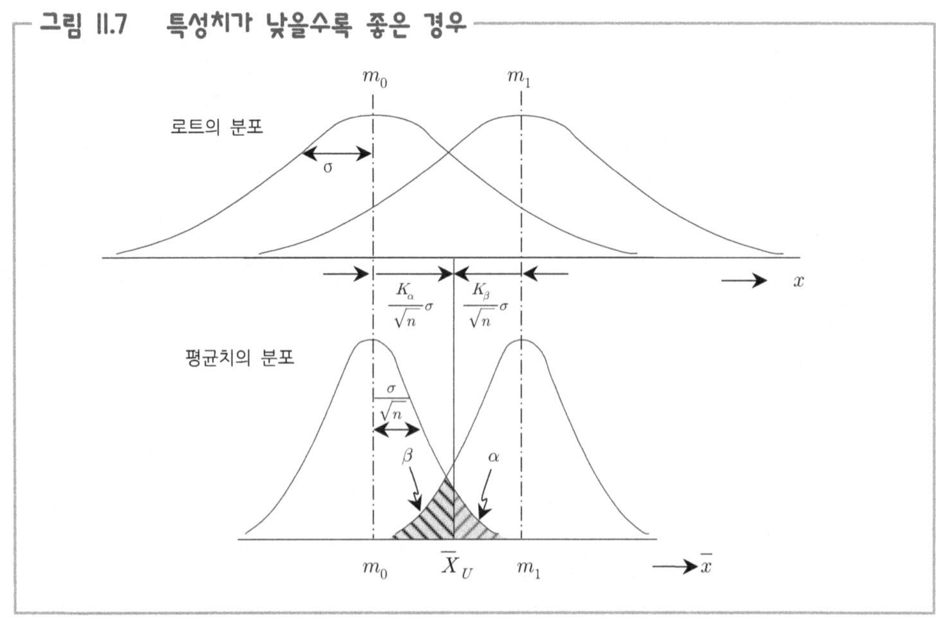

상한 합격판정값 $\overline{X}_U$ 는 식(11・21)로부터 결정되거나, 또는 식(11・4)의 n 의 공식을 식(11・21)에 대입시켜서

$$\overline{X}_U = \frac{m_0 K_\beta + m_1 K_\alpha}{K_\alpha + K_\beta} \qquad (11 \cdot 25)$$

에 의하여 결정지을 수도 있다.

(2) 특성치가 높을수록 좋은 경우

[그림 11.8]에서 평균값 m_0 를 갖는 좋은 로트에 대해서는 하한 합격판정값 $\overline{X}_L$ 이

$$\overline{X}_L = m_0 - K_\alpha \frac{\sigma}{\sqrt{n}} \qquad (11 \cdot 26)$$

의 관계에 있고, 평균치 m_1 을 갖는 나쁜 로트에 대해서는

$$\overline{X}_L = m_1 + K_\beta \frac{\sigma}{\sqrt{n}} \qquad (11 \cdot 27)$$

그림 11.8 특성치가 높을수록 좋은 경우

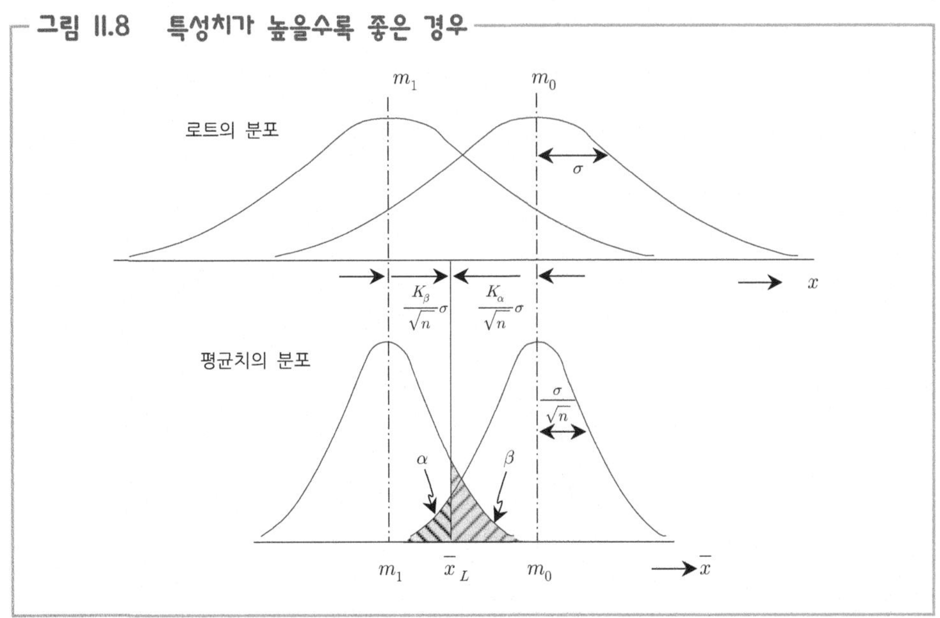

가 성립한다. 위의 두 식에서 $\overline{X}_L$ 을 소거하고 n 에 대해서 풀면

$$n = \left(\frac{K_\alpha + K_\beta}{m_0 - m_1}\right)^2 \sigma^2 \tag{11・28}$$

이 얻어지고, $\overline{X}_L$ 의 값은 식(11・26)에서 구할 수 있다.

(3) 로트의 평균치 보증 검사방식에 대한 OC 곡선

상한 합격판정값 $\overline{X}_U$ 의 경우 식(11・22)로부터

$$m_1 = \overline{X}_U + K_\beta \frac{\sigma}{\sqrt{n}}$$

의 관계에 있는데, m_1 을 일반적인 평균치 m 으로 놓고 β 를 $L(m)$ 으로 놓으면

$$m = \overline{X}_U + K_{L(m)} \frac{\sigma}{\sqrt{n}}$$

로부터

$$K_{L(m)} = \frac{\sqrt{n}\,(m - \overline{X}_U)}{\sigma} \tag{11・29}$$

를 얻는다. 이 식으로부터 m 과 $K_{L(m)}$ 의 관계를 표로 만들어 m 과 $L(m)$ 과의 관계를 구하고, 이 결과를 이용하여 m 을 가로축에, $L(m)$ 을 세로축에 잡아서 그래프로 그리면 OC 곡선이 얻어진다.

예제 11.3

평균값 500g 이하인 로트는 될 수 있는 한 합격시키고 싶으나, 평균값 540g 이상인 로트는 될 수 있는 한 불합격시키고 싶다. 과거의 데이터로부터 판단하여 볼 때, 품질특성치는 정규분포에 따르고 표준편차는 20g으로 믿어진다. 이 때 α =0.05, β =0.10을 만족시키는 샘플링 검사 방식을 구하여라. 그리고 이 검사방식에 대한 OC 곡선을 그려라.

풀이

이 경우는 특성치가 낮을수록 좋은 경우이므로 식(11・24)와 (11・25)에 의하여 n 과 $\overline{X}_U$ 를 구할 수 있다.

K_α =1.64, K_β =1.28, m_0 =500, m_1 =540, σ =20이므로

$$n = \left(\frac{K_\alpha + K_\beta}{m_1 - m_0}\right)^2 \sigma^2 = \left(\frac{1.64 + 1.28}{540 - 500}\right)^2 (20)^2 = 2.13 \fallingdotseq 3$$

$$\overline{X_U} = \frac{m_0 K_\beta + m_1 K_\alpha}{K_\alpha + K_\beta} = \frac{(500)(1.28) + (540)(1.64)}{1.64 + 1.28} = 522.4$$

이다. 따라서 로트로부터 랜덤하게 세 개의 시료를 뽑아서 측정한 후 $\bar{x} = (x_1 + x_2 + x_3)/3$ 의 값이

$\bar{x} \leq 522.4$ 이면 합격

$\bar{x} > 522.4$ 이면 불합격

으로 판정한다.

OC 곡선을 그리기 위하여 식(11・29)를 이용하면

$$K_{L(m)} = \frac{\sqrt{3}\,(m - 522.4)}{20}$$

의 관계가 성립한다. m 의 값으로 m_0 , m_1 의 값을 포함하여 5~6개를 정하여 주면 다음과 같은 표를 작성할 수 있다.

m	$K_{L(m)} = \frac{\sqrt{3}\,(m-522.4)}{20}$	$L(m)$
490	-2.81	0.9975
500	-1.94	0.9738
510	-1.07	0.8577
520	-0.21	0.5832
530	0.66	0.2546
540	1.52	0.0643

이를 그래프로 그리면 **[그림 11.9]**의 OC 곡선이 얻어진다.

그림 11.9 〈예제 11.3〉의 OC 곡선

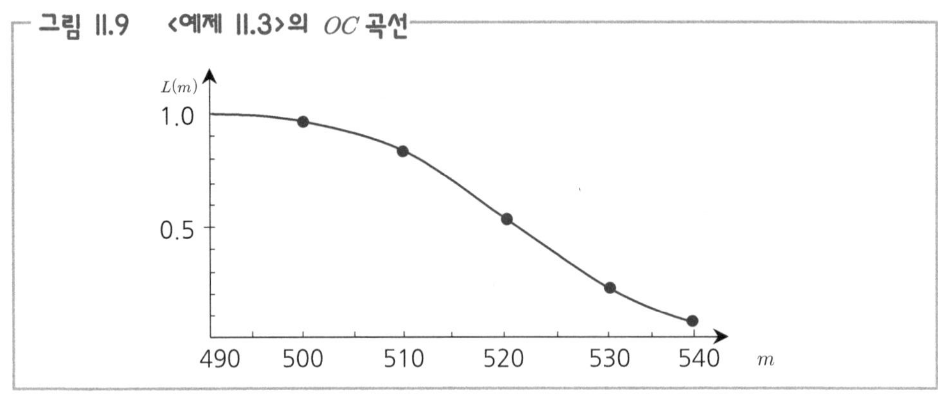

11.3 표준편차 σ 를 모르는 경우의 샘플링 검사

11.3.1 상한규격값 S_U 가 주어진 경우

표준편차 σ 를 알고 있고, 상한규격값 S_U 가 주어져 있는 경우에는, 크기 n 의 시료를 채취하고 특성치를 구하여 그것들을 평균치 $\bar{x}$ 가

$$\left.\begin{array}{l} \bar{x} \le \overline{X}_U = S_U - k\sigma \text{ 이면 로트 합격} \\ \bar{x} > \overline{X}_U = S_U - k\sigma \text{ 이면 로트 불합격} \end{array}\right\}$$

으로 판정하였는데, 이것은

$$\left.\begin{array}{l} S_U \ge \bar{x} + k\sigma \text{ 이면 로트 합격} \\ S_U < \bar{x} + k\sigma \text{ 이면 로트 불합격} \end{array}\right\} \qquad (11 \cdot 30)$$

으로 판정할 수 있다.

그러나 만약 σ 를 모르는 경우에는 식(11・30)에서 σ 대신에 불편분산의 제곱근 $s=\sqrt{v}=\sqrt{\dfrac{\sum(x_i-\bar{x})^2}{n-1}}$ 을 사용하여, 식(11・30) 대신에

$$\left.\begin{array}{l} S_U \geq \bar{x}+k's \text{ 이면 로트 합격} \\ S_U < \bar{x}+k's \text{ 이면 로트 불합격} \end{array}\right\} \quad (11 \cdot 31)$$

으로 판정할 수 있다.

여기서 s 는 통계량이기 때문에 분포를 가지고 있으며, $n>5$ 인 경우에는 식(5・9)에서 본 바와 같이 근사적으로 $N(\sigma,\ \sigma^2/2(n-1))$ 의 정규분포에 따른다. 또한 $\bar{x}$ 와 s 가 서로 독립적으로 분포하므로 $\bar{x}+k's$ 의 분포는 **[그림 11.10]**에서와 같이 근사적으로 정규분포

$$\bar{x}+k's \sim N\left\{m+k'\sigma,\ \frac{\sigma^2}{n}+\frac{k'^2\sigma^2}{2(n-1)}\right\} \quad (11 \cdot 32)$$

에 따른다.

[그림 11.10]에서 부적합품률 p_0 를 갖는 평균치 m_0 의 로트는 좋은 로트로 해서 되도록 받아들이고, 부적합품률 p_1 을 갖는 평균치 m_1 인 로트는 나쁜 로트로 해서 받아들이고 싶지 않다. 이 경우에 샘플링 검사의 우연성에 의하여 좋은 로트가 불합격되는 확률을 α 로, 나쁜 로트가 합격되는 확률을 β 로 하는 샘플링 검사 방식(시료의 크기 n 과 합격판정계수 k')을 구하고 싶다.

[그림 11.10]으로부터 명백히

$$S_U=(m_0+k'\sigma)+K_\alpha\sigma\sqrt{\frac{1}{n}+\frac{k'^2}{2(n-1)}} \quad (11 \cdot 33)$$

$$S_U=(m_1+k'\sigma)-K_\beta\sigma\sqrt{\frac{1}{n}+\frac{k'^2}{2(n-1)}} \quad (11 \cdot 34)$$

이 성립한다. 식(11・33)에서

$$\frac{S_U-m_0}{\sigma}=k'+K_\alpha\sqrt{\frac{1}{n}+\frac{k'^2}{2(n-1)}} \quad (11 \cdot 35)$$

이 되는데, $S_U-m_0/\sigma=K_{p_0}$ 이므로 이 식은

그림 11.10 $\bar{x}+k's$ 의 분포와 p_0, p_1, α, β 의 관계

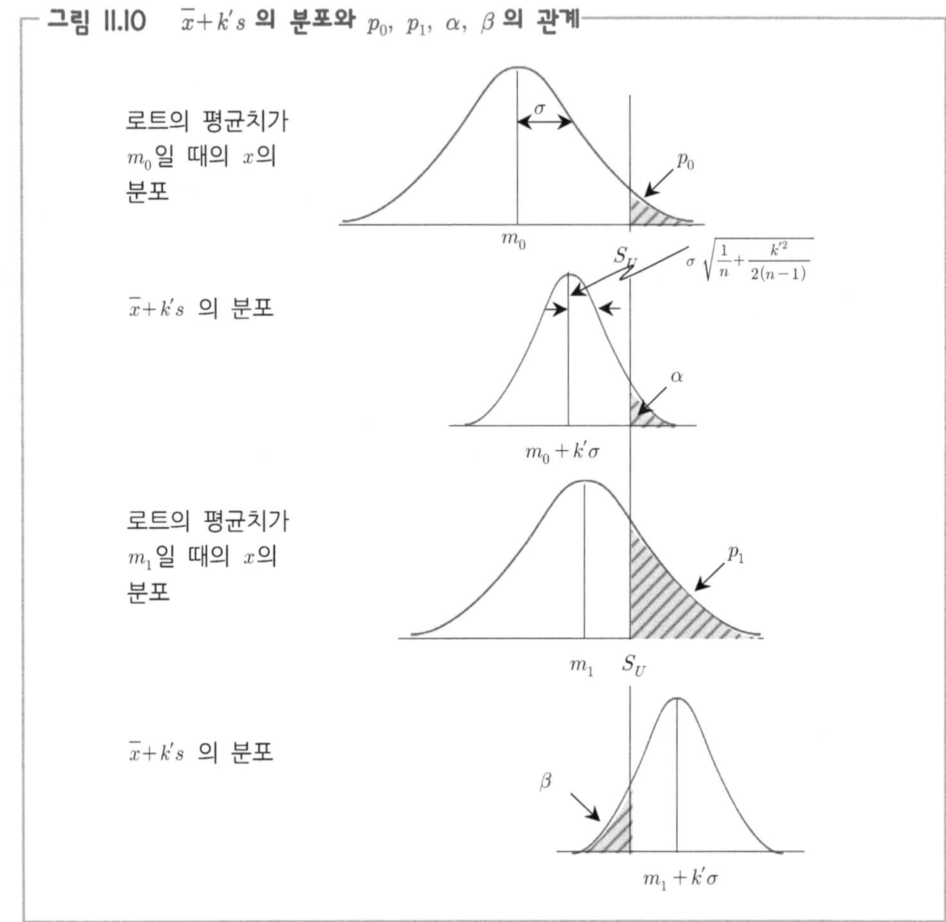

$$K_{p_0} = k' + K_\alpha \sqrt{\frac{1}{n} + \frac{k'^2}{2(n-1)}} \tag{11・36}$$

이 된다.

같은 방법으로 식(11・34)에 대하여

$$K_{p_1} = k' - K_\beta \sqrt{\frac{1}{n} + \frac{k'^2}{2(n-1)}} \tag{11・37}$$

이 얻어진다. 이제 식(11・36)과 (11・37) 로부터

$$\frac{K_{p_0} - k'}{K_\alpha} = \sqrt{\frac{1}{n} + \frac{k'^2}{2(n-1)}} \tag{11・38}$$

$$-\frac{K_{p_1} - k'}{K_\beta} = \sqrt{\frac{1}{n} + \frac{k'^2}{2(n-1)}} \tag{11・39}$$

이 되므로,

$$\frac{K_{p_0} - k'}{K_\alpha} = -\frac{K_{p_1} - k'}{K_\beta}$$

의 등식을 얻을 수 있다. 이것을 k' 에 대하여 풀면

$$k' = \frac{K_{p_0}K_\beta + K_{p_1}K_\alpha}{K_\alpha + K_\beta} \tag{11・40}$$

이 된다. 이 공식은 표준편차 σ 를 알고 있는 경우의 식(11・17)과 일치한다.

식(11・38)에서 $n-1 \fallingdotseq n$ 이라고 놓으면

$$\frac{K_{p_0} - k'}{K_\alpha} = \frac{1}{\sqrt{n}}\sqrt{1 + \frac{k'^2}{2}} \tag{11・41}$$

이 되는데, 여기에 식(11・40)의 k' 을 대입시키고 $\boldsymbol{n}$ 에 대하여 풀면, $k' = k$ 이므로

$$n = \left(1 + \frac{k^2}{2}\right)\left(\frac{K_\alpha + K_\beta}{K_{p_0} - K_{p_1}}\right)^2 \tag{11・42}$$

을 얻을 수 있다. 즉, 표준편차 σ 를 모르는 경우의 샘플링 검사 방식의 합격판정 계수 $\boldsymbol{k}$는 모집단의 표준편차를 알고 있는 경우와 유사한 식이지만, 검사개수 $\boldsymbol{n}$ 은 알고 있는 경우보다 $\left(1 + \frac{k^2}{2}\right)$ 배로 증가한다.

11.3.2 하한규격값 S_L이 주어진 경우

하한규격값이 주어지는 경우에도 식(11・33), (11・34)와 유사하게 다음의 관계식

$$S_L = (m_0 - k'\sigma) - K_\alpha \sigma \sqrt{\frac{1}{n} + \frac{k'^2}{2(n-1)}} \qquad (11 \cdot 43)$$

$$S_L = (m_1 - k'\sigma) + K_\beta \sigma \sqrt{\frac{1}{n} + \frac{k'^2}{2(n-1)}} \qquad (11 \cdot 44)$$

을 얻을 수 있다. 상한규격값 S_U가 주어지는 경우와 동일한 방법으로 전개함으로써 k와 n의 값을 식(11・40)과 (11・42)로 얻을 수 있음을 밝힐 수 있다.

따라서 이 경우의 검사방식은 로트로부터 크기 n의 시료를 채취하여 다음과 같이 판정을 내린다.

$S_L \leq \bar{x} - ks$ 이면 로트 합격

$S_L > \bar{x} - ks$ 이면 로트 불합격

예제 11.4

로트의 품질특성이 정규분포를 하며, 그 표준편차를 모르는 경우에 p_0 =0.01, α =0.05, p_1 =0.10, β =0.10을 만족시키는 계량형 샘플링 검사 방식을 구하라. 단 하한규격값 S_L이 주어져 있다고 가정한다.

풀이

K_{p_0} =2.33, K_{p_1} =1.28, K_α =1.64, K_β =1.28이므로 식(11・40)과 식 (11・42)에서

$$k = \frac{(2.33)(1.28) + (1.28)(1.64)}{1.64 + 1.28} = 1.74$$

$$n = \left[1 + \frac{(1.74)^2}{2}\right]\left[\frac{1.64 + 1.28}{2.33 - 1.28}\right]^2 \fallingdotseq 20$$

을 얻는다. 따라서 크기 $n = 20$의 시료를 채취하여 측정한 후 $\bar{x}$와 s를 구하고,

$S_L \leq \bar{x} - 1.74s$ 이면 로트 합격

$S_L > \bar{x} - 1.74s$ 이면 로트 불합격

으로 판정하면 된다.

11.3.3 표준편차 σ를 모르는 경우의 샘플링검사방식 OC곡선

샘플링 검사 방식(n, k)가 결정되면 식(11・37)은 K_{p_1}과 K_β만의 관계식이 된다. 여기에서 p_1을 일반적인 부적합품률 p로 놓고, β를 $L(p)$로 바꾸어 놓으면

$$K_p = k - K_{L(p)} \sqrt{\frac{1}{n} + \frac{k^2}{2(n-1)}}$$

이 되므로, $K_{L(p)}$는

$$K_{L(p)} = \frac{k - K_p}{\sqrt{\frac{1}{n} + \frac{k^2}{2(n-1)}}} \qquad (11 \cdot 45)$$

이 된다. 따라서 p를 변화시켜 가며 $K_{L(p)}$를 구하고, 정규분포표에서 $L(p)$를 찾으면 (p, $L(p)$)의 점을 찾을 수 있다. 따라서 O곡선은 p를 가로축에, $L(p)$를 세로축에 잡아서 도시하면 얻을 수 있다.

11.4 계량규준형 1회 샘플링 검사

11.4.1 개요

로트로부터 1회만 시료를 채취하여 시료 중의 검사단위의 품질특성을 추정하고, 그 평균값을 산출, 이것을 합격판정치와 비교하여, 정해진 조건에 합치하면 그 로트를 합격으로 하고, 조건에 합치하지 않으면 그 로트를 불합격으로 판정하는 검사를 계량규준형 1회 샘플링 검사(acceptance sampling by variables : single sampling plans)라고 부른다. 이 검사방식의 내용은 이미 앞 절에서 상세히 다루었다.

한국산업규격에서는 다음과 같이 두 종류의 계량규준형 1회 샘플링 검사 방식이 소개되어 있다.

(1) KS Q 1001 : σ 가 기지인 계량규준형 1회 샘플링 검사

- 로트의 평균값을 보증하는 경우
- 로트의 불량률을 보증하는 경우

(2) KS Q 1002 : σ 가 미지인 계량규준형 1회 샘플링 검사
여기서는 로트의 불량률을 보증하는 경우만이 취급됨.

10장에서 설명된 계수형 샘플링 검사에서는 시료 중에 포함되어 있는 부적합품의 수에 의해서 로트의 합격, 불합격을 결정하는데, 계량형 샘플링 검사에서는 품질의 특성치로 판정이 행해지므로, 품질이 좋고 나쁜 정도에 대한 상세한 정보를 얻을 수 있고, 또한 시료의 크기도 작아진다는 장점이 있다. 그러나 계량형에서는 특성치를 일일이 측정할 필요가 있기 때문에 계수형에 비하여, 시료를 조사하는 시간과 수고가 많이 든다든가 또는 로트를 판정하기까지의 절차도 약간 복잡하게 되는 것을 피할 수 없다.

11.4.2 σ 기지 계량규준형 1회 샘플링검사 (KS Q 1001)

KS Q 1001에는 샘플링 검사에 필요한 표가 여러 가지 소개되어 있으나 그 중에서 중요한 것은 다음의 3가지이다.

(1) m_0, m_1 을 기초로 해서 시료의 크기 n 과 합격판정치를 계산하기 위한 계수 G_0 를 구하는 표(**<표 11.4>**). 이것은 로트의 평균값을 보증하는 경우에 사용됨.

(2) p_0 (%), p_1 (%)을 기초로 해서 시료의 크기 n 과 합격판정계수 k 를 구하는 표(**<표 11.5>**). 이것은 로트의 부적합품률을 보증하는 경우에 사용됨.

(3) p 와 K_p 의 관계표(**<표 11.6>**). 이것은 **<표 11.5>**의 보조표에 해당함.

표 11.4 m_0, m_1 **을 근거로 하여** n **과** $G_0 = \frac{K_\alpha}{\sqrt{n}}$ **를 구하는 표**

($\alpha \fallingdotseq 0.05$, $\beta \fallingdotseq 0.10$)

$\left\lvert \frac{m_1 - m_0}{\sigma} \right\rvert$	n	G_0
2.069 이상	2	1.163
1.690~2.068	3	0.950
1.463~1.689	4	0.822
1.309~1.462	5	0.736
1.195~1.308	6	0.672
1.106~1.194	7	0.622
1.035~1.105	8	0.582
0.975~1.034	9	0.548
0.925~0.974	10	0.520
0.882~0.924	11	0.496
0.845~0.881	12	0.475
0.812~0.844	13	0.456
0.772~0.811	14	0.440
0.756~0.771	15	0.425
0.732~0.755	16	0.411
0.701~0.731	17	0.399
0.690~0.709	18	0.383
0.671~0.689	19	0.377
0.654~0.670	20	0.368
0.585~0.653	25	0.329
0.534~0.584	30	0.300
0.495~0.533	35	0.278
0.463~0.494	40	0.260
0.436~0.462	45	0.245
0.414~0.435	50	0.233

표 11.5 p_0 , p_1 을 기초로 하여 n 과 k 를 구하는 표

(좌하는 n , 우상은 k , $\alpha = 0.05,\ \beta = 0.10$)

p_1 (%) / p_0 (%)	대표치	0.80	1.00	1.25	1.60	2.00	2.50	3.15	4.00	5.00	6.30	8.00	10.0	12.5	16.0	20.0	25.0	31.5
p_0 (%) 대표치	범위 \ 범위	0.71~0.90	0.91~1.12	1.13~1.40	1.41~1.80	1.81~2.24	2.25~2.80	2.81~3.55	3.56~4.50	4.51~5.60	5.61~7.10	7.11~9.00	9.01~11.2	11.3~14.0	14.1~18.0	18.1~22.4	22.5~28.0	28.1~35.5
0.100	0.090~0.112	2.71 18	2.66 15	2.61 12	2.56 10	2.51 8	2.46 7	2.40 6	2.34 5	2.28 4	2.30 4	2.14 3	2.08 3	1.99 2	1.91 2	1.84 2	1.75 2	1.66 2
0.125	0.113~0.140	2.68 23	2.63 18	2.58 14	2.53 10	2.48 9	2.43 8	2.37 6	2.31 5	2.25 5	2.19 4	2.11 3	2.05 3	1.96 2	1.88 2	1.80 2	1.72 2	1.62 2
0.160	0.141~0.180	2.64 29	2.60 22	2.55 17	2.50 13	2.45 11	2.39 9	2.35 7	2.28 6	2.22 5	2.15 4	2.09 4	2.01 3	1.94 3	1.84 2	1.77 2	1.68 2	1.59 2
0.200	0.181~0.224	2.61 39	2.57 28	2.52 21	2.47 16	2.42 13	2.36 10	2.30 8	2.25 7	2.19 6	2.12 5	2.05 4	1.98 3	1.91 3	1.81 2	1.73 2	1.65 2	1.55 2
0.250	0.225~0.280	*	2.54 37	2.49 27	2.44 20	2.38 15	2.33 12	2.28 10	2.21 8	2.15 6	2.09 5	2.02 4	1.95 4	1.87 3	1.80 3	1.70 2	1.61 2	1.52 2
0.315	0.281~0.355	*	*	2.46 36	2.40 25	2.35 19	2.30 14	2.24 11	2.18 9	2.12 7	2.06 6	1.99 5	1.92 4	1.84 3	1.76 3	1.66 2	1.57 2	1.48 2
0.400	0.356~0.450	*	*	*	2.37 33	2.32 24	2.26 18	2.21 14	2.15 11	2.08 8	2.02 7	1.95 6	1.89 5	1.81 4	1.72 3	1.64 3	1.53 2	1.44 2
0.500	0.451~0.560	*	*	*	2.33 46	2.28 31	2.23 23	2.17 17	2.11 13	2.05 10	1.99 8	1.92 6	1.85 5	1.77 4	1.68 3	1.60 3	1.50 2	1.40 2
0.630	0.561~0.710	*	*	*	*	2.25 44	2.19 30	2.09 21	2.08 15	2.02 12	1.95 9	1.89 7	1.81 6	1.74 5	1.65 4	1.56 3	1.46 2	1.36 2
0.800	0.711~0.900	*	*	*	*	*	2.16 42	2.10 28	2.04 20	2.98 15	1.91 11	1.84 8	1.78 7	1.70 5	1.61 4	1.52 3	1.44 3	1.32 2
1.00	0.901~1.12		*	*	*	*	*	2.06 38	2.00 26	1.94 18	1.88 14	1.81 10	1.74 8	1.66 6	1.58 5	1.50 4	1.42 3	1.30 2
1.25	1.13~1.40			*	*	*	*	*	1.97 36	1.91 24	1.84 17	1.77 12	1.70 9	1.63 7	1.54 6	1.45 4	1.37 3	1.26 3
1.60	1.41~1.80				*	*	*	*	*	1.86 34	1.80 23	1.73 16	1.66 12	1.59 9	1.50 8	1.41 5	1.32 4	1.21 3
2.00	1.81~2.24					*	*	*	*	*	1.76 31	1.69 20	1.62 14	1.54 10	1.46 9	1.37 6	1.28 5	1.16 3
2.50	2.25~2.80						*	*	*	*	1.72 46	1.65 28	1.58 19	1.50 13	1.42 1	1.33 7	1.24 5	1.13 4
3.15	2.81~3.55							*	*	*	*	1.60 42	1.53 26	1.46 17	1.37 11	1.29 8	1.19 6	1.09 5
4.00	3.56~4.50								*	*	*	*	1.49 39	1.41 24	1.33 25	1.24 10	1.14 7	1.04 5
5.00	4.51~5.60									*	*	*	*	1.37 36	1.28 30	1.19 13	1.10 9	0.99 6
6.30	5.61~7.10										*	*	*	*	1.23 0	1.14 18	1.05 12	0.94 8
8.00	7.11~9.00											*	*	*	*	1.09 27	1.00 16	0.89 10
10.0	9.01~1.21												*	*	*	1.03 44	0.94 23	0.83 14

비고 *의 칸은 〈표 11-6〉에 의하여, 각각 p_0 ,p_1 의 대표치에 대한 K_{p0}, K_{p1} 을 사용하여 $n = \left(\frac{2.9264}{K_{p0} - K_{p1}}\right)^2$, $k = 0.562073K_{p1} + 0.437927K_{p0}$ 를 계산하고 n 은 정수로, k 는 소수점이하 3자리까지 계산하여, 2자리로 끝맺음한 것을 사용한다. 빈 칸에 대해서는 샘플링 검사 방식은 없다.

표 11.6 p **의 대표치에 대한** K_p **의 값**

p (%)		K_p
p_0	p_1	
0.100	-	3.00023
0.125	-	3.02334
0.160	-	2.94784
0.200	-	2.87816
0.250	-	2.80703
0.315	-	2.73174
0.400	-	2.65207
0.500	-	2.57583
0.630	-	2.49483
0.800	0.80	2.40892
1.00	1.00	2.32635
1.25	1.25	2.24140
1.60	1.60	2.14441
2.00	2.00	2.05375
2.50	2.50	1.95996
3.15	3.15	1.85919
4.00	4.00	1.75069
5.00	5.00	1.64425
6.30	6.30	1.53007
8.00	8.00	1.40507
10.0	10.0	1.28155
-	12.5	1.15035
-	16.0	0.99446
-	20.0	0.84162
-	25.0	0.67449
-	31.5	0.48173

<표 11.4>에 나타나 있는 시료의 크기 n 과 합격판정치를 계산하기 위한 계수 G_0 의 값은 다음과 같이 결정된다. n 은 식(11・24)나 식(11・28)에 의하여 특성치가 낮을수록 좋은 경우거나 높을수록 좋은 경우거나 동일하게

$$n = \left(\frac{K_\alpha + K_\beta}{m_1 - m_0}\right)^2 \sigma^2$$

으로 된다. 이 규격에는 α =0.05, β =0.10을 목표치로 하고 있으므로 **<표 11.6>**에서 K_α =1.645, K_β =1.282이다. 따라서 시료의 크기 n 은

$$n = \left(\frac{2.927}{m_1 - m_0}\right)^2 \sigma^2 = \left(\frac{2.927}{\left|\frac{m_1 - m_0}{\sigma}\right|}\right)^2 \qquad (11 \cdot 46)$$

으로 결정된다.

합격판정치 $\overline{X}_U$ 나 $\overline{X}_L$를 계산하기 위한 계수 $G_0 = \frac{K_\alpha}{\sqrt{n}}$ 는 식(11·21)과 (11·26)에서

$$\overline{X}_U = m_0 + K_\alpha \frac{\sigma}{\sqrt{n}} = m_0 + G_0 \sigma$$

$$\overline{X}_L = m_0 - K_\alpha \frac{\sigma}{\sqrt{n}} = m_0 - G_0 \sigma$$

에 사용되며, 이 규격에서는 K_α =1.645를 사용하고 있으므로

$$G_0 = \frac{1.645}{\sqrt{n}} \qquad (11 \cdot 47)$$

이다.

샘플링 검사 방식을 정하는 경우, $|m_1 - m_0|$ 와 σ는 기지의 양으로 주어지므로, **<표 11.4>**는 $|m_1 - m_0|/\sigma$ 의 값으로부터 n, G_0를 구하는 형식이 채용되고 있다.

다음으로 **<표 11.5>**에서 제시되어 있는 시료의 크기 n 과 합격판정치를 구하기 위한 계수 k 의 값은 다음과 같이 해서 결정되어 있다. 시료의 크기 n 은 식(11·13)에 의하여 상한규격치 S_U 가 주어진 경우에나, 하한규격치 S_L 이 주어진 경우에나 동일하게

$$n = \left(\frac{K_\alpha + K_\beta}{K_{p_0} - K_{p_1}}\right)^2$$

으로 되고, 이 규격에서는 **<표 11.4>**와 동일하게 α =0.05, β =0.10을 사용하고 있으므로

$$n = \left(\frac{2.927}{K_{p_0} - K_{p_1}}\right)^2 \qquad (11 \cdot 48)$$

으로 결정된다.

합격판정치 $\overline{X}_U$는 $\overline{X}_L$을 구하기 위한 계수 k는 식(11・17)에서

$$k = \frac{K_{p_0}K_\beta + K_{p_1}K_\alpha}{K_\alpha + K_\beta}$$

이고, α =0.05, β =0.10이라는 조건에서는

$$k = \frac{1.282K_{p_0} + 1.645K_{p_1}}{2.927} = 0.438K_{p_0} + 0.562K_{p_1} \qquad (11 \cdot 49)$$

으로 결정된다. 이 k의 값이 정해지면 식(11・16)과 (11・18)에 의하여

$$\overline{X}_U = S_U - k\sigma$$

$$\overline{X}_L = S_L + k\sigma$$

으로 합격판정치가 정해진다.

<표11.6>은 **<표11.5>**에서 *표가 붙은 칸에 대해서 n 및 k를 계산하기 위하여 사용하는 보조표이다.

(1) 로트의 평균값을 보증하는 경우의 검사절차

이 경우의 검사의 일반절차는 대개 다음과 같다.

(a) 측정방법을 정한다.
(b) m_0, m_1을 지정한다.
(c) 로트를 형성한다.
(d) 로트의 표준편차 σ를 지정한다.
(e) 시료의 크기와 합격판정치를 구한다.
(f) 시료를 뽑는다.
(g) 시료의 특성치 x를 측정하고, 평균치 $\bar{x}$를 계산한다.
(h) 합격, 불합격의 판정을 내린다.
(i) 로트를 처리한다.

위의 검사절차 중에서 (e)와 (h)만을 좀더 상세히 두 가지 경우로 나누어 설명하여 보기로 하자.

① **시료의 크기 n 과 상한 합격판정치 $\overline{X}_U$를 구하는 방법($m_0 < m_1$ 인 경우).**
이 방법에서는 먼저 $(m_1 - m_0)/\sigma$ 를 계산하고 소숫점이하 3자리로 끝맺음한다. 그 다음 **<표 11.4>**를 사용하여 n 및 계수 G_0 를 읽어내고 $\overline{X}_U = m_0 + G_0\sigma$ 를 계산한다. 판정으로 $\overline{x} \le \overline{X}_U$ 이면 로트를 합격, 아니면 불합격으로 한다.

② **시료의 크기 n 과 하한 합격판정치 $\overline{X}_L$ 을 구하는 방법($m_0 > m_1$ 인 경우).**
이 방법에서는 위의 ①과 동일하게 하되, 단 $\overline{X}_L = m_0 - G_0\sigma$ 로 계산한 후, $\overline{x} \ge m_0 - G_0\sigma$ 이면 로트를 합격으로 하고, 아니면 불합격으로 하면 된다.

③ **상한 및 하한 합격판정치를 동시에 주는 경우.**
$m_0{}'$, $m_1{}'$ (상한에 대한 값)과 $m_0{}''$, $m_1{}''$ (하한에 대한 값)을 지정해서, 시료의 크기 n 과 계수 G_0 를 **<표 11.4>**에서 구하고, 다음과 같이 하여 상한 및 하한 합격판정치를 구한

$$\overline{X}_U = m_0{}' + G_0\sigma$$
$$\overline{X}_L = m_0{}'' - G_0\sigma$$

다만 이 경우에는 $m_0{}'$ 와 $m_0{}''$ 의 폭과, 평균값의 표준편차와의 사이에 다음의 조건이 만족되어야 한다.

$$\frac{m_0{}' - m_0{}''}{\sigma / \sqrt{n}} > 1.7$$

 11.5

어떤 고무제품의 인장강도는 큰 편이 좋다. 만약 평균값이 460kg/cm^2 이상인 로트는 통과시키고, 430kg/cm^2 이하인 로트는 통과시키지 않도록 n 과 $\overline{X}_L$ 를 구하고 싶다. 로트의 표준편차는 σ =40kg/cm^2 라고 한다. α =0.05, β =0.10로 하는 계량규준형 1회 샘플링 검사를 설계하라.

풀이

$$\left|\frac{m_1 - m_0}{\sigma}\right| = \left|\frac{430 - 460}{40}\right| = 0.75$$

이므로 **<표 11.4>**에서 n =16, G_0 =0.411을 얻는다. 따라서 검사방식은 다음과 같이 한다. 시료 n =16개를 채취하여 인장강도를 잰 후, 그 평균값 $\bar{x}$ 를 구한다. 하한 합격판정치 $\overline{X}_L$ 은

$\overline{X}_L = m_0 - G_0\sigma = 460 - (0.411)(40) = 443.6$ 이므로, 만약

$\bar{x} \geq 443.6\,\mathrm{kg/cm^2}$ 이면 로트를 합격

$\bar{x} < 443.6\,\mathrm{kg/cm^2}$ 이면 로트를 불합격

판정을 내린다.

(2) 로트의 불량률을 보증하는 경우의 검사절차

이 경우에는 앞에서 취급된 평균값을 보증하는 경우와 검사절차는 거의 동일하나 여기에서는 m_0 , m_1 을 지정하지 않고, 그 대신에 p_0 , p_1 을 지정한다.

(a) S_U 가 주어진 경우

상한규격치 S_U 가 주어진 경우에는 지정된 p_0 , p_1 의 값을 사용하여 **<표 11.5>**로부터 n , k 를 찾아낸다. 이때 상한 합격판정치는

$$\overline{X}_U = S_U - k\sigma$$

로 계산한다.

(b) S_L 이 주어진 경우

하한규격치 S_L 이 주어지는 경우에는 (a)의 경우와 마찬가지로 주어진 p_0 , p_1 의 값을 사용하여 **<표 11.5>**에서 n , k 를 찾고, 하한 합격판정치를

$$\overline{X}_L = S_L + k\sigma$$

에 의하여 계산한다.

(c) S_U와 S_L이 동시에 주어진 경우

지정된 p_0, p_1을 사용하여 **<표 11.5>**로부터 n과 k를 구하고, 상한 및 하한 합격판정치를 다음과 같이 구하여 사용한다.

$$\overline{X}_U \doteqdot S_U - k\sigma$$

$$\overline{X}_L \doteqdot S_L + k\sigma$$

다만, 이 경우는 $\dfrac{S_U - S_L}{\sigma}$의 값이 4 이하인 경우에는 사용하기 곤란하다.

예제 11.6

금속판의 두께(정규분포를 가정함)의 하한규격치가 S_L =2.3mm이다. 두께가 2.3mm미만인 것이 1% 이하인 로트는 통과시키고, 그것이 9% 이상되는 로트는 통과시키지 않게 하는 계량규준형 1회 샘플링 검사 방식을 설계하라. 로트의 표준편차는 σ =0.2mm라고 하고, α =0.05, β =0.10을 사용하라.

풀이

p_0 =1%, p_1 =9%이므로 **<표 11.5>**에서 n =10, k =1.81을 찾을 수 있다. 하한 합격판정치는

$$\overline{X}_L = S_L + k\sigma = 2.3 + (1.81)(0.2) \doteqdot 2.66mm$$

이다. 따라서 검사방식은 시료 n =10개는 채취하여 $\bar{x}$를 구하고 $\bar{x}$ ≥2.66이면 로트를 합격시키고, $\bar{x}$ < 2.66이면 로트를 불합격시킨다.

11.4.3 σ 미지 계량규준형 1회 샘플링 검사(KS Q 1002)

이 규격에 의한 샘플링 검사는, 로트의 표준편차 σ가 미지이고 규격치가 상한 또는 하한의 어느 한 쪽으로만 주어진 경우에 적용하는 샘플링 검사이다. σ가 미

지라는 것은 생산이 단속적이기 때문에 합리적으로 로트의 표준편차를 추정하기 어렵거나, 로트마다의 산포가 관리상태로 되어 있지 않아서 σ 를 추정하기 어렵거나 한 경우이다.

샘플링 검사 방식은 로트로부터 1회만 시료를 채취하여 시료에 대하여 품질특성을 측정하고, 여기에서 시료의 평균치 $\bar{x}$ 와 불편분산의 제곱근 $s=\sqrt{V}$ 를 계산하여, 이들과 규격치와의 관계를 가지고 로트의 합격, 불합격을 판정하는 것이다.

이 규격에서도 KS Q 1001인 경우와 동일하게 생산자위험 α =0.05와 소비자위험 β =0.10을 사용한다. 이 규격에는 **<표 11.7>**이 마련되어 있고, 이 표는 p_0 (%), p_1 (%)을 기초로 하여 시료의 크기 n 과 합격판정계수 k 를 구할 수 있도록 되어 있다. 이 규격은 같은 OC 곡선을 주는 샘플링 검사 방식을 비교하여 보면, KS Q 1001에 비하여 시료의 크기가 2~5배 정도 크게 된다. 따라서 σ 가 미지인 불가피한 경우에 사용되며, 가능하면 데이터를 축적하여 가며 σ 가 기지인 방식으로 옮겨갈 수 있도록 방침을 세우는 것이 현명하다.

<표 11.6>의 시료의 크기 n 과 합격판정계수 k 는 식(11・40)과 (11・42)을 이용하여, $K_\alpha = K_{0.05} = 1.645$ 과 $K_\beta = K_{0.10} = 1.282$ 을 대입시켜서

$$k = \frac{K_{p_0}K_\beta + K_{p_1}K_\alpha}{K_\alpha + K_\beta} = \frac{1.282K_{p_0} + 1.645K_{p_1}}{2.927}$$

$$n = \left(1+\frac{k^2}{2}\right)\left(\frac{K_\alpha + K_\beta}{K_{p_0} - K_{p_1}}\right)^2 = \left(1+\frac{k^2}{2}\right)\left(\frac{2.927}{K_{p_0} - K_{p_1}}\right)^2$$

의 공식으로부터 얻어진다.

<표 11.7>의 샘플링 검사표는 되도록 합격시키고 싶은 좋은 품질의 로트가 불합격으로 되는 확률 α =0.05와, 되도록 불합격으로 하고 싶은 나쁜 품질의 로트가 합격할 확률 β =0.10를 만족시킬 수 있도록 짜여져 있으며, 불량률에 관하여 파는 축과 사는 축이 요구하는 품질보증이 동시에 이루어 질 수 있는 검사방식이라고 볼 수 있다.

이 규격의 검사절차를 소개하면 다음과 같다.

(1) **품질기준의 결정 :** 검사단위의 특성치 x 의 측정방법을 구체적으로 정하고, 상한 규격치 S_U 또는 하한 규격치 S_L 을 정한다.

(2) p_0, p_1 **의 지정** : 파는 측과 사는 측이 협의하여 p_0, p_1을 결정한다. 이 때 α =0.05, β =0.10을 기준으로 한다.

(3) **로트의 형성**

(4) **검사방식의 결정** : 주어진 p_0, p_1에 대한 (n, k)를 **<표 11.7>**에서 찾는다. 이 때 주어진 p_0에서 p_1의 값이 없으면 p_1보다 작은 값 중에서 p_1에 가장 가까운 값을 찾는다.

(5) **로트의 판정** : 크기 n의 시료를 채취하여 $\bar{x}$와 s를 계산한 후, 다음과 같이 로트의 합격여부를 판정한다.

(a) 상한규격치의 경우

$\bar{x}+ks \le S_U$ 이면 로트 합격

$\bar{x}+ks > S_U$ 이면 로트 불합격

(b) 하한규격치의 경우

$\bar{x}-ks \ge S_L$ 이면 로트 합격

$\bar{x}-ks < S_L$ 이면 로트 불합격

예제 11.7

금속판의 표면정도의 상한규격치가 S_U =68로 주어졌을 때, 경도 68을 초과하는 것이 0.5% 이하인 로트는 합격으로 하고, 그것이 4% 이상인 로트는 불합격으로 하고 싶다. 경도의 값은 정규분포를 한다고 가정하고, α =0.05이고 β =0.10으로 하는 계량규준형 1회 샘플링 검사 방식을 구하라.

풀이

p_0 =0.5%, p_1 =4%이므로 **<표 11.7>**에서 p_0 =0.5%, p_1 =3.8%(4%가 없으므로 4%보다 작은 값 중에서 가장 큰 것을 찾았음)의 칸에서 n =45, k =2.13을 얻는다. 따라서 로트로부터 크기 n =45의 시료를 채취하고, $\bar{x}$와 s를 계산하여, 다음 식에 의하여 판정한다.

$\bar{x}+2.13s \le 68$ 이면 로트를 합격으로 하고,

$\bar{x}+2.13s > 68$ 이면 로트를 불합격으로 한다.

표 11.7 $\alpha=0.05$, $\beta=0.10$ 인 경우 p_0 (%), p_1 (%)을 기초로 하여 $(n\ ,\ k)$를 구하는 표

n \ p_0	0,1		0,15		0,2		0,3		0,5		0,7		1,0		1,5		2,0		3,0		5,0		7,0		10		15		p_0 / n
	p_1	k	p_1	k	p_1	k	p_1	k	p_1	k	p_1	k	p_1	k	p_1	k	p_1	k	p_1	k	p_1	k	p_1	k	p_1	k	p_1	k	
5	21,0	1,81	22,0	1,73	24,0	1,66	25,0	1,57	28,0	1,45	30,0	1,37	32,0	1,28	35,0	1,18	38,0	1,08											5
6	17,0	1,90	18,0	1,82	19,0	1,75	21,0	1,65	24,0	1,53	25,0	1,44	28,0	1,35	30,0	1,25	33,0	1,15	36,0	1,02									6
7	14,0	1,97	15,0	1,89	16,0	1,82	18,0	1,72	20,0	1,59	22,0	1,51	24,0	1,41	26,0	1,31	29,0	1,20	33,0	1,08	38,0	0,89							7
8	12,0	2,02	13,0	1,95	14,0	1,87	16,0	1,77	17,0	1,64	20,0	1,56	22,0	1,46	24,0	1,36	27,0	1,25	30,0	1,12	35,0	0,93	39,0	0,80					8
9	10,0	2,17	11,0	2,00	12,01	1,92	14,0	1,82	15,0	1,69	18,0	1,60	20,0	1,50	22,0	1,40	25,0	1,29	28,0	1,16	33,0	0,97	37,0	0,83					9
10	9,0	2,12	9,7	2,04	1,0	1,96	12,0	1,86	14,0	1,73	16,0	1,64	18,0	1,54	20,0	1,43	23,0	1,32	26,0	1,19	31,0	1,00	35,0	0,86					10
11	7,7	2,16	8,6	2,08	9,6	1,99	11,0	1,89	13,0	1,76	15,0	1,68	16,0	1,57	19,0	1,46	21,0	1,35	24,0	1,22	29,0	1,02	33,0	0,88	39,0	0,72			11
12	6,9	2,29	7,7	2,11	8,7	2,02	10,0	1,92	12,0	1,79	13,5	1,71	15,0	1,60	18,0	1,49	20,0	1,38	23,0	1,24	28,0	1,05	32,0	0,90	37,0	0,74			12
13	6,2	2,22	7,0	2,14	8,0	2,05	9,2	1,95	11,2	1,81	12,6	1,73	14,0	1,62	16,4	1,51	19,0	1,40	22,0	1,26	27,0	1,07	31,0	0,92	36,0	0,76			13
14	5,7	2,24	6,4	2,16	7,4	2,08	8,5	1,97	10,4	1,83	11,7	1,75	13,4	1,64	15,5	1,53	18,3	1,42	21,0	1,28	26,0	1,08	30,0	0,94	35,0	0,78			14
15	5,2	2,27	5,9	2,18	6,8	2,10	7,9	1,99	9,7	1,85	11,1	1,77	12,7	1,66	14,7	1,55	17,5	1,44	20,0	1,30	25,0	1,10	29,0	0,96	34,2	0,79			15
16	4,8	2,29	5,5	2,20	6,3	2,12	7,4	2,01	9,1	1,87	10,5	1,78	12,1	1,68	14,0	1,57	16,8	1,45	19,3	1,32	24,2	1,11	28,1	0,97	33,3	0,81			16
17	4,5	2,31	5,1	2,22	5,9	2,14	7,0	2,03	8,6	1,89	9,9	1,80	11,5	1,70	13,4	1,58	16,1	1,47	18,6	1,33	23,4	1,13	27,3	0,99	32,5	0,82			17
18	4,2	2,33	4,8	2,24	5,6	2,16	6,6	2,05	8,2	1,91	9,4	1,82	11,0	1,71	13,9	1,60	15,5	1,48	18,0	1,34	22,7	1,14	26,7	1,00	31,7	0,83	39,5	0,61	18
19	3,9	2,35	4,5	2,26	5,3	2,18	6,2	2,07	7,8	1,93	9,0	1,83	10,6	1,73	12,4	1,61	14,9	1,50	17,4	1,35	22,1	1,15	26,1	1,01	31,0	0,84	38,6	0,62	19
20	3,7	2,33	4,2	2,28	5,0	2,19	5,9	2,09	7,5	1,94	8,6	1,85	10,2	1,74	11,9	1,62	14,4	1,51	16,9	1,36	21,5	1,16	25,5	1,02	30,4	0,85	38,0	0,63	20
21	3,5	2,38	4,0	2,30	4,7	2,21	5,6	2,10	7,2	1,95	8,3	1,86	9,8	1,75	11,5	1,63	14,0	1,52	16,4	1,37	21,0	1,17	24,9	1,03	29,8	0,86	37,4	0,64	21
22	3,3	2,39	3,8	2,31	4,5	2,22	5,3	2,11	6,9	1,97	8,0	1,87	9,4	1,76	11,1	1,64	13,6	1,53	15,9	1,38	20,5	1,18	24,3	1,04	29,2	0,87	36,8	0,65	22
23	3,1	2,40	3,6	2,32	4,3	2,23	5,1	2,12	6,6	1,98	7,7	1,88	9,1	1,77	10,8	1,65	13,2	1,54	15,5	1,39	20,1	1,19	23,8	1,05	28,7	0,88	36,3	0,66	23
24	3,0	2,41	3,4	2,33	4,1	2,24	4,9	2,13	6,3	1,99	7,4	1,89	8,8	1,78	10,5	1,66	12,9	1,55	15,1	1,40	19,7	1,20	23,4	1,06	28,3	0,88	35,8	0,66	24
25	2,8	2,42	3,3	2,34	3,9	2,25	4,7	2,14	6,1	2,00	7,1	1,90	8,5	1,79	10,2	1,67	12,6	1,56	14,8	1,41	19,3	1,21	23,0	1,06	27,9	0,89	35,3	0,67	25
26	2,7	2,43	3,2	2,35	3,7	2,26	4,5	2,15	5,9	2,01	6,9	1,91	8,3	1,80	9,9	1,68	12,3	1,57	14,5	1,42	18,9	1,22	22,6	1,07	27,5	0,90	34,0	0,68	26
27	2,6	2,44	3,1	2,36	3,6	2,27	4,3	2,16	5,7	2,02	6,7	1,92	8,1	1,81	9,6	1,69	12,0	1,58	14,2	1,43	18,5	1,22	22,3	1,08	27,1	0,90	34,5	0,68	27
28	2,5	2,45	3,0	2,37	3,5	2,28	4,2	2,17	5,5	2,02	6,5	1,93	7,9	1,82	9,4	1,70	11,7	1,58	13,9	1,43	18,2	1,23	22,0	1,08	26,7	0,91	34,1	0,69	28
29	2,4	2,46	2,9	2,38	3,4	2,29	4,1	2,18	5,3	2,03	6,3	1,93	7,7	1,82	9,2	1,71	11,4	1,59	13,6	1,44	17,9	1,23	21,7	1,09	26,4	0,91	33,8	0,69	29
30	2,3	2,47	2,8	2,39	3,3	2,30	4,0	2,19	5,1	2,04	6,1	1,94	7,5	1,83	9,0	1,71	11,2	1,60	13,4	1,45	17,7	1,24	21,4	1,09	26,1	0,92	33,5	0,70	30
35	1,9	2,52	2,3	2,43	2,7	2,34	3,4	2,22	4,6	2,07	5,6	1,97	6,7	1,86	8,1	1,74	9,9	1,63	12,3	1,48	16,5	1,27	20,1	1,11	24,7	0,95	31,7	0,72	35
40	1,7	2,55	2,0	2,46	2,4	2,37	3,1	2,25	4,1	2,10	5,0	2,00	6,1	1,89	7,5	1,77	9,1	1,65	11,5	1,50	15,4	1,29	19,0	1,14	23,6	0,97	30,5	0,74	40
45	1,5	2,58	1,8	2,49	2,2	2,39	2,8	2,28	3,8	2,13	4,6	2,02	5,7	1,91	6,9	1,79	8,5	1,67	10,8	1,52	14,7	1,31	18,2	1,16	22,8	0,98	29,5	0,76	45
50	1,3	2,60	1,6	2,51	2,0	2,41	2,5	2,30	3,5	2,15	4,2	2,04	5,3	1,93	6,5	1,81	8,1	1,69	10,3	1,54	14,1	1,33	17,5	1,17	22,0	1,00	28,6	0,77	50
55	1,2	2,62	1,5	2,53	1,8	2,43	2,3	2,32	3,3	2,17	3,9	2,06	4,9	1,95	6,2	1,83	7,7	1,70	9,8	1,55	13,6	1,34	16,9	1,19	21,4	1,01	27,9	0,78	55
60	1,1	2,64	1,4	2,55	1,7	2,45	2,2	2,34	3,1	2,19	3,7	2,08	4,7	1,96	5,9	1,84	7,3	1,72	9,4	1,56	13,1	1,35	16,4	1,20	20,8	1,02	27,3	0,79	60
65	1,0	2,66	1,3	2,57	1,6	2,47	2,1	2,35	2,9	2,20	3,5	2,09	4,5	1,97	5,6	1,85	7,0	1,73	9,1	1,57	12,7	1,36	16,0	1,21	20,3	1,03	26,8	0,80	65
70	1,0	2,67	1,2	2,58	1,5	2,48	2,0	2,36	2,7	2,21	3,3	2,10	4,3	1,98	5,4	1,86	6,7	1,74	8,8	1,58	12,3	1,37	15,6	1,22	19,9	1,04	26,4	0,81	70
75	0,9	2,68	1,1	2,59	1,4	2,49	1,9	2,37	2,6	2,22	3,2	2,11	4,1	1,99	5,2	1,87	6,5	1,75	8,5	1,59	12,0	1,38	15,2	1,23	19,5	1,05	26,0	0,81	75
80	0,9	2,69	1,1	2,60	1,4	2,50	1,8	2,38	2,5	2,23	3,1	2,12	3,9	2,00	5,0	1,88	6,3	1,76	8,3	1,60	11,7	1,39	14,9	1,23	19,1	1,05	25,6	0,82	80
85	0,8	2,70	1,0	2,61	1,3	2,51	1,7	2,39	2,4	2,24	3,0	2,13	3,8	2,01	4,8	1,89	6,1	1,77	8,1	1,61	11,4	1,39	14,6	1,24	18,8	1,06	25,3	0,83	85
90	0,8	2,71	1,0	2,62	1,2	2,52	1,6	2,40	2,3	2,25	2,9	2,14	3,7	2,02	4,7	1,90	5,9	1,77	7,9	1,62	11,2	1,40	14,3	1,24	18,5	1,06	25,0	0,84	90
95	0,7	2,72	0,9	2,63	1,1	2,53	1,6	2,41	2,3	2,26	2,8	2,15	3,6	2,03	4,6	1,91	5,7	1,78	7,7	1,63	11,0	1,41	14,0	1,25	18,2	1,07	24,7	0,84	95
100	0,7	2,73	0,9	2,64	1,1	2,54	1,5	2,42	2,2	2,26	2,7	2,16	3,5	2,01	4,5	1,92	5,6	1,79	7,5	1,63	10,8	1,42	13,8	1,26	18,0	1,08	21,4	0,85	100

11.5 계량조정형 샘플링 검사

11.5.1 개념

조정형 샘플링 검사란 검사결과의 좋고 나쁨에 따라 검사의 엄격도를 자동적으로 변경하는 검사방식으로 10장에서는 계수조정형 샘플링 검사(한국산업규격으로는 KS Q ISO 2859)에 대하여 고찰한 바 있다. 이 절에서는 미국의 군용규격으로 제정된 대표적인 계량조정형 샘플링 검사인 MIL-STD-414에 대하여 다루기로 한다. 한국산업규격에는 이 검사방법이 소개되어 있지 않다.

MIL-STD-414는 MIL-STD-105D에 대응되는 검사방식으로 다음의 특징을 가진다.

(1) 합격품질수준(AQL)의 개념을 기초로 하는 샘플링 검사
(2) 보통검사, 까다로운 검사, 수월한 검사의 개념을 도입하여 검사의 엄격도를 조정할 수 있는 수단을 제공
(3) 로트의 크기와 시료의 크기간의 관계를 고려한 시료 문자 제도의 도입
(4) 여러 종류의 검사수준을 설정
(5) 품질이 양호하면 생산자를 보호하고, 양호하지 못하면 소비자를 보호하는 샘플링 검사

위의 특징들은 사실상 MIL-STD-105D의 특징과 동일하다. 그러나 MIL-STD-414는 계량치를 대상으로 한 샘플링 검사이며, 이 계량치는 정규분포를 한다는 가정을 하고 있다는 점이 MIL-STD-105D와의 차이점이라고 볼 수 있다.

11.5.2 MIL-STD-414의 구성과 특징

이 규격은 다음 4편으로 되어 있고, 각각에 검사절차가 설명되어 있다.

*A 편 : 샘플링 검사에 관한 일반사항
*B 편 : 로트의 표준편차 σ 가 미지인 경우의 샘플링 검사 방식, 표준편차법
(σ 를 추정하는 데 시료의 표준편차 $s=\sqrt{V}$ 를 사용하는 방법)
*C 편 : 로트의 표준편차 σ 가 미지인 경우의 샘플링 검사 방식, 범위법
(σ 를 추정하는 데 시료의 범위 R 을 사용하는 방법)
*D 편 : 로트의 표준편차 σ 가 기지인 경우의 샘플링 검사 방식

또한 위의 B, C, D 편의 각각 다음과 같이 3장으로 구성되어 있다.

* 제1장 : 한쪽 규격치에 대한 샘플링 검사 방식(형식 1 및 형식 2)
* 제2장 : 양쪽 규격치에 대한 샘플링 검사 방식
* 제3장 : 공정 평균의 추정 및 수월한 검사와 까다로운 검사를 위한 기준

여기서 형식 1(form 1) 및 형식 2(form 2)라고 하는 것은 합격여부를 판정하는 절차를 말하는 것으로 앞의 4절에서 소개된 합격판정계수 k 를 사용한 절차이면 형식 1이고, 최대허용불량률 M 을 사용할 절차이면 형식 2라고 부른다. 단 형식 1은 규격치가 한쪽에만 있는 경우에 사용할 수 있으나, 형식 2는 규격치가 한쪽 또는 양쪽에 모두 사용할 수 있다.

11.5.3 MIL-STD-414의 사용방법

이 규격의 내용은 방대한 분량이므로 여기서 자세히 다룰 수 없고, 중요한 것 몇 가지만 설명하기로 한다. 더 자세한 내용은 참고문헌(11·1, 11·2, 11·3, 11·4)을 참조하여 주기 바란다.

이 규격은 검사수준으로는 낮은 등급 1에서부터 높은 등급 V까지 I, II, III,

IV, V의 5수준으로 되어 있으며, 별도로 지정되지 않는 경우에는 검사수준 IV를 적용하도록 규정한고 있다. 낮은 등급 검사수준은 주로 단위제품의 검사비가 높은 경우에 적용하기 위하여 설정된 것이다. 따라서 검사수준이 낮을수록 시료의 크기가 작다.

시료문자는 로트의 크기 N과 검사수준으로부터 정해지며, **<표 11.8>**에는 각 경우에 대한 시료문자가 나타나 있다.

(1) σ를 모르는 경우 표준편차법의 검사절차(B편)

먼저 σ를 모르는 경우일 때 σ를 시료의 표준편차 $s=\sqrt{V}$로 추정하여 사용하는 B편을 설명하여 보기로 하자. 한쪽 규격치이고 형식 1을 사용하는 경우만을 다루어 보기로 한다.

(a) **<표 11.8>**에서 로트의 크기와 검사수준에 의하여 시료문자를 정한다.

(b) 지정된 AQL을 사용하여 **<표 11.9>**로부터 AQL의 대표치를 찾는다.

(c) 찾아낸 시료문자와 AQL의 대표치를 사용하여, 보통검사와 까다로운 검사의 경우에는 **<표 11.10>**에서, 수월한 검사의 경우에는 **<표 11.11>**에서 시료의 크기 n과 합격판정계수 k를 읽어낸다. 이 때 화살표가 나타나면 화살표의 아래쪽 최초의 샘플링 방식을 사용한다. 만약, 시료의 크기가 로트의 크기보다 크면 전수검사를 실시하여야 한다.

(d) 로트로부터 랜덤하게 n개의 시료를 뽑아서 품질특성치를 측정한다. 그리고 시료 평균값 $\bar{x}$와 표준편차 s를 계산하고, 상한규격치 S_U가 주어졌을 때는 $(S_U-\bar{x})/s$를, 하한규격치 S_L이 주어졌을 때는 $(\bar{x}-S_L)/s$를 계산한다.

(e) $(S_U-\bar{x})/s \geq k$ 이거나 $(\bar{x}-S_L)/s \geq k$이면 로트를 합격으로 하고, 그렇지 않으면 로트를 불합격으로 한다.

표 11.8 시료문자(MIL-STD-414의 표 A-2)

로트의 크기	검사수준				
	I	II	III	IV	V
3~8	B	B	B	B	C
9~15	B	B	B	B	D
16~25	B	B	B	C	E
26~40	B	B	B	D	F
41~65	B	B	C	E	G
66~110	B	B	D	F	H
111~180	B	C	E	G	I
181~300	B	D	F	H	J
301~500	C	E	G	I	K
501~800	D	F	H	J	L
801~1,300	E	G	I	K	L
1,301~3,200	F	H	J	L	M
3,201~8,000	G	I	L	M	N
8,001~22,000	H	J	M	N	O
22,001~110,000	I	K	N	O	P
110,001~550,000	I	K	O	P	Q
550,001 이상	I	K	P	Q	Q

표 11·9 AQL변환표(MIL-STD-414이 표 A-1)

지정된 AQL이 속하는 범위	AQL의 대표치
0.049이하	0.04
0.050 ~ 0.069	0.065
0.070 ~ 0.109	0.10
0.110 ~ 0.164	0.15
0.165 ~ 0.279	0.25
0.280 ~ 0.439	0.40
0.440 ~ 0.699	0.65
0.700 ~ 1.09	1.0
1.10 ~ 1.64	1.5
1.65 ~ 2.79	2.5
2.80 ~ 4.39	4.0
4.40 ~ 6.99	6.5
7.00 ~ 10.9	10.0
11.00 ~ 16.4	15.0

표 11·10 σ를 모르는 경우 보통검사와 까다로운 검사의 샘플링 검사표(한쪽 규격치-형식I)

(MIL-STD-414의 표 B-1)

시료문자	시료의 크기	AQL의 대표치 (보통검사)													
		.04	.065	.10	.15	.25	.40	.65	1.00	1.50	2.50	4.00	6.50	10.00	15.00
		k	k	k	k	k	k	k	k	k	k	k	k	k	k
B	3								↓	↓	1.12	.958	.765	.566	.341
C	4							↓	1.45	1.34	1.17	1.01	.814	.617	.393
D	5					↓	↓	1.65	1.53	1.40	1.24	1.07	.874	.675	.455
E	7				↓	2.00	1.83	1.75	1.62	1.50	1.33	1.15	.955	.755	.536
F	10	↓	↓	↓	2.24	2.11	1.98	1.84	1.72	1.58	1.41	1.23	1.03	.828	.611
G	15	2.64	2.53	2.42	2.32	2.20	2.06	1.91	1.79	1.65	1.47	1.30	1.09	.886	.664
H	20	2.69	2.58	2.47	2.36	2.24	2.11	1.96	1.82	1.69	1.51	1.33	1.12	.917	.695
I	25	2.72	2.61	2.50	2.40	2.26	2.14	1.98	1.85	1.72	1.53	1.35	1.14	.936	.712
J	30	2.73	2.61	2.51	2.41	2.28	2.15	2.00	1.86	1.73	1.55	1.36	1.15	.946	.723
K	35	2.77	2.65	2.54	2.45	2.31	2.18	2.03	1.89	1.76	1.57	1.39	1.18	.969	.745
L	40	2.77	2.66	2.55	2.44	2.31	2.18	2.03	2.89	1.76	1.58	1.39	1.18	.971	.746
M	50	2.83	2.71	2.60	2.50	2.35	2.22	2.08	1.93	1.80	1.61	1.42	1.21	1.00	.774
N	75	2.90	2.77	2.66	2.55	2.41	2.41	2.12	1.98	1.84	1.65	1.46	1.24	1.03	.804
O	100	2.92	2.80	2.69	2.50	2.43	2.43	2.14	2.00	1.86	1.67	1.43	1.26	1.05	.819
P	150	2.96	2.84	2.73	2.61	2.47	2.47	2.18	2.03	1.89	1.70	1.51	1.29	1.07	.841
Q	200	2.97	2.85	2.73	2.62	2.47	2.47	2.18	2.04	1.09	1.70	1.51	1.29	1.07	.845
		.065	.10	.15	.25	.40	.65	1.00	1.50	2.50	4.00	6.50	10.00	15.00	
		AQL의 대표치 (까다로운 검사)													

표 11.11 σ를 모르는 경우 수월한 검사의 샘플링 검사표(한쪽 규격치-형식I)

(MIL-STD-414의 표 B-1)

시료 문자	시료의 크기	AQL의 대표치 (보통검사)												
		.04	.065	.10	.15	.25	.40	.65	1.00	1.50	2.50	4.00	6.50	10.00
		k	*k*	*k*	*k*	*k*	*k*	*k*	*k*	*k*	*k*	*k*	*k*	*k*
B	3									1.12	.958	.765	.566	3.41
C	3									1.12	.958	.765	.766	3.41
D	3									1.12	.958	.765	.566	.341
E	3							↓	↓	1.12	.958	.765	.566	.341
F	4						↓	1.45	1.34	1.17	1.01	.814	.617	.393
G	5				↓	↓	1.65	1.53	1.40	1.24	1.07	.874	.675	.455
H	7			↓	2.00	1.88	1.75	1.62	1.50	1.33	1.15	.955	.755	.536
I	10			2.24	2.11	1.98	1.84	1.72	1.58	1.41	1.23	1.03	.828	.611
J	10	↓	↓	2.24	2.11	1.98	1.84	1.72	1.58	1.41	1.23	1.03	.828	.611
K	15	2.53	2.42	2.32	2.20	2.06	1.91	1.79	1.65	1.47	1.30	1.09	.816	.664
L	20	2.58	2.47	2.36	2.24	2.11	1.96	1.82	1.69	1.51	1.33	1.12	.917	.695
M	20	2.58	2.47	2.36	2.24	2.11	1.96	1.82	1.04	1.51	1.33	1.12	.917	.695
N	25	2.61	2.50	2.40	2.26	2.14	1.98	1.85	1.72	1.53	1.35	1.14	.936	.712
O	30	2.61	2.51	2.41	2.28	2.15	2.00	1.86	1.73	1.55	1.36	1.15	.946	.723
P	50	2.71	2.60	2.50	2.35	2.22	2.08	1.93	1.80	1.61	1.42	1.21	1.00	.774
Q	75	2.77	2.66	2.55	2.41	2.27	2.12	1.98	1.84	1.65	1.46	1.24	1.03	.804

예제 11.8

어떤 장치의 동작온도의 상한규격치는 189℃라고 규정되어 있다. 크기 40인 로트가 검사에 제출되었다. 검사수준 IV, AQL=1%의 보통검사를 적용한다. **<표 11.8>**에서 시료 문자를 찾으니 D이고, **<표 11.10>**에서 $(n,\ k)$를 구하니 n =5, k =1.53이었다. 시료의 측정치가

x : 181℃, 185℃, 164℃, 168℃, 177℃

이라면 로트는 어떻게 처리하여야 하느냐?

풀이

$$\overline{x}=\sum_{i=1}^{5}x_i/n=\frac{1}{5}(181+185+\cdots+177)=175$$

$$s=\sqrt{V}=\sqrt{\sum\frac{(x_i-\overline{x})^2}{n-1}}$$

$$= \sqrt{\frac{1}{4}[(181-175)^2+\cdots+(177-175)^2]} = 8.81$$

상한규격치 S_U =189, 따라서

$$\frac{S_U-\overline{x}}{s} = \frac{189-175}{8.81} = 1.59 \geq 1.53 = k$$

가 성립하므로, 로트를 합격으로 처리한다.

---

(2) σ를 알고 있는 경우의 검사절차(D 편)

다음으로 σ를 알고 있는 경우의 검사절차를 알아보자. 이 때에도 형식 1과 2가 있으나, 한쪽 규격치로서 형식 1을 사용하는 경우만을 설명하기로 한다.

(a), (b)는 σ를 모르는 경우와 동일하다.

(c) 찾아낸 시료문자와 AQL을 사용하여, 보통검사와 까다로운 검사의 경우에는 **<표 11.12>**를, 수월한 검사인 경우에는 **<표 11.13>**을 사용하여 $(n,\ k)$를 읽어낸다. 화살표는 σ가 미지인 경우와 동일하게 취급한다.

(d) 로트로부터 랜덤하게 n 개의 시료를 뽑아서 품질특성치를 측정한다. 그리고 시료평균 $\overline{x}$를 계산한 후, 상한규격치 S_U가 주어진 경우에는 $(S_U-\overline{x})/\sigma$를, 하한규격치 S_L이 주어진 경우에는 $(\overline{x}-S_L)/\sigma$를 계산한다.

(e) $(S_U-\overline{x})/\sigma \geq k$ 이거나 $(\overline{x}-S_L)/\sigma \geq k$ 이면 로트를 합격으로 하고, 그렇지 않으면 로트를 불합격으로 한다.

표 11·12 σ를 알고 있는 경우 보통검사와 까다로운 검사의 샘플링 검사표(한쪽 규격치–형식I)

(MIL-STD-414의 표 D-1)

시료문자	AQL의 대표치 (보통검사)													
	.04		0.55		.10		.15		.25		.40		.65	
	n	k	n	k	n	k	n	k	n	k	n	k	n	k
B														
C													↓	
D									↓		↓		2	1.58
E							↓		2	1.94	2	1.81	3	1.69
F	↓		↓		↓		3	2.19	3	2.07	3	1.91	4	1.80
G	3	2.58	3	2.49	4	2.39	4	2.30	4	2.14	5	2.05	5	1.88
H	4	2.65	4	2.55	5	2.46	5	2.34	6	2.23	6	2.00	7	1.95
I	5	2.69	6	2.59	6	2.49	6	2.37	7	2.25	8	2.13	8	1.96
J	6	2.72	6	2.58	7	2.50	7	2.38	8	2.26	9	2.13	10	1.99
K	7	2.77	7	2.63	8	2.54	9	2.45	9	2.29	10	2.16	11	2.01
L	8	2.77	8	2.64	9	2.54	10	2.45	11	2.31	12	2.18	13	2.03
M	10	2.83	11	2.72	11	2.59	12	2.49	13	2.35	14	2.21	16	2.07
N	14	2.88	15	2.77	16	2.65	17	2.54	19	2.41	21	2.27	23	2.12
O	19	2.92	20	2.80	22	2.69	23	2.57	25	2.43	27	2.29	30	2.14
P	27	2.96	30	2.84	31	2.72	34	2.62	37	2.47	40	2.33	44	2.17
Q	3	2.97	40	2.85	42	2.73	45	2.62	49	2.40	54	2.34	59	2.18
	.065		.10		.15		.25		.40		.65		1.00	
	AQL의 대표치 (까다로운 검사)													

시료문자	AQL의 대표치 (보통검사)													
	1.00		1.50		2.50		4.00		6.50		10.00		15.00	
	n	k	n	k	n	k	n	k	n	k	n	k	n	k
B	↓		↓		↓		↓		↓		↓		↓	
C	2	1.36	2	1.25	2	1.09	2	.936	3	.755	3	.573	4	.344
D	2	1.42	2	1.33	3	1.17	3	1.01	3	.825	4	.641	4	.429
E	3	1.56	3	1.44	4	1.28	4	1.11	5	.919	5	.728	6	.515
F	4	1.69	4	1.55	5	1.39	5	1.20	6	.991	7	.797	8	.584
G	6	1.78	6	1.62	7	1.45	8	1.28	9	1.09	11	.877	12	.649
H	7	1.80	8	1.68	9	1.49	10	1.31	12	1.11	14	.906	16	.685
I	9	1.83	10	1.70	11	1.51	13	1.34	15	1.13	17	.924	20	.706
J	11	1.86	12	1.72	13	1.53	15	1.35	18	1.15	21	.942	24	.719
K	12	1.88	14	1.75	15	1.56	18	1.38	20	1.17	24	.966	27	.737
L	14	1.89	15	1.75	18	1.57	20	1.38	23	1.17	27	.965	31	.741
M	17	1.93	19	1.79	22	1.61	25	1.42	29	1.21	33	.995	38	.770
N	25	1.97	28	1.54	32	1.65	36	1.46	42	1.24	49	1.03	56	.803
O	33	2.00	36	1.86	42	1.67	48	1.49	55	1.26	64	1.05	75	.819
P	49	2.03	55	1.89	61	1.69	70	1.51	82	1.20	95	1.07	111	.841
Q	65	2.04	71	1.89	81	1.79	93	1.51	109	1.29	127	1.07	147	.845
	1.50		2.50		4.00		6.50		10.00		15.00			
	AQL의 대표치 (까다로운 검사)													

표 11.13 σ 를 알고 있는 경우 수월한 검사의 샘플링 검사표(한쪽 규격치-형식I)

(MIL-STD-414의 표 D-2)

시료문자	AQL의 대표치 (수월한 검사)													
	.04		.065		.10		.15		.25		.40		.65	
	n	k	n	k	n	k	n	k	n	k	n	k	n	k
B														
C														
D														
E													↓	
F											↓		2	1.36
G							↓		↓		2	1.58	2	1.42
H					↓		2	1.94	2	1.81	3	1.69	3	1.56
I					3	2.19	3	2.07	3	1.91	4	1.80	4	1.69
J	↓		↓		3	2.19	3	2.07	3	1.91	4	1.80	4	1.69
K	3	2.49	4	2.39	4	2.30	4	2.14	5	2.05	5	1.88	6	1.78
L	4	2.55	5	2.46	5	2.34	6	2.23	6	2.08	7	1.95	7	1.80
M	4	2.55	5	2.46	5	2.34	6	2.23	6	2.08	7	1.95	7	1.80
N	6	2.59	6	2.49	6	2.37	7	2.25	8	2.13	8	1.96	9	1.83
O	6	2.58	7	2.50	7	2.38	8	2.26	9	2.13	10	1.99	11	1.86
P	11	2.72	11	2.59	12	2.49	13	2.35	14	2.21	16	2.07	17	1.83
Q	15	2.77	16	2.65	17	2.54	19	2.41	21	2.27	23	2.12	25	1.97

시료문자	1.00		1.50		2.50		4.0		6.5		10.00	
	n	k	n	k	n	k	n	k	n	k	n	k
B												
C												
D												
E	↓		↓		↓		↓		↓		↓	
F	2	1.25	2	1.09	2	.936	3	.755	3	.573	4	.344
G	2	1.33	3	1.17	3	1.01	3	.825	4	.641	4	.429
H	3	1.44	4	1.28	4	1.11	5	.919	5	.728	6	.515
I	4	1.53	5	1.39	5	1.20	6	.991	7	.797	8	.584
J	4	1.53	5	1.39	5	1.20	6	.991	7	.797	8	.58
K	6	1.62	7	1.45	8	1.28	9	1.07	11	.877	12	.649
L	8	1.68	9	1.49	10	1.31	12	1.11	14	.906	16	.685
M	8	1.68	9	1.40	10	1.31	12	1.11	14	.906	16	.685
N	10	1.70	11	1.51	13	1.34	15	1.13	17	.924	20	.706
O	12	1.72	13	1.53	15	1.35	18	1.15	21	.942	24	.719
P	19	1.79	22	1.61	25	1.42	29	1.21	33	.995	38	.770
Q	28	1.84	32	1.63	36	1.46	42	1.24	49	1.03	56	.803

예제 11.9

어떤 합성고무제품의 인장강도에 대한 하한규격치는 58.0kg/cm^2 이다. 로트의 크기는 500, 검사수준 IV, AQL=1.5%의 보통검사를 적용한다. 표준편차는 3 kg/cm^2 으로 알려져 있다. 이 경우에 **<표 11.8>**에서 시료문자를 찾으면 I를 얻고, 시료문자 I와 AQL의 대표치 1.5%를 사용하여 **<표 11.12>**에서 (n, k)를 찾으면 n =10, k =1.70을 구할 수 있다. 이 때 시료 10개를 채취하여 인장강도를 재니 다음의 측정치가 얻어졌다. 로트의 합격여부를 결정하라.

62.5, 64.5, 58.0, 69.0, 61.0, 62.0, 65.5, 59.0, 68.0, 60.5

풀이

시료의 평균치가

$$\bar{x} = \sum_{i=1}^{10} x_i / 10 = 63.0$$

이고, 하한 규격치가 S_L =58.0이므로

$$\frac{\bar{x} - S_L}{\sigma} = \frac{63.0 - 58.0}{3} = 1.67$$

이 된다. 이 값이 k =1.70보다 크지 못하므로 로트는 불합격으로 처리한다.

11.6 계량규준형 축차 샘플링 검사

11.6.1 개요

10장에서 계수규준형 축차 샘플링 검사를 고찰하였는데, 만약 품질검사의 결과로서 얻어지는 데이터가 계수치가 아니고 계량치인 경우에는 계량규준형 축차 샘플링 검사(sequential sampling plan for inspection by variables for percent nonconforming)를 적용할 수 있다. 이 검사 중에서 한국산업규격에는 표준편차를 알고 있고 로트의 부적합률을 보증하는 경우에 대한 규격이 소개되어 있다.

계량규준형 샘플링 검사란 계수규준형 축차 샘플링 검사와 마찬가지로 축차확률비(SPR)에 근거를 두고 작성된 것으로, 로트로부터 1개씩 시료를 채취해서 시험해 가면서 측정치 누계결과를 합격 또는 불합격 판정치와 비교함으로써, 로트의 합격 여부를 결정하는 샘플링 검사이다. 이 검사는 생산자와 소비자가 요구하는 검사 특성을 동시에 만족하면서 평균검사개수(ASN)가 최소로 되도록 설계된 것이 특징이다.

11.6.2 검사의 절차

(1) 품질기준의 설정

상한규격치 S_U, 또는 하한규격치 S_L을 명확하게 정한다.

(2) p_0, p_1의 지정

생산자와 소비자가 협의하여 p_0, p_1을 정한다. 이때 $\alpha=0.05$, $\beta=0.10$을 일반적인 기준으로 사용한다.

(3) 로트의 형성

동일조건에서 생산된 제품의 무더기를 하나의 로트로 정한다. 로트가 너무 크면 작은 로트로 나누어 검사로트로 정하여도 좋다.

(4) 샘플링 검사 방식의 결정

(a) **<표 11.15>**에서 지정된 p_0 와 p_1 을 사용하여 h_0/σ , h_1/σ 를 읽어낸다. 여기서 h_0 와 h_1 은 각각 **<표 11.14>**의 합격판정선과 불합격판정선의 절편이다.

(b) **<표 11.16>**에서 지정된 p_0 와 p_1 을 사용하여 $(S_U - s)/\sigma$, 또는 $(s - S_L)/\sigma$ 를 읽어낸다. 여기서 s 는 합격판정선 및 불합격판정선의 기울기이다.

(c) 다음의 식으로 합격판정선 및 불합격 판정선을 구한다.

표 11.14 합격 및 불합격 판정선

구분	상한규격치 S_U 가 주어졌을 때	하한규격치 S_L 이 주어졌을 때
합격 판정선	$X_0 = -h_0 + sn$	$X_0 = h_0 + sn$
불합격 판정선	$X_1 = h_1 + sn$	$X_1 = -h_1 + sn$

합격판정선과 불합격판정선을 **[그림 11.11]**, 또는 **[그림 11.12]**와 같이 그린다.

(5) 로트속에서 시료를 하나씩 축차적으로 랜덤하게 뽑는다.

(6) 로트의 합격, 불합격 및 검사속행을 판정한다.

뽑힌 검사단위에 대하여 측정을 하고, 하나씩 뽑힐 때마다 측정치의 누계 $\sum x_i$ 를 구하고, X_0 , X_1 과 비교하여 로트에 대한 합격, 불합격 또는 검사속행(검사단위를 하나 더 뽑는 것)의 판정을 내린다. 이 때 **[그림 11.11]**이나 **[그림 11.12]**를 사용한다. $\sum x_i$ 의 값이 불합격영역에 타점되면 로트를 불합격시키고, 합격영역에 타점되면 로트를 합격시키고, 검사속행영역에 타점되면 검사를 속행한다.

(7) 검사를 속행하여 로트내의 전부를 검사하여도 판정에 이르지 못하는 경우에는 다음 식에 의하여 판정한다.

상한 규격치가 주어진 경우	$\sum x_i \le sn$ 이면 합격 $\sum x_i > sn$ 이면 불합격	하한 규격치가 주어진 경우	$\sum x_i \ge sn$ 이면 합격 $\sum x_i < sn$ 이면 불합격

표 11.15 KS Q 3108에서 h_0/σ , h_1/σ 를 구하는 표

상단은 h_0/σ 하단은 h_1/σ

$p_1(\%)$ \ $p_0(\%)$	0,71 ~0,90	0,91 ~1,12	1,13 ~1,40	1,41 ~1,80	1,81 ~2,24	2,25 ~2,80	2,81 ~3,55	3,56 ~4,50	4,51 ~5,60	5,61 ~7,10	7,11 ~9,00	9,01 ~11,2	11,3 ~14,0	14,1 ~18,0	18,1 ~22,4	22,5 ~28,0	28,1 ~35,5	$p_1(\%)$ \ $p_0(\%)$
0,090 ~0,112	3,304 4,243	2,947 3,783	2,647 3,399	2,382 3,058	2,172 2,789	1,992 2,558	1,832 2,352	1,681 2,159	1,558 2,000	1,443 1,852	1,353 1,714	1,245 1,598	1,151 1,488	1,074 1,379	1,002 1,286	0,936 1,196	0,862 1,107	0,090 ~0,112
0,113 ~0,140	3,653 4,690	3,221 4,136	2,863 3,682	2,557 3,283	2,319 2,977	2,114 2,714	1,932 2,483	1,767 2,264	1,632 2,095	1,506 1,933	1,389 1,783	1,292 1,659	1,200 1,540	1,107 1,422	1,031 1,324	0,957 1,222	0,885 1,136	0,113 ~0,140
0,141 ~0,180	4,160 5,341	3,600 4,633	3,169 4,069	2,796 3,589	2,512 3,225	2,274 2,919	2,066 2,653	1,877 2,410	1,724 2,214	1,585 2,035	1,456 1,870	1,351 1,731	1,249 1,601	1,150 1,477	1,067 1,370	0,988 1,269	0,912 1,170	0,141 ~0,180
0,181 ~0,224	4,799 6,161	4,079 5,237	3,527 4,529	3,070 3,942	2,733 3,508	2,451 3,147	2,213 2,811	1,997 2,563	1,826 2,344	1,670 2,144	1,528 1,962	1,411 1,812	1,303 1,673	1,195 1,535	1,098 1,421	1,022 1,312	0,937 1,205	0,181 ~0,224
0,225 ~0,280	5,614 7,208	4,651 5,971	3,948 5,069	3,386 4,347	2,978 3,823	2,647 3,399	2,373 3,046	2,125 2,728	1,931 2,480	1,758 2,257	1,603 2,058	1,472 1,890	1,355 1,740	1,240 1,592	1,144 1,468	0,053 1,353	0,966 1,240	0,225 ~0,280
0,281 ~0,355	6,904 8,864	5,504 7,066	4,547 5,838	3,815 4,899	3,304 4,242	2,904 3,723	2,575 3,306	2,287 2,936	2,064 2,650	1,868 2,399	1,693 2,173	1,420 1,549	1,420 1,824	1,292 1,655	1,189 1,56	1,092 1,402	0,999 1,283	0,281 ~0,355
0,356 ~0,450	9,339 11,991	6,747 8,919	5,490 7,049	4,439 5,699	3,764 4,832	3,253 4,176	2,845 3,653	2,499 3,208	2,235 2,870	2,006 2,575	1,805 2,318	1,643 5,110	1,499 1,925	1,357 1,743	1,243 1,595	1,139 1,462	1,038 1,332	0,356 ~0,450
0,451 ~0,560	13,560 17,409	9,114 11,702	6,712 8,627	5,222 6,705	4,313 5,537	3,653 4,690	3,149 4,043	2,728 3,503	2,418 3,104	2,152 2,763	1,922 2,468	1,740 2,234	1,578 2,026	1,423 1,826	1,299 1,668	1,184 1,520	1,074 1,379	0,451 ~0,560
0,561 ~0,710	26,174 33,60	13,319 17,100	8,828 11,335	6,431 8,257	5,105 6,555	4,207 5,401	3,550 4,558	3,025 3,884	2,647 3,399	2,332 2,994	2,064 2,650	1,855 2,381	1,672 2,147	1,499 1,925	1,362 1,748	1,236 1,587	1,119 1,436	0,561 ~0,710
0,711 ~0,900		27,124 34,830	13,321 17,110	8,528 10,951	6,185 7,640	5,014 6,437	4,109 5,274	3,422 4,393	2,947 3,783	2,561 3,288	2,243 2,879	1,998 2,565	1,758 2,276	1,593 2,041	1,437 1,845	1,298 1,666	1,168 1,499	0,711 ~0,900
0,901 ~1,12			26,175 33,605	12,437 15,967	8,275 10,624	6,150 7,895	4,842 6,216	3,914 5,026	3,304 4,243	2,827 3,630	2,445 3,139	2,156 2,769	1,865 2,366	1,691 2,170	1,517 1,948	1,362 1,748	1,220 1,566	0,901 ~1,12
1,13 ~1,40				23,694 30,420	12,101 15,537	8,038 10,320	5,940 7,627	4,603 5,910	3,784 4,858	3,164 4,069	2,697 3,462	2,350 3,017	2,064 2,650	1,808 2,321	1,629 2,066	1,438 1,847	1,281 1,644	1,13 ~1,40
1,41 ~1,80						12,167 15,620	7,926 10,176	5,710 7,335	4,502 5,780	3,660 4,699	3,041 3,904	2,609 3,350	2,262 2,904	1,956 2,511	1,720 2,208	1,531 1,965	1,352 1,737	1,41 ~1,80
1,81 ~2,24						23,946 30,744	11,662 14,973	7,428 9,537	5,504 7,066	4,295 5,514	3,469 4,453	2,915 3,743	2,490 3,196	2,123 2,725	1,857 2,381	1,632 2,095	1,432 1,836	1,81 ~2,24
2,25 ~2,80							22,737 29,192	10,771 13,829	7,147 9,176	5,236 6,722	4,056 5,208	3,320 4,263	2,780 3,519	2,330 2,990	2,012 2,584	1,751 2,248	1,522 1,954	2,25 ~2,80
2,81 ~3,55								20,464 26,273	10,422 13,381	6,800 8,731	4,936 6,338	3,887 4,991	3,169 4,063	2,595 3,332	2,208 2,835	1,895 2,433	1,618 2,078	2,81 ~3,55
3,56 ~4,50									21,236 27,264	10,186 13,077	6,505 8,352	4,799 6,161	3,746 4,806	2,974 3,818	2,476 3,179	2,091 2,685	1,772 2,274	3,56 ~4,50
4,51 ~5,60										19,575 25,131	9,380 12,043	6,202 7,902	4,574 5,838	3,458 4,439	2,802 3,598	2,319 2,977	1,934 2,483	4,51 ~5,60
5,61 ~7,10											18,008 23,120	9,076 11,652	5,924 7,606	4,200 5,393	3,271 4,199	2,629 3,756	2,145 2,754	5,61 ~7,10
7,11 ~9,00												18,301 23,490	8,828 11,335	5,477 7,031	3,998 5,133	3,079 3,954	2,436 3,127	7,11 ~9,00
9,01 ~11,2													17,054 21,895	7,851 10,034	5,117 6,569	3,703 4,754	2,809 3,607	9,01 ~11,2

표 11.16 KS Q 3108에서 $(S_U - s)/\sigma$, $(s - S_L)/\sigma$ 를 구하는 표

$p_1(\%)$ / $p_0(\%)$	0.71 ~0.90	0.91 ~1.12	1.13 ~1.40	1.41 ~1.80	1.81 ~2.24	2.25 ~2.80	2.81 ~3.55	3.56 ~4.50	4.51 ~5.60	5.61 ~7.10	7.11 ~9.00	9.01 ~11.2	11.3 ~14.0	14.1 ~18.0	18.1 ~22.4	22.5 ~28.0	28.1 ~35.5	$p_1(\%)$ / $p_0(\%)$
0.090~0.112	2.749	2.708	2.665	2.618	2.572	2.525	2.470	2.421	2.368	2.310	2.248	2.186	2.120	2.042	1.966	1.882	1.786	0.090~0.112
0.113~0.140	2.717	2.676	2.638	2.585	2.540	2.493	2.142	2.388	2.335	2.278	2.215	2.154	2.088	2.010	1.934	1.850	1.752	0.113~0.140
0.141~0.180	2.680	2.638	2.595	2.548	2.502	2.455	2.406	2.351	2.298	2.240	2.178	2.116	2.055	1.972	1.894	1.812	1.716	0.141~0.180
0.181~0.224	2.649	2.602	2.559	2.512	2.466	2.419	2.369	2.315	2.262	2.204	2.142	2.080	2.014	1.936	1.860	1.776	1.680	0.181~0.224
0.225~0.280	2.609	2.568	2.525	2.478	2.430	2.835	2.336	2.281	2.228	2.170	2.108	2.046	1.980	1.902	1.826	1.742	1.646	0.225~0.280
0.281~0.355	2.572	2.531	2.488	2.440	2.395	2.348	2.298	2.243	2.190	2.133	2.070	2.009	1.943	1.865	1.789	1.705	1.608	0.281~0.355
0.356~0.450	2.530	2.488	2.445	2.399	2.352	2.306	2.207	2.202	2.149	2.091	2.029	1.967	1.901	1.823	1.747	1.663	1.567	0.356~0.450
0.451~0.560	2.492	2.451	2.408	2.361	2.315	2.268	2.219	2.164	2.111	2.053	1.991	1.930	1.863	1.785	1.709	1.625	1.529	0.451~0.560
0.561~0.710	2.452	2.411	2.368	2.320	2.275	2.228	2.178	2.123	2.070	2.013	1.950	1.889	1.823	1.745	1.669	1.585	1.488	0.561~0.710
0.711~0.900	2.409	2.367	2.324	2.277	2.231	2.184	2.135	2.080	2.027	1.969	1.967	1.849	1.779	1.701	1.625	1.511	1.445	0.711~0.900
0.901~1.12			2.283	2.236	2.190	2.143	2.094	2.039	1.986	1.928	1.866	1.804	1.738	1.660	1.584	1.500	1.404	0.901~1.12
1.13~1.40				2.193	2.145	2.100	2.051	1.996	1.943	1.885	1.823	1.761	1.695	1.617	1.541	1.457	1.361	1.13~1.40
1.41~1.80					2.110	2.053	2.003	1.948	1.890	1.838	1.775	1.714	1.648	1.570	1.494	1.410	1.313	1.41~1.80
1.81~2.24						2.007	1.958	1.903	1.850	1.792	1.730	1.668	1.602	1.524	1.448	1.364	1.268	1.81~2.24
2.25~2.80							1.911	1.856	1.803	1.745	1.680	1.621	1.555	1.477	1.401	1.317	1.221	2.25~2.80
2.81~3.55								1.806	1.753	1.696	1.633	1.572	1.506	1.420	1.352	1.268	1.171	2.81~3.55
3.56~4.50									1.698	1.641	1.578	1.517	1.451	1.373	1.297	1.215	1.116	3.56~4.50
4.51~5.60										1.588	1.525	1.464	1.398	1.320	1.244	1.160	1.063	4.51~5.60
5.61~7.10											1.468	1.406	1.340	1.262	1.186	1.102	1.006	5.61~7.10
7.11~9.00												1.344	1.278	1.200	1.124	1.040	0.943	7.11~9.00
9.01~11.2													1.216	1.138	1.062	0.978	0.882	9.01~11.2

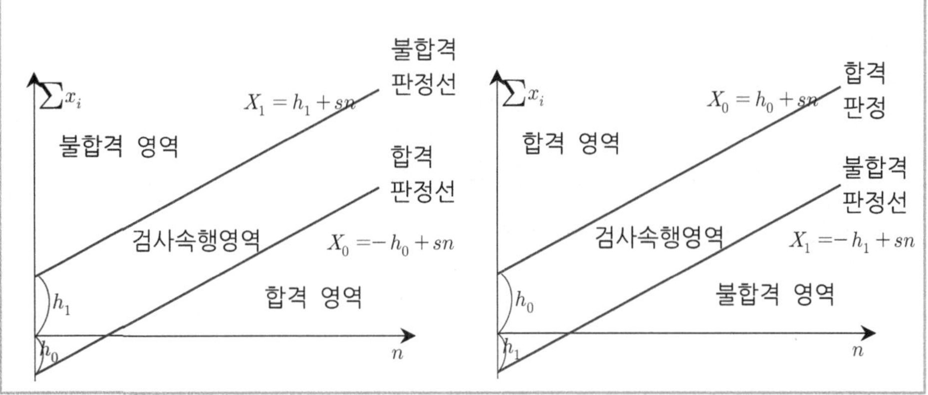

그림 11.11 상한규격치 S_U 가 주어진 경우

그림 11.12 하한규격치 S_L 가 주어진 경우

예제 11.10

굵기 10mm인 염화비닐관에 대한 수압시험에서 하한규격치가 S_L =100kg/cm^2 이고, 데이터를 근거로 하여 추정한 결과 σ =8kg/cm^2 을 얻었다. $\alpha = 0.05$, $\beta = 0.10$ 에서 p_0 =0.1%, p_1 =1%를 만족시키는 계량규준형 축차 샘플링 검사방식을 구하라.

풀이

<표11.15>에서 p_0 =0.1%, p_1 =1%에 해당하는 h_0/σ 와 h_1/σ 를 구하니

$$\frac{h_0}{\sigma} = 2.947\ ,\ \frac{h_1}{\sigma} = 3.783$$

이고, **<표 11.16>**으로부터 하한규격치가 주어진 경우이므로

$$\frac{s - S_L}{\sigma} = 2.708$$

을 얻게 된다. 따라서

$$h_0 = 2.947\sigma = (2.947)(8) = 23.576$$

$$h_1 = 3.783\sigma = (3.783)(8) = 30.264$$

$$s = S_L + 2.708\sigma = 100 + (2.708)(8) = 121.664$$

이 되며, 판정선은 다음과 같다.

합격판정선 : $X_0 = 23.576 + 121.664n$

불합격판정선 : $X_1 = -30.264 + 121.664n$

검사의 판정은, 로트로부터 시료를 축차 채취하여 측정하고, 측정결과의 누계 $\sum x_i$ 를 구하여 X_0 , X_1 과 비교하여 판정을 내린다.

참고문헌

11·1 Duncan, A.J. : Quality Control and Industrial Statistics, 4th ed., Homewood, I11., Richard Irwin, Inc., 1974.

11·2 Grant, E.L. and Leavenworth, R.S. : Statistical Quality Control, 4th ed., New York, N.Y., McGraw-Hill, 1979.

11·3 김영휘: 품질관리, 청문각, 1979.

11·4 한국공업표준협회편 : 샘플링 검사와 샘플링 검사부록, 한국공업표준협회, 1982.

11·5 한국산업규격 : KS Q 2859-1,2,3,4,5 각종 계수치 샘플링 검사법.

11·6 한국산업규격 : KS Q 1001, 1002 각종 계량치 샘플링 검사법.

연습문제

11.1 품질특성이 정규분포를 하며 하한규격치 S_L =1.00을 가지는 어떤 제품의 로트에 대하여 계량형 샘플링 검사를 적용하려고 한다. p_0 =0.005일 때 생산자 위험을 α =0.05, p_1 =0.02일 때 소비자 위험 β =0.10으로 하고 싶다. 표준편차 σ 는 과거의 데이터로부터 σ =0.10으로 알려져 있다.

(1) 어떤 샘플링 검사 방식을 적용하면 되나?

(2) 다음의 데이터가 로트에서 추출한 시료의 측정치라는 가정아래 로트의 합격여부를 판정하라. 단, 시료의 크기에 해당하는 데이터만을 순서대로 뽑아서 사용하라. 만약 시료의 크기가 모자라면 데이터를 반복해서 사용하라.

1.15	1.13	1.15	1.20	1.18	1.14	1.14	1.10	1.06	1.08
0.95	1.07	1.03	1.17	1.16	1.18	1.02	1.09	1.21	1.07
1.09	0.98	1.22	1.17	1.03	0.97	1.05	1.17	1.03	0.96
1.07	1.04	1.23	1.07	1.11	1.09	1.20	1.10	1.08	0.98
1.05	1.03	1.16	0.98	1.14	1.08	1.19	1.09	1.25	1.07

(3) 위의 (1)의 검사방식에 OC 곡선을 그려라.

11.2 어떤 제품의 검사대상이 되는 품질특성이 상한규격치 S_U =15.0, 하한규격치 S_L =13.0이다. 또 이 품질특성은 σ =0.4인 정규분포를 한다고 한다. p_0 =0.02일 때 α =0.05이고, p_1 =0.08일 때 β =0.10으로 하고자 한다면, 어떤 계량형 샘플링 검사 방식을 사용해야 되나?

11.3 평균값이 20g 이상인 로트는 될 수 있는 한 합격시키고 싶고, 평균값이 18g 이하인 로트는 될 수 있는 한 불합격시키고 싶다. 과거의 데이터로 판단하여 볼 때, 특성치는 정규분포에 따르고 표준편차는 σ=1.2g으로 믿어진다. 이 때 $\alpha = 0.05$, $\beta = 0.10$을 만족시키는 평균값을 보증하는 샘플링 검사 방식을 구하여라. 그리고 이 검사방식에 대한 OC 곡선을 그려라.

11.4 연습문제 **11.1**에서 표준편차를 모른다는 가정하에

(1) 시료의 표준편차를 기초로 한 검사방식을 구하라.

(2) 위의 (1)의 검사방식에 OC 곡선을 그려라.

11.5 로트의 품질특성이 정규분포를 하며, 그 표준편차를 모르는 경우에, $p_0 = 0.01$, $\alpha = 0.05$, $p_1 = 0.08$, $\beta = 0.10$을 만족시키는 계량형 샘플링 검사 방식을 구하라. 단, 상한규격치 S_U가 주어졌다고 가정하여라.

11.6 연습문제 **11.3**에 대하여 KS Q 1001 계량규준형 1회 샘플링 검사방법을 구하라.

11.7 연습문제 **11.1**에 대하여 KS Q 1001 계량규준형 1회 샘플링 검사 방식을 구하라.

11.8 연습문제 **11.1**에서 표준편차를 모른다는 가정하에

(1) KS Q 1002 계량규준형 1회 샘플링 검사 방식을 구하라.

(2) 데이터가 연습문제 **11.1**의 (2)에 주어진 것과 같다면 로트의 합격여부는 어떻게 되느냐?

11.9 어떤 스포츠 용품의 강도는 최소한 150kg이 되어야 한다. 이 용품 300개로 구성되는 로트에 대하여 MIL-STD-414를 적용하여 품질검사를 실시하고자 한다. 로트의 표준편차를 모르기 때문에 σ가 미지인 표준편차법을 사용하여 AQL는 4%로 하기로 하였다. 검사수준 IV의 보통검사를 사용하고자 한다.

(1) 형식 1을 사용한 샘플링 검사 방식을 구하라.

(2) 위의 (1)에서 구한 검사방식에 따라 로트에서 시료를 추출하여 평균값과 표준편차를 구해보니 $\bar{x}$=160kg, s=5kg이었다. 이 로트의 합격여부를 결정하라.

11.10 연습문제 **11.9**에서 모집단 표준편차 σ를 모르는 경우가 아니고 $\sigma = 4.1$kg으로 알려져 있다. 형식 1을 사용한 샘플링 검사 방식을 구하라.

11.11 양질인 분필의 밀도는 대략 0.140g/cm^2 이다. 이러한 분필에 대한 샘플링 검사는 분필의 밀도는 하한규격치를 0.130g/cm^2 으로 택하고 싶다. 과거 데이터로부터 분석해 본 결과 밀도는 대략 정규분포에 따르고 표준편차 $\sigma = 0.01$ g/cm^2 으로 알려져 있다. $p_0 = 0.5\%$, $p_1 = 5\%$로 하고, $\alpha = 0.05$, $\beta = 0.10$으로 하는 계량 규준형 축차 샘플링 검사 방식을 구하라. 이 검사방식의 합격판정선을 그려 보아라.

제12장

계수형 관리도

12.1 관리도의 기본개념

12.2 부적합품률 (p) 관리도

12.3 부적합품수 (np) 관리도

12.4 부적합수 (c) 관리도

12.5 단위당 부적합수 (u) 관리도

12.1 관리도의 기본개념

12.1.1 품질의 산포

일반적으로 생산 공정에서는 생산의 목적이 되는 설계품질에 합치되는 제품을 만들어 내는 일이 주요 목표 중의 하나이다. 그러나 일정한 공정에서 생산되고 있는 제품이라 하더라도 품질특성치는 시간이 흐름에 따라 기계나 공구의 마모에 의하여 또는 자재, 작업환경, 작업자 등의 복합적인 요인에 의하여 산포(품질변동)가 발생하게 된다. 이러한 품질의 산포를 발생시키는 원인을 살펴보면 여러 가지가 있으나 크게 다음의 두 가지로 분류할 수 있다.

(1) 우연원인(chance cause)

생산조건이 엄격하게 관리된 상태 하에서도 발생되는 어느 정도의 불가피한 변동을 주는 원인으로, 작업자 숙련도의 차이, 작업환경의 차이, 식별되지 않을 정도의 원자재 및 생산설비 등의 제반 특성의 차이 등에 의하여 발생되는 것을 말한다. 이 변동을 줄여 품질개선을 달성하기 위해서는 시스템적이고 관리적인 접근이 필요하다. 일반적으로 우연원인에 의해서만 변동하고 있는 상태를 통계적으로 관리상태(statistically in control)에 있다고 한다.

(2) 이상원인(assignable cause)

작업자의 부주의, 불량자재의 사용, 생산설비상의 이상 등에 의하여 발생되는 변동을 말하며, 이 원인들은 만성적으로 존재하는 것이 아니고 산발적으로 발생하여 품질변동을 일으키는 원인이다. 이것을 까닭이 있는 원인 또는 우발적 원인이라고도 부른다. 이상원인은 공정에서 만성적으로 존재하는 것은 아니고 산발적으로 발생하며 품질의 변동에 크게 영향을 끼치는 요주의 원인으로써 우선적으로 제거해야 한다.

제조공정이 우연원인에 의해서만 관리된다면 이러한 공정으로부터 생산된 제품의 품질은 거의 대부분 허용된 범위 내에서 있을 것이며, 동시에 앞으로 제조될 제품의 품질도 예측 가능할 것이다**[그림 12.1-(a)]**. 이러한 우연원인으로만 이루어진 상태의 공정을 관리된 공정 또는 안정된 공정이라고 한다. 그러나 이상원인이 한 가지만 존재해도 공정은 관리되지 않은 상태로 변화하여, 불량품이 유의할 정도로 가공 또는 생산되게 되어 앞으로 제조될 제품의 품질 또한 예측하기 어려워진다**[그림 12.1-(b)]**.

따라서 품질변동의 원인을 조사하여 우연원인과 이상원인으로 구별하여 이상원인은 현장에서 즉시 조처를 취하여 더 이상 재발하지 않도록 하고, 우연원인에 대하여는 유지 내지 더 줄일 수 있도록 생산 설비의 개선, 작업 방법의 개선, 작업자의 교육과 훈련 및 작업환경의 개선 등을 통하여 점차적으로 품질향상을 꾀하도록 하여야 한다.

그림 12.1 우연원인과 이상원인에 따른 공정의 품질상태

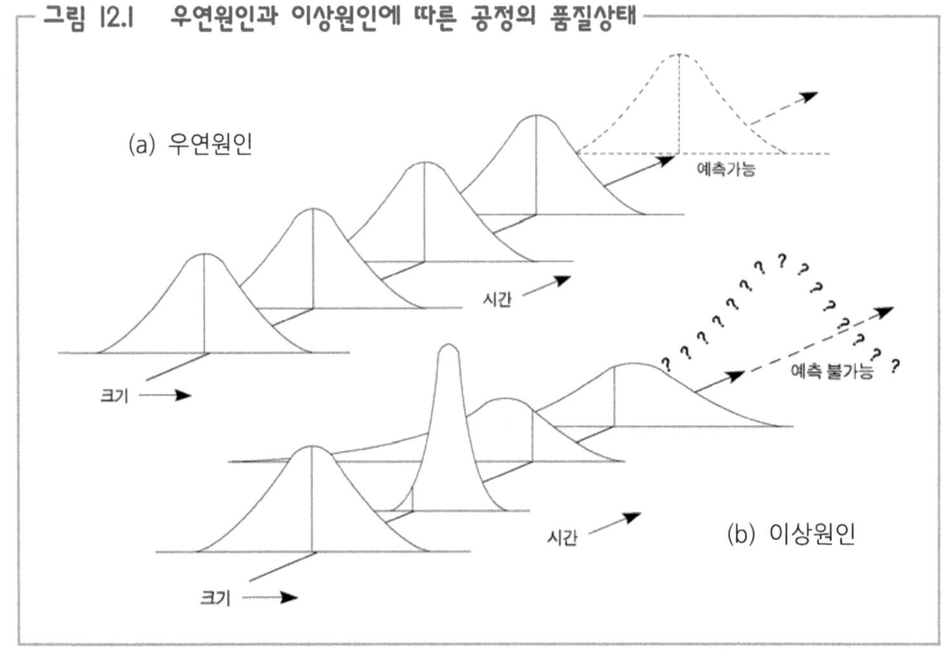

12.1.2 관리도란?

통계적 품질관리는 관리도법과 더불어 시작되었다고 할 만큼, 관리도법은 통계적 품질관리의 중추적인 역할을 담당하고 있다고 하겠다. 관리도(control chart)란 말은 1924년에 Bell 전화연구소에 근무하던 W.A. Shewhart에 의하여 처음으로 소개되었고, 1931년에 발행된 그의 저서는 오늘날의 관리도법의 기초적 이론을 제시하여 주고 있다.

우리나라에 관리도법이 쓰이기 시작한 것은 1963년에 한국공업규격으로 KS A 3201(관리도법)이 제정되어, KS표시 허가공장을 중심으로 일반 생산공장에 파급되면서부터 라고 말할 수 있다. KS A 3201은 Shewhart의 3σ 관리도법을 그대로 채택하고 있다. 한국공업규격이 한국산업규격으로 변경되었고, 이에 따라 본 저서는 KS A 3201:2001 규격에 따라 수정 보완되었다.

공정의 상태를 나타내는 품질특성치를 이용하여 품질변동에 영향을 끼치는 원인을 신속히 판별하여, 이상원인에 대해서는 조처를 취하여 공정을 관리상태로 유지시킬 수 있는 통계적 수법이 있다면 매우 유용할 것이다. 이러한 필요성에 부합되는 수법이 관리도이다. 관리도(control charts)란 우연원인으로 인한 산포와 이상원인으로 인한 산포를 구분할 수 있는 중심선의 상·하에 관리한계선(관리상한선, 관리하한선)을 결정한 다음, 여기에 공정의 상태를 나타내는 품질 특성치(측정치, 데이터)를 타점하여 관리한계선 밖으로 나가거나 혹은 어떤 특별한 습성(pattern)이 있으면 공정에 이상원인이 존재하고, 그렇지 않으면 우연원인에 의한 산포만이 존재한다는 것을 시간에 따라 한 눈에 알아 볼 수 있도록 그린 일종의 그래프이다.

공정이 관리된 상태(under control)라면 거의 모든 점들이 관리한계선 안에 랜덤하게 타점이 된다. 이것은 공정의 상태가 우연원인에 의해서만 영향을 받기 때문에 품질의 변동도 예측이 가능함을 의미한다. 이런 상태라면 공정에 대한 조치는 거의 필요가 없게 된다. 반면에 관리한계선 밖으로 점들이 자주 타점되면 공정의 상태가 안정되어 있지 못하다(out of control)는 증거로 해석된다. 즉, 공정이 이상원인에 의한 상태로 가동되고 있어서 계속적으로 품질상의 문제를 일으키고 있다고 보는 것이다. 이런 경우에는 이상원인에 대한 탐색을 하고 그에 알맞은 관리 및 기술적 조처를 취해야 한다.

따라서 관리도를 사용하는 주요 목적은 공정의 상태에 대하여 이상 유무를 신속히 찾아내어 이상원인으로 인한 부적합품이 대량생산되기 전에 미리 필요한 조처를 취하여 관리된 상태로 유지하도록 함으로써 우수한 품질의 제품을 생산하는데 있다. 이러한 개념을 그림으로 나타내면 **[그림 12.2]**와 같다.

관리도는 또한 공정의 해석에도 활용된다. 공정평균을 중심으로 관리한계선을 긋는다는 것은 공정의 평균이나 분산을 추정하고 있는 것과 마찬가지이다. 이들의 추정을 바탕으로 하여 공정에 대한 여러 가지 해석을 내릴 수 있다. 실제로 과거의 데이터를 사용하여 공정을 해석하지 않으면 공정의 관리에 사용되는 관리도의 작성이 어려워진다. 따라서 위에서 설명한 것처럼 관리도를 용도에 따라서 공정관리용 관리도와 공정해석용 관리도로 분류하기도 한다.

그림 12.2 관리도를 활용한 공정능력의 확보

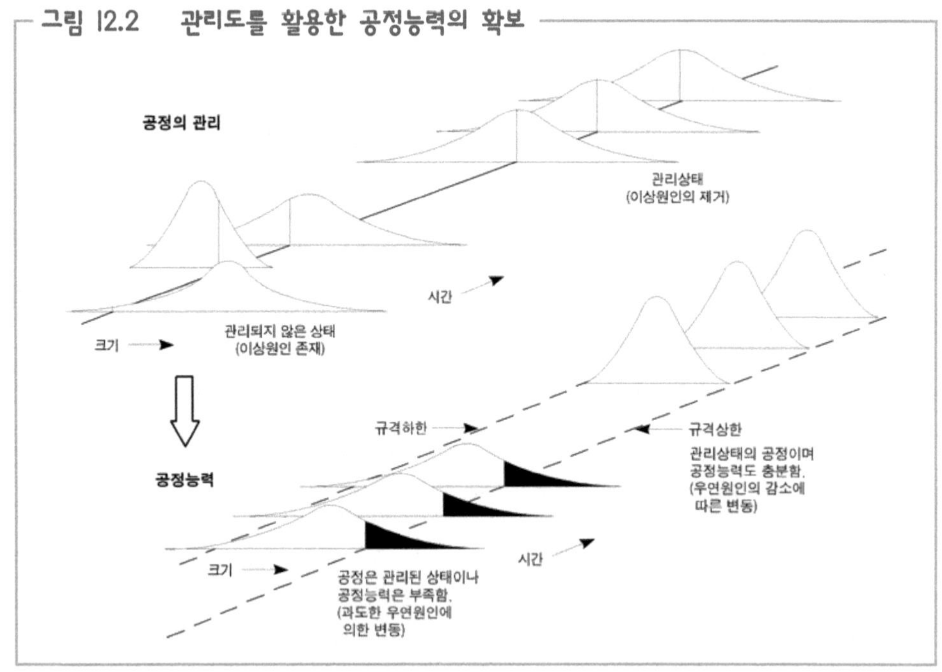

12.1.3 관리도의 종류

관리도의 분류는 앞에서 언급한 바와 같이 용도에 따라 분류할 수도 있으나 보통 통계량에 의하여 다음과 같이 분류한다.

(1) 계수형 관리도(control charts for attributes)

(a) 부적합품률(p) 관리도
(b) 부적합품수(np) 관리도
(c) 부적합수(c) 관리도
(d) 단위당 부적합수(u) 관리도

(2) 계량형 관리도(control charts for variables)

(a) 평균값($\bar{x}$) 관리도
(b) 범위(R) 관리도
(c) 개개의 측정값(x) 관리도
(d) 인접한 두 측정값의 차(R_s) 관리도
(e) 중앙값($\tilde{x}$) 관리도
(f) Cusum 관리도
(g) 가중평균 관리도
(h) 표준편차(σ) 관리도
(i) 최대값 · 최소값($L-S$) 관리도

계량치의 관리도의 경우에 두 개의 관리도를 합쳐 평균치와 범위($\bar{x}-R$)의 관리도, 중앙값과 범위($\tilde{x}-R$)의 관리도, 개개의 측정값과 인접한 두 측정값의 차($x-R_s$)의 관리도 등이 많이 사용된다.

12.1.4 관리한계선

우연원인에 의해서만 품질변동이 일어나고 있을 때는 생산공정이 정상상태에 있다고 볼 수 있으며, 이 때는 품질의 확률분포의 모수(parameters)가 일정한 값을 가지고 있다. 그러나 이상원인에 의하여 품질변동이 크게 생기게 되면 모수의 값에 변화가 생긴다. 예를 들면, 정규분포를 하는 품질특성은 평균치 μ와 표준편차 σ와 같은 모수를 가지고 있는데, 만약 이상원인에 의하여 품질변동이 생겼다면 이 μ나 σ의 값이 달라졌다는 뜻이 된다. 다른 예로는 이항분포에 따르는 부적합품수가 어떤 이상원인에 의하여 갑자기 증가하였다면 이항분포의 모수 p (부적합률)가 커졌다는 의미가 된다.

생산공정이 정상상태에 있을 때 품질특성의 확률분포의 모수 θ_0라 하고, 공정의 이상 유무를 판정하기 위하여 시료를 추출하는 시점에서의 품질특성의 확률분포의 모수를 θ 라 하면, 공정의 이상 유무를 판단하는 문제는 통계적 가설

$$H_0 \ : \ \theta = \theta_0$$

$$H_1 \ : \ \theta \neq \theta_0$$

을 검정하는 문제로 귀착된다. 이 가설을 검정하는 방법은 여러 가지가 있으나 관리도에서는 시료에서 얻어진 데이터가 평균치를 중심으로 $\pm 3\sigma$ 안에 포함될 때, 귀무가설을 채택하고 공정에는 이상원인이 작용하고 있지 않다고 결론을 내린다.

관리도에서는 공정이 정상상태에 있을 때, 품질특성의 평균치에 해당하는 선을 중심선(center line, CL)이라 하고, 중심선에서 3σ 위에 있는 관리한계선을 관리상한(upper control limit, UCL), 중심선에서 3σ 아래에 있는 관리한계선을 관리하한(lower control limit, LCL)이라고 한다. **[그림 12.3]**은 관리한계선과 귀무가설의 채택여부를 보여주고 있다. 3σ 관리한계선은 W.A. Shewhart가 제안한 것으로 오늘날에 널리 쓰이고 있다. 간혹 2σ 관리한계선도 산업체에서 사용되나 흔하지는 않다.

3σ 법을 채택할 경우에는 옳은 귀무가설 H_0가 기각되는 확률(제1종의 과오 α)은, 정규분포인 경우에는 0.0023(0.23%)에 불과하므로 매우 좋다고 볼 수 있다. 그러나 $\pm 3\sigma$의 폭이 비교적 넓기 때문에 모수 θ에 약간의 변화가 생겨서 대립가설 $\theta \neq \theta_0$ 가 옳은 경우에, 옳은 대립가설을 부정할 확률(제2종의 과오 β)이 높게 된다.

즉, 검출력(test power) $1-\beta$가 충분히 크지 못하다는 결점이 있다. 만약 2σ 법을 사용하면 α 가 증가하고 β 가 감소하게 된다.

중심선은 **[그림 12.3]**에서와 같이 실선으로 기입하고, 관리한계선은 점선으로 기입하는 것이 원칙이다. 그러나 특별히 공정관리용 관리도를 사용할 때에는 관리한계선을 일점쇄선(— · —·)으로 기입하여 준다.

그림 12.3 관리한계선

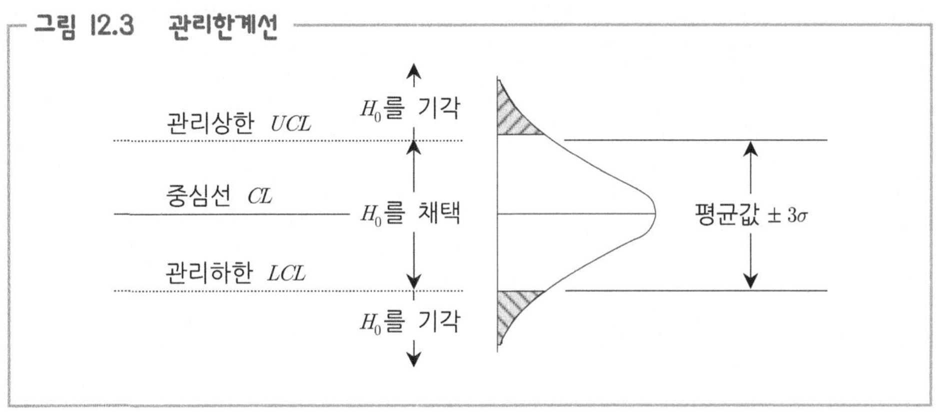

12.1.5 부분군(시료군)의 형성

부분군(subgroup)이란 동일조건하에서 랜덤하게 추출된 일단의 측정치들을 말하며 크기 n 의 시료가 k 조 있을 때, 우리는 k 조의 부분군(시료군)이 있다고 말한다. 부분군을 간단히 군이라고 부르기도 한다. 관리도는 이 부분군의 통계적인 성질에 민감하므로, 부분군의 형성에 세심한 주의를 하여야 한다. 일반적으로 부분군 내부의 변동(variation within subgroup)은 우연원인에 의한 변동만이 있도록 하고, 이상원인에 의한 변동이 존재할 경우에는, 이것은 부분군 간의 변동(variation between subgroups)에 들어가도록 부분군을 형성하는 것이 가장 이상적이다. 이러한 성질을 만족시키는 부분군을 합리적인 부분군(rational subgroup)이라 한다.

부분군의 크기 n을 결정할 때는 공정이 얼마나 이동했을 때 이를 탐지할 수 있도록 할 것인지를 고려해야 한다. 일반적으로 부분군의 크기가 클수록 공정의 작은 변화를 더 민감하게 탐지할 수 있다. 따라서 공정의 이동 폭이 적을수록 더 큰 시료를 채취하는 것이 바람직하다. 부분군의 채취빈도는 빈도가 높을수록 공정변화를 신속히 탐지할 수 있다. 결국 부분군 크기는 클수록, 채취빈도는 높을수록 공정변화를 민감하게 탐지할 수 있으나 비용과 시간이 증가하는 단점이 있다. 경제적인 부분군 크기 및 채취빈도를 결정하기 위해서는 채취비용, 공정이 관리상태를 이탈한 채로 계속 가동될 때의 손실 등을 고려해야 한다. 따라서 관리도를 활용하여 얻고자 하는 정보를 최대한 확보하고 경제적으로 생산하기 위해서는 부분군을 합리적인 방식으로 채취하는 것이 매우 중요하다.

12.1.6 관리상태의 판정

공정이 관리상태(정상상태 또는 안정상태)에 있다고 판정하기 위해서는 다음의 두 가지 조건이 만족되어야 한다.

(1) 점이 관리한계선을 벗어나지 않는다.
(2) 점의 배열에 아무런 습성이 없다.

위의 (1)의 조건에서는 다음과 같은 경우에 공정은 관리상태에 있다고 판단할 수 있다고 하였다.

(a) 연속 25점 모두가 관리한계 안에 있을 때
(b) 연속 35점 중 34점 이상이 관리한계 안에 있을 때
(c) 연속 100점 중 98점 이상이 관리한계 안에 있을 때

적은 수의 데이터로서 판단할 경우에는 잘못 판단할 위험이 있으므로 W.A. Shewhart는 “적어도 25점 이상이 관리한계 안에 있어야 한다.”고 말하고 있다. 그리고 (b)와 (c)에서는 관리한계를 벗어나는 점이 있을 수 있는데, 이것은 많은 점 중에서 한 두 개이므로 큰 이상은 없다고 보는 견해이다. 그러나 관리한계를 벗어나는 점이 발생하면 그 원인을 탐구하여 반드시 조치를 취해 주어야 한다. 위의 (2)의 조건에서 언급된 점의 배열의 습성이라는 것은 다음의 경우를 말한다.

(a) 중심선의 한쪽에 런(run)의 길이가 긴 것이 나타난다.
(b) 경향(trend)이 나타난다.
(c) 주기성(cycle)이 나타난다.
(d) 점이 관리한계선에 접근하여 여러 개 나타난다.
(e) 층화현상이 나타난다.

위의 5가지 경우를 하나씩 검토하여 보자.

(a) 런(run)

중심선의 한쪽에 연속해서 나타난 점의 군을 런이라고 부른다. 런의 길이(length of run)란 한쪽에 연속되는 점의 수를 말하고, 런의 수(number of run)란 하나의 관리도상에 나타난 런의 수를 말한다. **[그림 12.4]**에서 런의 수는 모두 9개이고, 가장 긴 런의 길이는 5이다. 너무 긴 런이 나타나는 것은 이상상태이고, 또한 짧은 것만 나타나는 것도 이상하다. 전자는 런의 수가 적은 경우이고, 후자는 런이 수가 많은 경우이다. 점의 배열에 습성이 없다는 것은 점이 중심선을 중심으로 랜덤하게 배열되어 있다는 뜻이다.

그림 12.4 런의 길이와 런의 수

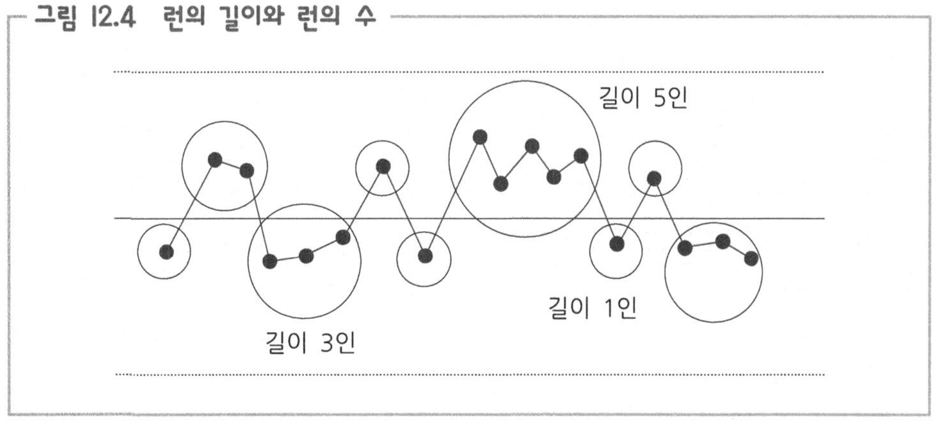

표 12.1 최장 런의 길이에 관한 판정기준

점의 총수 k	유의 수준 5%		유의 수준 1%	
	하한	상한	하한	상한
10	1			
12	1	6	1	
14	1	7	1	7
16	1	7	1	8
18	1	7	1	8
20	1	8	1	9
22	1	8	1	9
24	2	8	1	9
26	2	8	1	10
28	2	9	1	10
30	2	9	1	10
32	2	9	2	10
34	2	9	2	11
36	2	9	2	11
38	2	9	2	11
40	2	10	2	11
42	2	10	2	11
44	2	10	2	11
46	2	10	2	11
48	2	10	2	12
50	2	10	2	12
52	2	10	2	12
54	3	10	2	12
56	3	10	2	12
58	3	10	2	12
60	3	10	2	12

점의 배열이 랜덤한지 아닌지를 조사하는 방법으로 랜덤성(randomness)의 검정이 있다. 런에 대한 랜덤성의 검정으로는 런의 길이에 관한 검정과 런의 수에 관한 검정이 있는데, 런의 길이에 관한 검정만을 소개하면 다음과 같다.

k 개의 점이 있을 때 메디안선(중심선보다는 메디안선을 사용하는 것이 원칙임)으로 점들을 2등분하여 런을 만들어 볼 경우에 데이터가 랜덤하게 나열되어 있다면, 런의 길이 중에서 가장 긴 런의 길이가 너무 짧아도 또는 너무 길어도 안 될 것이다. 즉, 최장의 런의 길이가 너무 짧아도, 또는 너무 길어도 점들이 랜덤하게 배치되어 있지 않다는 의미이다. k개의 점에 대하여 어떤 길이 이상의 런이 나오는 확률, 혹은 모든 런이 어떤 길이 이하인 확률이 양쪽 1% 및 5% 이하가 되는 런의

길이의 판정기준을 표시한 것이 **<표 12.1>**이다. 이 표를 사용하여 런의 길이에 대한 랜덤성의 검정을 실시할 수 있는데, 만약 주어진 k개의 점에 대하여 최장 런의 길이가 하한이하이거나 상한이상이면, 점들이 랜덤하게 배치된 것이 아니라고 판정한다.

예제 12.1

[그림 12.4]의 점들의 배열을 보고, 런의 길이에 대한 랜덤성의 검정을 통하여, 점들의 배열이 랜덤한가 아닌가를 밝혀라.

풀이

점의 총수는 k =18이고 중심선 위쪽에 9개, 아래쪽에 9개 있으므로, 이 중심선은 메디안선이다. 가장 긴 런의 길이는 5임을 알 수 있다. 그런데 **<표 12.1>**에서 k =18인 경우 하한=1, 상한=7이므로 5의 값이 하한 이하도 아니고, 상한 이상도 아니다. 따라서 이 점들을 랜덤하게 배치되어 있다고 판단할 수 있다.

그러나 공장에서 사용하는 관리도에 대하여 하나하나 랜덤성을 검정한다는 것은 어려운 일이므로 런의 길이에 대해서는 대략적으로 다음과 같이 조치하는 것이 좋다.

- 런의 길이가 5일 경우 : 공정에 주의
- 런의 길이가 6인 경우 : 원인조사개시
- 런의 길이가 7이상인 경우 : 이상원인이 있다고 판단하고 조치를 취함

또는 런의 길이가 7이상이 아니더라도 중심선에 대하여 같은 쪽에

- 연속 11점 중 적어도 10점이
- 연속 14점 중 적어도 12점이
- 연속 17점 중 적어도 14점이
- 연속 20점 중 적어도 16점이

있을 경우에는 이상이 있다고 판단하고 조치를 취하는 것이 바람직하다.

(b) 경향(trend)

경향이란 점이 점점 올라가거나(runs up), 내려가는(runs down) 상태를 말한다. 이는 생산공정이 어떤 원인에 의하여 지속적으로 영향을 받는다는 의미이다. 예를 들면, 공구의 점진적 마모, 용액 중의 유효성분의 점진적인 감소, 냉각수의 온도 변화 등에 의하여 발생할 수 있다. 경향이 나타날 때에는 결국에는 관리한계선을 벗어나는 점이 생겨나기 때문에 미리 조치를 취해주는 것이 바람직하다.

그림 12.5 경향(trend)

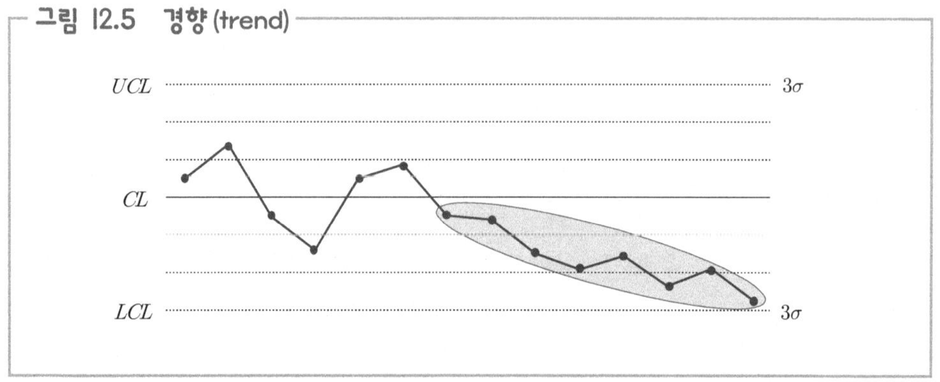

(c) 주기성(cycle)

주기성은 어떤 요인이 주기적으로 공정에 영향을 미쳐서 품질특성치가 일정한 패턴으로 상, 하로 변동하는 경우에 주기성이 있다고 한다. 주기성이 나타나면 주기적인 변동의 원인이 무엇인가를 추구함과 동시에, 관리목적에 따라 부분군의 구분방법, 시료채취방법, 데이터를 얻는 방법 등을 재검토하여야 한다. 예를 들면, 전압의 변화, 온도의 변화, 혹은 작업자 능률의 변화 등이 품질특성치에 주기적으로 영향을 미칠 수 있다.

주기성은 단기 주기와 장기 주기로 구분될 수 있다. 단기 주기성은 일반적으로 관리도상에 명확히 나타날 수 있다. 그러나 장기 주기성은 관리도 한 장으로 판명되기는 힘들다. 계절적인 효과와 같은 장기적 주기성을 판명하기 위해서는 측정간격을 일평균, 주평균, 혹은 월평균으로 몇 장의 관리도 대신에 한 장에 함축한 후 데이터를 분석하는 것이 효율적이다.

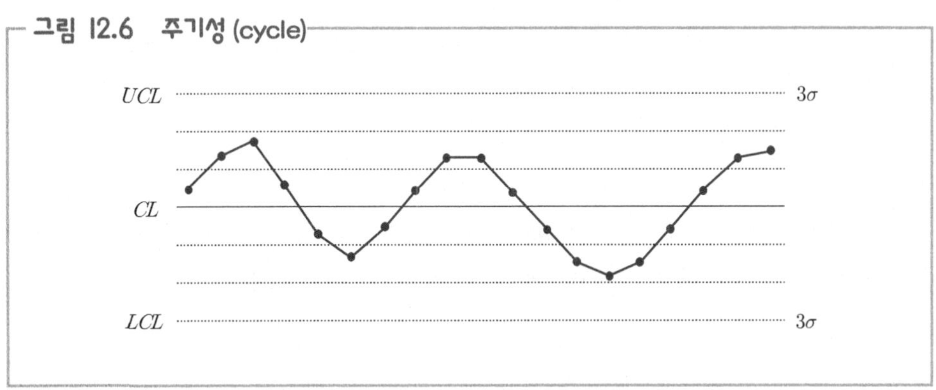

그림 12.6 주기성 (cycle)

(d) 점이 관리한계선에 접근해서 나타날 경우

관리상태의 분포에서 생각해 보면, 점이 관리한계선 가까이 나타날 확률은 아주 작다. 따라서 점이 한계선 근처에 잇따라 나타날 확률은 더욱 작으므로 다음과 같은 경우에는 무언가 이상원인이 생겼다고 판단할 수 있다.

연속된 3점 중 2점 이상이 2σ와 3σ 사이에 발생한 경우
연속된 5점 중 4점 이상이 1σ와 3σ 사이에 발생한 경우

예를 들어, 연속된 3점 중 2점이라는 것은 **[그림 12.7]**과 같은 경우를 말한다.

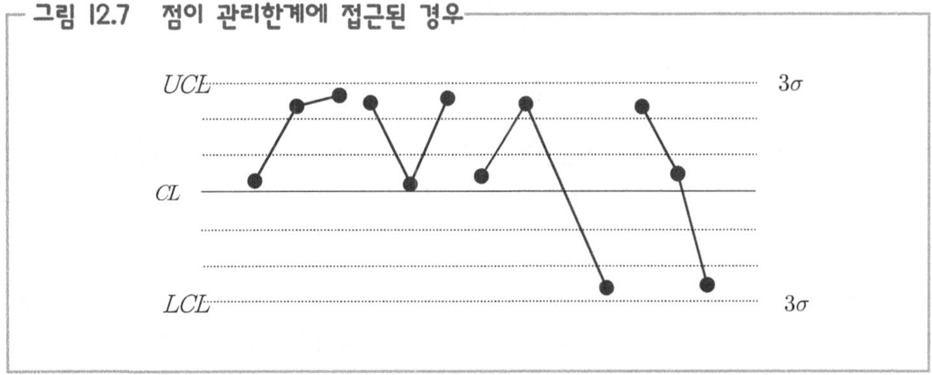

그림 12.7 점이 관리한계에 접근된 경우

(e) 층화현상이 나타나는 경우

점들이 중심선 근처에서 계속해서 나타나는 현상을 층화(stratification)라 한다. 연속해서 15개의 점이 1σ 범위 내에 나타날 경우를 말한다. 이 경우 공정이 관리상태에 있고 매우 안정되어 있다고 잘못 판단하는 일이 없도록 주의하여야 한다. 만일 공정이 관리상태에 있고 공정개선에 의한 품질향상의 결과라면 관리한계선을 다시 수정하여야 한다. 그러나 관리한계선의 계산이 틀렸거나, 인위적으로 측정치를 조작하였거나, 혹은 측정시스템의 구별력이 없는 경우에도 이런 현상이 발생할 수 있다는 것을 알아야 한다.

그림 12.8 **층화현상 (stratification)**

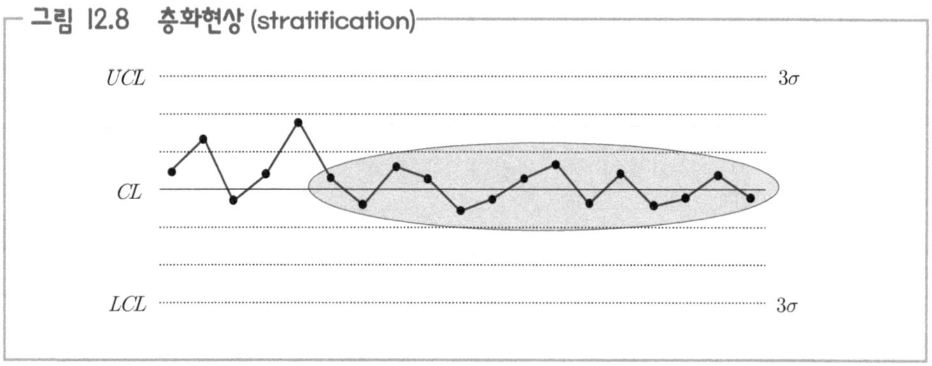

12.1.7 관리도의 *OC* 곡선

관리도의 성능, 즉 관리도가 공정의 변화를 얼마만큼 정확히 나타낼 수 있는가를 검토하는데 사용되는 방법으로 관리도의 *OC* 곡선(operating characteristic curve, 검출력곡선)이 있다. 성능은 일반적으로 **[그림 12.9]**에 나타낸 것과 같은 제2종의 과오(이상이 생겼을 때 이를 탐지 못하는 확률)나 또는 검출력(이상을 발견해 낼 수 있는 확률)으로 나타낸다. 공정의 이상, 예를 들면 공정평균의 변동, 공정 부적합률의 변화, 공정의 산포의 변화 등을 가로축에 잡고, 세로축에는 제2종의 과오나 검출력을 잡아서 그래프로 그린 것이 *OC* 곡선이다. *OC* 곡선의 작성방법에 대해서는 각 관리도에서 다시 설명하기로 한다.

그림 12.9 관리도의 OC 곡선의 개념

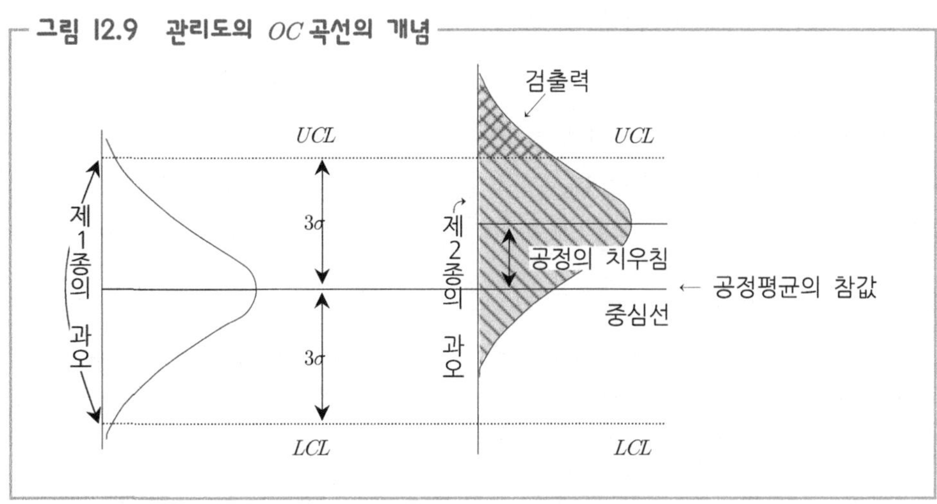

12.2 부적합품률(p) 관리도

부적합품률 관리도(control chart for fraction defectives)는 계수형 관리도 중에서 가장 널리 이용되는 관리도이다. 이것을 간단히 p 관리도라고 부르기도 한다. p 관리도는 측정이 불가능하여 계수치로 밖에 나타낼 수 없는 품질특성이나, 또는 측정이 가능하더라도 합격여부 판정만이 목적인 경우에 적용된다. 일반적으로 p 관리도는 다음과 같은 목적으로 사용된다.

(1) 생산공정의 평균 부적합품률을 추정하고 싶을 때
(2) 생산공정의 평균 부적합품률의 변화를 탐지하기 위하여
(3) $\bar{x}-R$ 관리도를 적용하기 위한 예비적인 조사분석을 할 때
(4) 샘플링 검사의 엄격도 조정을 위하여

12.2.1 관리한계선의 이론적 근거

공정 부적합품률 p 가 일정하게 유지되는 연속적인 생산공정(무한 모집단으로 간주)에서 n 개의 시료를 추출할 때, 시료에 부적합품이 x 개 포함될 확률은 이항분포로부터

$$p(x) = \binom{n}{x} p^x (1-p)^{n-x}$$

로 주어지며, 그 평균값과 분산은, X를 부적합품의 개수를 나타내는 확률변수라 할 때, 각각 식(4・33)과 (4・34)에 의하여 $E(X) = np$, $V(X) = np(1-p)$ 가 된다는 사실을 알았다. 이러한 사실로부터 시료의 부적합률 X/n 의 평균과 분산은 $E(X/n) = p$, $V(X/n) = p(1-p)/n$ 가 된다. 따라서 공정 부적합품률 p 를 알고 있을 때, p 관리도의 중심선과 관리한계선은 3σ 를 기준으로 할 경우,

$$\left.\begin{aligned} \text{CL} &= p \\ \text{UCL} &= p + 3\sqrt{\frac{p(1-p)}{n}} \\ \text{LCL} &= p - 3\sqrt{\frac{p(1-p)}{n}} \end{aligned}\right\} \qquad (12 \cdot 1)$$

이 된다. 그러나 실제로 공정 품부적합품률 p 를 모르고 있으므로 다음과 같이 p 의 추정값 $\bar{p}$ 를 사용하게 된다.

$$\bar{p} = \frac{\text{검사에서 발견된 부적합품의 총수}}{\text{총 검사개수}} \qquad (12 \cdot 2)$$

이 $\bar{p}$ 를 식(12・1)에 대입시키면 실제로 p 관리도에서 사용되는 다음의 중심선과 관리한계선을 얻는다.

$$\left.\begin{aligned} \text{CL} &= \bar{p} \\ \text{UCL} &= \bar{p} + 3\sqrt{\frac{\bar{p}(1-\bar{p})}{n}} \\ \text{LCL} &= \bar{p} - 3\sqrt{\frac{\bar{p}(1-\bar{p})}{n}} \end{aligned}\right\} \qquad (12 \cdot 3)$$

12.2.2 p 관리도의 작성방법

- **순서 1 :** 데이터의 수집

공정의 부적합률을 예측하여, 시료 중에 부적합수가 대략 1~5개 포함될 수 있는 크기 n 의 시료를 약 20~25군 채취하여 조사 · 측정한다. 이 때 각군의 시료는 같은 개수로 하면 편리하나 반드시 그럴 필요는 없다. 시료의 크기 n을 정하는 데는 부적합수를 np (x 대신에 np 으로 표시하는 것이 편리함)으로 나타내면

$$np = 1\sim 5\text{개} \Rightarrow n = \frac{1}{p} \sim \frac{5}{p}$$

쯤으로 한다. 가령, p =5%정도라면 $n = \frac{1}{0.05} \sim \frac{5}{0.05} = 20 \sim 100$ 이 된다. 그러나 로트자체를 시료로 간주하여 조사할 때에는 n 과 np 이 큰 값을 가져도 좋다.

- **순서 2 :** 각 군의 부적합품률 p 의 계산

각 군마다 부적합품률 p 를 다음과 같이 계산한다.

$$= \frac{\text{부적합개수}}{\text{군의 크기(시료의 크기)}} = \frac{x}{n} = \frac{np}{n}$$

- **순서 3 :** 평균 부적합품률 $\bar{p}$ 의 계산

식(12 · 2)를 사용하여 평균 부적합품률을 계산한다. 즉

$$\bar{p} = \frac{\sum x}{\sum n} = \frac{\sum np}{\sum n}$$

- **순서 4 :** 관리한계선의 계산

식(12 · 3)에 의하여 p 관리도에 기입한 관리한계선을 계산한다. UCL과 LCL은 다음과 같이 고쳐 쓸 수 있다.

$$\bar{p} \pm A\sqrt{\bar{p}(1-\bar{p})} \qquad (12 \cdot 4)$$

여기에서 $A = \frac{3}{\sqrt{n}}$ 으로 n 이 25이하인 경우, 부록 **<표 A-7>**에서 찾을 수 있다. 이때 $\bar{p}$ 의 값이 매우 작으면 $1-\bar{p} \fallingdotseq 1$ 이므로 $\bar{p} \pm A\sqrt{\bar{p}}$ 로 계산해도 무방하다. 만약 시료의 크기 n 이 각 군마다 다르면, 각각의 시료의 크기 n 에 대하여 UCL과 LCL을 계산해야 한다. LCL은 계산의 결과 음이 되는 경우도 있는데, 이 경우에는 관리하한은 생각지 않는다.

- **순서 5 :** 관리한계선의 기입

  CL $= \bar{p}$ 는 실선으로 기입하고, UCL과 LCL은 **[그림 12.10]**과 같이 점선으로 기입한다. 특별히 공정관리용 p관리도로 사용하고 싶을 때에는 관리한계선은 일점쇄선(—・—・—)으로 기입하기도 한다. n 이 변하면 관리한계선에 요철(⌐⌐)이 생김에 주의해야 한다.

- **순서 6 :** 관리도를 그리고, 관리상태를 조사

  각 군마다의 부적합품률 p 를 기입하고 이들을 연결시킨 후 관리상태를 판정한다.

예제 12.2

어떤 내화벽돌의 소성공정에서 소성시의 균열을 관리할 목적으로, 동시에 소성한 것을 1로트로 하여 소성 후 관능검사에 의하여 부적합품을 골라내고 있다. 동시에 소성되는 수는 품종관계로 매 로트마다 변동하므로 시료의 크기(이 경우는 로트의 크기) n 은 일정하지 않다. **<표 12.2>**와 같은 데이터가 수집되었을 때 p 관리도를 작성하라.

풀이

군마다의 부적합품률 p , 관리한계선 UCL과 LCL은 **<표 12.2>**에 구해서 적어 놓았다. $\bar{p}$ 관리도를 그려보면 **[그림 12.10]**이 된다. 이 그림에서 판단하여 볼 때 관리한계선을 벗어난 점도 없고, 점들에 어떤 습성도 없으므로 소성공정은 관리상태에 있다고 판정할 수 있다.

표 12.2 p 관리도의 자료표 (data sheet)

제 품 명 칭		내 화 벽 돌	제조명령번호		기 간	
품 질 특 성		소 성 균 열	직 장			
측 정 방 법		관 능 검 사	규준일생산고		기 계 번 호	
규격한계	최대		시료채취간격		작 업 원	
	최소		측정기번호		검 사 원	
규 격 번 호					성 명 인	

일시	시료군의번호	시료군의 크기 n	부적합수 np	부적합품률 p (%)	$A=\frac{3}{\sqrt{n}}$	UCL(%) $\bar{p}+A\sqrt{\bar{p}(1-\bar{p})}$	LCL(%) $\bar{p}-A\sqrt{\bar{p}(1-\bar{p})}$
	1	420	8	1.9	0.146	3.03	-
	2	760	7	0.9	0.109	2.60	0.10
	3	500	12	2.4	0.134	2.89	-
	4	595	7	1.2	0.123	2.76	-
	5	807	11	1.4	0.106	2.57	0.13
	6	464	4	0.9	0.139	2.95	-
	7	581	8	1.4	0.125	2.79	-
	8	818	7	0.9	0.105	2.56	0.14
	9	813	9	1.1	0.105	2.56	0.14
	10	798	7	0.9	1.106	2.57	0.13
	11	830	14	1.7	0.104	2.55	0.15
	12	250	8	3.2	0.190	3.54	-
	13	350	5	1.4	0.160	3.19	-
	14	709	11	1.6	0.113	2.65	0.05
	15	850	19	2.2	0.103	2.53	0.17
	16	703	8	1.1	0.113	2.65	0.05
	17	206	6	2.9	0.209	3.75	-
	18	814	8	1.0	0.105	2.56	0.14
	19	822	11	1.3	0.105	2.56	0.14
	20	600	5	0.8	0.122	2.75	-
	21	430	7	1.6	0.145	3.02	-
	22	252	6	2.4	0.189	3.52	-
	23	780	6	0.8	0.107	2.58	0.12
	24	808	12	1.5	0.106	2.57	0.13
	25	835	8	1.0	0.104	2.55	0.15
계		15,795 ($\sum n$)	214 ($\sum np$)	$\bar{p}=\sum np/\sum n=214/15{,}795=0.0135=1.35\%$ $\sqrt{\bar{p}(1-\bar{p})}=\sqrt{(0.0135)(1-0.0135)}=0.115=11.5\%$			

비 고 :

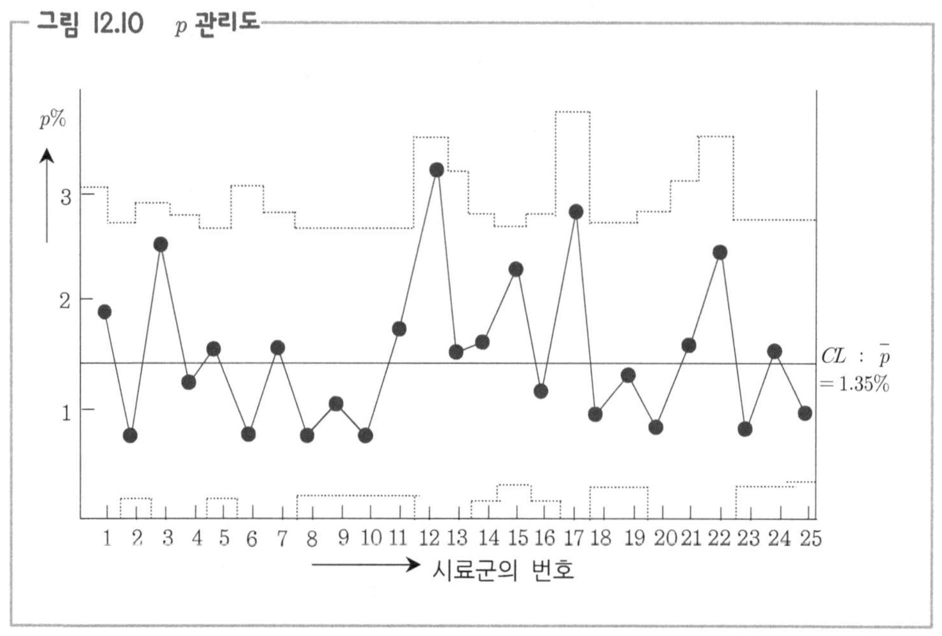

그림 12.10 p 관리도

12.2.3 p 관리도의 OC 곡선

p 관리도의 OC 곡선은 미지의 값 p 의 함수로써 나타나며, 시료의 부적합품률이 관리한계선 안에 포함되는 확률 $L(p)$ 를 그래프로 나타낸 것이다. 즉,

$$L(p) = P\left(\mathrm{LCL} \le \frac{X}{n} \le \mathrm{UCL}\right)$$

을 p 의 값의 변화에 따라 그래프에 그려 놓는 것이다. 예를 들어 설명하는 것이 이해를 돕는데 가장 빠른 방법이므로 다음의 예제를 통하여 설명하기로 한다.

12.3

공정 부적합품률이 $\bar{p}$ =0.10, 각 군의 크기가 n =100, 그리고 3σ 관리한계선을 사용하는 p 관리도의 OC 곡선을 그려라.

풀이

먼저 $\bar{p}$ =0.10인 경우에 대하여 관리한계선을 식(12·3)에 의하여 구하면

$$\text{UCL} = 0.10 + 3\sqrt{\frac{(0.10)(0.90)}{100}} = 0.19$$

$$\text{LCL} = 0.10 - 3\sqrt{\frac{(0.10)(0.90)}{100}} = 0.01$$

이므로, 시료 부적합품률 $X/n = X/100$ 가 관리한계선 안에 포함될 확률은

$$L(p) = P\left(0.01 \le \frac{X}{100} \le 0.19\right) = P(1 \le X \le 19)$$

에 의하여 계산된다. 그런데

$$\frac{X - E(X)}{D(X)} = \frac{X - np}{\sqrt{np(1-p)}} = \frac{X - 10}{3}$$

은 대략적으로 정규분포에 따르므로

$$L(p) = P\left(\frac{1-10}{3} \le \frac{X-10}{3} \le \frac{19-10}{3}\right) = P(-3 \le Z \le 3) = 0.9974$$

를 얻게 된다.

이와 같은 계산절차를 여러 가지 p 의 값에 대하여 반복적으로 계산하여 확률 계산표와 OC 곡선을 만들어 보면 다음과 같다. 이 OC 곡선은 당연히 p =0.10에서 가장 큰 $L(p)$ 의 값을 갖게 된다.

p	$P\left(\frac{1-np}{\sqrt{np(1-p)}} \le U \le \frac{19-np}{\sqrt{np(1-p)}}\right) = L(p)$
0.01	$P(0 \le U \le 18.09) = 0.500$
0.05	$P(-1.84 \le U \le 6.42) = 0.9671$
0.10	$P(-3 \le U \le 3) = 0.9974$
0.15	$P(-3.92 \le U \le 1.12) = 0.8686$
0.20	$P(-4.75 \le U \le -0.25) = 0.4013$
0.25	$P(-5.54 \le U \le -1.39) = 0.0823$

그림 12.11 p 관리도의 OC 곡선

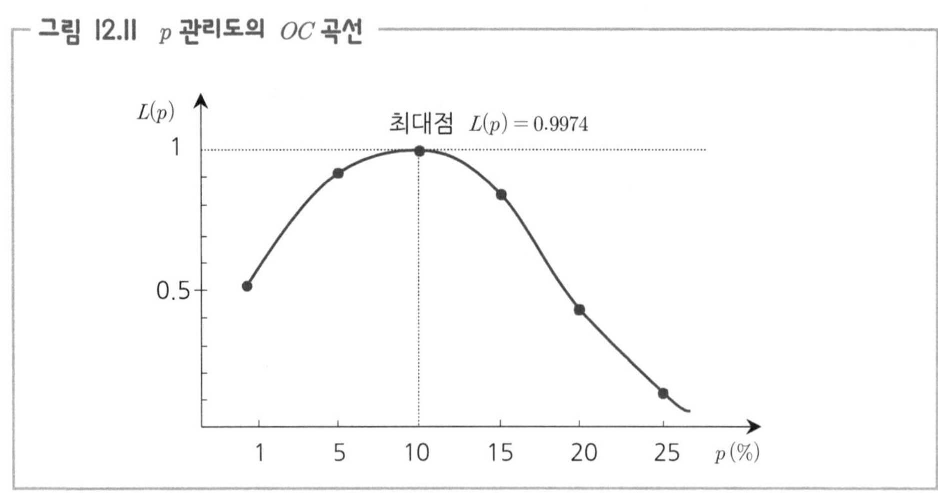

12.3 부적합품수(np) 관리도

부적합품수 관리도(control chart for number of defectives)는 공정을 부적합품수 np에 의거하여 관리할 경우에 사용한다. 이 경우에 각 군의 시료의 크기 n은 반드시 일정해야 한다. 또한 이 관리도는 양호품의 개수, 2등급의 개수 등과 같이 개수를 세어 관리하고 싶은 경우에는 언제든지 사용할 수 있다.

12·3·1 관리한계선의 이론적 근거

식(12·1)과 유사한 근거에 의하면, 공정부적합률 p 를 알고 있는 경우에는

$$\left.\begin{aligned} \mathrm{CL} &= np \\ \mathrm{UCL} &= np + 3\sqrt{np(1-p)} \\ \mathrm{LCL} &= np - 3\sqrt{np(1-p)} \end{aligned}\right\} \quad (12 \cdot 5)$$

을 구할 수 있으나 np 을 일반적으로 모르고 있으므로 이를

$$n\bar{p} = \frac{\sum np}{k} \quad (12 \cdot 6)$$

에 의하여 추정한다. 이때 np 은 각 군의 부적합품수이고, $\sum np$ 는 총부적합품수의 합이고, k 는 시료군의 수이다.

따라서 중심선과 관리한계선을 다음과 같이 구한다.

$$\left.\begin{aligned} \mathrm{CL} &= n\bar{p} \\ \mathrm{UCL} &= n\bar{p} + 3\sqrt{n\bar{p}(1-\bar{p})} \\ \mathrm{LCL} &= n\bar{p} - 3\sqrt{n\bar{p}(1-\bar{p})} \end{aligned}\right\} \quad (12 \cdot 7)$$

12.3.2 np 관리도의 작성방법

np 관리도의 작성요령은 p 관리도와 매우 유사하므로 간단히 설명하기로 한다.

***순서 1** : 데이터의 수집

p 관리도 때의 요령과 동일하다. 그러나 np 관리도에서는 각 군마다 시료의 크기 n 이 반드시 일정하여야 한다.

***순서 2** : 중심선과 관리한계선의 계산

식(12 · 7)에 의하여 중심선과 관리한계선을 계산하여 이를 관리도 용지에 그려 넣는다.

***순서 3** : 각 군마다의 부적합품수를 그려 넣은 후 관리상태를 조사한다.

<표 12.3>과 같이 검사의 수가 동일한 경우에 np 관리도를 작성하시오.

표 12·3 np **관리도 자료**

제 품 명 칭			제조명령번호			기 간	
품 질 특 성			직 장				
측 정 방 법			규준일생산고			기 계 번 호	
규격 한계	최대		시료	크기		작 업 원	
	최소			간격		검 사 원	
규 격 번 호			측정기번호			성 명 인	

일시	군 번호	검사 수 n	부적합품수 np	적 요
	1	100	4	
	2	100	2	
	3	100	0	
	4	100	5	
	5	100	3	
	6	100	2	
	7	100	4	
	8	100	3	
	9	100	2	
	10	100	6	
	11	100	1	
	12	100	4	
	13	100	1	
	14	100	0	
	15	100	2	
	16	100	3	
	17	100	1	
	18	100	6	
	19	100	1	
	20	100	3	
	21	100	3	
	22	100	2	
	23	100	0	
	24	100	7	
	25	100	3	
계			$\sum np = 68$	$UCL = n\bar{p} + 3\sqrt{n\bar{p}(1-\bar{p})} = 7.62$
평 균			$CL = n\bar{p} = 2.72$	$LCL = n\bar{p} - 3\sqrt{n\bar{p}(1-\bar{p})} = 0.00$

비 고 :

그림 12.12 np 관리도

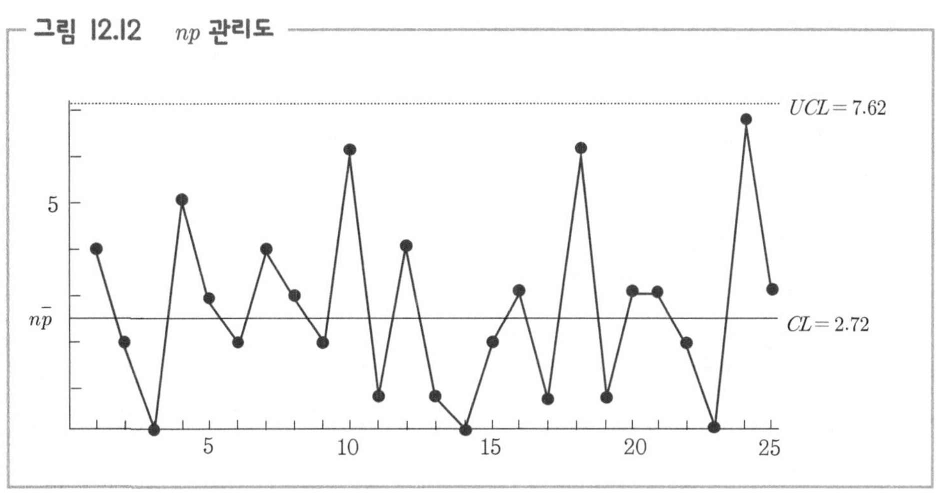

12.4 부적합수(c) 관리도

부적합수 관리도(control chart for number of defects)는 c 관리도라고 흔히 부른다. 앞 절에서 다룬 부적합품수 관리도(np)와 혼돈을 가져 올 수 있으므로 유의해야 한다. 부적합품수 관리도는 n개의 제품 중에서 몇 개의 제품이 부적합인가를 다루었다면, 부적합수 관리도는 일정 단위 중에 포함된 부적합수에 관심이 있다.

예를 들면, 43인치 TV모니터 중에 나타나는 흠의 수, 라디오 한 대 중에 납땜 불량개수 등과 같이 미리 정해진 일정 단위 중에 포함된 부적합수를 취급할 때 사용한다. 물품 한개 중에 부적합수가 적은 경우에는 일정 개수 중의 부적합수를 사용해도 좋다. 일정단위의 부적합수의 관리에는 c 관리도가 사용되지만, 만일 단위가 일정하지 않은 제품에 나타나는 부적합수의 관리에는 다음 절에서 설명되는 u 관리도가 사용된다.

12.4.1 관리한계선의 이론적 근거

일정단위당 부적합수는 포아송분포를 한다. 따라서 부적합수를 나타내는 확률변수 X가 평균치 c인 포아송분포를 한다면, 그 확률 밀도함수는

$$p(x) = \frac{e^{-c}c^{x}}{x!}, \quad x = 0, 1, 2, 3, \cdots\cdots$$

으로 주어지고, X의 기대값(평균값)과 분산은 식(4・41)과 (4・42)에 의하여 $E(X) = c$, $V(X) = c$가 된다. 따라서 c관리도의 관리한계선은 c가 알려져 있는 경우에는

$$\text{UCL} = c + 3\sqrt{c}$$
$$\text{LCL} = c - 3\sqrt{c}$$

이 된다.

그러나 실제로는 평균값 c를 모르는 경우가 많으므로 과거의 데이터를 사용하여 다음과 같이 c를 추정하여 사용한다.

$$\bar{c} = \frac{\text{검사에서 발견된 총부적합수}}{\text{검사한 총 단위제품의 수}}$$

따라서 $\bar{c}$를 c의 자리에 사용하여 중심선과 관리한계선을

$$\left.\begin{aligned} \text{CL} &= \bar{c} \\ \text{UCL} &= \bar{c} + 3\sqrt{\bar{c}} \\ \text{LCL} &= \bar{c} - 3\sqrt{\bar{c}} \end{aligned}\right\} \qquad (12 \cdot 8)$$

로 얻어진다.

12.4.2 c 관리도의 작성방법

＊순서 1 : 데이터의 수집

일정한 크기의 시료군(하나의 단위제품, 또는 일정한 개수의 제품들의 한 묶음)을 약 20~25군 채취하여, 각 시료군 중의 부적합수 c를 조사한다. 하나의 시료군에서 부적합수가 평균적으로 대략 1~5개쯤 포함될 수 있도록 한다.

＊순서 2 : 중심선과 관리한계선을 계산

시료군의 수를 k 부적합수의 총합을 $\sum c$ 로 할 때

$$\mathrm{CL} = \bar{c} = \frac{\sum c}{k}$$

$$\mathrm{UCL} = \bar{c} + 3\sqrt{\bar{c}}$$

$$\mathrm{LCL} = \bar{c} - 3\sqrt{\bar{c}}$$

에 의하여 계산한다. 만약 LCL이 음(−)으로 되는 경우에는 관리하한은 생각하지 않는다.

- **순서 3 :** 관리선과 c 값의 기입

관리도 용지를 준비하여, 중앙선, 관리한계선을 그리고 각 시료군마다 c의 값을 표시하는 점을 찍는다.

- **순서 4 :** 관리상태의 판정

설명된 기준에 의하여 관리상태를 판정한다.

12.4.3 c 관리도의 OC 곡선

식(12・8)에 의하여 UCL과 LCL이 주어진 하나의 c 관리도의 OC 곡선을 그려보자. X를 부적합의 수라고 할 때, 이 점이 관리한계선 안에 들어갈 확률을 $L(c)$ 로 나타내면

$$L(c) = P(LCL \le X \le UCL)$$

이 된다. X가 평균치 c를 갖는 포아송분포를 하므로 이 확률은 쉽게 구할 수 있다. 이처럼 c를 변화시켜가며 $L(c)$를 구한 후, $L(c)$를 c에 대한 그래프로 그리면 OC 곡선이 얻어진다.

12.4

어떤 전자제품의 최종검사에서 20대를 랜덤하게 추출하여 부적합수를 조사하였다. 한 대당 발견되는 부적합수를 기록하여 보니 다음과 같았다. c 관리도를 그리고, 관리상태를 판정하여라. 또한 이 관리도의 OC 곡선을 그려보아라.

시료군의 번호	1	2	3	4	5	6	7	8	9	10	11	12	13	14	15	16	17	18	19	20
부적합수(c)	4	5	4	4	4	7	3	3	4	4	5	3	2	7	3	4	2	3	4	7

c의 합계 $\sum c = 82$

$$\text{CL} = \bar{c} = \sum c / k = 82/20 = 4.1$$

$$\text{UCL} = \bar{c} + 3\sqrt{\bar{c}} = 4.1 + 3\sqrt{4.1} = 10.17$$

$$\text{LCL} = \bar{c} - 3\sqrt{\bar{c}} = 4.1 - 3\sqrt{4.1} = -1.97 = 0.00$$

(이 경우의 LCL은 −1.97이므로 LCL은 0.0으로 둔다.)

관리도를 그리면 다음과 같다.

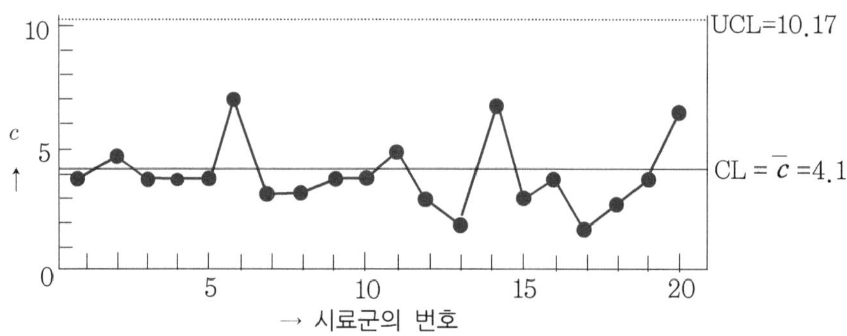

이 관리도의 관리상태여부를 판정하여 보면, 관리한계선을 벗어나는 점도 없고, 뚜렷한 습성이 보이지 않으므로 관리상태라고 판정할 수 있다.

다음으로 OC 곡선을 그려보자. LCL은 없고, UCL=10.17이므로 결점수 X가 관리한계선 안에 포함될 확률은

$$L(c) = P(X \leq 10.17) = P(X \leq 10) = \sum_{x=0}^{10} \frac{e^{-c} c^x}{x!}$$

으로부터 계산된다. c의 값을 변화시켜가며 이 확률을 구해보면 다음 표와 같다.

c	$P(X \leq 10)$	c	$P(X \leq 10)$
3	1.0000		
5	0.9860	13	0.2517
7	0.9010	15	0.1185
9	0.7060	17	0.0491
11	0.4599	19	0.0183

위의 결과를 그래프로 그려보면 다음의 OC 곡선을 얻는다.

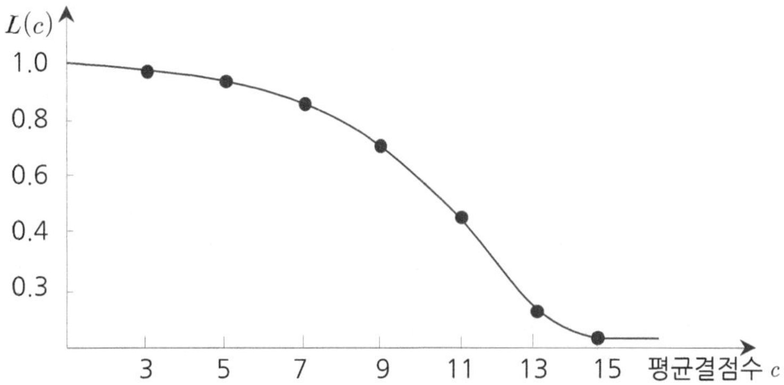

이 OC 곡선에서 평균결점수가 5.0 이하인 경우에 $L(c)$가 1.0에 가까운 수치를 나타내는 것은 c 관리도의 관리하한이 존재하지 않기 때문이다. 만약 관리하한이 존재한다면 정규분포 모양의 OC 곡선을 갖게 된다.

12.5 단위당 부적합수(u) 관리도

단위당 부적합수 관리도(control chart for number of defect per unit)는 검사하는 단위(표본의 면적이나 길이 등)가 일정하지 않은 경우에 사용된다. 예를 들면, 직물 10m 당 얼룩의 수, 에나멜선 100m 당 바늘구멍의 수와 같은 결점수를 취급할 때 사용된다. 검사하는 시료의 면적이나 길이 등이 일정하지 않은 경우에 사용되며, 보통 u 관리도라고 부른다. 시료의 면적이나 길이 등이 일정한 경우에는 c 관리도를 사용한다.

12.5.1 관리한계선의 이론적 근거

시료의 크기가 n 단위인 시료에서 시료 중의 결점수를 X라 하면, 단위당 결점수 $U = X/n$ 이 되고, U의 기대치를 $E(U) = u_0$ 라고 할 때, U의 분산은, 포아송 분포로부터 $V(X) = E(X) = nu_0$ 이므로, $V(U) = V(X)/n^2 = nu_0/n^2 = u_0/n$ 가 된다.

따라서 관리한계선은 u_0 가 알려져 있는 경우에

$$\text{UCL} = u_0 + 3\sqrt{u_0/n}$$
$$\text{LCL} = u_0 - 3\sqrt{u_0/n}$$

이 된다. 그러나 실제로는 u_0 가 알려져 있지 않으므로 그 추정치

$$\bar{u} = \frac{\text{검사에서 발견된 총부적합수}}{\text{검사에서 측정한 총검사 단위의 수}}$$

를 대입시켜서 다음과 같이 구한다.

$$\left.\begin{aligned} \text{CL} &= \bar{u} \\ \text{UCL} &= \bar{u} + 3\sqrt{\bar{u}/n} \\ \text{LCL} &= \bar{u} - 3\sqrt{\bar{u}/n} \end{aligned}\right\} \qquad (12 \cdot 9)$$

만약, LCL이 음(−)의 값이 되면 LCL은 없는 것으로 0.0으로 둔다.

12.5.2 u 관리도의 작성방법

***순서 1 :** 데이터의 수집

약 20~25군의 시료를 채취하여 시료의 단위(면적, 길이, 시간, 댓수, 무게 등)와 시료 중의 부적합수를 조사한다. 시료의 크기 n 은 공정의 부적합수를 예측하여, 시료 중에 부적합수가 적어도 1~5개 정도 포함될 수 있도록 하는 것이 좋다.

***순서 2 :** 단위당 부적합수(u)의 계산

부적합수 c 를 시료의 크기 n 으로 나누어 단위당의 부적합수를 구한다. 이것을 일반식으로 나타내면

$$u = \frac{c}{n}$$

로, n은 시료의 크기이고 c는 시료 중의 결점수이다. 예를 들어, 1,500m의 에나멜동선을 검사하였더니 핀홀이 5개 있었다. 이 경우 1,000m 당의 부적합수 u는

$$u = \frac{5}{1.5} = 3.33$$

이다.

***순서 3 :** 관리선의 계산과 기입

식(12・9)에 의하여 중앙선과 관리한계선을 계산한다. 단 u_0 이 추정값은

$$\bar{u} = \frac{\sum c}{\sum n}$$

로서, $\sum c$ 는 부적합수의 총합이고, $\sum n$ 은 시료의 검사단위의 총수이다. 관리한계선을 기입하고, 순서 2에서 구한 u 의 값을 관리도에 그린다.

***순서 4 :** 관리상태의 조사

결점수의 관리상태를 조사・판정한다.

예제 12.5

에나멜동선의 바늘구멍을 검사하였더니 **<표 12.4>**와 같은 데이터를 얻었다. 여기서 시료의 크기 n =10이라고 하는 것은 1,000m를 말하는 것이고, 단위는 100m이다. 이 데이터를 사용하여 u 관리도를 그리고, 관리상태 여부를 판정하라.

표 12.4> u 관리도의 자료표(data sheet)

제품명칭		제조명령번호		기간	
품질특성		직장			
측정방법		규준일생산고		기계번호	
규격한계 최대		시료채취간격		작업원	
규격한계 최소		측정기번호		검사원 성명인	
규격번호					

일시	시료의 번호	시료의 크기 n	결점수 c	단위당 결점수 u	$\frac{1}{\sqrt{n}}$	UCL $\bar{u}+3\sqrt{\bar{u}}\times\frac{1}{\sqrt{n}}$	LCL $\bar{u}-3\sqrt{\bar{u}}\times\frac{1}{\sqrt{n}}$
	1	10	21	2.10	0.316	3.63	0.81
	2	10	35	3.50	0.316	3.63	0.81
	3	10	33	3.30	0.316	3.63	0.81
	4	15	30	2.00	0.258	3.37	1.07
	5	15	42	2.80	0.258	3.37	1.07
	6	15	28	1.87	0.258	3.37	1.07
	7	15	29	1.93	0.258	3.37	1.07
	8	20	40	2.00	0.224	3.22	1.22
	9	20	37	1.85	0.224	3.22	1.22
	10	20	36	1.80	0.224	3.22	1.22
	11	10	45	4.50	0.316	3.63	0.81
	12	10	21	2.10	0.316	3.63	0.81
	13	10	16	1.60	0.316	3.63	0.81
	14	15	25	1.67	0.258	3.37	1.07
	15	15	28	1.87	0.258	3.37	1.07
계		210	466			$\bar{u}=\sum c/\sum n = 466/210 = 2.22$	
		$(\sum n)$	$(\sum c)$			$3\sqrt{\bar{u}} = 3\sqrt{2.22} = 4.47$	

비 고 :

풀이

관리도를 작성하는 데 필요한 모든 계산은 **<표 12.4>**와 같다. 이를 근거로 u 관리도를 그려보면 다음과 같다.

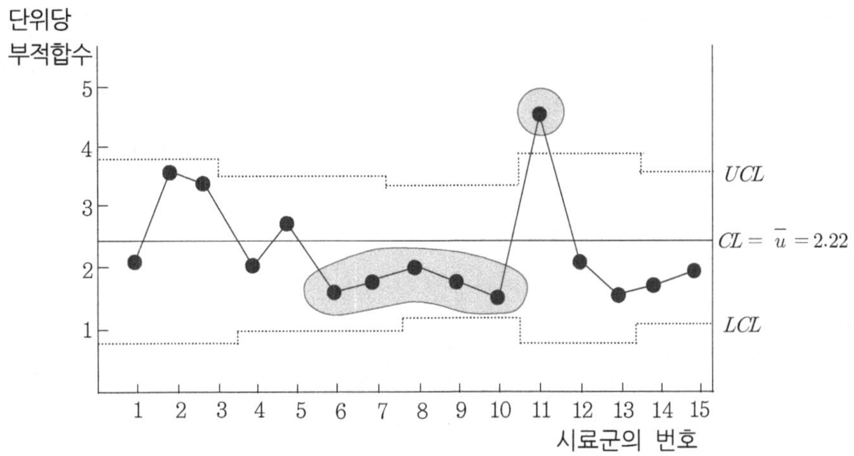

이 관리도에서 판단하여 볼 때, 11번째 시료군의 단위당 부적합수는 UCL의 밖으로 나가므로 이상이 발생하고 있다. 따라서 그 원인을 규명하여야 한다. 또한 시료군 6~10에서 길이 5인 런이 발생하고 있으므로 에나멜 동선을 만든 공정에 주의할 필요가 있다.

참고문헌

12·1 Duncan, A.J. : Quality Control and Industrial Statistics, 4th., Homewood, III., Richard Irwin, Inc., 1974.

12·2 Grant. E.L. and Leaveworth, R.S. : Statistical Quality Control, 4th ed., New York, McGraw-Hill, 1972.

12·3 Rice, W.B. : Control in Factory Management, New York, John Wiley & ons, 1974.

12·4 Shewhart, W. A. : Economic Control of Quality of Manufactured Product, Van Nostrand, 1931.

12·5 김영휘 : 품질관리, 청문각, 1979.

12·6 한국산업규격 : KS A 3201:2001 관리도법.

연습문제

12.1 다음은 매일 실시되는 최종제품에 대한 샘플링 검사의 결과를 정리하여 얻은 데이터이다.

일자	1	2	3	4	5	6	7	8	9	10	11	12	13	14	15
검사개수	48	46	50	28	49	32	47	40	47	60	90	30	35	45	75
부적합품 수	5	0	4	3	3	2	8	3	5	4	3	9	3	4	8

(1) **<표 12.2>**와 같은 표를 작성하여 p 관리도를 그려라.

(2) 관리상태를 판정하여라.

12.2 크기 n =300인 시료군을 매시간 추출하여 그 안에 포함된 부적합의 수를 기록하였더니 다음의 결과를 얻는다.

일자	1	2	3	4	5	6	7	8	9	10	11	12	13	14	15	16	17	18	19	20
불량품의 수	6	5	6	4	15	7	8	2	0	4	5	8	9	7	5	2	3	7	8	10

(1) p 관리도를 그리고 공정이 안정상태인가를 판정하라.

(2) 이 관리도의 OC 곡선을 구하라.

12.3 연습문제 **12.2**의 데이터에 대하여 np 관리도를 그려라. 그리고 공정의 안정상태를 판정하여라.

12.4 120개의 제품을 1로트로 하여 생산된 제품에 대하여 전수검사를 적용하는 공정이 있다. 과거의 실적에 의하여 이 공정의 부적합률은 6%이었다. 공정관리를 위하여 2쌍의 관리한계선을 가진 p 관리도를 사용하고 있다. 한 쌍의 관리한계선은 $\pm 2\sigma$ 관리한계선으로 경계를 주는 한계선이고, 다른 쌍은 $\pm 3\sigma$ 관리한계선으로 생산의 중단을 의미하는 한계선이다. 이 p 관리도의 공정관리방법은 로트의 부적합률이 $\pm 3\sigma$ 한계선을 초과하거나, 또는 연속적인 2개의 부적합률이 $\pm 2\sigma$ 한계선을 초과하면 생산을 중단하고 공정의 이상을 점검하는 것으로 되어 있다.

(1) $\pm 2\sigma$, $\pm 3\sigma$ 관리한계선을 구하라.

(2) 공정의 부적합률이 p =6%에서 갑자기 p =8%로 바뀌었을 때, 이 변화가 3σ 관리한계신에 의하여 하나의 로트에서 탐지될 확률은?

(3) 공정의 부적합률이 p =6%에서 p =8%로 바뀌었을 때 연속된 2개의 로트의 점이 $\pm 2\sigma$ 한계선을 초과할 확률은 얼마인가?

12.5 다음은 어떤 모직물 100m를 하나의 검사단위로 할 때, 이 모직물에 대한 최종검사 에서 발견된 부적합품의 수를 기록한 것이다.

시료군의 번호	1	2	3	4	5	6	7	8	9	10	11	12	13	14	15	16	17
부적합품의 수	5	1	2	3	0	2	6	3	3	6	1	0	8	2	4	0	3

(1) c 관리도를 작성하여라.

(2) (1)에서 얻은 c 관리도의 OC 곡선을 구하라.

12.6 연습문제 **12.5**에서 얻어진 3σ c 관리도를 사용할 경우에 공정의 평균 결점수가 만약 $c = 6$으로 변화하였다면 제 2종의 과오를 범할 확률은 얼마인가? 연습문제 **12.5**에서 만약 2σ c 관리도를 사용하였다면 제 2종의 과오는 얼마인가?

12.7 어떤 절연전선 1km를 단위로 하여 검사결과를 내고 싶은데, 실제로 검사되는 절연전선의 길이는 1km, 1.3km, 1.2km, 1.7km의 4가지가 있다. 다음과 같이 부적합품의 수가 검사결과로 나타났다.

시료의 크기(km)	1.0	1.0	1.0	1.0	1.0	1.3	1.3	1.3	1.3	1.3	1.2	1.2	1.2	1.7	1.7	1.7
부적합품수	4	5	3	3	5	2	6	4	3	10	1	0	3	4	5	8

(1) u 관리도를 그려라.

(2) 관리상태를 판정하여라.

제13장

계량형 관리도

13.1 계량형 관리도의 개요

13.1.1 계량형 관리도의 종류

계량형 관리도(control chart for variables)란 계량치의 품질특성에 관한 관리도로 온도, 압력, 인장 강도, 무게 등이 대표적인 계량치라고 하겠다. 계수치와 비교할 때, 계량치는 측정대상이 되는 품질특성에 대하여 양적 표현을 하게 되므로 보다 많은 정보를 얻을 수 있는 장점이 있다. 그러나 측정기기나 장비의 구입비나 유지비가 많이 들고, 측정에 필요한 인력과 시간이 많이 요구되는 것이 단점이라고 하겠다. 따라서 일반적으로 계량형 관리도에서 취급되는 시료의 크기는 계수형 관리도에서 요구하는 시료의 크기보다 매우 작다.

계량형 관리도에는 이미 **12장**에서 언급된 바와 같이 다음과 같은 것들이 알려져 있다. 즉, 평균값($\overline{x}$)의 관리도, 범위(R)의 관리도, 개개의 측정값(x)의 관리도, 인접한 두 측정값의 차(R_s)의 관리도, 중앙값($\tilde{x}$)의 관리도, 표준편차(σ)의 관리도, 최대값－최소값($L-S$)의 관리도, Cusum 관리도, 가중평균관리도 등이다. 그러나 실무에서 많이 사용되는 계량형 관리도로는 두 개의 관리도를 합쳐서 만든 다음과 같은 관리도가 많이 사용된다.

(1) $\overline{x}-R$ 관리도
(2) $x-R_s$ 관리도
(3) $\tilde{x}-R$ 관리도

13.1.2 칩 실험(chip experiment)

칩 실험이 계량형 관리도를 공부하는 데 종종 사용되므로 여기에 간단히 소개하기로 한다. 관리도를 사용하여 관리하는 대상은 공정이다. 공정은 재료, 기계,

작업자, 작업방법 등에 의하여 정해지는 것이므로, 실제의 공정에서는 동일한 관리상태를 재현시키는 일은 매우 어렵다. 따라서 공정을 인위적으로 모델화하여 관리상태로 만들어 놓고, 이것을 여러 가지로 바꿔가면서 공정의 변동에 따라 관리도의 점이 어떻게 움직이는가를 연습하기 위하여 칩 실험이나 비이드 실험이 종종 쓰인다.

칩 실험(chip experiment)이란 바둑돌 모양으로 된 원판형의 나무토막 또는 플라스틱 토막(이를 chip이라고 부름)에, 미리 측정값을 기입한 것을 큰 주머니 속에 넣어 두고 이를 잘 섞은 후에, 한 개씩 뽑아내어 측정값을 읽음으로써 실제의 공정에서 행하는 샘플링실험과 유사한 것을 만들어 내는 것이다. 칩의 구성은 **<표 13.1>**과 같이 만든 것을 많이 사용한다.

비이드 실험(bead experiment)이란 색이 다른 다수의 작은 구슬을 상자속에 넣어 두고, 이 중에서 어떤 색의 구슬을 불량품으로 미리 정하여 놓고, 상자 속에서 크기 n 의 시료를 뽑아내어 n 개 중이 불량품의 수를 세어 보는 불량률 등에 관한 샘플링실험이라고 생각할 수 있다. 많이 사용되는 비이드의 구성은 **<표 13.2>**와 같다.

칩과 비이드 실험의 목적은 주로 다음과 같이 교육적인 측면이다.

표 13.1 칩의 구성

칩의 숫자		41	42	43	44	45	46	47	48	49	50	51	52	53	54	55	56	57	58	59	60	61	62	63	64	계	평균	표준편차
칩의 개수	적					1	3	7	12	17	20	17	12	7	3	1										100	50	2.00
	록										1	3	7	12	17	20	17	12	7	3	1					100	55	2.00
	황	1	1	1	2	4	6	8	10	11	12	11	10	8	6	4	2	1	1	1						100	50	3.42
	청						1	1	1	2	4	6	8	10	11	12	11	10	8	6	4	2	1	1	1	100	55	3.42

표 13.2 비이드의 구성

색 별	흑색	갈색	청색	적색	황색	녹색	백색	계
개 수	5	10	20	50	100	200	615	1,000
비율(%)	0.5	1.0	2.0	5.0	10.0	20.0	61.5	100.0

(1) 관리도 작성의 연습에 사용

(2) 완전한 관리상태 하에서의 점의 배치가 어떤가를 이해시키는 데 사용

(3) 공정의 변화를 만들어 내어, 관리도의 역할을 이해시키는 데 사용

(4) 관리도의 기능이나 OC 곡선을 실험적으로 조사하는 데 사용

칩 실험은 유한한 개수로 된 칩에 의한 실험이나, 일정한 분포를 갖는 무한 모집단의 공정에 대한 시뮬레이션 실험(simulation experiment)으로도 사용할 수 있다. 칩은 유한의 개수 밖에 없으나 주머니 속에서 한 개를 뽑아내어 숫자를 읽은 다음에 주머니에 도로 넣고, 다시 다음 것을 뽑는 조작을 반복해 가면 무한 모집단에서 뽑아내는 것과 같은 결과가 된다. 다만 칩을 뽑아낼 때마다 잘 흔들어 섞어 주어야 하며 이를 잘 행하지 않으면, 뽑혀 나온 시료는 랜덤 샘플이 되지 않을 수도 있다.

칩 실험으로 쉽게 해볼 수 있는 몇 가지 실험을 예를 들어 소개하면 다음과 같다.

*** 실험(1) : 관리상태의 검토**

한 종류의 칩(μ =50, σ =2.0으로 된 100개의 칩)에서, 칩을 한 개 뽑아 수치를 읽은 후 데이터 시이트(자료표 ; data sheet)에 기입한 후 주머니에 도로 넣는다. 잘 흔들어 섞은 다음, 같은 방법으로 또 1개를 뽑는다. 이와 같은 조작을 반복해서 n =4의 시료군을 25조 취하여 $\bar{x}-R$ 관리도를 작성하여 관리상태를 검토하여 본다.

*** 실험(2) : 공정평균의 변화의 검토**

산포는 변하지 않고 공정평균만 변하는 경우에 관리도에 어떤 변화가 나타나는가를 조사하기 위하여, 실험(1)에서 정한 관리선을 미리 기입하여 두고, 실험(1)에서 사용된 100개의 칩(μ =50, σ =2.0)에서 n =4의 시료를 25조 취한다. 이때 공정평균을 변화시켜 μ =51이 되도록 하려면 나오는 칩의 수치에 전부 1을 더해서 읽어주면 된다. 이 데이터로 $\bar{x}-R$ 관리도를 그리면, 산포에는 변화가 없으므로 R 관리도에는 변화가 보이지 않으나, $\bar{x}$ 관리도에서는 점이 전체적으로 위쪽으로 올라가 있을 것이다.

＊ 실험(3) : 산포의 변화의 검토

실험(1)에서 구한 $\overline{x}-R$ 관리도의 관리한계선을 미리 기입해 두고, 다른 종류의 칩(μ=50, σ=3.42로 된 100개의 칩)에서 n=4의 시료를 25조 취하여 $\overline{x}-R$ 관리도를 작성한다. $\overline{x}$ 관리도에서는 공정평균은 변하지 않으므로 점의 중심 $\overline{x}-R$ 관리도를 작성한다. $\overline{x}$ 관리도에서는 공정평균은 변하지 않으므로 점의 중심 $\overline{x}$ 는 변함이 없으나 R 관리도에서는 점의 중심 $\overline{R}$ 가 올라가고, 동시에 상하의 산포도 증가함을 알 수 있다.

13.2 평균값과 범위($\overline{x}$ - R)의 관리도

계량형 관리도에서 가장 많이 사용되는 관리도가 $\overline{x}-R$ 관리도이다. 이것은 $\overline{x}$ 관리도와 R 관리도를 합쳐서 만든 관리도이다. 계량형 관리도에서는 대개 계량치의 분포로 정규분포를 이용하고 있다. 품질특성이 정규분포를 하게 되면, 이 분포는 평균값과 표준편차에 의하여 완전히 결정되므로, 평균값과 표준편차를 동시에 관리하게 되면 결국은 품질특성의 분포를 관리하는 결과가 된다. $\overline{x}-R$ 관리도에서는 평균값을 관리하는 $\overline{x}$ 관리도와 표준편차를 관리하는 R 관리도를 함께 작성하도록 고안되어 있다.

13.2.1 관리한계선의 이론적 근거

$\overline{x}-R$ 관리도를 작성하기 위해서는 크기 n=3~5정도의 시료를 약 k=20~25군 채취하여 측정한다. n 개의 측정값을 $x_1, x_2, \cdots, x_n$ 이라고 하고 평균값 $\overline{x}$ 와 범위

$$\bar{x}=\sum_{i=1}^{n} x_i/n\ ,\quad R=x\ \text{의 최대값}-x\text{의 최소값}$$

의 분포를 고찰하여 관리한계선이 어떻게 되는가를 알아보자.

개개의 측정값 x 가 $N(\mu,\sigma^2)$의 정규분포에 따르는 공정이라면 $\bar{x}$는 평균값 μ, 표준편차 $\sigma/\sqrt{n}$ 의 정규분포에 따르며, 따라서 $\bar{x}$ 관리도의 3σ 관리한계선은 다음 식으로 주어진다. 단, 여기서 A 는 상수로서 $A=3/\sqrt{n}$ 이다.

$$\left.\begin{aligned} \mathrm{UCL}&=\mu+3\frac{\sigma}{\sqrt{n}}=\mu+A\sigma \\ \mathrm{LCL}&=\mu-3\frac{\sigma}{\sqrt{n}}=\mu-A\sigma \end{aligned}\right\}\qquad(13\cdot1)$$

실제로 μ 와 σ 를 모르고 있으므로, μ 는 각 군의 평균값 $\bar{x}$ 의 평균

$$\bar{\bar{x}}=\frac{\sum\bar{x}}{k}$$

로써 추정하고, σ 의 측정값은 식(5・20)에 의하여

$$\hat{\sigma}=\frac{\bar{R}}{d_2}$$

로써 추정한다. 이 때 $\bar{R}$ 는 각 군의 범위 R 의 평균

$$\bar{R}=\frac{\sum R}{k}$$

이다. 따라서 $\bar{x}$ 관리도의 중심선과 관리한계선은 다음과 같다.

$$\left.\begin{aligned} CL&=\bar{\bar{x}} \\ \mathrm{UCL}&=\bar{\bar{x}}+3\frac{\hat{\sigma}}{\sqrt{n}}=\bar{\bar{x}}+\frac{3}{\sqrt{n}\,d_2}(\bar{R})=\bar{\bar{x}}+A_2\bar{R} \\ \mathrm{LCL}&=\bar{\bar{x}}-3\frac{\hat{\sigma}}{\sqrt{n}}=\bar{\bar{x}}-\frac{3}{\sqrt{n}\,d_2}(\bar{R})=\bar{\bar{x}}-A_2\bar{R} \end{aligned}\right\}\qquad(13\cdot2)$$

단, $A_2=3/d_2\sqrt{n}$ 으로 부록 **<표 A-7>**에 수록되어 있는 상수이다.

개개의 측정값 x 가 $N(\mu, \sigma^2)$의 분포에 따르는 공정에서 크기 n 의 시료를 취했을 때 범위 R의 기대값과 표준편차는 식(5・15), (5・16)에 의하여 $E(R)=d_2\sigma$, $D(R)=d_3\sigma$ 로 주어진다. 따라서 이론적인 R 관리도의 관리한계선은

$$\left.\begin{aligned} \text{UCL} &= d_2\sigma + 3d_3\sigma = (d_2+3d_3)\sigma \\ \text{LCL} &= d_2\sigma - 3d_3\sigma = (d_2-3d_3)\sigma \end{aligned}\right\} \quad (13・3)$$

가 된다. 그러나 실제로 σ 를 모르고 있으므로 이를 $\hat{\sigma}=\overline{R}/d_2$ 로 추정하면 다음과 같이 R 관리도의 중심선과 관리한계선을 작성할 수 있다.

$$\left.\begin{aligned} \text{CL} &= d_2\hat{\sigma} = d_2\left(\frac{\overline{R}}{d_2}\right) = \overline{R} \\ \text{UCL} &= (d_2+3d_3)\hat{\sigma} = (d_2+3d_3)\frac{\overline{R}}{d_2} = \left(1+3\frac{d_3}{d_2}\right)\overline{R} = D_4\overline{R} \\ \text{LCL} &= (d_2-3d_3)\hat{\sigma} = (d_2-3d_3)\frac{\overline{R}}{d_2} = \left(1-3\frac{d_3}{d_2}\right)\overline{R} = D_3\overline{R} \end{aligned}\right\} \quad (13・4)$$

단, $D_4 = 1+\dfrac{3d_3}{d_2}$ 이고 $D_3 = 1-\dfrac{3d_3}{d_2}$ 로 부록 **<표 A-7>**에서 찾을 수 있다.

13.2.2 $\overline{x}$ - R 관리도의 작성방법

＊ 순서 1 : 데이터의 수집

크기(n) 3~5 정도의 시료를 약 20~25군(k) 채취하여 측정한다. 얻어진 데이터를 **<표 13.3>**과 같은 자료표(data sheet)에 기입한다. 자료표에는 품명, 시료의 채취방법, 측정방법 등 후에 원인을 규명할 때 필요하다고 생각되는 사항을 기록해 두어야 한다. 시료의 크기가 $n \geq 6$ 이면 σ 를 $\overline{R}/d_2$ 로 추정할 때 효율이 떨어지므로 좋지 않다.

＊ 순서 2 : 평균값 및 범위의 계산

평균값 $\overline{x}$ 는 $\overline{x}=\Sigma x/n$ 에 의하여 구한다. 단, 측정값 x 의 단위보다 한자리

더 취하는 것이 좋다. 총평균 $\bar{\bar{x}}=\Sigma\bar{x}/k$ 도 측정값 x 의 단위보다 한자리 아래까지 취하는 것이 좋다. 범위 $R=x_{\max}-x_{\min}$ 을 구하고, 그의 평균값 $\bar{R}=\Sigma R/k$ 를 구한다.

*** 순서 3 : 관리한계선의 계산**

식(13・2)와 식(13・4)에 의하여 중앙선, 관리상한, 관리하한을 구한다.

*** 순서 4 : 관리한계선 및 점의 기입**

[그림 13.2]와 같은 관리도 용지를 준비하고, $\bar{x}-R$ 관리도의 CL, UCL, LCL을 그리고, 또한 각 시료군의 $\bar{x}$ 와 R 을 기입한다. 관리한계선을 벗어나는 점은 잘 구별될 수 있도록 표를 한다(◉, ⊗ 등과 같이).

*** 순서 5 : 관리상태의 판정**

관리상태의 판정은 $\bar{x}$ 관리도와 R 관리도를 별도로 판정을 내린다.

13.2.3 $\bar{x}$ 관리도의 이점

일반적으로 생산공정의 평균치(μ)의 관리를 위해서는 가급적이면 개개의 측정치의 관리도인 x 관리도보다는 $\bar{x}$ 관리도를 이용하는 것이 좋다. 그 이유로서 다음의 두 가지를 생각할 수 있다.

(1) $\bar{x}$ 관리도를 이용하게 되면 품질특성치 x 가 정규분포가 아닌 다른 확률분포를 하는 경우에도 중심극한의 정리에 따라 $\bar{x}$ 는 정규분포에 가까운 분포를 하게 되므로 정규분포의 성질을 그대로 이용할 수 있다.

(2) $\bar{x}$ 관리도의 민감도(sensitivity)가 x 관리도보다는 월등히 좋다. 예를 들어서 크기가 $n=4$ 인 $\bar{x}$ 관리도에 대하여 공정평균치의 변화에 대한 민감도를 살펴보면 **[그림 13.1]**과 같다. 이 그림에서 알 수 있는 바와 같이 공정평균값이 μ_0 에서 $\mu_1=\mu_0+2\sigma$로 변했을 경우 x 관리도에서는 시료 1개가 관리한계선 밖으로 나갈 확률은 0.1587이다. 그러나 $\bar{x}$ 관리도에서는 그림에서 보는 바와

같이 관리한계선 밖으로 나갈 확률이 0.8413으로 매우 높아서 공정평균의 변화가 쉽게 탐지된다. $\bar{x}$ 관리도에서는 시료 $n=4$를 사용하였으므로, 같은 시료의 크기로 관리한계선 밖으로 나가는 확률을 x 관리도에서 구해보자. $n=4$인 경우 4개의 점이 모두 관리한계선 안에 있을 확률은 $(1-0.1587)^4=0.5010$이므로, 최소한 하나 이상의 점이 관리한계선 밖으로 나갈 확률은 $1-0.5010=0.4990$이 된다. 이 확률은 $\bar{x}$ 관리도의 0.8413에 비하여 작으므로 $\bar{x}$ 관리도가 공정평균의 변화에 더 민감하다고 하겠다.

그림 13.1 $\bar{x}$ 관리도의 민감도

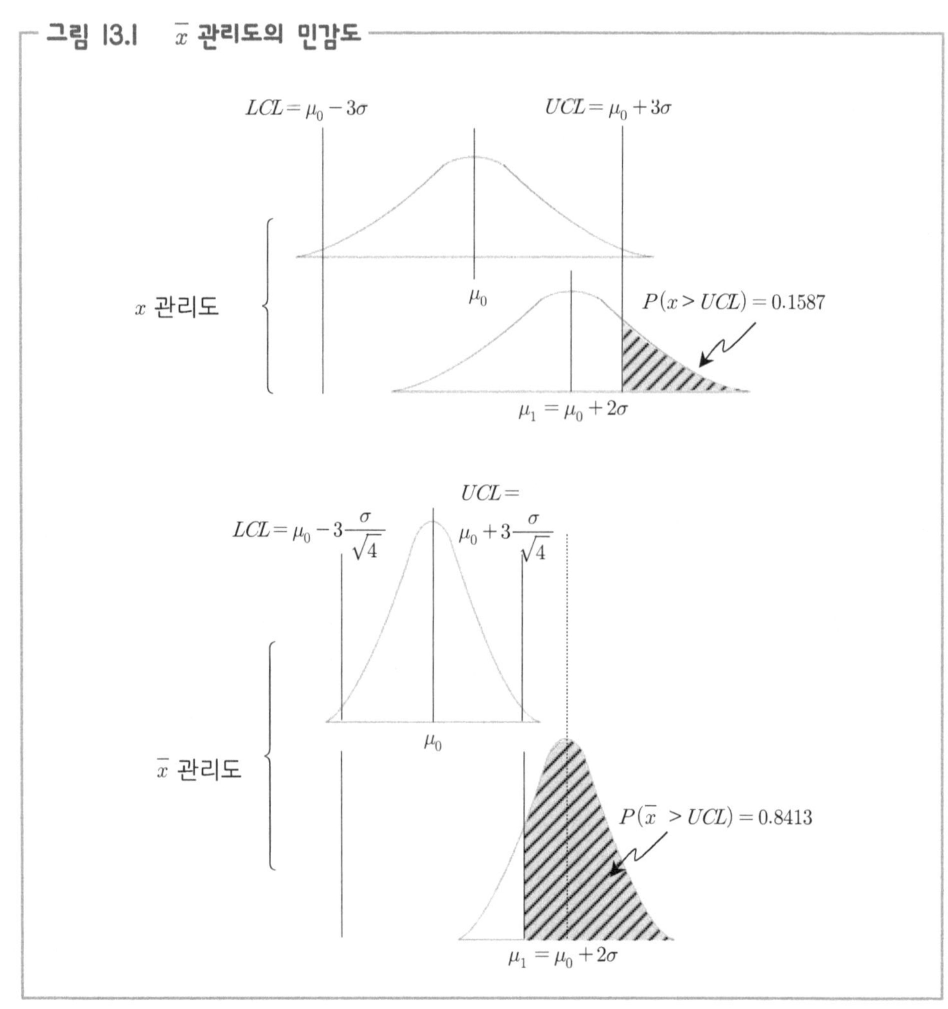

예제 13.1

어떤 전기조립품을 만들어내는 전자회사에서 완성품의 잡음을 측정하여 그 평균값과 산포를 관리하고자 한다. 각 로트에서 $n=5$ 의 시료를 뽑아 잡음레벨을 측정한 데이터는 **<표 13.3>**과 같다. $\bar{x}-R$ 관리도를 그리고 관리상태를 판정하라.

표 13.3 $\bar{x}-R$ **관리도의 자료표** (data sheet)

제품명칭		조립품	제조명령번호			기간	
품질특성		잡음레벨	직장				
측정단위			규준일생산고			기계번호	
규격한계	최대	12.0	시료	크기		작업원	
	최소	8.0		간격		검사원 성명인	
규 격 번 호			측정기번호				

일시	시료군의 번호	측정치 x_1	x_2	x_3	x_4	x_5	계 $\sum x$	평균치 $\bar{x}$	범위 R	적요
	1	10.1	8.4	10.2	9.4	9.1	47.2	9.44	1.8	
	2	12.4	11.1	10.8	11.0	11.9	57.2	11.44	1.6	
	3	10.8	12.1	11.8	9.4	11.6	55.7	11.14	2.7	
	4	9.7	10.8	9.2	9.2	9.3	47.2	9.44	1.6	
	5	10.1	10.1	9.7	9.8	10.5	50.2	10.04	0.8	
	6	10.4	10.2	10.4	9.1	10.6	50.7	10.14	1.5	
	7	10.3	10.4	9.4	9.6	10.1	49.8	9.96	1.0	
	8	10.7	10.7	10.8	8.4	11.6	52.2	10.44	3.2	
	9	10.8	10.2	10.5	8.4	9.9	49.8	9.96	2.4	
	10	10.6	9.9	10.7	10.4	11.4	53.0	10.60	1.5	
	11	7.3	9.2	8.8	8.5	8.8	42.6	8.52	1.9	
	12	10.6	10.4	10.5	10.5	10.9	52.9	10.58	0.5	
	13	11.2	10.0	10.9	11.2	11.0	54.3	10.86	1.2	
	14	11.0	11.5	11.8	11.0	11.3	56.6	11.32	0.8	
	15	10.1	10.2	10.2	11.2	10.1	51.8	10.36	1.1	
	16	12.4	10.0	10.7	10.1	11.3	54.5	10.90	2.4	
							계	165.34	26.0	

$\bar{x}$ 관리도

$UCL=\bar{\bar{x}}+A_2\bar{R}$
$=10.33+(0.58)(1.63)=11.27$

$LCL=\bar{\bar{x}}-A_2\bar{R}$
$=10.33-(0.58)(1.63)=9.40$

R 관리도

$UCL=D_4\bar{R}$
$=(2.11)(1.63)=3.44$

$LCL=D_3\bar{R}=0.0$
(관리하한선은 없다)

$\bar{\bar{x}}=10.33$ $\bar{R}=1.63$

n	A_2	D_4	D_3
4	0.73	2.28	0.0
5	0.58	2.11	0.0

비 고 :

풀이

<표 13.3>에 관리도를 그리는 데 필요한 모든 계산이 완료되어 있다. 이를 그림으로 그려보면 다음 **[그림 13.2]**와 같다.

그림 13.2 $\bar{x}-R$ **관리도**

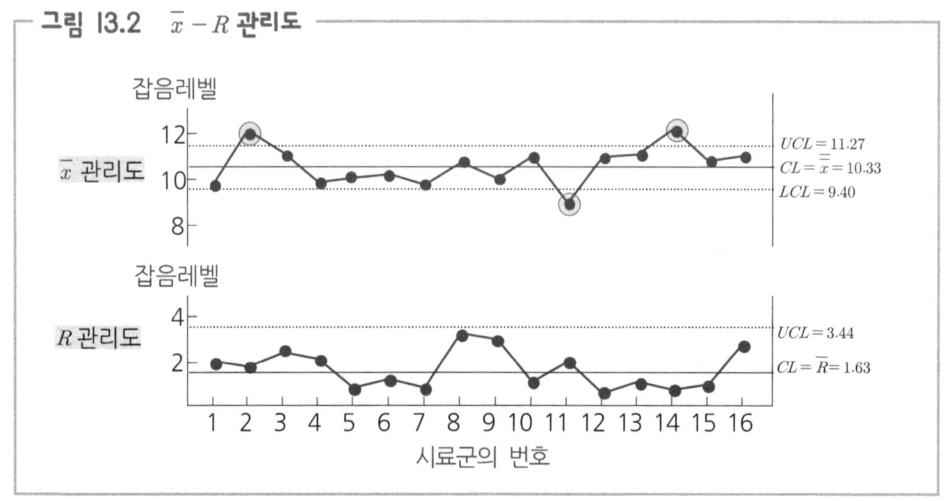

위의 그림에서 판단하여 볼 때, $\bar{x}$ 관리도에는 시료군 번호 2, 11, 14에서 $\bar{x}$ 의 값이 관리한계선을 벗어나고 있으므로, 그 원인을 규명하여 조치를 취해야 한다. 즉 공정평균은 관리상태 하에 있지 못하다. 그러나 R 관리도는 아무 이상이 없으므로 산포는 관리상태에 있다고 판정할 수 있다.

13.2.4 $\bar{x}$ - R 관리도의 OC 곡선

$\bar{x}-R$ 관리도의 OC 곡선의 작성은 품질특성 x 가 정규분포를 한다는 가정아래 이루어지며, 그 기본적인 개념은 p 관리도나 c 관리도의 OC 곡선과 동일하다. $\bar{x}$ 관리도와 R 관리도의 OC 곡선을 각각 검토하여 보자.

(1) $\bar{x}$ 관리도의 OC곡선

$\bar{x}$ 관리도의 OC 곡선은 공정의 평균치 μ 와 표준편차 σ에 따라 정해진다. 즉, μ 와 σ의 변화에 따라 OC 곡선을 생각하여야 한다. 그러나 이 책에서는 σ 가 일정한 경우 μ의 변화에 따른 OC 곡선만을 다루기로 한다. 공정의 평균값을 μ, 표준편차를 σ 라 할 때, 시료군의 크기를 n으로 한다면 $\bar{x}$ 는 평균값 μ, 표준편차가 $\sigma/\sqrt{n}$ 인 정규분포를 하게 되므로, $\bar{x}$ 가 관리한계선 안에 포함될 확률은 다음 식으로 주어진다.

$$\begin{aligned} L(\mu) &= P(\mathrm{LCL} \le \bar{x} \le \mathrm{UCL}) \\ &= P\left(\frac{\mathrm{LCL}-\mu}{\sigma/\sqrt{n}} \le \frac{\bar{x}-\mu}{\sigma/\sqrt{n}} \le \frac{\mathrm{UCL}-\mu}{\sigma/\sqrt{n}}\right) \\ &= P\left(\frac{\mathrm{LCL}-\mu}{\sigma/\sqrt{n}} \le U \le \frac{\mathrm{UCL}-\mu}{\sigma/\sqrt{n}}\right) \end{aligned} \tag{13・5}$$

단, U는 표준정규분포를 하는 확률변수이다.

식(13・5)에서 μ 를 변화시켜 가며 $L(\mu)$ 를 구하고, 이를 그래프로 그리면 $\bar{x}$ 관리도의 OC 곡선이 얻어진다.

예제 13.2

앞의 **[예제 13・1]**의 $\bar{x}$ 관리도에 대한 OC 곡선을 그려라. 단, σ 는 $\hat{\sigma} = \bar{R}/d_2 = 1.55/2.326 = 0.67$ 로 일정하게 유지되고 있다고 가정한다.

풀이

UCL=11.22, LCL=9.42이고 σ =0.67이므로, 만약 μ 의 값이 μ =10.00인 경우에 $\bar{x}$ 의 값이 관리한계선 안에 포함될 확률은

$$\begin{aligned} L(\mu) &= P\left(\frac{9.42-10.00}{0.67/\sqrt{5}} \le U \le \frac{11.22-10.00}{0.67/\sqrt{5}}\right) \\ &= P(-1.94 \le U \le 4.07) = 0.9738 \end{aligned}$$

이 된다. 같은 방법으로 μ를 변화시켜 가며 $L(\mu)$를 구하면 다음 표와 같다. $L(\mu)$의 값은 μ =10.32를 중심으로 대칭을 이루고 있다.

μ	$\dfrac{\text{LCL}-\mu}{\sigma/\sqrt{n}}$	$\dfrac{\text{UCL}-\mu}{\sigma/\sqrt{n}}$	$L(\mu)$
8.50	3.07	9.08	0.0011
9.00	1.40	5.55	0.0808
9.50	- 0.27	5.06	0.6064
10.00	- 1.94	4.07	0.9738
10.32	- 3.00	3.00	0.9973
10.64	- 4.07	1.94	0.9738
11.14	- 5.06	0.27	0.6064
11.64	- 5.55	- 1.40	0.0808
12.14	- 9.08	- 3.07	0.0011

위에서 얻은 $L(\mu)$의 값을 μ에 대하여 그리면 **[그림 13·3]**을 얻는다.

그림 13.3 $\bar{x}$ 관리도의 *OC* 곡선

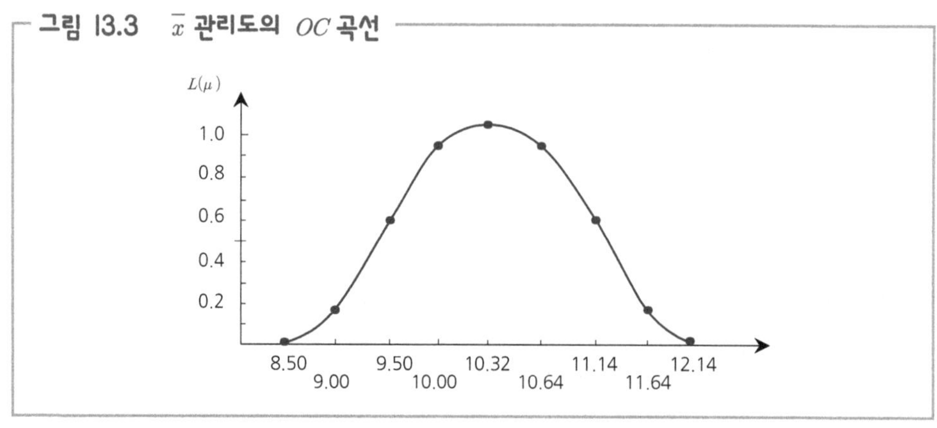

(2) *R*관리도의 *OC*곡선

R 관리도는 공정의 표준편차의 변화를 탐지하기 위하여 사용된다. *R* 관리도의 *OC* 곡선은 범위 *R*의 분포를 이용하여 구할 수 있다. 그러나 여기서는 *R* 관리도의 *OC* 곡선의 계산 절차는 생략하기로 하고 **[그림 13.4]**에 *R* 관리도의 *OC* 곡선을 도시하기로 한다. 이 그림에서 가로축은 σ의 증가비율(λ 배로 증가)을 나타내고

세로축은 범위 R이 관리한계선 안에 들어가는 확률이다. OC 곡선의 상세한 계산 절차에 관해서는 참고문헌(13·3)을 참조하기 바란다.

그림 13.4 R 관리도의 OC 곡선

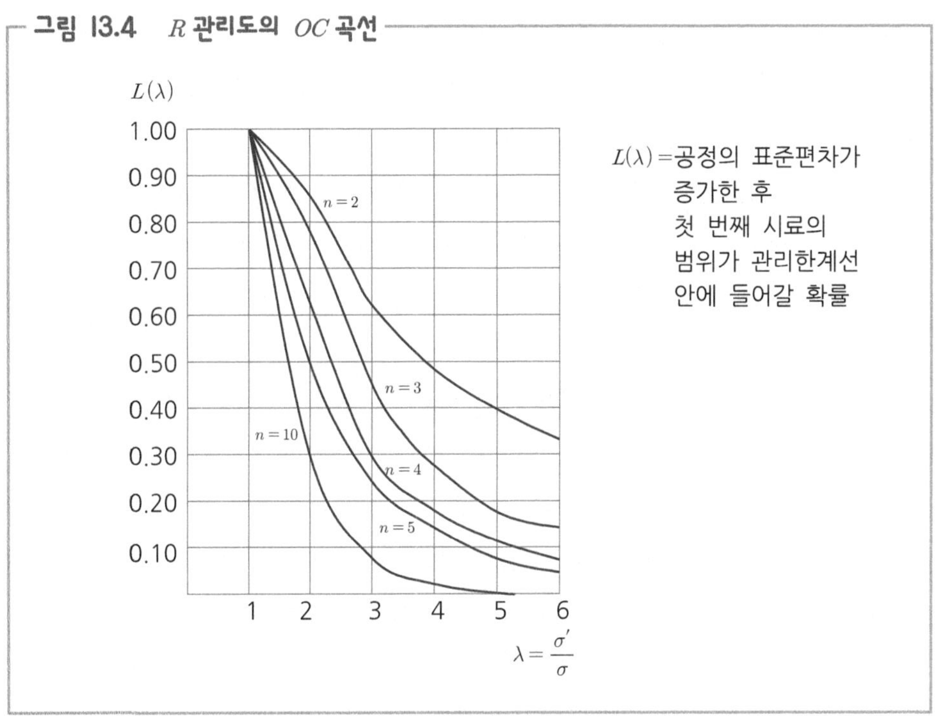

13.2.5 $\bar{x}$ - R 관리도에 의한 공정변화의 탐지

공정의 평균값이나 표준편차 등이 바뀌는 공정의 변화가 일어나는 경우에 $\bar{x}-R$ 관리도 상에서 이를 탐지해 내는 것이 필요하다. 공정의 평균값이나 표준편차가 변화할 때, $\bar{x}-R$ 관리도의 점이 어떻게 변화하는가를 다음의 몇 가지 예로써 검토하여 보자. 이와 같은 결과는 칩 실험(chip experiment)에 의해서도 만들어 볼 수 있다. 이러한 결과가 나타나면 일단 공정변화가 있지 않았는가를 의심하고 적절한 검토대책을 세워야 한다.

(1) 공정평균이 커졌을 경우(σ 불변)

그림 13.5

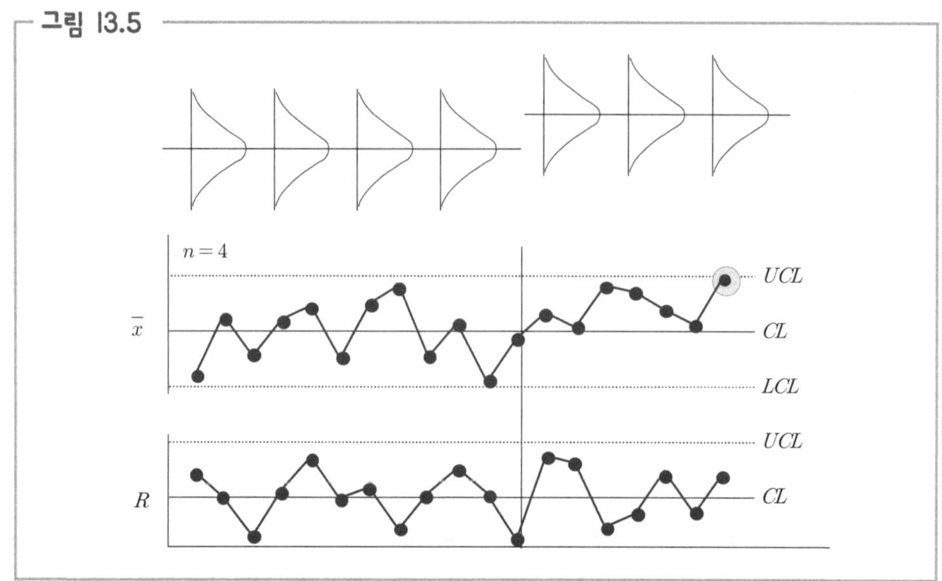

(2) 공정평균이 커졌다 작아지는 경우(σ 불변)

그림 13.6

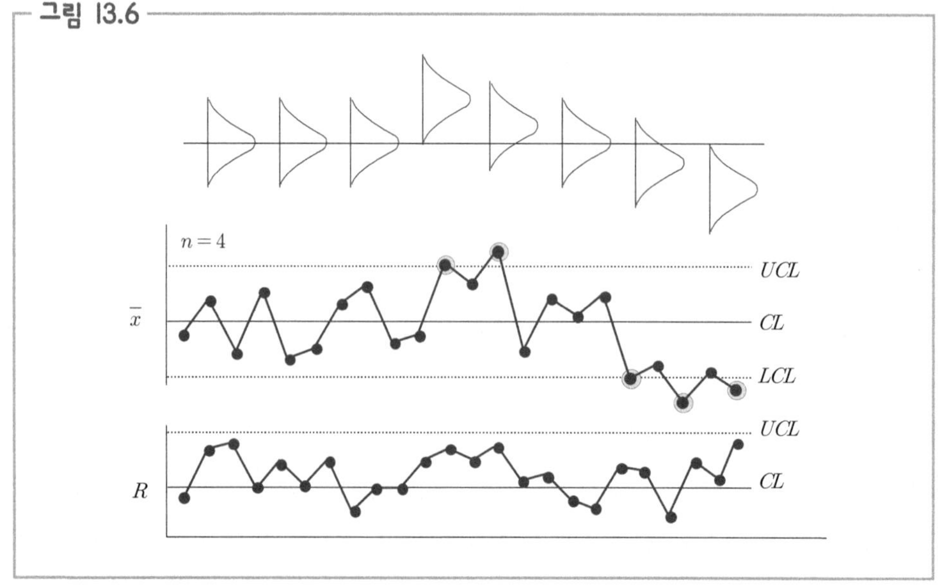

(3) 표준편차가 커진 경우(공정평균 불변)

그림 13.7

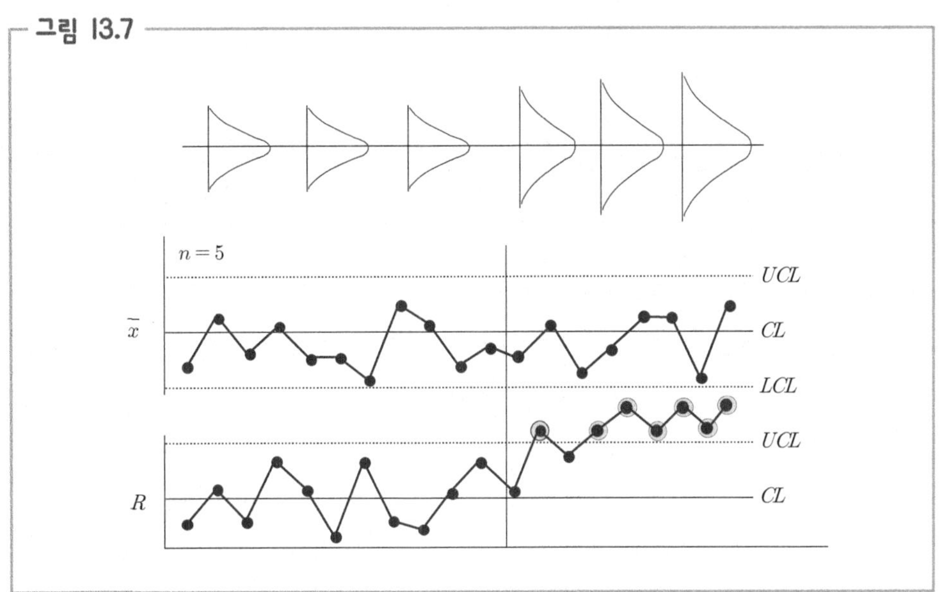

(4) 표준편차가 작아진 경우(공정평균 불변)

그림 13.8

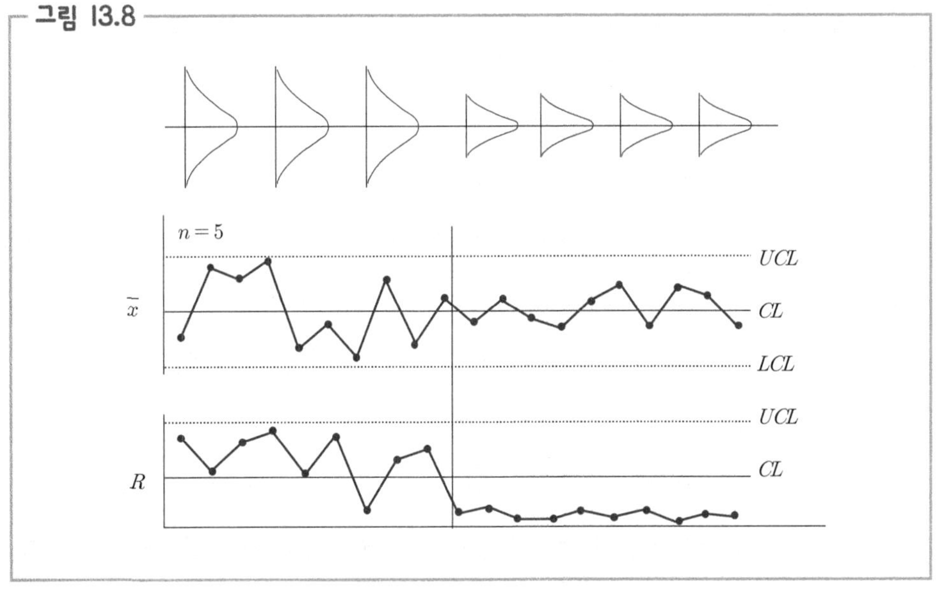

13.3 개개의 측정값(x)의 관리도

x 관리도는 제품의 품질을 관리할 목적으로 개개의 측정값을 하나하나의 점으로 기입하는 관리도를 말한다. x 관리도에서는 한 개의 측정값이 얻어지면 곧 관리도에 점으로 기록되므로, 각각의 측정으로부터 공정의 안정상태의 판정 및 조치까지 시간적인 지연이 없는 것이 특징이다.

일반적으로 공정의 평균의 변화를 탐지하는 데는 x 관리도보다도 $\bar{x}$ 관리도가 효율적이나 $\bar{x}$ 관리도를 쓰기 어려운 경우에는 x 관리도를 사용하여야 한다. 예를 들면, 화학공업에 있어서의 수율은 보통 1일 성적으로부터 나오는 것이 많으므로 1일 1회 밖에 측정값을 얻을 수 없는 경우에는 x 관리도를 사용하여야 한다.

x 관리도는 실제로 다음과 같이 두 경우로 나누어 다른 종류의 관리도와 병용하여 사용되고 있다.

(1) 합리적인 군으로 나눌 수 있는 경우

$\bar{x}-R$ 관리도가 사용될 수 있는 경우로, 보아 넘기기 어려운 원인을 재빨리 발견하여 제거하려고 할 경우에는 x 관리도를 사용한다. 이 경우에 $\bar{x}-R$ 관리도를 병용하여 흔히 사용한다. 이를 $x-\bar{x}-R$ 관리도라고 부른다.

(2) 합리적인 군으로 나눌 수 없는 경우

이 경우에는 $\bar{x}-R$ 관리도를 사용할 수 없는 경우로 x 관리도만이 사용될 수 있으며 다음과 같은 때이다.

(a) 1로트 또는 1뱃취(batch)로부터 1개의 측정값 밖에 얻을 수 없을 때

(b) 측정값을 얻는데 시간이나 경비가 많이 들어 정해진 공정으로부터 현실적으로 1개의 측정값 밖에 얻을 수 없을 때

이 경우에는 x 관리도와 병행하여 R_s (인접한 두 측정치의 차) 관리도를 흔히 같이 사용한다. 이것을 $x-R_s$ 관리도라고 부른다.

13.3.1 x - R_s 관리도

먼저 $x-R_s$ 관리도의 관리한계선을 구하는 방법을 알아보자. 만약 개개의 데이터 $x_1, x_2, \ldots, x_n$ 이 $N(\mu, \sigma^2)$의 공정에서 얻어졌다면

$$\left.\begin{aligned} \mathrm{UCL} &= \mu + 3\sigma \\ \mathrm{LCL} &= \mu - 3\sigma \end{aligned}\right\}$$

가 되며, μ 와 σ 의 추정값을 $\hat{\mu} = \bar{x} = \sum x_i / n$, $\hat{\sigma} = \dfrac{\overline{R}}{d_2}$ 의 식으로 흔히 구한다. 그러나 개개의 측정값의 관리도에서는 범위를 계산할 수 없으므로, 이 경우에는 인접한 두 측정치간의 차이인 이동범위(moving range) R_s 를 사용한다.

이동범위의 수는 $n-1$개 있으므로 이동범위의 평균 $\overline{R}_s$ 는

$$\overline{R}_s = \frac{\sum R_s}{n-1}$$

에 의하여 계산되고, 범위를 구하는데 사용된 데이터의 수는 2개이므로 부록 **<표 A-7>**에서 d_2 =1.128이다. 따라서 실제로 사용되는 x 관리도의 중심선과 관리한계선은 다음과 같다.

$$\left.\begin{aligned} \mathrm{CL} &= \bar{x} \\ \mathrm{UCL} &= \bar{x} + 3\left(\frac{\overline{R}_s}{d_2}\right) = \bar{x} + \frac{3\overline{R}_s}{1.128} = \bar{x} + 2.66\overline{R}_s \\ \mathrm{LCL} &= \bar{x} - 3\left(\frac{\overline{R}_s}{d_2}\right) = \bar{x} - \frac{3\overline{R}_s}{1.128} = \bar{x} - 2.66\overline{R}_s \end{aligned}\right\} \qquad (13 \cdot 6)$$

R_s 관리도는 식(13・4)의 R 관리도의 UCL과 LCL을 그대로 사용할 수 있다. 그러나 이 경우는 이동범위를 구하는데 2개의 데이터만 사용되었으므로 부록 **<표 A-7>**에서 $D_4 = 3.27$ 이고, D_3 는 값이 없으므로 생각할 필요가 없다.

$$\left.\begin{aligned} &\mathrm{CL} = \overline{R}_s \\ &\mathrm{UCL} = D_4\overline{R}_s = 3.27\overline{R}_s \\ &\mathrm{LCL} = \text{생각하지 않음} \end{aligned}\right\} \qquad (13 \cdot 7)$$

13.3.2 x - R_s 관리도의 작성방법

다음으로 $x - R_s$ 관리도의 작성방법을 살펴보자.

＊ 순서 1 : 데이터의 수집

약 k =20~25군으로부터 각각 1개씩의 시료를 채취하여 측정한다.

＊ 순서 2 : $\overline{x}$, R_s , $\overline{R}_s$ 의 계산

$$\overline{x} = \sum x_i / k$$

$$R_{si} = \mid i \text{ 번째의 측정치} - (i+1) \text{ 번째의 측정치} \mid$$

$$\overline{R}_s = \frac{R_{s1} + R_{s2} + \ldots + R_{s,k-1}}{k-1}$$

＊ 순서 3 : 관리한계선의 계산

식(13・6)과 (13・7)에 의하여 $x - R_s$ 관리도의 관리한계선을 계산한다.

＊ 순서 4 : 관리한계선과 점을 기입한다.

＊ 순서 5 : 관리상태를 조사한다.

예제 13.3

부타놀(butanol)과 초산을 황산 촉매 하에서 에스테르(ester)화 시켜 부틸아세테이트(butyl acetate)를 제조하는 공정이다. 반응기 중에 원료를 넣고 가열하여, 에스테르화를 한 후 증류하여 조제 부틸아세테이트를 탱크에 수집한다. 탱크에 수집된 부틸아세테이트의 양을 관리하려고 한다. 이 공정은 뱃치반응으로 24시간에 1회 밖에 작업을 하지 못하므로, 이상이 있는 경우 속히 조치를 취

하기 위하여 x 관리도로 관리한다. 또한 데이터를 합리적인 군으로 나눌 근거가 없으므로 이동범위를 사용하기로 한다. **<표 13.4>**의 데이터를 사용하여 $x-R_s$ 관리도를 그려라.

표 13.4 $x-R_s$ **관리도의 자료표**

<table>
<tr><td colspan="8">관 리 도 자 료 표   No.______</td></tr>
<tr><td colspan="2">제 품 명</td><td>부틸아세테이트</td><td colspan="2">제조명령번호</td><td></td><td rowspan="2">기 간</td><td></td></tr>
<tr><td colspan="2">품 질 특 성</td><td>메타놀함유량</td><td colspan="2">직 장</td><td></td><td></td></tr>
<tr><td colspan="2">측 정 단 위</td><td></td><td colspan="2">규준일생산고</td><td></td><td>기 계 번 호</td><td></td></tr>
<tr><td rowspan="2">규격 한계</td><td>최대</td><td></td><td rowspan="2">시료</td><td>크기</td><td></td><td>작 업 원</td><td></td></tr>
<tr><td>최소</td><td></td><td>간격</td><td></td><td rowspan="2">검 사 원 이 름</td><td rowspan="2"></td></tr>
<tr><td colspan="2">규 격 번 호</td><td></td><td colspan="2">측정기번호</td><td></td></tr>
</table>

번 호	일 시	측정치 x	이동범위 R_s	기 사
1		1.09		
2		1.13	0.04	
3		1.29	0.16	
4		1.13	0.16	
5		1.23	0.10	
6		1.43	0.20	
7		1.27	0.16	
8		1.63	0.36	
9		1.34	0.29	
10		1.10	0.24	
11		0.98	0.12	
12		1.37	0.39	
13		1.18	0.19	
14		1.58	0.40	
15		1.31	0.27	
16		1.70	0.39	
17		1.45	0.25	
18		1.19	0.26	
19		1.33	0.14	
20		1.18	0.15	
21		1.40	0.22	
22		1.68	0.28	
23		1.58	0.10	
24		1.90	0.32	
25		1.70	0.20	
26		0.65	1.05	
합 계		34.82	6.44	
평 균		1.34	0.26	

x 관리도	R_s 관리도
CL = $\bar{x}$ =1.34	CL = $\bar{R}_s$ = 0.26
UCL= $\bar{x}+2.66\bar{R}_s = 1.34+2.66\times0.26 = 2.02$	UCL = $3.27\bar{R}_s = 3.27\times0.26 = 0.84$
LCL = $\bar{x}-2.66\bar{R}_s = 1.34-2.66\times0.26 = 0.65$	LCL = —

풀이

<표 13.4>에 $x-R_s$ 관리도의 중심선과 관리한계선이 모두 계산되어 있다. 이를 근거로 하여 $x-R_s$ 관리도를 그려보면 **[그림 13.9]**와 같다. 이 그림에서 판단하여 보면 관리 한계선을 벗어나는 점은 없으므로 이상점은 없다. 그러나 주의를 요하는 것은 x 관리도가 어떤 주기(cycle)를 갖는 것 같이 보이므로 이 점에 유의하여야 할 것이다. 또한 R_s 관리도에서는 초기의 6개의 점이 길이 6인 런을 형성하고 있으므로 주의를 기울일 필요가 있다.

그림 13.9 $x-R_s$ **관리도**

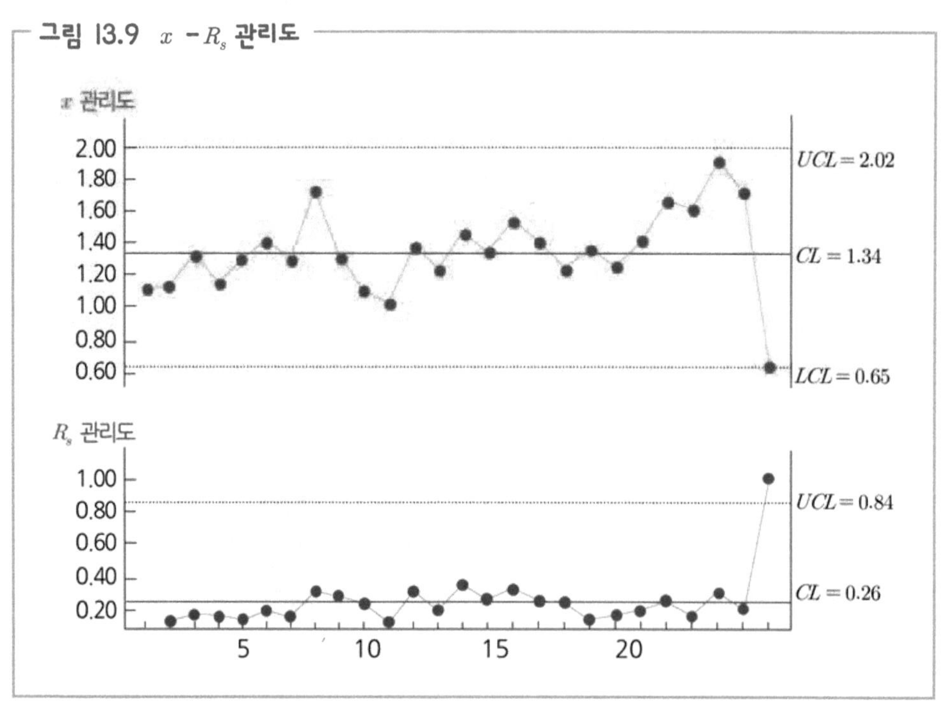

13.4 메디안($\tilde{x}$) 관리도

이 관리도는 평균값($\bar{x}$) 관리도 대신에 사용되는 것으로, 평균값 $\bar{x}$를 계산하는 시간과 노력을 줄이기 위한 것이 목적이다. 이 관리도는 보통 범위(R)의 관리도와 같이 사용하여, $\tilde{x}-R$ 관리도로 사용된다. $\tilde{x}-R$ 관리도는 시료의 크기를 홀수로 잡으면 각 시료군에서 평균값을 계산하지 않아도 되므로 $\bar{x}-R$ 관리도보다 취급이 간단하며, 또한 제조공정의 관리에 사용하는 데는 실용상 $\bar{x}-R$ 관리도와 거의 같은 정도의 구실을 한다. 메디안 관리도는 분포의 평균값의 변화를 관리하기 위하여 사용되고, 범위의 관리도는 산포의 변화를 관리하기 위하여 사용된다.

13.4.1 메디안 관리도의 관리한계선

개개의 데이터 x_i, $i=1, 2, ..., n$ 이 $N(\mu, \sigma^2)$ 의 분포에 따르고 있을 때, 평균값 $\bar{x}$ 의 분포는 $N\left(\mu, \frac{\sigma^2}{n}\right)$ 임을 알고 있다. 만약 n 개의 데이터 $x_1, x_2, \cdots, x_n$ 에서 중앙값 $\tilde{x}$ 를 구한다면 $\tilde{x}$ 의 기대값과 표준편차는

$$\left.\begin{aligned} E(\tilde{x}) &= \mu \\ D(\tilde{x}) &= m_3\frac{\sigma}{\sqrt{n}} \end{aligned}\right\} \qquad (13 \cdot 8)$$

임이 알려져 있다. 여기서 m_3 는 n 만에 관련하여 결정되는 계수로서 부록 **〈표 A-7〉**에 수록되어 있다. $n > 10$ 인 경우에 m_3 에 대한 근사식은 Caldwell(13·2)에 의하여 연구되었으며 다음과 같이 계산된다. 만약 $n=\infty$ 이면 m_3 =1.253으로 택하면 될 것이다.

$$n \text{ 이 홀수인 경우 : } m_3 \fallingdotseq \sqrt{\frac{\pi}{2}}\left(1-\frac{4-\pi}{4n}\right)=1.2533-\frac{0.2690}{n}$$

$$n \text{ 이 짝수인 경우 : } m_3 \fallingdotseq \sqrt{\frac{\pi}{2}}\left(1-\frac{6-\pi}{4(n+1)}\right)=1.2533-\frac{0.8956}{n+1}$$

$\tilde{x}$ 관리도의 관리한계선은 μ 및 σ 가 알려져 있다면

$$\mu \pm 3m_3\frac{\sigma}{\sqrt{n}}$$

가 되나, μ 와 σ 는 일반적으로 미지의 값이므로 이를 각각

$$\hat{\mu}=\overline{\tilde{x}}$$

$$\hat{\sigma}=\frac{\overline{R}}{d_2}$$

로 추정하면, 다음과 같이 $\tilde{x}$ 관리도의 중심선과 관리한계선을 얻게 된다.

$$\left.\begin{aligned} \mathrm{CL} &= \overline{\tilde{x}} \\ \mathrm{UCL} &= \overline{\tilde{x}}+3m_3\frac{1}{\sqrt{n}}\left(\frac{\overline{R}}{d_2}\right)=\overline{\tilde{x}}+m_3A_2\overline{R} \\ LCL &= \overline{\tilde{x}}-3m_3\frac{1}{\sqrt{n}}\left(\frac{\overline{R}}{d_2}\right)=\overline{\tilde{x}}-m_3A_2\overline{R} \end{aligned}\right\} \qquad (13 \cdot 9)$$

단, A_2 는 $A_2=\frac{3}{\sqrt{n}\,d_2}$ 으로 이 값은 $\overline{x}$ 관리도에서도 사용되며, 부록 **<표A-7>**에 수록되어 있다. m_3 의 값이 모든 n 에 대하여 $m_3 \geq 1$ 이므로 $\overline{x}$ 관리도보다 $\tilde{x}$ 관리도의 관리한계의 폭이 더 넓다. R 관리도의 관리한계선은 식(13・4)에 주어져 있으므로 여기서는 설명을 생략하기로 한다.

13.4.2 $\tilde{x}$ - R 관리도의 작성방법

*** 순서 1 :** 데이터의 수집

크기 n = 3~5의 시료를 약 k=20~25군 채취하여 측정한다. 데이터를 적은 자료표에는 품명, 시료채취방법, 측정방법 등 보아 넘기기 어려운 원인을 찾는데 필요하다고 생각되는 사항을 기입하여 두는 것이 좋다. 시료의 크기 n 은 가급적이면 홀수로 취하여 중앙값을 구하기 쉽도록 한다.

*** 순서 2 :** $\tilde{x}$, $\bar{\tilde{x}}$, R 의 $\bar{R}$ 의 계산

각 시료군으로 부터 중앙값($\tilde{x}$)과 범위(R)를 구하고, 그들의 평균치

$$\bar{\tilde{x}} = \frac{\sum \tilde{x}}{k}, \quad \bar{R} = \frac{\sum R}{k}$$

를 구한다.

*** 순서 3 :** 관리한계선의 계산

$\tilde{x}$ 관리한계선을 계산하고, 식(13・4)에 의하여 R 관리한계선을 계산한다.

*** 순서 4 :** 관리한계선을 기입하고, 관리도를 그린 후에, 관리상태 여부를 조사한다.

$\tilde{x}-R$ 관리도는 $\bar{x}-R$ 관리도와 매우 흡사하므로 예제를 통한 설명은 생략키로 한다. $\tilde{x}-R$ 관리도를 위한 자료표도 **<표 13.3>**에 있는 $\bar{x}-R$ 관리도의 자료표와 거의 동일하다고 볼 수 있다. 단, $\tilde{x}$ 대신에 $\bar{x}$를 구하여야 하고, $\tilde{x}$ 관리도의 UCL, LCL의 계산만이 약간 다를 뿐이다.

13.5 누적합(CUSUM) 관리도

13.5.1 누적합 관리도란?

앞 절에서 소개된 모든 관리도들은 3σ 관리한계선에 기초를 둔 Shewhart 관리도라고 말할 수 있다. Shewhart 관리도와는 별도로 데이터의 누적합(cumulative sum)에 근거한 관리도로 CUSUM 관리도라는 것이 Page(13・6)에 의하여 제안되었

다. 이 관리도는 공정의 변화가 서서히 일어나고 있을 때, Shewhart 관리도로서는 그 공정변화가 탐지되기 어려우나 CUSUM 관리도로서는 비교적 민감하게 탐지해낼 수 있는 장점이 있다.

CUSUM 관리도는 공정에서 시료군의 크기가 n 인 시료를 주기적으로 추출하여 그 평균값 $\bar{x}$ 와 공정기대값(또는 목적치) μ_0 와의 차이 누적합을 그래프로 그린 것이다. 만약 k 번째 시료군의 시료평균값을 $\bar{x}_k$ 라 하고

$$\bar{y}_k = \bar{x}_k - \mu_0$$

라고 놓으면, 관리도상에서 m 번째 시료군에 대응하는 점의 좌표는

$$\left(m,\ \sum_{k=1}^{m} \bar{y}_k\right)$$

가 된다.

만약 **[그림 13.10]**에서와 같이 $\bar{x}_k$ 을 타점할 경우에, 시점 t_0 까지는 기대값 μ_0 을 가지고 흩어져 있다가, 시점 t_0 부터 갑자기 기대값이 $\mu_0 + C$ 으로 커진다면, **[그림 13.10]**에서는 이 변화가 금방 탐지되지 않으나, 이를 누적합 관리도로 그려보면 이 변화를 곧 탐지할 수 있다. **[그림 13.11]**은 누적합 관리도를 보여주고 있고, 시점 t_0 에서부터 기울기 C 를 가지고 점 $\bar{y}_m$ 가 커짐을 보여주고 있다.

그림 13.10 $\bar{x}_k$ 의 점들

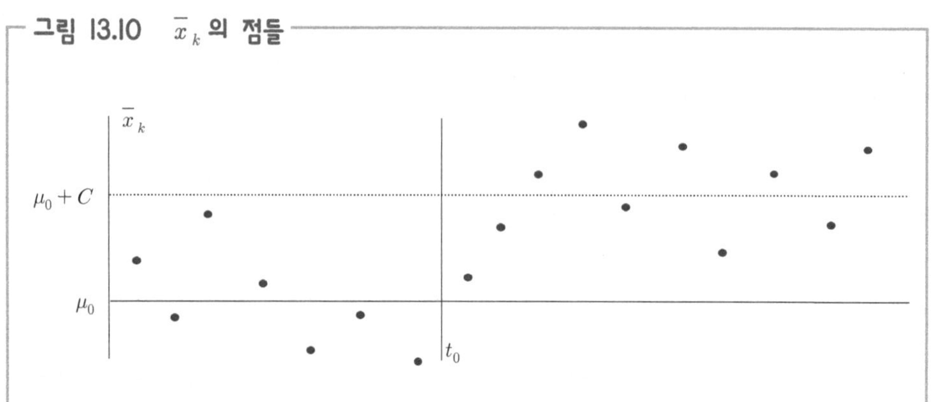

그림 13.11 누적합 관리도에서의 점들

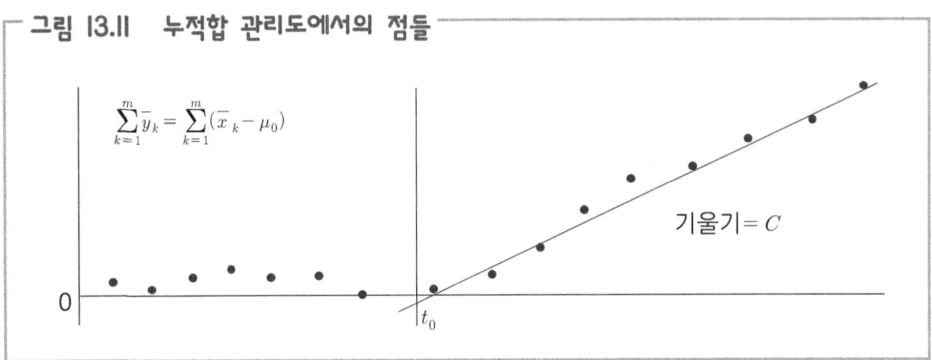

이 관리도에서는 공정의 이상유무를 판단하는데 **[그림 13.12]**에 표시된 바와 같이 V마스크(mask)를 이용한다. V마스크의 작성은 d와 θ에 의하여 결정된다. 공정의 이상유무를 판단하려면 관리도상에서 마지막 시료군에 대응하는 점과 V마스크의 p점이 일치하고, 또한 V마스크가 **[그림 13.12]**와 같이 수평을 유지하도록 한다. 이 때 만약 앞에서 찍힌 시료군의 점이 하나라도 마스크에 가리우면 공정에는 변화가 일어났다고 판단하는 것이다.

[그림 13.12]에서는 $m-3$번째 시료군에 대응하는 점이 마스크에 가려져 있으므로 공정에 이상이 발생되었다고 판단하는 것이다. 만일 마스크에 가려지는 점이 하나라도 없으면 다음 시료군을 조사하여 같은 절차로 반복한다.

그림 13.12 V마스크

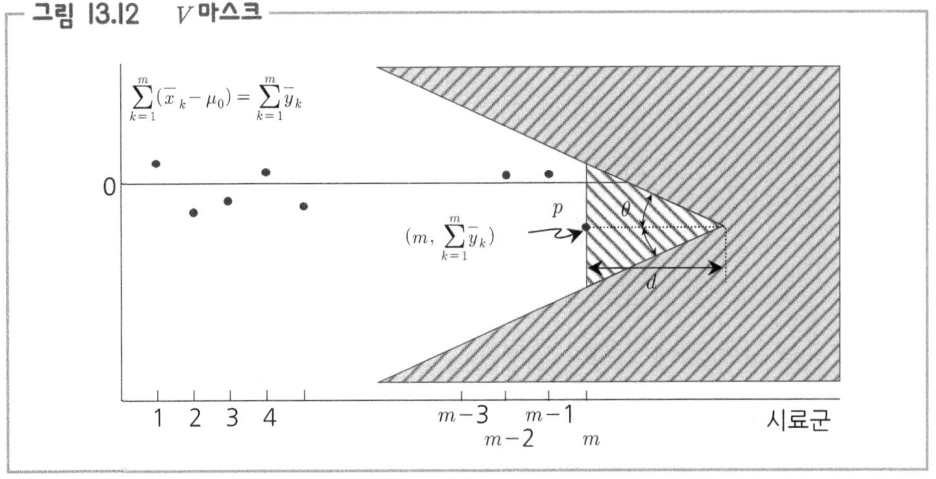

[그림 13.12]의 경우에는 $m-3$이나 m의 시료군에서 이상이 발생되었음을 나타내고 있다. 이 경우에는 $m-3$의 점이 너무 크거나 m의 점이 너무 작거나 한 것이다. 이 형태 이외에도 **[그림 13.13]**의 3가지 현상이 공정이상으로 발생할 수 있다. 첫 번째 (a)는 공정평균이 목표치 μ_0 보다 유의하게 적어서 점들이 밑으로 급격하게 내려가고 있음을 보여주고 있다. 두 번째 (b)는 이와는 반대로 공정평균이 μ_0 보다 유의하게 커서 점들이 급격하게 올라가 있음을 보여준다. 세 번째 (c)는 마지막 점 하나가 급격히 떨어진 것을 나타내고, 이 점이 이상치(outlier)일 것이라는 암시를 해주고 있다.

그림 13.13 누적합 관리도에서의 이상 상태

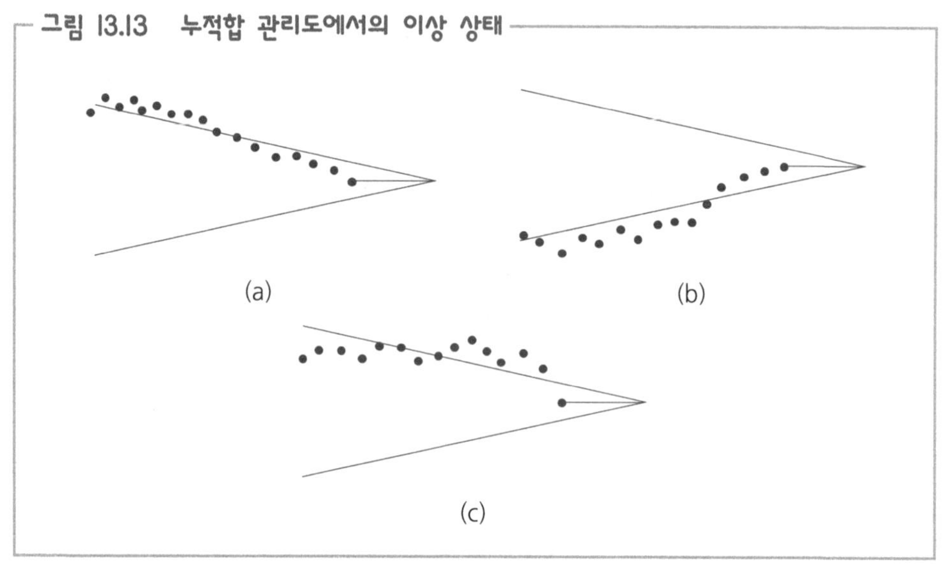

13.5.2 관리도의 작성방법

다음으로 V마스크의 작업방법에 대하여 알아보자. V마스크의 설계는 **[그림 13.12]**의 d와 θ의 값에 의하여 결정된다. 또한 이들의 값은 가로축과 세로축의 눈금을 어떻게 정하느냐에 달려 있다. 일반적으로 흔히 사용되는 방법은 다음과 같이 d, θ를 정하여 준다.

$$\tan(\theta) = \frac{C}{2W} \qquad (13 \cdot 10)$$

$$d = 2\frac{\sigma_{\bar{x}}^2}{C^2}\ln\left(\frac{1-\beta}{\alpha/2}\right)$$

단,

C= 공정평균이 목표치 μ_0 로부터 어느 정도 떨어져 있는가를 탐지하고 싶은 크기

$$W = \frac{\text{세로 축의 한 눈금의 간격}}{\text{가로 축의 한 눈금의 간격}}$$

$\sigma_{\bar{x}}$ =시료평균 $\bar{x}$ 의 표준편차(과거 데이터로부터 이를 추정하여 사용)

α =제1종의 과오(공정평균이 목표치와 일치하는데도 불구하고 일치하지 않는다고 보는 과오)

β =제2종의 과오(공정평균이 목표치에서 벗어났는데도 그렇지 않다고 보는 과오)

가장 많이 사용되는 방법은 **[그림 13.14]**에서와 같이 가로축의 한 눈금의 길이와 세로축의 $2\sigma_{\bar{x}}$ 의 길이를 동일하게 선택하여 좌표를 만들어 주는 방법이다. 이 경우에 $W=2\sigma_{\bar{x}}$ 가 되며, 각도 θ 는 C를 $C=\sigma_{\bar{x}}$ 로 하는 경우에

$$\tan(\theta) = \frac{C}{2W} = \frac{\sigma_{\bar{x}}}{2(2\sigma_{\bar{x}})} = \frac{1}{4}$$

으로 θ 는 대략 14° 정도이다. 이렇게 θ 를 잡아주는 경우에 d 의 값은 α , β 의 크기에 따라서 **<표 13.5>**와 같다.

표 13.5 d 값의 결정

β \ α	0.10	0.05	0.01
0.10	5.8	7.2	10.4
0.05	5.9	7.3	10.5
0.01	6.0	7.4	10.6

즉, α =0.05, β =0.10인 경우에 d는 가로축 한 눈금의 7.2배 크기로 하여야 적절하다. 만약 $W=2\sigma_{\bar{x}}$, $C=2\sigma_{\bar{x}}$로 하여 준다면 $\tan(\theta)=\frac{2\sigma_{\bar{x}}}{2(2\sigma_{\bar{x}})}=\frac{1}{2}$ 으로 θ는 대략 27°이다.

그림 13.14 누적합 관리도에서 눈금 잡기

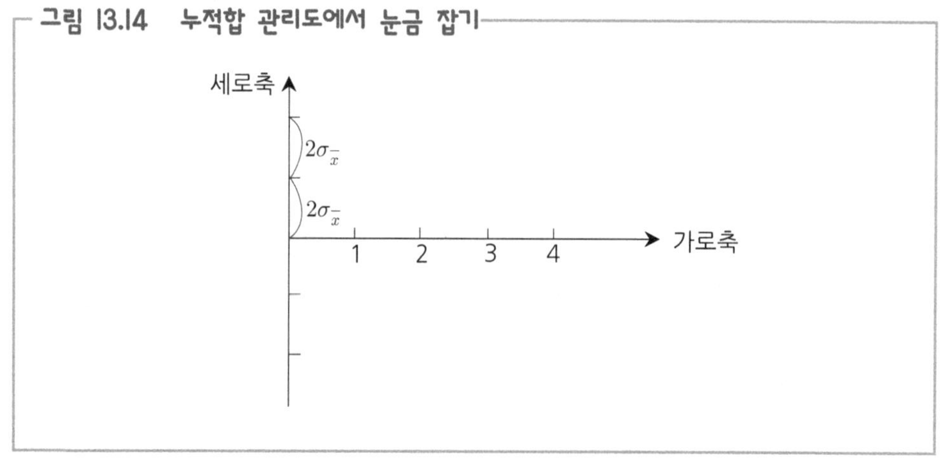

예제 13.4

어떤 철봉(steel rod)을 자르는 공정에서 이 철봉을 4개씩 샘플링하여 평균을 구한 데이터는 다음과 같다. 목표치는 μ_0 =150.1mm이다. 그리고 30개 시료군의 범위의 평균은 $\bar{R}$ =10.8mm이다. $W=2\sigma_{\bar{x}}$ 가 되게 누적합 관리도를 그려 보아라.

시료군 번호	시료평균($\bar{x}$)(mm)	($\bar{x}_k$ - 150.1)(mm)	$\sum_k(\bar{x}_k$ - 150.1)
1	148.50	- 1.60	- 1.60
2	151.50	1.40	- 0.20
3	152.50	2.40	2.20
4	146.00	- 4.10	- 1.90
5	147.75	- 2.35	- 4.25
6	151.75	1.65	- 2.60
7	151.75	1.65	- 0.95

8	149.50	- 0.60	- 1.55
9	154.75	4.65	3.10
10	153.00	2.90	6.00
11	155.00	4.90	10.90
12	159.00	8.90	19.80
13	150.00	- 0.10	19.70
14	154.25	4.15	23.85
15	151.00	0.90	24.75
16	150.25	0.15	24.90
17	153.75	3.65	28.55
18	154.00	6.90	32.45
19	157.75	7.65	40.10
20	153.00	12.90	53.00
21	157.50	- 12.60	40.40
22	157.50	- 2.60	37.80
23	157.50	- 2.60	35.20
24	152.50	2.40	37.60
25	155.50	5.40	43.00
26	159.00	8.90	51.90
27	154.50	- 5.60	46.30
28	153.75	3.65	49.95
29	155.00	4.90	54.85
30	158.50	8.40	63.25

풀이

표준편차 σ 의 추정치는, n =4이므로

$$\hat{\sigma}=\frac{\overline{R}}{d_2}=\frac{10.8}{2.059}=5.25\text{mm}$$

이 되며, 따라서 $\sigma_{\bar{x}}$ 의 추정치는

$$\hat{\sigma}_{\bar{x}}=\frac{\hat{\sigma}}{\sqrt{n}}=\frac{5.25}{\sqrt{4}}=2.625\text{mm}$$

이 된다. 따라서 가로축이 한 눈금과 동일한 세로축의 눈금이

$$W=2\sigma_{\bar{x}}=2\times 2.625=5.25\text{mm}$$

이 되게 하면 좋은데, 5.25는 사용하기 번잡하므로 이를 5mm로 하여 **[그림 13.15]**와 같이 취해진 점들을 그려나가면 된다. 이 그림에서는 철봉의 길이가

8번째 시료번호부터 급격히 상승하고 있음을 보여 주고 있다. 이 상승하는 직선의 기울기는 대략 $C=\sigma_{\bar{x}} \sim 2\sigma_{\bar{x}}$ 의 구간에 있는 것으로 보인다.

이 문제에 대하여 V 마스크를 만들려면 식(13・10)를 사용하여 θ 와 d 를 구하여 주면 될 것이다.

그림 13.15 누적합 관리도의 예

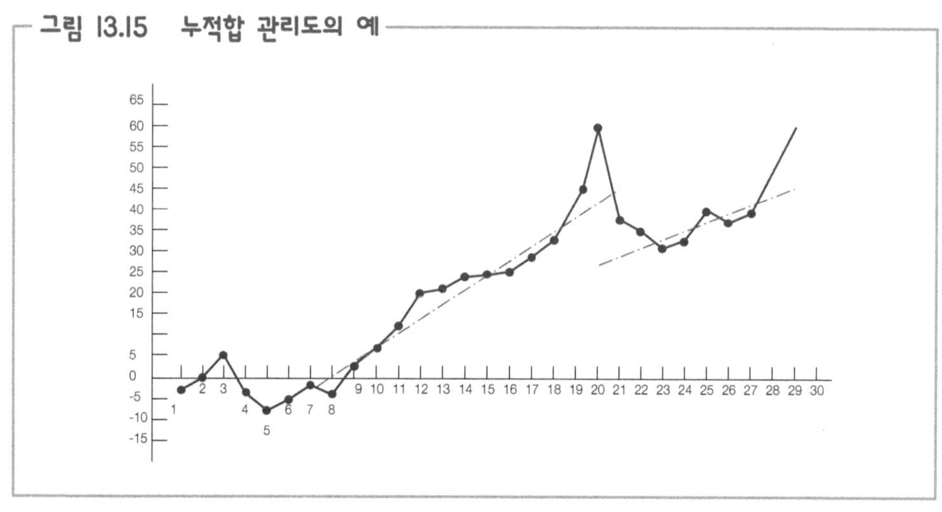

13.6 가중평균 관리도

앞에서 논의된 것처럼 누적합(Cusum) 관리도를 사용하여 Schewhart 관리도보다 공정의 변화를 민감하게 탐지해 낼 수 있다. 같은 목적으로 작은 변동을 비교적 쉽게 감지할 수 있는 이동평균(Moving Average) 관리도와 기하이동평균(Geometric Moving Average) 관리도가 개발되었다.

13.6.1 이동평균(Moving Average) 관리도

이동평균 관리도는 1985년 Montgomery에 의해 소개되었다. 만일 k 시점에서 시료 크기 n 개의 표본이 추출되고 시료군들의 평균을 $\bar{x}_1, \bar{x}_2, \ldots, \bar{x}_k$ 라고 할 때, k 시점에서 w 개 시료군의 이동평균은 다음과 같이 구해진다.

$$M_k = (\bar{x}_k + \bar{x}_{k-1} + \cdots + \bar{x}_{k-w+1})/w \qquad (13 \cdot 11)$$

이동평균 M_k 의 분산은 다음과 같다.

$$\begin{aligned} V(M_k) &= \left(\frac{1}{w^2}\right) \sum_{i=k-w+1}^{k} V(\bar{x}_i) = \left(\frac{1}{w^2}\right) \sum_{i=k-w+1}^{k} \sigma^2/n \\ &= \frac{\sigma^2}{nw} \end{aligned} \qquad (13 \cdot 12)$$

따라서 $\bar{\bar{x}}$ 를 관리도의 중심선이라면, 관리한계선은 다음과 같이 주어진다.

$$\left.\begin{aligned} \mathrm{CL} &= \bar{\bar{x}} \\ \mathrm{UCL} &= \bar{\bar{x}} + \frac{3\sigma}{\sqrt{nw}} \\ \mathrm{LCL} &= \bar{\bar{x}} - \frac{3\sigma}{\sqrt{nw}} \end{aligned}\right\} \qquad (13 \cdot 13)$$

관리도의 처음 몇 시료군에 대해서는 $(k<w)$, 이동평균은 다음과 같이 구해진다.

$$M_k = \frac{\sum_{i=1}^{k} \bar{x}_i}{k}, \qquad k = 1, 2, \ldots, w-1 \qquad (13 \cdot 14)$$

그리고 관리한계선은 다음과 같다.

$$\left.\begin{aligned} \mathrm{CL} &= \bar{\bar{\mathrm{x}}} \\ \mathrm{UCL} &= \bar{\bar{x}} + \frac{3\sigma}{\sqrt{nk}} \\ \mathrm{LCL} &= \bar{\bar{x}} - \frac{3\sigma}{\sqrt{nk}} \end{aligned}\right\} \qquad (13 \cdot 15)$$

이동평균 관리도에서 각 조를 추출할 때마다 M_k 를 계산하여 관리도상에 타점하고 이 점이 관리한계선 밖에 나타나면 공정이 관리 상태를 벗어난 것으로 간주한다. $\bar{x}$ 관리도와 함께 사용하면 더 효율적이며, 두 개의 관리도를 함께 사용할 때는 어느 한쪽의 관리도에서라도 관리한계선 밖에 점이 나타나면 공정에 이상이 있는 것으로 간주한다. 이동평균 관리도에서 일반적으로 w 값이 클수록 민감도는 증가한다. 이 관리도는 특성치를 자동적으로 측정할 때나 단위 생산시간이 긴 제품의 경우 특히 제품간에 상관관계가 있는 경우에 개개의 측정값으로 관리도를 작성하여 공정의 변화를 탐지하기도 한다.

예제 13.5

<표 13.6>은 시료 크기 n =4인 25개의 시료군에 대한 평균값이다. w =6인 이동평균 관리도를 작성하라. 과거의 자료에 의하여 평균범위는 $\bar{R}$ =5이다.

풀이

$k<6$ 인 경우에는 이동평균값은 식(13・14)를 사용하여 계산하며, $k \geq 6$ 인 경우에는 식(13・11)을 사용하여 계산한 값이 **<표 13.6>**에 기록되어 있다. 중앙선은 $\bar{\bar{x}} = 500/25 = 20.00$ 이고 $\bar{R}$ =5.0이며, 표준편차 σ 의 추정치는, n =4이므로 $\hat{\sigma} = \bar{R}/d_2 = 5.0/2.057 = 2.431$ 이 된다. 기간 $k<6$ 인 경우의 관리한계선은 식(13・15)을 사용하면 다음과 같고,

CL = 20.0

UCL = 20.0+3(2.431) / $\sqrt{4k}$

LCL = 20.0−3(2.431) / $\sqrt{4k}$

기간 $k \geq 6$ 인 경우에는 식(13・13)을 사용하면 관리한계선은 다음과 같다.

CL = 20.0

UCL = 20.0+3(2.431) / $\sqrt{(4)(6)}$ =21.49

LCL = 20.0−3(2.431) / $\sqrt{(4)(6)}$ =18.51

이와 같이 계산된 관리한계선은 <**표 13.6**>에 기록되어 있고, 이에 대한 $\bar{x}$ 관리도와 이동평균 관리도는 **[그림 13.16]**과 **[그림 13.17]**과 같다. 그림에서 탐지된 것처럼 $\bar{x}$ 관리도에 의하면 공정의 변화를 쉽게 탐지할 수 없으나, 이동평균 관리도에서 알 수 있듯이 시료군 15에서 관리상한선 밖으로 벗어났고, 시료군 20과 21에서는 관리하한선 아래로 벗어났다. 따라서 공정상에 어떤 문제점이 발생하였으므로 적절한 조치를 취해야 한다.

표 13.6 이동평균 관리도 자료표

시료군 번호	$\bar{x}_k$	M_k	LCL	UCL
1	20.0	20.00	16.35	23.65
2	22.0	21.00	17.42	22.58
3	20.0	20.67	17.89	22.11
4	19.0	20.25	18.18	21.82
5	21.0	20.40	18.37	21.63
6	23.0	20.83	18.51	21.49
7	20.0	20.83	18.51	21.49
8	18.0	20.17	18.51	21.49
9	17.0	19.67	18.51	21.49
10	19.0	19.67	18.51	21.49
11	21.0	19.67	18.51	21.49
12	23.0	19.67	18.51	21.49
13	23.0	20.17	18.51	21.49
14	21.0	20.67	18.51	21.49
15*	20.0	21.67	18.51	21.49
16	17.0	20.83	18.51	21.49
17	18.0	20.33	18.51	21.49
18	18.0	19.50	18.51	21.49
19	19.0	18.83	18.51	21.49
20*	18.0	18.33	18.51	21.49
21*	18.0	18.00	18.51	21.49
22	21.0	18.66	18.51	21.49
23	20.0	19.00	18.51	21.49
24	22.0	19.67	18.51	21.49
25	22.0	20.17	18.51	21.49

그림 13.16 $\bar{x}$ 관리도

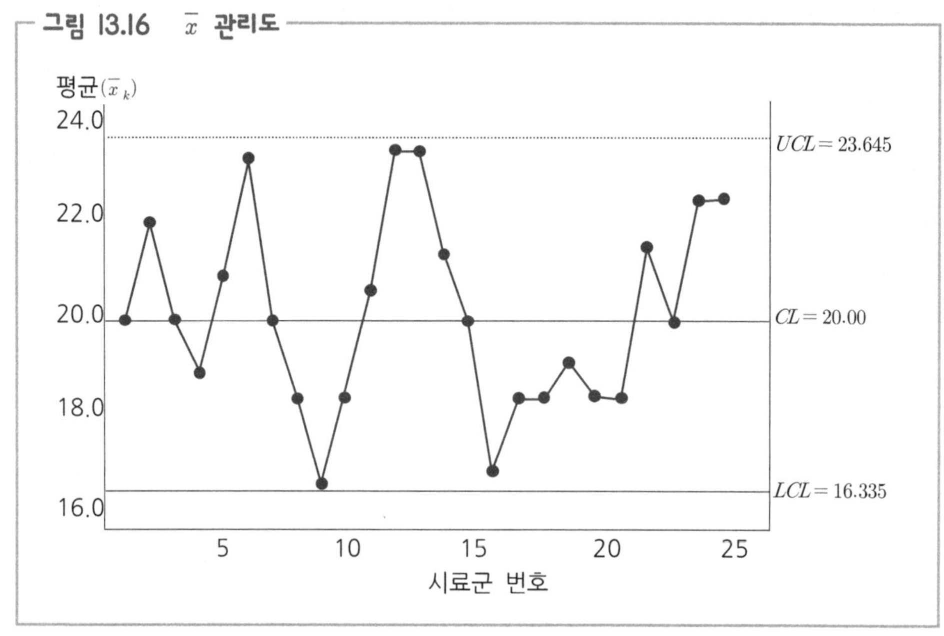

그림 13.17 이동평균 관리도

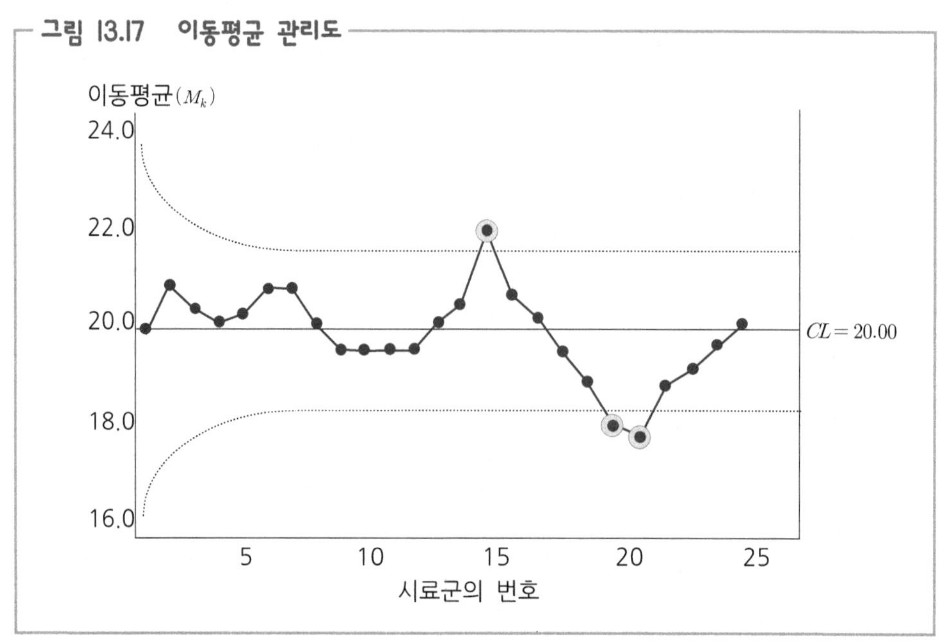

13.6.2 기하이동평균(GMA) 관리도

앞에서 이동평균 관리도를 사용하여 공정의 변화를 탐지하는 방법을 알아보았다. 이동평균 관리도에서는 이동평균을 계산하기 위해 w 개의 표본평균에 $1/w$ 의 가중치를 주고, 그 이전의 모든 표본평균은 0의 값으로 가중하였다. 그러나 기하이동평균(GMA : geometric moving average)관리도에서는 최근의 측정치에다 더 큰 가중치를 주게 함으로써 공정의 변화에 민감하게 하여 공정의 변화를 빨리 감지할 수 있도록 했다. 이 관리도는 지수가중이동평균(exponentially weighted moving average) 관리도라고도 한다.

k 시점에서의 관측치 $\overline{x}_k, \overline{x}_{k-1}, \cdots, \overline{x}_1$ 의 기하이동평균은 다음과 같이 구해진다.

$$Z_k = \lambda \overline{x}_k + (1-\lambda) Z_{k-1} \tag{13・16}$$

여기서 λ 는 0과 1사이의 값을 갖는 상수이고 $Z_0 = \overline{\overline{x}}$ 이다. 식(13・16)을 전개하면 다음과 같이 된다.

$$\begin{aligned} Z_k &= \lambda \overline{x}_k + (1-\lambda)[\lambda \overline{x}_{k-1} + (1-\lambda) Z_{k-2}] \\ &\quad \vdots \\ &= \lambda \sum_{j=0}^{k-1} (1-\lambda)^j \overline{x}_{k-j} + (1-\lambda)^k Z_0 \end{aligned} \tag{13・17}$$

만일 $\overline{x}_k$ 이 독립적이고 분산이 σ^2/n 이면, Z_k 의 분산은 다음과 같이 구해진다.

$$\sigma_{Z_k}^2 = \frac{\sigma^2}{n}\left(\frac{\lambda}{2-\lambda}\right)[1-(1-\lambda)^{2k}] \tag{13・18}$$

k 가 증가함에 따라 z_k 의 분산은 다음 값으로 수렴한다.

$$\sigma_{z_k}^{\ 2} = \frac{\sigma^{\ 2}}{n}\left(\frac{\lambda}{2-\lambda}\right) \tag{13・19}$$

따라서 시료군 k 가 어느 수준 이상 커지면 기하이동평균 관리도의 관리한계선은 다음과 같이 구해진다.

$$\left.\begin{aligned} \mathrm{CL} &= \overline{\overline{x}} \\ \mathrm{UCL} &= \overline{\overline{x}} + 3\frac{\sigma}{\sqrt{n}}\sqrt{\frac{\lambda}{2-\lambda}} \\ \mathrm{LCL} &= \overline{\overline{x}} - 3\frac{\sigma}{\sqrt{n}}\sqrt{\frac{\lambda}{2-\lambda}} \end{aligned}\right\} \qquad (13 \cdot 20)$$

$\lambda=1$ 인 경우 기하이동평균 관리도는 $\overline{x}$ 관리도와 동일하며, λ 값이 작을수록 공정평균의 이동을 더 빨리 탐지할 수 있다. z_k 값을 계산하여 관리도상에 타점하고 이 점이 관리한계선 밖에 나타나면 공정이 관리상태를 벗어난 것으로 간주한다. 이동평균 관리도와 마찬가지로, 기하이동평균 관리도는 $\overline{x}$ 관리도와 함께 사용하면 더 효율적이다. 만일 두 개의 관리도를 함께 사용할 때에 어느 한쪽의 관리도에서라도 관리한계선 밖에 점이 나타나면 공정에 문제점이 발생한 것으로 간주한다.

예제 13.6

[예제 13.5]의 자료에 대하여 $\lambda=0.3$ 인 기하이동평균 관리도를 작성하라.

풀이

먼저 k 값이 충분히 클 때의 관리한계선은 식(13・20)을 이용하여 계산하면 다음과 같다.

$$\mathrm{CL} = 20.0$$

$$\mathrm{UCL} = 20.0 + 3\frac{(2.431)}{\sqrt{n}}\sqrt{\frac{0.3}{2-0.3}} = 21.53$$

$$\mathrm{LCL} = 20.0 - 3\frac{(2.431)}{\sqrt{n}}\sqrt{\frac{0.3}{2-0.3}} = 18.47$$

k 값이 작은 경우에 대해서는 식(13・18)의 분산을 이용하여 다음 식으로부터 계산된다.

$$\mathrm{CL} = \overline{\overline{x}}$$

$$\text{UCL} = \overline{\overline{x}} + 3\sqrt{\sigma_{Z_k}^2}$$

$$\text{LCL} = \overline{\overline{x}} - 3\sqrt{\sigma_{Z_k}^2}$$

이와 같이 계산된 관리한계선과 z_k 값은 **<표 13.7>**과 같으며, 이에 대한 기하이동평균 관리도는 **[그림 13.18]**와 같다. 그림에서 탐지된 것처럼 시료군 21에서 관리한계선 아래로 벗어난 것을 알 수 있다. 따라서 공정상에 어떤 문제점이 발생하였으므로 적절한 조치를 취해 주어야 한다.

표 13.7 기하이동평균 관리도 자료표

시료군 번호	$\overline{x}_k$	z_k	LCL	UCL
1	20.0	20.00	18.54	21.46
2	22.0	20.60	18.48	21.52
3	20.0	20.42	18.47	21.53
4	19.0	20.00	18.47	21.53
5	21.0	20.30	18.47	21.53
6	23.0	21.11	18.47	21.53
7	20.0	20.78	18.47	21.53
8	18.0	19.94	18.47	21.53
9	17.0	19.06	18.47	21.53
10	19.0	19.04	18.47	21.53
11	21.0	19.63	18.47	21.53
12	23.0	20.64	18.47	21.53
13	23.0	21.35	18.47	21.53
14	21.0	21.24	18.47	21.53
15	20.0	20.87	18.47	21.53
16	17.0	19.71	18.47	21.53
17	18.0	19.19	18.47	21.53
18	18.0	18.83	18.47	21.53
19	19.0	18.88	18.47	21.53
20	18.0	18.61	18.47	21.53
21*	18.0	18.42	18.47	21.53
22	21.0	19.20	18.47	21.53
23	20.0	19.44	18.47	21.53
24	22.0	20.21	18.47	21.53
25	22.0	20.75	18.47	21.53

그림 13.18 기하이동평균 관리도

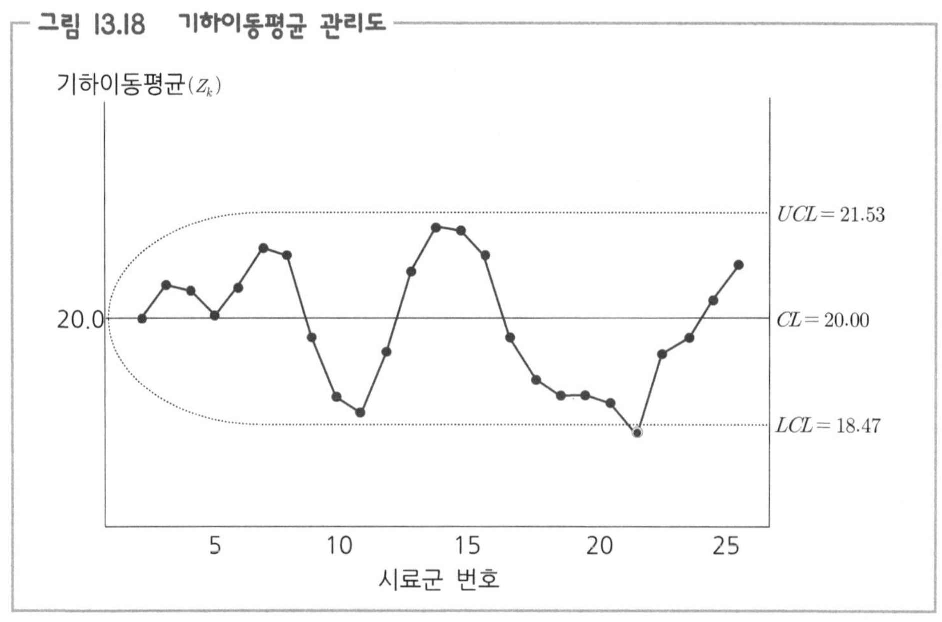

13.7 기타 계량형 관리도

13.7.1 σ 관리도

σ 관리도는 R 관리도와 마찬가지로 산포(또는 공정 능력)를 관리하기 위한 관리도이다. 일반적으로 범위 R을 구하는 것이 σ의 추정치 $s' = \sqrt{\sum (x_i - \bar{x})^2 / n}$ 를 구하는 것보다 계산이 용이하므로, R 관리도가 σ 관리도보다 널리 사용된다. 그러나 경우에 따라서 σ 관리도를 이용할 수도 있다.

σ 관리도는 시료군의 표준편차 s'에 관한 관리도이다. 정규분포를 하는 모집단에서 추출된 하나의 시료군($x_1,\ x_2,\ \cdots,\ x_n$)의 표준편차

$$s' = \sqrt{\frac{\sum(x_i - \overline{x})^2}{n}}$$

의 기대값과 표준편차는 다음과 같다.

$$E(s') = c_2\sigma$$

$$D(s') = \sqrt{2(n-1) - 2nc_2^{\ 2}} \cdot \frac{\sigma}{\sqrt{2n}}$$

따라서 σ 를 알고 있는 경우에는 σ 관리도의 관리한계선은 다음과 같다.

$$\left.\begin{aligned} &\mathrm{CL} = c_2\sigma \\ &\mathrm{UCL} = \left\{c_2 + \frac{3}{\sqrt{2n}}\sqrt{2(n-1) - 2nc_2^{\ 2}}\right\}\sigma = \mathrm{B}_2\sigma \\ &\mathrm{LCL} = \left\{c_2 - \frac{3}{\sqrt{2n}}\sqrt{2(n-1) - 2nc_2^{\ 2}}\right\}\sigma = \mathrm{B}_1\sigma \end{aligned}\right\} \qquad (13 \cdot 21)$$

단, $B_2 = c_2 + \frac{3}{\sqrt{2n}}\sqrt{2(n-1) - 2nc_2^{\ 2}}$, $B_1 = c_2 - \frac{3}{\sqrt{2n}}\sqrt{2(n-1) - 2nc_2^{\ 2}}$ 으로 표시한다.

공정의 표준편차 σ 를 모르는 경우에는 σ 를 $\overline{s}'/c_2$ 로 추정할 수 있으므로, 이 경우에 σ 관리도의 관리한계선은 다음과 같게 된다.

$$\left.\begin{aligned} &\mathrm{CL} = \overline{s}' \\ &\mathrm{UCL} = \left\{1 + \frac{3}{c_2\sqrt{2n}}\sqrt{2(n-1) - 2nc_2^{\ 2}}\right\}\overline{s'} \equiv B_4\overline{s'} \\ &\mathrm{LCL} = \left\{1 - \frac{3}{c_2\sqrt{2n}}\sqrt{2(n-1) - 2nc_2^{\ 2}}\right\}\overline{s'} \equiv B_3\overline{s'} \end{aligned}\right\} \qquad (13 \cdot 22)$$

여기서 $B_4 = 1 + \frac{3}{c_2\sqrt{2n}}\sqrt{2(n-1) - 2nc_2^{\ 2}}$ 과 $B_3 = 1 - \frac{3}{c_2\sqrt{2n}}\sqrt{2(n-1) - 2nc_2^{\ 2}}$ 은 부록 **<표 A-7>**에 주어져 있다.

13.7.2 $L-S$ 관리도

이것은 계량치의 데이터를 군으로 구분했을 때, 군 가운데서 최대값(Largest value(L))과 최소값(Smallest value(S))을 구하여, 이 L과 S를 점 찍어나가는 관리도로서, L에 대한 관리상한과 S에 대한 관리하한이 그어져 있다. 일반적으로 $R=L-S$의 범위를 사용하여 $L-S$ 관리도와 R 관리도를 동시에 사용하는 것이 보통이다.

$L-S$ 관리도의 작성법은 $\bar{x}-R$ 관리도와 거의 같으며, 데이터를 군으로 구분하여 각 군에서 L과 S를 구하여 이를 타점해 가면 된다. 관리한계선은 다음과 같이 구한다.

$$\left.\begin{aligned} \mathrm{CL} &= \frac{1}{2}(\bar{L}+\bar{S}) = \bar{M} \\ \mathrm{UCL} &= \bar{M} + A_9\bar{R} \\ \mathrm{LCL} &= \bar{M} - A_9\bar{R} \end{aligned}\right\} \quad (13 \cdot 23)$$

여기에서 $\bar{L}$, $\bar{S}$는 각각 각 시료군의 L과 S의 평균이고, A_9는 각 시료군의 시료의 크기 n에 따라 달라지는 상수로서 부록 **<표 A-7>**에 수록되어 있다. A_9의 값의 결정은 L과 S가 순서통계량(order statistic)이므로, 이들의 통계 분포를 규명하여야 이론적으로 얻어질 수 있다. 상세한 내용은 이 책의 범위를 벗어나므로 생략키로 한다.

13.7.3 수정한 데이터에 의한 관리도

관리도에 사용한 데이터가 무엇인가 특별한 원인에 영향을 받아 변동하고 있을 경우, 그 원인 이외의 이상원인을 찾아 관리하고자 할 때에는, 이미 알고 있는 원인에 대하여 수정한 데이터로서 관리도를 작성하면 된다. 일반적으로 관리할 수 없거나, 관리할 책임이 없는 원인에 의거 변동이 생기고 있을 때(예를 들면, 원료는 공급된 그대로 사용하지 않으면 안 될 경우, 원료로 인한 영향을 제쳐 놓고 그밖의 원인을 관리하려 할 때)에는 수정하는 것이 좋다. 데이터의 수정에는 다음과 같은 방법들이 있다.

(1) 층간의 평균치의 차의 수정
(2) 원인과 결과의 회귀관계에 의한 수정

(1) 층간의 평균값의 차의 수정

여러 개의 층으로부터 취한 데이터를 하나의 관리도에 기입하고 싶을 때 층간의 평균치의 차를 수정한다. 각 층의 산포에는 차가 없을 때에는 과거의 각 층의 평균값의 차이만큼 빼어서 수정한다. 만약 각 층의 산포의 차이가 있으면 UCL과 LCL을 수정해야 할 것이다.

그림 13.19 평균값을 수정하기 전의 $\bar{x}$ 관리도(A, B, C로 층별)

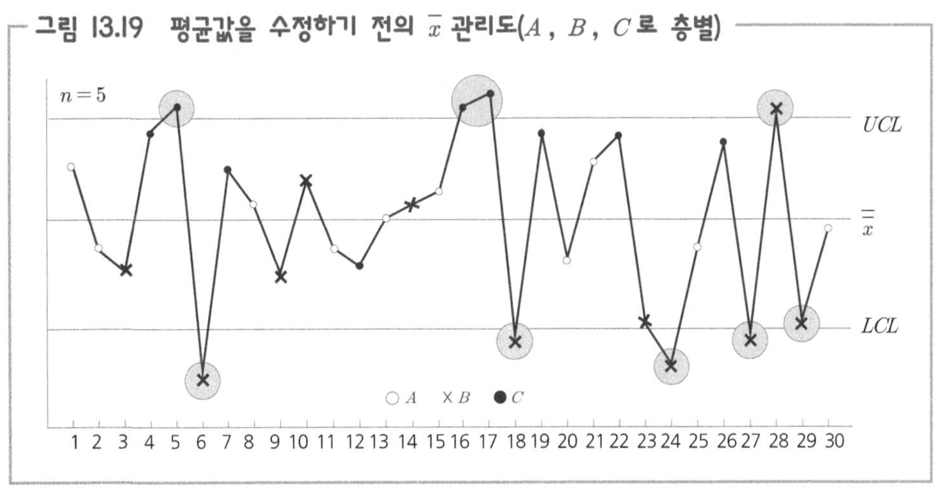

예를 들어보자. **[그림 13.19]**와 같이 A, B, C 3층으로부터 취한 $\bar{x}$ 관리도에서

$$\bar{\bar{x}}_A = 35.0 \quad \bar{\bar{x}}_B = 32.0 \quad \bar{\bar{x}}_C = 38.0$$

이라 하고, 산포는 동일하다고 가정하면, A의 데이터는 그대로 두고 B에는 3.0을 더하고 C로부터 3.0을 뺀 데이터를 사용하여 관리도를 작성한다. 그 결과는

[그림 13.20]과 같이 되어 A, B, C층간의 차이 이외의 이상을 잡을 수 있게 된다. **[그림 13.19]**에서는 9개의 점이 이상이 있는 것처럼 보이나, **[그림 13.19]**에서 보는 바와 같이 실제로 이 점들은 이상이 없고, 다른 2개의 점이 이상이 있는 것으로 나타난다.

층간의 차가 불안정하여 불규칙하게 변동하고 있을 때에는 이 방법을 사용하기 곤란하다. 층간의 차가 일정하여 수정된 관리도를 사용할 수 있든, 또는 층간의 차가 불규칙하여 수정된 관리도를 사용할 수 없든 간에, 층간의 차를 기술적으로 검토하여 그 원인을 찾아 없애주는 일은, 별도로 행하지 않으면 안되는 중요한 품질관리대상의 문제이다.

그림 13.20 B와 C의 평균값을 수정한 $\bar{x}$ 관리도(A, B, C로 층별)

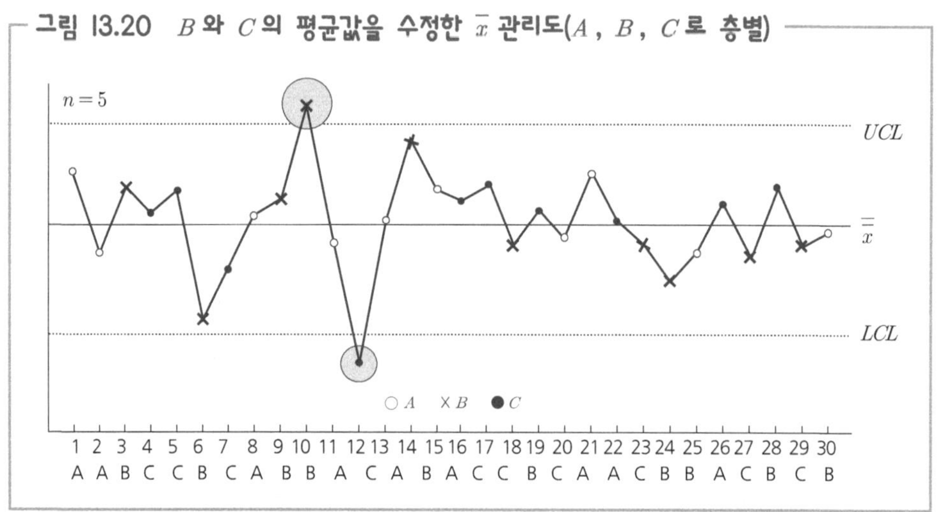

(2) 원인과 결과의 회귀관계에 의한 수정

만약 시간 t_i, $i=1, 2, \cdots, k$가 경과함에 따라 특성치가 어떤 원인에 의하여 직선적인 경향을 가지고

$$x_i = \beta_0 + \beta_1 t_i + \epsilon_i$$

와 같이 변하고 있다면, **[그림 13.21]**과 같이 회귀직선의 기울기 β_1에 맞춰 증가

하고 있는 관리도를 그려야 할 것이다. 위의 식에서 ϵ_i 는 측정치 x_i 가 갖고 있는 산포를 나타낸 것이다. 이 그림에서 σ는 변하지 않는 것으로 가정한 것이다. 만약 평균이 증가하고 있는 경우에, 과거의 평균값만을 사용하여 $\bar{x}-R$ 관리도를 그린다면 **[그림 13.21]**과 같이 일정한 시간이 지나면 대부분의 $\bar{x}$ 가 실제로는 안정상태에 있는 점들이나 이상점인 것처럼 나타날 것이다.

여기에서는 회귀관계가 직선적인 경우만 설명하였는데, 시간에 따라서 곡선적인 관계를 가지고 변화하는 경우도 같은 방법으로 쉽게 관리도의 수정이 가능하다.

그림 13.21 공정평균이 직선적인 경향을 가지고 변하는 경우

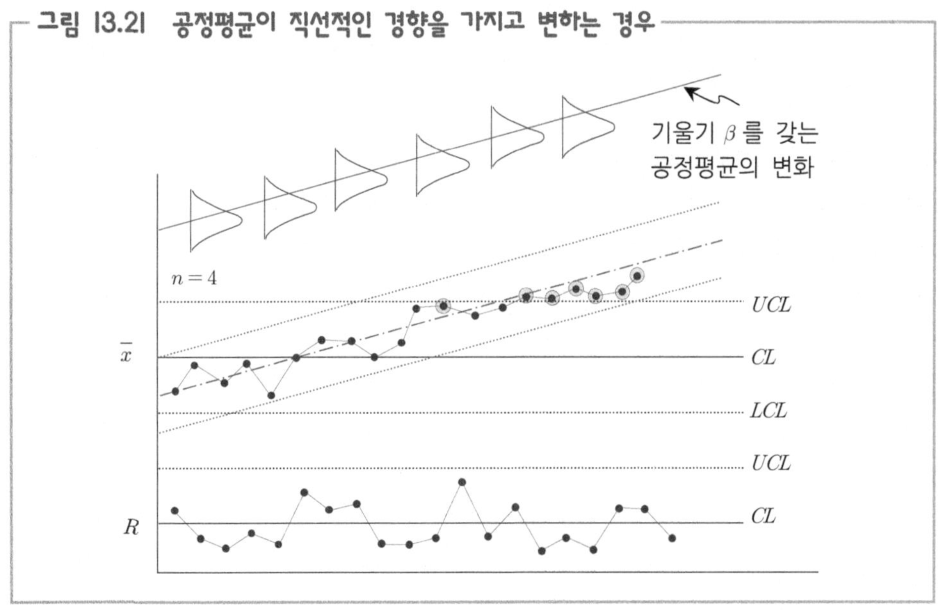

참고문헌

13·1 Bowker, A.H. and Lieberman, G.J. : Engineering Statistics, 2nd ed., Prentice-Hall. Inc., Englewood Cliffs, N.J., 1972.

13·2 Caldwell, J.H. : Biometrika 39, pp.207~211, 1952.

13·3 Duncan, A.J. : Quality Control and Industrial Statistics, 4th ed., Homewood, III., Richard Irwin, Inc., 1974.

13·4 Ewan, W.D. : "When and how to use the Cusum Charts," Technometrics Vol. 5, No. 1 1963.

13·5 Juran, J.M. : Quality Control Handbook, 4th ed., McGraw-Hill Book Co., New York, 1981.

13·6 Page, E.S. : "Cumulative sum charts," Technometrics, vol.3, 1961.

13·7 김영휘 : 품질관리, 청문각, 1979.

13·8 박성현, 박영현, 이명주, "통계적공정관리" , 민영사, 2000.

13·9 한국공업표준협회편 : 관리도, 한국공업표준협회출판부, 1982.

13·10 한국산업규격 : KS A 3201 :2001 관리도법.

13.1 다음과 같은 특성치로서 관리도를 작성하려면 어떤 관리도가 적당한가?

(1) 설비의 월별 고장 횟수(회)

(2) 형광등의 수명(시간)

(3) 부분품의 치수(mm)

(4) 매월의 사고건수(건)

(5) 1급품률(%)

(6) 수확률(%)

(7) 재료의 인장강도(kg/mm^2)

(8) 불순물 함유량(%)

13.2 다음 데이터는 어떤 제품에 대하여 1시간마다 1개씩 측정한 값이다. 1일을 1군으로 하여 $\bar{x}-R$ 관리도, $x-R_s$ 관리도, σ 관리도, $L-S$ 관리도, Cusum 관리도를 각각 그려보아라. 각 관리도가 주는 의미를 생각하여 보아라.(데이터는 실측치에서 10.500mm를 빼고 100배한 값임)

일자		9/2	3	4	5	6	7	9	10	11	12	13	14	16	17	18	19	20	21
측정순	1	24	44	21	29	17	16	29	42	44	38	56	25	59	49	40	44	58	35
	2	41	63	4	48	19	20	31	36	30	38	48	30	55	55	40	51	61	35
	3	43	50	22	30	26	33	53	48	19	48	54	60	49	47	37	48	40	20
	4	34	41	11	41	33	35	42	36	23	34	41	42	60	54	47	37	37	28
	5	49	50	25	32	42	24	12	40	23	28	58	48	63	56	32	48	47	10

※ 목표치는 평균치로 하시오.

13.3 어떤 화학약품의 제조공정에서 각 반응마다의 성분을 측정한 결과 다음과 같은 데이터를 얻었다. $x-R_s$ 관리도를 작성하시오.

(단위 : %)

뱃취 No.	1	2	3	4	5	6	7	8	9	10	11	12
성분	2.3	2.6	2.5	2.3	3.3	3.2	4.3	2.4	2.1	3.6	3.5	2.5
뱃취No.	13	14	15	16	17	18	19	20	21	22	23	24
성분	3.4	1.9	2.3	2.1	2.7	2.7	2.2	3.3	2.5	2.8	2.2	2.9

13.4 **<표 13.3>**에 있는 16조의 데이터에 대하여 $\bar{x}-R$ 관리도, $L-S$ 관리도, Cusum 관리도를 각각 그려보아라. 그리고 각 관리도가 갖는 특성을 설명하여라. 목표치는 10.0이다.

13.5 연습문제 **13.2**의 데이터로 $\bar{x}$ 관리도를 그렸을 때, 그 OC 곡선을 그려보아라. 이 때 σ 의 값은 $\overline{R}/d_2$ 로 간주하여라.

13.6 $\bar{x}-R$ 관리도를 이용하여 품질특성을 관리하는 공정이 있다. 현시점까지 $\bar{x}-R$ 관리도에 나타난 바에 의하면 공정은 통계적으로 안정된 상태에 있다고 한다. 만약 공정의 평균치 μ 가 갑자기 σ 만큼 변화하였다는 가정아래 다음 물음에 답하라. 단, 품질특성은 정규분포를 하는 것으로 한다.

(1) 시료군의 크기를 n =4로 할 때, 이 공정의 변화로 $\bar{x}$ 관리도에서 대략 몇 %의 점이 관리한계선 밖으로 나갈까?

(2) 만약 시료군의 크기가 n =5로 되면 어떤 결과가 얻어지느냐? n =4인 경우와의 차이점은?

13.7 다음의 자료는 어떤 공정에서 시간당 4개씩의 시료를 채취하여 평균한 값이다. 이 자료를 이용하여 w =6인 이동평균(MA) 관리도를 작성하라. 그리고 공정이 안정상태인지를 알아보아라. 단, 과거의 자료에 의하면 평균범위는 $\overline{R}=3.0$ 이다.

시료군 번호	$\overline{x}$	시료군 번호	$\overline{x}$
1	9.9	11	9.5
2	9.8	12	9.8
3	11.2	13	10.2
4	9.3	14	10.8
5	10.3	15	11.2
6	10.5	16	11.3
7	9.8	17	10.5
8	9.3	18	10.2
9	10.4	19	9.8
10	10.2	20	9.9

13.8 문제 **13.7**의 자료를 이용하여 가중치가 0.3인 기하이동평균 관리도를 작성하고 공정의 이상 유무를 판단하라.

제14장

공정관리

14.1 공정관리의 개념

14.1.1 공정의 기본적인 요소

어떤 공정에서나 품질특성이 완전히 일치하는 제품을 반복해서 생산해 낼 수는 없다. 품질에 영향을 미치는 요소는 여러 가지로 생각해 볼 수 있으나, 공정을 형성하는 기본적인 요소는 **[그림 14.1]**에서 보는 바와 같이, 제조방법(method), 작업원(man), 설비(machine)와 원재료(material) 등이다. 이들 요소들은 모두 M으로 시작되기 때문에 $4M$이라고 흔히 부른다.

그림 14.1 공정의 품질에 영향을 주는 요인 간의 관계

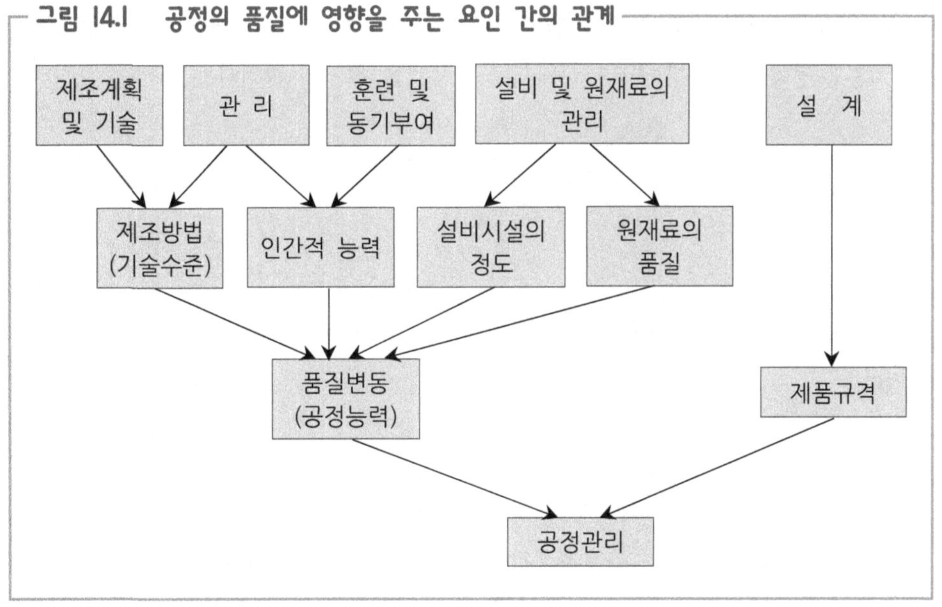

제품의 품질특성은 **[그림 14.1]**에서 나타난 바와 같이 여러 요인이 상호 작용하는 결과로 나타나며, 언제나 목표치(제품규격에 명시됨)를 중심으로 변동을 하게 된다. 즉, 품질특성은 산포를 가지고 있는 확률변수이며 어떤 확률분포를 하게 된다.

공정관리(process control)란 생산되는 제품의 품질특성이 소기의 목적을 달성하기 위하여 만족할 만한 확률분포를 가질 수 있도록 품질특성의 분포를 조정하는 관리활동을 의미한다.

공정의 품질을 지배하는 요인으로 앞에서 $4M$을 지적하였는데 이들을 간략히 설명하여 보자.

(1) **제조방법**(method) : 가능하면 공정의 절차가 간단한 것이 좋으며, 그에 따른 공정기술이 안정되어 있어야 산포가 작은 품질을 생산할 수 있다.

(2) **작업원**(man): 제조방법 및 공정기술이 좋아도 그것을 다루는 작업원의 숙련된 작업이 없으면 품질의 안정을 확보하기 어렵다. 따라서 작업원의 숙련도는 품질안정의 필수적인 요소라 하겠다.

(3) **설비**(machine) : 생산활동을 계속하면 시간이 지남에 따라 설비, 시설 및 각종 기계의 정도가 나빠지므로 주기적인 점검과 조정이 필요하다.

(4) **원재료**(material) : 최종제품의 품질은 이것을 만드는 원재료나 부품 등에 크게 영향을 받는다. 따라서 원재료의 품질을 철저히 관리하는 것이 중요하다.

14.1.2 공정관리의 순서

어떤 하나의 공정에 대하여 공정관리를 하려면 다음 순서에 따라 진행하는 것이 좋다.

(1) **공정의 파악**

(a) 설비, 물체의 변화, 상태 등에 대한 공정흐름도를 작성한다. 이 공정흐름도에는 관리점, 측정점, 검사항목, 시료 채취방법, 작업내용 등을 기입한다.

(b) 품질표준(품질의 분포, 공정능력지수 등)을 결정한다. 필요하다면 생산량, 원가 등의 표준도 결정한다.

(c) 전후 공정과의 관계를 명백히 한다. 이상과 같은 항목이 기입된 공정도를 품질관리 공정도라고도 부른다.

(2) 공정의 표준화

(a) 공정관리를 위한 표준을 정한다. 관리항목과 관리방법을 설정하며, 작업표준, 기술표준, 설비표준 등 공정에 이상이 있을 때의 조치방법을 정한다.

(b) 제품이상시의 조치 방법을 정한다.

(3) 자재의 관리 및 표준화

원료, 재료, 자재, 부분품 등의 관리를 위한 품질표준, 관리방법 등을 정한다.

(4) 설비의 관리

설비, 기계, 공구 등의 취급방법, 조절방법 등을 정한다. 또한 자동제어장치, 설비 등의 동작특성에 대한 검토방법은 잘 되어 있는가를 정한다.

(5) 계측시스템의 관리

계측방법, 계측기 오차의 관리, 계측의 정밀도, 정확성 등의 유지방법을 정한다.

(6) 검사기준의 설정

(a) 판정기준, 불합격품 처리기준 등을 정한다.

(b) 검사점, 검사방법, 제품에 대한 조처, 공정에 대한 피드백(feed back)방법 등을 정한다.

(c) 검사의 관리방법을 정한다.

(7) 공정관리의 실시와 검토

(a) 제조 중에 필요한 조처가 제대로 실시되고 있는가를 검토한다.

(b) 피드백 자료가 제대로 활용되었는지를 검토한다.

(c) 공정관리 시스템 전체를 검토하고 필요시 개선한다.

14.1.3 공정관리 분석의 필요성

관리도를 작성하여 공정에 관한 데이터를 분석하고 필요한 정보를 수집하여 공정의 산포를 효율적으로 관리하고, 이상이 발생하는 경우에는 그 원인을 찾아 제거한다. 그러나 관리도만을 작성하여 제품의 품질 균일성을 확신하며 계속적인 품질 개선을 이루고 더 나아가서 품질비용을 낮출 수 있는 것인가. 다음의 예를 들어 설명하여 보자.

어떤 공장에서 부품의 규격이 199±4mm이고 목표치가 199mm인 제품을 생산하고 있다. 랜덤으로 5개씩 매 1시간마다 샘플을 추출하여 $\bar{x}-R$ 관리도를 작성하기로 하였다. 지난 25번에 걸쳐 측정한 결과는 **<표 14.1>**와 같다.

표 14.1 제품 측정 자료

샘플	1	2	3	4	5	$\bar{x}$	R
1	201	202	199	197	196	199.0	6
2	205	203	196	201	197	200.4	9
3	199	196	201	200	195	198.2	6
4	202	202	198	203	202	201.4	5
5	197	196	200	196	204	198.6	8
6	199	200	204	196	202	200.2	8
7	202	196	204	195	197	198.8	9
8	200	201	199	200	201	200.2	2
9	202	199	200	198	200	199.8	4
10	200	200	201	205	201	201.4	5
11	202	202	204	198	203	201.8	6
12	201	198	204	201	201	201.0	6
13	207	206	194	197	201	201.0	13
14	200	204	198	199	199	200.0	6
15	203	200	204	199	200	201.2	5
16	196	203	197	201	194	198.2	7
17	197	199	203	200	196	199.0	7
18	201	197	196	199	207	200.0	10
19	204	196	201	199	197	199.4	5
20	206	206	199	200	203	202.8	7
21	204	203	199	199	197	200.4	7
22	199	201	201	194	200	199.0	6
23	201	196	197	204	200	199.6	8
24	197	194	199	200	199	197.8	6
25	200	201	200	197	200	199.6	4

그림 14.2 $\bar{x}-R$ 관리도

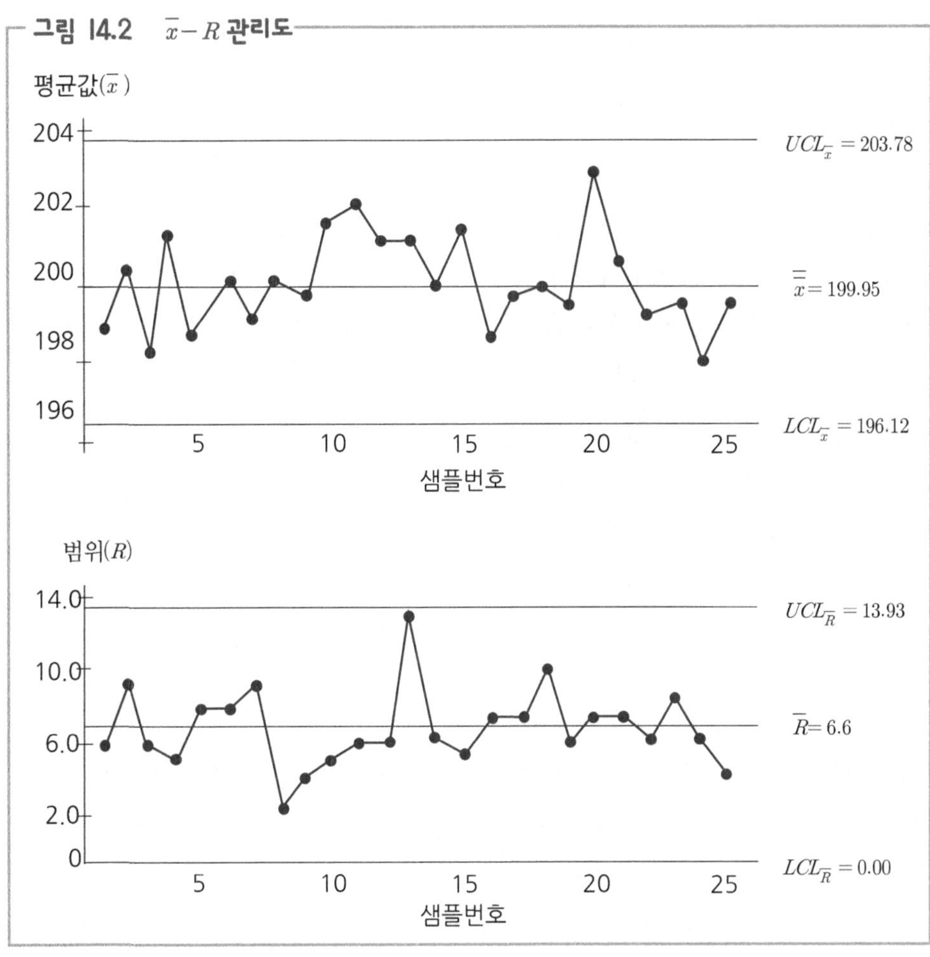

총평균 $\bar{\bar{x}}$ 은 199.95이고, 평균범위 $\bar{R}$ 은 6.60이다. $\bar{x}-R$ 관리도의 관리한계선은

$$UCL_{\bar{x}} = \bar{\bar{x}} + A_2\bar{R} = 199.95 + (0.58)(6.60) = 203.78$$

$$LCL_{\bar{x}} = \bar{\bar{x}} - A_2\bar{R} = 199.95 - (0.58)(6.60) = 196.12$$

$$UCL_R = D_4\bar{R} = (2.11)(6.60) = 13.93$$

$$LCL_R = D_3\bar{R} = (0)(6.60) = 0.00$$

이것에 대한 관리도는 **[그림 14.2]**와 같다. 두 관리도를 보면 모든 점이 관리한계선 안쪽에 있고, 점의 움직임에 어떤 특이한 습성(pattern)이 없으므로 공정관리

하에 있다고 판단될 수 있다. 그리고 추정된 표준편차는 다음과 같다.

$$\hat{\sigma}_x = \overline{R}/d_2 = 6.60/2.326 = 2.837$$

다음은 회사에서 정한 규격에 어느 정도 규합되는 제품을 생산하는지를 평가하여 보자. 제작되는 제품의 각각의 특성을 파악하기 위하여 도수히스토그램(frequency histogram)을 작성하여 보자. **[그림 14.3]**에서 알 수 있듯이 정규분포를 이루고 있으나 그 평균값은 목표치인 199mm보다 약간 크다는 것을 알 수 있다. 표본의 전체 평균 199.95mm와 표준편차 2.837을 사용하여 정규분포를 그리면 **[그림 14.4]**와 같다. 이 그림에서 알 수 있듯이 상당 부분이 규격상한(S_U)이나 규격하한(S_L)을 벗어나 있다는 것을 알 수 있다.

제품이 규격을 벗어날 확률은 어느 정도인지 계산하여 보자.

$$U = \frac{X - x}{\hat{\sigma}_x}$$

여기서 X는 규격상한이나 혹은 규격하한이다. 먼저 제품이 규격하한 아래일 확률은 $U_L = (195 - 199.95)/2.837 = -1.745$ 이므로 표준정규분포표에서 4.05%임을 알 수 있다. 그리고 제품이 규격상한을 넘을 확률은 $U_U = (203 - 199.95)/2.837 = 1.073$ 이므로 14.12%임을 알 수 있다.

따라서 제품이 규격에서 벗어날 확률은 4.05% +14.12% = 18.17%이다. 만일 1000개의 제품이 만들어졌다면 그 중 182개는 규격을 벗어난 불량품이라는 것을 알 수 있다.

이러한 문제점을 해결하기 위하여 제품을 중앙값인 199mm로 공정을 조정하여 생산할 경우는 어떠한가를 알아보자. 이 때 규격하한 아래로 제품이 제조될 확률은 $U_L = (195 - 199)/2.837 = -1.41$ 이므로 7.93%이고, 규격상한을 넘을 확률은 $U_U = (203 - 199)/2.837 = 1.41$ 이므로 7.93%이다. 전체의 확률은 15.86%로서 공정을 재조정하여도 품질 향상에는 큰 도움이 되지 못한다는 것을 알 수 있다. 비록 공정이 관리 상태에 있고 특별한 이상원인(assignable cause)이 있다고 판단되지 않으나, 18%가 넘는 제품이 규격을 벗어날 것으로 예상된다.

이상에서 본 것과 같이 관리도를 사용하여 제품의 관리 상태가 추정되고 판단될 수는 있지만 제품의 품질 균일성을 정확히 판단하기에는 미흡함을 알 수 있다. 즉, 현재 공정은 관리상태에 있으나 품질은 받아들일 수 없는 수준이다. 다음에는 이러한 점을 극복하기 위하여 공정에서 생산되는 제품의 품질변동이 어느 정도인가를 나타내는 공정능력에 대하여 알아보자.

그림 14.3 도수 히스토그램

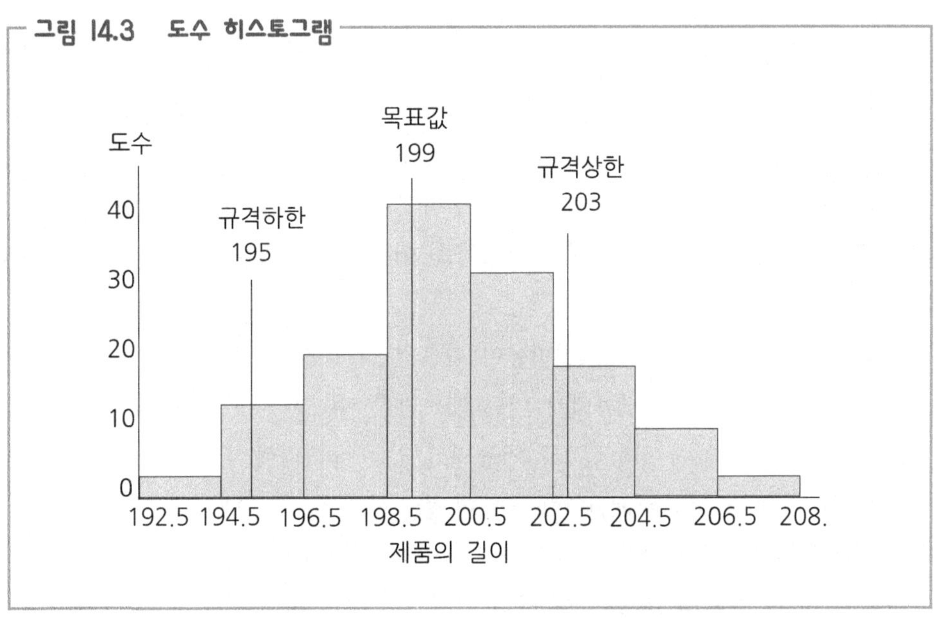

그림 14.4 제품에 대한 정규분포 모형

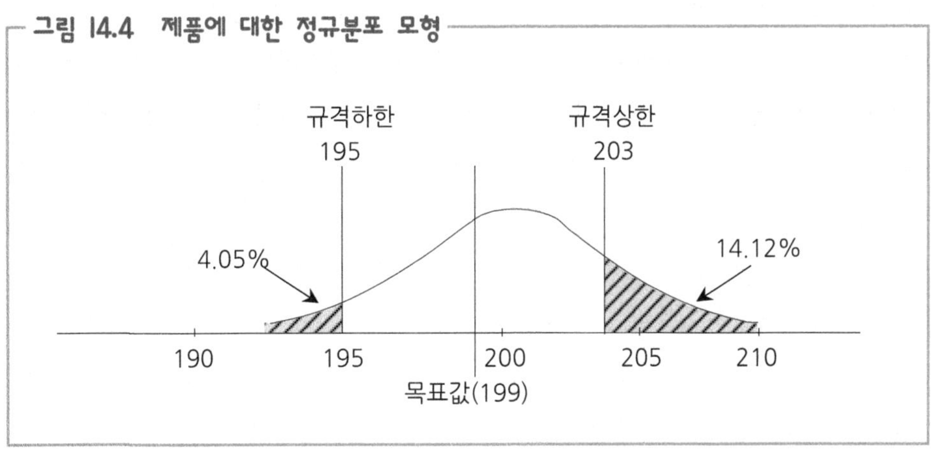

14.2 공정능력의 정량화

14.2.1 공정능력의 개념

통계적 품질관리의 주요 기능 중의 하나는 공정을 관리상태로 유지하는 것이다. 그러나 그 공정으로부터 생산된 제품들이 규격을 만족하고 나아가 더 우수한 품질의 제품을 생산하도록 공정을 유지 및 조정하는 일도 매우 중요하다. 제품 생산단계에서 생산공정의 품질변동 정도를 측정하고 규격과 비교 및 분석하여 변동의 폭을 감소시키기 위해 제반 통계적 방법들을 이용하는 것을 공정능력분석이라 한다.

공정에서 생산되는 제품의 품질변동이 작으면 그 공정의 공정능력은 좋다고 말하고, 품질변동이 크면 공정능력이 나쁘다고 말할 수 있다. 단, 이 때 공정은 외부원인에 방해됨이 없이 정상적으로 가동되고 있는 상태라야 한다.

공정능력(process capability)이란 공정이 관리상태에 있을 때 그 공정에서 생산되는 제품의 품질변동이 어느 정도인가를 나타내는 양이라고 설명할 수 있다.

공정능력은 **[그림 14.1]**에서 본 바와 같이 $4M$에 의하여 주로 영향을 받으며, 근대 공업에 있어서는 기계나 장치의 사용은 본질적인 요소이므로 공정능력에 가장 큰 기여를 하는 것이 설비능력(machine capability)이라고 생각되어진다. 그러나 공정능력은 설비능력 이외에도 생산방식, 작업자의 정신자세, 원재료의 품질 등에 따라 많은 차이를 줄 수 있으므로, 공정능력을 높이기 위해서는 품질변동에 영향을 주는 모든 요소에 주의를 기울여야 한다.

14.2.2 공정능력지수

공정능력을 정보로서 활용하기 위해서는 공정능력을 양적으로 표현할 필요가 있다. 공정능력을 정량화시키는 방법을 다음과 같이 소개하기로 한다.

(1) 6σ 에 의한 공정능력

품질특성 분포의 6σ 를 추정하여 이것을 공정능력으로 정하는 방법이다. σ 를 추정하는 방법으로는 다음 중의 하나를 이용할 수 있다.

(a) 데이터를 그대로 사용하여 공식

$$\hat{\sigma} = s = \sqrt{\frac{\sum (x_i - \bar{x})^2}{n-1}}$$

을 이용한다.

(b) $\bar{x}-R$ 관리도를 작성하여

$$\hat{\sigma} = s = \frac{\bar{R}}{d_2}$$

에 의하여 구한다.

따라서 공정능력치(process capability value)를 $6\hat{\sigma} = 6s$ 로 정의하여 공정능력을 나타내는 양으로 사용하기로 한다.

(2) 공정능력지수(치우침이 없는 경우)

양쪽 규격(규격상한 S_U, 규격하한 S_L)이 있고 제품의 품질 특성의 분포가 **[그림 14.5]**와 같이 양쪽 규격의 중앙에 치우침이 없이 되어 있다고 가정하는 경우에는, 공정능력의 평가방법으로 공정능력지수(process capability index)

$$C_P = \frac{S_U - S_L}{6\sigma} \tag{14・1}$$

를 일반적으로 사용한다. 여기서 $S_U - S_L$ 은 규격폭으로 이를 T 로 표시하면, C_P 는 T 와 6σ 와의 비율이다. σ 를 모르는 경우에는 관리도에서 사용한 바와 같이 $\hat{\sigma} = \bar{R}/d_2$ 로 추정하여 식(14・1)을 사용한다.

그림 14.5 규격폭과 6σ 와의 관계

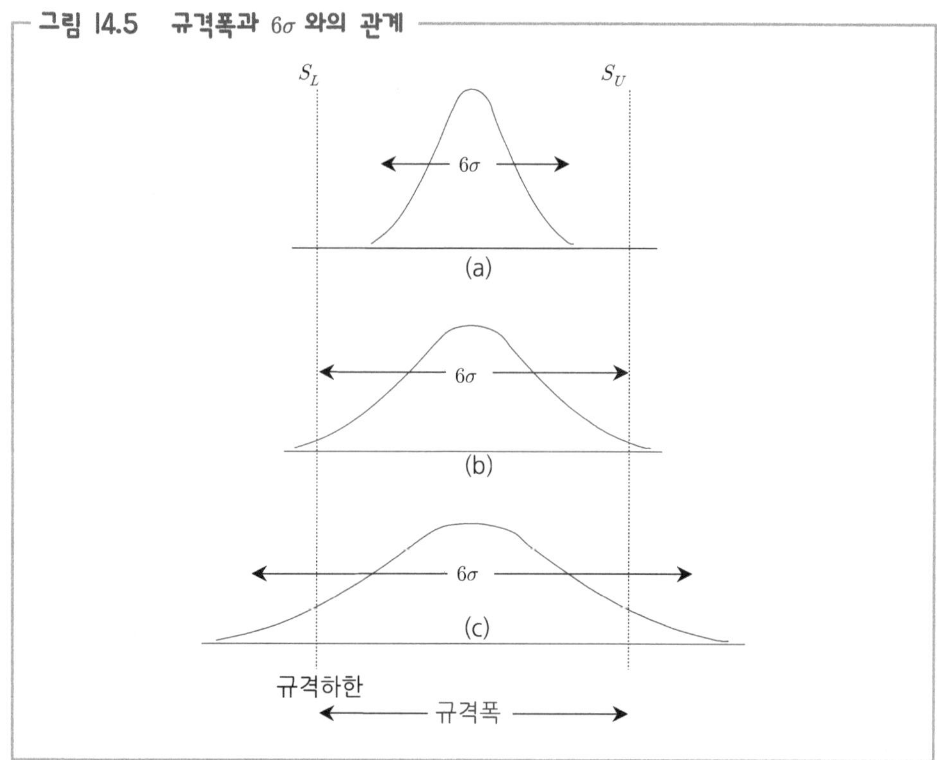

＊ 상황 I : $6\sigma < S_U - S_L$

[그림 14.5]의 (a)의 경우로 가장 바람직한 상황이다. 규격의 폭이 6σ보다 큰 경우로 품질 평균이 어느 정도 변하여도 공정상에는 큰 문제가 발생하지 않는다. 공정능력지수 C_P의 값이 1보다 크므로 공정능력이 충분히 좋음을 나타내며 불량률이 영에 가깝다. 만일 공정능력지수가 충분히 클 경우 규격을 강화하는 것을 고려할 수 있다.

＊ 상황 II : $6\sigma = S_U - S_L$

(b)의 경우는 C_P=1로 $T = S_U - S_L = 6\sigma$를 의미하며, 이 때 목표치와 품질평균이 동일할 경우 규격을 벗어나는 제품은 전체의 0.27% 정도이다. 그러나 공정평균이 규격의 중심으로부터 조금만 이동해도 불량이 발생하므로 부분군 채취빈도를 높이고 어떤 습성이나 이상치가 발생하였을 경우 즉각 대응함으로써 공정평균을 목표치로 유지하는데 역점을 두어야 한다.

* **상황** III : $6\sigma > S_U - S_L$

(c)의 경우는 C_P의 값이 1보다 작으며 공정능력이 불충분한 경우이다. 항상 불량이 발생하므로 공정의 산포를 줄일 수 있는지 아니면 규격의 완화 가능성은 없는지를 검토하고, 가능하다면 전수검사를 통해 불량을 제거하며 동시에 산포가 많은 원인을 규명하여 해결해야 한다.

일반적으로 공정능력의 등급을 공정능력지수에 따라 다음과 같이 분류한다.

표 14.2 공정능력의 판정기준

공정능력의 범위	$C_P \geq 1.33$	$1.33 > C_P \geq 1$	$1 > C_P \geq 0.67$	$0.67 > C_P$
공정능력의 등급	A급	B급	C급	D급

각 등급에 대한 공정관리의 지침으로는 다음과 같이 생각하면 좋다. 등급 A는 공정상태가 매우 양호하므로 산포관리는 만족스럽다. 따라서 공정능력은 같은 수준으로 유지하면서 제품의 단위당 가공시간을 단축시키는 생산성 향상을 시도하는 것이 바람직하다. 등급 B는 현재의 규격치에 겨우 맞추고 있음을 말하며, 등급 A로 향상되도록 노력하여야 한다. 등급 C및 D는 공정능력이 불량함을 의미하며 다음과 같은 조치가 필요하게 된다.

(a) 더 적절한 능력을 보유한 공정(기계, 설비 등)으로 옮겨서 작업을 진행하거나,
(b) 현 공정의 능력을 향상시키기 위하여 투자를 하거나,
(c) 현재 사용하는 규격을 재검토하여 조정하여 주거나,
(d) 특별한 관리 · 가공방법 등을 고안하여 공정능력의 향상에 노력해야 한다.

(3) 공정능력지수(한쪽 규격만 있는 경우)

한쪽 규격만 있는 경우에는 **[그림 14.6]**과 같은 경우가 되며 다음과 같이 정의하여 사용한다.

$$\text{규격상한만 있는 경우}: C_P = \frac{S_U - \mu}{3\sigma} \tag{14・2}$$

$$\text{규격하한만 있는 경우}: C_P = \frac{\mu - S_L}{3\sigma} \tag{14・3}$$

식(14・2)와 (14・3)의 C_P의 값은 식(14・1)과 구별하기 위하여 C_{PL}로 사용하는 경우도 있다. 이들 C_P의 값은 $\mu > S_U$이거나 $\mu < S_L$이면 $C_P < 0$로 음의 값을 갖는다. 이 경우는 대단히 불만족스러운 경우로서 C_P의 값이 양이 되도록 공정관리를 해주어야 한다. 공정능력의 판정기준은 **<표 14.2>**와 동일하다.

그림 14.6 한쪽 규격만 있는 경우

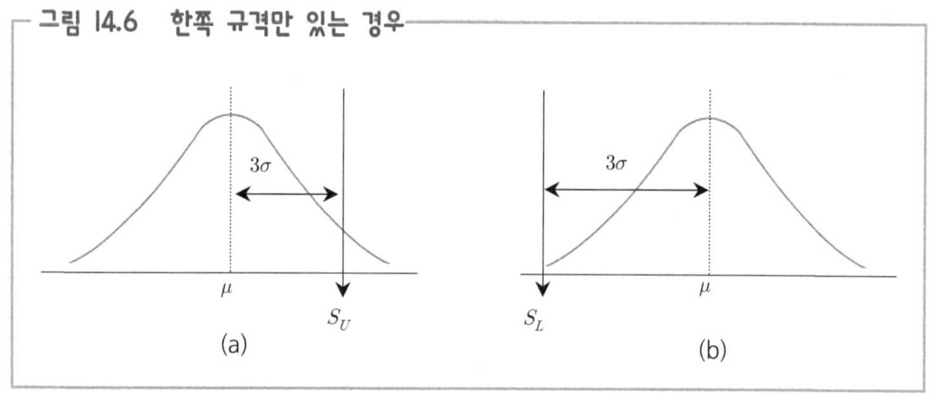

(4) 공정능력지수(치우침이 있는 경우)

품질특성치의 분포가 **[그림 14.7]**과 같이, 양쪽 규격의 중앙에 위치하지 않고 한쪽으로 치우쳐 있는 경우에는, 치우침의 도를 고려한 공정능력지수(이를 C_{PK}로 표시)가 사용된다.

즉, 규격의 중심값을 M, 치우침도를 K로 표시하면 공정능력지수 C_{PK}는

$$\left.\begin{aligned} C_{PK} &= (1-K)C_P, \quad 0 < K < 1\text{인 경우} \\ &= 0, \qquad\qquad\quad K \geq 1\text{인 경우} \end{aligned}\right\} \tag{14・4}$$

으로 정의된다. 만약 $K=0$으로 치우침이 없으면 $C_{PK}=C_P$가 된다. $K \geq 1$인 상태는 너무 치우침이 커서 보통은 발생하지 않는다.

그림 14.7 치우침이 있는 경우

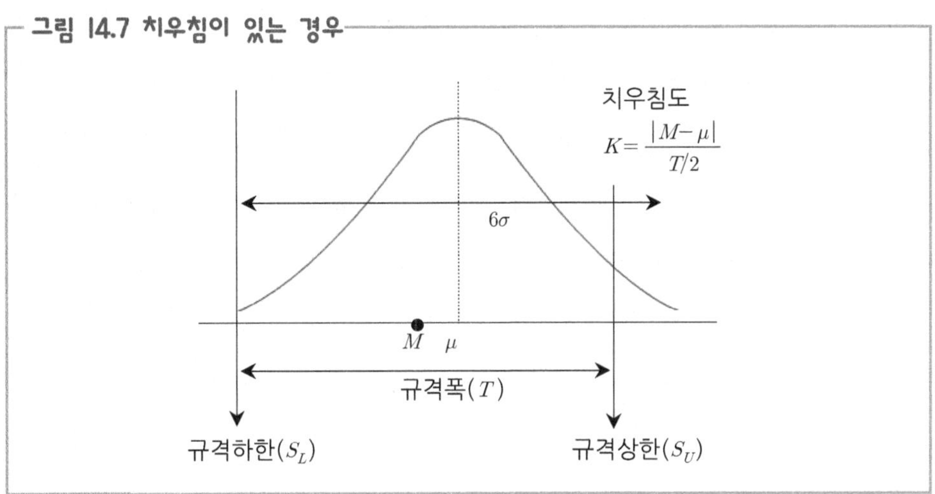

[그림 14.7]과 같이 $M<\mu$ 인 경우에는 식(14・4)의 공정능력지수는

$$\left.\begin{aligned} C_{PK} &= \frac{S_U-\mu}{3\sigma}, \quad \mu < S_U \text{ 인 경우} \\ &= 0, \qquad\quad \mu \geq S_U \text{ 인 경우} \end{aligned}\right\} \tag{14・5}$$

이 됨을 밝힐 수 있다. 또한 $M>\mu$ 인 경우에는 이와 반대로

$$\left.\begin{aligned} C_{PK} &= \frac{\mu-S_L}{3\sigma}, \quad \mu > S_L \text{ 인 경우} \\ &= 0, \qquad\quad \mu \leq S_L \text{ 인 경우} \end{aligned}\right\} \tag{14・6}$$

이 됨을 보일 수 있다. 따라서 $S_L<\mu<S_U$ 인 때에는, 치우침이 있는 경우의 공정능력지수 C_{PK}는 한쪽 규격만 있는 경우의 공정능력지수 C_P(식(14・2)와 식(14・3))와 동일하게 된다.

치우침이 있는 경우의 공정능력의 판정기준도 **<표 14.2>**에 준하여 실시하면 된다.

(5) 공정능력비

공정능력지수가 식(14・1)과 같이 정의되어 공정능력을 평가하는 기준으로 흔히 사용되는데, 이의 역수로서 공정능력비(process capability ratio)

$$D_P = \frac{6\sigma}{S_U - S_L} \tag{14・7}$$

가 사용되기도 한다. $D_P = 1/C_P$의 관계에 있으므로, D_P의 값은 작을수록 공정능력이 좋아진다. 표준편차 σ가 기지인 경우에는 C_P와 D_P 간에 본질적인 차이점이 없으나, σ가 미지인 경우에는 $6\hat{\sigma}/(S_U - S_L)$을 사용할 경우, D_P가 C_P보다 통계적 특성의 취급이 용이하기 때문에 D_P의 사용이 더 간편하다고 생각할 수도 있다.

14.1

<표 14.1>에 대한 제품의 공정능력지수를 구하라.

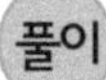

제품의 규격상한은 203mm이고 규격하한은 195mm이다. **<표 14.1>**의 자료로부터 μ의 추정치는 199.95mm이고 σ의 추정치 s는 2.837이라는 것을 이미 구하였다. 목표치(M)인 199mm에 비해 평균 추정치 199.95mm가 크므로 식(14・5)을 이용하여 공정능력지수를 구하면 다음과 같다.

$$C_{PK} = \frac{S_U - \overline{x}}{3s} = \frac{203 - 199.95}{3(2.837)} = 0.358$$

현재 공정은 관리상태에 있으나 품질은 받아들일 수 없는 수준으로, 공정능력지수를 적정한 값 이상으로 높이기 위한 조치가 필요하다.

예제 14.2

어떤 그린 하우스(greenhouse)에서 습도는 대략 65~85%이어야 적정하다. 지난 10일 동안의 습도를 매일 1회씩 랜덤으로 추출하여 측정한 결과 다음과 같은 결과를 얻었다.

70, 78, 70, 84, 81, 80, 85, 60, 88, 75

위 측정결과에 대한 공정능력지수를 구하고 설명하라.

풀이

규격상한은 85%이고 규격하한은 65%이다. 그리고 공정은 관리상태에 있다고 가정하자. σ를 추정하기 위하여 앞에서 설명한 방법 중 원 데이터를 그대로 사용하여 공식 $\hat{\sigma}=s=\sqrt{\dfrac{\sum(X_i-\overline{x})^2}{n-1}}$ 을 이용하여 계산하면 s =8.57이고, μ 대신에 추정평균치 $\hat{\mu}=\overline{x}=\sum x/n$ 을 이용하여 계산하면 $\overline{x}$ =77.1이다.
공정능력지수 C_{PK}는

$C_{PK}=(1-K)\cdot\ \dfrac{S_U-S_L}{6s}=(1-0.21)\cdot\ \dfrac{85-65}{6(8.57)}=0.307$ 이다. 이 값은 1보다 매우 작은 값으로, 규격에 못 미치므로 어떤 조치를 취해야 할 것이다. 만일 규격상한은 큰 의미가 없고 단지 규격하한만이 중요하다면 규격하한에 대한 공정능력지수를 구해보자. 식(14・3)으로부터

$$C_P=\frac{\overline{x}-S_L}{3s}=\frac{77.1-65}{3(8.57)}=0.471$$

이다. 이 값 또한 매우 낮은 지수이다. 만일 습도의 변동을 줄이지 못한다면 어떤 조치가 가능한가. 한 가지 조치 방법으로는 규격상한의 제한이 큰 의미가 없으므로 습도의 중앙값을 높이는 것이다. 즉 습도의 중앙값을 규격하한인 65%보다 매우 높게 잡으면 될 것이다. 만일 표준편차를 줄일 수 없다는 가정하에, 공정능력지수를 1까지 높이기 위해서는 습도의 중앙값은 다음과 같이 정하면 된다.

$$\mu=S_L+3s=65+3(8.57)=90.71\%$$

14.2.3 공정성능지수

공정능력지수 C_P의 계산에서 표준편차 σ는 군내변동(within-group variation)만을 나타내는 산포의 측도가 된다. 그러나 품질특성치의 산포는 군간변동(between-group variation)에서도 올 수 있으며, 군내변동과 군간변동을 포함한 표준편차를 σ_T로 나타내면

$$\sigma_T = \sqrt{\sigma_w^2 + \sigma_b^2}$$

이 된다. 여기서 σ_w는 군내변동을 나타내는 표준편차이고, σ_b는 군간변동을 나타내는 표준편차이다. 이 σ_T를 사용하여 공정능력지수와 유사한 양을 공정성능지수(PPI : Process Performance Index)라고 부른다. 공정능력지수에서 사용되는 σ는 군내변동을 나타내는 σ_w이므로, $\sigma \leq \sigma_T$ 이고, 따라서

$$C_P \geqq P_P$$

이 항상 성립된다.

공정이 안정되어 있는 경우에는 군간변동은 과히 크지 않으므로 C_P와 P_P 간에 큰 차이는 없으나, 공정이 불안정하면 군간변동이 커져 C_P에 비하여 P_P값이 상대적으로 작아진다. 따라서 공정이 불안정한 경우에 이를 반영한 지수를 사용하려면 공정성능지수를 사용하여야 공정상태를 반영할 수 있다.

공정능력지수는 일반적으로 단기간에 걸쳐 공정이 어느 정도 품질의 제품을 안정되게 생산하는가를 조사하는 공정능력의 조사에 사용된다. 여기에 비하여 공정성능지수는 중장기간에 걸쳐 공정의 품질변동범위가 어느 정도이고, 어떠한 원인들이 공정의 성능에 영향을 주는가 등을 조사하는 것이다.

이러한 공정성능조사의 목적은 시간이 지남에 따라서 이상원인이 될 수 있는 요인들(원료로트의 변경, 작업자의 교체, 공구 교체, 장비의 수리 등)이 어느 정도 생산되는 제품의 품질변동에 영향을 주는가를 조사하여 이상원인을 규명하여 이에 따른 적절한 조치를 취해주기 위해서이다. 공정능력조사와 공정성능조사의 차이점을 비교하면 **<표 14.3>**와 같다.

표 14.3 공정능력조사와 공정성능조사의 차이점

항 목	공정능력조사	공정성능조사
목적	공정이 관리상태에 있을 때(즉, 우연원인만에 의하여 품질산포가 생길 때), 공정에서 생산되는 제품의 품질변동이 규격에 어느 정도 부합되는가를 조사	장기간에 걸쳐서 이상원인이 될 수 있는 요인들(작업자의 교체, 공구의 교체, 설비의 수리, 원료로트의 변경 등)이 어느 정도 생산되는 제품의 품질변동에 영향을 주는가를 조사, 이상원인을 규명하여 이에 따른 공정성능을 평가
준비사항	이상원인이 개입되지 않도록 조사기간 중에는 동일한 작업자, 공구, 원료, 작업조건 등을 유지할 수 있도록 하여야 한다.	공장의 생산관리상 필요한 각종의 교체사항이 계획적으로 이루어질 수 있도록 하며, 설비관리, 계측기관리 등이 협조적으로 이루어질 수 있도록 한다.
기간	짧으면 2~3시간에서 길어야 일주일 정도의 기간 내에 이루어진다.	짧으면 5일 정도에서 길면 반년, 1년까지도 갈 수 있다.
데이터 수집계획	부분군(subgroup)의 수는 1~30 정도로 하고, 한 부분군 내의 시료의 수는 3~6개 정도가 적절하다. 총 50개 이상의 데이터가 있어야 한다. 총데이터 수는, k 조의 부분군에 각각 n개의 시료가 있으면, kn이 된다.	두 가지 방법이 사용된다. (1) 공정능력을 조사한 kn개의 데이터 집합(set)을 장기간에 걸쳐 여러 개 또는 수십 개 합쳐서 분석 (2) 장기간에 걸쳐 랜덤하게 부분군의 수를 20~40개 정도로 추출하고, 한 부분군 내의 시료의 수를 3~6개 정도로 하여 총 100개 이상의 데이터를 수집한다.
주로 사용되는 통계수법	k 조의 부분군을 사용하여 $\bar{x}-R$ 관리도를 그리고 여기서 표준편차의 추정값 $s = \dfrac{\bar{R}}{d_2}$ 을 구한 후의 공정능력지수를 산출하여 평가한다.	(1) 공정능력조사의 결과를 여러 개 정리하여 시계열(time series)의 측면에서 분석한다. (2) $\bar{x}-R$ 관리도를 그려서 성능을 조사하고, 표준편차의 추정값을 전체 데이터 N개를 사용하여 $s = \sqrt{\dfrac{\sum_i (x_i - \bar{\bar{x}})^2}{N-1}}$ 를 구하여 공정성능지수를 평가한다.

14.3 관리도를 활용한 공정관리

앞의 1절에서 기술한 공정관리 순서에 따라 공정관리 계획을 세워 실시할 필요가 있다. 이 때에 관리도를 활용하면 공정관리를 적절하게 진행시켜 나갈 수 있다. 관리도는 그려만 놓고 쳐다보기만 하는 그래프가 돼서는 안되며, 관리도를 효과적으로 이용하기 위해서는 조처와 밀접하게 연결시키는 것이 무엇보다도 중요하다.

14.3.1 공정관리를 위한 관리도의 사용방법

관리도를 사용하여 공정관리를 하는 순서는 다음과 같이 하는 것이 좋다. 관리도가 공정관리에 효과적인 역할을 하는가 못하는가는, 관리도가 공정의 상황을 잘 반영하고 있는가, 원인 탐구에 쓸모가 있는가, 조처를 취할 수 있도록 되어 있는가에 따라서 정해진다. 다음은 일반적인 관리도를 사용한 공정관리방법 순서이다.

(1) 관리하고자 하는 공정을 결정한 후, 그 공정의 관리대상과 관리항목을 결정한다.
(2) 관리항목에 대한 측정방법, 데이터를 얻는 방법, 데이터의 층별방법 등을 결정한다.
(3) 관리항목에 대한 적절한 관리도를 결정한다.
(4) 시료군의 구분방법, 크기, 층별방법 등을 결정한다.
(5) 중심선, 관리한계선을 산출한 후 관리도에 점을 찍는다.
(6) 공정의 이상유무를 판정하고 공정능력지수를 산출한다. 그리고 이에 따른 제품에 대한 조처, 공정에 대한 조처, 및 공정관리의 적정성을 검토한다.
(7) 필요하면 관리선과 관리항목 등을 개정한다.

14.3.2 관리한계선의 결정방법

관리도를 사용하여 어떤 공정을 관리할 경우에 관리한계선을 효율적으로 정하는 것이 중요한 일이다. 공정의 예비조사 결과 얻어진 중심선과 관리한계선을 공정관리에 그대로 사용해도 좋은지 어떤지를 판단하여야 한다. 관리한계선의 채용에 있어서 다음 사항들을 충분히 검토하여 결정하는 것이 좋다.

(1) 공정 상태를 적절히 반영할 수 있을 만큼의 데이터가 충분히 있는가, 과거와 현재의 공정 간에 큰 차이는 없는가.
(2) 공정능력은 충분한가, 그 공정의 품질상태(분포)가 제품에서 요구되는 규격에 대비할 때 만족스러운가.
(3) 그 관리한계선이 관리도의 입장에서 볼 때 공정관리에 적당한가, 관리한계선의 개정이 필요하지 않은가.

과거의 데이터가 충분치 못할 경우에는, 불충분하지만 현 상태에 있어서의 적절한 관리선을 결정해 두고, 데이터를 더 수집하여 가면서 단계적으로 관리선을 개정하여 갈 수 있다. 공정능력이 불충분하여 제품이 규격을 만족시키지 못하는 경우에는, 이상원인을 하나하나 찾아 이를 시정하여 가면서 공정능력에 좋은 관리도가 되도록 노력해야 한다. 원하는 관리수준까지 도달하지 못했으므로 관리도를 사용할 수 없다고 생각하는 것은 잘못이며, 관리도를 사용하면서 개선 및 표준화를 추진해 가는 것이 바람직하다.

13장에서는 주로 과거의 데이터로부터 공정을 해석하기 위한 해석용 관리도에 대하여 알아보았는데, 해석용 관리도에서 사용된 관리한계선이 규격과 대비하여 만족스러운 경우에는 그 관리선을 연장하여 공정관리용으로 사용할 수 있다. 이 때의 관리도는 관리용 관리도라고 부른다. 관리용 관리도에서는 데이터를 얻을 때마다 관리도에 점을 찍어가면서 점 하나하나의 이상유무를 판단하여 조처를 취해야 한다. 해석용 관리도에서는 관리선을 점선으로 나타내나, 관리용 관리도에서는 관리선을 일점쇄선으로 나타내는 것이 보통이다.

관리한계선은 공정의 상태가 기술적으로 봐서 변화했다고 판단되면 다시 수정할 필요가 있다. 해석용 관리도에서는 한계를 벗어난 점에 대하여 이상원인을 찾아 충분한 조처를 취했을 경우에는, 그 한계 밖의 점에 대한 데이터를 제거한 다음 관리선을 다시 계산하는 것이 원칙이다. 관리용 관리도에서는 현재 진행되고 있는 공정의 관리가 목적이므로, 공정의 상태가 변화하였다면 그에 맞추어서 관리한계선을 수시로 개정하여야 한다.

예제 14.3

어떤 회사에서 제조되는 코일의 저항에 관한 것이다. 랜덤으로 한 회에 5개의 샘플을 총 25회 추출하여 측정한 결과가 **<표 14.4>**에 수록되어 있다. 저항의 규격은 20±4 오옴(ohms)이다. 코일의 저항이 정규분포를 따른다고 가정한다. $\bar{x}-R$ 관리도를 작성한 후, 공정능력지수를 산출하고 제품의 공정을 평가하라.

풀이

공정이 관리 상태인가를 판단하기 위하여, 먼저 관리도의 작성에 필요한 중심선과 관리한계선을 구한다. 만일 관리한계선을 벗어난 점이 있으면 그 원인을 파악하여 수정한 후에 다시 개정된 중심선과 관리한계선을 구한다. 공정능력지수는 공정이 안정된 상태에서 구해야 한다. 이 제품에 대한 R 관리도의 중심선은 $\overline{R}$ =3.68이고, 관리한계선은

$$UCL_R = D_4 \cdot \overline{R} = (2.114)(3.68) = 7.780 \text{ 과}$$

$$LCL_R = D_3 \cdot \overline{R} = (0)(3.68) = 0.00$$

이다. **<표 14.4>**의 3번째 샘플의 범위가 8이므로 관리상한선을 벗어나 있고 그 원인은 공급자의 잘못으로 판명되었다. 3번째 샘플을 제외한 새로운 중심선 값은 $\overline{R}$ =84/24=3.50이고 $UCL_R = 7.399$ 과 $LCL_R = 0.00$ 이다. 다음으로 $\bar{x}$ 관리도를 구하여보자. 총 평균값은 20.858(=500.6/24)이고 관리한계선은 다음과 같다.

$$UCL_{\bar{x}} = \bar{\bar{x}} + A_2 \overline{R} = 20.858 + (0.577)(3.5) = 22.878$$

$$LCL_{\overline{x}} = \overline{\overline{x}} - A_2\overline{R} = 20.858 - (0.577)(3.5) = 18.838$$

이 관리한계선과 **<표 14.4>**의 $\overline{X}$ 의 값을 비교하여 보면 22번째와 23번째 샘플이 범위를 벗어나 있는 것을 알 수 있다. 그 원인을 조사한 결과 22번째 제품은 고온에서 작업을 한 결과이며, 23번째 제품은 기계의 작동 실수로 판명되었다. 22번째와 23번째 샘플을 제외한 후 다시 계산된 총 평균값 $\overline{\overline{x}}$ 은 20.864이고 R-차트의 중심선은 $\overline{R}$=77/22=3.50이다. 따라서 $\overline{x}$-차트의 개정된 관리한계선은 $UCL_{\overline{x}}$ = 20.864+(0.577)(3.5) = 22.884 와 $LCL_{\overline{x}}$ = 20.864 − (0.577)(3.5) = 18.844이고, R-차트의 관리한계선은 $UCL_R = D_4 \cdot \overline{R}$ = (2.114)(3.5) = 7.399와 $LCL_R = D_3 \cdot \overline{R}$= (0)(3.50) = 0.00이다.

모든 샘플이 관리한계선 안에 있으므로, 공정은 안정되어 있다고 할 수 있다.

공정능력지수를 산출하기 위하여 추정된 공정평균과 표준편차는 $\hat{\mu} = \overline{\overline{x}}$ = 20.864와 $\hat{\sigma} = \overline{R}/d_2$ = 3.50/2.32 = 1.505이다.

따라서 공정능력지수는 C_{PK}=(24−20.864)/3(1.505)=0.695이다. 이 값은 1보다 작으므로 공정능력이 불량함을 알 수 있다.

제품의 불량률이 어느 정도인지를 알아보자. **[그림 14.8]**에 보는 것처럼 U_L = (16−20.864)/1.505 = − 3.23이고 U_U = (24−20.864)/1.505=2.08이다. 따라서 **<표 A-1>**로부터 규격하한 아래로 벗어날 확률은 0.06%이고, 규격상한 위로 벗어날 확률은 1.88%로서 전체는 1.94%이다.

이 불량률을 줄이기 위하여 공정평균값을 규격 중앙값인 20ohms로 조정하여 보자. 이 때 U_L = (16−20)/1.505 = −2.66이고 U_U = (24−20)/1.505 = 2.66으로써 규격하한 아래로 벗어날 확률은 0.39%이고, 규격상한 위로 벗어날 확률도 0.39%이며 전체는 0.78%이다.

이처럼 공정의 평균값을 중앙값으로 재조정함으로써 불량률을 1.94%에서 0.78%로 크게 낮출 수 있다. 그러나 0.78%의 불량률이 아직 미비하다고 판단되며 더 성능이 나은 설비로 작업을 하거나 관리 · 가공방법을 고안하여 공정능력의 향상에 노력해야 한다.

표 14.4 코일 저항에 대한 자료

샘플	1	2	3	4	5	$\bar{x}$	R
1	20	22	21	23	22	21.60	3
2	19	18	22	20	20	19.80	4
3	25	18	20	17	22	20.40	8
4	20	21	22	21	21	21.00	2
5	19	24	23	22	20	21.60	5
6	22	20	18	18	19	19.40	4
7	18	20	19	18	20	19.00	2
8	20	18	23	20	21	20.40	5
9	21	20	24	23	22	22.00	4
10	21	19	20	20	20	20.00	2
11	20	20	23	22	20	21.00	3
12	22	21	20	22	23	21.60	3
13	19	22	19	18	19	19.40	4
14	20	21	22	21	22	21.20	2
15	20	24	24	23	23	22.80	4
16	21	20	24	20	21	21.20	4
17	20	18	18	20	20	19.20	2
18	20	24	22	23	23	22.40	4
19	20	19	23	20	19	20.20	4
20	22	21	21	24	22	22.00	3
21	23	22	22	20	22	21.80	3
22	21	18	18	17	19	18.60	4
23	21	24	24	23	23	23.00	3
24	20	22	21	21	20	20.80	2
25	19	20	21	21	22	20.60	3
합계						521.00	92

그림 14.8 제품에 대한 정규분포 모형

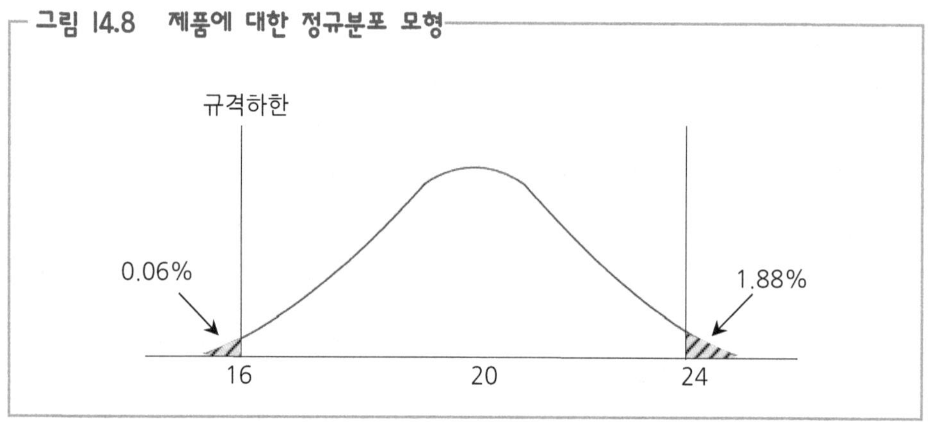

14.4 규격과 공차

14.4.1 규격과 공차의 개념

오늘날과 같이 공업이 고도로 발달된 사회에서는 제품의 규격은 필수불가결한 것이다. 왜냐하면 기업이 규모가 커짐에 따라 분업화, 전문화되고 유통구조가 복잡해짐에 따라 서로 약속된 어떤 기준에 의하여 제품을 생산하지 않으면 그 제품의 사용성이 크게 떨어지기 때문이다.

1장에서 언급된 바와 같이 품질관리의 기본적인 골격은, 제품에 대한 규격을 설정하는 것과, 설정된 규격에 실제의 생산품질을 적합시키는 일이다. 전자는 설계품질이고 후자는 제품품질(또는 적용품질)이 되는 것이다. 따라서 제품의 규격을 설정하는 일은 품질관리의 핵심적인 업무라고 생각할 수 있다.

규격(specification)은 KS A 3001 품질관리용어에 정의된 바에 의하면 "표준 중 주로 물건에 직접 또는 간접으로 관계되는 기술적 사항에 관하여 규정된 기준"이다. 따라서 넓은 의미에서의 규격의 대상으로는 (1) 자재와 최종제품, (2) 공정, (3) 시험방법, (4) 검사방법, (5) 제품의 사용방법 등이 모두 포함된다. 이렇게 넓은 의미로 해석되는 규격을 시방서(specification)라고 부르기도 한다. 그러나 본 절에서는 규격의 좁은 의미에 해당하는 제품의 치수에 한정된 기술적인 규격(technical specification)에 대하여 알아보기로 한다.

규격은 2가지 요소, 즉 공정치수(nominal size)와 공차(tolerance)에 의하여 이루어진다. 공정치수는 예를 들어 원주형 강선제품의 두께가 실제로는 1.496cm인데, 이것을 1.5cm의 강선이라고 할 때와 같이 확인의 목적으로 쓰이는 치수를 말한다. 공차는 품질특성의 허용한계를 말한다. 예를 들면, 규격이 1.500±0.005cm일 때 치수의 품질특성은 1.495cm에서 1.505cm까지 산포할 수 있으며, 이 때 공차는 ±0.005cm 또는 (2)(0.005)=0.010cm라고 나타낸다. 공차를 허용공차라고 부르기도 한다.

[그림 14.9]는 공차의 의미를 그림으로 나타내고 있다. 이 그림에서 보는 바와

같이 공차는 규격상한(S_U)과 규격하한(S_L)의 차이이며, 허용차 또는 허용공차는 기준치와 규격한계와의 차이이다. 그러나 공차와 허용(공)차는 같은 의미로 흔히 쓰이며, 단지 표현할 때에 ±0.005하면 기준치로부터 규격상한과 규격하한까지의 차이를 나타내고, +0.010하면 $S_U - S_L$ 을 나타내는 것으로 한다.

그림 14.9 공차와 허용(공)차

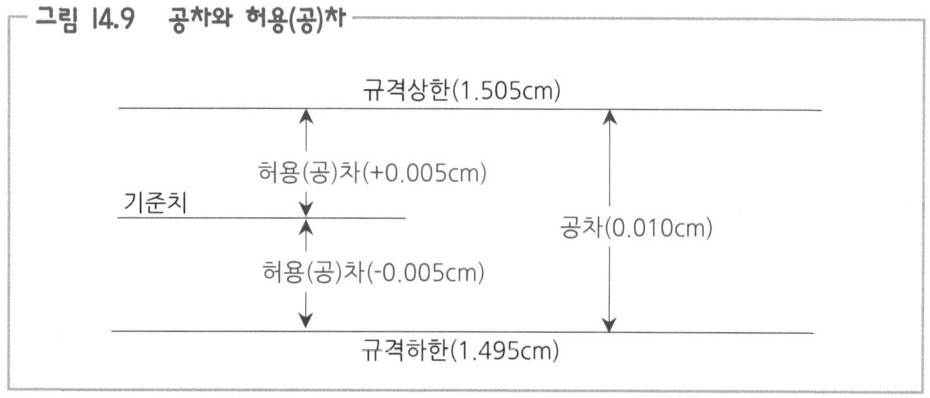

14.4.2 공차의 통계적인 가법성

두 개 이상의 부품이 조립될 때는 그 조립에 의해 새로운 치수와 그의 새로운 산포가 생긴다. 따라서 조립품의 공차를 새로이 정해 주어야 한다. 조립품의 공차를 생각할 때에는 분포의 가법성(additive property of distribution)을 적용하여야 한다.

(1) 평균값의 합과 차의 법칙

부품의 하나의 치수가 **[그림 14.10]**에서 보는 바와 같이 다른 부품의 치수에 합쳐져서 새로운 조립품을 만드는 경우에는, 조립품의 치수의 평균값은 각 부품의 치수의 평균값의 합과 같다. 그 차도 마찬가지이다. 예를 들어, $\bar{x}_A$, $\bar{x}_B$, $\bar{x}_C$를 각각 부품 A, B, C의 평균값이라 한다면 부품이 서로 합하여지는 경우에는, 조립품의 치수의 평균값은 $\bar{x}_A+\bar{x}_B+\bar{x}_C$가 된다. **[그림 14.10]**에서 $\bar{x}_A=1.250$, $\bar{x}_B=1.382$, $\bar{x}_C=1.128$이면 조립품의 평균 길이는 $\bar{x}_A+\bar{x}_B+\bar{x}_C=1.250+1.382+1.128=3.760$이 된다.

(2) 분산 또는 표준편차의 법칙

부품 A, B, C의 각각의 치수가 서로 독립이고 각각의 분산이 σ_A^2, σ_B^2, σ_C^2이면 **[그림 14.10]**과 같은 경우 조립품의 치수와 분산과 표준편차는

$$\text{조립품의 분산} = \sigma_A^2 + \sigma_B^2 + \sigma_C^2$$
$$\text{조립품의 표준편차} = \sqrt{\sigma_A^2 + \sigma_B^2 + \sigma_C^2}$$

이 된다. 여기서 한 가지 유의하여야 할 사항은

$$\sqrt{\sigma_A^2 + \sigma_B^2 + \sigma_C^2} < \sigma_A + \sigma_B + \sigma_C$$

이다. 즉, 분산의 합의 제곱근은 표준편차들의 합으로 얻어진 값보다 언제나 작게 된다는 것이다.

그림 14.10 조립품의 평균값과 공차

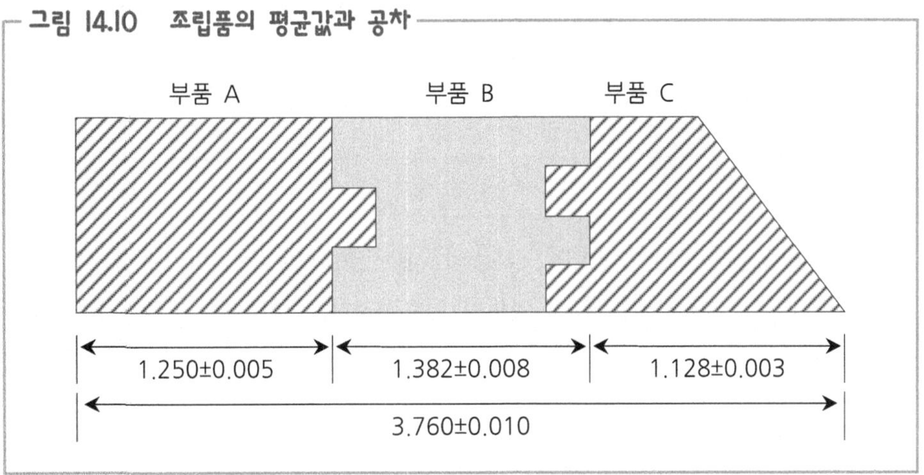

부품의 하나의 치수가 다른 부품의 치수로부터 빼도록 조립되어질 때, 조립품의 치수의 평균값은 부품의 치수의 평균값의 차가 되고, 조립품의 치수의 분산은 두 부품의 분산의 합과 같다. 두 분산의 차가 아님에 주의해야 한다.

예를 들어, **[그림 14.11]**을 살펴보자. 부품 A를 핀(pin)이라 하고, 이 핀이 부품 B에 삽입된 후 돌출되는 부분의 길이를 생각하여 보자. **[그림 14.11]**에서 보는

바와 같이 돌출부분의 치수의 평균값은 $\bar{x}_A - \bar{x}_B$ 가 된다. 그러나 이 돌출부분의 치수의 분산과 표준편차는, σ_A 와 σ_B 를 각각 부품 A 와 B 의 표준편차라 할 때,

$$\text{돌출부분의 분산} = \sigma_A^2 + \sigma_B^2$$

$$\text{돌출부분의 표준편차} = \sqrt{\sigma_A^2 + \sigma_B^2}$$

이 된다.

그림 14.11 핀의 돌출부분의 길이

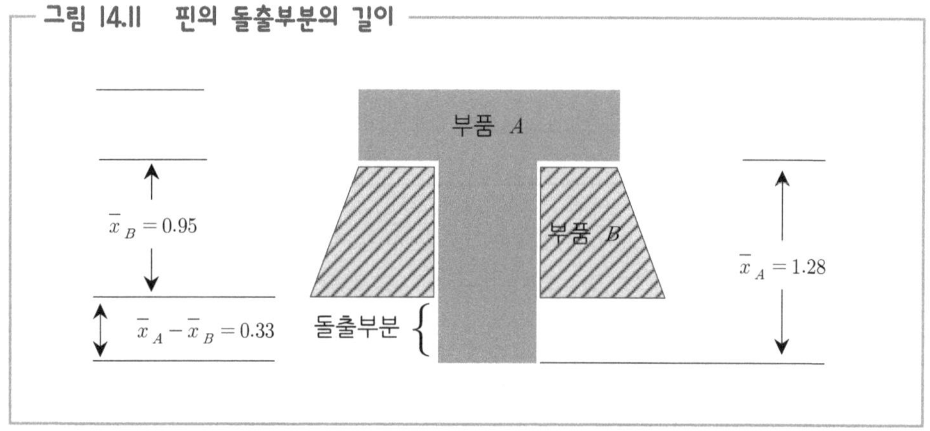

부품과 조립품의 공차의 관계도, 부품의 치수들이 서로 독립이라는 가정 하에, 표준편차에 관한 분포의 가법성에 의하여 이루어진다. 예를 들어, **[그림 14.10]**에서와 같이

$$\text{개개의 부품의 공차의 합} = 0.005+0.008+0.003 = 0.016$$

$$\text{조립품의 공차} = \pm\sqrt{(0.005)^2 + (0.008)^2 + (0.003)^2} = \pm\ 0.010$$

이 된다. 따라서 조립품의 평균값은 3.760이고 공차는 ±0.010이 된다. 조립품의 공차가 개개의 부품의 공차의 합 0.016보다 작게 됨에 유의하여야 한다. 이렇게 하여 계산된 조립품의 공차를 겹침 공차(overlapping tolerance)라고 부른다. 이와 같은 내용은 **[그림 14.11]**의 경우에도 동일한 내용으로 성립된다.

위의 원리에 근거하여 부품을 조립하여 얻어지는 조립품의 설계에는, 각 부품의 공차의 합계가 조립품의 공차보다 약간 크게 하여 주는 겹침 공차의 개념을

이용한다. 공차는 표준편차 이외의 다른 요소를 감안하지 않을 때에는 $\pm 3\sigma$ 로 구하여 주는 것이 통례이다.

예제 14.4

[그림 14.12]와 같이 두 개의 부품이 조립되어 하나의 조립품을 만드는 문제를 생각하여 보자. 조립품의 허용차는 ±0.015가 되어야 하고, 하나의 부품은 그 허용차가 ±0.010으로 이미 만들어져 있다. 이 때 또 하나의 부품을 설계하여 생산하려고 한다. 그 허용차 x 는 얼마로 하여야 하느냐?

그림 14.12 두 부품으로 구성된 조립품

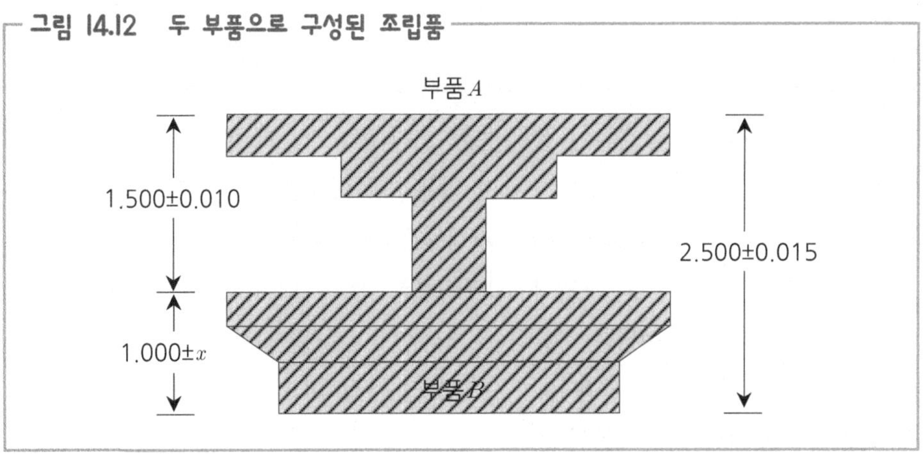

풀이

조립품의 허용차와 부품 A , B 의 허용차는 다음의 관계에 있다.

$$0.015 = \sqrt{(\text{부품 } A\text{의 허용차})^2 + (\text{부품 } B\text{의 허용차})^2}$$
$$= \sqrt{(0.010)^2 + (x)^2}$$

따라서 위의 등식으로부터 x 에 대하여 풀면

$$x = \sqrt{(0.015)^2 - (0.010)^2} = 0.011$$

을 얻는다. 즉, 부품 B 의 허용차는 ±0.011로 설계해 주면 좋다.

14.5 측정시스템

14.5.1 측정시스템의 기본개념

앞에서는 제조단계에서 제품의 변동에 대한 분석과 제품 규격 및 공차에 대하여 설명하였다. 수집된 데이터와 제품의 규격이 비교되어 공정 능력이 평가되고 제품의 품질상태가 판명된다. 즉, 통계적 품질관리는 모든 것을 품질 데이터에 근거하고 있으므로 정확한 데이터의 수집이 매우 중요하다. 만일 측정과정이 충분히 조사되어 있지 못하면, 측정된 결과가 제품의 실질적 특성을 나타내고 있는지를 알 수 없다. 측정시스템이 부정확하거나 계측기의 정밀도가 나빠서 믿을 수 없는 데이터만 얻어진다면, 통계적 품질관리 활동 자체의 가치가 떨어질 것이다.

측정 결과가 실질적으로 규격에 맞지 않는 제품이지만 잘못된 측정으로 인하여 제품이 규격에 맞는 좋은 품질이라고 판정될 수도 있다. 그와 반대로 규격에 맞는 제품도 불량품으로 판정될 수 있다. 그러므로 측정시스템이 제품이나 공정을 정확히 측정하여 올바른 데이터를 산출할 수 있는 것인지 반드시 평가되어야 한다. 만일 정확히 평가되지 않고 사용된다면, 잘못된 측정시스템으로 인하여 품질비용은 올라갈 것이며 계속해서 제품의 품질을 개선시킨다는 것은 매우 어려울 것이다.

측정의 오차나 변동은 **[그림 14.13]**에서 보는 바와 같이 Shewhart의 개념을 이용하여 다음 5가지의 측정요소로 설명될 수 있다.

(1) 측정기(기계)
(2) 측정방법(방법)
(3) 측정샘플(자재)
(4) 측정조건(환경)
(5) 측정자(인력)

그림 14.13 Shewhart의 개념을 이용한 측정오차

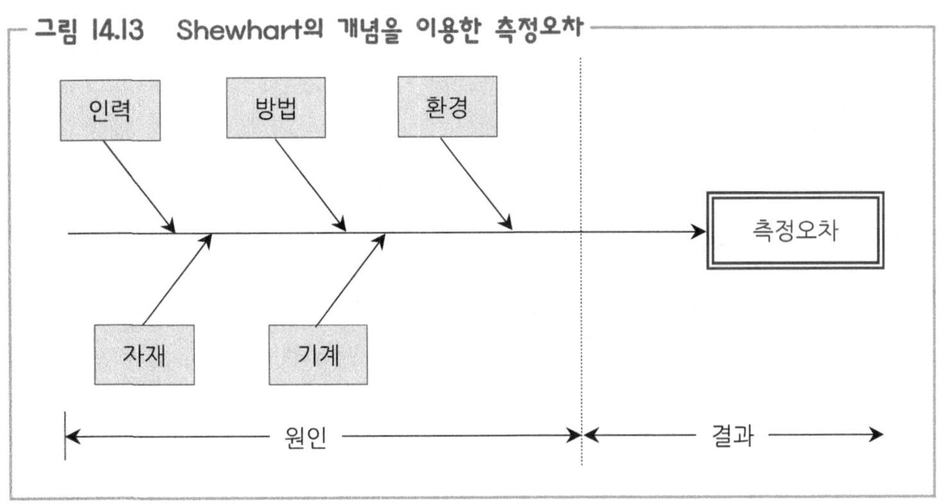

측정오차는 5가지의 요소 중, 1개 또는 여러 가지의 측정요소에 의하여 복합적으로 영향을 받을 수 있다. 만일 측정 과정이 매우 간단한 경우에는(제품의 길이나 무게 등), 측정오차는 큰 문제가 안 될 수도 있고 그 원인을 쉽게 찾아내어 수정될 수 있을 것이다. 그러나 여러 가지 요소가 제품에 복합적으로 영향을 미치었을 경우에는 측정오차의 원인을 찾기 힘들며 여기에서 파생되는 측정오차는 매우 심각할 수 있다.

측정오차에 영향을 미치는 5가지 요소는 그 자체가 각각 변동을 한다. 그 변동의 합은 제품이나 공정의 변동에 영향을 미친다. 이런 공정의 변동을 보다 쉽게 이해하기 위하여 **[그림 14.14]**를 보면, 가공된 제품의 참값을 알기 위해서는 측정시스템을 거쳐야만 된다는 것을 알 수 있다. 즉, 측정시스템에 의한 변동을 아는 것이 매우 중요하다. 5가지의 변동의 원인을 살펴보면 다음과 같이 구분 지을 수 있다.

(1) 인력 : 작업자간의 차이, 실험실간의 차이, 작업교대간의 차이
(2) 기계 : 계측기간의 차이, 눈금 빈도(calibration frequency)의 차이
(3) 방법 : 계측기를 읽는 방법의 차이, 측정방법의 차이
(4) 자재 : 자재간의 변동
(5) 환경 : 습도, 온도, 압력 등 작업 환경의 차이

그림 14.14 측정오차의 원인과 결과

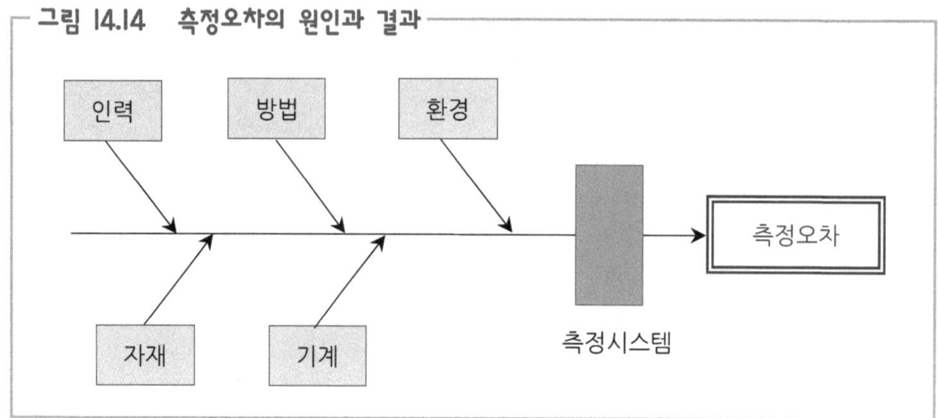

이처럼 여러 가지 원인에 의하여 측정오차가 발생하게 되는데, 이러한 문제점을 과연 어떻게 해결해 나갈 것인가를 알기 위하여 측정오차의 몇 가지 성질과 이 성질을 어떤 방법으로 평가할 수 있는가를 예를 들어 알아보자.

14.5.2 측정오차

측정오차의 성질을 보면 4가지 형태로 구분할 수 있다.

(1) 정확성(accuracy)

측정의 정확성은 어떤 계측기로 동일의 제품을 측정할 때에 얻어지는 측정치의 평균과 이 특성의 참값과의 차를 말한다. 만일 이 측정값이 참값과 차이가 있으면 편의(bias)가 있다고 하며, 이 편의가 작으면 작을수록 정확성이 좋다고 말한다(**[그림 14.15]**). 정확성은 편의오차(bias error)라고도 한다.

(2) 정밀도(precision) 또는 반복성 (repeatability)

이 측정의 산포는 동일의 작업자가 동일의 측정기를 갖고 동일한 제품을 측정하였을 때 파생되는 측정의 변동이다. 즉, 산포가 작으면 정밀도 또는 반복성이 좋은 것을 의미한다(**[그림 14.16]**).

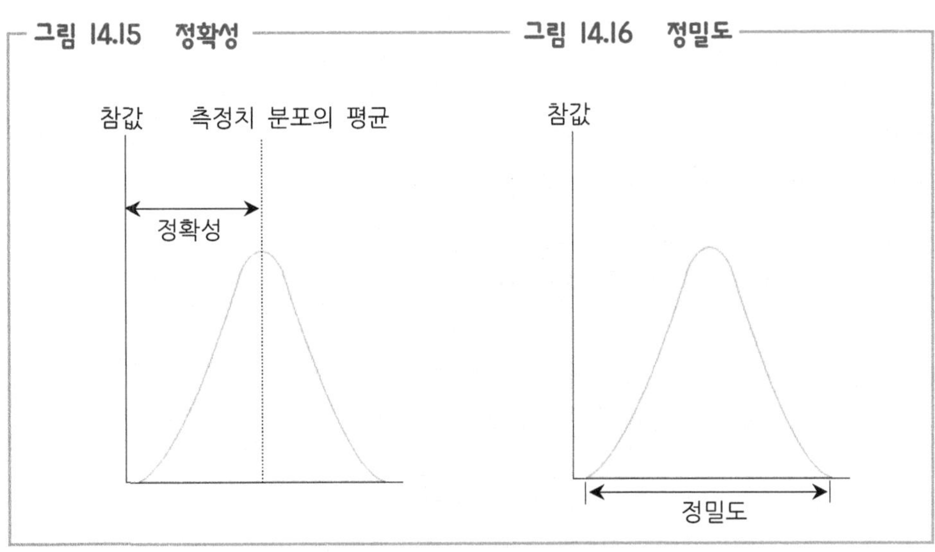

그림 14.15 정확성

그림 14.16 정밀도

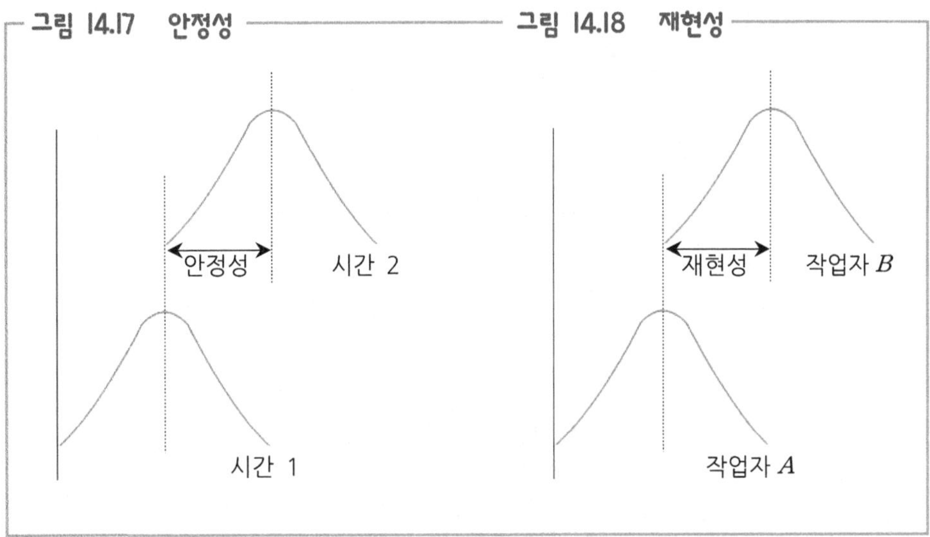

그림 14.17 안정성

그림 14.18 재현성

(3) 안정성(stability)

계측장비가 마모나 기온이나 습도와 같은 환경조건의 변화에 의하여 시간이 지남에 따라서 동일 제품의 계측 결과에 영향을 미치는 경우를 말한다. **[그림 14.17]**에서 보는 바와 같이 시간이 지남에 따라 측정된 평균값이 다를 경우, 그 계측기는 안정성이 결여됐다고 말한다.

(4) 재현성(reproducibility)

재현성은 측정자간의 차이를 말한다. 동일한 계측기로 동일한 제품을 측정하였을 때에 측정자간에 나타나는 측정데이터의 평균의 차를 말하며, 이 평균의 차가 크면 재현성이 떨어진다고 말한다(**[그림 14.18]**).

전형적인 측정오차와 그 원인과의 관계를 보면 **<표 14.5>**와 같다.

표 14.5 측정치의 변동의 문제점과 원인의 관계

문제점	원 인
정확성	계측기 상태가 안 좋은 경우 적합하지 않은 눈금 적합하지 않은 계측기 사용방법
정밀도	계측기 보전의 미비 적합하지 않은 측정기 계측기 고정방법이나 위치 문제
안정성	환경조건, 불규칙적인 사용 시기 계측기의 작동준비(warm-up) 상태
재현성	측정자 교육 미비 계측기의 눈금의 불확실에 의한 해독 오차

예를 들어, 정밀도가 다른 경우에 비해 나쁜 경우에 그 원인과 해결 방법을 보면 다음과 같다.

(1) 계측기의 보전(maintenance)이 필요하다

(2) 계측기의 정도가 좋아지도록 새롭게 설계 제작되거나 구입되어야 한다.

(3) 측정하기 위한 계측기의 고정 방법이나 위치 등에 문제가 있으며, 이를 개선하여야 한다.

만일 재현성이 다른 경우에 비하여 나쁜 경우에는 원인과 그 해결 방법은 다음과 같다.

(1) 측정자가 계측기의 눈금을 읽는 방법이나 사용방법에 대하여 교육이 안되어 있으므로 교육이 필요하다.

(2) 계측기의 눈금이 확실하지 못하여 읽는 수치에 오차가 발생한다.

14.5.3 정밀도와 재현성 실험(R&R Test)

어떤 경우에도 공장에서 참값의 제품만을 생산해 낼 수는 없다. 그러나 만일 측정시스템에 관한 연구가 되어 있지 않으면, 이런 변동이 제조 단계에서 파생된 문제인지, 아니면 측정시스템에서의 문제점으로 인한 것인지를 알 수 없을 것이다. **[그림 14.14]**에서 설명된 것처럼 우리가 생각하는 제품의 특성치는 측정시스템에서 측정된 결과이다. 이 측정된 제품의 변동은 제조 과정에서 형성된 변동과 측정에 의한 변동으로 구분될 수 있을 것이다.

측정된 제품의 변동 = 제조공정에 의한 변동 + 측정에 의한 변동

다음은 R&R Test를 실시하여 측정변동의 주요 원인인 정밀도, 재현성, 정확성과 안정성을 구분 계산하여 측정변동의 주요 원인을 분석하여 보자. R&R Test를 하는 데 있어서 무엇보다도 중요한 것은 준비 단계이다. **[그림 14.14]**와 같이 측정시스템에 영향을 미치는 것은 5가지, 즉 인력, 방법, 자재, 기계 및 환경이다. R&R Test를 하는데 필요한 준비 사항을 보면 다음과 같다.

(1) **인력** : 일반적인 측정자 2명 혹은 3명을 선택한다. 여기서 일반적이란, 일상적으로 측정하는 작업자 중에서 가장 잘하는 사람도 가장 못하는 사람도 아닌 측정자다.

(2) **방법** : 모든 측정자는 정확하게 측정시료를 측정하는 방법을 알아야 한다. 만일 새로운 측정기를 사용하면, 테스트 전에 미리 측정 교육을 시키고 완전히 이해하였는가를 확인하여야 한다. 만일 측정자가 측정하는 방법을 정확히 모르면 오차를 정확하게 발견해 낼 수 없다.

(3) **자재** : 대부분의 경우에 10개의 측정시료를 선택하여, 각 측정시료에 번호를 준다. 만일 파괴되는 측정이라면 그 이상이 요구된다.

(4) **기계** : 계측기는 규격보다 한 눈금 더 작은 것까지 읽을 수 있어야 한다. 예로써, 규격이 1.05g~1.09g이라면, 계측기 눈금은 0.001g까지 읽을 수 있어야 한다. 만일 계측기가 0.001g까지 읽지 못하면, 측정시스템으로부터 잘못된 정보를 얻을 것이다.

(5) **환경 :** 측정 품목에 따라 작업환경이 측정오차에 큰 영향을 미치는 경우가 있으므로 적합한 작업환경 하에서 측정하여야 한다. 예로써 온도는 섭씨 21도 그리고 습도는 약 50%가 적합할 것이며 통풍이 잘 되는 곳이 좋을 것이다. 작업환경은 측정시료에 영향을 미칠 뿐만 아니라 측정기나 측정자의 효율도에도 영향을 미칠 수 있다.

이 분리 평가법은 측정자의 수(g), 측정시료의 수(n), 반복측정의 횟수(r)등을 상황에 따라 변화를 줄 수 있으나 일반적으로 g=3, n=10, r=2가 주로 사용된다. 이런 경우에 대한 평가절차를 예를 들어 설명하면 다음과 같다.

(1) 측정자를 A, B, C라 하고, 측정시료에 번호 1, 2, …, 10을 주고, 측정자는 이 번호를 알 수 없도록 한다.

(2) 계측기를 측정할 수 있도록 준비한다.

(3) 측정자 A로 하여금 10개의 시료를 랜덤하게 측정하여 그 값을 **<표 14.6>**의 1차 반복열에 기입한다.

(4) 측정자 B, C에 대해서도 순서 3을 반복한다.

(5) 1차 반복이 끝난 후, 2차 반복에 대해서도 순서 3, 4와 동일한 방법으로 다시 실시하여 측정치를 기입한다. 필요하다면 3차 반복을 실시한다. 반복의 수가 증가함에 따라 더 정확한 결과를 얻을 수 있다. **<표 14.6>**의 빈 칸을 채우고, **<표 14.7>**의 평가 보고서를 작성하여 계측기오차인 정밀도, 재현성, 그리고 R&R(정밀도와 재현성)을 다음에 소개된 순서 (6)번에서 (12)번에 걸쳐 구한다.

(6) **<표 14.8>**과 같이 측정된 자료에 대하여, 각 측정자에 대한 10개의 샘플의 합과 범위를 구한 후, 각 측정자에 대한 평균값($\overline{X}_A$= 30.05, $\overline{X}_B$ = 28.9, $\overline{X}_C$ = 30.15)와 평균범위($\overline{R}_A$ = 0.7, $\overline{R}_B$ = 0.6, $\overline{R}_C$ = 0.7)를 계산한다.

(7) 측정시스템이 관리 상태에 있는가를 확인한다.

(a) 총평균범위($\overline{\overline{R}}$ =0.667)를 계산한다.

(b) R −관리도의 관리상한선($UCL_R = D_4 \cdot \overline{\overline{R}} = 2.181$)을 계산한다.

여기서 D_4 =3.27(반복측정이 2회인 경우)

D_4 =2.58(반복측정이 3회인 경우)

표 14.6 정밀도와 재현성의 분리평가법 데이터 시이트

열 번 호	1	2	3	4	5	6	7	8	9	10	11	12
측 정 자	A				B				C			
시료번호	1차반복	2차반복	3차반복	범 위	1차반복	2차반복	3차반복	범 위	1차반복	2차반복	3차반복	범 위
1												
2												
3												
4												
5												
6												
7												
8												
9												
10												
합 계												

합 $\overline{X}_A$　　$\overline{R}_A$　　합 $\overline{X}_B$　　$\overline{R}_B$　　합 $\overline{X}_C$　　$\overline{R}_C$

$\overline{R}_A$	
$\overline{R}_B$	
$\overline{R}_C$	
합	
$\overline{\overline{R}}$	

반복횟수	D_4
2	3.27
3	2.58

$(\overline{\overline{R}})\times(D_4) = UCL_R$

$(\_\_\_)\times(\_\_\_)=\_\_\_$

Max. $\overline{X}$	
Min. $\overline{X}$	
$\overline{X}$ Diff	

(c) 각 측정자에 대하여 산출된 범위(R)과 UCL_R을 비교하여 측정시스템이 관리상태에 있는지 분석한다. 만일 어떤 범위가 UCL_R보다 클 경우, 측정 시스템에 문제가 있는지 조사하고 그 값을 제외한 후 순서 (6)과 순서 (7)을 다시 한다.

(8) 측정자간의 평균값 범위를 다음과 같이 계산한 후 평가 보고서 **<표 14.9>** 에 적는다. $\overline{X}_{diff}$ = 최대 평균값 − 최소평균값 = $\overline{X}_C - \overline{X}_B$ = 30.15 − 28.90 = 1.25

(9) 정밀도를 나타내는 E.V.(계측기변동 ; equipment variation)을 계산한다.

$$\text{E.V.} = \overline{\overline{R}} \cdot K_1 \text{, 여기서 } K_1 = 2 \cdot \frac{2.575}{d_2}$$

으로, d_2는 부록 **<A-7>**에서 시료의 크기 n 대신에 반복횟수 r을 대입시켜 얻어지는 값으로 1.128이다. 만일 반복횟수가 3이면 1.693, 4이면 2.059

표 14.7 정밀도와 재현성 평가보고서

시료이름 ________ 계측기이름 ________ 날 짜 ________

측 정 치 ________ 계측기번호 ________ 평가자 ________

규 격 ________ 계측기형태 ________ ________

데이터 시이트 결과 $\overline{\overline{R}}$ = ________ $\overline{X}_{diff}$ = ________

계측기 성질 **%공차분석**

정밀도-계측기변동(E.V.)

E.V. = ($\overline{\overline{R}}$)×(K_1)

= ( )×( )

= ________

반복횟수	2	3
K_1	4.566	3.042

%E.V.=100[(E.V.)/공차]

=100[( )/( )]

= ________

재현성-측정자변동(A.V.)

$$\text{A.V.} = \sqrt{[(\overline{X}_{diff}) \times (K_2)]^2 - [(E.V.)^2/(n \times r)]}$$

$$= \sqrt{[(\quad) \times (\quad)]^2 - [(\quad)^2/(\quad \times \quad)]}$$

= ________

측정자수	2	3
K_2	3.652	2.696

n =시료의 수

r =반복횟수

%A.V.=100[(A.V.)/(공차)]

=100[( )/( )]

= ________

정밀도와 재현성(R&R)

$$\text{R\&R} = \sqrt{(E.V.)^2 + (A.V.)^2}$$

$$= \sqrt{(\quad)^2 + (\quad)^2}$$

= ________

%R&R=100[(R&R)/공차]

=100[( )/( )]

= ________

표 14.8 정밀도와 재현성의 분리평가법 데이터 시이트

열 번 호	1	2	3	4	5	6	7	8	9	10	11	12
측 정 자	A				B				C			
시료번호	1차반복	2차반복	3차반복	범 위	1차반복	2차반복	3차반복	범 위	1차반복	2차반복	3차반복	범 위
1	30.0	29.0		1	29.0	30.0		1	31.0	31.0		0
2	29.0	30.0		1	28.0	28.0		0	29.0	30.0		1
3	31.0	30.0		1	30.0	28.0		2	30.0	30.0		0
4	32.0	31.0		1	29.0	30.0		1	29.0	30.0		1
5	29.0	29.0		0	28.0	28.0		0	31.0	30.0		1
6	30.0	31.0		1	30.0	30.0		0	32.0	30.0		2
7	31.0	31.0		0	27.0	28.0		1	29.0	29.0		0
8	28.0	29.0		1	29.0	29.0		0	31.0	30.0		1
9	30.0	30.0		0	30.0	30.0		0	30.0	30.0		0
10	31.0	30.0		1	28.0	29.0		1	30.0	31.0		1
합 계	301.0	300.0		7	288.0	290.0		6	302.0	301.0		7
	→	301.0		0.7	→	288.0		0.6	→	302.0		0.7
			$\overline{R}_A$ ↑				$\overline{R}_B$ ↑				$\overline{R}_C$ ↑	
	합	601.0			합	578.0			합	603.0		
	$\overline{X}_A$	30.05			$\overline{X}_B$	28.90			$\overline{X}_C$	30.15		

$\overline{R}_A$	0.7
$\overline{R}_B$	0.6
$\overline{R}_C$	0.7
합	2.0
$\overline{\overline{R}}$	0.667

반복횟수	D_4
2	3.27
3	2.58

$$(\overline{\overline{R}})\times(D_4) = UCL_R$$
$$(\underline{0.667})\times(\underline{3.27})=\underline{2.181}$$

Max. $\overline{X}$	30.15
Min. $\overline{X}$	28.90
$\overline{X}$ Diff	1.25

표 14.9 정밀도와 재편성 평가보고서

시료이름	핀	계측기이름	두께측정기	날 짜	2004/9/1
측 정 치	두께길이	계측기번호	Y-6990	평가자	홍길동
규 격	30±4mm	계측기형태	0.0~1.0mm		

데이터 시이트 결과 $\bar{\bar{R}}$=0.667 $\bar{X}_{diff}$=1.25

계측기 성질		%공차분석
정밀도-계측기변동(E.V.) E.V. = ($\bar{\bar{R}}$)×(K_1) =(0.667)×(4.56) =3.045	반복횟수: 2 / 3 K_1: 4.566 / 3.042	%E.V.=100[(E.V.)/공차] =100[(3.045)/(8)] =38.06%
재현성-측정자변동(A.V.) A.V. $=\sqrt{[(\bar{X}_{diff})\times(K_2)]^2 - [(E.V.)^2/(n\times r)]}$ $=\sqrt{[(1.25)\times(2.7)]^2 - [(3.045)^2/(10\times 2)]}$ =3.300	측정자수: 2 / 3 K_2: 3.652 / 2.696 n =시료의 수 r =반복횟수	%A.V.=100[(A.V.)/(공차)] =100[(3.3)/(8)] =41.25%
정밀도와 재현성(R&R) R&R $=\sqrt{(E.V.)^2+(A.V.)^2}$ $=\sqrt{(3.045)^2+(3.30)^2}$ =4.490		%R&R=100[(R&R)/공차] =100[(4.49)/(8)] =56.13%

그리고 5이면 2.326이다. 여기서의 계산은 모두 정규분포에서 99%를 차지하는 ±2.575s의 신뢰구간에 근거하여 작성하였으며, 만일 99.7%를 원한다면 ±3s를 사용하면 된다. 본 예제에서는 E.V.=3.045이다. 이 값이 크면 정밀도, 즉 계측기 간의 변동이 크다고 판단된다.

(10) 재현성을 나타내는 A.V.(측정자 변동 : appraiser variation)을 계산한다.

$$A.V.=\sqrt{(\bar{X}_{diff}\cdot K_2)^2-\frac{(E.V.)^2}{n\cdot r}}\ ,\ \text{여기서 } K_2 \text{ 는 } 2\cdot\frac{2.575}{d_2^*}$$

d_2^* 는 측정자가 2명이면 1.41, 3명이면 1.914, 4명이면 2.24 그리고 5명이면 2.48이다. 본 예제에서는 d_2^* 는 1.91이고 재현성은 다음과 같다.

$$A.V.=\sqrt{(1.25\cdot 2.696)^2-\frac{(3.045)^2}{10\cdot 2}}=3.300$$

이 값이 크면 재현성, 즉 측정자간의 오차가 큰 것이다.

(11) 정밀도와 재현성을 동시에 나타내는 R&R을 계산한다.

$$R\&R = \sqrt{(E.V.)^2 + (A.V.)^2} = \sqrt{(3.045)^2 + (3.3)^2} = 4.490$$

(12) 정밀도, 재현성 및 R&R의 공차에 대한 백분비를 계산한다.

%정밀도 = %E.V. = (E.V./공차)·100%

%재현성 = %A.V. = (A.V./공차)·100%

%R&R = %R&R = (R&R/공차)·100%

만일 규격이 30±4이라면, 공차가 8이므로 백분비는 다음과 같다.

%정밀도 = (3.045/8)×100% = 38.06%

%재현성 = (3.300/8)×100% = 41.25%

%R&R = (4.490/8)×100% = 56.13%

이 예제에서는 %정밀도, %재현성이 각각 38.06%, 41.25%로서 정밀도와 재현성이 비슷하게 나쁜 편이며, %R&R은 56.13%로 공차에 비하여 전체적으로 정밀도와 재현성의 계측기 오차가 상당히 큰 편이다. 계측기의 관리가 매우 미흡하며, 반드시 오차의 원인을 규명하여야 한다.

14.5.4 정확성의 평가

계측기의 정확성 여부를 판단하기 위해서는 시료특성의 참값(true value)을 알아야 한다. 이 참값은 정밀검사장비를 이용하여 구할 수 있을 것이다. 시료 n 개에 대하여 구한 참평균(true average)과 측정자가 얻은 시료평균 $\overline{X}$ 와의 차이가 정확성을 나타낸다. 정확성의 백분비는

$$\%\text{정확성} = \frac{|\text{참평균} - \text{시료평균}|}{\text{공차}} \cdot 100$$

으로 얻어진다. 정확성이 나쁜 원인은 **<표 14.5>**에서처럼 다음과 같은 경우가 가능하다.

(1) 계측기를 오래 사용하여 마모된 경우
(2) 눈금이 잘못된 불량 계측기
(3) 측정자가 계측기 사용 방법을 잘 모르는 경우이거나 측정방법에 어떤 잘못이 있는 경우

14.5.5 안정성의 평가

계측기의 안정성은 시간의 변화에 대한 측정치의 변동이므로, 안성성은 다음과 같이 구한다. 시점 t_1 에서 시료평균 $\overline{X}_1$와 시점 t_2에서의 시료평균 $\overline{X}_2$라면 계측기 안정성의 백분비는

$$\%\text{안정성} = \frac{|\overline{X_1} - \overline{X_2}|}{\text{공차}} \cdot 100$$

으로 계산된다. 계측기의 안정성은 다음과 같은 경우에 문제를 갖게 된다.

(1) 환경조건의 변화로 공기압(air pressure)이 변화되는 경우
(2) 계측기 작동준비(warm-up) 상태여부가 측정치에 영향을 미치는 경우
(3) 계측기를 자주 사용하지 않아서 미사용 기간이 긴 경우

14.5.6 계측기 관리 방안

계측기의 오차를 줄여 나가고자 할 때에 일반적으로 다음의 순서에 의하여 시행하는 것이 바람직하다.

(1) 먼저 계측기의 정확성과 안정성에 아무런 문제가 없는지를 검토한다. 정확성과 안정성은 계측기 자체의 신뢰성을 좌우하는 것으로, 이 신뢰성을 확보

하기 위하여 측정방법, 시료의 샘플링방법, 실험방법의 면밀한 검토와 계측기의 물리적 상태의 체크 등을 실시하여야 한다. 이 신뢰성이 떨어지면 그 원인을 규명하여 신뢰성을 회복할 수 있도록 조치하여야 한다.

(2) 정밀도(%), 재현성(%) 그리고 얻어진 데이터를 분석하여 보면 측정오차의 주요 원인이 무엇이며 어느 분야의 개선이 필요한가를 알 수 있다. 예로써, 만일 재현성(%)이 R&R(%)의 대부분을 차지한다면 측정자와 측정기술의 교육에 염두를 두어야 할 것이다. 반면에 정밀도(%)가 재현성(%)에 비하여 상대적으로 크면, 측정기를 조사하여 개선점을 찾아내야 할 것이다. 보전이 문제라면 계속적으로 보전해야 할 것이며, 계측기의 고정 방법이나 위치가 문제인가도 점검하여야 한다. 만일 계측기의 정도가 떨어지면 계측기 공급자나 제조자와 상의하여 새로 정도 높은 측정기를 구입하거나, 측정기의 정도가 높아지도록 설계 제작되어야 한다. R&R(%)의 크기에 따라서 대개 다음과 같이 평가한다.

R&R (%)	조 치
10% 미만인 경우	계측기 관리가 잘 되어 있는 편임.
10~30% 인 경우	계측기의 수리비용, 측정오차의 심각성 등을 고려하여 조치 여부를 결정함.
30% 이상인 경우	계측기 관리가 미흡하여, 반드시 계측기 오차의 원인을 규명하여 이를 해소시켜 주어야 한다. 개선방법이 없으면 계측기 판매회사의 도움을 얻어야 함.

14.6 모토로라의 6σ 품질전략

14.6.1 6σ의 계획

6σ (six sigma)는 1980년대 말 미국의 Motorola 사에서 혁신적인 품질개선을 목적으로 만든 기업 경영전략으로 1988년 MB상을 수상하면서 세상에 알려지기 시작하였다. 이 후 6σ 는 Texas Instrument(1989), Allied Signal(1994), GE 및 협력회사(1995), SONY(1997)등 세계 일류기업들에 의해서 추진되기 시작하면서 많은 기업들에게 벤치마킹 사례로 등장하고 있다. 특히 6σ 는 고품질, 저비용 그리고 짧은 사이클타임을 달성함으로서 고객을 만족시킴으로 기업의 경쟁력을 강화시켰다. 국내에는 LG(1997)와 삼성(1997) 등에 의해서 성공적인 추진 사례들이 보고 되면서 널리 확산되기 시작하였다.

6σ 는 처음에는 기업의 제조 부문에서 활발히 활용되었지만, 점점 적용분야가 확대되어 제조부문 외에도 연구개발, 사무 간접, 영업 등 기업 활동의 모든 분야에 적용이 확대되었다. 최근에는 기업 외에도 공공기관, 병원 등 비영리단체에서도 적용하여 효과를 보고 있다. GE의 Jack Welch 회장은 6σ 를 기업의 전 분야에 적용하고 강력히 추진하여 품질면에서 2등급의 회사를 세계적인 기업으로 발전시킨 경영인으로 유명하다.

전 세계적으로 잘 알려진 모토로라사의 6σ 계획(6σ plan)은 1988년부터 1992년까지 5년간에 걸쳐 기업 각 부분에서 단계적인 달성목표와 달성방법이 무엇인지를 잘 나타내고 있다. 특히 최종연도인 1992년에 제품설계, 제조 및 서비스의 품질산포를 최소화하여 **[그림 14.19]**에서와 같이 규격상한(S_U)과 규격하한(S_L)이 품질의 중심으로부터 6σ 의 거리에 있도록 하겠다는 의미에서, 이 계획을 간단히 6σ 계획이라고 한다. 모토로라사는 반도체산업에서 선도적인 기업이며 우리에게는 핸드폰 생산업체로 잘 알려지고 있다. 특히, 이 회사의 6σ 계획은 많은 기업으로부터 벤치마킹 사례로 인용되고 있어 여기에 소개하기로 한다.

그림 14.19 $\pm 3\sigma$, $\pm 6\sigma$ 인 경우의 불량률 그래프

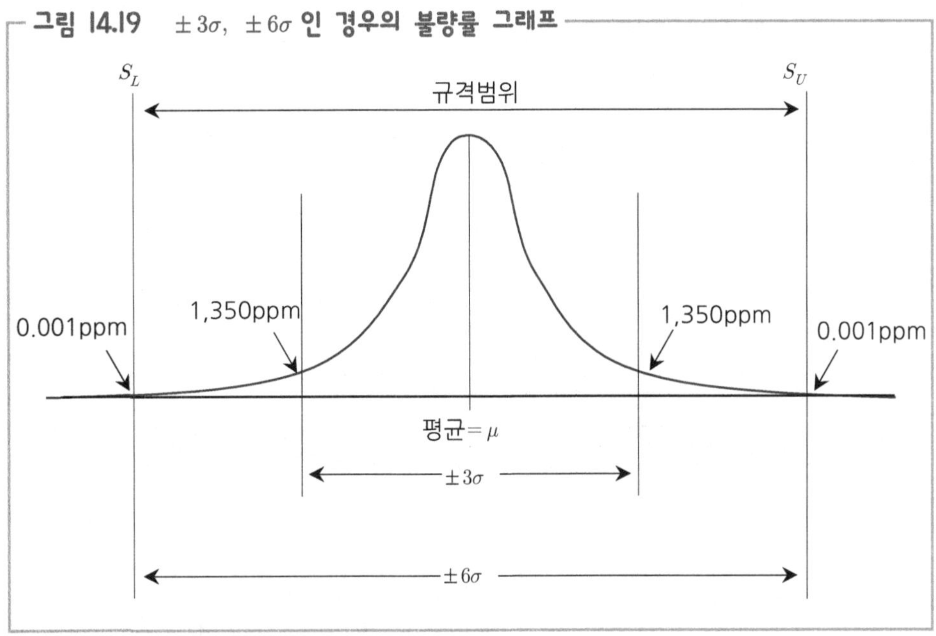

[그림 14.19]에서 보면 품질분포의 평균 μ 로부터 S_L과 S_U가 $\pm 3\sigma$ 에 있으면 불량이 양쪽으로 각각 1350ppm(parts per million)이 발생한다. 즉, 100만개의 반도체를 만들면 이 중에서 2700개가 불량품이 된다. 그러나 $\pm 3\sigma$ 대신의 $\pm 6\sigma$ 가 되면 양쪽으로 각각 0.001ppm이 발생하여, 10억 개 중에서 2개만이 불량으로 불량률이 실질적으로 없게 된다.

품질이 정규분포를 하는 경우에 규격한계가 $\pm \sigma$ 에서 $\pm 6\sigma$ 로 변함에 따라서 양품률과 불량률을 계산하여 보면 **<표 14.10>**과 같다.

표 14.10 규격한계의 변화에 따른 불량률 변화

규격관계	양품률(%)	불량률(ppm)
$\pm \sigma$	68.27	317300
$\pm 2\sigma$	95.45	45500
$\pm 3\sigma$	99.73	2700
$\pm 4\sigma$	99.9937	63
$\pm 5\sigma$	99.999943	0.57
$\pm 6\sigma$	99.9999998	0.002

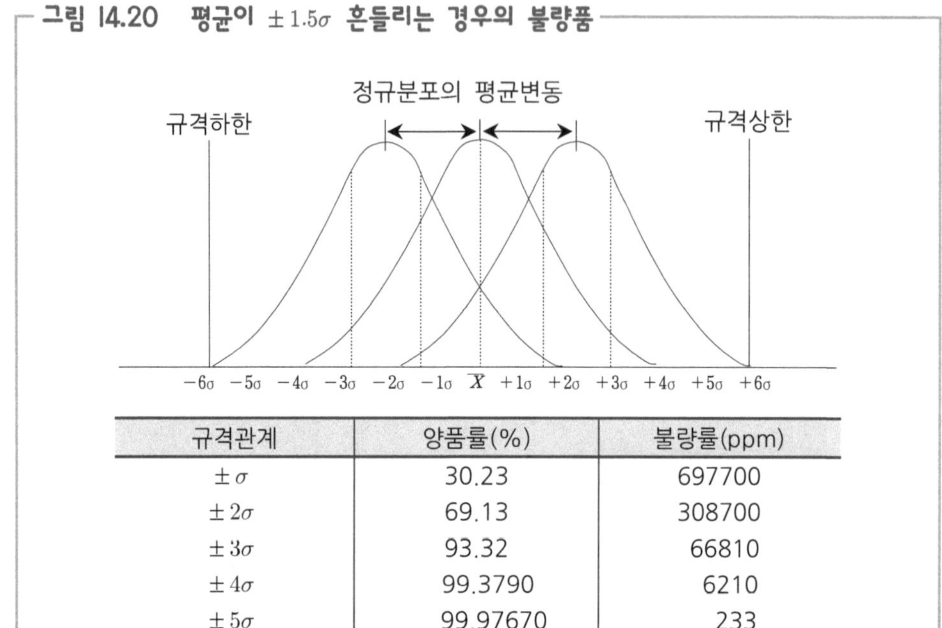

그림 14.20 평균이 $\pm 1.5\sigma$ 흔들리는 경우의 불량품

규격관계	양품률(%)	불량률(ppm)
$\pm\sigma$	30.23	697700
$\pm 2\sigma$	69.13	308700
$\pm 3\sigma$	93.32	66810
$\pm 4\sigma$	99.3790	6210
$\pm 5\sigma$	99.97670	233
$\pm 6\sigma$	99.999660	3.4

그러나 실무에서는 품질산포의 여러 가지 원인(재료, 방법, 장치, 사람, 환경, 측정 등)에 의하여 평균 μ 자체가 최대로 $\pm 1.5\sigma$ 까지 흔들릴 수 있다고 한다. **[그림 14.20]** 에서 보는 바와 같이 평균이 $\pm 1.5\sigma$ 흔들리더라도 불량률은 3.4ppm으로 충분히 작은 값이다. 따라서 $\pm 6\sigma$ 도전이 성취되면 불가피한 원인으로 평균이 약간 흔들리더라도 불량률은 100만개 중에서 3.4개 이하로 관리될 수 있다.

그러나 일반적으로 우수한 제품이라고 생각되는 $\pm 4\sigma$ 정도의 경우, 이론적으로는 63ppm으로 괜찮다고 생각이 되지만 현장에서는 중심이 흔들리며 **[그림 14.20]** 에서와 같이 불량률이 6210ppm까지 올라갈 수도 있다는 것을 인식해야 한다.

14·6·2 모토로라의 추진활동

6σ 계획을 달성하기 위하여 모토로라사는 지속적인 공정향상 계획을 수립하고 추진하였다. 이 추진활동은 모토로라의 설계, 제조, 관리부문 등의 모든 조직과 납품업자까지 포함시킨 총체적인 품질향상 노력이라고 볼 수 있다. 이 프로그램의 핵심은 추진팀을 다수 구성하여 적절한 교육을 실시하고, 지속적인 품질향상활동을 유지하여 나가며 6σ 품질을 달성하는 것이다.

모토로라의 경우 개선활동은 **[그림 14.21]**에서와 같이 10단계로 나누어 추진되며, 각 단계에서 **<표 14.11>**에 나와 있는 것과 같은 도구들을 사용한다. 만약 $\pm 6\sigma$ 가 달성된다면 C_P 값은

$$C_P = \frac{+6\sigma - (-6\sigma)}{6\sigma} = 2$$

가 된다. 즉 $\pm 6\sigma$ 계획은 C_P 값을 2로 만드는 계획인 셈이다. 만약 **[그림 14.20]**에서와 같이 좌 또는 우로 1.5σ 만큼 평균이 목표값으로부터 움직인다면 공정능력지수는 C_{PK}=1.5가 된다. 이 경우에는 $\pm 6\sigma$ 계획은 C_{PK} 값을 1.5로 만드는 계획이 되는 것이다.

＊1단계 : 개선과제 선정

개선 후 회사에서 미칠 수 있는 영향을 품질, 생산성, 품질비용, 소비자 만족도 측면에서 검토하면서 언제까지 어느 분야를 어떻게 개선할 것인지 결정한다. 이때 사용되는 기법들로는 파레토분석, 품질비용분석, 브레인스토밍 등이 있다.

＊2단계 : 품질향상팀 구성

선정된 과제에 대한 전문지식은 물론 경험도 있는 사람들로 소집단을 구성한다. 구성된 사람들 중에서 과제의 책임자를 선정한다. 과제의 책임자는 경영층과 원활한 의사소통을 할 수 있는 사람이어야 함은 물론이다.

＊3단계 : 현황분석

품질향상팀은 문제점이 무엇인지 먼저 분석해야 한다. 특히 변동을 야기시키는 주원인이 무엇인지 5MIE(man, machine, method, material, measurement, environment)의 측면에서 조사하여, 각 공정에서 입력과 출력간의 상호관계를 분석한다. 이때 공정도, 파레토그림 등의 도구가 사용된다.

＊4단계 : 측정시스템 분석

공정이 관리되어 있는지는 측정결과로 판단한다. 그만큼 측정시스템관리는 중요하다. 측정치에는 항상 산포(variation)가 있기 마련이다. 이 산포가 정확성, 정밀도, 재현성, 안정성 등의 측면에서 제대로 관리되어 있는지 확인하며, 각각의 측면에서 문제가 있다면 그 원인이 무엇인지 찾아내어, 다시는 측정결과에 나쁜 영향을 미치지 않도록 한다.

＊5단계 : 품질문제를 발생시키는 주요 공정 발견

품질의 변동 및 평균에 문제를 일으키는 요인을 발견한다. 이때 품질의 변동 문제가 먼저 해결되어야 함을 명심한다. 이 단계에서 이용되는 도구로는 특성요인도, 다변량 차트 등이 있다.

＊6단계 : 공정에 영향을 미치는 주요 변수의 선택

앞에서 선택한 주요 공정에 영향을 미치는 변수(요인이라고도 부름)가 무엇인지 확인한다.

앞의 5단계가 종속변수를 찾는 것이라고 하면, 6단계는 종속변수에 영향을 미치는 독립변수가 무엇인지 파악하는 것이다. 이때 이용되는 통계분석도구로는 특성요인도, 분산분석법, 다중회귀분석 등이 있다.

＊7단계 : 공정능력의 조사

공정의 능력인 공정능력지수 C_p나 C_{pk}로 평가한다.

＊8단계 : 최적공정의 발견

앞의 7단계에서 공정의 능력이 없다고 판명되면 부품설계를 변경하든 관리방법을 개선하든 적절한 조치를 취하여 공정의 능력이 있도록 해야 하며(이상원인을 제거하는 것을 말함), 공정능력이 있다고 판명되면 품질의 변동을 야기하는 이상원인이 발행하는 것을 미리 예방하기 위한 작업을 하고 공정의 안정을 꾀한다. 후자의 경우 공정의 안정화를 꾀하기 위해 특히 통계적 공정관리 기법이나 파라미터 설계를 사용하여 우연원인에 위한 품질특성치의 변동도 가능하면 줄이도록 해야 한다.

그림 14.21 품질향상 흐름도

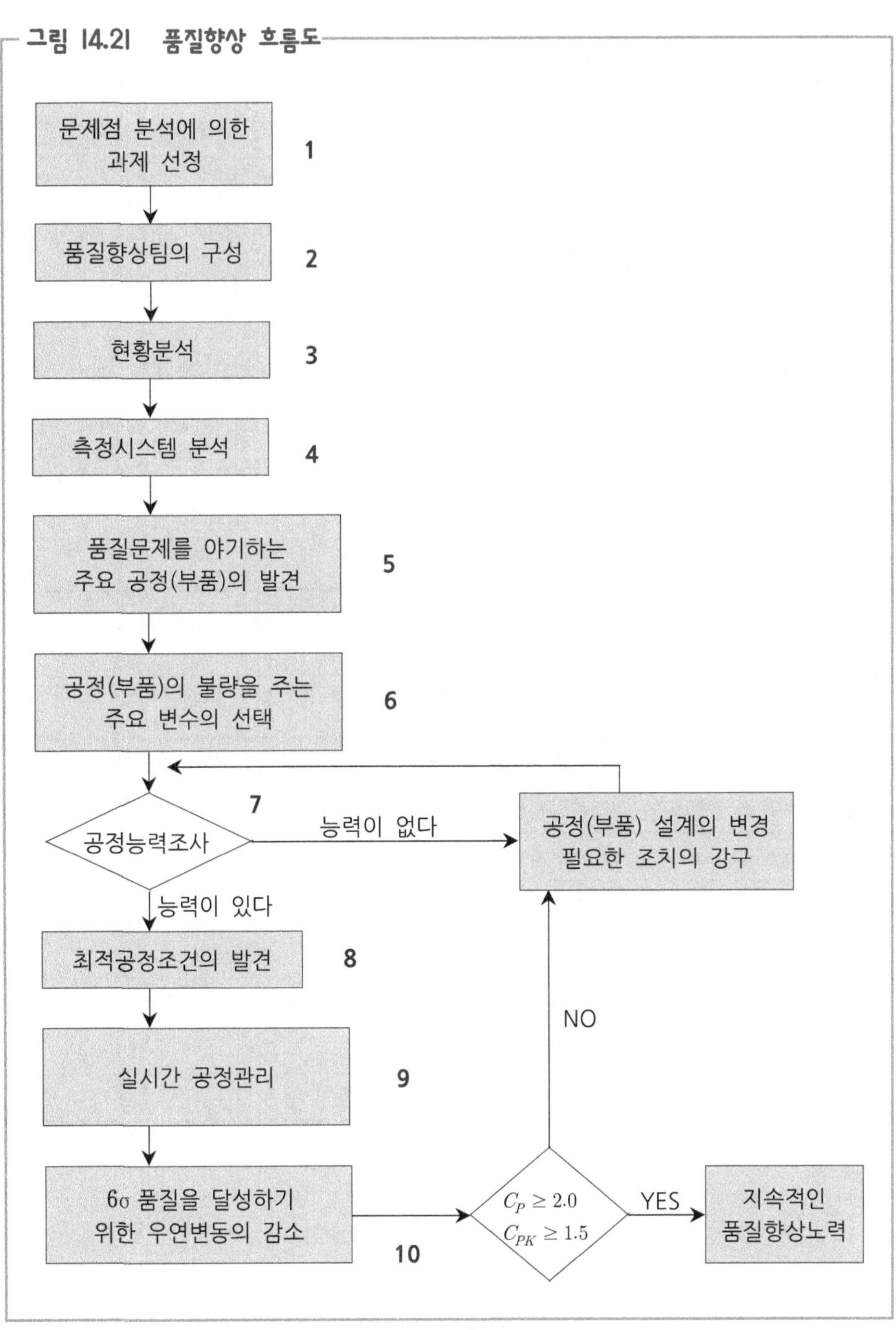

• **9단계 :** 실시간 공정 감시

일단 공정이 바람직한 상태로 안정되었다고 해도 언제 무슨 요인에 의해 공정의 변동이 생길지 모른다. 그러므로 중요한 품질특성치들을 실시간에 측정하여 공정상에 이상요인이 일어나는 것을 예방해야 된다. 물론 무슨 일이 일어나면 이를 신속히 처리해야 될 것이다. 이때 공정의 상황을 감시하기 위하여 공정능력지수를 이용할 수 있다.

• **10단계 :** 우연변동의 감소 및 지속적인 개선활동

제품의 품질을 높이기 위해서는 이상원인에 의해 생기는 문제에 대한 해결 이외에 우연원인에 의해 생기는 문제에 대한 해결에도 역점을 두어야 한다. 이때 비로소 6시그마 품질을 달성할 수 있고, 고객 만족이 이루어질 수 있다.

표 14.11 각 단계별 사용도구

단계	개선활동 도구와 실시
1	파레토분석, 신뢰성 보고서, 품질비용 분석, 브레인스토밍
2	팀의 구성(팀장, 서기, 자문위원, 팀원) : 가능한 관련된 무든 부서에서 팀의 구성원으로 참여하도록 한다.
3	공정도 작성, 파레토 분석, 과거 데이터 조사, 특성요인도 작성, 경향분석
4	계측기 정밀도 분석, 측정시스템 분석
5	특성요인도 작성, 다변량 차트, 산점도, 고장 분석 보고서, 경향차트
6	분산분석법, 반응표면분석, 특성요인도, 다중회귀분석
7	공정능력지수
8	실험계획법(다구찌 방법 등), 고장 분석 보고서, 공정능력지수, 파라미터 설계
9	관리도, 공정능력지수, 품질지수
10	관리방식결정, 6σ의 점검, 경영자의 품질경영방침 천명

참고문헌

14·1 Beauregard, M.R., Mikulak, R.J. and Olson, B.A. : A Practical Duide to statistical Quality Inprovement, Van Nostrand Reinhold Inc., 1992.

14·2 Farnum, N.R. : Modern Statistical quality Control and Inprovement, Duxbury Press, 1994.

14·3 Juran, J.M. : Quality Control Handbook, 4th ed., McGraw Hill, New York, N.Y., 1981.

14·4 Juran, J.M. and Gryna, F.M. : Quality Planning and Analysis, McGraw-Hill, New York, N.Y., 1970.

14·5 김영휘 : 품질관리, 청문각, 1979.

14·6 박성현 : 응용실험계획법, 영지문화사, 1990.

14·7 황의철 : 최신품질관리, 박영사, 1977.

14.1 **[그림 14.7]**과 같이 $M<\mu$ 인 경우에 식(14・4)의 공정능력지수 C_{PK}는 식(14・5)와 같이 쓰일 수 있음을 증명하여라. 또한 $M>\mu$ 인 경우에는 C_{PK}가 식(14・6)과 같이 됨을 증명하여라.

14.2 공정능력의 정량화 방법을 몇 가지 들고, 각각의 정량화과정을 간단히 설명하여라.

14.3 어떤 자동차부품의 규격(폭)은 0.785~0.795cm이다. 이 부품의 제조공정을 관리하기 위하여 지난 20일간에 걸쳐 매일 5개씩의 데이터를 취하여 $\bar{x}-R$ 관리도를 작성하여 보니 $\bar{x}$ 및 R 관리도는 모두 안정상태이며, $\bar{\bar{x}}$ =0.788cm, $\bar{R}$ =0.008cm 였다. 이 부품의 공정능력지수를 구하라.

14.4 기어(gear) A, B, C가 선형으로 조립(linear combination)될 때, 조립 기어의 표준편차를 다음 데이터에 의하여 구하라.

(단위 : cm)

	기어 A	기어 B	기어 C
공칭치수	2.50	3.50	2.80
표준편차	0.02	0.04	0.03

14.5 앞의 연습문제 **14.4**의 데이터에서 각 기어의 공차를 $\pm 3\sigma$로 간주할 때, 조립기어의 공차를 구하라.

14.6 공차가 같은 3개의 부품을 조립하였을 때, 조립품의 공차는 ± 0.75 였다. 각 부품의 공차는 얼마인가?

14.7 측정시스템이 제품이나 공정을 정확히 측정하고 있는지를 확인하기 위하여 10개의 측정시료를 선택하여 3명의 측정자에게 같은 측정기로 각각 10번씩을 2번 반복하여 다음과 같은 측정 데이터를 얻었다. 제품의 규격은 50±4이다.

측정자	*A*		*B*		*C*	
시료번호	1차반복	2차반복	1차반복	2차반복	1차반복	2차반복
1	50.2	49.5	49.3	50.2	51.8	51.1
2	49.3	50.2	48.3	48.4	49.3	50.2
3	51.1	50.4	50.3	48.5	50.3	50.4
4	52.8	51.0	49.7	50.5	49.5	50.0
5	49.5	49.3	48.8	48.5	51.0	50.2
6	50.0	51.3	50.5	50.0	52.0	50.5
7	51.5	51.0	48.5	49.0	49.5	49.0
8	48.5	49.5	49.5	49.5	51.2	50.5
9	50.8	50.5	50.7	50.5	50.3	50.8
10	51.5	50.5	48.5	49.0	52.0	51.2

(1) 정밀도, 재현성, R&R을 구하라.

(2) 공차에 대한 백분비를 구하고 계측기관리상태를 논하라.

제15장

신뢰성

15.1 신뢰성의 개념

제품을 구입하는 데 비용을 지불한 고객은 누구나 구입한 제품을 좋은 품질을 유지하면서 오래 사용하고 싶어 한다. 아무리 우수한 성능을 가진 제품이라도 기대한 기간 동안 그 제품을 사용할 수 없다면 고객은 구입한 제품에 대하여 매우 불만족을 느낄 것이다. 만일 제조업체가 제품을 판 시점으로부터 얼마 기간 동안 보증 기간을 두게 되는 경우, 이 보증 기간 동안에 고장이 발생하게 되면 고객은 불편함을 느낄 것이고, 제조업체에게는 수리비용의 부담을 안게 된다. 비록, 제조업체가 보증기간 동안 발생한 고장에 대하여는 무상으로 보수를 해 준다고 하여도 고장은 제조업체의 이미지에 심각한 손상을 가져오게 되며, 이런 일이 누적되면 기업의 경쟁력에도 매우 나쁜 영향을 미치게 된다.

최근 기업들의 글러벌 아웃소싱(global out-sourcing) 전략, 해외 생산기지 확대, 그리고 인터넷의 발전에 따른 정보 확산 등에 의하여, 전 세계적으로 기업들 간 생산된 제품의 품질 수준 차이가 매우 근접한 것이 현 산업 실정이다. 이에 따라 제품의 성능도 중요하나, 제품의 수명 관련 품질 특성치의 추정, 고장 원인의 발견, 새로운 제품의 설계나 제조의 비교 및 평가를 위한 신뢰성 분석은 기업에 매우 중요하다.

신뢰성(reliability)은 제품의 제반 품질특성을 유지하면서 제품을 얼마나 오래 쓸 수 있는가를 나타내는 것으로, 시간적 요인이 중요한 내용으로 되어 있다. 오늘날의 품질관리는 소비자의 입장에서 생각하는 품질관리가 강조되므로, 소비자를 위한 제품의 신뢰성, 안전성 등의 향상이 특별히 요청되고 있다.

현재의 신뢰성에 대한 각종 연구를 체계적으로 확립한 것은 미국이다. 미국은 1950년대 초기에 제2차 세계대전 중에 전자기기의 고장에 대단히 고심하였던 경험을 바탕으로 고신뢰관(reliable tube)을 개발하였으나, 결국 신뢰성은 단지 부품만을 개량해서는 안되며 시스템 전체로서 생각할 필요가 있음을 알게 되었다. 1952년에 미국의 국방성은 전자제품에 대한 신뢰성 연구 자문위원회(AGREE ; Advisory Group on Reliability of Electronic Equipment)를 발족시켜 신뢰성에 대한 본격적인 연구를 시도하였고, 1957년에 그 보고서(AGREE Report)가 제출되어 오늘날의 신뢰성 공학의 기초를 이루었다.

추상적인 낱말로서의 신뢰성이나, 신뢰성을 확률로서 정의하는 신뢰도는 모두 영어로 reliability로 쓰인다. 이것은 rely+ability로서 "맡겨둘 수 있는 능력"을 의미한다. 그러나 너무 막연한 의미이므로 한국산업규격인 KS A 3004에서는 신뢰성과 신뢰도를 다음과 같이 정의하였다.

* **신뢰성(reliability)** : 아이템이 주어진 조건하에서 규정된 기간 중, 요구되는 기능을 수행하는 성질
* **신뢰도(reliability)** : 아이템이 주어진 조건에서 규정된 기간 중, 요구되는 기능을 다하는 확률

위의 정의에서 중요한 것은 다음의 네 가지 사항을 명확히 해야 한다는 것이다.

(1) 대상은 무엇인가.
(2) 정해진 기능이란 무엇이며, 기능을 잃고 있는 고장이란 무엇인가.
(3) 정해진 조건이란 무엇인가.
(4) 의도하는 기간이란 무엇인가.

신뢰도는 신뢰성을 확률의 뚜렷한 숫자로 표시하여 시스템이나 제품의 신뢰정도를 측정, 비교, 보증하고 관리하며 거래하는 데 공통의 기준이 된다. 따라서 위의 (1)~(4)의 항목이 명백하지 않으면 제품의 공급자와 사용자간의 신뢰성의 공통의 척도로 사용하기 어렵다.

시스템이나 제품이 복잡해지면 고장을 아주 없애는 것은 불가능하며, 신뢰도를 높이는 데는 많은 비용이 든다. 따라서 이 경우에는 고장이 나더라도 빨리 발견하여, 즉시 원상태로 회복시켜 주는 것이 중요하다. 이 회복의 능력을 보전도(maintainability=maintain+ability)로 측정하며, 한국산업규격 KS A 3004에 의하면 다음과 같이 정의하였다.

* **보전(maintenance)** : 아이템을 사용 및 작동이 가능한 상태로 유지하거나, 또는 고장, 결점 등을 회복하기 위한 모든 조치 및 활동

* **보전성**(maintainability) : 아이템의 보전이 주어진 조건에 있어서 규정된 기간 내에 완료할 수 있는 성질
* **보전도**(maintainability) : 아이템의 보전이 주어진 조건 아래서 규정된 기간 내에 완료하는 확률

어떠한 시스템이나 제품이든지간에 고장이 나도 수리가 가능한 경우에는, 신뢰도와 보전도의 양자를 합하여 전체적으로 만족한 상태가 되는 것이 중요하다. 이때 "신뢰도+보전도"에 의해 설정되는 확률을 가동성(availability)이라 부르며 이는 설비의 가동률에 상당하는 확률이다. 따라서 이 가동성(availability)은 보전 가능한 시스템이나 제품이 어떤 사용조건에서 시점 t 에서 정상 가동하고 있을 확률로 정의된다. 고장이 나더라도 수리하지 않는 제품에서는 보전성의 기여가 전혀 없으므로 가동성과 신뢰도는 같은 개념으로 사용된다.

15.2 신뢰도와 고장률

신뢰도란 확률로써 정의되었는데, 어떤 제품의 신뢰도란 시간 $t=0$ 에서 쓰기 시작한 제품의 몇 %가 임의의 시점 t 에서 고장 나지 않고 남아있는가를 나타내는 잔존률이라고 볼 수 있다. 따라서 신뢰도는 시간 t 의 함수이다. 그리고 고장률은 KS A 3004에 의하면 "어떤 시점까지 동작하여 온 아이템이 계속되는 단위 기간 내에 고장을 일으키는 비율"이라 정의 된다.

제품의 신뢰도를 측정하려면 동일품질이라고 생각되는 다수의 샘플에 대해서 그것들이 기능을 잃고 고장 나는 시간을 관측해야 한다. 원래는 대상으로 하는 동일 로트의 제품을 모두 관측하면 정확한 신뢰도가 구해지겠으나, 이것이 실제로

불가능하므로 한정된 샘플에 한하여 관측할 수밖에 없다. 예를 들면, 동일 로트로 만들어진 어떤 전기제품에 대하여 100대의 제품을 랜덤하게 택한 후, 이 100대에 대한 고장 나기까지의 시간을 조사하여 그 결과로 시간에 대한 고장수의 히스토그램과 잔존율곡선을 **[그림 15.1]**과 같이 그려보자.

그림 15.1 전기제품 샘플의 잔존율곡선과 수명의 히스토그램

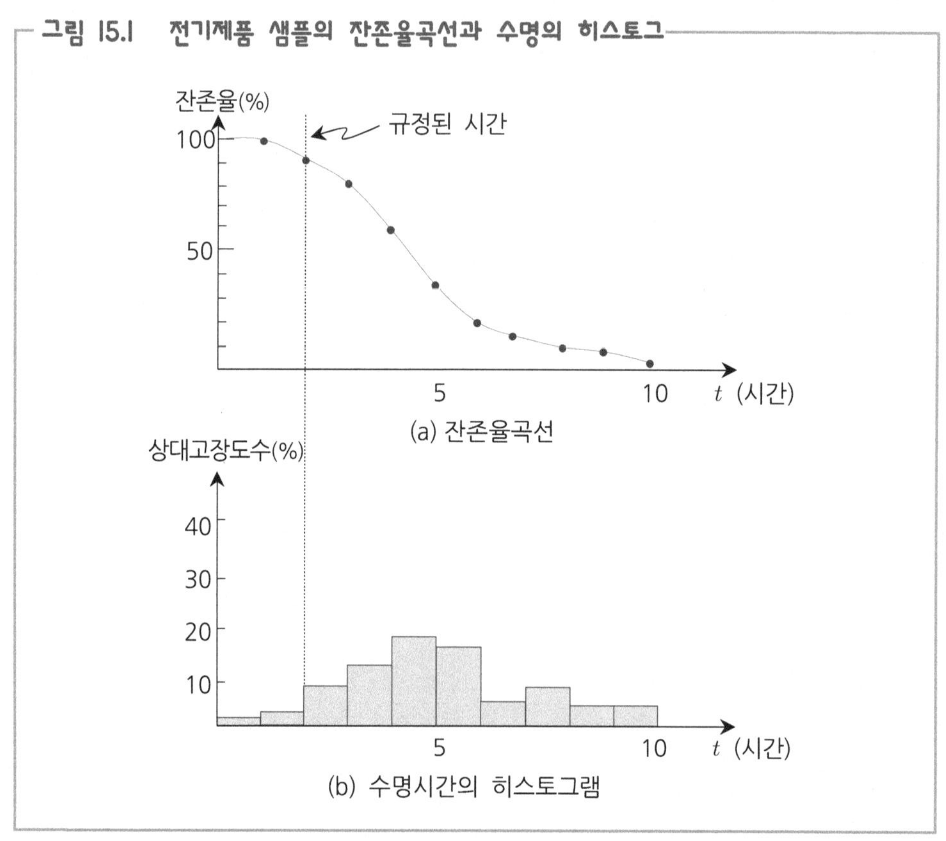

[그림 15.1]의 데이터는 100대라는 한정된 샘플에 관한 값이지만, 샘플의 크기를 한없이 늘려 가면 잔존율곡선이나 히스토그램은 샘플마다의 변동이 없어지고, 제품 전체의 본래의 미끈한 잔존율곡선과 수명을 나타내는 곡선에 수렴해 갈 것이다.

이 전기제품은 시간 $t=0$ 에서는 잔존율이 100%이지만 시간이 경과함에 따라서 점차 0에 가까워지는 하강곡선이 된다. 이와 같은 잔존율곡선이 **[그림 15.2]**와 같

은 신뢰도 $R(t)$ 가 된다. $R(t)$ 는 시간 t 의 함수이므로 이를 신뢰도함수라고 부르기도 한다. 실제 문제에서 샘플의 크기를 한없이 늘릴 수는 없으므로, 우리가 보통 데이터에서 구하는 신뢰도는 한정된 샘플로부터 얻어지는 신뢰도의 추정치이다.

[그림 15.1]의 히스토그램은 샘플의 크기를 한없이 늘려갈 경우 고장발생시간(또는 수명시간)의 밀도함수 $f(t)$ 가 되고 **[그림 15.2]**의 (b)와 같이 미끈한 곡선을 갖게 된다.

그림 15.2 신뢰도함수, 고장밀도함수와 고장률

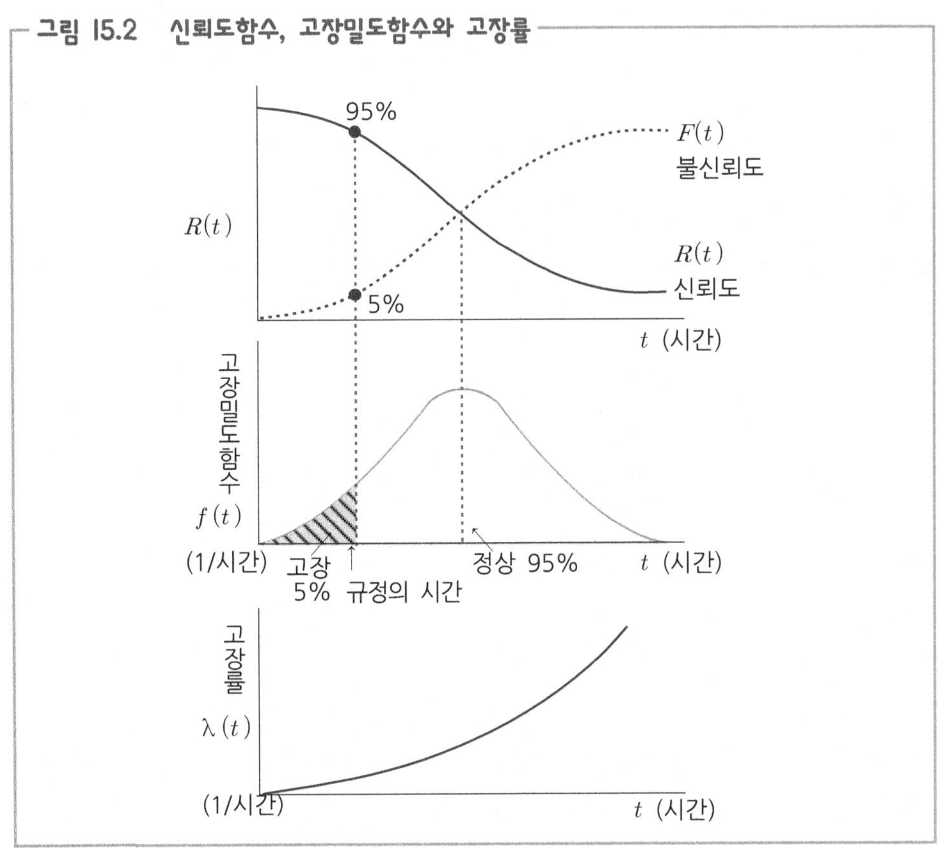

한편 신뢰도 $R(t)$ 와는 반대로 어느 기간까지 전체의 몇 %가 고장인가를 나타내는 척도를 불신뢰도라 부르고 $F(t)$ 로 표시한다. $R(t)$ 와 $F(t)$ 와의 관계는 **[그림 15.2]**에서 보는 바와 같이 언제나

$$R(t)+F(t)=1 \tag{15·1}$$

의 관계에 있다. 왜냐하면 정지상태에 잔존하는 부분과 고장 나서 비정상상태에 빠진 부분의 합은 언제나 100%, 즉 1이기 때문이다. 이 식은 $R(t)$ 와 $F(t)$ 간의 상호 보완성을 나타낸다. 신뢰도를 알려면 고장 나지 않은 편을 관측해야 하겠지만, 반대로 고장 난 부분(불신뢰도)을 관측해도 알 수 있는 것이다.

[그림 15.1](b)의 히스토그램의 극한으로 얻어진 고장 발생시간의 밀도함수 $f(t)$ 는 단위시간당 전체의 몇 %가 고장 났는가 하는 빈도를 나타내는 것이며, 수학적으로는 $F(t)$ 또는 $-R(t)$ 의 시간미분이다. 즉,

$$f(t)=\frac{dF(t)}{dt}=-\frac{dR(t)}{dt} \tag{15·2}$$

가 성립한다. 또한 역으로 고장밀도함수를 시간 0에서 t 까지 적분한 면적이 **[그림 15.2]**에서 보는 바와 같이 불신뢰도 $F(t)$ 의 값(높이)과 같다. 즉,

$$F(t)=\int_0^t f(x)dx \tag{15·3}$$

가 된다.

신뢰도를 다룰 때에는 고장률이라는 척도를 자주 쓰게 되는데, 이것은

$$\lambda(t)=\frac{f(t)}{R(t)}=\frac{-\dfrac{dR(t)}{dt}}{R(t)} \tag{15·4}$$

로서 정의된다. 즉, 고장률 $\lambda(t)$ 는 t 시간까지 고장 없이 살아남은 부분, 즉 $R(t)$ 중에서 다음의 단위시간에 몇 %가 고장 나는가를 나타내는 조건부 확률이 된다.

고장률 $\lambda(t)$ 는 $f(t)$ 와 마찬가지로 1/시간이라는 단위(거리의 경우에는 1/거리)를 갖고 있다. 고장률의 단위는 시간의 경우 %/10^3 시간(=10^{-5}/시간)이 많이 쓰인다. 이것은 10^3 동작시간당 몇 %의 비율로, 또는 연 10^5개×시간 중에서 몇 개가 고장 나는가를 나타낸다. 특별한 경우로서 항공기의 사고율은 항공기가 연 1억(10^8) km 비행하여 몇 명이 사망하였는가의 수사로 나타내므로 단위는 명/10^8km이 된다.

고장률과 신뢰도와의 관계는 식(15·4)를 시간으로 적분하면 구해진다. 즉,

$$R(t) = e^{-\int_0^t \lambda(x)dx} \qquad (15 \cdot 5)$$

의 관계가 성립한다.

15.3 고장률의 기본형

고장률은 식(15・4)에서 보는 바와 같이 시간 t 의 함수이다. 고장률에는 기본적으로 3가지 형이 있으며, 각 형에 따라서 $f(t)$, $R(t)$ 도 다른 패턴(pattern)을 갖는다.

(a) 감소형(decreasing failure rate, DFR)
(b) 일정형(constant failure rate, CFR)
(c) 증가형(increasing failure rate, IFR)

15.3.1 감소형

감소형은 초기에 고장률이 높고 시간이 갈수록 감소하여 고장률이 줄어드는 경우이다. **[그림 15.3]**에서 보는 바와 같이 고장률 $\lambda(t)$, 고장밀도함수 $f(t)$, 신뢰도 $R(t)$ 등이 모두 감소함수의 모양으로 나타난다. 전자제품의 대부분이 이 경우에 속하며, 고장 나기 쉬운 결함을 가진 부품들이 초기에 고장을 잘 일으키지만, 시간이 갈수록 높은 신뢰의 것만이 남는 형이다.

이와 같은 형의 부품에서는 사전교환 등에 의한 예방보전(preventive maintenance, PM)을 실시하는 것은 무의미하며, 도리어 방치할수록 좋아지므로 오히려 사용에 앞서서 에이징(aging)을 행하여 초기에 높은 고장률 부분을 제거시키고 양호품만을 뽑아서 쓰는 것이 바람직하다. 이와 같이 에이징에 의한 안정화의 과정을 디버깅(debugging), 또는 번인(burn-in)이라고 부른다.

그림 15.3 고장률의 3가지 기본형

고장률의 형	신뢰도 $R(t)$	고장밀도함수 $f(t)$	고장률 $\lambda(t)$	와이블 분포 $R(t)=e^{-t^m/t_0}$ 의 모수	보전효과
(a) 감소형 *DFR*	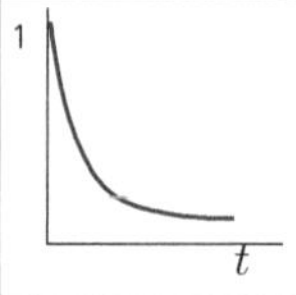 1, t	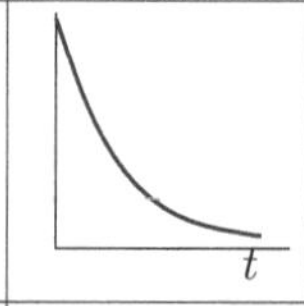 t	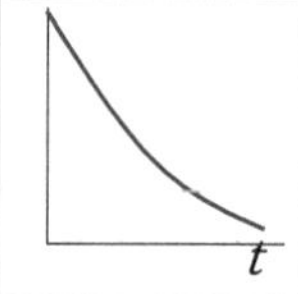 t	$m<1$	예방보전은 하지 않음. 디버깅(debugging)이 유효
(b) 일정형 *CFR*	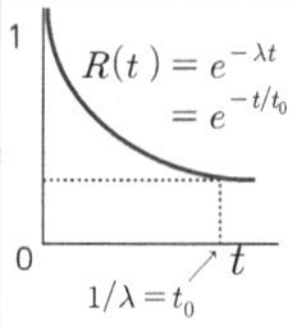 1, $R(t)=e^{-\lambda t}$ $=e^{-t/t_0}$, 0, t, $1/\lambda=t_0$	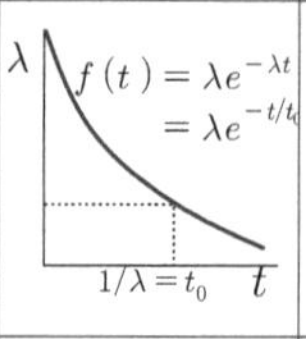 λ, $f(t)=\lambda e^{-\lambda t}$ $=\lambda e^{-t/t_0}$, $1/\lambda=t_0$, t	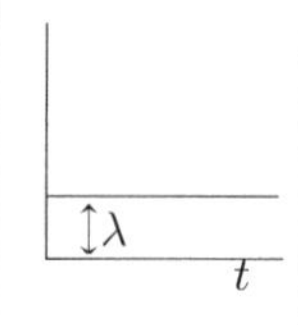 λ, t	$m=1$	예방보전(preventive maintenance)은 효과 없음.
(c) 증가형 *IFR*	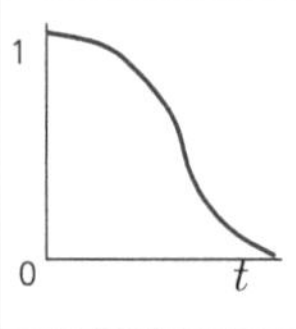 1, 0, t	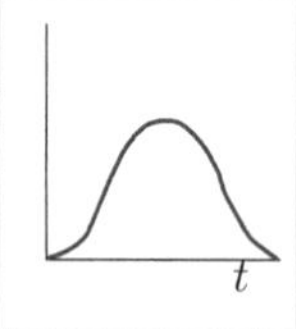 t	 t	$m>1$	고장이 집중적으로 일어나기 전에 예방보전으로 교환하면 유효

15.3.2 일정형

일정형은 많은 구성부품에서 이루어지는 제품에서 흔히 볼 수 있는 전형적인 패턴으로, 고장률 $\lambda(t)$ 가 어떤 시각에서 보아도 일정하므로 시간 t 의 함수가 아니며

$$\lambda(t)=\lambda \tag{15·6}$$

로 나타내어 일정하게 해준다. 이 경우에 고장률, 즉 시간당 일어나는 고장의 비율은 일정하지만, 어떤 시점에서 고장이 일어나는가는 완전히 랜덤하다.

식(15・5)에 $\lambda(t)=\lambda$ 를 대입시키면

$$R(t)=e^{-\int_0^t \lambda dx}=e^{-\lambda t} \tag{15・7}$$

로서 표현되며, 따라서 신뢰도는 지수형이며 고장까지의 무고장 동작시간은 지수분포에 따름을 알 수 있다. 대부분의 전자제품 혹은 공업제품은 여러 개의 부품으로 구성되어 몇 개의 고장원인을 가지며, 그것을 구성하는 부품의 어느 것인가 고장 나면 제품이 고장 난다. 제품을 구성하는 각 부품의 고장패턴이 다르거나, 또 고장 난 부품을 그때그때 교환하면 고장이 일어나는 방식은 완전히 랜덤하게 되며, 제품의 고장률은 일정하다고 간주된다. 이 때문에 지수분포는 신뢰성에 가장 대표적인 분포형으로 간주된다.

식 (15・7)에서 $\lambda=\dfrac{1}{t_0}$ 로 놓으면

$$R(t)=e^{-t/t_0} \tag{15・8}$$

으로 쓸 수 있으며, t_0 는 다음 두 가지 중 하나의 의미를 갖는다.

(1) 평균고장간격시간(mean time between failures, MTBF)

평균고장간격시간은 고장이 나도 수리해서 쓸 수 있는 제품에 사용되는 용어로서, 수리완료에서 다음 고장까지(또는 고장에서 고장까지) 제품이 정상상태에 머무르는 무고장 동작시간이며, 그 평균에 해당한다. 이 평균을 간단히

$$MTBF=t_0=\frac{1}{\lambda} \tag{15・9}$$

로 나타낸다. $MTBF$ 는 그 시간동안 제품이 동작하면 평균 1회 고장난다는 시간의 길이이며, 수리하면서 사용하는 제품의 신뢰도에서 사용되는 대표적인 척도이다.

(2) 고장까지의 평균시간(mean time to failure, MTTF)

이것은 고장 나면 수명이 없어지는 제품에서 사용되는 용어로, 고장 날 때까지의 수명을 말하며,

$$MTTF = t_0 = \frac{1}{\lambda} \qquad (15 \cdot 10)$$

로 나타내어, 그 제품의 평균수명을 의미한다.

앞에서 설명된 지수분포의 신뢰도 식(15·8)에서 시각 $t = t_0 = MTBF$ (또는 $MTTF$) 에서는

$$R(t_0) = e^{-1} \fallingdotseq 0.37$$

이다. 실제 고장발생의 시간은 지수형의 꼴에서 알 수 있듯이 0시간에서 ∞(매우 긴 시간)에 걸쳐서 산포되어 있다. 그리고 $t = MTBF(MTTF)$ 에서의 신뢰도는 50%가 아니고 37%정도에 지나지 않는다.

15.3.3 증가형

증가형은 **[그림 15.3]**에서 보는 바와 같이 점차로 고장률이 상승하는 형이며, 마모되는 부품, 볼베어링, 사람의 노화현상에서 찾아볼 수 있다. 이 형의 고장은 마모나 노화에 의하여 어떤 시점에서 집중적으로 고장이 일어나는 특징을 가지며, 고장밀도함수 $f(t)$ 가 정규분포에 근사하게 기술되는 경우가 많다. 평균을 $\mu = MTBF$ (또는 $MTTF$), 표준편차를 σ 로 하면, 흔히 고장밀도함수는

$$f(t) = \frac{1}{\sqrt{2\pi\sigma^2}} e^{-\frac{1}{2}(\frac{t-\mu}{\sigma})^2}$$

으로 표현되며, 이 경우에는 고장이 집중적으로 일어나기 직전에 교환(이를 예방보전(preventive maintenance)이라고 함)을 하면 고장을 사전에 방지할 수 있는 특징이 있다.

예제 15.1

고장률 $\lambda = 0.001$/시간으로 일정하다면 이 부품을 500시간 사용하였을 때 신뢰도 $R(t)$ 와 불신뢰도 $F(t)$ 는 얼마인가?

풀이

고장률이 일정하므로, 신뢰도 $R(t)$ 는 $e^{-\lambda t} = e^{(-0.001)(500)} = e^{-0.5}$ 로 산출된다. 따라서 신뢰도는 0.6065이고, 불신뢰도는 $F(t) = 1 - R(t)$ 이므로 $F(t) = 1 - 0.6065 = 0.4935$ 이다.

예제 15.2

어떤 기기의 고장률은 0.001/시간으로 일정하다고 한다. 이 부품의 신뢰도가 0.95인 시점은 얼마인가?

풀이

고장률이 일정하므로 $R(t) = e^{-\lambda t}$ 에 의하여 다음과 같이

$$0.95 = e^{-\lambda t} = e^{(-0.001)(t)}$$

의 관계가 성립되므로, 이를 풀면 t = 51.3 시간이 된다.
즉, 작동 후 약 51.3시간이 경과되었을 때 예상되는 신뢰도는 0.95이다.

15.3.4 와이블(Weibull) 분포

앞에서 언급된 바와 같이 일정형은 지수분포를, 증가형에서는 정규분포를 한다. 감소형에서는 신뢰도 $R(t)$ 를 두 지수분포의 혼합형

$$R(t) = p\,e^{-\lambda_1 t} + (1-p)\,e^{-\lambda_2 t}\,(\lambda_1 \gg \lambda_2)$$

으로 나타낼 수 있다.

그러나 세 가지의 다른 형에 제각기 지수분포나 정규분포를 구분해서 사용하는 것은 번거롭기도 하며, 시시각각으로 고장률의 형이 변화하는 경우에 이것을 좀 더 통일적으로 나타내는 확률분포가 바람직하다. 이 목적을 위하여 와이블(Weibull) 분포가 사용된다. 와이블 분포는

$$R(t) = e^{-t^m/t_0} \tag{15・11}$$

의 형을 가지며, m 을 형상모수, t_0 를 척도모수라 부른다(**15.5절** 참조). 참고로, t_0 대신에 η 을 척도모수라고 부르기도 하며, 이때 신뢰도는 다음과 같이

$$R(t) = e^{-(t/\eta)^m},\ \text{여기서}\ t_0 = \eta^m$$

표시하기도 한다. **[그림 15.3]**에서 구별하여 놓은 것과 같이 m 의 값에 따라서 분포의 형이 달라진다. $m<1$ 이면 감소형, $m=1$이면 일정형, $m>1$ 이면 증가형이 된다. 정규분포에서 μ 나 σ 를 정규확률용지에서 구하는 것과 마찬가지로, 와이블 분포의 모수 m 과 t_0 도 와이블 확률용지 위에서 쉽게 구할 수 있는 장점이 있어 실무에서 널리 활용되고 있다.

15.3.5 제품의 전형적인 고장률 패턴

대부분의 단순한 부품들은 앞에서 기술한 기본적인 3가지 형으로 그 고장률을 기술할 수 있으나, 여러 가지 부품으로 구성된 제품이나 시스템에서는 그 고장패턴이 복잡한 경우가 많다. 이런 제품들의 가장 전형적인 고장률 패턴은 **[그림 15.5]**에서 나타낸 것과 같은 욕조곡선(bath tub curve)이다. 이 욕조곡선의 구성은 **[그림 15.4]**에서 보는 바와 같이 3가지 기본형이 혼합되어 만들어지는 곡선이 된다.

욕조곡선의 성질을 이해하려면 연령에 따른 인간의 사망률곡선을 생각하면 좋다. 제품이 많은 부품으로 구성되듯이 사람의 몸도 많은 부품으로 이루어진 시스템이

라고 생각할 수 있다. 인간의 사망률은 유아기에는 외계에 대한 저항력이 약하므로 사망률이 높지만 성장함에 따라 청 · 장년기에는 가장 낮고 거의 일정해진다. 그리고 노년에 들어서면 각 부분에 노화현상이 발생하여 사망률이 급격히 상승한다.

그림 15.4 기본적인 고장률이 혼합된 제품의 고장률

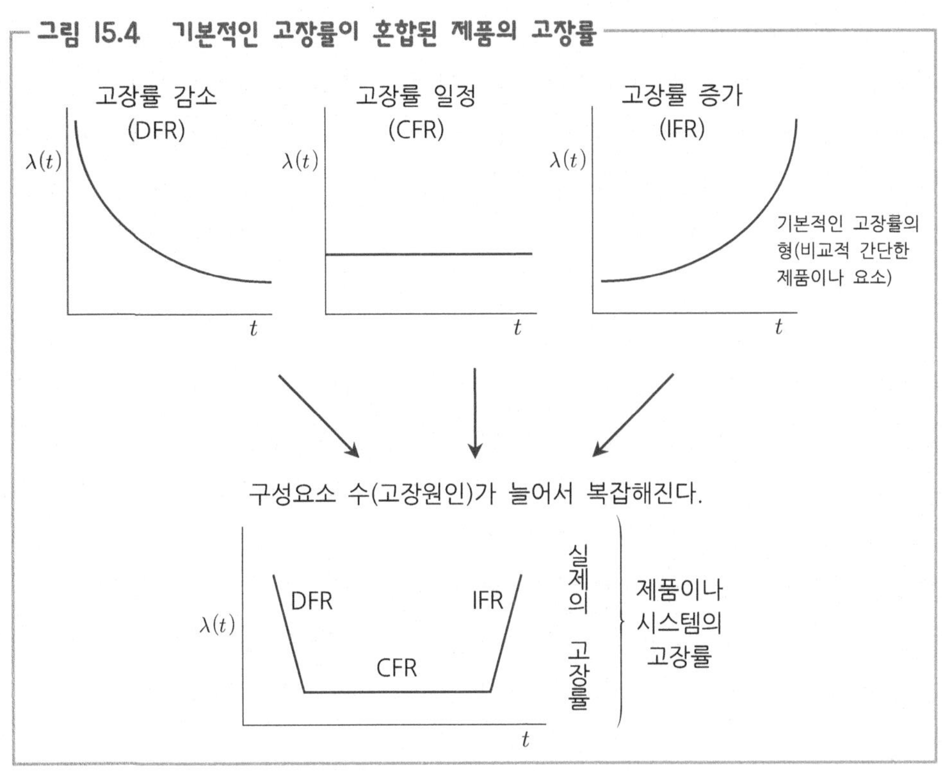

그림 15.5 욕조곡선으로 나타나는 고장률 패턴

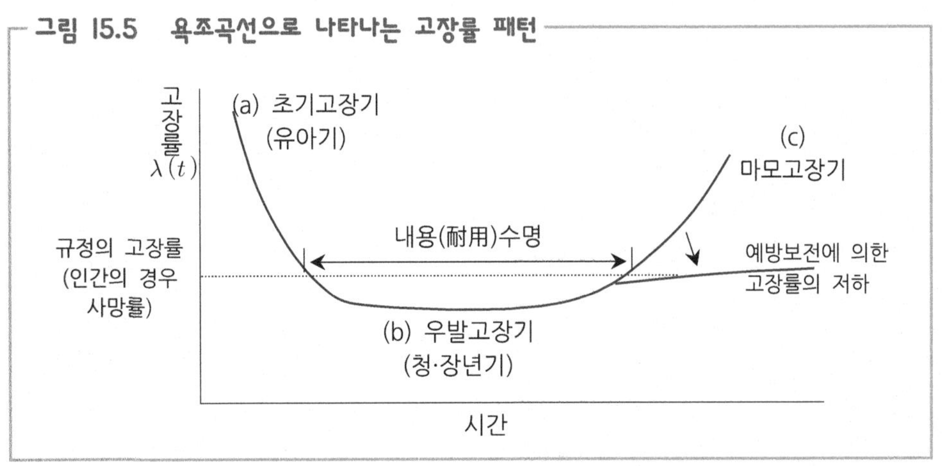

제품에서 고장률이 감소하는 기간은 설계의 미비나 공정불량 등에 의하여 초기고장이 나는 부분으로 초기고장기간(initial failure period) 또는 디버깅(debugging)기간이라 부른다. 디버깅은 "벌레를 잡아 없앤다."라는 뜻으로 결함을 제거하여 신뢰성을 높이는 작업이 진행되어야 하는 기간을 의미한다.

초기고장기간이 지나면 고장률이 시간적으로 거의 일정하게 안정되는 우발고장기간(random failure period)이 온다. 이 기간에는 고장이 우발적(랜덤)으로 발생하며, 제품의 고장률이 가장 낮고 안정되어 있으므로 제품의 왕성한 활동기에 해당한다. 이 기간의 길이를 내용수명기간이라고 부른다. 어떤 제품이든지간에 규정된 고장률이 정해져 있으며, 내용수명기간은 그 고장률이 **[그림 15.5]**에서와 같이 규정의 고장률보다 낮다.

이 내용수명기간을 지나면 고장으로 인한 제품의 유지비가 많이 필요하므로 제품을 폐기하는 것이 오히려 득이 되는 경우가 보통이다. 우발고장발생을 감소시키는 방법은 설계 단계에서 연구되어야 한다. 예를 들면, 제품의 극한상황(extreme condition)을 고려한 설계를 한다거나, 혹은 안전계수(safety margin)를 고려한 설계를 하면 우발고장발생을 줄일 수 있다.

우발고장기간이 지나면 마모고장기간(wear-out period)이 오며, 이 때에는 제품을 구성하는 부품의 마모나 노화에 의하여 고장이 일어난다. 그러나 마모가 시작되기 전에 사전교환 등에 의한 예방보전을 통하여 고장률을 작게 할 수 있으며, 내용수명기간을 연장시킬 수도 있다.

다음은 각 단계에서의 발생원인을 설명한 것이다. 초기고장의 발생원인은 다음과 같다.

* 표준 이하의 재료를 사용하였을 경우
* 불충분한 품질관리를 하였을 경우
* 불충분한 디버깅을 하였을 경우
* 불충분한 설비관리를 하였을 경우

초기고장 기간이 지난 후 우발고장기간에 발생될 수 있는 우발발생의 원인은 다음과 같다.

* 안전계수가 낮은 경우
* 스트레스가 기대 이상인 경우
* 사용자 과오가 발생한 경우
* 디버깅 중에 발견되지 못한 고장이 발생한 경우
* 최선의 예방보전에 의해서도 예방될 수 없는 고장 등

우발고장기간이 지난 후 마모고장기간에 발생될 수 있는 마모고장 발생의 원인은 다음과 같다.

* 부식 또는 산화에 의하여
* 마모 또는 피로에 의하여
* 노화 또는 퇴화에 의하여
* 불충분한 정비에 의하여

15.4 지수분포의 활용

15.4.1 지수분포와 정규분포의 관계

제품의 전형적인 고장률 패턴에서 우발고장기간의 고장밀도함수 $f(t)$ 가 지수분포를 하며, 또한 대부분의 간단한 제품의 고장발생확률을 지수분포로 나타낼 수 있으므로, 지수분포는 신뢰성에서 가장 대표적인 분포라고 하겠다. 지수분포에 따르는 고장은 어느 시점에서 보아도 완전해 랜덤하게 균등한 비율로 발생하며, 신뢰도는 **[그림 15.6]**에서와 같이 하향곡선을 그리게 된다. 이 분포를 결정짓는 모수는 고장률

$$\lambda = \frac{1}{T_0} = \frac{1}{MTBF} \text{ 또는 } \frac{1}{MTTF} \tag{15・12}$$

이다.

한편 고장률이 증가형인 경우에 생기는 정규분포에 따르는 고장은, $MTBF$ ($MTTF$)를 중심으로 집중적으로 발생되며 평균값 $\mu = MTBF$ 와 표준편차 σ 에 의하여 결정된다. 정규분포의 평균값 μ 는 전 분포의 50%가 고장을 일으켜 신뢰도가 50%가 되는 지점이다. 그러나 지수분포에서는 좌우대칭으로 집중적인 고장이 발생되지 않으며, 고장발생시간의 평균 $MTBF$($MTTF$)=$1/\lambda$ 의 시점에서 신뢰도가 $e^{-1} \fallingdotseq 0.37$ 로 약 37%가 된다. **[그림 15.6]**은 이 관계를 설명하기 위하여 그려본 것이다.

그림 15.6 지수분포와 정규분포의 차이

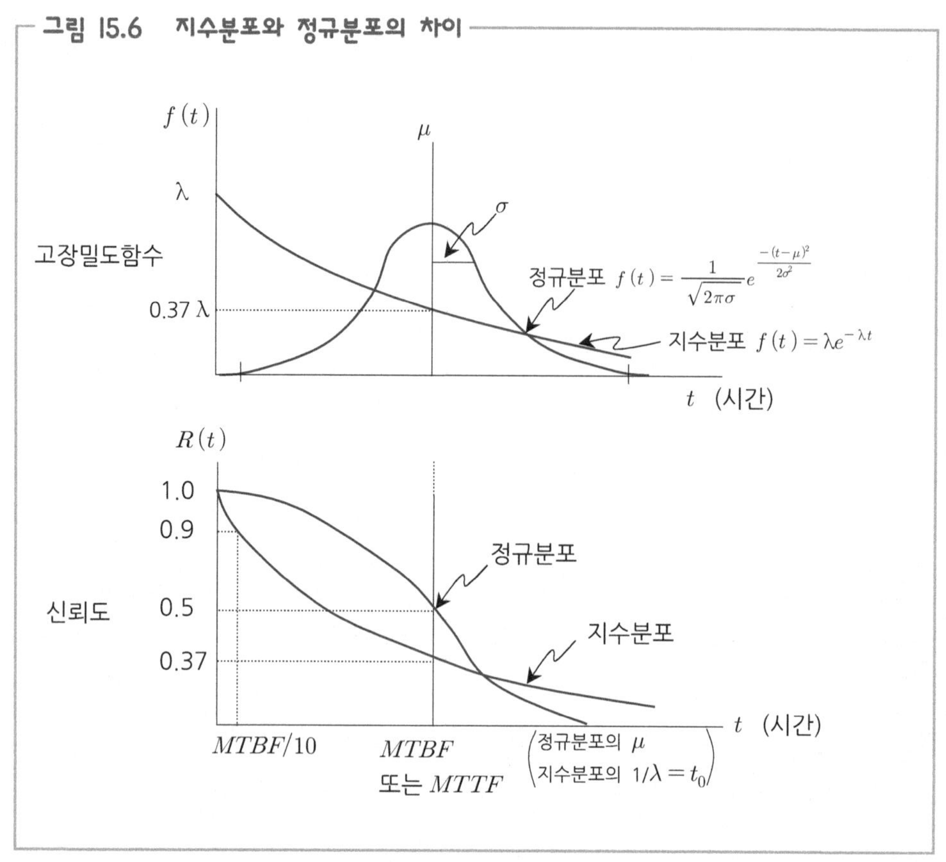

만약 어떤 차량의 $MTBF$가 20,000km라면 20,000km를 달린 차량들의 약 63%는 이미 최소한 1회의 고장을 경험했다는 뜻이다. 만약 $MTBF$=20,000일 때에 신뢰도가 90%되는 시점을 찾으려면

$$R(t) = 0.90 = e^{-t/MTBF} \fallingdotseq 1 - \frac{t}{MTBF}$$

의 관계식에서 t는 대략적으로 **[그림 15.6]**에서 보는 바와 같이 $MTBF/10$ = 2,000km임을 알 수 있다. 마찬가지로 95%의 신뢰도를 갖는 시점은 $MTBF/20$ = 1,000km이다. 우리들이 관심을 갖는 것은 신뢰도가 90%, 95% 등이 보통이므로, 이와 같은 신뢰도를 갖는 시점은 $MTBF$보다 훨씬 짧은 시점이 됨을 알 수 있다.

15.4.2 $MTBF(MTTF)$의 점추정

고장시간의 분포가 지수분포라고 가정되는 경우에 대한 $MTBF$의 추정문제를 다루어 보자. 이 경우에는 식(15・2)로부터

$$\widehat{MTBF} = \frac{1}{\lambda} = \frac{1}{\frac{r}{T}} = \frac{T}{r} \tag{15・13}$$

에 의하여 $MTBF$의 점추정치를 구할 수 있다. 여기에서 T는 관측하고 있는 n개의 제품 개개의 동작시간을 모두 누계한 총 동작시간이며, r은 그 중에서 고장이 발생한 불량제품의 수이다. $MTBF$와 $MTTF$의 추정방법을 각각 다음과 같다.

(1) 수리하면서 사용하는 제품 ($MTBF$)

식(15・13)의 공식에 의하여 $MTBF$를 추정하되, T는 몇 번 고장 나더라도 관측대상 전체의 동작시간의 총합으로 한다. **[그림 15.7]**에서 T는 실선길이의 총합이고, r은 ×를 한 개수로서 총 고장수이다. 이 때 제품번호는 시장에 나간 순으로 배열하는 것이 좋다.

[그림 15.7]에서 (a)는 마감시간 t_c가 없는 경우로 T는 실선길이의 총합이고,

(b)는 마감시간 t_c(정시마감)가 있는 경우로 $T=nt_c$가 된다. 일반적으로 관측을 장시간 하는 것은 어려우므로 (a)의 경우에는 고장 나는 개수를 미리 정하여 두고(정수마감) 관측하는 것이 좋다.

그림 15.7 수리하면서 사용하는 제품의 $MTBF$ 추정

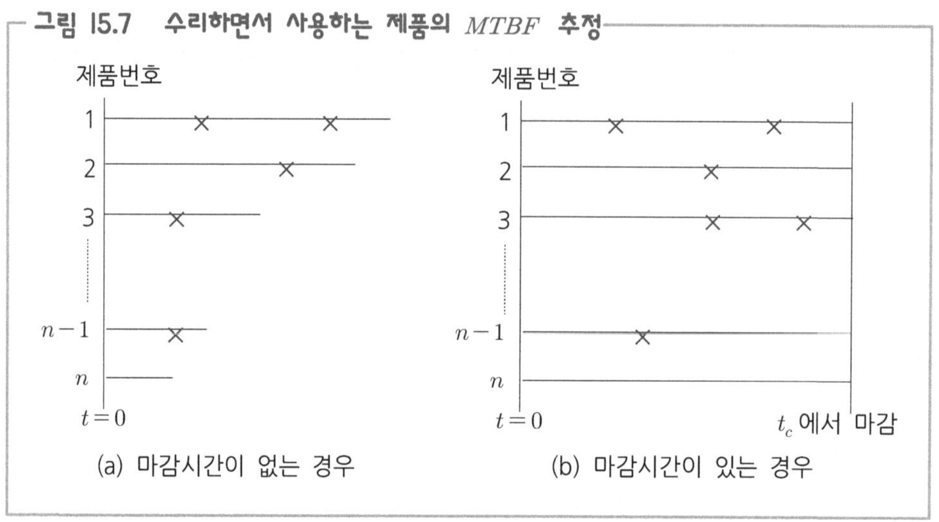

(2) 수리하지 못하는 제품 ($MTTF$)

수리하지 못하며 고장과 더불어 수명이 다한 것으로 생각하는 제품의 $MTTF$(이 경우는 $MTBF$는 생각하지 않음) 추정방법은 **[그림 15.8]**에서와 같이 두 가지 방법이 있다. 한 가지 방법은 시간을 미리 정해 놓고 그 때까지 고장 난 제품의 수 r개를 가지고 추정하는 정시마감시험(testing until a truncated time 혹은 Type I censored data)이 있다. 이 방법은 시험 종결 시간이 정해져 있는 장점이 있지만 미리 정해진 시험시간까지 시험을 하더라도 고장이 하나도 발생하지 않을 수 있다는 단점이 있다.

두 번째 방법은 n개의 제품에 대하여 관측(시험)을 시작하여 미리 정해진 개수 r번째가 고장 난 시점에서 마감하는 경우로 정수마감시험(testing until r items fail 혹은 Type II censored data)이라고 한다. 이 방법은 정해진 고장 개수만큼의 고장 정보를 얻기 위해서 시험시간이 너무 길어질 수 있는 단점이 있다.

정수마감과 정시마감의 두 가지 경우에 식(15・13)과 같이 $MTTF$의 점 추정치는

$$\widehat{MTTF} = \frac{T}{r}$$

의 공식에서 얻을 수 있다. 그러나 T의 계산방법에 다음과 같이 약간의 차이가 있다.

$$\left.\begin{aligned} \text{정수마감} \ &: \ T = \sum_{i=1}^{r} t_i + (n-r)t_r \\ \text{정시마감} \ &: \ T = \sum_{i=1}^{r} t_i + (n-r)t_c \end{aligned}\right\} \qquad (15 \cdot 14)$$

그림 15.8 수리하지 못하는 제품의 $MTTF$ 추정

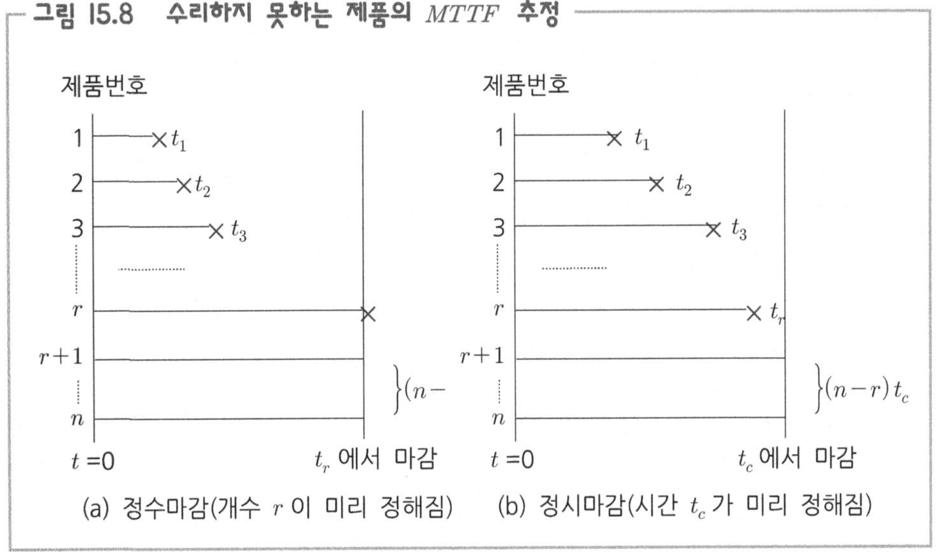

(a) 정수마감(개수 r 이 미리 정해짐) (b) 정시마감(시간 t_c 가 미리 정해짐)

예제 15.3

어떤 자동차제품의 부품 수명을 추정하고자 한다. 정시마감 t_c =50시간으로 정하여 놓고 랜덤으로 채취한 부품 n =10개를 관측하였더니 각각 다음과 같이 고장이 났다고 한다.

25시간 34시간 41시간 45시간

이 부품의 평균 수명을 추정하시오. 단 이 부품은 한번 고장나면 수리해서 사용할 수 없다고 한다.

풀이

총 고장수는 r =4개이고, 총 동작 시간은

$$T=\sum_{i=1}^{4} t_i+(10-4)(50)=445 \text{ 시간}$$

이었다. 따라서 점추정값을 구하여 보면 다음과 같다.

$$\widehat{MTTF}=\frac{T}{r}=\frac{445}{4}=111.25 \text{ 시간}$$

예제 15.4

어떤 전자제품의 부품 수명을 추정하고자 한다. 총 n =20개의 부품을 랜덤으로 추출하여, 만일 10개가 고장이 나면 실험을 정지하기로 하였다. 관측한 결과 다음과 같이 10개의 부품이 각각 고장 났다고 한다.

20	22	25	30	35	
40	45	48	50	52	시간

이 부품의 평균수명을 추정하시오. 단 이부품은 한번 고장나면 수리해서 사용할 수 없다고 한다.

풀이

총 고장수는 r =10개이고, 총 동작 시간은

$$T=\sum_{i=1}^{10} t_i+(20-10)(52)=887 \text{ 시간}$$

이었다. 따라서 점추정값을 구하여 보면 다음과 같다.

$$\widehat{MTTF}=\frac{T}{r}=\frac{887}{10}=88.7 \text{ 시간}$$

15.4.3 $MTBF(MTTF)$의 구간추정

$MTBF(MTTF)$의 점추정치는 평균으로서의 값이므로 통계적인 확실성을 가지고 추정하려면 구간추정을 할 필요가 있다. **<표 15.1>**에는 정수마감과 정시마감에 대한 $MTBF$의 신뢰구간을 신뢰수준 $1-\alpha$에서 구하여 놓은 것이 있다. 이 때 정수마감은 **[그림 15.7]**과 **[그림 15.8]**의 (a)의 경우이고, 정시마감은 (b)의 경우이다. 이 신뢰구간이 구해진 이론적 근거는 설명을 생략하기로 한다.

참고로, 만약 관측된 고장수가 충분히 많으면(25개 이상), 정규분포를 가정해서 다음과 같이 신뢰구간을 구할 수도 있다.

$$\left.\begin{array}{l} \text{양쪽추정}: \widehat{MTBF} \pm u_{1-\alpha/2}\dfrac{\widehat{MTBF}}{\sqrt{r}} \\ \text{한쪽추정}: \left[\widehat{MTBF} - u_{1-\alpha}\dfrac{\widehat{MTBF}}{\sqrt{r}},\ \infty\right] \end{array}\right\} \qquad (15 \cdot 15)$$

표 15.1 $MTBF(MTBF)$의 신뢰구간

추정방법	정수마감	정시마감
양쪽추정	$\left[\dfrac{2r(\widehat{MTBF})}{\chi^2_{1-\alpha/2}(2r)}, \dfrac{2r(\widehat{MTBF})}{\chi^2_{\alpha/2}(2r)}\right]$	$\left[\dfrac{2r(\widehat{MTBF})}{\chi^2_{1-\alpha/2}(2(r+1))}, \dfrac{2r(\widehat{MTBF})}{\chi^2_{\alpha/2}(2r)}\right]$
한쪽추정	$\left[\dfrac{2r(\widehat{MTBF})}{\chi^2_{1-\alpha}(2r)}, \infty\right]$	$\left[\dfrac{2r(\widehat{MTBF})}{\chi^2_{1-\alpha}(2(r+1))}, \infty\right]$

예제 15.5

어떤 제품에 대하여 $MTTF$를 추정하기 위하여 n=50개의 제품의 수명을 정시마감 t_c=100일을 정하여 놓고 관측하였더니 총 고장수는 r=10개이고, 총 동작 시간은

$$T = \sum_{i=1}^{10} t_i + (50-10)(100) = 4500 \text{ 시간}$$

이었다. 신뢰수준 90%로 양쪽추정에 의한 $MTTF$의 구간추정을 실시하라.

풀이

먼저 점추정값을 구하여 보면

$$\widehat{MTTF} = \frac{T}{r} = \frac{4500}{10} = 450 \text{ 시간}$$

이 된다. 다음으로 양쪽 추정에 의한 신뢰구간의 하한과 상한은 다음과 같다.

$$\text{신뢰하한 : } \frac{2r(\widehat{MTTF})}{\chi^2_{1-\alpha/2}(2(r+1))} = \frac{2(10)(450)}{\chi^2_{0.95}(22)} = \frac{9,000}{33.9} \fallingdotseq 266$$

$$\text{신뢰상한 : } \frac{2r(\widehat{MTTF})}{\chi^2_{\alpha/2}(2r)} = \frac{2(10)(450)}{\chi^2_{0.05}(20)} = \frac{9,000}{10.85} \fallingdotseq 830$$

따라서 $MTTF$의 90% 신뢰구간은 (266시간, 830시간)이 된다.

15.5 와이블 분포의 활용

15.5.1 와이블 분포

신뢰성 모델에서 가장 자주 활용되는 것이 와이블 분포이다. 와이블 분포는 지수 분포를 일반화한 분포로서 고장률 함수가 상수, 증가함수 또는 감소함수인 수명 분포들을 모형화할 때 적당한 분포이다. 이 분포는 스웨덴의 물리학자 와이블(W. Weibull)이 1939년에 재료의 파괴 강도에 대한 분포를 표시하기 위해 이 분포를 발표하였다.

식(15・11)에서 신뢰도를 나타내는 와이블 분포

$$R(t) = e^{-t^m/t_0} \qquad (15 \cdot 16)$$

를 살펴보았고, 형상모수 m 을 $m<1$, $m=1$, $m>1$ 에 따라서 각각 분류하여 세 가지 기본형으로 감소형(DFR), 일정형(CFR), 증가형(IFR)을 살펴보았다. 그러나 통계학에서 와이블 분포를 생각할 때에는 확률밀도함수 $f(t)$ 와 누적분포함수 $F(t)$ 를 다음과 같이 정의하여 사용한다.

$$f(t) = \frac{m(t-r)^{m-1}}{t_0} e^{-\frac{(t-r)^m}{t_0}}, \quad t \geq r \qquad (15 \cdot 17)$$

$$F(t) = 1 - R(t) = 1 - e^{-\frac{(t-r)^m}{t_0}}, \quad t \geq r \qquad (15 \cdot 18)$$

여기에서 $F(t)$ 는 불신뢰도에 해당하고, 3개의 모수 m, t_0, r 은 다음과 같이 정의한다.

m : 형상모수(shape parameter)

t_0 : 척도모수(scale parameter)

r : 위치모수(location parameter)

와이블 분포는 모수 m, t_0 에 의하여 여러 가지 분포(지수분포, 정규분포 등)에 대응할 수 있으며, 모수 r 은 타임래그(time lag)의 효과가 있을 때

$$R(t) = e^{-\frac{(t-r)^m}{t_0}} \qquad (15 \cdot 19)$$

으로 하여 사용하는 것이 실제 데이터에 잘 맞는 수가 있다. 일반적으로 $r=0$ 을 가정하므로, 식(15・19)에서 $r=0$ 으로 놓으면 식(15・16)이 된다.

식(15・17)의 확률밀도함수(고장밀도함수)는 $r=0$ 인 경우에

$$y = t/\eta, \quad \eta = t_0^{1/m} \qquad (15 \cdot 20)$$

으로 변환시키면

$$f(y) = my^{m-1} e^{-y^m} \qquad (15 \cdot 21)$$

을 얻게 된다. $f(y)$ 의 모양을 알기 위하여 형상모수를 변화시켜가며 그래프를 그려보면 **[그림 15.9]**를 얻을 수 있다. 이 그림에서 보는 바와 같이 $m=1$ 이면 지수분포가 되며 따라서 상수 고장률을 가지게 된다. $m<1$ 에 대해서는 고장률 함수는 t 의 감소함수로서 t 가 커짐에 따라 0에 접근하게 된다. $m>1$ 에 대하여는 고장률 함수는 t 의 증가함수이다. m 의 크기가 $2<m<4$ 이면 고장시간의 분포는 정규분포에 가깝다고 말할 수 있으며, $m=3.44$ 때가 가장 정규분포에 근사하며 이 경우 이 분포의 평균값은 중앙값과 같다.

그림 15.9 와이블 분포의 확률밀도함수의 모양

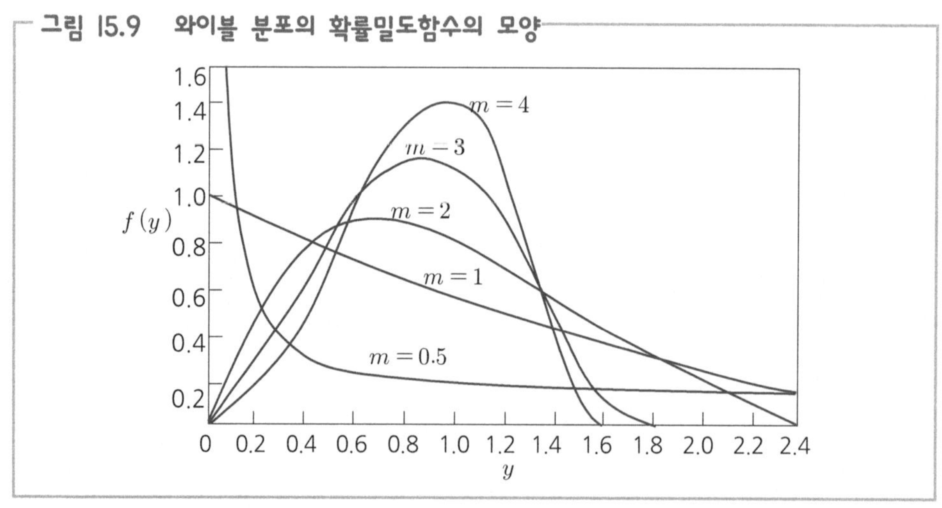

그림 15.10 $m=2$, $r=0$ 인 경우 t_0 를 변화시켰을 때의 $f(t)$ 의 그래프

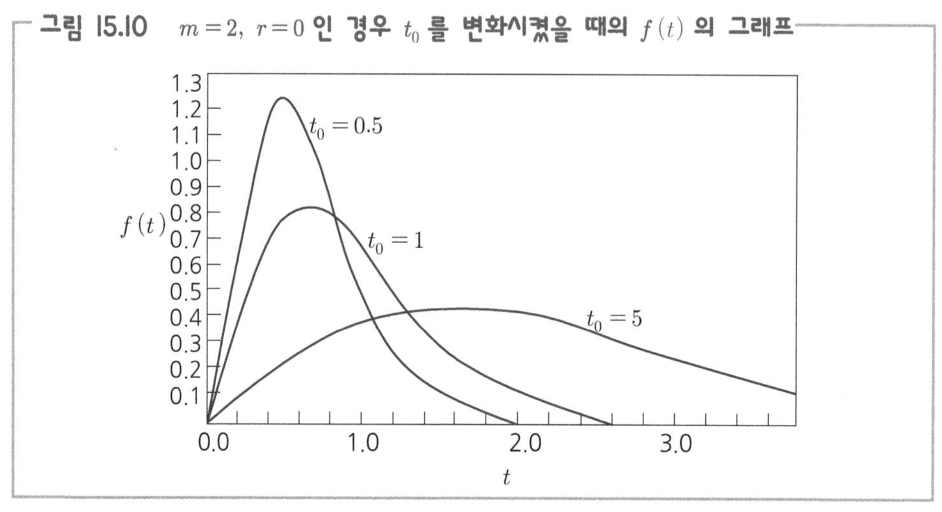

식(15・17)에서 m 을 고정시키고 척도모수 t_0 를 변화시키면 $f(t)$ 의 형상은 변화하지 않으나 폭이 넓어지는 그래프가 된다. **[그림 15.10]**에서 보면 t_0 의 변화에 따라서 형상이 변하는 것처럼 보이나 실제는 그렇지 않고 t 축의 단위길이를 잡는 방법을 바꾸어 주면 곡선은 일치하게 된다.

15.5.2 와이블 확률용지

와이블 분포에서 $m=1$ 이면 지수분포가 되며, 이것에 대해서는 이 장의 4절에서 상세히 다루었다. 그러나 실제문제에 있어서 고장시간이 지수분포를 따른다는 확신을 하기 어려우므로, 지수분포와 정규분포를 모두 포함하는 와이블 분포를 가지고 신뢰성 문제를 다루는 것이 바람직하다고 보겠다. 식(15・16)의 와이블 분포로부터 m 과 t_0 를 설계 데이터로부터 추정하는 문제를 생각하여 보자.

식(15・16)의 양변에 자연대수(natural logarithm)를 두 번 취하면

$$\ln\ln\frac{1}{R(t)} = m\ln t - \ln t_0 \qquad (15 \cdot 22)$$

가 된다. 여기서

$$\ln\ln\frac{1}{R(t)} = y\,, \quad \ln t = x, \quad -\ln t_0 = b$$

로 치환하면 식(15・22)는

$$y = b + mx \qquad (15 \cdot 23)$$

인 직선의 방정식이 된다. 즉, 형상모수 m 은 이 직선의 기울기이고, 척도모수 t_0 는 절편 $-\ln t_0 = b$ 의 관계에서 구할 수 있다.

$\ln\ln\frac{1}{R(t)}$ 을 y 축으로, $\ln t$ 를 x 축으로 하여 등간격으로 눈금이 매겨진 용지를 와이블 확률용지(Weibull probability paper)라고 하며 **[그림 15.11]**과 같다. 이 용지에 수명 데이터를 타점하여 직선을 구하고, 이 직선으로부터 y 축의 오른쪽의 눈금과 x 축의 위쪽눈금에서 m 과 t_0 를 추정할 수 있다. 이 용지에는 $F(t)=1-R(t)$ 의 눈

그림 15.11 와이블확률 용지

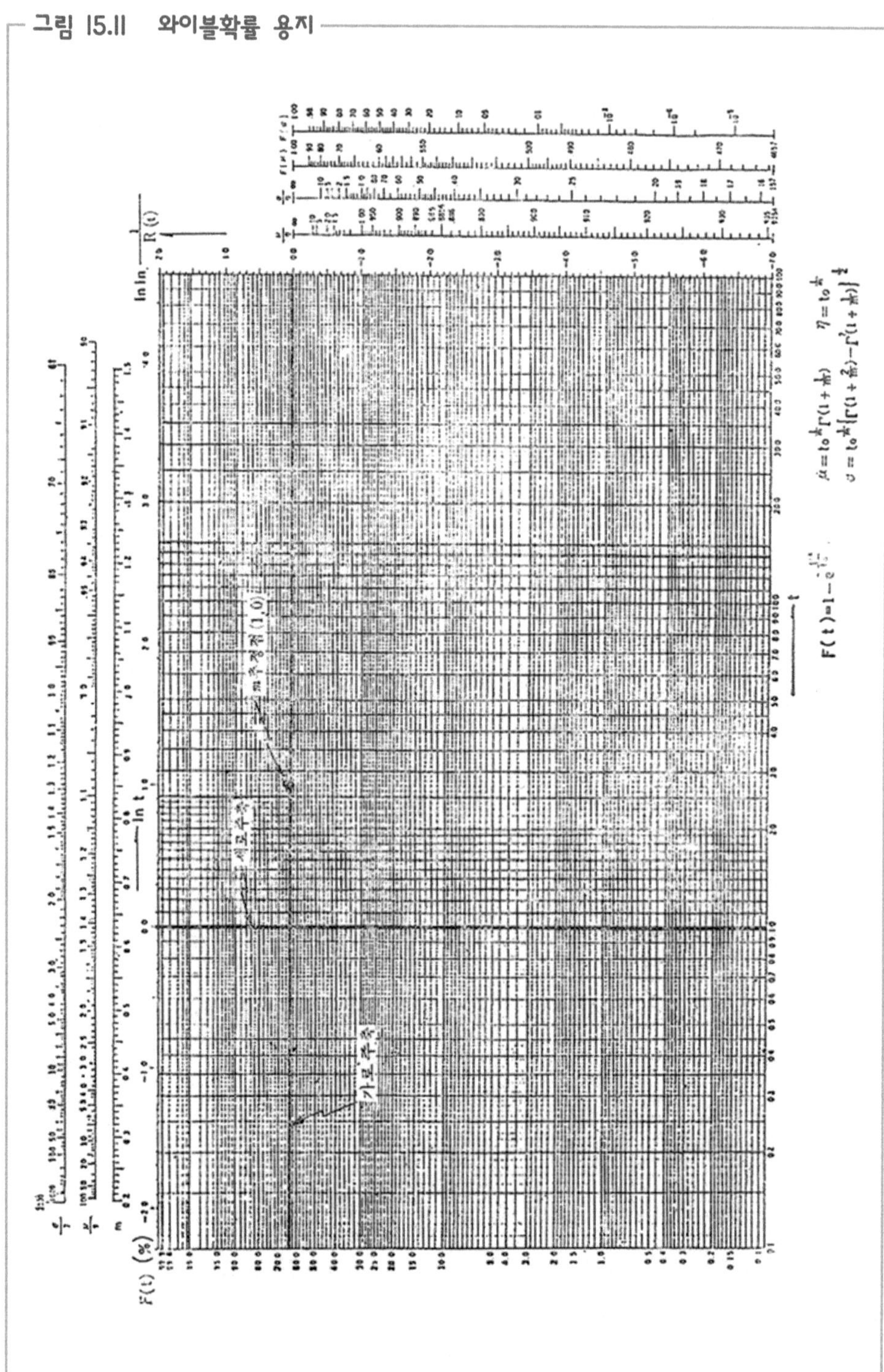

금이 y 축의 왼쪽에 매겨져 있고, 주축으로서 $R(t)=0.37$ 에 대응하는 $\ln\ln\frac{1}{R(t)}=0$ 를 통과하는 가로의 주축이 있으며, $\ln t=0$ (즉, $t=1$)에 세로의 주축이 그려져 있다. x 축의 아래쪽 눈금은 시간 t 이다.

수명 데이터의 타점 방법은 n 개의 샘플 중에서 i 번째의 고장이 t_i 시간이면 불신뢰도

$$F(t)=\frac{i}{n+1}$$

가 되는 점(t_i, $i/(n+1)$)을 타점해 간다. 이렇게 하여 구한 n 개의 타점을 보고 적절하게 직선을 긋는다.

형상모수 m 의 추정방법은 두 가지를 사용할 수 있다. 하나는 n 개의 타점된 데이터를 사용하여 최소제곱법에 의하여 회귀직선을 구하고, 이 직선으로부터 기울기 m 을 구하는 것이다. 이 때에는 등간격으로 매겨져 있는 x 축의 위쪽 눈금 $\ln t=x$ 와 y 축의 오른쪽 눈금 $\ln\ln\frac{1}{R(t)}=y$ 를 사용하여야 한다. 또 한 가지 방법은 $\ln t=1$ 과 가로의 주축의 교점(이것을 m 추정점이라고 부른다)을 지나 데이터에 적합시킨 직선에 평행선을 그어 그것이 세로의 주축, 즉 $\ln t=0$ 과 만나는 점을 오른쪽의 $\ln\ln\frac{1}{R(t)}$ 의 눈금으로 읽는 방법이다. 이 때 부호를 바꾼 것을 m 의 값으로 하여 준다. 이 방법은 **[그림 15.12]**에 설명되어 있다. 이렇게 되는 이유는 m 추정점이 원점으로부터 $\ln t=x$ 의 한 단위 길이만큼 떨어져 있으며, 원점으로부터 이 평행선이 세로의 주축과 만나는 점까지의 길이가 기울기 m 이 되기 때문이다.

다음으로 t_0 를 구하는 방법은 다음과 같이 하면 편리하다. 적합된 직선이 $t=1$, 또는 x 축의 원점($\ln t=0$)을 지나는 세로의 주축과 만나는 점을 찾아서 이 점의 y 축의 눈금을 읽으면 된다. 왜냐하면 $\ln t=0$ 인 점의 세로축의 눈금은 절편

$$\ln\ln\frac{1}{R(t)}=-\ln t_0$$

이기 때문이다. 이 $-\ln t_0$ 의 값의 역대수를 취하면 t_0 가 구해진다. 만약 역대수표가 없으면, 세로축의 위의 눈금과 아래의 눈금이 $\ln t$ 와 t 의 관계를 나타내고 있으므로, $\ln t_0$ 의 눈금을 윗눈금에서 취하고, 그 점으로부터 똑바로 내려와 t 를 읽으면 이것이 t_0 가 된다.

그러나 와이블 확률용지에서 구한 t_0 는 평균수명 $MTBF$ (또는 $MTTF$)는 아니다. 만일 이것을 구하려면

$$\mu = MTBF = t_0^{1/m}\Gamma\left(1+\frac{1}{m}\right)$$

의 식으로부터 구해야 한다. 여기서 Γ 는 감마함수를 나타낸다. 이렇게 계산하는 것은 복잡하기 때문에, 확률용지에는 μ 와 σ 를 직접 구하는 노모그래프(nomograph)가 붙어 있다. μ 와 σ 를 구하는 방법은 앞서 데이터를 적합시켜 구한 직선이 가로의 주축($\ln\ln\frac{1}{R(t)}=0$ 이 되는 직선)과 만나는 점을 밑의 t 의 눈금으로 읽는다. 이 값을 특성수명 $\eta = t_0^{1/m}$ 이라고 한다. 다음에 $\ln\ln\frac{1}{R(t)}$ 의 눈금 위에 −m의 값을 잡고 그대로 확률용지의 오른쪽, 또는 위쪽에 붙어 있는 노모그래프 위에서 대응하는 μ/η , σ/η 를 읽는다. 이들에 특성수명 η 를 곱하면, 곧 μ 와 σ 를 구할 수 있다. 또한 μ 는 $F(\mu)$ 의 값에 대응하는 직선 위의 점의 시간으로서도 구해진다.

특성수명 $\eta = t_0^{1/m}$ 은, $t=\eta$ 에서 $R(t) = e^{-1}$ 로 되므로 데이터에 적합시킨 직선이 주축 $\ln\ln\frac{1}{R(t)}=0$ 의 선과 교차하는 점을 아래의 t 의 눈금으로 구한 특수한 값이다.

예제 15.6

어떤 전자부품 $n=19$ 개가 고장 나기까지의 시간을 관찰하였더니 다음의 데이터를 얻었다. 이 수명 데이터를 와이블 확률용지를 사용하여 m , t_0 , η , μ 와 σ 를 구하여라.

4, 10, 11, 13, 17, 19, 20, 24, 27, 29, 30, 33, 39, 44, 50, 54, 62, 70, 85

풀이

먼저 이들 시간에 대응하는 $F(t)$ 를 구한다. 첫 번째 수명데이터, 즉 4시간인 점은

$$F(t) = \frac{i}{n+1} = \frac{1}{19+1} = 5\%$$

이므로, (t , $F(t)$)= (4, 5%)의 점에 타점한다. 이하 고장이 하나씩 늘어날 때

그림 15.12 와이블 확률용지에 의한 예제의 풀이

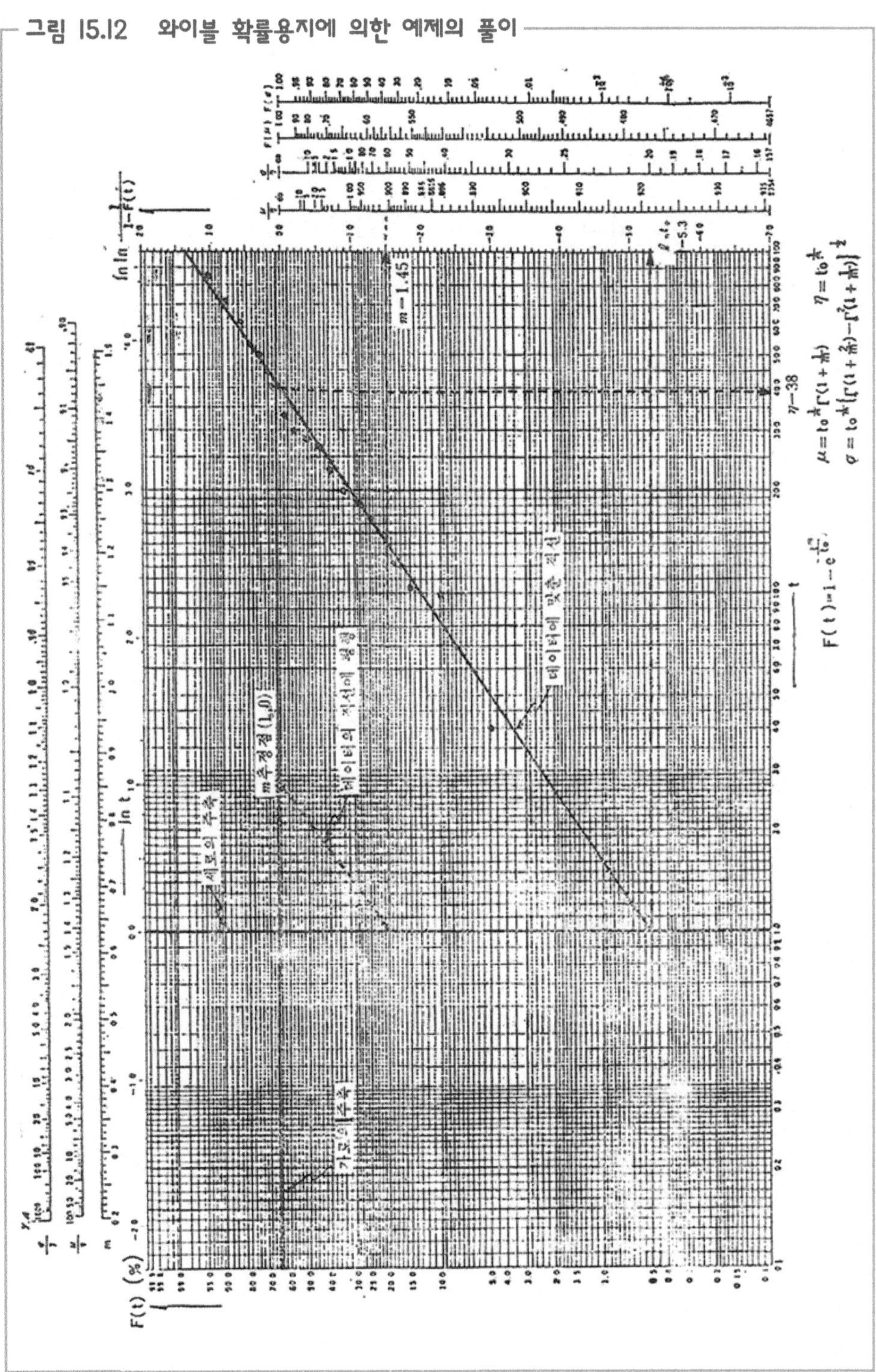

마다 $F(t)$ 는 5%식 증가한다. **[그림 15.12]**에서 보는 바와 같이 타점에 직선을 맞추고 m 과 t_0 를 구하면

$$m = 1.45, \quad \ln t_0 = 5.3$$

이 된다. 직선을 적합(fitting) 시킬 때, 타점된 점들의 $(x\ ,\ y) = \left(\ln t,\ \ln\ln\frac{1}{R(t)}\right)$ 의 좌표를 모두 구하여 최소제곱법에 의하여 구할 수도 있으나, 눈짐작으로 대략 직선을 그어도 충분한 경우가 많다.

다음으로 $\eta = t_0^{1/m} = 38$ 을 쓰면, 오른쪽 노모그래프에서 $\mu/\eta = 0.91$, $\sigma/\eta = 0.65$ 이므로

$$\mu = MTTF = (0.91)(38) = 34.58\ , \quad \sigma = (0.65)(38) = 24.70$$

이 구해진다.

15.6 신뢰성의 모형

여러 가지 부품으로는 구성된 시스템(제품)에서 각 부품의 신뢰성을 알고 있을 때, 그 시스템의 신뢰성을 어떻게 구할 수 있는가? 이것은 시스템이 어떤 형태로서 이루어져 있는가를 알면 구할 수 있다. 기본적으로 시스템의 구성은 직렬모형(series model)과 병렬모형(parallel model)으로 되어 있다. 경우에 따라서는 이 두 가지를 혼합한 모형도 많이 사용된다.

15.6.1 직렬모형

시스템을 기능적으로 보았을 때, 그것이 몇 개의 부분 시스템(부품)으로 구성되어 있고, 그 중 하나의 부품이 고장 나더라도 전체 시스템이 고장이 나며 각 부품의 신뢰도가 서로 독립이면, 이 시스템은 직렬모형으로 볼 수 있다. 이 경우에 시스템의 신뢰도 $R_s(t)$ 는 구성부품의 신뢰도 $R_i(t)$ 의 곱으로 된다. 즉, n 개의 부품으로 이루어져 있는 경우에는

$$R_s(t) = R_1(t) \cdot R_2(t) \cdots R_n(t) = \prod_{i=1}^{n} R_i(t) \qquad (15 \cdot 24)$$

에 의하여 구한다. **[그림 15.13]**은 직렬모형을 $n=3$ 인 경우에 대하여 보여주고 있다.

그림 15.13 시스템의 신뢰성 모형

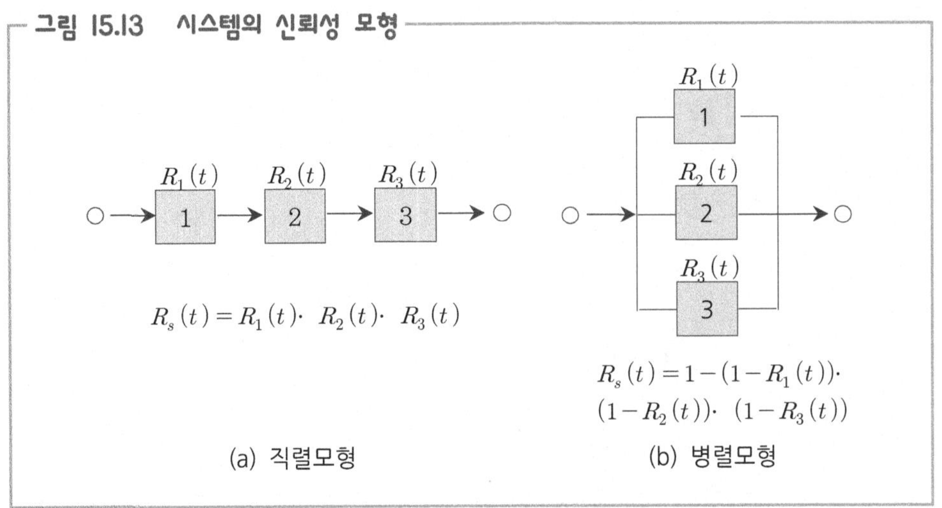

(a) 직렬모형 (b) 병렬모형

만약 각 부품의 신뢰도가 지수분포에 따른다면 $R_i(t) = e^{-\lambda_i t}$ 이므로

$$\left.\begin{aligned} R_s(t) &= e^{-(\lambda_1+\lambda_2+\cdots+\lambda_n)t} = e^{-\lambda t} \\ \lambda &= \lambda_1+\lambda_2+\cdots+\lambda_n = \sum_{i=1}^{n}\lambda_i \end{aligned}\right\} \qquad (15 \cdot 25)$$

가 된다. 즉, 지수분포가 적용되는 직렬모형에서는 시스템 전체의 고장률은 각 부품의 고장률을 합한 결과가 된다. 이 결과로부터 직렬모형의 시스템에 대해서는 각 부품의 고장데이터를 분석하여 시스템 전체의 고장을 예측할 수 있다. 또한 각각의 부품이 같은 $MTTF$ 를 가지고 있고, n 개의 부품을 직렬로 연결할 때, 이 시스템의 $MTTF$ 는 $MTTF/n$ 으로 줄어드는 것을 쉽게 짐작할 수 있다.

15.6.2 병렬모형

두 개 이상의 구성부품이 동시에 작동하고 있을 때, 이 중 하나만이라도 고장이 나있지 않으면 그 시스템이 고장 나지 않는 **[그림 15.13]**의 (b)와 같은 모형을 병렬모형이라고 한다. 이 경우에는 구성부품이 모두 고장이 나야 시스템 전체가 고장이 나므로, 시스템의 불신뢰도 $F_p(t)$ 는 각 부품의 불신뢰도 $F_i(t)$ 의 곱으로 표시된다.

$$F_p(t) = \prod_{i=1}^{n} F_i(t) \tag{15・26}$$

따라서 시스템의 신뢰도 $R_p(t)$ 는

$$\begin{aligned} R_p(t) &= 1 - F_p(t) \\ &= 1 - \prod_{i=1}^{n} F_i(t) = 1 - \prod_{i=1}^{n} (1 - R_i(t)) \end{aligned} \tag{15・27}$$

으로 표현된다.

각 부품의 신뢰도가 지수분포에 따른다면 각각의 부품이 동일한 $MTTF$ 를 가질 때 n 개의 부품을 병렬로 연결한 경우, 시스템의 $MTTF$ 는

$$MTTF\left(1 + \frac{1}{2} + \frac{1}{3} + \cdots + \frac{1}{n}\right)$$

으로 길어짐을 보일 수 있다. 자세한 이론적 배경은 뒤의 참고문헌을 참조하기 바란다.

경우에 따라서 직렬과 병렬이 서로 혼합된 시스템을 생각할 수 있으며, 이 때의 신뢰도는 식(15・24)와 (15・27)을 같이 사용하여 구할 수 있다.

예제 15.7

다음과 같이 4개의 부품으로 구성된 시스템이 있다.

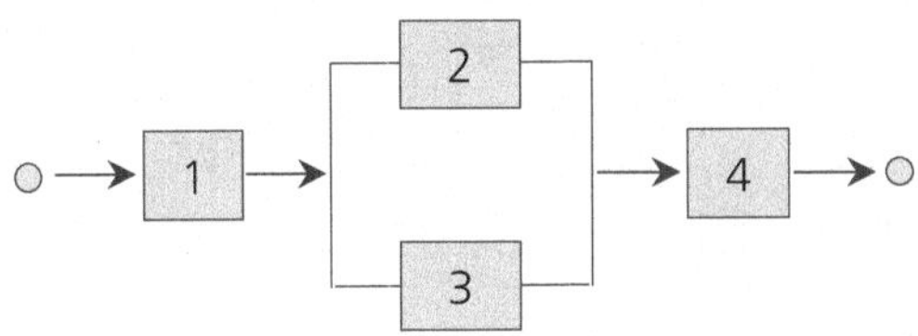

각 부품이 서로 독립적으로 기능을 발휘하고 있다고 하자. 만약 어떤 시각 t^* 에서 각 부품의 신뢰도가 $R_1(t^*)=0.8$, $R_2(t^*)=0.7$, $R_3(t^*)=0.9$,$R_4(t^*)=0.75$ 이라면, 이 시각에서 시스템 전체의 신뢰도는 얼마인가?

풀이

시스템에서 병렬모양에 해당하는 부품 2와 3의 신뢰도는 식(15・27)에서

$$R_p(t^*) = 1-(1-R_2(t^*))(1-R_3(t^*))$$
$$= 1-(1-0.7)(1-0.9) = 0.97$$

이 된다. 이 병렬모양을 신뢰도 $R_p(t^*)=0.97$ 을 갖는 하나의 부품으로 간주하면 시스템 전체는 하나의 직렬모형이 된다. 따라서 그 신뢰도는

$$R_s(t^*) = R_1(t^*)R_p(t^*)R_4(t^*)$$
$$= (0.8)(0.97)(0.75) = 0.582$$

가 됨을 알 수 있다.

15.6.3 스트레스·강도 모형 (stress and strength model)

부품이나 제품은 항상 열화나 고장의 원인이 될 만한 여러 가지 스트레스(stress)를 받게 된다. 스트레스를 분류해보면, 그 제품을 움직이고 기능을 발휘하기 위하여 부득이 가해지는 스트레스(전구에 가해지는 전력 등), 즉 기능 스트레스와, 외부 환경으로부터 가해지는 환경 스트레스(진동, 온도 등)로 나누어진다.

제품의 고장은 스트레스가 제품의 강도를 상회하였을 때 일어난다. 이 관계가 **[그림 15.14]**에 나타나 있다. 이 스트레스 · 강도 모형은 재료역학적 모형이라고 볼 수 있다. 반면에 앞에서 취급된 직렬모형과 병렬모형은 부품의 구성론적 모형이라고 말할 수 있을 것이다.

스트레스 · 강도 모형에서는 제품에 고장이 일어나지 않도록 하려면 스트레스와 강도의 차이, 즉 안전여유가 있어야 한다. 그러나 이것을 지나치게 잡으면 필요 이상으로 튼튼해지고 경제적으로 낭비가 따르게 된다.

스트레스 · 강도 모형에서의 불신뢰도는 시간이 지남에 따라 강도의 열화로 인하여 스트레스가 강도보다 커졌을 때 일어나므로, 스트레스와 강도의 분포가 겹치는 부분으로 생각할 수 있다. 그러나 강도나 스트레스는 각각 어떤 분포에 따르는 확률변수이므로, 어느 순간에 있어서의 강도와 스트레스의 차를 생각하면, 이 차 또한 하나의 확률변수로서 어떤 확률분포에 따르게 된다.

그림 15.14 스트레스·강도 모형

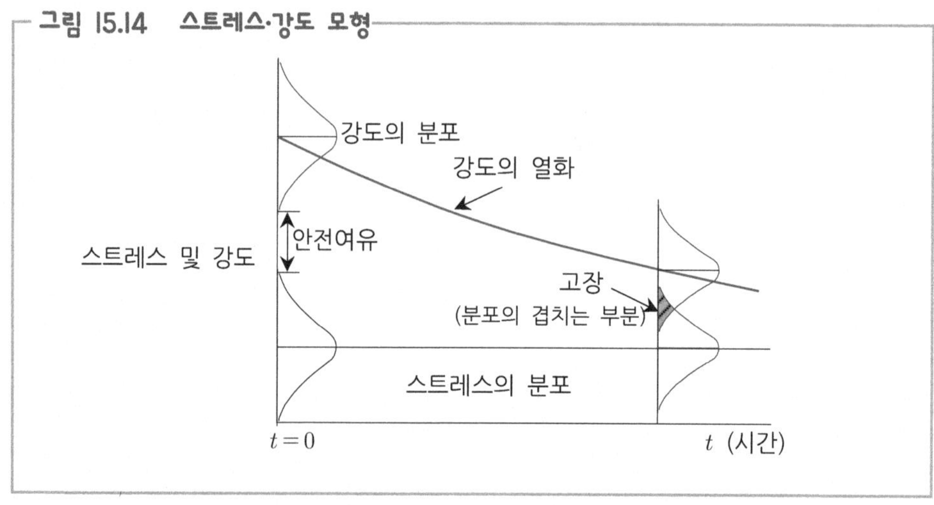

만약 강도(S)와 스트레스(Q)가 모두 독립적으로 정규분포에 따르고, 강도는 $N(\mu_s, \sigma_s^2)$ 의 분포에 스트레스는 $N(\mu_q, \sigma_q^2)$ 의 분포를 한다고 가정하자. 그러면 강도와 스트레스의 차

$$D = S - Q$$

의 분포는, 평균 $\mu_d = \mu_s - \mu_q$ 이고, 표준편차$\sigma_d = \sqrt{\sigma_s^2 + \sigma_q^2}$ 인 정규분포를 하게 된다. 이때 $D>0$ 이면 제품은 신뢰성을 가지고 있으므로, 제품의 신뢰도는

$$R(t) = P[D>0] = \int_0^\infty \frac{1}{\sqrt{2\pi}\cdot\sigma_d} e^{-\frac{1}{2}(\frac{t-\mu_d}{\sigma_d})^2} dt$$

로써 구할 수 있다.

이 스트레스 · 강도 모형에서 중요한 것은 설계할 때에 평균값뿐만 아니라 산포를 고려하여야 한다는 것이다. 따라서 제품의 설계시에 일반적으로 다음과 같은 안전율을 사용하여 준다.

$$\text{안전율} = \frac{\text{평균강도}}{\text{기대되는 스트레스의 최대값}}$$

항공기에서는 안전율을 1.25(군용)~1.50(민간용), 자동차에서는 1.3~1.6, 고층건물의 철골구조물에는 2.5~3.0정도의 안전율을 채택하여 주고 있다.

예제 15.8

어떤 부품의 강도와 스트레스는 시간 t^* 에서 각각 정규분포에 따르고, 강도는 $\mu_s = 400$, $\sigma_s = 50$ 이고, 스트레스는 $\mu_q = 300$, $\sigma_q = 100$ 이다(단위는 모두 kg/cm^2). 시점 t^* 에서 이 부품의 신뢰도를 구하라.

풀이

강도와 스트레스의 차 D 는 평균 $\mu_d = 400 - 300 = 100$, 표준편차 $\sigma_d = \sqrt{\sigma_s^2 + \sigma_q^2} = \sqrt{(50)^2 + (100)^2} = 111.8$ 인 정규분포를 한다. 따라서 신뢰도는

$$R(t^*) = P[D > 0] = P\left[\frac{D-100}{111.8} > \frac{0-100}{111.8}\right]$$
$$= P[U > -0.89] = 0.8133$$

이 된다.

15·1 Lloyd, P.K. : Reliability : Managements, Methods and Mathematics, Published by the Authors, Second Edition, Redonds Beach, California, 1977.

15·2 Mann, N.R., Schafer, R.E. and Singpurwalla, N.D. : Methods for Statistical Analysis of Reliability and Life Data, John Wiley & Sons, New York, 1974.

15·3 Shooman, M.L. : Probabilitic Reliability : an Engineering Approach, McGraw-Hill, New York, 1968.

15·4 정해성, 박동호, 김재주 공저, "신뢰성 분석과 응용," 영지문화사, 1999.

15·5 한국표준규격 KS A 3004

연습문제

15.1 지수분포를 따르는 제품이 있다. $MTBF$ 와 같은 시간에 그 제품의 몇 %가 만족하게 동작하고 있는가? $MTBF$ 의 $\frac{1}{2}$, $\frac{1}{3}$, $\frac{1}{100}$ 등의 시간에서의 신뢰도는 얼마인가?

15.2 어떤 지수분포에 따르는 제품에 대하여 $MTBF$ 를 추정하기 위하여 $n=40$ 개의 제품을 마감시간 $t_c=100$ 일을 정하여 놓고 시험하였다. 단, 고장이 나면 즉각적으로 수리하여 시험을 계속하였다. 100일에서 통계를 내어보니 총고장 건수가 80번이었다. $MTBF$ 의 점추정치와 95%신뢰구간(양쪽 추정으로)을 구하라.

15.3 어떤 제품 $n=10$ 개가 전부 고장 나기까지의 시간을 관찰하였더니 다음의 데이터를 얻었다. 이 수명데이터를 와이블 확률용지를 사용하여 m , t_0 , η , μ 와 σ 를 구하여라.

3, 8, 10, 15, 25, 27, 32, 33, 35, 55(일)

15.4 앞의 연습문제 **15.1**에서 구한 신뢰도함수를 사용하여 신뢰도가 90%가 되는 시점 t 를 구하라. 또한 신뢰도가 50%가 되는 시점은 어디인가?

15.5 어떤 시점에서 신뢰도가 $R=0.98$ 이 되는 부품 10개를 사용하고 있는 기기가 있다. 이 기기는 어느 부품이 고장이 나더라도 가동이 되지 않는다. 이 시점에서 이 기기의 신뢰도는 얼마인가? 만약 이러한 기기를 2대 병렬로 사용하는 시스템이 있다면 이 시점에서 이 시스템의 신뢰도는 얼마인가?

15.6 다음과 같이 구성된 시스템이 있다.

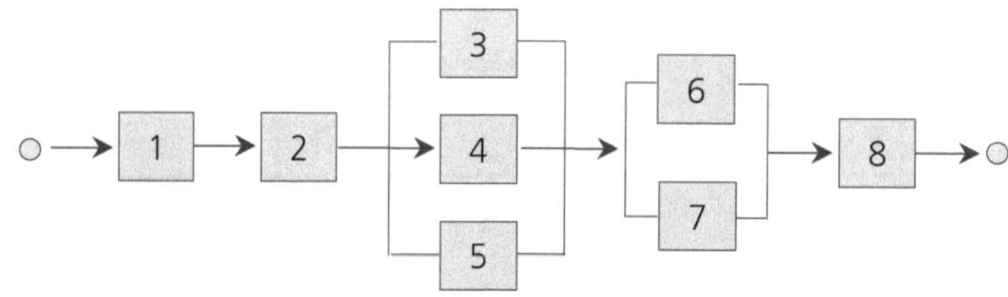

만약 어떤 시점 t 에서 각 부품의 신뢰도가 모두 $R_i(t)=0.9$, $i=1, 2, \cdots, 8$ 이라면 이 시스템의 신뢰도는 시각 t 에서 얼마인가?

15.7 어떤 제품의 강도와 스트레스는 시간 t^* 에서 각각 정규분포에 따르고, 강도는 $\mu_s=35$, $\sigma_s=5$ 이고, 스트레스는 $\mu_q=20$, $\sigma_q=10$ 이다(단위는 모두 $\mathrm{kg/cm^2}$ 임). 시점 t^* 에서 이 제품의 신뢰도를 구하라.

부록
통계분포표

〈표 A-1〉 정규분포표

양쪽의 경우 (빗금확률면적 $\alpha/2$)

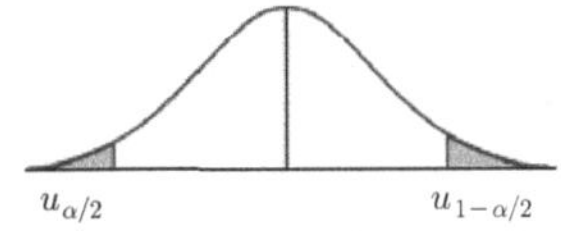

한쪽의 경우 (빗금확률면적 α)

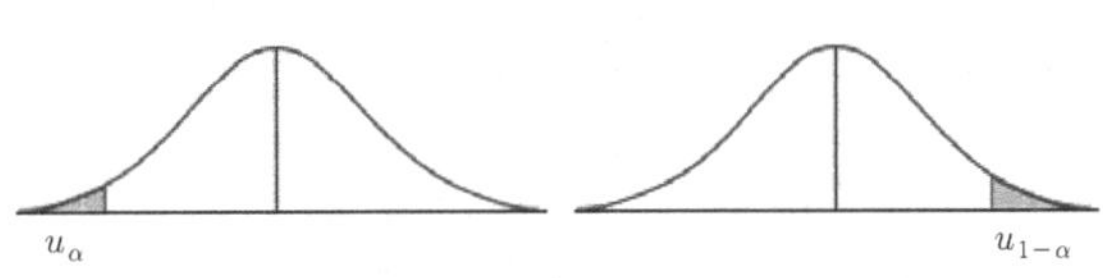

표준화 정규분포의 상측 빗금확률면적 α에 의한 상측 분위점 $u_{1-\alpha}$의 표

α	0	1	2	3	4	5	6	7	8	9
0.00*	∞	3.090	2.878	2.748	2.652	2.576	2.512	2.457	2.409	2.366
0.0*	∞	2.326	2.054	1.881	1.751	1.645	1.555	1.476	1.405	1.341
0.1*	1.282	1.227	1.175	1.126	1.080	1.036	.994	.954	.915	.878
0.2*	.842	.806	.772	.739	.706	.674	.643	.613	.583	.553
0.3*	.524	.496	.468	.440	.412	.385	.358	.358	.305	.279
0.4*	.253	.228	.202	.176	.151	.126	.100	.100	.075	.025

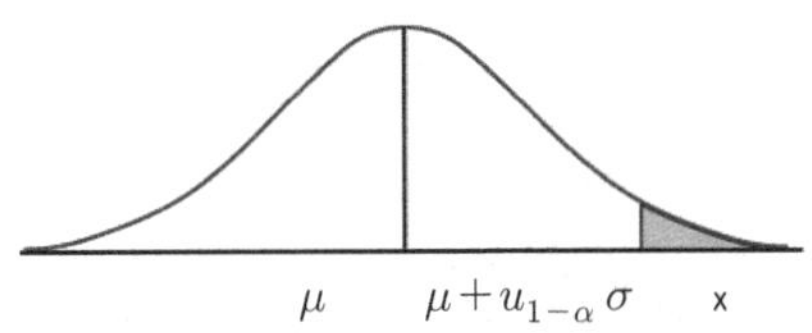

정규분포의 x 가 $\mu+u_{1-\alpha}\sigma$ 이상의 값이 될 확률 α의 표(빗금확률면적은 α를 의미함)

u	.00	.01	.02	.03	.04	.05	.06	.07	.08	.09
0.0	.5000	.4960	.4920	.4880	.4840	.4801	.4761	.4721	.4681	.4641
0.1	.4602	.4562	.4522	.4483	.4443	.4404	.4364	.4325	.4286	.4247
0.2	.4207	.4168	.4129	.4090	.4052	.4013	.3974	.3936	.3897	.3859
0.3	.3821	.3783	.3745	.3707	.3669	.3632	.3594	.3557	.3520	.3483
0.4	.3446	.3409	.3372	.3336	.3300	.3264	.3228	.3192	.3156	.3121
0.5	.3085	.3050	.3015	.2981	.2946	.2912	.2877	.2843	.2810	.2776

0.6	.2743	.2709	.2676	.2643	.2611	.2578	.2546	.2514	.2483	.2451
0.7	.2420	.2389	.2358	.2327	.2297	.2266	.2236	.2206	.2177	.2148
0.8	.2119	.2090	.2061	.2033	.2005	.1977	.1949	.1922	.1894	.1867
0.9	.1841	.1814	.1788	.1762	.1736	.1711	.1685	.1660	.1635	.1611
1.0	.1587	.1562	.1539	.1515	.1492	.1469	.1446	.1423	.1401	.1379
1.1	.1357	.1335	.1314	.1292	.1271	.1251	.1230	.1210	.1190	.1170
1.2	.1151	.1131	.1112	.1093	.1075	.1056	.1038	.1020	.1003	.0985
1.3	.0968	.0951	.0934	.0918	.0901	.0885	.0869	.0853	.0838	.0823
1.4	.0808	.0793	.0778	.0764	.0749	.0735	.0721	.0708	.0694	.0681
1.5	.0668	.0655	.0643	.0630	.0618	.0606	.0594	.0582	.0571	.0559
1.6	.0548	.0537	.0526	.0516	.0505	.0495	.0485	.0475	.0465	.0455
1.7	.0446	.0436	.0427	.0418	.0409	.0401	.0392	.0384	.0375	.0367
1.8	.0359	.0351	.0344	.0336	.0329	.0322	.0314	.0307	.0301	.0294
1.9	.0287	.0281	.0274	.0268	.0262	.0256	.0250	.0244	.0239	.0233
2.0	.0228	.0222	.0217	.0212	.0207	.0202	.0197	.0192	.0188	.0183
2.1	.0179	.0174	.0170	.0166	.0162	.0158	.0154	.0150	.0146	.0143
2.2	.0139	.0136	.0132	.0129	.0125	.0122	.0119	.0116	.0113	.0110
2.3	.0107	.0104	.0102	.0099	.0096	.0094	.0091	.0089	.0087	.0084
2.4	.0082	.0080	.0078	.0075	.0073	.0071	.0069	.0068	.0066	.0064
2.5	.0062	.0060	.0059	.0057	.0055	.0054	.0052	.0051	.0049	.0048
2.6	$.0^{2}4661$	$.0^{2}4527$	$.0^{2}4396$	$.0^{2}4269$	$.0^{2}4145$	$.0^{2}4025$	$.0^{2}3907$	$.0^{2}3793$	$.0^{2}3681$	$.0^{2}3573$
2.7	$.0^{2}3467$	$.0^{2}3364$	$.0^{2}3264$	$.0^{2}3167$	$.0^{2}3072$	$.0^{2}2980$	$.0^{2}2890$	$.0^{2}2803$	$.0^{2}2718$	$.0^{2}2635$
2.8	$.0^{2}2555$	$.0^{2}2477$	$.0^{2}2401$	$.0^{2}2327$	$.0^{2}2250$	$.0^{2}2180$	$.0^{2}2118$	$.0^{2}2052$	$.0^{2}1988$	$.0^{2}1920$
2.9	$.0^{2}1866$	$.0^{2}1807$	$.0^{2}1750$	$.0^{2}1695$	$.0^{2}1041$	$.0^{2}1589$	$.0^{2}1538$	$.0^{2}1489$	$.0^{2}1441$	$.0^{2}1395$
3.0	$.0^{2}1350$	$.0^{2}1306$	$.0^{2}1264$	$.0^{2}1223$	$.0^{2}1183$	$.0^{2}1144$	$.0^{2}1107$	$.0^{2}1070$	$.0^{2}1035$	$.0^{2}1001$
3.1	$.0^{3}9676$	$.0^{3}9351$	$.0^{3}9043$	$.0^{3}8740$	$.0^{3}8447$	$.0^{3}8104$	$.0^{3}7888$	$.0^{3}7622$	$.0^{3}7364$	$.0^{3}7114$
3.2	$.0^{3}6871$	$.0^{3}6637$	$.0^{3}6410$	$.0^{3}6190$	$.0^{3}5976$	$.0^{3}5770$	$.0^{3}5571$	$.0^{3}5377$	$.0^{3}5190$	$.0^{3}5009$
3.3	$.0^{3}4834$	$.0^{3}4665$	$.0^{3}4501$	$.0^{3}4342$	$.0^{3}4189$	$.0^{3}4041$	$.0^{3}3897$	$.0^{3}3758$	$.0^{3}3624$	$.0^{3}3495$
3.4	$.0^{3}3369$	$.0^{3}3248$	$.0^{3}3131$	$.0^{3}3018$	$.0^{3}2909$	$.0^{3}2803$	$.0^{3}2701$	$.0^{3}2602$	$.0^{3}2507$	$.0^{3}2415$
3.5	$.0^{3}2326$	$.0^{3}2241$	$.0^{3}2158$	$.0^{3}2078$	$.0^{3}2001$	$.0^{3}1926$	$.0^{3}1854$	$.0^{3}1785$	$.0^{3}1718$	$.0^{3}1653$
3.6	$.0^{3}1591$	$.0^{3}1531$	$.0^{3}1473$	$.0^{3}1417$	$.0^{3}1363$	$.0^{3}1311$	$.0^{3}1261$	$.0^{3}1213$	$.0^{3}1166$	$.0^{3}1121$
3.7	$.0^{3}1078$	$.0^{3}1036$	$.0^{4}9961$	$.0^{4}9574$	$.0^{4}9201$	$.0^{4}8842$	$.0^{4}8496$	$.0^{4}8162$	$.0^{4}7841$	$.0^{4}7532$
3.8	$.0^{4}7235$	$.0^{4}6948$	$.0^{4}6673$	$.0^{4}6407$	$.0^{4}6152$	$.0^{4}5906$	$.0^{4}5669$	$.0^{4}5442$	$.0^{4}5223$	$.0^{4}5012$
3.9	$.0^{4}4810$	$.0^{4}4615$	$.0^{4}4427$	$.0^{4}4247$	$.0^{4}4074$	$.0^{4}3908$	$.0^{4}3747$	$.0^{4}3594$	$.0^{4}3446$	$.0^{4}3304$
4.0	$.0^{4}3167$	$.0^{4}3036$	$.0^{4}2910$	$.0^{4}2789$	$.0^{4}2673$	$.0^{4}2561$	$.0^{4}2454$	$.0^{4}2351$	$.0^{4}2252$	$.0^{4}2157$
4.1	$.0^{4}2066$	$.0^{4}1978$	$.0^{4}1894$	$.0^{4}1814$	$.0^{4}1737$	$.0^{4}1662$	$.0^{4}1591$	$.0^{4}1523$	$.0^{4}1458$	$.0^{4}1395$
4.2	$.0^{4}1335$	$.0^{4}1277$	$.0^{4}1222$	$.0^{4}1168$	$.0^{4}1118$	$.0^{4}1069$	$.0^{4}1022$	$.0^{5}9774$	$.0^{5}9345$	$.0^{5}8934$
4.3	$.0^{5}8540$	$.0^{5}8163$	$.0^{5}7801$	$.0^{5}7455$	$.0^{5}7124$	$.0^{5}6807$	$.0^{5}6503$	$.0^{5}6212$	$.0^{5}5934$	$.0^{5}5668$
4.4	$.0^{5}5419$	$.0^{5}5169$	$.0^{5}4935$	$.0^{5}4712$	$.0^{5}4498$	$.0^{5}4294$	$.0^{5}4098$	$.0^{5}3911$	$.0^{5}3732$	$.0^{5}3561$
4.5	$.0^{5}3398$	$.0^{5}3241$	$.0^{5}3092$	$.0^{5}2949$	$.0^{5}2813$	$.0^{5}2682$	$.0^{5}2558$	$.0^{5}2439$	$.0^{5}2325$	$.0^{5}2216$
5.0	$.0^{6}2867$	$.0^{6}2722$	$.0^{6}2584$	$.0^{6}2452$	$.0^{6}2328$	$.0^{6}2209$	$.0^{6}2096$	$.0^{6}1989$	$.0^{6}1887$	$.0^{6}1790$
5.5	$.0^{7}1899$	$.0^{7}1794$	$.0^{7}1695$	$.0^{7}1601$	$.0^{7}1512$	$.0^{7}1428$	$.0^{7}1349$	$.0^{7}1274$	$.0^{7}1203$	$.0^{7}1135$
6.0	$.0^{9}9899$	$.0^{9}9276$	$.0^{9}8721$	$.0^{9}8198$	$.0^{9}7706$	$.0^{9}7242$	$.0^{9}6806$	$.0^{9}6396$	$.0^{9}6009$	$.0^{9}5646$

〈표 A-2〉 t 분포표

양쪽의 경우 (빗금확률면적 $\alpha/2$)

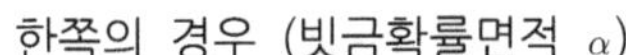

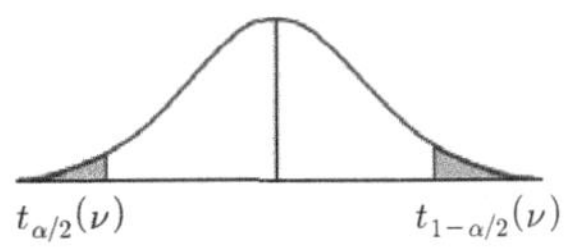

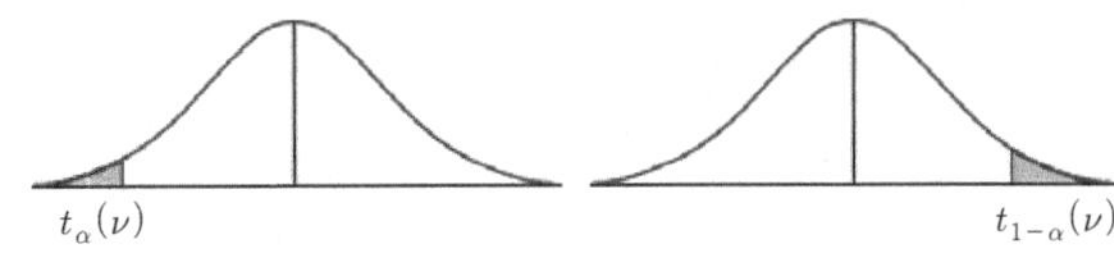

t 분포의 상측 분위점 $t_{1-\alpha}(\nu)$의 표

ν \ $1-\alpha$	0.75	0.80	0.85	0.90	0.95	0.975	0.99	0.995	0.9995
1	1.000	1.376	1.963	3.078	6.314	12.706	31.821	63.657	636.619
2	0.816	1.061	1.386	1.886	2.920	4.303	6.965	9.925	31.598
3	0.765	0.978	1.250	1.638	2.353	3.182	4.541	5.841	12.941
4	0.741	0.941	1.109	1.533	2.132	2.776	3.747	4.604	8.610
5	0.727	0.920	1.156	1.476	2.015	2.571	3.365	4.032	6.859
6	0.718	0.906	1.134	1.440	1.943	2.447	3.143	3.707	5.959
7	0.711	0.896	1.119	1.415	1.895	2.365	2.998	3.499	5.405
8	0.706	0.889	1.108	1.397	1.860	2.306	2.896	3.355	5.041
9	0.703	0.883	1.100	1.383	1.833	2.262	2.821	3.250	4.781
10	0.700	0.879	1.093	1.372	1.812	2.228	2.764	3.169	4.587
11	0.697	0.876	1.088	1.363	1.796	2.201	2.718	3.106	4.437
12	0.695	0.873	1.083	1.356	1.782	2.179	2.681	3.055	4.318
13	0.694	0.870	1.079	1.350	1.771	2.160	2.650	3.012	4.221
14	0.692	0.868	1.076	1.345	1.761	2.145	2.624	2.977	4.140
15	0.691	0.866	1.074	1.341	1.753	2.131	2.602	2.947	4.073
16	0.690	0.865	1.071	1.337	1.746	2.120	2.583	2.921	4.015
17	0.689	0.863	1.069	1.333	1.740	2.110	2.567	2.898	3.965
18	0.688	0.862	1.067	1.330	1.734	2.101	2.552	2.878	3.922
19	0.688	0.861	1.066	1.328	1.729	2.093	2.539	2.861	3.883
20	0.687	0.860	1.064	1.325	1.725	2.086	2.528	2.845	3.850
21	0.686	0.859	1.063	1.323	1.721	2.080	2.518	2.831	3.819
22	0.686	0.858	1.061	1.321	1.717	2.074	2.508	2.819	3.792
23	0.685	0.858	1.060	1.319	1.714	2.069	2.500	2.807	3.767
24	0.685	0.857	1.059	1.318	1.711	2.064	2.492	2.797	3.745
25	0.684	0.856	1.058	1.316	1.708	2.060	2.485	2.787	3.725
26	0.684	0.856	1.058	1.315	1.706	2.056	2.479	2.779	3.707
27	0.684	0.855	1.057	1.314	1.703	2.052	2.473	2.771	3.690
28	0.683	0.855	1.056	1.313	1.701	2.048	2.467	2.763	3.674
29	0.683	0.854	1.055	1.311	1.699	2.045	2.462	2.756	3.659
30	0.683	0.854	1.055	1.310	1.697	2.042	2.457	2.750	3.646
40	0.681	0.851	1.050	1.303	1.684	2.021	2.423	2.704	3.551
60	0.679	0.848	1.046	1.296	1.671	2.000	2.390	2.660	3.460
120	0.677	0.845	1.041	1.289	1.658	1.980	2.358	2.617	3.373
∞	0.674	0.842	1.036	1.282	1.645	1.960	2.326	2.576	3.291

〈표 A-3〉 χ^2 분포표

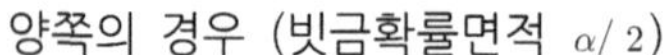

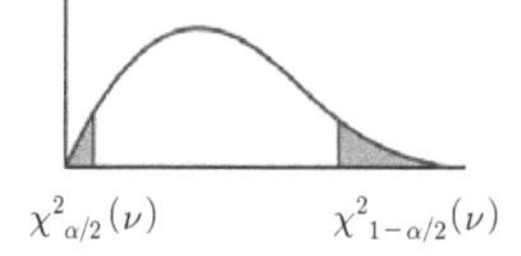

한쪽의 경우 (빗금확률면적 α)

$\chi^2_{\alpha}(\nu)$ $\chi^2_{1-\alpha}(\nu)$

카이제곱 분포의 하측,상측 분위점 $\chi^2_\alpha(\nu)$와 $\chi^2_{1-\alpha}(\nu)$의 표

ν	α인 경우						1−α 인 경우				
	0.005	0.01	0.025	0.05	0.10	.50	0.90	0.95	0.975	0.99	0.995
1	0.0	0.0	0.0	0.0	0.0158	0.455	2.71	3.84	5.02	6.63	7.88
2	0.0100	0.0201	0.0506	0.103	0.211	1.386	4.61	5.99	7.38	9.21	10.60
3	0.0717	0.115	0.216	0.352	0.584	2.37	6.25	7.81	9.35	11.34	12.84
4	0.207	0.297	0.484	0.711	1.064	3.36	7.78	9.49	11.14	13.28	14.86
5	0.412	0.554	0.831	1.145	1.610	4.35	9.24	11.07	12.82	15.09	16.75
6	0.676	0.872	1.237	1.635	2.20	5.35	10.64	12.59	14.45	16.81	18.55
7	0.989	1.239	1.690	2.17	2.83	6.35	12.02	14.07	16.01	18.48	20.28
8	1.344	1.646	2.18	2.73	3.49	7.34	13.36	15.51	17.53	20.09	21.96
9	1.735	2.09	2.70	3.33	4.17	8.34	14.68	16.92	19.02	21.67	23.59
10	2.16	2.56	3.25	3.94	4.87	9.34	15.99	18.31	20.48	23.21	25.19
11	2.60	3.05	3.82	4.57	5.58	10.34	17.28	19.68	21.92	24.73	26.76
12	3.07	3.57	4.40	5.23	6.30	11.34	18.55	21.03	23.34	26.22	28.30
13	3.57	4.11	5.01	5.89	7.04	12.34	19.81	22.36	24.74	27.69	29.82
14	4.07	4.66	5.63	6.57	7.79	13.34	21.06	23.68	26.12	29.14	31.32
15	4.60	5.23	6.26	7.26	8.55	14.34	22.31	25.00	27.49	30.58	32.80
16	5.14	5.81	6.91	7.96	9.31	15.34	23.54	26.30	28.85	32.00	34.27
17	5.70	6.41	7.56	8.67	10.09	16.34	24.77	27.59	30.19	33.41	35.72
18	6.26	7.01	8.23	9.39	10.86	17.34	25.99	28.87	31.53	34.81	37.16
19	6.84	7.63	8.91	10.12	11.65	18.34	27.20	30.14	32.85	36.19	38.58
20	7.43	8.26	9.59	10.85	12.44	19.34	28.41	31.41	34.17	37.57	40.00
21	8.03	8.90	10.28	11.59	13.24	20.30	29.62	32.67	35.48	38.93	41.40
22	8.64	9.54	10.98	12.34	14.04	21.30	30.81	33.92	36.78	40.29	42.80
23	9.26	10.20	11.69	13.09	14.85	22.30	32.01	35.17	38.08	41.64	44.18
24	9.89	10.86	12.40	13.85	15.66	23.30	33.20	36.42	39.36	42.98	45.56
25	10.52	11.52	13.12	14.61	16.47	24.30	34.38	37.65	40.65	44.31	46.93
26	11.16	12.20	13.84	15.38	17.29	25.30	35.56	38.89	41.92	45.64	48.29
27	11.81	12.88	14.57	16.15	18.11	26.30	36.74	40.11	43.19	46.96	49.64
28	12.46	13.56	15.31	16.93	18.94	27.30	37.92	41.34	44.46	48.28	50.99
29	13.12	14.26	16.05	17.71	19.77	28.30	39.09	42.56	45.72	49.59	52.34
30	13.79	14.95	16.79	18.49	20.60	29.30	40.26	43.77	46.98	50.89	53.67
40	20.71	22.16	24.43	26.51	29.05	39.30	51.81	55.76	59.34	63.69	66.77
50	27.99	29.17	32.36	34.76	37.69	49.30	63.17	67.50	71.42	76.15	79.49
60	35.53	37.48	40.48	43.19	46.46	59.30	74.40	79.08	83.30	88.38	91.95
70	43.28	45.44	48.76	51.74	55.33	69.30	85.53	90.53	95.02	100.4	104.2
80	51.17	53.54	57.15	60.39	64.28	79.30	96.58	101.9	106.6	112.3	113.6
90	59.20	61.75	65.65	69.13	73.29	89.30	107.60	113.1	118.1	124.1	128.3
100	67.33	70.06	74.22	77.93	82.36	99.30	118.50	124.3	129.6	153.8	140.2

〈표 A-4〉 F 분포표

양쪽의 경우 (빗금확률면적 $\alpha/2$)

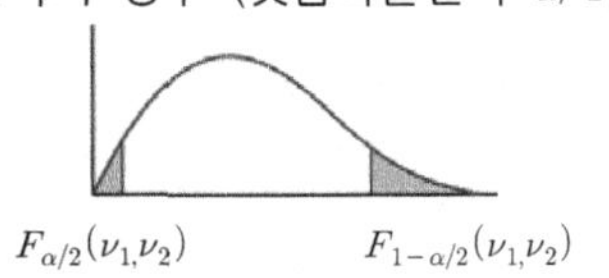

한쪽의 경우 (빗금확률면적 α)

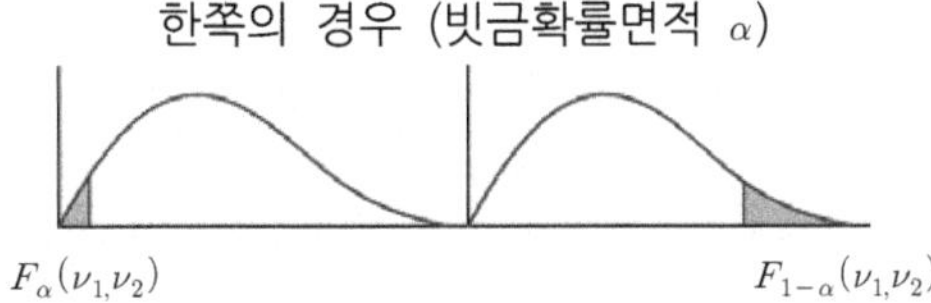

F 분포 상측 분위점 $F_{1-\alpha}(\nu_1,\nu_2)$의 표 (단, $F_{\alpha}(\nu_1,\nu_2)=F_{1-\alpha}(\nu_2,\nu_1)$이다.)

ν_2	$1-\alpha$	ν_1																		
		1	2	3	4	5	6	7	8	9	10	11	12	15	20	24	30	60	120	∞
1	0.90	39.9	49.5	53.6	55.8	57.2	58.2	58.9	59.4	59.9	60.2	60.5	60.7	61.2	61.7	62.0	62.3	62.8	63.1	63.3
	0.95	161	200	216	225	230	234	237	239	241	242	243	244	246	248	249	250	252	253	254
	0.975	648	800	864	900	922	937	948	957	963	969	973	977	985	993	997	1001	1010	1014	1018
	0.99	4052	5000	5403	5625	5764	5859	5928	5981	6022	6056	6082	6106	6157	6209	6235	6261	6313	6339	6366
2	0.90	8.53	9.00	9.16	9.24	9.29	9.33	9.35	9.37	9.38	9.39	9.40	9.41	9.42	9.44	9.45	9.46	9.47	9.48	9.49
	0.95	18.5	19.0	19.2	19.2	19.3	19.3	19.4	19.4	19.4	19.4	19.4	19.4	19.4	19.4	19.5	19.5	19.5	19.5	19.5
	0.975	38.5	39.0	39.2	39.3	39.3	39.3	39.4	39.4	39.4	39.4	39.4	39.4	39.4	39.5	39.5	39.5	39.5	39.5	39.5
	0.99	88.5	99.0	99.2	99.2	99.3	99.3	99.4	99.4	99.4	99.4	99.4	99.4	99.4	99.4	99.5	99.5	99.5	99.5	99.5
3	0.90	5.54	5.46	6.39	5.34	5.31	5.28	5.27	5.25	5.24	5.23	5.22	5.22	5.20	5.18	5.18	5.17	5.15	5.14	5.13
	0.95	10.1	9.55	9.28	9.12	9.01	8.94	8.89	8.85	8.81	8.79	8.76	8.74	8.70	8.66	8.64	8.62	8.57	8.55	8.53
	0.975	17.4	16.0	15.4	15.1	14.9	14.7	14.6	14.5	14.5	14.4	14.4	14.3	14.3	14.2	14.1	14.1	14.0	14.0	13.9
	0.99	34.1	30.8	29.5	28.7	28.2	27.9	27.7	27.5	27.3	27.2	27.1	27.1	26.9	26.7	26.6	26.5	26.3	26.2	26.1
4	0.90	4.54	4.32	4.19	4.11	4.05	4.01	3.98	3.95	3.94	3.92	3.91	3.90	3.87	3.84	3.83	3.82	3.79	3.78	3.76
	0.95	7.71	6.94	6.59	6.39	6.26	6.16	6.09	6.04	6.00	5.96	5.94	5.91	5.85	5.80	5.77	5.75	5.69	5.66	5.63
	0.975	12.2	10.7	9.98	9.60	9.36	9.20	9.07	8.98	8.90	8.84	8.80	8.75	8.66	8.56	8.51	8.46	8.36	8.31	8.26
	0.99	21.2	18.0	16.7	16.0	15.5	15.2	15.0	14.8	14.7	14.5	14.4	14.4	14.2	14.0	13.9	13.8	13.7	13.6	13.5
5	0.90	4.06	3.78	3.62	3.52	3.45	3.40	3.37	3.34	3.32	3.30	3.28	3.27	3.24	3.21	3.19	3.17	3.14	3.12	3.11
	0.95	6.61	5.79	5.41	5.19	5.05	4.95	4.88	4.82	4.77	4.74	4.71	4.68	4.62	4.56	4.53	4.50	4.43	4.40	4.37
	0.975	10.0	8.43	7.76	7.39	7.15	6.98	6.85	6.76	6.68	6.62	6.57	6.52	6.43	6.33	6.28	6.23	6.12	6.07	6.02
	0.99	16.3	13.3	12.1	11.4	11.0	10.7	10.5	10.3	10.2	10.1	9.96	9.89	9.72	9.55	9.47	9.38	9.20	9.11	9.02
6	0.90	3.78	3.46	3.29	3.18	3.11	3.05	3.01	2.98	2.96	2.94	2.92	2.90	2.87	2.84	2.82	2.80	2.76	2.74	2.72
	0.95	5.99	5.14	4.76	4.53	4.39	4.28	4.21	4.15	4.10	4.06	4.03	4.00	3.04	3.87	3.84	3.81	3.74	3.70	3.67
	0.975	8.81	7.26	6.60	6.23	5.99	5.82	5.70	5.60	5.52	5.46	5.41	5.27	5.27	5.17	5.12	5.07	4.96	4.90	4.85
	0.99	13.7	10.9	9.78	9.15	8.75	8.47	8.26	8.10	7.98	7.87	7.79	7.72	7.56	7.40	7.31	7.23	7.06	6.97	6.88
7	0.90	3.59	3.26	3.07	2.96	2.88	2.83	2.78	2.75	2.72	2.70	2.68	2.67	2.63	2.59	2.58	2.56	2.51	2.49	2.47
	0.95	5.59	4.74	4.35	4.12	3.97	3.87	3.79	3.73	3.68	3.64	3.60	3.57	3.51	3.44	3.41	3.38	3.30	3.27	3.23
	0.975	8.07	6.54	5.89	5.52	5.29	5.12	4.99	4.90	4.82	4.76	4.71	4.67	4.57	4.47	4.42	4.36	4.25	4.20	4.14
	0.99	12.2	9.55	8.45	7.85	7.46	7.19	6.99	6.84	6.72	6.62	6.54	6.47	6.31	6.16	6.07	5.99	5.82	5.74	5.65
8	0.90	3.46	3.11	2.92	2.81	2.73	2.67	2.62	2.59	2.56	2.54	2.52	2.50	2.46	2.42	2.40	2.38	2.34	2.32	2.29
	0.95	5.32	4.46	4.07	3.84	3.69	3.58	3.50	3.44	3.39	3.35	3.31	3.28	3.22	3.15	3.12	3.08	3.01	2.97	2.93
	0.975	7.57	6.06	5.42	5.05	4.82	4.65	4.53	4.43	4.36	4.30	4.25	4.20	4.10	4.00	3.95	3.89	3.78	3.73	3.67
	0.99	11.3	8.65	7.59	7.01	6.63	6.37	6.18	6.03	5.91	5.81	5.73	5.67	5.52	5.36	5.28	5.20	5.03	4.95	4.86
9	0.90	3.36	3.01	2.81	2.69	2.61	2.55	2.51	2.47	2.44	2.42	2.40	2.38	2.34	2.30	2.28	2.25	2.21	2.18	2.16
	0.95	5.12	4.26	3.86	3.63	3.48	3.37	3.29	3.23	3.18	3.14	3.10	3.07	3.01	2.94	2.90	2.86	2.79	2.75	2.71
	0.975	7.21	5.71	5.08	4.72	4.48	4.32	4.20	4.10	4.03	3.96	3.91	3.87	3.77	3.67	3.61	3.56	3.45	3.39	3.33
	0.99	10.6	8.02	6.99	6.42	6.06	5.80	5.61	5.47	5.35	5.26	5.18	5.11	4.96	4.81	4.73	4.65	4.48	4.40	4.31

10	0.90	3.29	2.92	2.73	2.61	2.52	2.46	2.41	2.38	2.35	2.32	2.30	2.28	2.24	2.20	2.18	2.16	2.11	2.08	2.06
	0.95	4.96	4.10	3.71	3.48	3.33	3.22	3.14	3.07	3.02	2.98	2.94	2.91	2.84	2.77	2.74	2.70	2.62	2.58	2.54
	0.975	6.94	5.46	4.83	4.47	4.24	4.07	3.95	3.85	3.78	3.72	3.67	3.62	3.52	3.42	3.37	3.31	3.20	3.14	3.08
	0.99	10.0	7.66	6.55	5.99	5.64	5.39	5.20	5.06	4.94	4.85	4.77	4.71	4.56	4.41	4.33	4.25	4.08	4.00	3.91
11	0.90	3.23	2.86	2.66	2.54	2.45	2.39	2.34	2.30	2.27	2.25	2.23	2.21	2.17	2.12	2.10	2.08	2.03	1.99	1.97
	0.95	4.84	3.98	3.59	3.36	3.20	3.09	3.01	2.95	2.90	2.85	2.82	2.79	2.72	2.65	2.61	2.57	2.49	2.43	2.40
	0.975	6.72	5.26	4.63	4.28	4.04	3.88	3.76	3.66	3.59	3.53	3.48	3.43	3.33	3.23	3.17	3.12	3.00	2.94	2.88
	0.99	9.65	7.21	6.22	5.67	5.32	5.07	4.89	4.74	4.63	4.54	4.46	4.40	4.25	4.10	4.02	3.94	3.78	3.66	3.60
12	0.90	3.18	2.81	2.61	2.48	2.39	2.33	2.28	2.24	2.21	2.19	2.17	2.15	2.10	2.06	2.04	2.01	1.96	1.93	1.90
	0.95	4.75	3.89	3.49	3.26	3.11	3.00	2.91	2.85	2.80	2.75	2.72	2.69	2.62	2.54	2.51	2.47	2.38	2.34	2.30
	0.975	6.55	5.10	4.47	4.12	3.89	3.73	3.61	3.51	3.44	3.37	3.32	3.28	3.18	3.07	3.02	2.96	2.85	2.79	2.72
	0.99	9.33	6.93	5.95	5.41	5.06	4.82	4.64	4.50	4.39	4.30	4.22	4.16	4.01	3.86	3.78	3.70	3.54	3.45	3.36
13	0.90	3.14	2.76	2.56	2.43	2.35	2.28	2.23	2.20	2.16	2.14	2.12	2.05	2.10	2.01	1.98	1.96	1.90	1.86	1.85
	0.95	4.67	3.81	3.41	3.18	3.03	2.92	2.83	2.77	2.71	2.67	2.63	2.53	2.60	2.46	2.42	2.38	2.30	2.23	2.21
	0.975	6.41	4.97	4.35	4.00	3.77	3.60	3.48	3.39	3.31	3.25	3.20	3.05	3.15	2.95	2.89	2.84	2.72	2.66	2.60
	0.99	9.07	6.70	5.74	5.21	4.86	4.62	4.44	4.30	4.19	4.10	4.02	3.82	3.96	3.66	3.59	3.51	3.34	3.22	3.17
14	0.90	3.10	2.73	2.52	2.39	2.31	2.24	2.19	2.15	21.2	2.10	2.08	2.05	2.01	1.96	1.94	1.91	1.86	1.83	1.80
	0.95	4.60	3.74	3.34	3.11	2.96	2.85	2.76	2.70	2.65	2.60	2.57	2.53	2.46	2.39	2.35	2.31	2.22	2.18	2.13
	0.975	6.30	4.86	4.24	3.89	3.66	3.50	3.36	3.29	3.26	3.15	3.10	3.05	2.95	2.84	2.79	2.73	2.61	2.55	2.49
	0.99	8.86	6.51	5.56	5.04	4.69	4.46	4.28	4.14	4.03	3.94	3.86	3.38	3.66	3.51	3.43	3.35	3.18	3.09	3.00
15	0.90	3.07	2.70	2.49	2.36	2.27	2.21	2.16	2.12	2.09	2.06	2.04	2.02	1.97	1.92	1.90	1.87	1.82	1.79	1.76
	0.95	4.54	3.68	3.29	3.06	2.90	2.79	2.71	2.64	2.59	2.54	2.51	2.48	2.40	2.33	2.29	2.25	2.16	2.11	2.07
	0.975	6.20	4.77	4.15	3.80	3.58	3.41	3.29	3.20	3.12	3.06	3.01	2.96	2.86	2.76	2.70	2.64	2.52	2.46	2.40
	0.99	8.68	6.36	5.42	4.89	4.56	4.32	4.14	4.00	3.89	3.80	3.73	3.67	3.52	3.37	3.29	3.21	3.05	2.96	2.87
20	0.90	2.97	2.59	2.38	2.25	2.16	2.09	2.04	2.00	1.96	1.94	1.92	1.89	1.84	1.79	1.77	1.74	1.68	1.64	1.61
	0.95	4.35	3.49	3.10	2.87	2.71	2.60	2.51	2.45	2.39	2.35	2.31	2.28	2.20	2.12	2.08	2.04	1.95	1.90	1.84
	0.975	5.87	4.46	3.86	3.51	3.29	3.13	3.01	2.91	2.84	2.77	2.72	2.68	2.57	2.46	2.41	2.35	2.22	2.16	2.09
	0.99	8.10	5.85	4.94	4.43	4.10	3.87	3.70	3.56	3.46	3.37	3.29	3.23	3.09	2.94	2.86	2.78	2.61	2.52	2.42
24	0.90	2.93	2.54	2.33	2.19	2.10	2.04	1.98	1.94	1.91	1.88	1.85	1.83	1.78	1.73	1.70	1.67	1.61	1.57	1.53
	0.95	4.26	3.40	3.01	2.78	2.62	2.51	2.42	2.36	2.30	2.25	2.21	2.18	2.11	2.03	1.98	1.94	1.84	1.79	1.73
	0.975	5.72	4.32	3.72	3.38	3.15	2.99	2.87	2.78	2.70	2.64	2.59	2.54	2.44	2.33	2.27	2.21	2.08	2.01	1.94
	0.99	7.82	5.61	4.72	4.22	3.90	3.67	3.50	3.36	3.26	3.17	3.09	3.03	2.89	2.74	2.66	2.58	2.40	2.31	2.21
30	0.90	2.88	2.49	2.28	2.14	2.05	1.98	1.93	1.88	1.85	1.82	1.79	1.77	1.72	1.67	1.64	1.61	1.54	1.50	1.46
	0.95	4.17	3.32	2.92	2.69	2.53	2.42	2.33	2.27	2.21	2.16	2.13	2.09	2.01	1.93	1.89	1.84	1.74	1.68	1.62
	0.975	5.57	4.18	3.59	3.25	3.03	2.87	2.75	2.65	2.57	2.51	2.46	2.41	2.31	2.20	2.14	2.07	1.94	1.87	1.79
	0.99	7.56	5.39	4.51	4.02	3.70	3.47	3.30	3.17	3.07	2.98	2.91	2.84	2.70	2.55	2.47	2.39	2.21	2.11	2.01
60	0.90	2.79	2.39	2.18	2.04	1.95	1.87	1.82	1.77	1.74	1.71	1.68	1.66	1.60	1.54	1.51	1.48	1.40	1.35	1.29
	0.95	4.00	3.15	2.76	2.53	2.37	2.25	2.17	2.10	2.04	1.99	1.95	1.92	1.84	1.75	1.70	1.65	1.53	1.47	1.39
	0.975	5.29	3.93	3.34	3.01	2.79	2.63	2.51	2.41	2.33	2.27	2.22	2.17	2.06	1.94	1.88	1.82	1.67	1.58	1.48
	0.99	7.08	4.98	4.13	3.65	3.34	3.12	2.95	2.82	2.72	2.63	2.56	2.50	2.35	2.20	2.12	2.03	1.84	1.73	1.60
120	0.90	2.75	2.36	2.13	1.99	1.90	1.82	1.77	1.72	1.68	1.65	1.62	1.60	1.55	1.48	1.45	1.41	1.32	1.26	1.19
	0.95	3.92	3.07	2.68	2.45	2.29	2.18	2.09	2.02	1.96	1.91	1.87	1.83	1.75	1.66	1.61	1.55	1.43	1.35	1.25
	0.975	5.15	3.80	3.23	2.89	2.67	2.52	2.39	2.30	2.22	2.16	2.11	2.05	1.94	1.82	1.76	1.69	1.53	1.43	1.31
	0.99	7.08	4.98	4.13	3.65	3.34	3.12	2.95	2.82	2.72	2.47	2.40	2.34	2.19	2.03	1.95	1.86	1.66	1.53	1.38
∞	0.90	2.71	2.30	2.08	1.94	1.85	1.77	1.72	1.67	1.63	1.60	1.57	1.55	1.49	1.42	1.38	1.34	1.24	1.17	1.00
	0.95	3.84	3.00	2.60	2.37	2.21	2.10	2.01	1.94	1.88	1.83	1.79	1.79	1.67	1.57	1.52	1.46	1.32	1.22	1.00
	0.975	5.02	3.69	3.12	2.79	2.57	2.41	2.29	2.19	2.11	2.05	2.00	1.94	1.83	1.71	1.64	1.57	1.39	1.27	1.00
	0.99	6.63	4.61	3.78	3.32	3.02	2.80	2.64	2.51	2.41	2.32	2.25	2.18	2.04	1.88	1.79	1.70	1.47	1.32	1.00

〈표 A-5〉 누적 이항 분포표

$$P[X \leqq c] = \sum_{x=0}^{c} \binom{n}{x} p^x (1-p)^{n-x}$$

		p										
	c	0.05	0.10	0.20	0.30	0.40	0.50	0.60	0.70	0.80	0.90	0.95
$n=1$	0	0.950	0.900	0.800	0.700	0.600	0.500	0.400	0.300	0.200	0.100	0.050
	1	1.000	1.000	1.000	1.000	1.000	1.000	1.000	1.000	1.000	1.000	1.000
$n=2$	0	0.902	0.810	0.640	0.490	0.360	0.250	0.160	0.090	0.040	0.010	0.002
	1	0.997	0.990	0.960	0.910	0.840	0.750	0.640	0.510	0.360	0.190	0.097
	2	1.000	1.000	1.000	1.000	1.000	1.000	1.000	1.000	1.000	1.000	1.000
$n=3$	0	0.857	0.729	0.512	0.343	0.216	0.125	0.064	0.027	0.008	0.001	0.000
	1	0.993	0.972	0.896	0.784	0.648	0.500	0.352	0.216	0.104	0.028	0.007
	2	1.000	0.999	0.992	0.973	0.936	0.875	0.784	0.657	0.488	0.271	0.143
	3	1.000	1.000	1.000	1.000	1.000	1.000	1.000	1.000	1.000	1.000	1.000
$n=4$	0	0.815	0.656	0.410	0.240	0.130	0.063	0.026	0.008	0.002	0.000	0.000
	1	0986	0948	0.810	0.652	0.478	0.313	0.179	0.084	0.027	0.004	0.000
	2	1.000	0.996	0.973	0.916	0.821	0.688	0.525	0.348	0.181	0.052	0.014
	3	1.000	1.000	0.998	0.992	0.974	0.938	0.870	0.760	0.590	0.644	0.185
	4	1.000	1.000	1.000	1.000	1.000	1.000	1.000	1.000	1.000	1.000	1.000
$n=5$	0	0.774	0.590	0.328	0.168	0.078	0.031	0.010	0.002	0.000	0.000	0.000
	1	0.977	0.919	0.737	0.528	0.337	0.188	0.087	0.031	0.007	0.000	0.000
	2	0.999	0.991	0.942	0.837	0.683	0.500	0.317	0.163	0.058	0.009	0.001
	3	1.000	1.000	0.993	0.969	0.913	0.812	0.663	0.472	0.263	0.081	0.023
	4	1.000	1.000	1.000	0.998	0.990	0.969	0.922	0.832	0.672	0.410	0.226
	5	1.000	1.000	1.000	1.000	1.000	1.000	1.000	1.000	1.000	1.000	1.000
$n=6$	0	0.735	0.531	0.262	0.118	0.047	0.016	0.004	0.001	0.000	0.000	0.000
	1	0.967	0.886	0.655	0.420	0.233	0.109	0.041	0.011	0.002	0.000	0.000
	2	0.998	0.984	0.901	0.744	0.544	0.344	0.179	0.070	0.017	0.001	0.000
	3	1.000	0.999	0.983	0.930	0.821	0.656	0.456	0.256	0.099	0.016	0.002
	4	1.000	1.000	0.998	0.989	0.959	0.891	0.767	0.580	0.345	0.114	0.033
	5	1.000	1.000	1.000	0.999	0.996	0.984	0.953	0.882	0.738	0.469	0.265
	6	1.000	1.000	1.000	1.000	1.000	1.000	1.000	1.000	1.000	1.000	1.000
$n=7$	0	0.698	0.478	0.210	0.082	0.028	0.008	0.002	0.000	0.000	0.000	0.000
	1	0.956	0.850	0.577	0.329	0.159	0.063	0.019	0.004	0.000	0.000	0.000
	2	0.996	0.974	0.852	0.647	0.420	0.227	0.096	0.029	0.005	0.000	0.000
	3	1.000	0.997	0.967	0.874	0.710	0.500	0.290	0.126	0.033	0.003	0.000
	4	1.000	1.000	0.995	0.971	0.904	0.773	0.580	0.353	0.148	0.026	0.004
	5	1.000	1.000	1.000	0.996	0.981	0.937	0.841	0.671	0.423	0.150	0.044
	6	1.000	1.000	1.000	1.000	0.998	0.992	0.972	0.918	0.790	0.522	0.302
	7	1.000	1.000	1.000	1.000	1.000	1.000	1.000	1.000	1.000	1.000	1.000
$n=8$	0	0.663	0.430	0.163	0.058	0.017	0.004	0.001	0.000	0.000	0.000	0.000
	1	0.943	0.813	0.503	0.255	0.106	0.035	0.009	0.001	0.000	0.000	0.000
	2	0.994	0.962	0.797	0.552	0.315	0.145	0.050	0.011	0.001	0.000	0.000
	3	1.000	0.995	0.944	0.806	0.594	0.363	0.174	0.058	0.010	0.000	0.000
	4	1.000	1.000	0.990	0.942	0.826	0.637	0.406	0.194	0.056	0.005	0.000
	5	1.000	1.000	0.999	0.989	0.950	0.885	0.685	0.448	0.203	0.038	0.006
	6	1.000	1.000	1.000	0.999	0.991	0.965	0.894	0.745	0.497	0.187	0.057
	7	1.000	1.000	1.000	1.000	0.999	0.996	0.983	0.942	0.832	0.570	0.337
	8	1.000	1.000	1.000	1.000	1.000	1.000	1.000	1.000	1.000	1.000	1.000

$n=9$	0	0,630	0,387	0,134	0,040	0,010	0,002	0,000	0,000	0,000	0,000	0,000
	1	0,929	0,775	0,436	0,196	0,071	0,020	0,004	0,000	0,000	0,000	0,000
	2	0,992	0,947	0,738	0,463	0,232	0,090	0,025	0,004	0,000	0,000	0,000
	3	0,999	0,992	0,914	0,730	0,483	0,254	0,099	0,025	0,003	0,000	0,000
	4	1,000	0,999	0,980	0,901	0,733	0,500	0,267	0,099	0,020	0,001	0,000
	5	1,000	1,000	0,997	0,975	0,901	0,746	0,517	0,270	0,086	0,008	0,001
	6	1,000	1,000	1,000	0,996	0,975	0,910	0,768	0,537	0,262	0,053	0,008
	7	1,000	1,000	1,000	1,000	0,996	0,980	0,929	0,804	0,564	0,225	0,071
	8	1,000	1,000	1,000	1,000	1,000	0,998	0,990	0,960	0,866	0,613	0,370
	9	1,000	1,000	1,000	1,000	1,000	1,000	1,000	1,000	1,000	1,000	1,000
$n=10$	0	0,599	0,349	0,107	0,028	0,006	0,001	0,000	0,000	0,000	0,000	0,000
	1	0,914	0,736	0,376	0,149	0,046	0,011	0,002	0,000	0,000	0,000	0,000
	2	0,988	0,930	0,678	0,383	0,167	0,055	0,012	0,002	0,000	0,000	0,000
	3	0,999	0,987	0,879	0,650	0,382	0,172	0,055	0,011	0,001	0,000	0,000
	4	1,000	0,998	0,967	0,850	0,633	0,377	0,166	0,047	0,006	0,000	0,000
	5	1,000	1,000	0,994	0,953	0,834	0,623	0,367	0,150	0,033	0,002	0,000
	6	1,000	1,000	0,999	0,989	0,945	0,828	0,618	0,350	0,121	0,013	0,001
	7	1,000	1,000	1,000	0,998	0,988	0,945	0,833	0,617	0,322	0,070	0,012
	8	1,000	1,000	1,000	1,000	0,998	0,989	0,954	0,851	0,624	0,264	0,086
	9	1,000	1,000	1,000	1,000	1,000	0,999	0,994	0,972	0,893	0,651	0,401
	10	1,000	1,000	1,000	1,000	1,000	1,000	1,000	1,000	1,000	1,000	1,000
$n=11$	0	0,569	0,314	0,086	0,020	0,004	0,000	0,000	0,000	0,000	0,000	0,000
	1	0,898	0,697	0,322	0,113	0,030	0,006	0,001	0,000	0,000	0,000	0,000
	2	0,985	0,910	0,617	0,313	0,119	0,033	0,006	0,001	0,000	0,000	0,000
	3	0,998	0,981	0,839	0,570	0,290	0,113	0,029	0,004	0,000	0,000	0,000
	4	1,000	0,997	0,950	0,790	0,533	0,274	0,099	0,022	0,002	0,000	0,000
	5	1,000	1,000	0,988	0,922	0,753	0,500	0,247	0,078	0,012	0,000	0,000
	6	1,000	1,000	0,998	0,978	0,901	0,726	0,467	0,210	0,050	.0,003	0,000
	7	1,000	1,000	1,000	0,996	0,971	0,887	0,704	0,430	0,161	0,019	0,002
	8	1,000	1,000	1,000	0,999	0,994	0,967	0,881	0,687	0,383	0,090	0,015
	9	1,000	1,000	1,000	1,000	0,999	0,994	0,970	0,887	0,678	.0,303	0,102
	10	1,000	1,000	1,000	1,000	1,000	1,000	0,996	0,980	0,914	0,686	0,431
	11	1,000	1,000	1,000	1,000	1,000	1,000	1,000	1,000	1,000	1,000	1,000
$n=12$	0	0,540	0,282	0,069	0,014	0,002	0,000	0,000	0,000	0,000	0,000	0,000
	1	0,882	0,650	0,275	0,085	0,020	0,003	0,000	0,000	0,000	0,000	0,000
	2	0,980	0,889	0,558	0,253	0,083	0,019	0,003	0,000	0,000	0,000	0,000
	3	0,998	0,974	0795	0,493	0,225	0,073	0,015	0,002	0,000	0,000	0,000
	4	1,000	0,996	0927	0,724	0,438	0,194	0,057	0,009	0,001	0,000	0,000
	5	1,000	0,999	0,981	0,882	0,665	0,387	0,158	0,039	0,004	0,000	0,000
	6	1,000	1,000	0,996	0,961	0,842	0,613	0,335	0,118	0,019	0,001	0,000
	7	1,000	1,000	0,999	0,991	0,943	0,806	0,562	0,276	0,073	0,004	0,000
	8	1,000	1,000	1,000	0,998	0,985	0,927	0,775	0,507	0,205	0,026	0,002
	9	1,000	1,000	1,000	1,0000	0,997	0,981	0,917	0,7417	0,442	0,111	0,020
	10	1,000	1,000	1,000	1,000	1,000	0,997	0,980	0,915	0,725	0,341	0,118
	11	1,000	1,000	1,000	1,000	1,0000	1,0000	0,998	0,986	0,931	0,718	0,460
	12	1,000	1,000	1,000	1,000	1,000	1,000	1,000	1,000	1,000	1,000	1,000
$n=13$	0	0,513	0,254	0,055	0,010	0,001	0,000	0,000	0,000	0,000	0,000	0,000
	1	0,865	0,621	0,234	0,064	0,013	0,002	0,000	0,000	0,000	0,000	0,000
	2	0,975	0,866	0,502	00,202	0,058	0,011	0,001	0,000	0,000	0,000	0,000
	3	0,997	0,966	0,747	0,421	0,169	0,046	0,008	0,001	0,000	0,000	0,000
	4	1,000	0,994	0,901	0,654	0,353	0,133	0,032	0,004	0,000	0,000	0,000
	5	1,000	0,999	0,970	0,835	0,574	0,291	0,098	0,018	0,001	0,000	0,000
	6	1,000	1,000	0,993	0,938	0,771	0,500	0,229	0,062	0,007	0,000	0,000
	7	1,000	1,000	0,999	0,982	0,902	0,709	0,426	0,165	0,030	0,001	0,000
	8	1,000	1,000	1,000	0,996	0,968	0,867	0,647	0,346	0,099	0,006	0,000
	9	1,000	1,000	1,000	0,999	0,992	0,954	0,831	0,579	0,253	0,034	0,003
	10	1,000	1,000	1,000	1,000	0,999	0989	0,942	0,798	0,498	0,134	0,025
	11	1,000	1,000	1,000	1,000	1,000	0,998	0,987	0,936	0,776	0,379	0,135
	12	1,000	1,000	1,000	1,000	1,000	1,000	0,999	0,990	0,945	0,746	0,487
	13	1,000	1,000	1,000	1,000	1,000	1,000	1,000	1,000	1,000	1,000	1,000

n	x											
$n=14$	0	0.488	0.229	0.044	0.007	0.001	0.000	0.000	0.000	0.000	0.000	0.000
	1	0.847	0.585	0.198	0.047	0.008	0.001	0.000	0.000	0.000	0.000	0.000
	2	0.970	0.842	0.448	0.161	0.040	0.006	0.001	0.000	0.000	0.000	0.000
	3	0.996	0.956	0.698	0.355	0.124	0.029	0.004	0.000	0.000	0.000	0.000
	4	1.000	0.991	0.870	0.584	0.279	0.090	0.018	0.002	0.000	0.000	0.000
	5	1.000	0.999	0.956	0.781	0.486	0.212	0.058	0.008	0.000	0.000	0.000
	6	1.000	1.000	0.988	0.907	0.692	0.395	0.150	0.031	0.002	0.000	0.000
	7	1.000	1.000	0.998	0.969	0.850	0.605	0.308	0.093	0.012	0.000	0.000
	8	1.000	1.000	1.000	0.992	0.942	0.788	0.514	0.219	0.044	0.001	0.000
	9	1.000	1.000	1.000	0.998	0.982	0.910	0.721	0.416	0.130	0.009	0.000
	10	1.000	1.000	1.000	1.000	0.996	0.971	0.876	0.645	0.302	0.044	0.004
	11	1.000	1.000	1.000	1.000	0.999	0.994	0.960	0.839	0.552	0.158	0.030
	12	1.000	1.000	1.000	1.000	1.000	0.999	0.992	0.953	0.802	0.415	0.153
	13	1.000	1.000	1.000	1.000	1.000	1.000	0.999	0.993	0.956	0.771	0.512
	14	1.000	1.000	1.000	1.000	1.000	1.000	1.000	1.000	1.000	1.000	1.000
$n=15$	0	0.463	0.206	0.035	0.005	0.000	0.000	0.000	0.000	0.000	0.000	0.000
	1	0.829	0.549	0.167	0.035	0.005	0.000	0.000	0.000	0.000	0.000	0.000
	2	0.964	0.816	0.398	0.127	0.027	0.004	0.000	0.000	0.000	0.000	0.000
	3	0.995	0.944	0.648	0.297	0.091	0.018	0.002	0.000	0.000	0.000	0.000
	4	0.999	0.987	0.836	0.515	0.217	0.059	0.009	0.001	0.000	0.000	0.000
	5	1.000	0.998	0.939	0.722	0.403	0.151	0.034	0.004	0.000	0.000	0.000
	6	1.000	1.000	0.982	0.869	0.610	0.304	0.095	0.015	0.001	0.000	0.000
	7	1.000	1.000	0.996	0.950	0.787	0.500	0.213	0.050	0.004	0.000	0.000
	8	1.000	1.000	0.999	0.985	0.905	0.696	0.390	0.131	0.018	0.000	0.000
	9	1.000	1.000	1.000	0.996	0.966	0.849	0.597	0.278	0.061	0.002	0.000
	10	1.000	1.000	1.000	0.999	0.991	0.941	0.783	0.485	0.164	0.013	0.001
	11	1.000	1.000	1.000	1.000	0.998	0.982	0.909	0.703	0.352	0.056	0.005
	12	1.000	1.000	1.000	1.000	1.000	0.996	0.973	0.873	0.602	0.184	0.036
	13	1.000	1.000	1.000	1.000	1.000	1.000	0.995	0.965	0.833	0.451	0.171
	14	1.000	1.000	1.000	1.000	1.000	1.000	1.000	0.995	0.965	0.794	0.537
	15	1.000	1.000	1.000	1.000	1.000	1.000	1.000	1.000	1.000	1.000	1.000
$n=16$	0	0.440	0.185	0.028	0.003	0.000	0.000	0.000	0.000	0.000	0.000	0.000
	1	0.811	0.515	0.141	0.026	0.003	0.000	0.000	0.000	0.000	0.000	0.000
	2	0.957	0.789	0.352	0.099	0.018	0.002	0.000	0.000	0.000	0.000	0.000
	3	0.993	0.932	0.598	0.246	0.065	0.011	0.001	0.000	0.000	0.000	0.000
	4	0.999	0.983	0.798	0.450	0.617	0.038	0.005	0.000	0.000	0.000	0.000
	5	1.000	0.997	0.918	0.660	0.329	0.105	0.019	0.002	0.000	0.000	0.000
	6	1.000	0.999	0.973	0.825	0.527	0.227	0.058	0.007	0.000	0.000	0.000
	7	1.000	1.000	0.993	0.926	0.716	0.402	0.142	0.026	0.001	0.000	0.000
	8	1.000	1.0000	0.999	0.974	0.858	0.598	0.284	0.074	0.007	0.000	0.000
	9	1.000	1.000	1.000	0.993	0.942	0.773	0.473	0.175	0.027	0.001	0.000
	10	1.000	1.000	1.00	0.998	0.981	0.895	0.671	0.340	0.082	0.003	0.000
	11	1.000	1.000	1.000	1.000	0.995	0.962	0.833	0.550	0.202	0.017	0.001
	12	1.000	1.000	1.000	1.000	0.999	0.989	0.935	0.754	0.402	0.068	0.007
	13	1.000	1.000	1.000	1.000	1.000	0.998	0.982	0.901	0.648	0.211	0.043
	14	1.000	1.000	1.000	1.000	1.000	1.000	0.997	0.974	0.859	0.485	0.189
	15	1.000	1.000	1.000	1.000	1.0000	1.000	1.000	0.997	0.972	0.815	0.560
	16	1.000	1.000	1.000	1.000	1.000	1.000	1.000	1.000	1.000	1.000	1.000
$n=17$	0	0.481	0.167	0.023	0.002	0.000	0.000	0.000	0.000	0.000	0.000	0.000
	1	0.792	0.482	0.118	0.019	0.002	0.000	0.000	0.000	0.000	0.000	0.000
	2	0.950	0.762	0.310	0.077	0.012	0.001	0.000	0.000	0.000	0.000	0.000
	3	0.991	0.917	0.549	0.202	0.046	0.006	0.000	0.000	0.000	0.000	0.000
	4	0.999	0.978	0.758	0.389	0.126	0.025	0.003	0.000	0.000	0.000	0.000
	5	1.000	0.995	0.894	0.597	0.264	0.072	0.011	0.001	0.000	0.000	0.000
	6	1.000	0.999	0.962	0.775	0.448	0.166	0.035	0.003	0.000	0.000	0.000
	7	1.000	1.000	0.989	0.895	0.641	0.315	0.092	0.013	0.000	0.000	0.000
	8	1.000	1.000	0.997	0.960	0.801	0.500	0.199	0.040	0.003	0.000	0.000
	9	1.000	1.000	1.000	0.987	0.908	0.685	0.359	0.105	0.011	0.000	0.000
	10	1.000	1.000	1.000	0.997	0.965	0.834	0.552	0.225	0.038	0.001	0.000
	11	1.000	1.000	1.000	0.999	0.989	0.928	0.736	0.403	0.106	0.005	0.000
	12	1.000	1.000	1.000	1.000	0.997	0.978	0.874	0.611	0.242	0.022	0.001
	13	1.000	1.000	1.000	1.000	1.000	0.994	0.954	0.798	0.451	0.083	0.009

	14	1.000	1.000	1.000	1.000	1.000	0.999	0.988	0.923	0.690	0.238	0.050
	15	1.000	1.000	1.000	1.000	1.000	1.000	0.998	0.981	0.882	0.518	0.208
	16	1.000	1.000	1.000	1.000	1.000	1.000	1.000	0.998	0.997	0.833	0.582
	17	1.000	1.000	1.000	1.000	1.000	1.000	1.000	1.000	1.000	1.000	1.000
$n=18$	0	0.397	0.150	0.018	0.002	0.000	0.000	0.000	0.000	0.000	0.000	0.000
	1	0.774	0.450	0.099	0.014	0.001	0.000	0.000	0.000	0.000	0.000	0.000
	2	0.942	0.734	0.271	0.060	0.008	0.001	0.000	0.000	0.000	0.000	0.000
	3	0.989	0.902	0.501	0.165	0.033	0.004	0.000	0.000	0.000	0.000	0.000
	4	0.998	0.972	0.716	0.333	0094	0.015	0.001	0.000	0.000	0.000	0.000
	5	1.000	0.994	0.867	0.534	0.209	0.048	0.006	0.000	0.000	0.000	0.000
	6	1.000	0.999	0.949	0.722	0.374	0.119	0.020	0.001	0.000	0.000	0.000
	7	1.000	1.000	0.984	0.859	0.563	0.240	0.058	0.006	0.000	0.000	0.000
	8	1.000	1.000	0.996	0.940	0.737	0.407	0.135	0.021	0.001	0.000	0.000
	9	1.000	1.000	0.999	0.979	0.865	0.593	0.263	0.060	0.004	0.000	0.000
	10	1.000	1.000	1.000	0.994	0.942	0.760	0.437	0.141	0.016	0.000	0.000
	11	1.000	1.000	1.000	0.999	0.980	0.881	0.626	0.278	0.051	0.001	0.000
	12	1.000	1.000	1.000	1.000	0.994	0.952	0.791	0.466	0.133	0.006	0.000
	13	1.000	1.000	1.000	1.000	0.999	0.985	0.906	0.667	0.284	0.028	0.002
	14	1.000	1.000	1.000	1.0000	1.000	0.996	0.967	0.835	0.499	0.098	0.011
	15	1.000	1.000	1.000	1.000	1.000	0.999	0.992	0.940	0.729	0.266	0.058
	16	1.000	1.000	1.000	1.000	1.000	1.000	0.999	0.986	0.901	0.550	0.226
	17	1.000	1.000	1.000	1.000	1.000	1.000	1.000	0.998	0.982	0.850	0.603
	18	1.000	1.000	1.000	1.000	1.000	1.000	1.000	1.000	1.000	1.000	1.000
$n=19$	0	0.377	0.135	0.014	0.001	0.000	0.000	0.000	0.000	0.000	0.000	0.000
	1	0.755	0.420	0.083	0.010	0.001	0.000	0.000	0.000	0.000	0.000	0.000
	2	0.933	0.705	0.237	0.046	0.005	0.000	0.000	0.000	0.000	0.000	0.000
	3	0.987	0.885	0.455	0.133	0.023	0.002	0.000	0.000	0.000	0.000	0.000
	4	0.998	0.965	0.673	0.282	0.070	0.010	0.001	0.000	0.000	0.000	0.000
	5	1.000	0.991	0.837	0.474	0.163	0.032	0.003	0.000	0.000	0.000	0.000
	6	1.000	0.998	0.932	0.666	0.308	0.084	0.012	0.001	0.000	0.000	0.000
	7	1.000	1.000	0.977	0.818	0.488	0.180	0.035	0.003	0.000	0.000	0.000
	8	1.000	1.000	0.993	0.916	0.667	0.324	0.088	0.011	0.000	0.000	0.000
	9	1.000	1.000	0.998	0.967	0.814	0.500	0.186	0.033	0.002	0.000	0.000
	10	1.000	1.000	1.000	0.980	0.912	0.676	0.333	0.084	0.007	0.000	0.000
	11	1.000	1.000	1.000	0.997	0.965	0.820	0.512	0.182	0.023	0.000	0.000
	12	1.000	1.000	1.000	0.999	0.988	0.916	0.692	0.334	0.068	0.002	0.000
	13	1.000	1.000	1.000	1.000	0.997	0.968	0.837	0.526	0.163	0.009	0.000
	14	1.000	1.000	1.000	1.000	0.999	0.990	0.930	0.718	0.327	0.035	0.002
	15	1.000	1.000	1.000	1.000	1.000	0.998	0.977	0.867	0.545	0.115	0.013
	16	1.000	1.000	1.000	1.000	1.000	1.000	0.995	0.954	0.763	0.295	0.067
	17	1.000	1.000	1.000	1.000	1.000	1.000	0.999	0.990	0.917	0.580	0.245
	18	1.000	1.000	1.000	1.000	1.000	1.000	1.000	0.999	0.986	0.865	0.623
	19	1.000	1.000	1.000	1.000	1.000	1.000	1.000	1.000	1.000	1.000	1.000
$n=20$	0	0.358	0.122	0.012	0.001	0.000	0.000	0.000	0.000	0.000	0.000	0.000
	1	0.736	0.392	0.069	0.008	0.001	0.000	0.000	0.000	0.000	0.000	0.000
	2	0.925	0.677	0.206	0.035	0.004	0.000	0.000	0.000	0.000	0.000	0.000
	3	0.984	0.867	0.411	0.107	0.016	0.001	0.000	0.000	0.000	0.000	0.000
	4	0.997	0.957	0.630	0.238	0.051	0.006	0.000	0.000	0.000	0.000	0.000
	5	1.000	0.989	0.804	0.416	0.126	0.021	0.002	0.000	0.000	0.000	0.000
	6	1.000	0.998	0.913	0.608	0.250	0.058	0.006	0.000	0.000	0.000	0.000
	7	1.000	1.000	0.968	0.772	0.416	0.132	0.021	0.001	0.000	0.000	0.000
	8	1.000	1.000	0.990	0.887	0.596	0.252	0.057	0.005	0.000	0.000	0.000
	9	1.000	1.000	0.997	0.952	0.755	0.412	0.128	0.017	0.001	0.000	0.000
	10	1.000	1.000	0.999	0.983	0.872	0.588	0.245	0.048	0.003	0.000	0.000
	11	1.000	1.000	1.000	0.995	0.943	0.748	0.404	0.113	0.010	0.000	0.000
	12	1.000	1.000	1.000	0.999	0.979	0.868	0.584	0.228	0.032	0.000	0.000
	13	1.000	1.000	1.000	1.000	0.994	0.942	0.750	0.392	0.087	0.002	0.000
	14	1.000	1.000	1.000	1.000	0.998	0.979	0.874	0.584	0.196	0.011	0.000
	15	1.000	1.000	1.000	1.000	1.000	0.994	0.949	0.762	0.370	0.043	0.003
	16	1.000	1.000	1.000	1.000	1.000	0.999	0.984	0.893	0.589	0.133	0.016
	17	1.000	1.000	1.000	1.000	1.000	1.000	0.996	0.965	0.794	0.323	0.075
	18	1.000	1.000	1.000	1.000	1.000	1.000	0.999	0.992	0.931	0.608	0.264

	19	1.000	1.000	1.000	1.000	1.000	1.000	1.000	0.999	0.998	0.878	0.642
	20	1.000	1.000	1.000	1.000	1.000	1.000	1.000	1.000	1.000	1.000	1.000
$n=25$	0	0.277	0.072	0.004	0.000	0.000	0.000	0.000	0.000	0.000	0.000	0.000
	1	0.642	0.271	0.027	0.002	0.000	0.000	0.000	0.000	0.000	0.000	0.000
	2	0.873	0.537	0.098	0.009	0.000	0.000	0.000	0.000	0.000	0.000	0.000
	3	0.966	0.764	0.234	0.033	0.002	0.000	0.000	0.000	0.000	0.000	0.000
	4	0.993	0.902	0.421	0.090	0.009	0.000	0.000	0.000	0.000	0.000	0.000
	5	0.999	0.967	0.617	0.193	0.029	0.002	0.000	0.000	0.000	0.000	0.000
	6	1.000	0.991	0.780	0.341	0.074	0.007	0.000	0.000	0.000	0.000	0.000
	7	1.000	0.998	0.891	0.512	0.154	0.022	0.001	0.000	0.000	0.000	0.000
	8	1.000	1.000	0.953	0.677	0.274	0.054	0.004	0.000	0.000	0.000	0.000
	9	1.000	1.000	0.983	0.811	0.425	0.115	0.013	0.000	0.000	0.000	0.000
	10	1.000	1.000	0.994	0.902	0.586	0.212	0.034	0.002	0.000	0.000	0.000
	11	1.000	1.000	0.998	0.956	0.732	0.345	0.078	0.006	0.000	0.000	0.000
	12	1.000	1.000	1.000	0.983	0.846	0.500	0.154	0.017	0.000	0.000	0.000
	13	1.000	1.000	1.000	0.994	0.922	0.655	0.268	0.044	0.002	0.000	0.000
	14	1.000	1.000	1.000	0.998	0.966	0.788	0.414	0.098	0.006	0.000	0.000
	15	1.000	1.000	1.000	1.000	0.987	0.885	0.575	0.189	0.017	0.000	0.000
	16	1.000	1.000	1.000	1.000	0.996	0.946	0.726	0.323	0.047	0.000	0.000
	17	1.000	1.000	1.000	1.000	0.999	0.978	0.846	0.488	0.109	0.002	0.000
	18	1.000	1.000	1.000	1.000	1.000	0.993	0.926	0.659	0.220	0.009	0.000
	19	1.000	1.000	1.000	1.000	1.000	0.998	0.971	0.807	0.383	0.033	0.001
	20	1.000	1.000	1.000	1.000	1.000	1.000	0.991	0.910	0.579	0.098	0.007
	21	1.000	1.000	1.000	1.000	1.000	1.000	0.998	0.967	0.766	0.236	0.034
	22	1.000	1.000	1.000	1.000	1.000	1.000	1.000	0.991	0.902	0.463	0.127
	23	1.000	1.000	1.000	1.000	1.000	1.000	1.000	0.998	0.973	0.729	0.358
	24	1.000	1.000	1.000	1.000	1.000	1.000	1.000	1.000	0.996	0.928	0.723
	25	1.000	1.000	1.000	1.000	1.000	1.000	1.000	1.000	1.000	1.000	1.000

〈표 A-6〉 누적 포아송 분포표

$$P[X \leqq c] = \sum_{x=0}^{c} \frac{e^{-m} m^{x}}{x!}$$

c	m									
	0.10	0.20	0.30	0.40	0.50	0.60	0.70	0.80	0.90	1.00
0	0.905	0.819	0.741	0.670	0.607	0.549	0.497	0.449	0.407	0.368
1	0.999	0.982	0.963	0.938	0.910	0.878	0.844	0.809	0.772	0.736
2	1.000	0.999	0.996	0.992	0.986	0.977	0.966	0.953	0.937	0.920
3	1.000	1.000	1.000	0.999	0.998	0.997	0.994	0.991	0.945	0.981
4	1.000	1.000	1.000	1.000	1.000	1.000	0.999	0.999	0.989	0.996
5	1.000	1.000	1.000	1.000	1.000	1.000	1.000	1.000	0.998	0.999
6	1.000	1.000	1.000	1.000	1.000	1.000	1.000	1.000	1.000	1.000
7	1.000	1.000	1.000	1.000	1.000	1.000	1.000	1.000	1.000	1.000

c	m									
	1.10	1.20	1.30	1.40	1.50	1.60	1.70	1.80	1.90	2.00
0	0.333	0.301	0.273	0.247	0.223	0.202	0.183	0.165	0.150	0.135
1	03699	0.663	0.627	0.592	0.558	0.525	0.493	0.463	0.434	0.406
2	0.900	0.879	0.857	0.833	0.809	0.783	0.757	0.731	0.704	0.677
3	0.974	0.966	0.957	0.946	0.934	0.921	0.907	0.891	0.875	0.857
4	0.995	0.992	0.989	0.986	0.981	0.976	0.970	0.964	0.956	0.947
5	0.999	0.998	0.998	0.997	0.996	0.994	0.992	0.990	0.987	0.983
6	1.000	1.000	1.000	0.999	0.999	0.999	0.998	0.997	0.997	0.995
7	1.000	1.000	1.000	1.000	1.000	1.000	1.000	0.999	0.999	0.999
8	1.000	1.000	1.000	1.000	1.000	1.000	1.000	1.000	1.000	1.000
9	1.000	1.000	1.000	1.000	1.000	1.000	1.000	1.000	1.000	1.000

c	m									
	2.10	2.20	2.30	2.40	2.50	2.60	2.70	2.80	2.90	3.00
0	0.122	0.111	0.100	0.091	0.082	0.074	0.067	0.061	0.055	0.050
1	0.380	0.355	0.331	0.308	0.287	0.267	0.249	0.231	0.215	0.199
2	0.650	0.623	0.596	0.570	0.544	0.518	0.494	0.469	0.446	0.423
3	0.839	0.819	0.799	0.779	0.758	0.736	0.714	0.962	0.670	0.647
4	0.938	0.928	0.916	0.904	0.891	0.877	0.863	0.848	0.832	0.815
5	0.980	0.975	0.970	0.964	0.958	0.951	0.943	0.935	0.926	0.916
6	0.994	0.993	0.991	0.988	0.986	0.983	0.979	0.976	0.971	0.966
7	0.999	0.998	0.997	0.997	0.996	0.995	0.993	0.992	0.990	0.988
8	1.000	1.000	0.999	0.999	0.999	0.999	0.998	0.998	0.997	0.996
9	1.000	1.000	1.000	1.000	1.000	1.000	0.999	0.999	0.999	0.999
10	1.000	1.000	1.000	1.000	1.000	1.000	1.000	1.000	1.000	1.000
11	1.000	1.000	1.000	1.000	1.000	1.000	1.000	1.000	1.000	1.000
12	1.000	1.000	1.000	1.000	1.000	1.000	1.000	1.000	1.000	1.000

c	m 3.10	3.20	3.30	3.40	3.50	3.60	3.70	3.80	3.90	4.00
0	0.045	0.041	0.037	0.033	0.030	0.027	0.025	0.022	0.020	0.018
1	0.185	0.171	0.159	0.147	0.136	0.126	0.116	0.107	0.099	0.092
2	0.401	0.380	0.359	0.340	0.321	0.303	0.285	0.269	0.253	0.238
3	0.625	0.603	0.580	0.558	0.537	0.515	0.494	0.473	0.453	0.433
4	0.798	0.781	0.763	0.744	0.725	0.706	0.687	0.668	0.648	0.629
5	0.906	0.895	0.883	0.871	0.858	0.844	0.830	0.816	0.801	0.785
6	0.961	0.955	0.949	0.942	0.935	0.927	0.918	0.909	0.899	0.889
7	0.986	0.983	0.980	0.977	0.973	0.969	0.965	0.960	0.955	0.944
8	0.995	0.994	0.993	0.992	0.990	0.988	0.986	0.984	0.981	0.979
9	0.999	0.998	0.998	0.997	0.997	0.996	0.995	0.994	0.993	0.992
10	1.000	1.000	0.999	0.999	0.999	0.999	0.998	0.998	0.998	0.997
11	1.000	1.000	1.000	1.000	1.000	1.000	1.000	0.999	0.999	0.999
12	1.000	1.000	1.000	1.000	1.000	1.000	1.000	1.000	1.000	1.000
13	1.000	1.000	1.000	1.000	1.000	1.000	1.000	1.000	1.000	1.000
14	1.000	1.000	1.000	1.000	1.000	1.000	1.000	1.000	1.000	1.000

c	m 4.50	5.00	5.50	6.00	6.50	7.00	7.50	8.00	8.50	9.00
0	0.011	0.007	0.004	0.002	0.002	0.001	0.001	0.000	0.000	0.000
1	0.061	0.040	0.027	0.017	0.011	0.007	0.005	0.003	0.002	0.001
2	0.174	0.125	0.088	0.062	0.043	0.030	0.020	0.014	0.009	0.006
3	0.342	0.265	0.202	0.151	0.112	0.082	0.059	0.042	0.030	0.021
4	0.532	0.440	0.358	0.285	0.224	0.173	0.132	0.100	0.074	0.055
5	0.703	0.616	0.529	0.446	0.369	0.301	0.241	0.191	0.150	0.116
6	0.831	0.762	0.686	0.606	0.527	0.450	0.378	0.313	0.256	0.207
7	0.913	0.867	0.809	0.744	0.673	0.599	0.525	0.453	0.386	0.324
8	0.960	0.932	0.894	0.847	0.792	0.729	0.662	0.593	0.523	0.456
9	0.983	0.968	0.946	0.916	0.877	0.830	0.776	0.717	0.653	0.857
10	0.993	0.986	0.975	0.957	0.933	0.901	0.862	0.816	0.763	0.706
11	0.998	0.995	0.989	0.980	0.966	0.947	0.921	0.883	0.849	0.803
12	0.999	0.998	0.996	0.991	0.984	0.973	0.957	0.936	0.909	0.876
13	1.000	0.999	0.998	0.996	0.993	0.987	0.978	0.966	0.949	0.926
14	1.000	1.000	0.999	0.999	0.997	0.994	0.990	0.983	0.973	0.959
15	1.000	1.000	1.000	0.999	0.999	0.998	0.995	0.992	0.986	0.978
16	1.000	1.000	1.000	1.000	1.000	0.999	0.998	0.996	0.993	0.989
17	1.000	1.000	1.000	1.000	1.000	1.000	0.999	0.998	0.997	0.995
18	1.000	1.000	1.000	1.000	1.000	1.000	1.000	0.999	0.999	0.998
19	1.000	1.000	1.000	1.000	1.000	1.000	1.000	1.000	0.999	0.999
20	1.000	1.000	1.000	1.000	1.000	1.000	1.000	1.000	1.000	1.000
21	1.000	1.000	1.000	1.000	1.000	1.000	1.000	1.000	1.000	1.000
22	1.000	1.000	1.000	1.000	1.000	1.000	1.000	1.000	1.000	1.000

〈표 A-7〉 관리도용 계수표

군의 크기	관리 한계를 위한 계수													중심선을 위한 계수			
	A	A_2	A_3	A_4	A_9	B_3	B_4	B_5	B_6	D_1	D_2	D_3	D_4	c_4	d_2	d_3	m_3
2	2.121	1.880	2.659	1.880	2.695	-	3.267	-	2.606	-	3.686	-	3.267	0.798	1.128	0.853	1.000
3	1.732	1.023	1.954	1.187	1.826	-	2.568	-	2.276	-	4.358	-	2.575	0.886	1.693	0.888	1.160
4	1.500	0.729	1.628	0.796	1.522	-	2.266	-	2.088	-	4.698	-	2.282	0.921	2.059	0.880	1.092
5	1.342	0.577	1.427	0.691	1.363	-	2.089	-	1.964	-	4.918	-	2.114	0.940	2.326	0.864	1.198
6	1.225	0.483	1.287	0.549	1.263	0.030	1.970	0.029	1.874	-	5.078	-	2.004	0.952	2.534	0.848	1.135
7	1.134	0.419	1.182	0.509	1.194	0.118	1.882	0.113	1.806	0.204	5.204	0.076	1.924	0.959	2.707	0.833	1.214
8	1.061	0.373	1.099	0.432	1.143	0.185	1.815	0.179	1.751	0.388	5.306	0.136	1.864	0.965	2.847	0.820	1.160
9	1.000	0.337	1.032	0.412	1.104	0.239	1.761	0.232	1.707	0.547	5.393	0.184	1.816	0.969	2.970	0.808	1.223
10	0.949	0.308	0.975	0.363	1.072	0.284	1.716	0.276	1.669	0.687	5.469	0.223	1.777	0.973	3.078	0.797	1.176
11	0.905	0.285	0.927	0.350	·	0.321	1.679	0.313	1.637	0.811	5.535	0.256	1.744	0.975	3.173	0.787	1.228
12	0.866	0.266	0.886	0.315	·	0.354	1.646	0.346	1.610	0.922	5.594	0.284	1.717	0.978	3.258	0.778	1.188
13	0.832	0.249	0.850	0.307	·	0.382	1.618	0.374	1.585	1.025	5.647	0.308	1.693	0.979	3.336	0.770	1.232
14	0.802	0.235	0.817	0.280	·	0.406	1.594	0.399	1.563	1.118	5.696	0.329	1.672	0.981	3.407	0.763	1.196
15	0.775	0.223	0.789	0.275	·	0.428	1.572	0.421	1.544	1.203	5.741	0.348	1.653	0.982	3.472	0.756	1.235
16	0.750	0.212	0.763	0.254	·	0.448	1.552	0.440	1.526	1.282	5.782	0.364	1.637	0.983	3.532	0.750	1.203
17	0.782	0.203	0.739	0.251	·	0.466	1.534	0.458	1.511	1.356	5.820	0.379	1.622	0.985	3.588	0.744	1.237
18	0.707	0.194	0.718	0.234	·	0.482	1.518	0.475	1.496	1.424	5.856	0.392	1.609	0.985	3.640	0.739	1.208
19	0.688	0.187	0.698	0.232	·	0.497	1.503	0.490	1.483	1.487	5.891	0.404	1.596	0.986	3.689	0.733	1.239
20	0.671	0.180	0.680	0.218	·	0.510	1.490	0.504	1.470	1.549	5.921	0.414	1.585	0.987	3.735	0.729	1.212
21	0.655	0.173	0.663	0215	·	0.523	1.477	0.516	1.459	1.605	5.951	0.425	1.575	0.988	3.778	0.724	1.240
22	0.640	0.167	0.647	0.203	·	0.534	1.466	0.528	1.448	1.659	5.979	0.435	1.565	0.988	3.819	0.720	1.215
23	0.626	0.162	0.633	0.201	·	0.545	1.455	0.539	1.438	1.710	6.006	0.443	1.557	0.989	3.858	0.716	1.241
24	0.612	0.157	0.619	0.191	·	0.555	1.445	0.549	1.429	1.759	6.031	0.452	1.548	0.989	3.895	0.712	1.218
25	0.600	0.153	0.606	0.190	·	0.565	1.435	0.559	1.420	1.806	6.056	0.459	1.541	0.990	3.931	0.708	1.242

〈표 A-8〉 r 분포표

v \ $1-\alpha$	0.95	0.975	0.99	0.995
10	.4973	.5760	.6581	.7079
11	.4762	.5529	.6339	.6835
12	.4575	.5324	.6120	.6614
13	.4409	.5139	.5923	.6411
14	.4259	.4973	.5742	.6226
15	.4124	.4821	.5577	.6055
16	.4000	.4683	.5425	.5897
17	.3887	.4555	.5285	.5751
18	.3783	.4438	.5155	.5614
19	.3687	.4329	.5034	.5487
20	.3598	.4227	.4921	.5368
25	.3233	.2809	.4451	.4869
30	.2960	.3494	.4093	.4487
35	.2746	.3246	.3810	.4182
40	.2573	.3044	.3578	.3932
50	.2306	.2732	.3218	.3541
60	.2108	.2500	.2948	.3248
70	.1954	.2319	.2737	.3017
80	.1829	.2172	.2565	.2830
90	.1726	.2050	.2422	.2673
100	.1638	.1946	.2301	.2540
근사치	$\frac{1.645}{\sqrt{v+1}}$	$\frac{1.960}{\sqrt{v+1}}$	$\frac{2.326}{\sqrt{v+2}}$	$\frac{2.576}{\sqrt{v+3}}$

〈표 A－9〉 난수표

03 47 43 73 86	36 96 47 36 61	46 98 63 71 62	33 26 16 80 45	60 11 14 10 95
97 74 24 67 62	42 81 14 57 20	42 53 32 37 32	27 07 36 07 51	24 51 79 89 73
16 76 62 27 66	56 50 26 71 07	32 90 79 78 53	13 55 38 58 59	88 97 54 14 10
12 56 85 99 26	96 96 68 27 31	05 03 72 93 15	57 12 10 14 21	88 26 49 81 76
55 59 56 35 64	38 54 82 64 22	31 62 43 09 90	06 18 44 32 53	23 93 01 30 30
16 22 77 94 39	49 51 43 54 82	17 37 93 23 78	87 35 20 96 43	84 26 34 91 64
84 42 17 53 31	57 24 55 06 88	77 04 74 47 67	21 76 33 50 25	83 92 12 06 76
60 01 63 78 59	16 95 55 67 19	98 10 50 71 75	12 86 73 58 07	44 39 52 38 79
33 21 12 34 29	78 64 56 07 82	52 42 07 44 38	15 51 00 13 42	99 66 02 79 54
57 60 86 32 44	09 47 27 96 54	49 17 46 09 62	90 52 84 77 27	08 02 73 43 28
18 18 07 92 46	44 17 16 58 09	79 83 86 19 62	06 76 50 03 10	55 23 64 05 05
26 62 38 97 75	84 16 07 44 99	83 11 46 32 24	20 14 85 88 45	10 93 72 88 71
23 42 40 64 74	82 97 77 77 81	07 45 32 14 08	32 98 94 07 72	93 85 79 10 75
52 36 28 19 95	50 92 26 11 97	00 56 76 31 38	80 22 02 53 53	86 60 42 04 53
37 85 94 35 12	83 39 50 08 30	42 34 07 96 88	54 42 06 87 98	35 85 29 48 39
70 29 17 12 13	40 33 20 38 26	13 89 51 03 74	17 76 37 13 04	07 74 21 19 30
56 62 18 37 35	96 83 50 87 75	97 12 25 93 47	70 33 24 03 54	97 77 46 44 80
99 49 57 22 77	88 42 95 45 72	16 64 36 16 00	04 43 18 66 79	94 77 24 21 90
16 08 15 04 72	33 27 14 34 09	45 59 34 68 49	12 72 07 34 45	99 27 72 95 14
31 16 93 32 43	50 27 89 87 19	20 15 37 00 49	52 85 66 60 44	38 68 88 11 80
68 34 30 13 70	55 74 30 77 40	44 22 78 84 26	04 33 46 09 52	68 07 97 06 57
74 57 25 65 76	59 29 97 68 60	71 91 38 67 54	13 58 18 24 76	15 54 55 95 52
27 42 37 86 53	48 55 90 65 72	96 57 69 36 10	96 46 92 42 45	97 60 49 04 94
00 39 68 29 61	66 37 32 20 30	77 84 57 03 29	10 45 65 04 26	11 04 96 67 24
29 94 98 94 24	68 49 69 10 82	53 75 91 93 30	34 25 20 57 27	40 48 73 51 92
16 90 82 66 59	83 62 64 11 12	67 19 00 71 74	60 47 21 29 68	02 02 37 03 31
11 27 94 75 06	06 09 19 74 66	02 94 37 34 02	76 70 90 30 86	38 45 94 30 38
35 24 10 16 20	33 32 51 26 38	79 78 45 04 91	16 92 53 56 16	02 75 50 95 98
38 23 16 86 38	42 38 97 01 50	87 75 66 81 41	40 01 74 91 62	48 51 84 08 32
31 96 25 91 47	96 44 33 49 13	34 86 82 53 91	00 52 43 48 85	27 55 26 89 62
66 67 40 67 14	64 05 71 95 86	11 05 65 09 68	76 83 20 37 90	57 16 00 11 66
14 90 84 45 11	75 73 88 05 90	52 27 41 14 86	22 98 12 22 08	07 52 74 95 80
68 05 51 18 00	33 96 02 75 19	07 06 62 93 55	59 33 82 43 90	49 37 38 44 59
20 46 78 73 90	97 51 40 14 02	04 02 33 31 08	39 54 16 49 36	47 95 93 13 30
64 19 58 97 79	15 06 15 93 20	01 90 10 75 06	40 78 78 89 62	02 67 74 19 33
05 26 93 70 60	22 35 85 15 13	92 03 51 59 77	59 56 78 06 83	52 91 05 70 74
07 97 10 88 23	09 98 42 99 64	61 71 62 99 15	06 51 29 16 93	58 05 77 09 51
68 71 86 85 85	54 87 66 47 54	73 32 08 11 12	44 95 92 63 16	29 56 51 29 48
26 99 61 65 53	58 37 78 80 70	42 10 50 67 42	32 17 55 85 74	94 44 67 16 94
14 65 52 68 75	87 59 36 22 41	26 78 63 06 55	13 08 27 01 50	15 29 39 39 43
17 53 77 58 71	71 41 61 50 72	12 41 94 96 26	44 95 27 36 99	08 96 74 30 83
90 26 59 21 19	23 52 23 33 12	96 93 02 18 39	07 02 18 36 07	25 99 32 70 23
41 23 52 55 99	31 04 49 69 96	10 47 48 45 88	13 41 43 89 20	97 17 14 49 17
60 20 50 81 69	31 99 73 68 68	35 81 33 03 76	24 30 12 48 60	18 99 10 72 34
91 25 38 05 90	94 58 28 41 36	45 37 59 03 09	90 35 57 29 12	82 62 54 65 60
34 50 57 74 37	98 80 33 00 91	09 77 93 19 82	74 94 80 04 04	45 07 31 66 49
85 22 04 39 43	73 81 53 94 79	33 62 46 86 28	08 31 54 46 31	53 94 13 38 47
09 79 13 77 48	73 82 97 22 21	05 03 27 24 83	72 89 44 05 60	35 80 39 94 88
88 75 80 18 14	22 95 75 42 49	39 32 82 22 49	02 48 07 70 35	16 04 61 67 87
90 96 23 70 00	39 00 03 06 90	55 85 78 38 36	91 37 30 69 32	90 89 00 76 33

53 74 23 99 67	61 32 25 69 84	94 62 67 86 24	98 33 41 19 95	47 53 53 38 09
63 38 06 86 54	99 00 65 26 37	02 82 90 23 07	76 62 67 80 60	75 91 12 81 19
35 30 58 21 46	06 72 17 10 94	25 21 31 71 96	49 28 24 00 49	55 65 79 78 07
63 43 36 82 69	65 51 18 37 88	61 38 44 12 45	32 92 85 88 65	54 34 81 85 35
98 25 37 55 26	01 91 82 81 46	74 71 12 94 97	24 02 71 37 07	03 92 18 66 75
02 63 21 17 69	71 50 80 89 56	38 15 70 11 18	43 40 45 86 98	00 83 26 91 03
64 55 22 21 82	48 22 28 06 00	61 54 13 43 91	82 78 12 23 29	06 66 24 12 27
85 07 26 13 89	01 10 07 82 04	59 63 69 36 03	69 11 15 83 80	13 29 54 19 28
58 54 16 24 15	51 54 44 82 00	62 61 65 04 69	38 18 65 18 94	85 72 13 49 21
34 85 27 84 87	61 48 64 56 26	90 18 48 13 26	37 70 15 42 57	65 65 80 39 07
03 92 18 27 46	57 99 16 96 56	30 33 72 85 22	84 64 38 56 98	99 01 30 98 64
62 95 30 27 59	37 75 41 66 48	86 97 80 61 45	23 53 04 01 63	45 76 08 64 27
08 45 93 15 22	60 21 75 46 91	98 77 27 85 42	28 88 61 08 84	69 62 03 42 73
07 08 55 18 40	45 44 75 13 90	24 94 96 61 02	57 55 66 83 15	73 42 37 11 61
01 85 89 95 66	51 10 19 34 88	15 84 97 19 75	12 76 39 43 78	64 63 91 08 25
72 84 71 14 35	19 11 58 49 26	50 11 17 17 76	86 31 57 20 18	95 60 78 46 75
88 78 28 16 84	13 52 53 94 53	75 45 69 30 96	73 89 65 70 31	99 17 43 48 76
45 17 75 65 57	28 40 19 72 12	25 12 74 75 67	60 40 60 81 19	24 62 01 61 16
96 76 28 12 54	22 01 11 94 25	71 96 16 16 88	68 64 36 74 45	19 59 50 88 92
43 31 67 72 30	24 02 94 08 63	38 32 36 66 02	69 36 38 25 39	48 03 45 15 22
50 44 66 44 21	66 06 58 05 62	68 15 54 35 02	42 35 48 96 32	14 52 41 52 48
22 66 22 15 86	26 63 75 41 99	58 42 36 72 24	58 37 52 18 51	03 37 18 39 11
96 24 40 14 51	23 22 30 88 57	95 67 47 29 83	94 69 40 06 07	18 16 36 78 86
31 73 91 61 19	60 20 72 93 48	98 57 07 23 69	65 95 39 69 58	56 80 30 19 44
78 60 73 99 84	43 89 94 36 45	56 69 47 07 41	90 22 91 07 12	78 35 34 08 72
84 37 90 61 56	70 10 23 98 05	85 11 34 76 60	76 48 45 34 60	01 64 18 39 96
36 67 10 08 23	98 93 35 08 86	99 29 76 29 81	33 34 91 58 93	63 14 52 32 52
07 28 59 07 48	89 64 58 89 75	83 85 62 27 89	30 14 78 56 27	86 63 59 80 02
10 15 83 87 60	79 24 31 66 56	21 48 24 06 93	91 98 94 05 49	01 47 59 38 00
55 19 68 97 65	03 73 52 16 56	00 53 55 90 27	33 42 29 38 87	22 13 88 83 34
53 81 29 13 39	35 01 20 71 34	62 33 74 82 14	53 73 19 09 03	56 54 29 56 93
51 86 32 68 92	33 98 74 66 99	40 14 71 94 58	45 94 19 38 81	14 44 99 81 07
35 91 70 29 13	80 03 54 07 27	96 94 78 32 66	50 95 52 74 33	13 80 55 62 54
37 71 67 95 13	20 02 44 95 94	64 85 04 05 72	01 32 90 76 14	53 89 74 60 41
93 66 13 83 27	92 79 64 64 72	28 54 96 53 84	48 14 52 98 94	56 07 93 89 30
02 96 08 45 65	13 05 00 41 84	93 07 54 72 59	21 45 57 09 77	19 48 56 27 44
49 83 43 48 35	82 88 33 69 96	72 36 04 19 76	47 45 15 18 60	82 11 08 95 97
84 60 71 62 46	40 80 81 30 37	34 39 23 05 38	25 15 35 71 30	88 12 57 21 77
18 17 30 88 71	44 91 14 88 47	89 23 30 63 15	56 34 20 47 89	99 82 93 24 98
79 69 10 61 78	71 32 76 95 62	87 00 22 58 40	92 54 01 75 25	43 11 71 99 31
75 93 36 57 83	56 20 14 82 11	74 21 97 90 65	96 42 68 63 86	74 54 13 26 94
38 30 92 29 03	06 28 81 39 38	62 25 06 84 63	61 29 08 93 67	04 32 92 08 09
51 29 50 10 34	31 57 75 95 80	51 97 02 74 77	76 15 48 49 44	18 55 63 77 09
21 31 38 86 24	37 79 81 53 74	73 24 16 10 33	52 83 90 94 76	70 47 14 54 36
29 01 23 87 88	58 02 39 37 67	42 10 14 20 92	16 55 23 42 45	54 96 09 11 06
95 33 95 22 00	18 74 72 00 18	38 79 58 69 32	81 76 80 26 92	82 80 84 25 39
90 84 60 79 80	24 36 59 87 38	82 07 53 89 35	96 35 23 79 18	05 98 90 07 35
46 40 62 98 82	54 97 20 56 95	15 74 80 08 32	16 46 70 50 80	67 72 16 42 79
20 31 89 03 43	38 46 82 68 72	32 14 82 99 70	80 60 47 18 97	63 49 30 21 30
71 59 73 05 50	08 22 23 71 77	91 01 93 20 49	82 96 59 26 94	66 39 67 98 60

색인

저자소개

박성현

[약력]

서울대학교 공과대학 화학공학과 졸업(1968) / ROTC 6기 예편(1970) / 미국 노스캐롤라이나 주립대학교 산업공학 석사(1972), 통계학 박사(1975) / 미국 미시시피 주립대학교 경영대학 조교수(1975-77) / 서울대 통계학과 조교수, 부교수, 교수(1977-2010) / 서울대 기초과학연구원 원장(1975-77) / 한국통계학회 회장(1995-97) / 서울대 학생처장(1997-99) / 한국품질경영학회 회장(1999-01) / 국제통계기구 이사(1997-2001) / 서울대 자연과학대학 학장(2000-2002) / 국제산업통계학회 부회장(2005-2007) / 건국대학교 기술경영학과 석좌교수(2012-) / 한국과학기술한림원 원장(2013-)

[주요저서]

회귀분석, 민영사, 1981 / 응용실험계획법, 영지문화사, 1990 / Robust Design and Analysis for Quality Engineering(in English), Chapman & Hall, London, 1996 / 통계적 공정관리, 민영사, 이명주·박영현 공저, 1997 / 6 시그마의 이론과 실제, 한국표준협회 출판부, 이명주·정목용 공저, 1999 / Statistical Process Monitoring and Optimization(in English), Marcel Dekker, Geoffrey Vining 과 공저, New York, 1999 / 6 시그마 설계를 위한 DFSS, 한국표준협회 출판부, 이명주·이강군과 공저, 2001 / Six Sigma for Quality and Productivity Promotion(in English), Asian Productivity Center, Tokyo, 2003

박영현

[약력]

한양대학교 공과대학 금속공학과 졸업 / 미국 미시시피 주립대학교 산업공학 석사 / 미국 어번대학교 산업공학 박사 / 미국 뉴멕시코 주립대학교 경영대학 조교수, 부교수 / 한국품질경영학회 국제위원장, 부회장 / The Asian Journal on Quality 편집위원장 / 대한설비관리학회 이사 / 한국 산업공학회 이사 / 강남대학교 공과대학 학장 / 총무인력처장 / 미래전략위원회 위원장

[주요저서]

국내외 학회지 및 학술지 80여 편 게재 / 통계적 공정관리(1997) / 공장관리이야기 (1999) / 경영품질론 (2005) / 서비스품질경영론 (2005) / 통계적 품질관리와 6시그마 이해(2012)

통계적 품질관리(제4판)

가격 30,000원

▌지은이 ---- 박성현 · 박영현

▌펴낸이 ---- 김 정 식

▌펴낸곳 ---- 민 영 사

▌펴낸날 ---- 1984년 3월 5일 초 판
2003년 8월 18일 개정판
2005년 9월 1일 제3판
2019년 9월 15일 제4판 3쇄

▌등록 1990년 5월 7일 제1-1050호

▌주소 서울시 성동구 독서당로 39길 43 1층

▌전화 (02) 711-1224~5

▌FAX (02) 711-1226

▌E-mail myspub@hanmail.net

ISBN 978-89-8134-147-3